초등
상담
백과

초등 상담 백과

코흘리개 1학년부터
사춘기 6학년까지,

행복한 학급 경영을 위한 초등 상담 총정리!

서울초등상담연구회 지음

지식프레임

프롤로그
Prologue

'누구든 나를 도와주면 좋겠다.'

초임 교사라면 누구나 한 번쯤 품었을 생각일 것입니다.

처음 교단에 섰을 때는 넘치는 자신감으로 어떤 문제든지 해결할 수 있을 거라는 믿음을 갖습니다. 하지만 누구보다 뜨거운 사랑과 열정을 가졌음에도 불구하고 어떻게 대처해야 할지 방법을 몰라 발만 동동 구르게 되는 상황을 곧 맞닥뜨리게 됩니다.

아무런 이유도 없는데 시도 때도 없이 우는 아이의 속을 도저히 알 수 없습니다.

시시때때로 친구들에게 버럭 화를 내는 아이를 어떻게 해야 할지 대책이 서지 않습니다.

습관적으로 '야동'을 보는 남학생에게 여교사인 제가 어떤 말을 해주어야 할지 막막합니다.

왜 어제까지 친했던 여학생들이 갑자기 철천지 원수로 변해 싸우는지, 이 아이들을 어떻게 화해시킬지 머리가 아파옵니다.

선생님의 말을 대놓고 무시하고 비웃는 아이 앞에서 어떤 표정을 지어야 할지 모르겠습니다.

선생님을 믿지 못하고 선생님의 의견에 계속 딴죽을 걸어오는 학부모를 어떻게 이해시켜야 할지 당황스럽습니다.

누구든 처음 맞이하는 예상하지 못한 상황 앞에서는 막막함을 느끼기 마련입니다. 때로는 교사가 자신의 능력과 노력의 부족을 탓하며 좌절감을 느낄 수도 있습니다. 그런 선생님들께 제가 꼭 드리고 싶은 말씀이 있습니다. 선생님 자신을 너무 자책할 필요가 없다는 것입니다. 선생님의 노력이 부족한 탓이 아닙니다. 아이들에 대한 사랑과 나의 열정으로 아이들이 변할 것이라는 믿음을 버리실 필요도 없습니다. 선생님들이 빛나는 열정과 사랑을 소중히 간직하고 계속 노력해간다면 어느 순간 아이들과 학부모들은 선생님의 마음에 응답해줄 것입니다.

새로운 일을 접하고 그 일에 익숙하게 되기까지는 누구나 시행착오의 과정이 필요합니다. 교사라고 예외일 수는 없습니다. 다만 그 시행착오의 과정들을 조금이라도 줄이려는 노력이 중요합니다. 그 노력이란 바로 다양한 상황에 맞게 현명하게 아이를 대하는 방법과 기술을 습득하는 일일 것입니다. 그러기 위해서는 아이의 심리와 발달 과정에 대한 지식들도 함께 익혀야 합니다. 더불어 아이들의 돌발 행동과 학부모를 대처하는 기술을 배우는 일은 선생님의 사랑과 열정을 아이에게 온전하게 전달해주며 나아가 아이의 바른 성장을 돕는 효과적인 도구가 될 것입니다.

이 지식과 기술들을 익히기 위한 가장 빠른 방법은 동료와 선배 선생님들을 찾아가 조언을 구하는 것입니다. 아무리 사소한 일이라도 아이들 문제로 고민이 된다면 주저 말고 주변 동료와 선배 선생님들께 조언을 구하세요. 선생님들 곁에는 훌륭한 노하우를 가진 동료와 선배님들이 얼마든지 있습니다. 그분들은 도움을 주고 싶지만 차마 잔소리로 들릴까 봐 주저하며 선생님의 고민을 안타까운 마음으로 지켜보고 있을 것입니다. 선생님께서 배우려는 의지만 있다면 그분들은 아무 대가 없이도 다년간의 노하우를 성심을 다해 전달해주실 것입니다.

이 책의 집필은 선배 교사가 후배 교사를 바라보는 위와 같은 마음으로 시작되었습니다. 《초등상담백과》는 그동안 연구회 선생님들이 함께 공부하고 연구한 상담 기법을 바탕으로, 학교 현장에서 교사들이 만나는 다양한 문제 상황들을 어떻게 하면 지혜롭게 해결할 수 있는지에 대한 해법을 담고자 함께 엮은 책입니다. 풍부한 경험을 지닌 선생님들께서 학년군에 따른 아이의 심리와 발달 특성에 관한 지식, 아이들의 다양한 문제 행동에 대처하는 효과적인 기법들, 까다로운 학부모님과 좋은 관계를 형성하는 방법 등을 조금이라도 쉽고 자세하게 전달하려 정성껏 집필하였습니다. 이 책의 내용들이 아이들과 학부모님과의 관계에 대한 고민 때문에 고통받는 선생님들의 짐을 조금이라도 덜어줄 수 있게 되기를 바랍니다.

이 책은 많은 분들의 사랑과 정성으로 완성되었습니다. 빡빡한 일정과 담임 업무, 부장 업무 등 바쁜 와중에도 최선을 다해 성심껏 집필해주신 초등상담연구회 회원들, 연구회의 전반적인 업무를 모두 처리하시고 연구 분과를 이끌고 있는 리더 이은경 총무님, 연구회의 궂은 일을 모두 도맡아 처리해주시는 살림꾼 김선경 선생님, 회의 및 연구 모임 장소를 섭외해주시고 자신의 교실까지 기꺼이 열어주신 임효선 선생님, 이 책의 집필을 제안하고 출판사와의 업무, 원고 수집, 원고 확인, 1차 검수 등 집필의 총체적 관리를 맡아주신 양곤성 선생님, 한 권의 책으로 엮어내기에는 다소 까다로운 책을 제안하고 출판하는 데 노력을 아끼지 않은 지식프레임 윤을식 대표님과 모든 편집자들께 두 손 모아 감사를 드립니다.

서울묵동초등학교 교장, 초등상담연구회 회장 김수일

Contents

PART 2 중학년

PART 3 고학년

PART 4 학년 공통

교사가 지닌 능력의 비밀은
인간을 변모시킬 수 있다는 확신이다.
- 에머슨 -

PART 1
저학년

초등 저학년(1, 2학년)의 발달 특성

　신규 교사는 발령받고 나서 처음 3~4년간은 주로 고학년 담임을 맡습니다. 사춘기에 접어들기 시작한 거칠고 개성 강한 고학년 아이들과 몇 년을 맞서다 보면 제법 지칠 때가 많지요. 그때마다 복도나 운동장에서 마주치는 저학년 아이들의 모습은 귀엽고 천진난만하게만 보입니다. 꼭 저학년 담임을 해보고 싶다는 마음이 저절로 들지요.

　어느덧 교사 생활에 적응이 될 만할 즈음, 빠르면 3~4년차 때쯤 저학년 담임을 할 기회가 드디어 찾아옵니다. 그러나 천사 같은 아이들을 상상했다가는, 3월 새 학기 첫날 저학년 담임에 대한 환상이 산산조각 날지도 모릅니다. 수십 번 설명해도 같은 질문을 반복하고, 수업 시간에 불쑥불쑥 일어나 돌아다니는 아이들과 일주일 정도를 지내다 보면 교사는 서서히 지쳐가고, 앞으로 1년을 어떻게 보내야 할지 막막해집니다. 게다가 아이들과 어른스러운 대화는 거의 되지 않습니다. 결코 쉽지 않은 일이라는 것을 그제야 깨닫게 되지요. 어느 정도 경력이 있는 선생님께 1, 2학년 담임을 배정하는 이유도 여기에 있을 것입니다. 그렇지만 아이들의 특성을 먼저 파악하고 철저하게 대비한다면, 저학년 아이들이야말로 어떤 학년의 아이들보다 선생님을 잘 따르는 사랑스러운 학년임을 알 수 있습니다.

신체 발달

이 시기의 아동은 내장 기관과 뇌의 성장이 현저하게 빨라지고, 운동 기능이 발달하기 시작합니다. 따라서 여러 가지 신체 기능이 균형 잡혀 있지 않은 상태입니다. 눈과 손의 동작은 불안하고 익숙하지 못합니다. 그래서 다음과 같은 실수를 자주 합니다.

1. 우유팩을 혼자 뜯지 못하고, 우유를 마시다가 쏟는 일이 잦습니다.

우유팩 따는 방법을 학기 초에 지도하되 잘 되지 않는 친구들은 교사가 개봉해줍니다. 교사 혼자서 하기 어려울 때는 모둠을 정해주고 우유팩을 잘 개봉하는 아이들을 도우미로 지정해 모둠에서 해결하도록 합니다. 우유를 마실 때에는 돌아다니지 않고, 우유를 마시며 다른 일을 하지 않도록 지도합니다. 우유나 음식을 먹다가 쏟게 되면 먼저 쏟은 것을 치우고 난 후(혼자서 치우지 못하는 경우가 많으므로 교사가 함께 치웁니다), 아이들이 안정을 찾으면 쏟아진 원인이 무엇인지 설명해주고, 다음부터는 조심할 것을 주의시킵니다.

2. 종이를 자르거나 접을 때 정확성이 떨어집니다.

어려운 종이접기는 피해야 하며, 반드시 필요한 접기나 자르기를 해야 할 경우 아이들이 손쉽게 할 수 있도록, 교사가 종이를 자르는 기본 작업을 해놓고 아이들은 간단히 붙이기나 그림 그리기를 할 수 있도록 합니다.

아이들이 교사의 의도대로 따라 하지 못하고, 종이를 잘못 자르거나 잘못 접어 오면 화를 내기 쉽습니다. 그러나 그렇게 하기보다는 접는 방법을 다시 설명하고, 못 하는 것을 접어주거나 잘못 잘린 종이를 바꾸어주는 등 의연하게 대처하는 것이 좋습니다. 아이들은 잘하지 못하거나 실패했을 때 교사가 화를 내면 흥미를 잃고 더 이상 그 활동을 하지 않게 됩니다. 따라서 못 한 것을 꾸짖기보다는 더 잘할 수 있도록 도와주고 성취감을 느끼도록 하는 것이 중요합니다.

3. 손가락의 미세 근육이 발달하지 않은 상태라 작은 글씨 쓰기를 어려워하며, 연필을 바르게 쥐는 것과 힘을 주어 쓰는 것이 어렵습니다.

3월 입학 후 2~3주 정도는 연필을 잡기 전에 색연필로 필기구를 잡는 연습을 해야 합니다. 다양한 방향으로 선 긋기, 일정 간격으로 선 긋기, 색연필로 연하고 진하게 색칠하기 등을 통해 필기구 잡기에 익숙해지도록 하고, 손 근육을 연습시킨 후에 연필을 잡도록 지도합니다. 연필을 바르게 쥐는 것이 힘든 아이들에게는 연필에 끼우고 사용하는 보조 도구를 사용할 것을 권해줍니다.

4. 40분이라는 시간 동안 바른 자세로 앉아 있기가 매우 어렵습니다.

입학 전에는 정해진 시간 동안 책상에 앉아서 교육을 받을 일이 없기 때문입니다. 그래서 자꾸 옆으로 눕거나 앞으로 엎드리거나, 허리를 세우지 못하고 반쯤 누운 상태로 의자에 걸터앉습니다.

저학년 아이들에게는 바른 자세의 중요성을 인지시키는 것이 좋습니다. 바르게 앉는 것이 키 성장과 척추측만증 예방에 꼭 필요함을 알려주어야 합니다. 아이들에게는 척추측만증이라는 용어가 어려우므로 허리가 휘어지면 어른이 되어서 척추가 굳어져 펴지지 않는다고 설명해줍니다. 바른 자세의 중요성을 자주 환기시켜주면서 바르게 앉기가 습관화되도록 신경 써서 지도해야 합니다.

또한 이 시기 아동들은 오랜 시간 앉아 있기 힘들어하므로 수업 시간 40분

동안 줄곧 설명을 듣거나 쓰는 활동을 하기보다는 중간중간 일어나서 할 수 있는 모둠 활동이나 발표의 기회를 주고, 몸을 움직이는 활동을 넣어서 수업을 구성하는 것이 좋습니다.

5. 학교에서의 배변이 익숙하지 않아 화장실을 가는 데 어려움을 느낍니다.

40분 수업, 10분 쉬는 시간이라는 일과표에 맞추어 화장실에 가도록 하는 훈련을 할 필요가 있습니다. 화장실에 갈 때가 언제인지 알려준 뒤, 학기 초 두세 달은 유예 기간을 두어 쉬는 시간이 아니어도 화장실에 간다고 할 경우 허용해줍니다. 그리고 차츰 허용의 범위를 좁혀나가면서 화장실은 쉬는 시간에만 이용하도록 합니다.

간혹 몸 상태가 안 좋아 갑자기 옷에 설사를 하거나, 수업 중 활동에 몰입하여 소변을 보러 간다는 말을 못 하다가 교실에서 실수를 하는 경우도 있습니다. 이러한 경우를 대비하여 저학년 교실에는 각자 여벌의 옷을 마련해두는 것이 좋습니다. 학기 초에 아이들이 유사시에 입을 여벌 옷을 학교 사물함에 가져다놓도록 알림장으로 안내하면 좋습니다.

6. 유치를 갈기 시작하는 시기입니다.

급식 시간에 딱딱한 음식이나 조각이 큰 고기류, 과일류를 못 먹는 경우가 발생합니다. 교사는 이를 이해해주고 모든 음식을 다 먹도록 강요하지 않아야 합니다.

7. 저항력이 약하여 감기, 몸살 등 병에 걸리기 쉽습니다.

선천적으로 가지고 있는 질병이 있거나 허약한 아동이 있을 수 있으므로, 사전에 이를 파악하고 있어야 합니다. 저학년은 어디가 어떻게 아픈지 정확하게 표현하지 못하는 경우도 있으므로, 아동의 표정이나 행동에서 아픈 곳이 없는지 평소에 주의 깊게 살펴볼 필요가 있습니다. 또 몸이 약한 아이들을 학교생활에서 배려하고 언제든 가정과 긴밀하게 연락이 닿을 수 있도록 학부모의 연락처를 기록해두어야 합니다.

인지 발달

이 시기는 상상력이 매우 발달하는 시기로, 이때의 아이들은 호기심과 흥미가 많아 질문이 많고 늘 새로운 것을 추구합니다. "선생님, 이건 뭐예요? 저건 뭐예요?" 하며 하나부터 열까지 질문을 퍼붓는가 하면 창밖에서 작은 소리만 나도 반 전체 아이들이 창가로 우르르 몰려가 야단법석을 떱니다. 매사 모든 것이 궁금하여 끊임없이 질문을 해오는 아이들을 교사는 귀찮아하지 말고 이에 일일이 대답해주는 것이 좋습니다.

때로는 대답하기 어렵거나 답이 아예 없는 황당한 질문도 해오는데, 이때는 재치 있는 말로 넘기는 유연성도 발휘해야 합니다. 무엇보다 아이들의 질문 하나하나에 관심을 갖고 들어주고 대답해주는 것이 중요한데, 이러한 교사의 태도는 아이들로 하여금 '선생님이 내 말에 귀를 기울여주시는구나.'라고 생각하게 하고 존중받고 있는 느낌을 갖게 합니다.

이 시기는 심리학자 장 피아제(Jean Piaget)의 인지 발달 단계 중 구체적 조작기의 초기 단계에 속합니다. 어떠한 개념을 습득할 때 구체적인 조작물을 통해 학습이 이루어지는 시기입니다. 이때의 아이들은 실제 만져보거나 체험하기를 원하고, 그렇게 했을 때 학습이 더 잘 일어나므로 직접 경험할 기회를 충분히 줍니다. 예를 들어 수 개념을 도입할 때 구체적인 사물을 세어보며 학습하는 것이 좋습니다. 그래서 공깃돌, 바둑돌 등을 자주 사용합니다. 따라서 이 시기의 아동들이 수 계산을 할 때 손가락을 사용하는 것은 당연한 현상이라고 할 수 있으니, 손가락 사용을 금지시킬 필요는 없습니다.

저학년 교과서에는 다양한 게임이 많이 나옵니다. 교과서에서는 게임의 방법을 그림과 텍스트로 설명하고 있습니다. 그런데 많은 아이들이 그 설명만으로는 게임의 규칙을 이해하지 못하는 경우가 많습니다. 원활한 게임 진행을 위해서는 교사가 그 규칙대로 게임을 하는 실제 모습을 시범 보여 명확히 규칙을 이해시키는 것이 필요합니다.

인지 발달상 전후좌우 구별이 미숙하여 방향에 대한 감각이 떨어지고 좌우 구별을 명확하게 하지 못하므로, 아이들에게 지시할 때는 말과 함께 행동으로 지시 사항을 보여줄 필요가 있습니다.

또한 시간개념이 생기지 않아 현재 중심적으로 사고하고, 먼 미래나 과거에 대한 시간적 거리감을 파악하지 못합니다. 이러한 이유로 이 시기의 아동들은 하루 단위로 시간을 파악하여 중요하게 기다려지는 날을 "선생님, 몇 밤 자면 돼요?"라는 식으로 자주 묻습니다.

이 시기의 아동들은 주의 집중 시간이 약 10~15분 정도입니다. 초등학교 수업 시간 40분은 저학년 아동에게 가혹하게 긴 학습 시간일 수도 있습니다. 따라서 40분 동안에 다양한 활동을 넣어 주의를 전환시켜주는 것이 필요하고, 신체 활동을 넣어 지루하지 않도록 구성하는 것이 좋습니다. 또 저학년 아동은 자기 생각을 스스럼없이 잘 표현하고 자신이 작업한 것을 보여주기를 좋아하므로, 직접 역할 놀이를 해보거나 직접 만들어보는 활동을 하면 40분이 길지 않게 느껴지도록 수업을 진행할 수 있습니다.

정서 및 사회성 발달

이 시기의 아동은 유아기와는 달리 놀이 집단의 규모가 확대되어 혼자만의 놀이에서 벗어나 차츰 협동적이고 조직적인 놀이를 즐기게 됩니다. 또래 집단이 형성되는 초기 단계로 친구 관계가 넓어지기 시작하는 단계입니다. 그 과정에서 아래와 같은 불평을 자주 듣게 됩니다.

"선생님, 쟤가 나보고 멍청이래요."

"선생님, ○○가 저를 때렸어요."

저학년 아동은 누구보다 선생님께 많은 것을 보고하는데, 어떨 때는 사소한 보고가 귀찮고 짜증이 날 때도 있습니다. 선생님도 뻔히 알고 있는데 '이래요, 저래요, 누구 때문에 불편해요.' 등등 한시도 선생님을 가만히 놔두지를 않지요.

저학년 아동은 자기중심적이어서 남을 배려하는 데 서툴고, 다른 사람의 입장을 생각하지 못해 사소한 다툼이 자주 일어납니다. 자신은 잘못이 없다고 생각해서 반성하는 일도 어렵습니다. 친구가 나를 놀리거나 때리는 행동이 있기 전에 내가 그 친구에게 어떠한 불편함을 주었는지 생각하지 못하는 경우가 많고, 내 입장에서 불편하고 싫은 친구의 모습만 기억에 남겨둡니다. 게다가 이 시기의 아동은 어른의 인정을 받고 싶어 하기 때문에 자꾸 선생님에게 와서 자신의 억울함을 호소합니다. 이럴 때 중요한 것은 교사가 객관적인 태도를 유지하는 것입니다. 아동 한 명의 이야기만 듣고 사건에 개입해서는 안 되며, 다른 아동의 입장을 듣고 현명하게 판단을 내려주어야 합니다. 다툼을 중재할 때는 아이가 타인에게 무엇을 잘못했는지 인식할 수 있도록 '입장 바꿔 생각해보기'를 시켜보세요. 서로의 입장이 이해가 되면 사과도 빠르고 관계도 금방 좋아집니다. 저학년 아동은 잘 싸우지만, 언제 그랬냐는 듯이 금방 다시 화해하고 친하게 지낸다는 큰 장점이 있습니다.

저학년 아이들은 어른을 잘 따르며, 특히 선생님의 말씀을 꼭 지키려고 애 씁니다. 학부모들은 아이들이 부모 말은 안 들어도 선생님 말씀은 꼭 듣는다 며 신기해 하시기도 합니다. 그만큼 저학년 아이들에게 선생님은 큰 존재이 기 때문에 선생님의 인정과 칭찬, 허락이 매우 중요합니다. 이 시기의 아이들 에게 선생님의 말씀은 진리와도 같습니다. 마치 스펀지처럼 선생님의 말을 듣고 흡수합니다. 그렇기 때문에 명확한 학급 규칙을 정해주고 꾸준히 지도 한다면 아이들은 최선을 다해 이를 지키려고 노력할 것입니다. 저학년 담임 의 매력이 바로 이런 데 있다고 할 수 있지요.

저학년 아동은 정서적으로 감정에 끌려 화를 잘 내고, 잘 우는 반면 잘 웃 기도 합니다. 또한 불안을 잘 느끼고 성인에게 의지하려는 경향이 강합니다. 이 시기에 부모의 사랑, 교사의 친절함이 부족하면 정서적 불안감에 빠지기 쉬우므로 교사는 저학년 아동이 미성숙하여 실수를 하더라도 이해하고 칭찬 과 격려를 아끼지 말아야 할 것입니다. 또한 엄격한 규칙을 강요하기보다는 재미있는 경험을 다양하게 제공하여 '학교는 즐거운 곳'이라는 생각을 갖도 록 지도하는 것이 중요합니다.

 참고문헌

• 신명희 외, 《교육심리학》, 학지사, 2015.

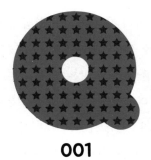

001

학교에 오기 싫어합니다.

───── 아직은 새내기에 가까운 3년차 여교사입니다. 설레는 마음
으로 교단에 발을 디딘 처음 2년간은 고학년을 맡아 나름 학업과 생활지
도를 잘 이끌었다고 자부하고 있었습니다. 아이들과 눈높이를 맞추려는
노력이 헛되지 않아 학생들은 물론 교원능력개발평가에서도 학부모들로
부터 꽤 긍정적인 평가를 받았습니다. 그러다 올해는 2학년을 맡았는데
우리 반에 지영이라는 아이가 교실에 들어오려고 하지 않는 것입니다. 제
가 아무리 타이르고 달래도 복도에서 엄마 옷만 꼭 잡고는 "싫어, 싫어.
나 집에 갈래!" 하며 떼를 쓰니 담임인 저로서는 지영이 어머니께 민망하
고 당황스럽기 짝이 없었습니다. 워낙 완강하게 거부하여 지영이 어머니
께는 아이가 진정하면 들어오도록 하자고 제안하고 이날 저는 무기력하
게 혼자 교실로 들어올 수밖에 없었습니다. 교실에서 내내 '내가 뭐 실수

한 것이 있나? 아님 내 외모가 어린아이들에게 거부감을 주나?' 하는 생각까지 들었습니다. 지영이는 왜 그런 것일까요? 어떻게 하면 지영이가 스스로 교실에 들어오도록 할 수 있을까요?

Ⓐ 학교생활을 한다는 것은 건강하게 자란 대다수 아동에게는 흥분되고 즐거운 사건이며 성장의 신호입니다. 그러나 다른 한편에서는 꽤 많은 아이들이 학교에 가기를 싫어하고 그들 중 일부는 등교가 너무 두렵고 불안한 나머지 간신히 교실까지 들어와서도 학교에서 보내는 시간을 내내 힘들어하고, 결국에는 잦은 결석으로 이어지게 됩니다. 이러한 일이 반복되는 것을 가리켜 '등교 거부 행동(school refusal behavior)'이라고 합니다.

등교 거부 행동은 남녀 아동 모두에게 공통으로 나타나는데 학교에 대한 비합리적인 공포는 학령기 전기, 즉 유치원 또는 초등학교 1학년에 처음 발생하여 2학년에 오면 정점을 보입니다. 또 3~4학년을 잘 보내다가 5~6학년에 와서 갑자기 발생하기도 합니다. 등교를 거부하는 아동은 학교 가기 바로 직전에 두통, 위경련, 목이 타는 듯한 증상을 호소하지만 집에 있는 것이 허용되면 '점점 좋아지기' 시작하다가 다음 날 아침이 되면 '다시 아프기' 시작합니다. 학교 갈 시간이 가까워지면 아이는 학교 가기를 거부하면서 여러 가지 이유와 변명을 대고 울고 소리를 지르는 등 급성 불안 반응까지 보이기도 하지요.

등교 거부는 흔히 긴 연휴나 방학 혹은 질병으로 오랜 시간 학교에 나오지 못했던 아동, 다시 말해 아동이 가정에서 부모와 평소보다 함께 보내는 시간이 길었던 기간에 이어서 나타나는 경우가 많습니다. 또 어떤 아동에게는 담임교사가 바뀌는 등 학교생활에 변화가 있거나 이사, 사고 또는 가까운 이의 죽음이나 애완동물의 죽음 등과 같이 스트레스를 겪는 사건 뒤에도 나타납니다.

아동이 학교에 오지 않으려고 할 때 선생님이 맨 먼저 할 일은 아이가 등교를 거부하는 이유를 아는 것입니다. 학교에 오기를 거부하는 대부분의 아동은 평균 또는 그 이상의 지능을 가지고 있기 때문에 학업상의 문제가 등교 거부를 유발하지는 않습니다. 등교 거부 행동의 원인은 대개 다음과 같습니다.

- 처음으로 겪게 되는 집 밖(학교 등)의 권위와 규칙에 대한 복종의 어려움.
- 새로 만난 낯선 친구들과의 비교와 실패에서 오는 두려움.
- 또래 친구들의 놀림이나 집단 따돌림.

이 밖에도 동시 암송 대회를 앞두거나 신체검사를 앞둔 날 등교를 거부하는 아이들도 있습니다. 이 아이들은 학교에서 치러야 할 낯설고 매우 두려운 상황을 미리 떠올리고는 몹시 불안해하며 학교 가기를 거부했습니다.

그러나 무엇보다도 많은 아동들이 겪게 되는 등교에 대한 공포는 실제로 그들의 부모를 떠나는 것에 대한 공포, 즉 '분리 불안(separation anxiety)'이 주요 원인인 경우가 많습니다.

분리 불안은 왜 생길까?

최근 지영이 아버지는 주식 투자에서 큰 손해를 입었습니다. 거기에다 어머니가 운영하는 식당마저 잘 되지 않아 집을 팔아 이사를 하였고 부부 싸움을 하는 횟수가 늘었습니다. 한 달 전에는 술에 취한 아버지가 어머니에게 폭력을 휘둘러 어머니가 입원까지 한 일이 있었다고 합니다. 이날 이후 지영이는 엄마가 돌아가시는 악몽을 자주 꾸었고 유괴범이 침입하여 자기를 지하실에 잡아 가둘지 모른다며 밤에도 엄마 곁을 떠나지 않고 같이 잠을 잔다고 했습니다. 낮에도 엄마가 잠깐 보이지 않으면 어린 아기처럼 소리치며 엄마를 찾고 엄마를 그림자처럼 따라다닌다고 합니다. 지영이는 자기가 학교에 간 사이 엄마에게 무슨 일이 일어날까 불안하여 학교에 갈 수가 없다고 상담에서 털어놓았습니다.

지영이의 경우, 최근에 겪은 아버지의 폭력과 어머니의 입원이 분리 불안을 초래한 직접적 원인이라고 할 수 있습니다. 지영이는 낮에도 혼자 방에 있는 것을 어려워했으며, 유치원 때 곧잘 자고 왔던 외할머니 댁에도 엄마가 옆에 있지 않으면 가기 싫다고 하였습니다. 교회 수련회에 못 가는 것은 물론이고 새 학년이 된 교실에도 못 들어가겠다고 하니 지영이 어머니는 난감하기만 합니다.

분리 불안은 '애착을 갖고 있는 대상과 떨어지는 것을 심하게 불안해하는 증상'으로 정의할 수 있습니다. 일차적으로 자신을 돌봐주는 사람과 떨어지는 것에 대한 불안은 어린 아기의 경우 생존에 중요한 문제이므로 어떤 연령에서는 정상이라고 할 수 있습니다. 그러나 자신의 부모나 집에서 멀어지는 것에 대하여 나이에 걸맞지 않게 통제하기 어려운 과잉 불안을 가지고 있다면 '분리 불안 장애(separation anxiety disorder)'로 볼 수 있습니다. 분리 불안 장애는 전체 아동 중 6~12퍼센트가 겪는, 아동기의 가장 빈번한 불안 장애 중 하나입니다.

분리 불안을 가지고 있는 아동은 잠시라도 부모와 떨어져 있는 상황을 견디지 못합니다. 따라서 빠른 심장박동과 두통, 위통, 구토 등의 신체적 증상을 보이며 부모와 떨어지게 만드는 학교를 거부합니다. 또 학교에 있는 동안에도 신체적인 불편함을 드러내며 빨리 집으로 돌아가고 싶어 합니다. 분리 불안 장애는 미숙하고 의존적인 아이, 부모의 과잉보호 경향, 환경의 급격한 변화가 가져온 스트레스 등으로 나타날 수 있습니다.

적극적인 대면과 해결

"두려움을 이기는 가장 좋은 방법은 그것에 직면하는 것이다."라는 말이 있듯이 등교를 어려워하는 경우, 집에서 잠시 쉬게 하는 것이 아니라 오히려 적극적으로 학교에 오게 함으로써 이들이 갖는 불안을 견뎌내도록 도와주는 것이 좋습니다.

아동이 학교에 오는 것을 힘들어할 때 교사는 먼저 원인을 알아보아야 합니다. 위에서 살펴본 바대로 등교 거부의 원인은 여러 가지이나 저학년의 경우 대개는 지영이처럼 분리 불안을 겪고 있는 사례가 많습니다.

그러므로 아동이 부모와 떨어져 혼자 학교에 남아 있는 것이 너무 힘들 경우, 학부모가 일정 기간은 학교에 머물 수 있도록 허용합니다. 처음에는 교실, 그다음은 복도, 그리고 어느 정도 적응이 되면 운동장, 그다음은 교문 밖⋯⋯. 이런 순서로 점차 공간을 멀리 띄워 결국 혼자 학교에 오고 갈 수 있도록 하는 것입니다.

둘째, 아이의 마음을 안정시킬 수 있는 물건, 예를 들어 밤에 안고 자는 인형이나 아끼는 수건, 목도리 등을 교실에서도 지닐 수 있도록 배려합니다.

셋째, 떼를 쓰고 운다고 집으로 보내는 일은 없도록 합니다. 집에 간다고 우길 때마다 보내게 되면 이런 습관이 강화되어 다음 날 더욱 크게 떼를 쓰게 되기 때문입니다.

넷째, 학교에 있는 동안 "엄마가 걱정되면 언제라도 전화할 수 있다."라고 하여 아동의 불안감을 없애도록 도와줍니다.

끝으로 분리 불안을 가지고 있는 아동의 등교 거부는 단지 드러난 현상일 뿐 기저에는 분리 불안이라는 원인이 내재되어 있음을 알아야 합니다. 특히 분리 불안을 보이는 아동의 3분의 1이 몇 개월 후에는 우울 장애로 발전하는 경우가 많으므로 이런 아이들에게는 학부모 상담을 하고 때에 따라서는 전문가의 개입을 고려하는 것이 좋습니다.

상담 및 심리 치료 기관 소개
- 한국청소년상담복지개발원(www.kyci.or.kr) 051)662-3000
- 전국의 Wee센터(www.wee.go.kr) 02)2507-8701~7
- 서울시청소년상담복지센터(www.teen1318.or.kr) 02)2285-1318
- 한국가족상담교육연구소(www.consult.or.kr) 02)523-4203

002

툭하면 안전사고를 일으켜요.

——— 이제 담임 3년차에 접어든 신규 교사입니다. 2년 동안 고학년 담임만 맡아오다 처음으로 저학년으로 내려오게 되었습니다. 고학년과는 너무나 다른 저학년을 맡아 정신없는 시간을 보내고 있습니다. 그중 가장 힘든 점은 산만한 남자아이들을 통제하는 일입니다. 아이들이 저지르는 크고 작은 사고들 때문에 하루가 어떻게 가는지 모르겠어요.

"선생님, 형준이랑 유동이가 울어요."

"왜? 무슨 일이니?"

"복도에서 뛰다가 부딪쳐 넘어졌대요. 머리를 다친 것 같아요."

우리 반 남자아이들은 쉬는 시간, 점심시간, 체육 시간 할 것 없이 틈만 나면 교실을 뛰어다닙니다. 그러다 넘어져 다친 적이 한두 번이 아닙니다. 그저께 청소 시간에는 제가 잠깐 자리를 비운 사이 남자아이들이 빗자루를 가지고 칼싸움을 하다 얼굴에 멍이 시퍼렇게 드는 사고가 발생했습니다. 이러다가 언젠가 정말 큰 사고가 벌어질까 두렵습니다. 이렇게 산만한 남자아이들의 안전사고를 방지하려면 어떻게 해야 할까요?

Ⓐ 저학년 남학생의 특성 중 첫 손가락에 꼽히는 것은 앞뒤 생각 않고 행동하는 '충동성'을 들 수 있을 것입니다. 이 특성이 남학생들의 활동성과 결합하면 특유의 모험적 성향이 완성됩니다. 난간에 떨어질 듯 매달려 스릴을 즐기는 아이, 계단을 전속력으로 뛰어가는 아이, "우유 폭탄이다!"를 외치며 4층 창밖으로 우유를 던지는 아이, 철봉에 거꾸로 매달려 있는 아이, "난 안 다친다니까!"라고 자신하며 보호 장비 착용을 거부한 채 자전거나 인라인스케이트를 타는 아이. 이런 아이들의 90퍼센트는 남학생입니다. 이 모습을 보는 여성들은 이렇게 외칩니다.

"도대체 남자애들은 왜 저 모양이야?"

많은 여선생님들이 책망과 힐난의 눈빛으로 남교사인 저에게 묻곤 했습니다. 그럴 때면 저는 이렇게 대답했죠.

"원래 그렇게 생겨먹었어요. 저도 어릴 땐 그랬고요. 하하하."

"정말요? 하여간 남자들이란 진화가 덜 됐다니까. 쯧쯧……."

"하하하. 맞아요. 남자는 아직 원시시대에서 못 벗어난 거죠."

사냥꾼의 특성을 타고난 아이들

위의 대답 그대로, 남자아이들이 산만한 이유는 아직 원시시대에서 벗어나지 못한 탓입니다. 인류는 1퍼센트(약 8,000년)를 제외한 99퍼센트(수십~수백만 년)의 세월 동안 수렵 채집 생활을 해왔습니다. 이 전통은 사냥과 열매 채집을 하면서 생활하는 세계 곳곳의 부족사회를 통해 현재까지 이어져 오고 있습니다. 중앙아프리카공화국의 열대우림에서 살아가는 아카 피그미족은 생계유지를 위한 활동 시간 중 약 56퍼센트를 사냥하는 데 쓴다고 합니다. 보스와나의 쿵족은 그보다 더 많은 시간을 사용한다고 하죠. 평균적으로 쿵족의 전체 음식물 중 40퍼센트는 사냥한 동물들로 이루어진다고 합니다. 사냥이 잘되는 시기에는 그 비율이 90퍼센트 이상까지 올라갑니다. 이 외에 다양한 부족사회가 식량을 얻는 주요 수단으로 사냥을 하고 있습니다. 이를 바탕으로 과거 수렵 채집 사회의 남자들 대부분은 한 가지 특정 직업을 가지고 있었다고 추론할 수 있습니다. 바로 '사냥꾼'입니다. 당연히 사냥에 유리한 기질을 타고난 남자 원시인이 더 많은 식량을 가졌고 더 많은 자식을 낳았을 것입니다. 그리고 그 유전자를 물려받은 사람들이 현대의 남자입니다. '사냥꾼'이 되기 위해 가져야 할 혹은 가질 수밖에 없었던 습성을 이해하면 천방지축인 남자아이들의 행동이 조금은 다르게 보일지 모릅니다.

두려움을 모르는 용감함, 생각한 바를 주저 없이 행동으로 옮기는 결단력, 지칠 줄 모르는 체력, 왕성한 활동량 모두 훌륭한 사냥꾼이라면 지녀야 할 필수적인 능력들입니다. 끊임없이 주위를 살피며 돌아다니다가 순간적인 기회를 놓치지 않고 목숨을 걸고 맹수를 포획하는 사냥꾼. 이 사냥꾼은 분명 더 많은 먹이를 잡았을 것이고 부족 모두에게 영웅으로 칭송받았을 것입니다. 그리고 수많은 여성들이 이 사냥꾼에게 매력을 느끼고, 자연적으로 더 많은 자손을 남겨 자신들의 유전자를 널리 퍼뜨렸을 것입니다. 그러나 수렵 채집 사회에서 영웅적 기질로 칭송받던 덕목들은 현대 사회로 오면서 골칫거리로 자리 잡게 됩니다.

두려움을 모르는 용감함은 조심성 없음으로 자리 잡았고, 주저 없이 행동으로 옮기는 결단력과 행동력은 급한 성격, 신중하지 못함, 참을성 없음, 충동적인 성향으로, 지칠 줄 모르는 체력과 왕성한 활동량은 산만함으로 자리 잡게 되었지요.

만약 사냥꾼의 유전자가 감정을 가지고 있다면 퍽 억울할 것이 틀림없습니다. 수만 년 전에는 최고의 영웅으로 칭송해주던 여성들이 이제는 자신을 골칫덩어리로 여기니까요. 이런 성향은 현대 교육제도를 만나 더 큰 비극을 만듭니다. 우리의 교실을 상상해봅시다. 좁은 교실 안에서 조금도 움직이지 말고 가만히 앉아 선생님의 말씀을 듣기만 해야 합니다. 수업 중에는 오직 연필을 깨작깨작하는 정도의 움직임만 허용됩니다. 일어난다거나 몸을 움직인다거나 소리를 낼 경우 여지없이 산만한 학생으로 매도당하고 맙니다. 복도에서도 뛰지 못하고 얌전히 걸어 다녀야 합니다. 심지어 뛸 수 있는 유일한 시간인 체육 시간에도 질서를 지키고 자신의 차례를 기다려야 합니다. 튀거나 질서를 깨는 행동, 스릴을 즐길 수 있는 행동은 대부분 제지당합니다. 대부분의 사냥꾼들에게 학교는 마치 감옥 같은 곳입니다. 특히 자기 조절력이 약한 어린 남학생일수록 더 갑갑하고 답답하게 느낄 것이 분명합니다.

산만한 남학생을 다루는 규칙

저학년 남학생들을 잘 다루는 교사가 되기 위해서는 첫 번째, 남학생들의 욕망을 인정해주어야 합니다. 남학생들의 위험하고 엉뚱한 행동들은 많은 경우 본능의 소산입니다. 특히 어리면 어릴수록 본능이 두드러지며 반대로 자기 조절력은 떨어집니다. "왜 이렇게 참을성이 없니? 왜 이렇게 산만하니?"

라고 다그치기보다는 '안됐다. 얼마나 뛰고 싶을까?'라는 마음으로 남학생들을 가엾게 바라봐주시기를 부탁드립니다. 하지만 아무리 안타깝다고 해도 학교에서 위험한 행동을 저지르는 남학생들을 그대로 방치한다면 기물 파손, 타박상, 골절, 싸움 등 사건·사고가 끊이지 않을 것입니다. 남학생의 선을 넘은 행동에는 분명한 제지가 필요합니다. 특히 안전에 관련된 경우에는 더욱 그렇지요.

이 모험가들을 위해 교사가 해줄 수 있는 두 번째 일은 남학생들에게 최대한 안전한 환경을 만들어주는 것입니다. 남학생들에게는 대걸레가 야구 방망이로, 빗자루는 목검으로, 쓰레받기는 방패로 보입니다. 커터 칼, 가위 등은 언제든지 아이들을 다치게 할 흉기가 될 수도 있습니다. 이런 위험한 물건은 학생들 주위에서 최대한 치워주는 것이 좋습니다. 그리고 빗자루나 가위처럼 꼭 필요한 물건에는 규칙을 만들어주어야 합니다. 그 물건의 용도에 맞는 쓰임새 외에는 절대로 다른 장난을 하지 않도록 경고하고 주시하는 것이지요. 이는 물건만이 아니라 행동도 마찬가지입니다.

저학년 남학생들의 안전한 학교생활을 위해 교사가 해야 할 세 번째는 구체적이고 명확한 행동 규칙을 만들어주는 것입니다. "위험한 일은 안 된다. 다칠 것 같은 행동은 하지 마라." 같은 규칙은 얼핏 보면 적절해 보이지만 남학생들에게는 규칙으로 작동하기 힘듭니다. '위험한 일'이라는 말이 가진 추상성과 "나는 복도에서 뛰어도 안 다치니까 괜찮아, 난 자신 있어."라는 남학생 특유의 용기가 맞물려 이런 규칙을 무용지물로 만들기 때문입니다. 제 경험상 남학생들에게 규칙을 이야기할 때는 "교실이나 복도에서 뛰면 안 된다. 난간에 매달리면 안 된다. 친구를 밀치면 안 된다."와 같이 구체적인 상황과 행동을 명확하게 제시해주는 것이 더 효과적이었습니다. 실제 성인 남성에게도 "청소하세요."라고 지시할 때보다 "3시까지 방을 쓸고 걸레질을 마쳐요."

라고 구체적으로 지시할 때 지시를 실행할 확률이 더 높아진다고 합니다. 물론 "복도에서 뛸 경우 첫째, 네가 넘어져 크게 다칠 수도 있고 둘째, 친구와 부딪쳐 상처를 입힐 수도 있어."와 같이 구체적인 이유도 함께 제시하는 것이 좋습니다. 논리적인 것을 중시하는 남자의 특성상 다양한 예시를 통해 위험성을 충분히 납득한다면 규칙의 힘은 더 커질 것입니다.

이에 더해 '복도에서 뛸 경우 1분간 반성하기'같이 간단한 벌칙도 함께 제시해야 합니다. 이때 벌칙은 학생에게 선택권을 주어 함께 만드는 것이 좋습니다. 토의를 거쳐 학생들도 납득하고 인정할 만한 벌칙을 선택해야 하겠죠. 저는 주로 스스로 반성할 기회를 주는 방식의 벌칙('복도에서 달릴 경우 벌어질 상황 세 가지를 생각해 선생님께 말하기' 같은)을 학생들과 함께 만들었습니다.

안전한 환경, 구체적이고 명확한 안전 규칙이 동반될 때 아이들의 안전사고를 최소한으로 줄일 수 있습니다. 그러나 잊지 말아야 할 점은 그래도 아이들은 사고를 친다는 사실입니다. 이런 남자아이들의 본능을 인정해주고 따뜻한 시선으로 바라보고 감싸 안아주는 것 또한 교사의 역할일 것입니다.

003

늘 소리 지르듯
큰 소리로 말해요

―――― 주현이는 1학년 남자 어린이입니다. 교실에서 수업을 할 때
나 친구들끼리 놀 때에도 아무 때나 큰 소리로 묻고 대답합니다. 수업 시
간에 선생님이 질문을 하면 질문 내용과 상관없이 큰 목소리로 한없이
길게 "네~~~~~"하고 대답을 하는데, 이런 일이 매번 반복되다 보니 교
사도 힘들고 학급 아이들도 인상을 쓰며 짜증을 냅니다.

몰라서 그럴 수도 있겠다 싶어 목소리 크기를 조절하여 말하기를 가르
친 후에 이를 잘 수행한 친구를 모델로 삼아 말해보는 훈련을 해보았는
데, 소용이 없었습니다. 당시에는 조금 목소리 크기를 조절한 듯하다가
시간이 지나면 여지없이 소리를 크게 지르지요. 게다가 친구들과 함께 놀
고 싶으면 큰 소리로 친구를 부르면서 손으로는 어깨를 치고 몸으로 부
딪치면서 다가가는 바람에 곧잘 싸움이 일어나기도 해요.

"선생님, 주현이가 제 어깨 때렸어요. 세게 달려들어 넘어질 뻔했어요."

"아니에요. 제가 같이 놀자고 하니까 저리 가라고 먼저 화를 냈어요."

쉬는 시간이 지나고 나면 이런 일들로 선생님께 딱한 사정을 알리는 일들이 비일비재합니다. 상대 친구는 주현이가 때리고 밀면서 크게 말했다고 하고, 주현이는 안 그랬다며 억울해서 우는 게 주된 내용이지요. 교육을 해도, 타일러도, 학급 친구들에게 친절하게 대하라고 부탁을 해도 전혀 행동이 나아지지 않습니다. 공동체 생활에 막대한 피해를 주는 주현이에게 어떻게 목소리를 조절하라고 말할 수 있을까요?

Ⓐ 주현이의 부모님은 중국인입니다. 주현이가 태어난 지 1년도 채 되지 않아 부모님이 한국에 오게 되었고, 아이는 할머니께서 다섯 살까지 중국에서 기르다가 나중에 한국에 왔습니다. 중국어가 모국어였던 주현이는 한국에 오자마자 어린이집에 맡겨졌고, 양육은 맞벌이를 하는 부모님 대신 중국에서 같이 온 할머니가 도맡아 하게 되었습니다. 어린 나이에 낯선 나라에 와서 말도 잘 안 통하는 어린이집에서 시간을 보내야 했던 주현이는 친구들과 의사소통이 되지 않아 매우 답답한 시간을 보냈습니다. 맞벌이로 바쁜 부모님은 주현이를 제대로 돌볼 시간이 없었고, 주현이의 힘든 마음을 보듬어줄 기회도 없었지요. 어머니는 조선족이라 한국어를 쓰는 데는 불편함이 없었지만, 하루 종일 장사를 하시느라 주현이에게 말을 가르쳐줄 시간이 없었습니다.

주현이는 관심을 끌고 싶거나 원하는 것을 이루기 위해 크게 말하는 습관이 생기기 시작했습니다. 큰 목소리로 요구 사항을 전달하지 않으면 의사소통이 잘 안 되었기 때문이지요. 큰 소리로 말해도 요구가 받아들여지지 않으면 울음을 터트리는 일도 잦았습니다.

심리 검사로 나타난 결과

　주현이의 부모님은 주현이에 대해 정서 행동상의 문제가 두드러지게 나타나지 않는 것으로 보고 있지만 전문가가 검사한 결과는 달랐습니다. 심리 검사 결과 주현이는 지적 능력이 동일 연령에 비해 부족하고 주의 집중에 어려움이 있으며 정서적으로 불안정할 가능성이 있는 것으로 나타났습니다. 주현이는 한글을 잘 쓸 줄 몰랐고 간혹 문맥에 맞지 않는 응답을 했으며 엉뚱한 단어를 사용하곤 했습니다. 그림 검사에서는 그림의 질이 동일 연령에 비해 빈약했습니다. 이런 점을 고려해볼 때 주현이의 전반적인 인지능력이 큰 목소리와 관련이 있을 수 있습니다. 하지만 한 자릿수 덧셈 정도의 연산능력이 가능한 점을 고려해볼 때 주현이에게 교육적인 자극이 부족한 것이 인지능력 저하에 영향을 주었을 가능성도 있습니다.

　'HTP' 검사 결과 주현이는 정서적인 측면에서는 애정 욕구가 강하고 다른 사람에게 관심이 많지만 이를 충족시킬 수 있는 사회적 관계 형성 능력이 부족하고 미숙하여 부정적인 자기상을 가진 것으로 나타났습니다[HTP란 '집-나무-사람(House-Tree-Person) 그림 검사'를 말하는 것으로, 개인의 반응을 분석하여 성향을 평가하는 심리 검사의 주요 기법 중 하나입니다]. 가정환경은 안정감을 주거나 지지적인 기반이 되어주지 못했고, 특히 상담 과정에서 아버지가 어머니를 때리는 가정 폭력 상황에 노출되었을 가능성이 나타났습니다.

　사람 그림에서 소원을 묻는 상담자에게 주현이는 "돈 뺏는 것, 남 때리는 거요. 남이 죽이는 거요."라는 등 공격적인 반응들을 지속적으로 보였습니다. 이로 볼 때 내재되어 있는 공격성이 외부로 표출될 가능성도 있었습니다. 따라서 다양한 활동과 자극을 통해 인지적 능력을 향상시킬 수 있도록 돕고, 주의 집중의 어려움을 완화시키기 위한 개입이 필요했습니다. 이와 더불어 가정 내에서 부모님이 아동에 대해 깊이 이해하고 상호작용함으로써 아동이 안정감을 느낄 수 있도록 돕는 것이 필요해 보였습니다.

이렇게 도왔어요 : 가정에서

주현이는 어린 시절 부모와 몇 년간 떨어져 지낸 터라 애착 관계가 제대로 형성되지 못했습니다. 중국에서 한국으로 건너온 뒤로는 말과 글을 몰라 의사소통과 대인 관계에 어려움이 많았고요. 이런 과정을 고려하여 주현이의 가정환경에서 작은 치유의 접근을 시도해보기로 했습니다. 바로 독서입니다.

매일 재미있는 그림 동화 한 편을 읽고 오도록 과제를 주고 읽을 책은 도서실에 들러서 빌려가게 했습니다. 할머니께서 동화를 읽어주면 주현이는 먼저 한국말로 된 이야기를 들었습니다. 그러고 나서 두 번째 읽을 때는 할머니가 한 문장을 읽고 주현이가 따라 읽었습니다. 세 번째는 읽은 동화에 대해 그림을 보고 무슨 내용인지 할머니가 묻고 주현이가 질문에 대답하면서 할머니와 상호작용을 통해 애착 형성에 도움을 받게 했습니다. 나아가 상황에 따른 글의 이해뿐만 아니라 사회성이나 공감력을 키우기 위한 대화도 시도했습니다.

이야기책에 나오는 사람 말하기, 주인공이 한 일 말하기, 주인공이 한 일에 대해 주현이가 생각하거나 느낀 점을 말하기 등 주현이는 매일 동화책으로 읽기와 생각하기 공부를 했습니다. 독후 활동에 대한 소통이 원활해지면 독서 메모장에 '주인공', '등장인물이 한 일', '생각하거나 느낀 점'을 한 줄이나 두 줄로 표현하게 했습니다. 매일 하는 것을 권장하되 어려우면 일주일에 세 번 정도 해서 검사를 맡게 했습니다.

주현이는 이후 예상보다도 열심히 해서 학기 말에는 '다독상'을 받았습니다. 책을 매개로 하여 할머니와 상호작용을 긴밀하게 함으로써 안정감을 느낄 수 있었고, 취약했던 한국어도 많이 배울 수 있었습니다.

학부모와는 면담을 하여 주현이의 상담 치료를 권했습니다. 요즘은 지역사회 복지시설에 저소득층이나 다문화 가정 아이들의 성장 치료를 위한 프로그램이 다양하게 마련되어 있어 주현이가 적절한 심리 검사와 이에 따른 놀이 치료와 상담 치료를 받을 곳이 많습니다. 이때 담임교사가, 해당 아동이 학교에서 보인 부적응한 태도나 정서 상태를 관찰하여 심리 검사 추천서를 보내면 상담 검사를 통해 놀이 치료사 및 소아정신과 등으로 적절히 연결시켜줍니다. 이런 과정을 거치면 개인이 개별적으로 찾아가는 것보다 비용도 줄일 수 있고 단계적인 과정을 밟아갈 수도 있어 눈높이에 맞는 치료를 받을 수 있습니다. 또한 치료 사실이 급우들에게 노출되지 않아 학부모나 학생이 부담 없이 치료를 받는 이점도 있습니다. 주현이도 이러한 절차를 거쳐 부모님과 함께 심리 검사를 받게 되었고 떨어진 학력을 보충하기 위해서 방과 후에 이 학원 저 학원 바쁘게 생활했던 모든 것을 내려놓고 주 1회 놀이 치료와 매일 독서 활동 및 작은 과제 학습을 했습니다. 지금은 학교생활 태도나 급우들과의 관계 능력도 많이 향상되었습니다.

이렇게 도왔어요 : 학교에서

주현이가 큰 목소리로 대답을 하는 이유는 주로 선생님이 말씀하시는 수업 내용이 잘 이해가 안 가 수업 시간에 어려움이 느껴지거나 또는 불안감이 엄습할 때에 주의를 끌기 위한 방편이었습니다. 반대로 자신이 아는 내용이 나올 경우에는 자신이 알고 있다는 사실을 표현하고 싶은 마음에 큰 소리를 내기도 하였습니다. 따라서 성격이 차분하고 친절한 친구를 짝으로 앉혀 주현이의 마음을 읽어주고 도와주어 주현이가 정서적으로 안정이 될 수 있도록 도왔습니다. 한 달에 한 번씩 짝을 바꿀 때에는 반 친구들 가운데 자원을 받았습니다. 이렇게 짝이 된 친구는 주현이가 교과 수업 시간에 큰 소리로 말할 때면 옆에서 주현이에게 목소리를 낮출 것을 한 번 더 말해주고 주현이로 하여금 발표를 하게 했습니다. 또 발표를 하기 전에 짝에게 이 답이 맞는지 확인을 받게 하기도 했습니다. 이렇게 확인을 받은 후 자신감이 생기면, 주현이 목소리는 눈에 띄게 차분해졌습니다.

주현이는 창의적 체험 활동 시간에도 목소리가 커졌습니다. 무엇보다 외부 강사 선생님이 진행하는 수업이라 익숙하지 않고 무용이나 연극 등 활동이 많은 수업이라 역시 자신의 감정을 조절하지 못하고 큰 소리가 나오는 것이었지요. 어떤 날은 선생님 말씀을 앵무새처럼 따라 하기도 하고 어리광을 부리며 선생님 품으로 뛰어들기도 했습니다. 이때는 아이들 관리와 강의를 돕는 보조 교사 역할을 맡은 담임교사가 주로 주현이 곁에서 짝이 되어 눈높이를 맞추어주었습니다. 주현이와 담임선생님이 함께 활동하고 놀면서 수업을 하니 주현이는 더 이상 소리를 지르지 않고 차분하게 수업을 하게 되었습니다.

004

보건실에 너무 자주 가요.

—— 1학년을 처음 맡은 담임교사입니다. 우리 반 몇몇 아이들은 자주 보건실에 가겠다고 합니다. 가끔 한 달에 한 번 정도는 정말 아픈 듯 보이지만, 대부분은 아프지 않은 것 같은데 보건실에 가겠다고 합니다. 아프다는 아이를 다그쳐서 보건실에 가지 말라고 할 수도 없고, 정말 어디가 아픈 것은 아닌지 걱정도 됩니다. 어떤 날은 하루에 열 명 이상씩 보건실에 가는 터라 보건 교사에게 눈치가 보일 정도입니다. 어떤 아이는 하루에 몇 번씩 가기도 하고요. 또 종종 수업 시간에 보건실에 가서 누워 있기 때문에 수업에 결손이 생기기도 합니다. 보건실을 적절히 이용하도록 아이들을 지도할 수 있는 방법이 없을까요?

Ⓐ 저학년 아이들이 보건실에 자주 가는 이유는 몇 가지로 나뉩니다.

첫째, 보건실에 대한 단순한 호기심.

둘째, 타인의 관심을 받고, 관계를 맺기 위한 욕구를 표현하기 위해.

셋째, 신체적인 문제 증상이 나타났을 때.

넷째, 학업에 대한 스트레스에서 벗어나 다른 공간에 가고 싶을 때(신체화 증후군, 적응 스트레스 및 학업 스트레스로 인한 신체화 장애).

이를 해결하기 위한 방법은 원인에 따라 각각 다릅니다. 선생님은 아이가 보건실을 자주 찾을 때, 처음에는 위의 이유 중 어느 것에 해당하는지 제대로 파악하기 어렵습니다. 따라서 정확한 판단을 위해 학부모, 보건 교사와 긴밀히 협조해야 합니다.

아이들의 잦은 보건실 출입을 해결하기 위해서는 첫 번째로 보건실에 가는 것을 막지 말아야 합니다. 학교에는 유치원 다닐 때에는 보지 못했던 교장실, 행정실, 방송실 등의 다양한 특별실이 있습니다. 신입생인 아이들은 그곳에 어떤 물건이 있고 어떤 사람이 있는지 무척 궁금해합니다. 보건실 또한 이런 호기심 차원에서 가보고 싶어 하는 공간입니다. 교장실이나 교무실 등은 원한다 해도 갈 수 없지만, 보건실은 아프면 갈 수 있으니 조금이라도 아픈 기색이 있으면 보건실을 찾는 것이지요. 이러한 이유로 보건실에 가겠다고 하는 아이들은 수업에 방해가 되지 않는 선에서 보내주는 것이 좋습니다. 여러 번 가다 보면 보건실에 대한 흥미도가 떨어져서 자연스럽게 가는 횟수가 줄어들 것입니다. 반면 억지로 가지 못하도록 막으면 막을수록 아이는 호기심이 제대로 해소되지 않아 더욱 보건실에 가고 싶다는 욕구를 느낄 수 있습니다.

두 번째, 충분한 위로와 관심을 보여주어야 합니다. 사람은 아프면 보호받고 위로를 받습니다. 어른들도 일이 지치고 힘들 때면 위로받고 싶을 때가 있듯이, 아이들 역시 그렇습니다. 위로받고 기대고 싶을 때, 담임교사에게 아픔을 호소하는 것입니다. 그렇게 되면 담임교사에게 위로를 받고, 또 보건실에 가면 보건 교사로부터 보호를 받으며 위로를 받습니다. 이러한 이유로 보건실에 자주 가는 아동은 아주 경미한 아픔을 주로 많이 호소합니다. 벌레에 물려서 가렵다고 하거나, 손톱 근처에 거스러미가 일어났다고 하거나, 이미 딱지가 앉아 아물고 있는 상처를 핑계 대기도 합니다.

이러한 경우 교사는 아이의 현재 몸 상태에 대해 걱정하고 위로해주는 것이 좋습니다. 그러면 담임선생님에게 관심을 받고 이해받는 자신의 목적을 달성하여 그 자체가 위안이 됩니다. 이렇게 관심과 공감을 해주면 대부분의 아이들은 보건실에는 가지 않아도 괜찮을 것 같다고 스스로 대답하는 경우가 많습니다. 이러한 아이들을 위해 저학년 교실에는 반창고와 상처에 바르는 연고, 벌레 물린 데 바르는 약, 손톱깎이 등을 비치해두고 사용하면 좋습니다.

세 번째, 같은 증상으로 반복적으로 보건실에 자주 가는 아동은 신체적으로 문제가 있는 것은 아닌지 알아보아야 합니다. 신체적 문제가 증상으로 발현되는 것이라면 빨리 부모님께 알려 병원에서 정밀한 검사를 받고, 이에 알맞은 의학적 조치를 받도록 안내해야 합니다. 이러한 경우 담임교사는 언제, 어떤 증상으로 아동이 보건실에 가는지 기록해두면 도움이 됩니다. 기록해놓지 않았다면 보건실의 아동 방문 일지를 참고하여 구체적인 방문 횟수, 시기, 방문 사유 등을 부모님께 알리고, 가정에서도 유사한 증상이 나타나는지, 과거 병력이 있는지, 있다면 현재의 증상과 어떠한 관련이 있는지 상의하는 것이 좋습니다.

네 번째, 신체화 증후군 여부를 확인해야 합니다. 몇몇 아이들은 학교에 들어오면 지켜야 하는 규칙도 많고 가만히 앉아서 하는 것에 스트레스를 받는 경우가 있습니다. 쉬는 시간에는 친구들과 즐겁게 놀다가 공부 시간만 되면 머리가 아프다, 배가 아프다는 이유로 보건실에 가고자 하는 아이들이 있습니다. 단순히 공부에 대한 스트레스에서 벗어나기 위한 핑계로 말하는 것인지 아닌지는 판단하기 매우 어렵습니다. 아이의 아픔 호소가 진실한 것으로 보인다면 보건실에 보내주되, 이러한 현상이 반복된다면 신체화 증상인지 아닌지 의심해보아야 합니다. 이를 '신체화 증후군(somatizing syndrome)'이라 합니다. 이 증후군은 신체적(내과적) 원인 없이 심리적 문제를 신체 증상으로 표현하는 것입니다. 심리적 문제가 불면증, 소화불량, 피곤, 두통, 복통, 마비 등으로 나타나지요. 신체화 증상은 꾀병이 아니라 스트레스 요인으로 인해 실제로 몸이 아픔을 느끼는 것입니다. 교사와 부모는 아이들이 무엇 때문에 신체화 증상을 유발하는지를 파악하여 스트레스 요인을 줄여주는 노력을 해야 합니다. 예를 들면 학습에 어려움이 있는 경우, 교사의 개별적인 도움의 수준을 높이거나 일반 아동들보다 학습의 양이나 수준을 조절해주는 것 등을 고려해볼 수 있습니다. 부모와 교사의 노력으로 해결할 수 없다면 전문 상담 기관의 도움을 받는 것이 좋습니다.

005

자기주장만 옳다고 내세워요.

——— 오늘도 재민이는 모둠 활동에 참여하지 못하고 얼굴을 책상 위에 묻고 울고 있습니다. 모둠 친구들도 불만 어린 표정을 짓고 활동을 중지한 상태입니다.

"무슨 일이니? 재민이가 울고 있구나!"

모둠에 다가가 물어보는데, 재민이는 여전히 양팔로 얼굴을 감싼 채 엎드려 있습니다. 알고 보니, 재민이가 모둠 친구들의 의견을 듣지 않고 자기 의견만 내세우다가 친구들이 말을 들어주지 않자 "너희끼리 해, 난 안 할 거야!" 하고 화를 내며 토라진 것입니다. 한 친구가 기다렸다는 듯이 "야, 정재민! 너 또 삐쳤냐? 하기 싫으면 그만둬!"라고 말하자, 결국 재민이는 책상에 엎드려 울고 모둠 활동도 중지된 것이었습니다.

"재민아! 일어나 봐. 친구들이 한 말이 맞니?"

"아니, 그게 아니라(울먹이며), 애들이 제 말은 안 듣고 자기들 마음대로 한다구요!"

재민이는 뭐가 그리 억울한지 또다시 울음을 터트렸습니다.

재민이처럼 자기주장만 내세우다가 주장이 받아들여지지 않으면 토라지거나 우는 아이들이 있습니다. 이런 아이들은 자기 뜻대로 되지 않으면 실험 도구를 엉망으로 만들어놓거나 물건을 친구들에게 주지 않아 모둠 활동 전체를 방해하기도 합니다. 그래서 재민이가 속한 모둠은 자주 모둠 활동이 중지되거나 방해를 받아 친구들도 재민이를 싫어하는 눈치입니다. 어떻게 하면 재민이에게 배려심과 협동심을 길러줄 수 있을까요?

Ⓐ 자신의 의견이 무시당하거나 감정적 지지를 받지 못하고 자라온 학생은 남의 의견도 수용하지 못하고 타인의 감정도 잘 알아채기 어렵습니다. 개인 상담을 통해 알아본 결과 재민이는 평소 부모님이 자신의 말을 귀담아듣지 않고 늘 무시하는 데 불만이 많았습니다. 그래서 늘 친구들이 자기 말을 무시하고 자기들 마음대로 한다고 생각하게 되었지요. 자신의 의견을 내세우기 전에 이미 '친구들이 또 내 말을 무시하면 어쩌지?' 하는 부정적인 마음과 불안한 마음이 커질 대로 커져서, 정말로 자기 의견이 받아들여지지 않으면 과도하게 화를 내는 것입니다.

재민이의 이런 억울함은 친구들에게만 느끼는 것이 아니라 교사에게도 향해 있습니다. 언젠가 재민이와 태균이가 다툰 적이 있습니다. 무슨 일이 있었는지 알아보려고 먼저 태균이에게 질문을 했습니다. 태균이는 또박또박 있었던 일을 정확하게 기억하고 이야기했습니다. 하지만 태균이가 좀 더 잘못했다는 느낌이 들었습니다. 그래도 양쪽 이야기를 들어봐야겠기에, 이번에는 재민이의 의견을 들어보려고 재민이에게 질문을 했습니다. 그러자 갑자기 재민이가 "다 필요 없어. 내 편은 없단 말이야!"라고 소리를 치며 필통을 집어 던지는 것이었습니다. 선생님이 곧바로 자기편을 들어줄 줄 알고 있었는데, 자기에게도 질문을 하자 어차피 자기가 이야기를 해도 선생님이 자기편을 들어주지 않을 거라 지레짐작하고는 참을 수 없는 좌절감을 표출한 것입니다. 평소에 얼마나 이해받지 못했을지, 그 상처로 인해 재민이에게 남겨진 뿌리 깊은 좌절감과 외로움이 느껴져서 마음이 아팠습니다.

배려를 가르치기 위해서는 먼저 '배려'해주어야

감정적인 지지를 받지 못하고 무시당하며 자라온 학생이 문제를 일으켰을 때 냉정하게 잘잘못을 따지며 판단하거나 비교, 지적하는 것은 오히려 낮은 자존감에 상처를 주고 적개심만 불러일으킵니다. '양보 좀 하지, 별것도 아닌 일에 고집을 피우나.'라는 식의 대응은 재민이 같은 학생에게 도움이 되지 않습니다. 재민이가 다른 사람을 배려하고 협력하기 위해서는 역설적으로 재민이에게 더 많은 배려와 관심이 필요한 것입니다.

"친구들이 네 말을 들어주지 않아서 속상했구나! 선생님이라도 그랬을 거야. 재민이 의견이 무엇인지 선생님에게 말해보렴."

이렇게 먼저 재민이의 마음을 있는 그대로 수용해주는 것이 최우선입니다.

"아, 그런 의견이었구나. 좋은 생각이네."라며 의견에 대해 지지를 표현한 후, 그 의견에 대해 문제점이나 보완점을 생각해보게 합니다. 어떠한 경우에도 먼저 학생 의견의 좋은 점을 인정해주고, 그다음에 문제점을 찾아 보완해주어야 합니다. 이처럼 교사가 먼저 학생의 의견을 수용하는 태도를 보이고 지지하면 학생도 자신의 행동을 좀 더 객관적으로 되돌아볼 수 있습니다.

또한 다른 사람이나 모둠에 피해를 주는 행동을 했을 경우에는, 먼저 감정은 충분히 공감해주되 행동에는 한계가 있음을 명확히 알려주어야 합니다. 폭력이나 부당한 방법으로는 절대로 자신이 원하는 것을 얻을 수 없음을 스스로 깨닫도록 해주어야 합니다.

"그래, 친구들이 재민이 의견을 존중해주길 바랐는데 무시당한 것 같아서 정말 속상했구나!"

"네, 정말 억울해요. 저만 무시하잖아요."

"그럼 그때 재민이가 친구들에게 정말 하고 싶은 말은 무엇이었니? 재민이가 친구들에게 원했던 게 뭐야?"

"아까는 여자애들이 먼저 했으니까 이번에는 제가 먼저 하고 싶다구요."

"그래, 그렇게 말하고 싶었구나! 그런데 재민이는 어떻게 했지?"

"실험을 못 하게 방해했어요."

"그래. 원하는 것을 말로 표현하기보다는 실험을 못 하게 방해를 했구나. 다음에는 어떻게 하면 좋을까?"

"제 마음을 말로 표현하고 방해를 하면 안 돼요."

물론 재민이가 처음부터 이렇게 자신의 잘못을 깨닫지는 못할 수도 있습니다. 이 단계까지 오려면 교사의 더 많은 사랑과 지도가 있어야겠지요. 하지만 너무 성급해할 필요는 없습니다. 선생님이 학생의 의견을 수용하는 경험을 한 그 순간부터 이미 학생은 많이 변해 있을 것이고, 서서히 변화해갈 것입니다. 미미하더라도 학생의 긍정적인 태도 변화에 민감하게 반응해주고 가정과 협력하여 지도한다면 더 많은 효과를 볼 수 있습니다.

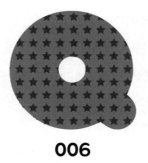

006

읽을 줄만 알고 뜻은 몰라요

——— 1학년 1학기 중반에 접어든 담임교사입니다. 우리 반 재원이는 수업 시간에 자주 초점을 잃은 눈으로 멍하게 창밖을 바라보곤 합니다. 학기 초는 아이들이 학교라는 낯선 사회에 적응하는 시기라 워낙 다양한 모습들을 보이기에 특별히 재원이가 이상하다고 생각하지는 않았습니다. 그러나 몇 달이 지나도 재원이가 나아지는 것 같지 않아 눈여겨보다가 재원이가 글자는 읽지만 그 뜻은 잘 모른다는 것을 알게 되었습니다. 자음, 모음도 쓸 수 있고 조금 느리지만 소리 내어 글도 같이 읽을 수 있는데, 내용을 물어보면 우물쭈물하며 매번 대답을 못 했습니다. '그동안 글의 뜻을 몰라서 수업 중에 멍하니 있었던 걸까?' 하는 생각이 들어, 수업이 끝나고 재원이를 잠시 남겨 같이 동화책 한 권을 소리 내어 읽게 하고 책 내용에 대해 몇 가지 질문을 했습니다.

"재원아, 제니퍼, 올리비에, 로리타는 어떻게 같은 곳에서 만나게 되었을까?"

"……."

"힘센 아빠들은 아이들에게 무엇을 만들어주었니?"

"…… 잘 모르겠어요."

부끄러운 듯 멋쩍은 표정을 지으며 대답을 전혀 하지 못하는 재원이. 제가 어떻게 도와줄 수 있을까요?

Ⓐ 초등학교 1학년 아이들의 언어 능력은 수준이 참 다양합니다. 자기 이름 세 글자 간신히 익혀 와서 읽고 쓰는 아이가 있는가 하면, 한글은 예전에 다 떼고 글자가 그림보다 많은 긴 동화책을 술술 읽는 아이도 있습니다. 대부분의 아이들이 자기 의견을 표현할 수 있는 말하기 실력은 갖추고 있기 때문에, 우리는 자연스레 어느 정도 글을 보고 소리 내어 읽을 수 있는 수준이 된다면 당연히 그 의미도 파악할 것이라고 생각합니다. 그러나 위 사례의 재원이처럼 읽기와 독해의 연결 과정이 자연스럽게 되지 않는 경우가 있습니다. 그럴 때 교사들은 대개 '1학년이니까 아직 어려서', '조금 느려서 그렇지 시간을 주면 할 수 있을 거야.'라며 대수롭지 않게 넘기기도 합니다. 실제로 초등학교 1학년은 학생들마다 타고난 다양한 성향이 드러나는 시기로 수업에 대한 각 학생들의 이해 정도와 태도가 매우 다양한 시기이기 때문입니다. 그렇지만 다른 아이들과 비교하여 읽기 이해력이 현저히 떨어진다면 그저 기다리기만 해서는 안 됩니다.

글을 읽고 이해하는 능력은 학습의 가장 기본적인 능력으로 읽기 이해 능력이 결함될 경우, 이후 여러 가지 학습 능력과 심리적 요인의 발달에 악영향을 미치게 됩니다. 주어진 과제를 시간 안에 끝내지 못해 스스로 자신에 대한 부정적인 평가를 내리기 쉽고, 이러한 경험이 지속될 경우 학습된 무기력 증상은 물론 자아 존중감의 하락까지 일어날 수 있기 때문입니다. 그러므로 읽기 이해 능력의 발달이 시작되는 학령 초기에 부모님과 담임교사는 학생들의 읽기 능력에 많은 관심을 기울이고 도움을 주어야 합니다.

독해 장애란 무엇인가?

재원이와 같이 읽고도 무슨 말인지 모르거나, 책을 읽어도 금방 그 내용을 잊어버리는 아이들은 일종의 학습 장애인 '독해 장애'를 의심해보아야 합니다. 독해 장애란 "글을 정확히 읽거나 읽은 글을 이해하는 데 있어서 자신의 지능이나 연령에 비해 성취도가 떨어지는 경우"(송종용, 2000)를 말합니다. 글을 읽을 때 우리는 글자를 읽음과 동시에 그 뜻과 내용을 파악하는 두 가지 과제를 수행하게 됩니다. 그러나 독해 장애 어린이들은 글자를 소리로 바꾸는 데 모든 노력을 기울이기 때문에 정확히 읽기는 했으나 내용을 처리하지 못하여 의미를 파악하지 못합니다. 이런 아이들은 글자를 읽을 수 있기 때문에 부모님이나 선생님이 아이에게 문제가 있다는 것을 잘 눈치채지 못합니다. 그러나 독해 장애는 사실 학습 장애 중에서 가장 높은 비율을 차지하는 장애입니다. 또한 지능이 높은 경우 저학년에서는 읽기 수준이 다른 아동과 같거나 비슷하게 나타나므로 큰 문제를 보이지 않다가, 교육 과정이 어려워지기 시작하는 3, 4학년이나 그 이후에 독해 장애가 드러나는 경우도 있습니다. 독해 장애는 문장 이해력이 떨어지기 때문에 응용문제를 잘 풀지 못하여 다른 교과목의 성적에 영향을 주는 것은 물론 때로는 사회성 결여까지 초래할 수 있습니다. 일반적인 독해 장애의 특징은 다음과 같습니다.

- 글의 핵심을 잘 파악하지 못한다.
- 책을 읽고도 어떤 내용인지 잘 모른다.
- 글을 읽는 속도가 느리고 글씨를 쓸 때 많이 틀린다.
- 때때로 부적절한 어휘를 사용한다.

독서 연구자이자 독서 전략 지도서를 다수 집필한 천경록 교수에 따르면, 초등학교 저학년(1, 2학년) 시기는 읽기 능력 발달 단계 중 '독서 입문기'에 해당하는 시기로, 이 시기에 아이들은 음성언어에서 문자언어로 나아가 읽기에 필요한 기초적인 능력을 습득한다고 합니다. 이때 발달한 독해 능력은 후에 다른 교과 학습의 기초가 되므로, 저학년은 읽기 능력 발달에 매우 중요한 시기입니다.

차근차근 돕기

재원이 같은 아이들을 일반적인 교실 상황에서 지도할 수 있는 방법은 우선 수업 중 읽기 활동에 적극적으로 참여시켜 읽기 능력을 향상시키는 것입니다. 독해력이 떨어지는 경우 소리 내어 읽는 능력도 미흡한 경우가 많습니다. 이러한 경우 글 읽기 활동에 대한 자신감이 떨어져 글 읽기를 기피할 수 있기 때문에 먼저 읽기 능력을 보완해주는 것이 좋습니다. 이때는 소리 내어 읽기, 정확하게 읽기 지도에 중점을 둡니다. 아이의 읽기 속도는 1분당 1학년은 150글자, 2학년은 200글자 정도를 읽으면 적당합니다. 너무 빨리 읽으려는 아이들은 대충 읽기가 되어 독해에 방해되므로 읽기 속도를 점검해야 합니다.

다음으로 아이의 독해 능력을 파악하여 그에 맞는 적절한 분량의 과제를 제시해줍니다. 책 내용에 대한 아이의 이해도를 확인하기 위해 읽기에만 머무르지 않고 다양한 지점에서 멈추어서 질문하고 답하는 활동을 반복적으로 하는 것이 효과적입니다. 문장에서 주어와 동사를 찾는 연습을 하는 방법도 있습니다. 저학년이니만큼 간단한 수준에서 시작하면 됩니다. 예를 들어 "사슴이 덤불에 숨었어요."라는 문장에서 "덤불에 숨은 것은 누구지?", "사슴이 어떤 일을 했니?" 등의 질문과 대답을 다양한 문장으로 제시합니다. 다 읽은 후에 주제나 등장인물, 주요 사건에 관해 이야기를 주고받는 것도 좋습니다. 다만 너무 자주 확인하면 감시가 되어 아이가 읽기에 부담을 느낄 수 있으니 주의해야 합니다. 읽기 능력의 향상은 단기간에 완성되는 것이 아니라 장기적인 관점에서 접근해야 합니다.

단어의 뜻을 몰라서 독해에 어려움을 겪는 경우에는 어휘를 확장하기 위한 지도가 필요합니다. 어휘에 대한 사전 지식과 단어를 이해하는 능력과 독해력과는 밀접한 관계가 있기 때문입니다. 학급 전체 아이들을 대상으로 함께 지도하면 어휘력 확장에 도움이 됩니다. 저학년 수업 중에 할 수 있는 방법으로는 사전 찾기 놀이, 책에 등장하는 새로운 단어를 알고 있는 단어와 연결지어 보는 활동 등이 있습니다. 이때는 자유롭게 낙서 형식도 좋고 좀 더 나아가서는 마인드맵 형식으로 구체화시키면 더욱 효과적입니다.

부모님과도 상담을 통하여 아이에 대해 알리고 가정에서 지도할 수 있는 구체적 방법을 제시하여 연계 지도를 하면 좋습니다. 상담을 할 때에는 발달 과정상 충분히 일어날 수 있는 현상이라고 설명하고 자녀의 문제 인식에 거부감이 들지 않도록 하는 것이 중요합니다. 가정에서는 장기적이고 개별적인 지원이 가능하기 때문에 음성 언어 듣기 능력 향상에 더욱 중점을 두는 것이 좋습니다. 독해 장애의 시작은 듣는 경험의 부족에서 오기 때문입니다. 가장 좋은 방법은 시각 자료를 활용하여 듣기 능력을 향상시킬 수 있는 '동화책 읽어주기'입니다. 내용과 그림이 반반씩 구성된 동화책은 내용을 이해하지 못했다 하더라도 그림을 통해서 다시 한 번 이해할 수 있도록 구성되어 있으므로 글을 읽고 이해력을 확장시키는 데 더할 나위 없이 좋은 도구가 됩니다. 저학년 아이들의 경우 글을 읽고 이해하는 능력이 떨어지기 때문에 교과서의 내용만 가지고는 이해력이 부족하여 독해 장애로 의심되는 경우가 있을 수도 있기 때문에 동화책을 통해 다양한 배경 지식 습득을 돕도록 합니다. 어릴 때 부모님이 읽어주는 동화책은 독해력 향상과 학습 능력의 바탕이 됨은 물론 아이의 성장에 큰 영향을 미치며, 어휘력과 표현력을 풍부하게 합니다. 처음에는 책 읽어주기로 시작해서 차츰 스스로 읽고 이해하는 단계로 나아갈 수 있도록 부모님이 관심을 갖는 게 무엇보다 중요합니다.

📖 참고문헌

- 김순례, 《독서습관 100억원의 상속》, 파인앤굿, 2007.
- 송종용, 《학습장애》, 학지사, 2000.
- 박용재, 《아이의 미래 초등교육이 전부다》, 베가북스, 2015.
- 정부자, 〈초등학교 저학년 읽기부진 아동의 읽기관련 변인에 관한 연구〉, 《한국장애인재활협회》 제13호 2, 313~327쪽, 2009.
- 천경록, 〈읽기의 개념과 읽기 능력의 발달 단계〉, 《청람어문학회》 제2호 2, 263~282쪽, 1999.

007

청개구리 같은 아이,
어찌 해야 할까요?

—— 1학년 담임교사입니다. 재호는 체격이 좋고 에너지가 왕성한 어린이입니다. 그런데 입학한 지 3일·정도 지난 날부터 청개구리 같은 특성이 드러나기 시작했습니다. 공부 시간에 함께 학습 활동을 하다 보면 한 시간에 너덧 번 정도는 교사에게 대듭니다.

"오늘 활동한 내용을 종합장에 정리해서 선생님께 검사 받으세요."

"안 할 건데요. 재미 하나도 없어요."

재호는 교사의 말이 끝나자마자 일단 부정적인 반응을 하고 자리를 떠서 돌아다니거나 아니면 짝에게 말을 걸며 공부를 방해합니다. 자기 뜻대로 안 되면 때리거나 욕을 해서 기어이 울리기도 하지요.

신체 활동을 위해 운동장에 나갔을 때에도 재호는 줄은 안 서고 어정거리더니 교사 앞으로 나오면서 또 따지듯 묻습니다.

"오늘 뭐 할 거예요? 전 다 알아요. 재미없는 거 할 거죠?"

"선생님이 무엇을 할지 궁금하구나? 재미있는지 없는지는 해봐야 아는 일이니 제자리에 들어가 줄부터 서렴. 어서!"

이러고 나면 재호는 심술이 잔뜩 난 표정을 하고선 흙먼지를 일으키며 자리로 들어가 앞뒤 친구들에게 몸을 치댑니다. 준비 체조가 끝나고 아이들을 자리에 잠시 앉혀놓고 학습 활동을 안내하려고 하면 또 일어서서 "재미없는 것 하니까 난 안 할 거예요." 하며 놀이 기구 있는 곳으로 갑니다. 교사가 엄하게 이름을 불러도 아랑곳하지 않고 고집부리며 줄에서 일탈하여 혼자 놀이 기구를 타고 놉니다. 그러다가 심심하면 자기 말을 잘 듣는 친구에게 다가와 같이 놀자고 데려갑니다. 수업 시간에 이런 방식으로 교사와 맞서며 수업 방해를 합니다. 자기 의도대로 하다가 뜻대로 안 되면 심통을 부리고 제 고집대로 행동합니다. 교사의 권유나 엄한 지시에도 막무가내입니다. 교사의 감정을 시시때때로 사납게 하는 청개구리 같은 아이, 어떻게 이해하고 지도해야 할까요?

🅐 재호는 부모님이 이혼하고 어머니가 키우는 아이입니다. 위로 4학년인 형이 있습니다. 재호 담임선생님은 재호 형을 2학년 때 가르쳤습니다. 재호 형은 재호에 비해 항상 우울하고 말이 없었습니다. 형은 아픔을 내면에 가두고 재호는 아픔을 밖으로 표출시키는 유형으로 보였지요. 재호 어머니는 생계가 어려워 국가의 복지 지원을 받으면서 시간제 일을 하십니다. 이혼의 아픔이 있는 데다가 어려운 환경에서 남자아이 둘을 키우느라 힘드실 텐데도 많은 관심과 에너지를 두 아들에게 쏟는 것을 알 수 있었습니다. 받아쓰기 평가나 그림일기 숙제를 보면 어머니의 손이 얼마나 갔는지 알아차릴 수 있으

니까요. 아이들은 받아쓰기는 항상 100점이고 그림일기는 거의 3학년 이상의 수준입니다. 1학년의 자유로운 일기 쓰기를 넘어 주제가 분명하고 띄어쓰기와 들여쓰기, 문단 구별하여 쓰기, 반듯한 글씨 등 완벽한 글쓰기를 보여주었지요.

그러나 이러한 좋은 평가가 재호의 진짜 실력이 아님은 공부 시간에 고스란히 드러납니다. 자율적으로 해야 할 일에서 재호는 스스로 하는 법이 없었습니다. 글쓰기 활동 역시 마찬가지였지요. 재호는 선생님에게 끊임없이 "어떻게 해요?"라고 질문하기만 합니다. 하는 방법을 알려주어도 이내 싫증을 내고 제 시간에 완성하는 경우가 거의 없으며 글의 내용은 과제에 견줄 수 없을 정도로 형편없습니다. 형식만 있고 내용이 없는 글이지요.

받아쓰기 평가를 한 후 쉬는 시간에 평가장을 나눠주었습니다. 순간 공책을 열어 100점 맞은 것을 확인한 재호가 큰 소리로 이렇게 외칩니다.

"나 또 100점이다. 난 무조건 100점이야. 그런데 넌 몇 점이냐? 빵점? 50점? 이 멍청이들아."

재호는 큰 소리로 친구들을 약올립니다.

"재호야, 이리와 봐. 재호는 어떻게 공부해서 시험 보면 무조건 100점이야? 머리가 참 좋은가 보구나!"

"재호 엄마 엄청 무서워요. 받아쓰기 연습 100점 맞을 때까지 안 하면 때리고 반쯤은 죽어요."

칭찬을 듣던 재호 옆에서 학급 친구가 이렇게 말했습니다. 재호는 그 말을 듣더니 겸연쩍게 웃고는 자리로 들어갔습니다.

삶의 상처와 고단함을 아들을 통해 보상받고자 하는 욕구가 강해서일까요? 통제와 지시적인 강한 방법을 써서라도 아들을 잘 키우고 싶은 엄마의 교육 방법이었을까요? 재호는 성적에서는 엄마에게 뿌린 만큼 거둔다는 보상을 주었을지는 모르지만, 정서적인 면에서는 격려와 칭찬을 많이 받지 못해 무언가 허기가 져 있는 아이 같아 보였습니다.

부정적 사고를 긍정적 사고로 바꾸기

말하는 것마다 부정적인 대응을 받으면 교사도 순간 감정이 상하고 화도 납니다. 그러나 학생의 배경을 읽고 나면 '그럴 수도 있지.' 하며 이해의 폭이 넓어집니다. 재호의 가정환경을 짐작하고 난 뒤, 재호가 학교에서 반대로 행동하고 반항하는 태도가 어쩌면 엄마와의 관계에서 통제와 지시만 받는 데 대한 반작용이 아닐까 하는 생각을 했습니다. 집에서 힘들었던 감정을 그나마 좀 더 편하고 허용적인 선생님 앞에서 쏟아놓는 건 아닐까 싶어 측은한 마음도 들었죠. 그래서 재호에게 보다 적절한 본보기를 통해 자기 언어를 굳혀갈 수 있는 강화 기법을 쓰기로 했습니다. 바로 '긍정적 자기 대화 기법'입니다.

재호하고는 사제 동행 프로그램을 같이하기로 했습니다. 1학년답지 않게 왕고집에 부정적 반응이 심한 재호를 따로 한 주에 한 번씩 만나기로 약속을 했습니다. 방과 후 활동이나 학원에 가지 않는 날을 잡아 수업이 끝난 후 선생님과 간식도 먹고 놀잇감을 이용하여 게임과 놀이도 함께했습니다. 두 시간쯤 이렇게 보내면서 '긍정적 자기 대화 기법'을 적용하기 전에 재호와 '라포(rapport)'가 충분히 형성되도록 재미와 허용 및 지지를 아낌없이 주었지요.

마음이 열리고 라포가 형성되면 그날 학급에서 있었던 상황을 상기시키며 긍정적인 사고를 강요하지 않고 스스로 생각해서 선택할 수 있도록 도움을 주었습니다. 일대일의 상담 과정이어서인지 재호는 부정적 언어를 선택하기보다는 긍정적인 말을 생각해서 표현했습니다. 이때 아낌없는 격려와 지지를 보내주면 재호는 얼굴 표정까지 밝아졌지요. 이런 재호를 보고 바르게 말하고 웃을 때가 제일 예쁘다고 특별히 칭찬을 더해주었습니다.

긍정적 자기 대화 기법의 절차는 다음과 같습니다.

첫째, 선생님이 훈련 절차를 보여줍니다. "'다 한 사람 가지고 나와서 검사 받으세요.' 했을 때 '네.' 하고 밝은 표정으로 문제를 다 한 후 인상 쓰지 않고 선생님께 나와 검사를 받습니다."라고 말하며 교사가 시범을 보여줍니다. 과제를 수행하는 동안 재호는 자신에게 지시를 속삭이며 말과 행동을 따라 했습니다.

둘째, 재호가 이 같은 말과 행동을 연습할 때 선생님은 재호의 행동과 표정을 잘 관찰합니다. 긍정적인 모습을 보이면 극대화시켜 칭찬해주며 선생님도 덩달아 기분이 참 좋다는 말을 해줍니다.

셋째, 수업 시간에도 부정적인 반응을 보일 때에는 방과 후 교실에 남아서 연습했던 일을 즉시 적용해서 실제 상황에서 연습하게 했습니다.

진심이 통하는 순간

재호는 긍정적 자기 대화 기법을 열심히 연습하면서 차츰 변화를 보이기 시작했습니다. 그러던 어느 날 재호가 한 친구를 심하게 때려 울린 날이 있었습니다. 두 사람을 불러내 잘못한 사람은 사과를 하고 화해를 하라고 시켰습니다. 그런데 재호는 입을 꾹 다물고는 친구를 째려만 볼 뿐 별다른 반응이 없었지요. 수업 시작종이 울리기에 이제 시간을 넘겼으니 반 친구들 앞에서 잘못한 사람이 사과해야만 자리에 들어갈 수 있다고, 용기를 내서 사과를 하라고 다시 지시했습니다. 그런데 시간이 지나도 재호는 표정이 더 무거워질 뿐 고집을 부리고 있었지요. 마치 예전처럼 선생님의 말을 꺾고 이기고야 말 기세였습니다.

그때 같은 반 은이가 손을 들었습니다.

"선생님, 제가 재호에게 해주고 싶은 말이 있는데 해도 돼요?"

"그래, 한번 해보렴."

"재호야, 너는 똑똑하고 잘생겼는데 왜 그렇게 심술을 부리는 거니? 잘못 했으면 잘못했다고 솔직히 말해. 그러면 너도 힘들지도 않고 우리도 즐겁게 공부할 수 있는데 너는 왜 계속 선생님 말을 안 듣고 네 맘대로만 하려고 해? 그런 너를 보니 나도 힘들어. 말 좀 들으면 우리 모두 좋을 텐데……. 너 때문에 정말 속상해."

은이는 더 말을 하려다 목이 메어 울음을 터트리고 말았습니다. 이를 지켜 보던 재호의 눈가에도 눈물이 흘렀습니다. 친구의 마음이 가슴에서 가슴으로 전해졌기 때문이겠지요. 재호는 잠시 뒤에 잘못했다고, 다시는 친구들 마음을 불편하게 하지 않겠다고 사과했습니다. 가라앉았던 교실 분위기는 이내 환희의 기쁨으로 바뀌었습니다. 재호의 힘 겨루는 고집과 거꾸로 저항하는 마음의 장벽이 한풀 무너져 내렸지요. 아무리 유용한 심리 기법이라도, 또래 친구의 진심 어린 다정한 말을 이길 수는 없다는 것을 깨달았던 귀중한 경험 이었습니다.

학교생활에서 아이들의 성장은 교사 한 사람의 노력과 같이 생활하는 반 친구들과의 관계가 좌우한다고 생각합니다. 긍정적 자기 대화 기법을 생활 속에서 활용하다 보면 부정적인 생각을 보다 긍정적이고 생산적인 생각으로 바꿀 수 있습니다. 나아가 교사와 친구 간의 관계 능력이 향상되어 공부가 즐 거워지고 친구들과의 관계도 훨씬 부드러워집니다. 이는 교사와 친밀한 라포가 형성되도록 충분한 관계 형성을 한 후 적용해야 효과가 있습니다.

　수업 현장에서 잘 이루어지지 않는 부분에 대해서는 방과 후 만남의 시간에 다시 한 번 구체적으로 다루면서 재경험을 시킵니다. 이 과정에서 저항이 오더라도 교사의 꾸준한 관심과 만남이 지속되다 보면 빛나는 치유의 순간을 경험하며 아이들로 인한 놀라운 성장과 기쁨을 얻을 수 있습니다.

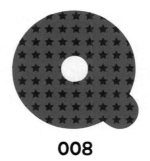

008

아무 때나 화장실에 가겠다고 해요

────── 2학년을 맡고 있는 3년차 담임교사입니다. 우리 반 민우는 수업 시간마다 "선생님, 쉬 마려워요."라고 큰 소리로 이야기합니다. 매번 반복되는 민우의 요청 때문에 쉬는 시간에 꼭 화장실을 다녀오도록 주의를 주고, 수업 시간에는 화장실에 가지 않는 규칙을 세워보았지만 아무런 효과가 없습니다. "쉬는 시간에 화장실에 다녀왔니?"라고 물어보면 "네, 다녀왔는데 또 마려워요."라고 천연덕스럽게 대꾸할 뿐입니다. 민우가 화장실에 가게 되면 "저도 마려워요." 하고 따라가는 아이들이 한두 명씩 나오면서 수업 시간은 이내 산만해지고 맙니다. 그렇다고 쉬는 시간이 될 때까지 참으라고 하면 바지에 실수를 할까 봐 안 보내기도 어렵고요.

반대로, 재연이는 화장실에 가고 싶다는 말도 하지 않고 조용히 있다가 앉은 자리에서 종종 실수를 합니다. 주변 아이들이 "선생님, 이상한 냄새나요."라고 하면 그제야 어쩔 줄 모르고 당황한 표정을 짓는데, 1학년은 옷에 실수를 하는 경우가 종종 있어서 여벌의 옷을 챙겨 다니지만, 2학년은 이런 경우가 드물어서 부모님이 바로 옷을 가지고 오실 수 없으면 매우 난처합니다. 유분증이 있는지 대변을 가리지 못하는 일도 잦습니다. 이런 일이 반복되다 보니 친구들이 눈치를 채고 가까이 가지 않으려 하고 싫어하는데 어떻게 하면 아이들에게 상처주지 않으면서 효과적으로 화장실을 사용하도록 지도할 수 있을까요?

Ⓐ 보통 2~3세에 이루어지는 배변 훈련은 사회적인 규칙이 본능적인 욕구를 제어하는 첫 번째 사례입니다. 화장실을 비교적 자유롭게 갈 수 있는 유치원과 달리 초등학교에서는 쉬는 시간에만 화장실을 가도록 보다 엄격한 시간제한을 두고 있습니다. 대부분의 저학년 학생들은 정해진 시간에만 화장실에 갈 수 있다는 규칙에 익숙해지기 전까지 혹시나 실수하지 않을까 하는 불안감을 많이 느낍니다. 게다가 대개 학교 화장실은 앉아서 볼일을 보는 좌변기가 아니라 쪼그리고 앉아서 볼일을 보는 화변기인 데다가 많은 사람들이 같이 사용하기 때문에 불편하다는 이유로 꺼리는 학생들이 꽤 있습니다. 저는 화장실에 가지 않으려고 하루 종일 물을 마시지 않는 학생도 보았습니다.

학생들이 수업 시간 중 화장실에 가는 이유는 대개 몇 가지로 나뉩니다. 주된 이유는 쉬는 시간에 놀이나 활동에 몰두하느라 잊어버리고 있다가, 수업이 시작되면 비로소 배변 욕구가 밀려오는 경우지요. 이때 아이들은 신체적으로는 화장실이 그리 급하지 않을 수 있는데도 공개적인 장소에서 실수를 할까 봐 심리적으로 불안해서 수업 중이라도 화장실에 가야겠다고 느낍니다. 선생님의 말씀을 잘 듣거나 참을성이 있는 학생이라면 '다음 쉬는 시간까지 참아보자.'라는 생각으로 참다가 옷에 실수를 하기도 합니다.

화장실 사용에 어려움을 겪는 아이들의 특성

초등학생의 화장실 사용은 배변 훈련이 이루어지는 두세 살 아동 심리의 연장선상에 있다고 볼 수 있습니다. 심리학자들은 시기별로 아동의 발달 단계를 나누어놓았지만 이런 발달 속도는 개인에 따라 차이가 많이 나며, 앞 단계에서 얻은 발달 과업이 퇴화하거나 특별한 상황에 부딪쳐 약화되었을 경우에는 보충이 필요하기도 합니다. 따라서 배변에 어려움을 겪는 학령기 아이들은 8~9세보다 앞선 시기에 배변과 관련하여 이루어져야 할 발달 과업을 살펴보는 것이 이들의 심리를 이해하는 데 무엇보다 도움이 됩니다.

배변과 관련된 발달 시기는 2~3세입니다. 지그문트 프로이트(Sigmund Freud)는 배변 훈련이 일어나는 두세 살 아동의 욕구 해소를 위해 항문을 통한 배설이 중요하다 여겨 이 시기를 항문기라고 이름 붙였습니다. 에릭 에릭슨(Erik Erikson)은 같은 시기를 자율성 대 의심 및 수치심의 단계로 분류하고 있습니다. 인간의 발달을 시기별 발달 과업에 대한 적응과 부적응 방식의 특성으로 설명한 에릭슨은 유아기에 배설과 잡기 등을 통해 '집착(hold on)'과 '해방(let go)'을 변주하는 활동을 하면서 긍정적이거나 부정적인 반응을 선택할 의지가 발달한다고 보았습니다. 예를 들어, 2~3세 때 양육자가 배변 훈련을 시키면서 아이 스스로 의지를 사용하도록 허용하고 기다려주면 자신감을 느끼고 자율성을 획득하지만, 실수했다고 혼을 내고 훈련을 강요한다면 다른 사람과의 관계에서 수치심을 느끼고 자신의 능력을 의심하게 된다고 설명합니다(노안영 · 강영신, 2005).

탱니와 디어링(Tangney, J. P. & Dearing, R. L., 2002) 같은 연구자들은 수치심이 집단에 자신의 잘못이 알려져 공적으로 창피를 당할 때 생기는 집단주의 문화에서 발달되는 감정이며, "나는 나쁜 사람이다."와 같이 자기(self)에 대한 부정이기 때문에 죄책감보다 고통스럽고, 무기력감을 동반하여 개인이 위축되는 결과를 가져온다고 주장합니다. 반면에 죄책감은 "나는 나쁜 행동을 했다."와 같이 존재가 아닌 잘못된 행동에 대해 느끼는 사적인 감정이므로 개선하기가 더 쉽다고 보았습니다. 적당한 수치심은 사회규범을 지키고 적응하게 하지만, 정도가 지나치고 장기간에 걸쳐 내재화되면 방어 행동들이 발달합니다. 따라서 불리한 상황에서 묻는 말에 아무런 대꾸를 하지 않거나 남을 깔보고 무시하는 듯한 거만한 태도를 취하거나 "너 왜 옷을 갈아입었어? 쉬 쌌지?"라고 묻는 친구에게 "아니, 넘어져서 갈아입었어."라며 뻔뻔스럽게 거짓말을 하는 모습 등은 모두 수치심의 부재가 아닌 방어 행동의 일부입니다.

같은 맥락에서 화장실 사용에 어려움을 겪는 학생들을 잘 살펴보면 다양한 영역에서 수치심이 발달했다는 것을 알 수 있습니다. 내성적이든 외향적이든 수치심이 발달된 아이들은 발표를 꺼리고 공적인 자리에 나설 때 유난히 부끄러움을 많이 타는 것을 볼 수 있습니다. 항상 그런 것은 아니지만 수치심의 발달은 물건에 집착하거나 특정 친구에게 집착하는 특성과 같이 나타나는 경우가 많습니다. 수치심이 발달한 아이들은 자존감이 낮아서 친구들에게 쉽게 휩쓸리고 상처도 쉽게 받을 수 있습니다.

존재가 아닌 행동에 초점 맞추기

따라서 화장실 문제를 독립적인 문제로 보기보다는 수치심, 자존감과 연관

시켜 평소 편안하고 자유로운 학급 문화를 만들고 아이의 잘못된 행동을 지도할 때 공개적으로 "넌 왜 맨날 화장실을 수업 시간에 가니?", "또 실수했어?" 등과 같은 말로 수치심을 유발하지 않도록 유의하는 것이 좋습니다. 이런 아이들은 따로 불러서 아이가 아니라 아이의 잘못된 행동에 초점을 맞추어 교정해야 합니다. 특히 교실에서 옷에 실수를 했을 경우, 수치심을 느끼지 않도록 교사가 나서서 반 친구들에게 적절하게 해명해주는 것이 필요합니다.

실제로는 학교 화장실을 편하게 느낄 수 있도록 환경을 조성하고, 스스로 쉬는 시간에 화장실에 다녀오는 습관을 기를 수 있도록 행동을 조형해 규칙적으로 화장실을 사용할 수 있도록 지도하는 것이 효과가 좋습니다. 또 수업 중 갑자기 화장실에 가고 싶은 때는 말로 허락을 받는 대신 조용히 손을 들어 의사를 표현할 수 있는 신호를 교사와 미리 약속해놓는 것도 좋습니다.

옷에 종종 실수를 하는 아이라면 여벌 옷을 사물함에 넣어두도록 하고 스스로 대처하는 방법을 사전에 지도하면 다른 아이들이 눈치채지 않게 조용히 해결할 수 있어서 효과적입니다. 발달이 더딘 1, 2학년 학생들의 경우 불가피하게 교사가 직접 옷을 갈아입히고 몸에 묻은 오물을 닦아주어야 하는 경우가 많습니다. 그러면 시간이 많이 걸리기도 하거니와 교사가 나머지 다른 아이들을 돌볼 수 없어 난감해지지요. 이럴 때를 대비하여 평소 아이에게 실수를 했을 경우 스스로 대처하는 방법을 미리 설명하고 집에서 연습해보도록 하면 좋습니다. 저의 경우, 여벌 옷을 비닐에 담아두었다가 스스로 화장실에 가져가서 물티슈로 오물을 닦고 옷을 갈아입은 후 더러워진 옷은 비닐에 넣어가도록 지도하고 아이의 부모님과도 상의하여 가정에서 이를 연습하도록 했더니 실제 상황에서 거의 대부분을 아이가 스스로 해결할 수 있었습니다. 아이가 자신의 실수에 자율적으로 대처하고 또 이에 대해 교사가 칭찬과 격려를 아끼지 않으면, 아이는 수치심을 느끼지 않을 수 있고 자존감을 높이는 데에도 도움이 됩니다.

마지막으로, 원활한 배변 활동은 건강한 식습관과 관련이 있으므로 학부모와 협력하여 평소 해당 학생이 식이섬유와 수분을 많이 섭취하도록 하고 유제품이나 당류, 가공식품 등 건강에 좋지 않은 음식은 적게 먹는 습관을 들이도록 지도해야 합니다. 먹지 않던 음식을 갑자기 먹거나 평소보다 너무 많은 양을 먹었을 경우 배변 활동에 무리가 생겨 실수를 하는 경우도 있기 때문에, 급식에 특별한 메뉴가 나왔다고 해서 지나치게 많이 먹지 않도록 지도하는 것도 중요합니다.

프로이트와 에릭슨의 심리 사회적 발달 단계

대략적 연령	프로이트	에릭슨
영아기(0~1세)	구강기	신뢰 대 불신
유아기(1~3세)	항문기	자율성 대 수치심과 의심
학령전기(3~5세)	남근기	주도성 대 죄의식
학령기(6~11세)	잠복기	근면성 대 열등감
청소년기(12~18세)		정체성 대 혼돈
성인기(18~35세)		친밀감 대 고립감
중년기(35~55세)	성기기	생산성 대 침체성
노년기(65세 이상)		자아통합 대 절망

 참고문헌

• 노안영 · 강영신, 《성격심리학》, 학지사, 2005.
• Tangney, J. P., · Dearing, R. L., Shame and Guilt, New York: Guilford Press, 2002.

009

아이들이 천연덕스럽게 거짓말을 해요

—— 올해 6년차 교사입니다. 고학년과 영어 교과를 주로 맡아 하다가 올해 처음 저학년인 2학년 담임을 맡았습니다. 그런데 순진하고 귀엽기만 한 저학년 아이들이 거짓말을 너무나 잘하는 데 놀라고 당황하고 있습니다. 다른 학교, 다른 반도 그런가요? 어떻게 이해하고 다루어야 할지 자신이 없습니다.

한번은 한 아이가 친구의 지우개를 사용한 후 교실 바닥에 슬쩍 던져 버리는 것을 보았어요. "왜 돌려주지 않고 던지니?"라고 물었더니 "안 던졌어요."라고 시치미를 뚝 떼는 거예요. 그런가 하면 또 다른 아이는 받아쓰기 채점한 것을 몰래 고치기도 합니다. 특히 동규는 지난번 수학 단원평가에서 100점 받은 아이들이 열한 명이나 되는데 "나만 100점을 맞았다."라고 일기장에 적는가 하면 과학 상상 그리기에서 우수상을 받았는데 "최우수상을 받았다."라고 적었습니다. 담임인 제가 일기 검사를 하면 다 드러날 일인데도 말이에요. 학급 친구들은 동규가 '거짓말쟁이'라고 수군거립니다. 심지어 동규 어머니도 동규의 말을 믿지 못하여 친구들에게 학교생활을 자주 확인하신다고 합니다. 좀 산만하긴 해도 공부도 잘하고 책을 많이 읽어 아는 것도 많은 동규가 왜 뻔히 드러날 거짓말을 그렇게 하는 걸까요? 학부모 상담에서 이 부분을 동규 어머니와 함께 풀어나가고 싶은데 어떻게 접근해야 할지 조심스럽기만 합니다.

Ⓐ 거짓말은 사실 고학년보다 저학년 학생들이 더 자주 합니다. 나이가 많을수록 거짓말을 빨리 알아챌 뿐만 아니라 상대방이 이야기를 꾸미거나 부풀리면 곧바로 옳고 그름을 따지기 때문에 고학년이 되면 거짓말하는 데 조심스러워지기 때문이지요. 한편 유치원생들과 1학년 학생들 가운데는 거짓말의 개념을 제대로 이해하지 못하는 경우도 있는데, 이때는 학생의 발달 수준과 성향을 보고 아이들을 살펴보아야 합니다. 더러는 아이에 따라 스스로 이야기를 창조하고 표현하기도 하는데, 이런 아이들은 곧잘 공상과 현실을 명확하게 구분하지 못해 자신이 만든 이야기를 사실로 믿기도 합니다. 이런 경우는 아이들의 상상력을 거짓말로 오해하지 말아야 합니다.

그러나 위의 경우를 제외하고는 초등학교 1학년쯤 되면 대부분의 아이들은 거짓말이 옳지 않다는 것쯤은 잘 알고 있습니다. 그런데도 왜 아이들은 계속 거짓말을 하게 되는 것일까요? 최근에 서울 시내 한 초등학교에서는 2학년을 대상으로 '거짓말'에 대한 설문조사를 했습니다. 조사 결과 아이들이 거짓말을 하게 된 이유로 가장 많이 꼽은 답은 "혼날까 봐 무서워서"였습니다. 이 외의 답변으로는 "먹고 싶은 불량식품이 있을 때" 거짓말을 한다고 하였고 "형제끼리 싸웠을 때", "놀다가 늦게 들어갔을 때", "용돈을 막 써버렸을 때", "친구가 자랑을 할 때 셈이 나서" 거짓말을 하게 된다고 했습니다. 또 거짓말의 횟수에 대해서는 "일주일에 26번 정도 거짓말을 한다."부터 시작하여 "여태 살아오면서 딱 두 번 했다."까지의 답이 있었고, 대부분은 평균 한 달에 한두 번은 한다고 답변했습니다.

살아오면서 '딱 두 번쯤' 거짓말을 한 경우와 친구에게 상처를 주지 않으려고 혹은 이야기를 재미있게 꾸미기 위해 아주 가끔씩 한 거짓말은 그다지 걱정할 필요가 없습니다. 거짓말을 다룰 때에는 얼마나 자주 하는지, 거짓말의 특징과 배경은 무엇인지, 급우들의 반응은 어떤지 등에 기준을 두어 접근하되 거짓말의 증거가 분명하지 않다면 결코 언급하지 말아야 합니다.

위의 사례처럼 비록 어린 나이라 할지라도 일주일에 몇 번씩 거짓말을 하는 것은 분명한 개입이 필요합니다. 이들은 시간이 흐르면서 더 큰 거짓말도 거리낌 없이 하게 될 것이기 때문입니다. 거짓말이 습관으로 굳어지면 점점 고치기가 어려운 것은 물론이고 반 친구들에게도 신뢰를 잃게 되어 따돌림을 당하는 원인이 되기도 합니다. 또한 충동적인 거짓말은 속임수와 도벽의 원인이 되기도 한다고 아동학자들은 밝히고 있습니다.

진실의 힘

학생이 거짓말을 하고도 들키지 않았거나 문제시 되지 않으면 그 사실만으로 짜릿함을 느껴 또 다른 거짓말로 이어지거나 더 큰 거짓말을 하고 싶은 충동에 빠질 수 있습니다. 따라서 거짓말을 했을 때 이를 대수롭지 않게 여기면 학생은 점점 더 능숙한 거짓말쟁이가 될 수 있으므로, 학생이 거짓말을 하는 것이 분명하다면 교사는 이를 결코 간과해서는 안 됩니다.

그렇다면 상습적으로 거짓말을 하는 학생을 교사는 어떻게 대해야 할까요?

1. 거짓말한 학생을 침착하게 대합니다.

거짓말을 한 점은 실망스럽다고 말하되 결코 화난 모습을 보이거나 비난하는 말을 하지 않도록 합니다. 위의 사례에서도 언급했듯이 아이들은 '혼날까봐 무서워서' 거짓말을 하는 경우가 가장 많았습니다. 거짓말이 발각되어 심하게 혼이 난 아이는 다음번에는 들키지 말아야겠다고 결심하기 때문에 심한 질책은 자칫 더 능숙한 거짓말쟁이를 만들 수도 있습니다. 따라서 학생의 거짓말에 교사는 침착하고 긍정적인 태도로 일관성 있게 대하면서 문제를 해결하는 것에 에너지를 모으는 것이 필요합니다.

2. 잘못을 시인할 경우 솔직함을 인정해줍니다.

학생이 자신의 잘못을 시인하고 책임을 지려 하면 그 즉시 "용기를 내어 솔직하게 말해주어 기쁘다."라고 말합니다.

3. 진실의 힘에 대하여 대화를 합니다.

학생과 상담할 때 학생의 인격이 아닌 거짓말 행위에 초점을 맞춥니다. 잘못한 점을 지적하고 다시는 거짓말을 하지 말았으면 좋겠다고 선생님의 바람을 전달합니다. 그리고 학생의 이해 수준에 맞추어 거짓말의 대가가 무엇인지도 설명합니다. 예를 들어 반 친구들은 이제 본인의 말을 잘 믿지 않을 수도 있다는 것을 말해줍니다. 양치기 소년처럼 거짓말을 자주 하면 나중에 진실을 말하더라도 아무도 믿지 않는다는 것과 거짓말은 결국 탄로 날 수밖에 없다는 점을 말해줍니다.

한걸음 더 나아가 오프라 윈프리(Oprah Winfrey)와 이마누엘 칸트(Immanuel Kant)의 아버지 이야기는 아이들에게 진실의 힘을 들려줄 수 있는 좋은 사례입니다.

'전 세계에서 가장 영향력 있는 여성'으로 불리는 오프라 윈프리는 여느 사람이면 꽁꽁 숨기고 싶은 과거(사생아로 태어났다는 것과 아홉 살 때 남자 친척들에게 성폭행과 성학대를 당했었다는 사실)를 솔직하게 밝혔습니다. 이때 사람들은 그녀를 무시하거나 경멸하는 것이 아니라 오히려 그녀의 탁월한 공감 능력과 소통의 힘이 그녀가 직접 겪은 고통에서 승화된 것임을 알고 더욱 그녀를 아끼게 되었습니다.

위대한 철학자 칸트의 아버지 일화도 좋은 사례입니다. 칸트의 아버지가 말을 타고 집으로 가는 길에 숲에서 강도를 만났습니다. 강도들은 칸트 아버지의 소지품을 다 빼앗고는 "이것이 전부냐?" 하고 물었고 칸트의 아버지는 그렇다고 대답했습니다. 그런데 강도들에게서 벗어나 급히 말을 달리던 칸트의 아버지 손에 무언가 묵직한 것이 잡혔습니다. 바로 겉옷에 꿰매두었던 금덩이였죠. 순간 칸트의 아버지는 자신이 거짓말한 것을 깨닫고는 오던 길을 되짚었습니다. 그러고는 강도들을 찾아가 자신이 경황이 없어서 겉옷에 숨겨두었던 금덩이를 깜빡했다며 진실을 털어놓았습니다. 이에 강도들은 큰 깨달음을 얻어 빼앗은 물건을 모두 돌려주고는 도둑질을 포기하고 선한 사람으로 살았다고 합니다. 자신이 한 말에 책임을 질 줄 아는 사람에게 느끼는 감동과 진실의 힘이 도둑들의 마음을 움직인 것이지요.

4. 거짓말 속에 숨은 의미를 찾습니다.

거짓말을 다룰 때 거짓말을 하게 된 숨겨진 원인을 찾으면 문제 해결에 도움이 될 수 있습니다. 학생들이 하는 거짓말의 유형을 살펴보면 아이에게 내재된 정서적인 욕구를 발견할 수 있는데, 이는 아이를 도와줄 수 있는 중요한 단서가 될 수 있습니다. 예를 들어 자기 자랑과 관련된 거짓말을 자주 하는 아이라면 또래 친구들과 원만히 관계 맺지 못하는 현실에서 자신의 위상을 높이고자 거짓말을 했을 가능성이 높습니다. 만약 이런 점이 원인이라면 교사는 그 학생이 실제로 성취한 것을 찾아내 친구들의 관심을 받을 수 있도록 도와줍니다.

거짓말의 배경

교실에서 한 학생이 친구를 따돌리는 것을 보았을 때, '학교 폭력 예방 교육'을 할 좋은 기회라고 생각하듯이, 학급의 학생이 명백하게 거짓말을 하고 있는 것을 발견했을 때 교사는 이를 '교육의 기회'로 포착해야 합니다.

위의 사례에 나타난 동규처럼 '좀 산만하긴 해도 공부도 잘하고 책을 많이 읽어 아는 것도 많은 동규'가 뻔히 드러날 거짓말을 자주 한다면 'ADHD(주의력 결핍 및 과잉행동 장애)' 가능성을 염두에 두고 살펴볼 필요가 있습니다. 이 증상의 아이들은 훔친 과자를 등 뒤로 숨겨 손에 쥐고 있으면서도 "가져가지 않았다."라고 말합니다. 이런 모습을 본 부모들은 "어떻게 금세 밝혀질 뻔한 거짓말을 하는지…… 이럴 때면 내 아이의 지능조차 의심하게 돼요."라고 말씀하시지요. 이렇듯 ADHD를 가지고 있는 아이들은 다른 지적 능력과는 상관없이 상황에 대한 전후 맥락을 파악하는 능력이 떨어지기 때문에 거짓말하는 양상도 또래에 비하여 더 어린 모습을 보이는 것입니다.

또 한 가지, 동규의 거짓말 양상을 보면 주로 상을 받는 상황에서 발생함을 알 수 있습니다. 인정받고자 하는 욕구가 강한 나머지 거짓말에 이른 것을 짐작할 수 있습니다. 따라서 진위를 가리기 전에 "동규가 일기장에 그렇게 쓰는 것을 보니 잘하고 싶은 마음이 무척 많구나." 또는 "엄마한테 칭찬 많이 받고 싶나 보네." 하며 아이의 정서적 욕구를 먼저 읽어줍니다. 그 후 100점이나 최우수상보다 더욱 중요한 것은 거짓말이 아니라 사실대로 말하는 것임을 알려주고, 동규의 이해 수준에 맞추어 거짓말의 결과로 빚어질 상황을 그려줍니다. 그러고 나서 일기를 쓸 때에는 '본인이 원하는 것'과 '사실'을 구분하여 적도록 지도합니다.

여기서 빼먹지 말아야 할 것은 동규의 부모님과 상담을 하는 것입니다. 아이가 정서적인 부족을 느끼는 원인이 무엇인지 알려면 아이와 부모의 관계를 살피는 것이 가장 기본이지요. 부모님과 상담을 할 때에는 "아이가 적어도 가족 안에서는 존재 그 자체로 수용되고 존중받아야 한다."는 사실을 분명히 밝혀주세요. 성취와 결과를 중시하는 가정 분위기는 자칫 아이를 거짓말쟁이로 만들 수도 있습니다. 더욱이 경쟁이 점점 치열해지는 학교와 사회 분위기에 휩쓸려 가정에서까지 아이를 경쟁 구도로 내몰고 있지는 않은지, 부모님이 먼저 아이와의 관계를 돌아볼 수 있는 자리를 마련해주는 것이 무엇보다 중요합니다.

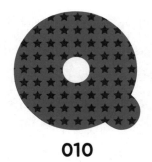

010

급식 시간이 싫어요!

───── "이승현! 어서 자리에 앉아서 밥 먹어."

1학년인 승현이는 급식 시간마다 선생님 꾸중을 듣습니다. 승현이는 조용하게 밥을 먹는 일이 거의 없이 계속 돌아다니고 장난만 치기 때문입니다. 점심시간이 끝나가도록 밥은 거의 먹지 않고 그대로 남아 있습니다. 선생님에게 혼이 나고 겨우 자리에 앉았지만 같이 장난치던 친구들은 어느새 다 먹고 나가 노는데 자신만 교실에 남아 있자, 승현이는 밥이 더 먹기가 싫어져 아예 숟가락을 놓고 있습니다. 이때부터 본격적으로 선생님과의 씨름이 시작됩니다. 승현이는 원래 밥 먹는 양도 적은데 편식도 심해서 김치나 나물 같은 채소는 아예 먹으려 하지 않습니다. 하지만 어쩌다가 자신이 좋아하는 반찬이 나오면 그것만 여러 번 받아와 먹고는 밥과 다른 반찬은 안 먹고 버티기 일쑤입니다. 억지로 먹이려고 하면 토하려고 하거나 울어서 정말 난감합니다. 점심시간이 끝나면 하교 지도를 하거나 5교시 수업을 해야 하기 때문에 언제까지 승현이를 잡고 있을 수도 없습니다. 식사 예절도 지키지 않고 편식도 심한 승현이를 어떻게 지도해야 할까요?

Ⓐ 초등학교에 입학하여 급식을 처음 시작하게 된 1학년에게 학교 급식 시간은 신기하고 즐거운 시간이기도 하지만 어떤 아이들에게는 적응해야 하는 낯선 상황이기도 합니다. 대부분의 학생들은 학교 급식 시간을 즐거워하지만 평소 음식을 먹는 양이 적고 편식이 심한 아이는 집과 달리 지켜야 하는 규칙이 있고 다 먹어야 한다는 부담감이 있는 교실의 급식 상황이 괴롭게 느껴질 수 있습니다. 또한 유치원 급식과 비교하면 음식의 양이 많아졌고 식판, 숟가락, 젓가락의 크기도 커진 환경에 적응하는 데도 시간이 필요합니다. 이러한 학생들이 급식 시간을 즐겁게 받아들일 수 있도록 지도하려면 어떻게 해야 할까요?

원인 파악하기

급식 시간을 괴로워하는 학생들의 공통된 문제는 습관화가 안 된 식사 예절과 편식으로 볼 수 있습니다. 따라서 이 문제가 일어나는 구체적인 원인을 먼저 파악해야 합니다.

첫째, 가정에서 식사 예절을 익히지 못했습니다. 맞벌이 가정의 증가로 여러 가족 구성원이 함께 모여 식사를 하는 일이 점점 힘든 일이 되었습니다. 아이 혼자 대충 끼니를 해결하거나 과보호적인 양육 방식으로 인해 여러 사람과 음식을 먹을 때 지켜야 하는 식사 예절을 익히지 못했습니다. 식사 시간에 계속 돌아다니는 습관이나 텔레비전을 보면서 밥을 먹는 습관, 음식을 입에 오랫동안 물고 삼키지 않는 버릇 등이 그대로 학교 급식 시간까지 이어집니다. 특히, 1학년의 경우 서로 지켜야 하는 규칙이 있는 본격적인 단체 생활에 적응해가는 시기로서 가정에서의 안 좋은 습관이 고쳐지지 않아 학교까지 그대로 이어지는 경우가 많습니다.

둘째, 평소 균형 잡힌 건강한 식단을 먹지 않아 편식이 심해졌습니다. 과자나 라면, 햄버거 등 자극적인 음식에 입맛이 길들여져서 급식에 나온 다양한 음식의 맛을 느끼지 못합니다. 급식을 제대로 먹지 않고 집에 돌아가서는 배가 고프다는 것을 뒤늦게 느껴 과자나 라면 같은 자극적이고 영양가가 없는 음식을 먹게 되고 그러면 또다시 식사 시간에 입맛을 잃게 되어 밥을 안 먹고 편식하는 습관이 반복됩니다.

셋째, 미각이 발달하지 않아 음식의 맛을 잘 느끼지 못합니다. 어떤 아이들은 밥에서 아무런 맛도 느껴지지 않아 맛이 없다고 생각하거나 먹어야 하는 이유를 알 수 없다고 말하기도 합니다. 아이들은 전반적으로 단맛을 좋아하고 부드러운 음식을 좋아하며 섬유질이 있는 거친 음식과 쓴맛을 싫어하여 채소를 꺼립니다. 또한, 나이가 어릴수록 고기 종류(쇠고기, 돼지고기, 닭고기 등)를 잘 구별하지 못합니다. 어른들과는 좋아하는 음식이 다르고 입맛도 다릅니다. 하지만 사춘기를 지나면서 음식 선호도에 대한 급격한 변화가 나타나는데 이는 그 전에 얼마나 다양한 음식에 노출되었느냐에 따라 달라집니다.

교사는 이렇듯 아이들의 입맛이 어른과 다르다는 것을 이해해야 합니다. 하지만 다양한 음식 경험을 통해 미각이 발달해나가며 커서는 음식 선호도가 변화될 수 있다는 것 또한 이해하고 있어야 합니다.

넷째, 반대로 미각이 지나치게 민감하여 냄새가 있거나 강한 맛이 나는 음식을 거부합니다. 다른 아이들이 느끼기에는 특별히 맵거나 비리지 않은데 이를 유독 강하게 느끼는 아이가 있습니다. 단순히 먹기 싫어서 핑계를 대는 경우도 있지만 실제로 후각과 미각이 민감한 아이가 있습니다. 이는 성격과도 관련이 있는데 작은 일에도 쉽게 긴장하거나 참을성이 없는 아이가 음식에 대해서도 이런 반응을 보이는 경우가 많습니다. 그리고 겁이 많은 아이도 조금만 맵거나 전에 먹어보지 않은 새로운 음식은 먹기를 거부하기도 합니다. 저학년의 경우 매운 맛에 익숙해지지 않아 어른이 먹기에 전혀 맵지 않은 김치를 매우 맵다고 느끼기도 합니다.

어떻게 해결하나?

첫째, 급식을 먹는 규칙과 식사 예절에 대한 교육을 구체적이고 반복적으로 합니다. 구체적인 지도 사항을 규칙으로 정하면 좋습니다.

우리 반 급식 규칙

1. 정해진 순서로 질서 있게 급식을 받습니다. 수업 중간마다 태도를 체크하여 모둠 보상으로 급식 순서를 정할 수도 있고 매일 돌아가면서 모둠 순서를 바꿔줄 수도 있습니다. 그리고 모둠 구성원 간에도 순서를 정

해놓으면 먼저 받으려고 싸우는 일 없이 질서 있게 급식을 받을 수 있습니다.

2. 급식 당번이 나누어주는 대로 받습니다. 급식 당번에게 각 학생에게 나누어주어야 하는 정확한 밥의 양, 반찬의 개수 등을 알려주어 모두 공평하게 받게 합니다. 구체적으로 양을 정해주어야 "더 받겠다." 혹은 "덜 받겠다."며 벌어지는 학생 간의 다툼을 예방할 수 있습니다. 그리고 이렇게 양을 정해주면 받는 학생들도 당연하게 먹어야 하는 양으로 받아들이게 됩니다.

3. 급식 당번까지 배식이 모두 끝나기 전까지는 추가로 더 받으러 나오지 않습니다. 급식 당번은 돌아가면서 하지만 급식을 나누어주는 수고를 한 학생에 대해 배려하는 행동을 가르쳐야 합니다.

4. 처음 나누어준 반찬을 모두 먹어야 추가로 다른 반찬을 더 받을 수 있습니다. 이는 자신이 좋아하는 반찬만 받으려고 하는 것을 예방하기 위함입니다. 싫어하는 김치나 나물, 채소도 다 먹어야 좋아하는 반찬을 더 받을 수 있습니다. 이때도 다음 사람을 배려하여 처음 받은 양만큼만, 혹은 한 숟가락 등 정확한 양을 정해줍니다. 희망하는 모든 학생들이 추가로 받아갈 수 없을 때는 랜덤 뽑기나 가위바위보 등으로 최대한 공정하게 나누어줍니다. 이렇듯 편식뿐만 아니라 식탐이 있는 학생에 대해서도 절제하는 식사 예절을 갖추도록 지도해야 합니다.

5. 선생님 배식을 가장 먼저 합니다. 급식 지도를 위해 학생보다 늦게 식사를 시작하게 되더라도 어른이 먼저라는 기본적인 식사 예절을 배우도록 선생님 급식을 가장 먼저 떠놓습니다.

6. 식사를 다 끝내기 전까지는 돌아다니지 않습니다. 돌아다니다 보면 음식을 흘리거나 친구와 부딪쳐 사고가 날 수 있습니다. 단정하게 앉아서 음

식을 다 먹을 때까지 돌아다니지 않도록 합니다. 그리고 규칙을 어길 때는 적절한 벌칙을 주며 꾸준히 지도합니다.

7. 몸이 좋지 않아 음식을 잘 못 먹을 때는 급식을 받기 전에 미리 선생님께 이야기합니다. 이는 급식을 이미 받고서 먹기 싫은 음식이 있을 때 건강상의 문제를 핑계로 먹지 않으려는 것을 예방하기 위함입니다.

이 가운데 2번 규칙은 1학년의 경우에는 해당되지 않습니다. 거의 모든 학교에서 1학년은 급식 도우미의 도움을 받아 배식을 하고 있습니다. 1학년 아이들에게는 어른이 배식을 해주시는 것에 감사한 마음으로 음식을 받고 특정한 반찬을 더 달라, 덜 달라 요구하지 않도록 지도합니다. 1학년은 모든 것이 처음이라 급식 규칙을 가르치는 데 많은 시간과 노력이 필요합니다. 하지만 급식 예절 습관을 형성하는 데 매우 중요한 시기인 만큼 꾸준히 가르치고 지도할 필요가 있습니다.

둘째, 음식을 남기지 않고 다 먹어야 하는 이유와 음식의 소중함에 대해 알려줍니다. 학교 급식은 영양사 선생님께서 학생의 성장과 건강을 위해 모든 영양소의 균형을 맞추어 준비한 소중한 음식입니다. 이것을 남기지 않고 골고루 잘 먹어야 건강하고 튼튼하게 성장할 수 있습니다. 그리고 한 끼 식사를 먹을 수 없어 굶주리는 사람들이 세계 곳곳에 많다는 것을 여러 통계와 사례로 보여주어 음식의 소중함과 그것을 준비해준 많은 손길에 대해 감사함을 느끼도록 합니다.

셋째, 급식 지도를 학급경영과 연계합니다. 급식을 남기지 않고 잘 먹었을 때 칭찬 스티커나 모둠 보상 등을 주어 습관을 형성합니다. 예를 들어, 급식을 남기지 않고 다 먹었을 때 자신의 이름을 한 칸씩 올릴 수 있는 급식 게시판이 있어 학급 친구들 모두가 볼 수 있도록 한다면 급식을 다 먹으려는 동기가 생깁니다. 그리고 최종적으로 열 번째 칸에 올라가면 잔반 1회 허용권이나 원하는 반찬을 추가로 받는 데 우선권을 주어 목표 의식을 갖고 급식을 다 먹도록 격려합니다.

넷째, 즐거운 급식 시간이 되도록 노력합니다. 먹기 싫어도 먹어치워야 하는 힘든 급식 시간이 아니라 기다려지는 즐거운 급식 시간이 되도록 학급 분위기를 조성합니다. 모둠 책상으로 바꾸어 친구들과 모여 급식을 먹거나 돌아가면서 선생님 옆에 앉아 대화를 하면서 밥을 먹게 합니다. 1학년은 선생님 옆에 앉기 위해 자신의 차례가 오기를 기다립니다. 그리고 평소 떠들고 장난치느라 급식에 집중하지 않았던 아이들을 이런 기회에 개별 지도할 수 있습니다. 또한, 급식 시간에 신청곡을 받아 즐거운 음악을 들으면서 식사를 할 수도 있습니다. 다만, 노래에 너무 집중하여 급식을 먹지 않을 때는 따라 부를 수 없는 새로운 노래나 가사가 없는 음악으로 바꿔주고, 동영상은 밥 먹는 데 집중을 방해하므로 보여주지 않습니다.

비빔밥이 나오는 날은 다 함께 모든 재료를 넣어 비벼서 모둠 친구들과 함께 먹거나 가끔은 자율 배식을 하여 급식 시간이 부담 없는 즐거운 시간이 되도록 합니다. 자율 배식을 하면서 스스로 먹을 양을 정하면 자신의 선택이기 때문에 책임감을 갖고 모두 먹을 수 있습니다. 모든 음식은 조금이라도 받을 것, 자신이 스스로 정한 양은 반드시 먹을 것이라는 원칙을 세우고 가끔씩 자율 배식을 한다면, 급식에 대한 부담감을 줄이면서 적은 양일지라도 남기지 않고 모두 먹는 습관을 기를 수 있습니다.

다섯째, 학교 급식에 막 적응해가는 1학년에게는 모든 음식을 남김없이 다 먹어야 한다는 부담감을 주지 않도록 교사가 다짐해야 합니다. 먹지 않으려는 학생과 씨름하는 것은 교사에게도 많은 스트레스이며 해당 학생이 급식 시간을 더 싫어하게 만들 수 있기 때문에 강압적인 방법으로 한 번에 다 먹게 하는 것은 좋지 않습니다. 계속적으로 그 음식을 먹어야 하는 이유를 이야기해주고 설득하며 다 먹지 않아도 한 번이라도 맛을 보도록 합니다. 다 먹지 않았더라도 맛이라도 보았으면 그것으로 교사도 학생도 만족해야 합니다. 강압적으로 모두 먹이는 것이 목적이 아니라 지금은 편식이 있지만 나중에 변할 입맛과 음식 선호도를 위해 다양한 음식을 경험하도록 하는 것이 목표입니다.

여섯째, 급식 예절을 지키지 않고 편식이 심한 학생에게 도리어 선생님을 도와 친구들을 지도하는 역할을 줍니다. 선생님께 지적을 받고 자주 혼났는데 자신이 선생님 역할을 대신하게 되면 규칙을 지켜야 한다는 책임감이 더 커집니다.

일곱째, 학생의 편식 수준과 음식 알레르기에 대해 사전에 조사하고 학부모와 연계하여 편식 지도 수준을 협의합니다. 학생이 음식을 거부하는 것이 알레르기 때문인지, 건강상의 문제인지 미리 알아야 오해 없이 지도할 수 있습니다. 또한 편식 지도에 대해서도 학부모와 협의하며 욕심 부리지 않고 조금 향상된 수준으로 목표를 잡는 것이 좋습니다.

011

우리 반에 장애 학생이 있어요

───── 1학년 담임교사입니다. 우리 반 재영이는 정신지체 3급 장애아입니다. 처음 입학해서 재영이를 만났을 때 재영이는 자기 이름조차 말로 표현하지 못하고 오직 하나의 낱말만 사용했어요. 화장실에 가고 싶으면 아무때나 앞으로 나와 "쉬~" 하는 것이 다였죠.

재영이 어머니께서는 아이를 특수학교에 보내려 했지만 장애 등급이 높은 아이들이 그해에 많이 응시하는 바람에 정원 모집에서 떨어져 일반 학교에 오게 되었다면서 걱정을 많이 하셨습니다. 선생님과 반 아이들을 힘들게 할지도 모른다면서요. 재영이 어머니는 매일 재영이 손을 잡고 등하교를 함께하십니다. 그리고 재영이의 정신적·신체적 발달을 위해서 여러 기관을 다니며 언어 치료를 비롯한 다양한 교육을 해주고 계시지요.

처음 재영이를 보았을 때 고민이 많이 되었습니다. 혼자서는 대소변도 못 가리고 본인이 원하는 것을 전달하지도 못하는 재영이가 친구나 선생님과 의사소통도 제대로 못 하면서 어떻게 학교생활을 할 수 있을지, 학습 효과는 기대할 수도 없는데 어떤 방법으로 재영이의 성장을 도울지 알 수가 없었기 때문이지요. 다행히도 재영이는 학부모님의 요청으로 국어와 수학 시간에는 특수반에 가서 일대일로 공부를 하고, 통합 교과나 창의적 체험 활동 시간에만 학급 아이들과 공부를 하게 되었습니다. 더하여 학습 보조 선생님께서 재영이 곁에서 항상 학습을 도와주고 이동 활동 시간이나 화장실을 사용하는 데 도움을 주셨지요. 재영이가 보조 선생님과 특수반 교실에서 도움을 받긴 해도, 어디까지나 우리 반 학생인 만큼 같은 반 친구들과 같이 어울리며 즐거운 학교생활을 해야 할 텐데, 담임교사인 제가 어떻게 도와줄 수 있을까요?

🅐 재영이는 새 학기 첫날부터 눈에 띄었습니다. 침을 질질 흘리기 때문에 늘 손수건을 스카프처럼 목에 두르고 있었고 말도 할 줄 몰랐지요. 태어날 때 구순구개열이 심해서 수술을 받았기에 수술 부위 근육이 굳어 말하기도 힘들고 단단한 음식을 삼키기도 힘들었습니다. 그런가 하면 손가락의 협응 능력이 약해서 신발도 혼자 벗고 신을 줄 몰랐지요. 등교 때에는 어머니께서 신발을 벗어 실내화 가방에 넣어주고 하교할 때는 교사가 그 일을 대신했습니다. 그 시간만 해도 몇 분이 걸렸지요. 화장실에 가고 싶을 때는 얼굴을 찡그리며 "쉬~"하고 한마디하지만 막상 화장실에 들어가면 바지를 내리고 올릴 줄도 몰랐습니다. 그러니 대변을 보면 휴지를 사용하여 뒤처리를 할 줄도 몰랐지요. 공부보다도 가장 기본적인 생활 습관 훈련부터가 절실한 상태였습니다.

입학 첫날 선생님은 반 아이들에게 재영이를 소개해주었습니다.

"여러분, 재영이를 소개할게요. 재영이는 참 착하고 웃는 모습이 유난히 예쁜 친구입니다. 그러나 여러분과는 조금 다른 점이 있답니다. 말도 잘 할 줄 모르고 아직은 씩씩하게 잘 뛰놀지도 못한답니다. 그리고 공부는 아주 천천히 해서 하는 것을 지켜보면 답답함을 느낄 수도 있어요. 말하는 것이나 행동하는 것, 공부하는 것과 친구 사귀는 것 등 모든 부분이 아주 천천히 자라는 친구랍니다. 이런 점을 잘 기억해서 여러 친구들이 늘 재영이에게 말도 걸어주고 놀아주기도 하고 다정하게 지내주길 바랍니다. 재영이를 대할 때는 보통 친구들보다 입 모양을 또박또박 또렷하게 해서 천천히 말해주고 놀 때도 이해해주면서 사이좋게 지내주기를 기대해요."

담임선생님이 있는 그대로 재영이의 상태를 소개하고 재영이에게 도움을 주라고 아이들에게 말하자 아이들은 재영이에게 호기심과 관심을 보여주었습니다.

작은 희망으로 다가가기

아침에 교실에 들어오면 학생과 담임선생님은 서로 인사를 주고받습니다. "선생님, 사랑하고 존중합니다." 하고 아이들이 인사를 건네면 선생님도 "고맙습니다. 사랑하고 존중합니다." 하고 인사를 받지요. 아침에 일대일로 마주하며 인사를 나누고 마음을 읽어주면 하루를 기분 좋게 시작할 수 있습니다.

재영이는 어릴 때 받은 수술 때문에 말을 잘 하지 못했습니다. 그래도 선생님은 재영이에게 아침마다 고개를 숙여 인사를 하고 재영이에게도 인사를 세 번씩 따라 하게 했습니다.

"선-생-님-사-랑-해-요."

재영이는 발음이 불분명해도 따라 하려고 애를 썼습니다. 그 모습이 예뻐 씽긋 웃어주면 재영이도 씽긋 웃고, 그러다가 선생님이 손 신호를 하면 그때야 제자리로 들어갔지요.

공부 시간에 재영이가 "쉬~" 하고 소리를 내면 "화-장-실" 하고 따라 하게 했습니다. 재영이는 그렇게 조금씩 조금씩 학교생활에서 자기 의사를 표현하는 법을 배워갔습니다. 쉬는 시간이 되면 아이들이 하나 둘 재영이 곁에 가서 말도 걸고 같이 놀기도 했습니다.

그런 모습을 잘 지켜보다가 수업이 시작되면 반 아이들에게 이렇게 칭찬해주는 것도 잊지 않았습니다.

"방금 쉬는 시간에 연주가 재영이에게 선생님이 하는 것처럼 또박또박 자기 이름을 따라 하게 하고 놀아주는 모습을 보니 진짜 예뻤어요. 연주와 친구들 다 칭찬합니다."

점심시간에 운동장에 나가 놀 때 아이들은 재영이에게 미끄럼을 타도록 양보해주고 아래에서 지켜보다가 재영이가 잘 타고 내려오니 박수로 칭찬을 해주었습니다. 아이들은 그렇게 재영이와 친해지는 법을 알아냈고, 재영이는 이런 친구들 틈에서 자기 자리를 찾아가기 시작했지요. 선생님은 하루에도 몇 번씩 반 아이들의 따뜻한 마음을 칭찬해주었고, 재영이의 노력에 아낌없는 찬사를 보내주었습니다. 그랬더니 아이들이 항상 재영이 곁에 다가가서 말하고 도와주며 함께 노는 게 생활화되어갔습니다. 재영이도 스스럼없이 반 친구들과 잘 어울리게 되었지요.

재영이가 바꾼 교실 모습

한 달에 한 번씩 짝 바꾸기를 하는 날 선생님이 아이들에게 묻습니다.

"재영이 짝은 친절하면서도 도움도 줄 수 있는 친구였으면 좋겠는데 재영이랑 짝하고 싶은 사람 손 들어보세요."

놀랍게도 두세 명을 빼고 전부 다 손을 들었지요. 결국 재영이의 짝은 가위바위보로 결정하기로 했습니다. 아이들은 이 과정에서 탈락하면 매우 아쉬워하고 최종까지 살아남아 짝이 되면 마치 경품에 당첨된 것처럼 기뻐하며 좋아합니다.

이런 치열한 과정을 통해 짝이 되면 자긍심이 더 높아져 재영이를 도와주고 함께 공부하는 것을 매우 즐거워합니다. 이런 생활이 이어지면서 학급 친구들은 누군가를 도와주고 사랑을 나누는 것의 기쁨을 저절로 생활 속에서 터득해갔지요. 공부를 못하는 것, 말을 유창하게 못하는 것은 아무런 문제가 되지 않습니다. 도서실이나 컴퓨터실 등 교실을 이동할 때는 서로가 재영이 곁에 서서 손을 잡고 가려고 작은 다툼이 일어날 정도가 되었지요.

재영이의 사례에서 보듯 교사의 작은 칭찬과 본보기는 아이들에게 매우 중요한 지침이 됩니다. 아이들은 선생님의 모습을 그대로 따라 하면서 생활 속에서 자연스럽게 장애 친구를 돌보고 배려해주게 되지요. 장애우가 학급에 있다는 것은 힘들고 불편한 일이 아니라 인간의 존엄성을 알고 누구나 평등한 한 존재임을 몸소 알 수 있는 기회입니다. 아이들에게 이보다 더 소중한 기회는 없지요. 재영이 하나로 인해, 교실은 사람을 귀히 여기고 배려하고 존중하며 인성 교육이 절로 되는 체험장이 된 것이니까요. 재영이는 도와야 되는 대상이 아니라, 친구들이 재영이를 통해 아름다운 심성으로 자라게 되는 교육의 주인공이었습니다.

교사가 장애 아이를 어떻게 보고 어떻게 대하느냐에 따라 교사의 행동이 그대로 학급의 아이들에게 전달됩니다. 그리고 교사의 지도를 넘어 학급의 모든 아이들이 동참할 때 교육의 시너지 효과는 말로 다할 수 없게 되지요. 재영이는 작은 도움을 받은 지 오래되지 않아 반의 귀염둥이이자 사랑둥이가 되었습니다. 재영이를 돕고 또 재영이가 하나씩 교실 생활에 적응해갈 때마다 아이들은 다 같이 기뻐하고 짜릿한 성취감을 같이 느낄 수 있었지요. 행복한 반이 되는 일, 하나도 어렵지 않습니다.

012

발표에 자신 없어 해요.

—— 2학년 담임교사입니다. 평소 학생들을 가르치면서 활발한 발표와 의견 나누기를 중심으로 수업을 이끌고 있습니다. 그런데 우리 반 지수는 스스로 발표를 한 적이 거의 없고, 질문을 하면 너무 작은 목소리로 웅얼거려서 잘 들리지 않습니다. 처음에는 학기 초라 아직 낯설어서 그러려니 했습니다. 하지만 2학기가 되어서도 계속 그런 모습을 보이니, 지수에게 무슨 문제가 있나 걱정이 됩니다. 지수가 발표를 하면 소리가 너무 작고 잘 들리지 않으니까 몇몇 학생들이 "선생님 안 들려요.", "야! 좀 큰 소리로 해 봐."라고 불평 아닌 불평을 하기도 합니다.

지수가 계속 주눅이 들어 있으니 '내가 무서운가? 아님 무슨 실수라도 했나?'라는 생각조차 들 때가 있습니다. 지수는 왜 그리 자신이 없는 것일까요? 어떻게 하면 지수가 좀 더 자신 있게 발표도 하고 대답도 씩씩하게 잘할 수 있을까요?

Ⓐ 여러 사람 앞에서 말하기도 전에 불안감이 먼저 엄습해 매우 당황한 적이 누구나 한 번쯤은 있을 것입니다. 이처럼 대중 앞에서 말하는 것에 대한 공포는 가장 흔한 '사회 공포증(social phobia)' 중 하나입니다. 대중 앞에서 말한다는 것은 극도의 불안을 야기시킬 수 있고, 늘 대중 앞에서 말하는 것을 직업으로 가진 사람들도 한 번쯤은 심한 불안으로 고통을 받았다고 보고하고 있습니다.

사회 공포증이 있는 학생은 여러 사람 앞에서 말하기 같은, 많은 사람들이 불안해하는 사회적 상황에서 극도로 불안해하는 것과 함께 대부분의 일상적인 활동에 대해서도 불안을 경험합니다. 만약 친구들과 선생님 앞에서 말하게 된다면 혹시나 목소리가 떨리지 않을까 불안해하고, 질문을 하게 되면 멍청하다는 말을 들을까 봐, 틀린 대답을 하면 이상하게 보일까 봐 두려워합니다. 흔히 이러한 학생은, 특히 권위적인 사람이나 높은 사회적 지위가 있는 또래가 있을 때 더욱 불안해한다고 합니다.

불안해할수록 점점 커지는 불안

지수는 어려서부터 조용하고 다소 내향적인 성격이었습니다. 여러 사람 앞에 나서는 것을 원래 좋아하지 않았습니다. 그런데 작년에 있었던 한 가지 일 때문에 소극적인 성격이 더 심해졌습니다. 1학년 국어 시간이었습니다. 선생님이 지수에게 무엇을 물어보았는데, 지수는 질문 내용과 관계없는 대답을 하고 말았습니다. 그때 반 친구들이 큰 소리로 웃었고, 선생님께서도 "딴 짓하고 있었구나! 수업 시간에 집중해야지."라고 나무라셨습니다. 활달하고 외향적인 학생이었다면 그냥 넘길 수도 있는 일이었지만 지수는 그렇지 못했습니다. 그 후로 지수는 발표하기가 싫어졌습니다. 혹시 자기가 잘못 말하면 친구들이 또 웃지 않을까, 선생님께서 잘못했다고 말씀하시지 않을까 하는 걱정이 먼저 들어 자꾸만 움츠러들었습니다.

"지수야! 글을 읽고 떠오르는 경험을 말해볼래?"

이렇게 별로 어렵지 않은 질문을 해도 지수는 아무런 말도 하지 않았습니다. 아니면 짝에게도 들리지 않을 정도로 작게 중얼거렸습니다.

"지수야! 선생님은 잘 안 들려. 뭐라고? 더 큰 소리로 말해봐."

"얘들아, 지수는 쉬는 시간에도 말수가 적니?"

"아니요, 잘만 떠들던데요."

"하하하(학생들 모두 웃음)."

상황이 자주 이 지경으로 흐르다 보니 지수가 점점 더 위축되는 것 같습니다. 선생님은 지수에게 자신감을 가지라고, 좀 더 큰 소리로 말해보라고 하지만 그럴수록 지수의 목소리는 더 작아집니다. 그리고 선생님과 친구들의 반응에 지수는 더 자신감이 없어지지요.

이처럼 사회 공포증이 있는 학생은 다른 사람의 호의와 친절을 바라지만 자신이 자세히 관찰되거나 바보처럼 보이는 일을 하지나 않을까 하는 걱정에 그들이 원하는 관계를 형성하지 못합니다. 또한 교사나 친구들이 사회적 상황에서 격려하거나 강요하면 울거나 얼어붙고, 발작을 보이거나 매우 위축되는 반응을 보입니다. 사회 공포증은 전체 아동 중 1~3퍼센트에서 발생하고, 남자아이보다는 여자아이가 이 공포증에 약간 더 영향을 받는다고 합니다. 그러나 대부분의 사회 공포증은 일시적인 사회적 불안과 자기 집중, 그리고 자기비판적 사고의 강화로 정서적 증상이 심화되는 것이므로 학생의 이러한 특성을 잘 이해하고 지도한다면 충분히 변화의 가능성이 있습니다.

작은 목소리대로 들어주기

사회적 상황에서 움츠러들거나 자신감이 없는 학생에게 무조건 할 수 있다며 밀어붙이는 것은 좋지 않습니다. 충분히 그럴 수 있음을 공감해주고 어떠한 행동에도 안전함을 느낄 수 있도록 분위기를 만들어서 스스로 그들이 갖는 불안감을 극복하고 도전할 수 있도록 도와야 합니다.

아이가 여러 사람 앞에서 발표하는 것을 힘들어할 때 교사는 먼저 그 원인에 대하여 알아보아야 합니다. 발표 불안의 원인은 여러 가지이나, 저학년에서는 대개 지수와 같이 성격 특성과 더불어 발표와 관련된 부정적인 특정 경험 때문에 일시적으로 사회 공포증이 생긴 경우가 많습니다.

이런 경우에는 첫째, 학생이 보이는 모습 그대로를 인정해줍니다. 한 학급에는 목소리가 크고 자신감이 넘치는 학생이 있는가 하면 목소리가 작고 자신감이 조금 부족한 학생도 있는 법입니다. 목소리가 작으면 듣는 사람들이 더 주의 깊게 들어주면 됩니다. 무엇보다 격려를 통해 자신감을 키워주어야 한다는 사실을 잊지 말아야 합니다. 학생이 작은 목소리로 자신감 없이 발표를 하면 먼저 선생님이 가까이 다가가 학생의 발표를 주의 깊게 경청하고, 잘 들리지 않을 때는 다시 되묻는 식으로 이해하는 모습을 보여줍니다.

"아, 그래. 그러니까 지수의 의견은 ~~~~라는 것이지? 맞으면 고개를 끄덕여줄래?"

따뜻한 미소와 함께 이 작업을 몇 번 하면 학생은 점차 안정감을 느끼며 마음을 열게 됩니다.

둘째, 처음부터 여러 사람 앞에서 발표하게 하지 말고, 미리 질문과 답을 알려주고 혼자서 말해보는 연습을 시킵니다. 혼자서 말하기 연습을 하고 나서는 옆 친구와 말하는 연습을 하고 점차로 여러 사람 앞에서 말해보게 합니다. 이때 학생이 대답을 하면 긍정적인 피드백을 주어 칭찬을 합니다.

셋째, 질문에 대한 답이 떠오르지 않거나 하고 싶지 않을 때는 "좀 더 생각해보겠습니다." 또는 "다음에 하겠습니다." 등으로 언제든지 자신의 의견을 표현할 수 있도록 합니다. 그리고 학생이 이런 의사를 표현하면 교사는 존중해줍니다.

발표 불안을 가지고 있는 아이들의 발표 거부 또는 발표 시 위축된 모습은 단지 드러난 현상일 뿐 그 기저에는 낮은 자존감과 사회적 평가에 대한 불안이 원인으로 내재되어 있음을 알아야 합니다. 만약 발표 불안이 아주 심한 경우에는 '일반화된 사회 공포증(generalized social phobia)'으로 발전하여 대부분의 사회적 상황을 두려워하고 가족 이외의 사람들과 접촉하는 것도 피한 채 오락 활동이나 사회적 활동에도 거의 참여하지 못하게 될 수도 있으므로, 이 경우에는 부모 상담과 함께 전문가의 개입 또한 고려하여야 할 것입니다.

013

툭하면 울어서 곤란해요.

―――― 처음으로 저학년을 맡은 3년차 2학년 담임교사입니다. 1학년에 비해 학교생활과 또래 관계에서 적응이 많이 되었으리라 예상하고 2학년을 맡았습니다. 그런데 툭하면 울어대는 우리 반 철승이의 지도에 어려움을 겪고 있습니다. 친구들과 즐겁게 놀다가도 마음이 조금 상하거나 억울한 일이 생기면 울기 시작하고, 가끔은 저와 이야기하는 중에도 별 이유 없이 그렁그렁하며 눈물을 뚝뚝 흘립니다. 운동장에서 공을 가지고 게임을 하다가도 공에 맞아 아웃이 되면 시무룩해지다가 결국 엉엉 울며 나갑니다. 결국 다른 학생들의 관심이 쏠려 진행이 어려워지는 경우도 많습니다. 처음에는 마음이 많이 약해서 그런가 하고 눈물을 닦아주고 감싸 안아 달래주었습니다. 그렇지만 크게 나아지는 것 같지는 않았습니다. 어떤 날은 무관심으로 대응해보기도 하고 엄하게 타일러도 봤지

만 철승이의 울음을 더욱 크게 할 뿐이었습니다. 친구들에게 장난치는 모습을 보면 딱히 마음이 약해서 잘 우는 것 같지는 않습니다. 철승이가 수업 시간에 크게 울어버리면 아이 한 명만 붙잡고 달랠 수도 없고, 그렇다고 계속해서 울고 있는 아이를 무관심하게 내버려둘 수도 없어서 무척이나 난처합니다. 말로 표현은 못 하고 먼저 울어버리는 아이, 어떻게 지도하면 나아질 수 있을까요?

(A) 마음이 약해서도 아닌 것 같은데 너무 자주 눈물을 보이는 아이. 철승이처럼 마음이 상하거나 화가 났을 때, 또는 원하는 대로 되지 않았을 때 말보다 울기부터 하는 아이들을 저학년 교실에서는 어렵지 않게 만날 수 있습니다. 초등학교 입학 초기에는 학교라는 낯설고 새로운 사회에 대한 부적응과 같은, 곧 해결될 문제로 여겨져 달램도 받고 보호도 받을 수 있지만, 이러한 행동이 지속될 경우 습관성으로 고착될 수 있습니다. 습관적으로 우는 아이는 자기 욕구를 적절히 표현하는 방법을 몰라 문제 해결의 수단으로, 또는 자신의 의사를 표현하는 방법으로 울음을 지속적으로 사용하는 것이므로 적절한 교정과 지도가 필요합니다.

감정 조절 능력의 중요성

철승이의 지도는 아이에 대한 선생님의 이해를 높이는 것부터 시작해야 합니다. 철승이가 보이는 잦은 울음과 또래 관계에서 보이는 짓궂은 행동은 사실 같은 선상의 문제입니다. 철승이의 울음은 자기감정 표현의 한 측면입니다. 언뜻 보기에도 아이는 자기의 감정을 조절하고 표현하는 것에 서투른 것으로 보입니다. 속상하거나 언짢은 일이 있으면 그 일에 대해서 곰곰이 생각하여 자신의 이야기를 해야 문제가 해결될 수 있고, 그래야 다른 사람들도 자신의 마음을 알아준다는 경험이 상대적으로 적은 것입니다. 또한 또래 관계에서 보이는 짓궂은 장난 같은 행동은 타인의 감정에 대한 민감성과 관련이 있습니다. 타인의 마음을 잘 공감하는 사람일수록 배려 행동의 빈도가 높고, 반대로 타인의 마음을 헤아리는 것이 어려운 사람일수록 자기중심적 행동이 증가하게 되기 때문입니다. 이 두 측면 모두 자신과 타인의 감정을 알아채고 조절하는 능력인 감정 조절 능력을 기본으로 합니다. 감정 조절 능력은 타고나는 것이 아닌 훈육과 교육의 결과로 생겨나는 후천적인 부분으로, 철승이에게는 감정 조절 능력의 향상과 함께 이것을 타인의 감정으로 확장시킬 수 있는 기회를 제공해주는 것이 필요합니다.

제프리 심슨(Geoffrey Simpson), 펠릭스 바르네켄(Felix Warneken) 등 세계적인 발달심리학자들에 따르면 아이에게 가르쳐야 할 것 중 최우선은 바로 감정 조절 능력이라고 합니다. 감정 조절 능력이란 자신의 부정적인 감정을 적절한 방식으로 표현하며 긍정적인 감정으로 빠르게 전환시킬 수 있는 능력입니다. 이 능력은 갓난아기 때부터 발달되며 향후 학습 지속력, 또래 관계 성패 등을 예측할 수 있는 지표가 됩니다. 감정 조절 능력은 그 자체로도 중요하지만, 아이의 성공과 행복에 결정적인 영향을 끼치는 공감 능력과 내적 동기 형성의 밑바탕이 된다는 점에서 가장 기본적인 발달 과제라고 할 수 있습니다. 감정 조절 능력은 또한 도전 의식, 배려, 충동 억제에도 영향을 끼치는 중요한 변인이 됩니다. 감정 조절 능력이 커진다는 것은 상황에 맞게 감정을 조절하고 표현할 수 있는 능력이 성장하는 것입니다. 감정 조절 능력이 뛰어난 사람은 자신의 감정을 잘 이해하면서 이를 언어를 통해 타인과 의사소통하는 능력이 뛰어납니다. 따라서 아이가 쉽게 눈물을 흘린다면 아이를 비난하거나 공격하지 말고, 아이가 자신의 감정을 인식하고 이를 언어로 보다 잘 표현하도록 이끌어주어야 합니다.

울 때는 이렇게

철승이 역시 머리로는 상황에 대한 이해가 되고 어떻게 하는 것이 올바른지 잘 알지만 이미 감정이 너무 많은 것을 느끼고 있고 그것을 조절하기가 어렵기 때문에 참으려 해도 눈물이 나오는 것입니다. 예를 들어 게임을 하다가 아웃이 되었을 경우 철승이도 '게임을 하다 보면 어쩔 수 없는 일이야. 참아야 해.'라고 생각하며 울음을 참고 감정을 조절하고 싶지만 잘하고 싶었던 마음이 좌절되었을 때의 고통이 너무나 크고 그것을 감당할 능력이 부족하여 눈물을 흘리게 되는 것입니다. 그렇다고 철승이는 복수하겠다며 다른 아이에게 공을 세게 던지거나 하지 않을 것입니다. 그런 일이 옳지 않다는 것을 알기 때문입니다. 철승이와 같은 아이의 울음을 빨리 그치게 하고자 그저 감싸고 달래거나, 자꾸 상황을 설명하면서 대체 왜 울고 있느냐고 채근하거나, 그저 무시해버리는 것은 그다지 효과적이지 않습니다. 아이는 그 상황을 이해하지 못해서 우는 것이 아니며, 다만 자신의 마음의 고통을 어떻게 하지 못해 우는 것이기 때문입니다. 아이가 울 때는 이렇게 지도하면 좋습니다.

첫째, 왜 우는지에 대한 정확한 원인을 먼저 파악합니다. 교사가 미처 보지 못한 상황이 있을 수 있으니 정황을 파악한 후에 아이와 대화를 나눕니다.

둘째, 아이의 감정을 읽어줍니다. 친절하고 따뜻한 태도를 유지하면서 그저 아이의 마음을 위로해주면 됩니다. 이영애 원광아동상담센터 소장은 "아이들은 자신의 감정을 정확하게 모르는 경우가 많습니다. 그래서 상황에 맞지 않는 엉뚱한 행동을 합니다. 그러므로 아이의 긴장된 마음을 알아주고 마음을 편안하게 만들어주는 게 중요합니다."라고 말합니다. 예를 들자면 게임에서 아웃이 되었을 때, "괜찮아, 다음 기회가 있잖아. 다음에는 더 잘해보자."라고 하는 대신에 "너도 다른 친구들과 계속 경기를 하고 싶었는데 아웃이 되어서 못 하게 되었구나. 정말 속상하겠다."라고 말해주고 그저 아이의 어깨를 몇 번 다독여주는 정도의 위로만 해주면 됩니다. 보통 여기까지는 잘할 수 있습니다. 그러나 문제는, 위로에도 아이가 울음을 그치지 않으면 조금 전과 다른 메시지를 전달하는 경우입니다. 갑자기 태도를 바꾸어 철저히 무시해버리거나, "이제 좀 그만 울어라. 그 정도면 되지 않았니." 등으로 종전과 태도를 바꾸는 것은 하지 말아야 합니다. 이러한 메시지는 아이의 슬픔과 두려움을 자극해 울음이 오히려 커지거나, 무서운 선생님 앞에서만 그치는 일시적 효과만을 낳을 수 있습니다.

셋째, 울음 대신 택할 수 있는 대안 행동에 대해 이야기를 나눕니다. 아이와 별도의 시간을 가지는 편이 좋습니다. 스스로 "어떻게 하는 것이 더 좋을까?" 같은 질문을 하여 자기가 직접 해결 방법을 찾아볼 수 있도록 지도하며, 이때 울음 대신 언어로 자기의 생각과 감정을 표현할 수 있도록 교사가 모델링을 해주면 좋습니다. 해결 방법이 울음 이외에도 다양하다는 것을 알려주고, 상황에 맞는 적절한 방법들을 연습할 수 있는 기회를 제공해주면 좋습니다.

아이의 지도는 가정과 연계하면 더 좋은 효과를 얻을 수 있습니다. 감정 조절 능력은 특히 부모의 영향을 가장 많이 받는 능력이기 때문에 더욱 긴밀한 연계가 필요합니다. 아이의 울음에 대해 부모님과 상담을 시작할 때 우선 부모님께 울음은 발달 과정상 일어날 수 있는 자연스러운 현상이며 울음 자체가 문제가 되는 것은 아니라는 사실을 말씀드립니다. 하지만 언어로 표현할 수 있는 학령기 아이의 잦은 울음은 문제가 될 수 있다는 것을 꼭 알려드려야 합니다. 아이가 자신에게 닥쳐오는 문제를 울음으로 해결할 수 있다고 학습되었을 수 있기 때문입니다. 보통 아이가 울기 시작하면, 많은 부모님들이 아이의 울음을 일단 멈추게 하기 위해서 아이의 요구를 다 들어주는 경우가 많습니다. 이러한 사례가 잦아지면 아이는 울음을 통해 욕구를 성취할 수 있다고 생각하기 쉽기 때문에 아이가 울면서 어떤 것을 요구할 때는 반응하지 말고, 아이가 자기의 언어로 의사를 표현하는 것을 도와주도록 조언해주시기 바랍니다. 부모님은 아이가 우는 이유를 이해하고 공감하며, 아이는 '부모님은 내 마음을 이해해주는구나.'라는 인식을 가지는 것이 필요합니다. 울음에 반응해서 무조건 아이의 문제를 해결해주기보다는 언어로 표현할 때 특별히 경청해주는 것이 중요합니다. 울 때보다 말로 전달할 때 선택적인 관심을 보여주는 것이 좋은 방법이 될 수 있습니다.

 참고문헌

- 오은영, 《오은영의 마음처방전 : 감정》, 웅진리빙하우스, 2014.
- 조봉환 · 임경희, 《교사를 위한 생활지도와 학교 상담》, 아카데미프레스, 2013.
- 서울시교육청, 〈초등 1학년 학생지도 어려울 땐 이렇게 도와주세요〉, 2014.

014

식탐 부리는 아이가 있어요

—— 1학년 명훈이는 표정도 밝고 인사도 잘합니다. 친절히 인사를 받아주면 선생님에게 찰싹 달라붙어서 이 말 저 말 내키는 대로 질문을 퍼붓기 일쑤지요. 대답을 해주다 보면 끝을 낼 줄 모릅니다. 선생님이 "나는 이쪽으로 가야 하니까 명훈이도 잘 가렴." 하고 말하면 언제 그랬냐는 듯이 쌩 하고 뛰어갑니다. 그리고 아는 동네 형 등을 만나면 또 찰싹 달라붙어 얼굴 가까이 몸을 기대며 종알종알 말을 겁니다. 그런데 명훈이는 선생님이나 윗사람에게는 이런 행동을 보이지만 학급 친구들과는 잘 지내지 못합니다. 늘 시시비비를 따지고 소리를 지르며 분쟁을 일삼지요. 별일도 아닐 성싶은 일에 흥분을 주체하지 못해 눈물까지 흘리면서 억울함을 호소합니다. 달래고 이해시켜도 쉬 끝내지 못하고 다음 시간에 그 일을 물어 끈질기게 시시비비를 가리느라 분투합니다.

게다가 급식 시간 한 시간 전인 4교시에는 아예 공부에 관심이 없습니다. 급식 시간이 시작되자마자 복도로 나가 급식을 제일 먼저 받기 위해서 4교시부터 마음을 쓰고 있는 것 같아요. 그렇게 시작한 급식은 한 번으로 끝이 나지 않습니다. 반 친구들이 아직 다 배식을 받지도 않은 상태에서 명훈이는 순식간에 급식을 다 먹고 다시 급식 줄을 서기 바쁘지요. 그러고는 맨 끝 아이 뒤에서 초조하게 기다리다가 자기가 좋아하는 고기나 반찬을 맘껏 쓸어 담아 와서 정신없이 먹습니다. 음식을 너무 빨리 먹는 습관이 몸에 안 좋기도 하고 또 이런 과도한 식탐은 버릇이 들면 안 되기에 주의를 준 적도 있습니다. 그러나 말을 할 때뿐 금세 잊고 같은 행동을 반복합니다. 명훈이의 과식과 조급증을 어떻게 지도할 수 있을까요?

Ⓐ 명훈이는 4남매 중 세 번째 아들입니다. 부모님은 명훈이와 동생을 입양해서 기른다고 합니다. 바로 위의 형은 4학년까지 학교를 다니다가 그만두고 홈스쿨을 한다고 합니다. 그렇다고 어머니가 집에서 끼고 공부를 가르치는 건 아닙니다. 가정 형편이 여의치 않고 부모님이 맞벌이를 하지만 수입이 늘 빠듯한 탓인지 명훈이는 1학년임에도 맞는 옷을 입고 온 적이 없습니다. 두세 학년 위의 학생이 입을 큼지막한 옷을 소매를 둘둘 걸어 입고 오거나 바지도 허리가 너무 커서 어정쩡하게 입고 다닙니다. 게다가 빨래를 자주 해주지 않아 옷은 늘 꼬질꼬질했고 불쾌한 냄새까지 날 정도입니다. 이런 명훈이를 볼 때마다 담임선생님은 명훈이 부모님이 야속하게 느껴졌습니다. 입양을 했으면 제대로 아이를 돌보아야지, 양육할 처지도 못 되면서 아이를 왜 입양하는지도 이해하기 힘들었지요. 매번 급식 시간마다 먹는 데에만 온통 신경을 곤두세우고 허겁지겁 과식을 하는 명훈이를 보고 선생님이 물었습니다.

"명훈아, 아침밥은 가족과 함께 먹고 학교에 오니?"

그러자 명훈이는 "아니요. 식구들이 다 따로 먹어요. 먹고 싶은 사람이 직접 차려 먹어요. 저도 아침에 혼자 먹었어요."라고 대답을 했습니다.

선생님은 명훈이 어머니와 상담 기간에 상담을 한 적이 있습니다. 명훈이 어머니는 옳고 그름이 분명하고 말씀하시는 게 아주 논리 정연하셨지요.

"어머니, 명훈이가 밝고 붙임성이 좋아 누구에게나 잘 다가서서 자기 말 하기를 좋아해요. 그런데 친구들과 사소한 문제로 시비가 생기면 쉽게 용납하지 못하고 울고 따지며 소리를 지를 때가 종종 있네요. 왜 그럴까요?"

"그래요? 명훈이 바로 위의 형도 학교에 가기 싫다고 해서 관두라고 했어요. 집에서 혼자 공부하지요. 공부도 잘합니다. 명훈이도 아이들과 싸우고 잘 어울리지 못하면 굳이 그런 아이들과 어울려서 공부할 필요가 없다고 생각해요. 명훈이에게 물어봐서 학교 가기 싫다면 안 보낼게요."

명훈이 어머니의 답변은 당황스러웠습니다. 선생님은 명훈이를 지도하는데 좀 더 도움을 얻고자 어머니의 의견과 조언을 구한 것이었는데, 어머니께서 단도직입적으로 친구들이 문제이고 차라리 학교에 보내지 않고 집에서 교육하는 게 낫다는 태도를 보이시니까요. 선생님은 명훈이 부모님이 상담 후에도 명훈이를 자퇴시키지 않은 것을 오히려 다행으로 생각했습니다. 그러던 중 1학년 정서 행동 검사 결과에서 명훈이는 우울 불안 총점이 가장 높게 나와서 2차 심리 검사를 받게 되었습니다.

정서 행동 심리 검사 종합 소견

서류 심리 검사 결과에 따르면 명훈이는 관심을 받지 못하면 심하게 불평을 하는 등 정서적으로 불안과 우울함을 높게 나타내며, 주의 집중이 어려운 아이입니다. 특히 규범이나 규칙을 어기는 행동, 고집을 부리거나 공격적인 행동에 대한 영역을 명훈이 어머니는 의미 있게 관찰하셨지요.

명훈이를 관찰한 주관적인 보고에 따르면 명훈이의 경우 정서적인 우울함과 불안감은 유의미하지 않은 것으로 나타났습니다. 다만 명훈이는 또래 관계에서 함께 어울리고 싶은 욕구는 상당히 높은 것으로 보이는데, 대인 관계 상황에서 친구를 사귀고 알아가는 사회성에 대한 기술 습득이 다소 부족해 보였지요. 그러다 보니 문제 상황에서 문제를 어떻게 해결하고 조율하는지에 대한 방법이 서툴렀습니다. 또 사회적인 장면에서 긍정적인 피드백을 받기보다는 부정적인 피드백을 많이 받다 보니 외부의 평가에 예민해지기 쉽고 그로 인하여 자신에 대한 이미지도 그리 긍정적이지 않은 모습이 나타났지요.

일상에서 보내는 실제 생활에서는 명훈이의 이러한 욕구들이 세심하게 채워지는 경험이 부족했던 것으로 나타났습니다. 더불어 충동적인 성향에 대해서는 학교에서 그동안 관찰되었던 점과 어머니의 보고와도 일치되는 결과를 나타내고 있었는데, 아동의 인지적인 충동성과 부주의한 면이 정서를 조절할 수 있는 능력을 기르는 데 다소 방해가 될 소지가 높았습니다. 따라서 명훈이에게는 자신의 내면에서 일어나는 감정들을 알아차리고 상황에 맞게 적절하게 표현할 수 있는 능력을 기르도록 도움을 주고, 더불어 학교와 가정이라는 울타리 안에서 안정감을 경험하며 애정에 대한 높은 욕구에 대해서도 지속적으로 민감하게 반응해줄 필요가 있었습니다.

코칭으로 다가서기

위의 심리 검사 결과를 보더라도 명훈이는 일대일의 친밀한 애착 관계가 많이 요구되는 아이입니다. 게다가 가정과 학교에서 친밀한 사랑의 경험이 많이 필요하나, 가정에서는 이러한 환경이 충족되지 않은 것으로 보입니다. 명훈이는 학교 공부가 끝나면 다른 아이들처럼 학원이나 방과 후 교실에 가지 않고 도서실로 갑니다. 명훈이가 책을 좋아해서 도서실에 가는 것은 아닙니다. 중간에 반 친구를 만나면 함께 놀이터에서 놀기도 하고 여기저기 돌아다니다가 엄마와 약속한 시간이 되면 집에 가기 일쑤니까요. 명훈이가 도서실에 가는 이유는, 어머니가 무조건 학교 공부가 끝나면 도서실에 들러 책을 두 시간씩 읽고 집에 오라고 강요하셨기 때문입니다.

명훈이가 도서실에 가는 시간을 이용해 선생님은 명훈이와 종종 만났습니다. 하루 동안 공부하고 친구들과 관계 맺으면서 이상 행동이 드러난 날이면 선생님은 도서실에 인터폰을 하여 명훈이를 교실로 불렀습니다. 명훈이가 좋아하는 과자도 항상 준비했습니다. 명훈이는 선생님이 부르면 밝은 얼굴로 교실에 들어섭니다.

"선생님, 저 왜 오라고 하셨어요?"

"응, 매일 혼자서도 꾸준히 책 보러 도서실에 가는 모습이 대견해서 칭찬해 주려고."

선생님은 칭찬의 말로 명훈이와 이야기를 시작합니다. "명훈이가 오늘 친구들과 공부하면서 힘들었던 일이 있으면 선생님이 도와주고 싶은데 말해줄 수 있겠니?" 하고 다가가면서 대화의 물꼬를 트는 것이지요. 대화는 이렇게 단계별로 진행하는 것이 좋습니다.

1. 초점 맞추기

"오늘 3교시 쉬는 시간에 형빈이랑 다투며 울다 자리에 들어가서 속상해하는 것 같던데 무슨 일로 운 거야?"

"형빈이가 내 말은 안 듣고 자기 맘대로 해서 화가 났어요."

2. 현재 상태 점검하기

"그때 마음이 어땠어?"

"형빈이가 내 말을 안 들어주고 자기 마음대로 해서 미웠어요."

3. 기대 목표

"명훈이는 친구들과 어떻게 지내고 싶은데?"

"친구들과 사이좋게 지내고 싶어요."

4. 의미 확장

"친구들과 사이좋게 지내는 게 중요한 이유는 뭘까?"

"애들이 다 나를 싫어해서 그런 이유는 관심 없어요."

5. 가능성 발견하기

"친구들과 사이좋게 지내려면 명훈이가 어떻게 하면 될지 노력해본 적은 있어?"

"아니요."

"그럼 여기서 잠깐 생각해보자. 싸움이 날 때를."

"친구가 자기 말만 하면 답답해서 제가 안 기다리고 말하다가 싸움이 나요."

"그럼 친구는 가만히 놔두고, 이 경우 명훈이가 어떻게 하면 싸우지 않게 될까?"

"친구 말을 다 들어주고 나서, 화를 내지 않고 내 말을 해요."

"정말 좋은 생각이구나!"

6. 실행 의지 다지기

"그럼 내일부터 친구들과 싸우지 않고 지내기 위해 어떤 것을 실천해볼 수 있을까?"

"화내지 않고 말하는 거요."

"화내지 않으려 해도 친구가 맘대로 하면 화날 텐데 그럴 때는 어떻게 화를 안 내지?"

"친구가 말할 때 제가 크게 말해서 싸웠는데 다 듣고 나서 말하면 화를 안 낼 것 같아요."

"좋은 생각인 것 같구나! 그럼 내일부터 실천해보고 어려움이 있으면 또 선생님과 얘기해보자. 선생님은 항상 너를 도와주고 싶으니까."

"네."

7. 자기 확인 및 마무리

"오늘 명훈이가 학교생활 어떻게 하고 싶다고 했는지, 내일부터 어떤 노력을 해보기로 했는지 다시 말해줄 수 있겠니? 오늘 선생님과 이렇게 얘기하니까 어떤 느낌이야? 다음에 만날 때는 오늘 말한 것을 잘 실천해서 명훈이가 명훈이 자신을 기분 좋게 해주자. 사랑해."

"네……."

명훈이는 이런 여러 단계를 거쳐 선생님과 의견을 나눈 뒤 가벼운 발걸음으로 집으로 갈 수 있었습니다. 교사와의 일대일 친밀한 관계를 통해 선생님이 자신을 특별히 아끼고 사랑한다는 애착 관계를 형성할 수 있었고 친구들과의 관계에서 자신이 놓치고 있는 사회적인 기술을 선생님의 코칭을 통해 발견함으로써 사회성도 많이 좋아지게 되었습니다.

몇 달이 흐른 후 명훈이는 급식 시간에 서둘러 과식하는 버릇도 수그러들었고, 친구들과 사사건건 부딪치는 일도 없어졌습니다. 교정 어디에서나 선생님을 만나면 명훈이는 밝게 인사하고 지나가지요.

015

쉿! 비밀인데 자꾸 만져요!

──── 시청각실에 모여 안전 교육을 받던 어느 날, 초점을 잃고 멍하니 앉아 있는 영수를 보았습니다. 가까이 다가가서 보니 자위행위를 하는 것 같았습니다. 너무나 당황해서 어찌해야 할지 고민하는 사이에 몇 주가 지났습니다. 그 후, 교실에서 영수의 행위를 또 한 번 발견했는데 어떻게 주의를 주어야 할지 도저히 모르겠습니다. 영수에 대하여.유난히 기대가 크고 학급 일도 열심히 도우려고 하는 영수 어머니께서 몹시 실망이 클 텐데 이 사실을 어떻게 알려야 할지, 또 알려드린다면 어떤 말로 어떻게 설명해야 할지 걱정입니다. 다행히 최근 영수 짝이 전학을 간 터라 아직 다른 아이들이 보지는 못한 것 같습니다. 학급 친구들이 알기 전에 빨리 영수의 행동을 멈추게 하고 싶은데 어떻게 접근해야 할지 고민입니다.

Ⓐ 아이들은 자신의 몸에 대해 알아가는 과정에서 몸의 특정 부위를 만지면 기분이 좋아진다는 사실을 일찍부터 알아차립니다. 따라서 유치원 입학을 전후하여 아이가 자위행위를 하더라도 이는 그리 놀랄 일은 아닙니다. 하지만 초등학교에 들어가고부터는 사리분별력이 생기기 때문에 대부분의 아이들은 이러한 행동을 하지 않거나 혹은 하게 되더라도 집에서 혼자 있을 때 합니다. 자위행위 자체가 아이의 건강을 상하게 할 위험성은 거의 없습니다. 하지만 이러한 행위를 반복해서 하는 아이의 경우 두 가지 측면에서 문제가 있을 수 있기 때문에 쉽게 넘길 일은 아니라고 봅니다.

먼저, 드문 경우이긴 하지만 성폭력을 당한 경험의 결과로 이러한 행동을 할 수도 있습니다. 아이가 예전과 달리 또래 친구들을 멀리하고 밤에 악몽을 자주 꾼다거나 야뇨증이 생겼을 때, 또 학업에 몰두하지 못하거나 체육 시간을 기피할 때, 자주 울거나 신경질적인 짜증이 잦고 때로는 지나치게 성에 대한 관심이 많아지면서 이러한 자위행위를 할 때는 성폭력 경험을 의심해보아야 합니다.

위의 예가 아닌 대부분은 스트레스를 해소하기 위한 방법으로 자위행위를 하는 경우가 많습니다. 이때는 아이가 받고 있는 스트레스의 원인을 찾아내어 이를 줄이고, 또 스트레스 상황에서도 다른 방법으로 해소할 수 있도록 도와주어야 합니다.

이렇게 도와주세요

1. 먼저 아이의 신체나 옷에 문제가 있는지를 살핍니다.

성기를 만지는 이유 중에는 소변을 보고 싶을 때, 가렵거나 염증이 있을 때,

또는 옷이 너무 꽉 끼어 불편한 경우 등이 있습니다. 이것은 자위행위가 아니라 가려움증 같은 증세를 해소시키고 있는 행동입니다. 이 경우 교사가 걱정하는 상황을 부모에게 전하고 아이의 몸과 옷차림을 잘 살펴보도록 권유합니다.

2. 학부모에게 알립니다.

교사가 관찰한 내용을 어색해하지 말고 사실 그대로 말합니다. 마찬가지로 부모도 자녀에게 침착하게 대하도록 하고 결코 '벌을 주거나 죄책감과 수치심을 갖게 해서는 안 된다'는 부분을 강조합니다. 자위행위 자체가 문제가 아니라 '부적절한 장소'라는 점을 분명히 말해줍니다. 동시에 가정에서 도와줄 일과 이후 교실에서 교사가 하게 될 접근 방식 등을 학부모께 자세히 설명해줍니다.

3. 아이와 일대일로 대화합니다.

아이와 대화할 때 반드시 지켜야 할 점은 아이를 질책하거나 아이가 수치심을 느끼도록 해서는 안 된다는 점입니다. 대신 침착하거나 부드러운 어조로 학교에서는 그러한 행동을 해서는 안 된다는 점을 주지시키고, 특히 '장소'를 강조하여 알아듣기 쉽게 설명합니다.

"영수야, 여러 사람이 모인 공공장소에서는 해도 좋은 일과 해서는 안 될 일이 있는 거 알지? 지금 네가 한 행동은 코를 후비거나 쉬를 하는 것처럼 남이 보는 곳에서 하면 창피한 거란다."라고 일러줍니다. 또 반 친구들이 그러한 영수의 모습을 보게 되면 기분이 나빠져서 영수 가까이 오지 않으려 할지도 모른다는 이야기도 함께 해줍니다.

4. 부적절한 행동을 할 때는 신호를 보내 멈추게 합니다.

면담 후에 자신도 모르게 또 성기를 만질 때에는 이 행동을 멈출 수 있도록 교사와 아이 둘만의 신호를 정하도록 합니다. 교사가 해당 아이를 향해 '엄지손가락 들어 보이기', '손으로 머리를 긁적거리기', '조용히 다가가 어깨에 손 얹어 주기' 등 다른 학생들이 눈치채지 못하도록 자연스럽게 신호를 보내면, 아이는 얼른 신호를 알아차리고 양손을 책상 위에 얹어야 한다고 약속합니다.

5. 관심을 다른 곳으로 돌리도록 합니다.

모든 행동들이 그러하듯이 자위행위도 단 한 번의 언급으로 고쳐지지 않는 경우가 많습니다. 약속을 했는데도 다시 자위행위가 포착되면 손을 사용하는 다른 일을 시키거나 심부름 등으로 자리에서 일어나게 해 멈출 수 있도록 합니다. 글쓰기, 퍼즐, 색칠하기 활동으로 대체해도 되고 상황에 따라서는 말랑말랑한 작은 공을 책상 속에 넣어주어 마음껏 쥐어짤 수 있도록 해도 긴장감을 해소하는 데 도움을 줄 수 있습니다.

근본적인 원인 파악하기

부모님들이 본인 자녀에 대하여 관심과 기대가 높은 것은 당연합니다. 다만 교사가 느끼기에 부모님의 기대가 더 각별하다고 판단된다면, 학업 스트레스와 관련이 있을 가능성이 높습니다. 아이들은 스트레스가 심할 경우 이를 해소하기 위한 방법으로 자위행위를 할 수 있습니다.

먼저 영수와 이야기를 나누면서 영수가 어떤 부분에서 어려움을 느끼고 있는지 스트레스의 원인을 알아봅니다. 이후 부모 상담을 통하여 영수의 스트레스를 줄여줄 수 있는 방법을 논의합니다. 부모 상담 시에 어떤 부분에서는 영수도 함께 참여하여 직접 스트레스 상황을 들어보는 것도 좋은 방법입니다.

장애물은 잠든 힘을 깨어나게 하고
지혜를 에리하게 만든다.
- 빌헬름 폰 훔볼트 -

PART 2
중학년

초등 중학년(3, 4학년)의 발달 특성

3, 4학년은 저학년에 비해 말귀도 잘 알아듣고 교사의 지시 없이도 스스로 할 수 있는 시기입니다. 아직은 부모나 교사의 말이나 지시를 잘 따르는 편이어서 교사들이 조금은 편하게 생각하고 선호하는 학년이기도 합니다.

저학년에 비하여 학교생활을 잘하고 생활 규칙을 잘 지킬 수 있으며 숙제하기, 준비물 챙기기 등 주어진 일을 부모의 도움 없이 스스로 해낼 수 있는 시기입니다. 규칙을 지키는 것을 좋아하고 규칙을 지키는 자신을 자랑스럽게 생각합니다. 한편으로는 또래 친구에 관심이 많아지고 다른 사람에게 인정받고 싶은 욕구가 강해지는 시기이기도 합니다. 또한 4학년의 경우에는 같은 중학년이라도 발달 정도에 따라 사춘기의 특성을 보이는 아이도 있습니다.

신체 발달

3, 4학년 시기는 영구치와 유치의 교체가 끝날 무렵이며, 1, 2학년에 비해 손의 협응 능력도 우수하여 작은 글씨도 잘 쓰고 가위질, 바느질도 할 수 있으며 옷 입기도 빨리 할 수 있습니다. 장기, 바둑, 오목, 손동작 게임 등 손으로 하는 놀이도 매우 좋아하게 됩니다.

신체 활동 의욕이 왕성하여 모든 운동에 흥미를 가지고 있으며 체육 시간을 좋아합니다. 또한 1, 2학년에 비해 또래 친구들과 함께하는 것을 좋아하며 친구들과의 장난도 심해지고 몰려다니는 아이들도 생겨납니다.

인지 발달

3학년은 언어 면에서 어휘력이 많이 발달하는 시기이며, 표현 의욕이 왕성해지면서 일기 쓰기나 글짓기를 할 때 글의 분량이 길어지고 자신의 생각이나 느낌 등을 자세하게 표현할 수 있습니다. 수 개념이 발달하여 1,000까지 계산할 수 있는 능력이 생기며, 분수 개념도 이해하게 됩니다. 기계적 기억력이 상승하는 시기이고, 문제 해결력, 창조적 사고가 발달합니다.

4학년은 스스로 생각하고 판단하는 능력을 키워나가며, 어느 정도 자기 자신에 대해 평가를 할 수 있습니다. 주의력은 깊어지고 관심권은 넓어지며 지난날 상상의 나래를 펴던 세계는 보다 현실적인 세계로 나타납니다. 따라서 자신이 처한 환경에 부딪쳐보고 그 세계를 파헤치려는 데 열성을 보입니다. 지식에 대한 열망도 대단해서, 아직은 지극히 구체적인 것들에 대한 지적 탐구에 그치지만, 객관적인 정보를 수집하고 분류하기를 좋아하는 시기입니다.

정서 및 사회성 발달

정서적인 면에서 3학년은 저학년에 비해 울음과 화를 참을 줄 알게 되고, 친구들 간에도 신체적 공격보다 언쟁이 많아지는 시기이며, 유머가 풍부해지고 재미있는 일은 반복해서 하고 싶어 합니다. 외적 세계에 점차 관심을 가지게 되고, 독서량이 늘어나고 옛이야기나 과학 이야기에도 흥미를 보입니다.

4학년은 강렬한 정서적인 표현을 하게 되며 이때부터 정서의 외적 표현을 통제하려는 강한 동기를 갖게 됩니다. 하지만 가정에서는 정서적인 외적 표현을 통제하려는 동기가 강하지 않아서 저학년 때와 똑같은 정서 표현을 하는 경우도 있습니다. 즐거움이나 웃음을 주는 것에 대해서 적극적으로 표현하고 추구하려는 경향도 있으며, 학급에서 너무 똑똑하거나 어수룩한 아이들은 소외감을 느끼게 되거나, '왕따' 현상이 발생할 수 있는 시기입니다.

사회적 발달 측면에서 살펴보면, 4학년은 대인관계의 주 대상이 부모에서 친구로 옮겨가며, 교사 및 그 외 지역사회의 다른 사람들과 관계를 형성하게 됩니다. 특히 4학년은 고학년으로 가는 과도기적 시기이므로 또래에 비해 성숙한 행동을 하는 아이들도 나타납니다. 이 시기 아이들은 그룹 지향적이기 때문에 집단에 참여하여 그 안에서 경쟁하고 상호 협력하며 노력을 기울일 수 있는 기회를 마련해주어야 합니다. 특히 4학년들은 '이제는 저학년이 아니다.'라는 생각이 강해 일반적으로 믿음직스럽고 신뢰받기를 좋아합니다.

교사가 가져야 할 마음가짐과 학급 운영 방법

심리학자 장 피아제의 인지 발달론에 따르면 6~7세경부터 11~12세경은 구체적 조작기에 해당한다고 합니다. 3, 4학년은 아직 이 시기에 해당한다고 볼 수 있습니다. 아직 형식적 조작기에 들어가지 않은 상태이므로 가능하면 자세한 설명과 구체적으로 조작해보는 경험을 제공해주는 것이 좋습니다.

3, 4학년 시기는 규칙을 지키는 것을 잘하는 시기이므로 좋은 습관을 가지도록 지도하는 데 중점을 두어야 합니다. 이 시기에 생활 습관이나 공부 습관

등이 잘 형성되도록 꾸준히 일관성 있게 지도해야 합니다.

3학년은 학년 초에는 타율적이고 융통성이 부족한 면이 있는 등 여전히 저학년 같은 모습을 엿볼 수 있습니다. 하지만 시간이 지날수록 조금씩 중학년의 특성을 띠게 됩니다. 반면 4학년은 자율적으로 규칙 지키기도 잘하고 모둠 활동과 단체 활동을 할 때 함께 행동하는 것을 즐기고 잘합니다. 3, 4학년 모두 학년 초에 아이들과 함께 학급 규칙을 정하고 모둠 활동을 잘 활용하여 학급 운영을 하면 1년간 수월하고 즐겁게 학급을 꾸려갈 수 있을 것입니다.

다양한 규칙과 학급 운영 방법을 일방적으로 적용할 경우 학생과 교사 모두가 힘들게 될 수 있습니다. 너무 많은 규칙은 아이들에게 혼란을 주고 교사 자신도 지키기 힘들어질 수 있기 때문입니다. 학생들과 같이 알맞은 학급 규칙을 정하고 교사가 일관성 있게 꾸준히 운영해나가는 것이 매우 중요합니다. 또한 중학년 시기의 아이들은 보상을 좋아하기 때문에 스티커를 이용하는 등 적절한 보상 계획을 세워 학급을 운영하는 것도 효과적입니다. 물론 칭찬과 격려도 필수입니다. 학습에서도 협동 학습이나 협력 학습을 통하여 모두가 참여하도록 하고, 달마다 공동 미션을 주고 발표하는 활동도 이 시기 아이들이 매우 좋아하는 효과적인 학습법입니다.

3, 4학년 아이들은 비교적 교사의 말을 잘 듣지만 일방적인 지시나 훈계로 일관하면 이에 반항하는 아이들도 생겨납니다. 중학년 아이들은 대화로 변화시킬 수 있는 시기이므로 아이의 감정을 읽어주고 아이의 편에서 이해하고 칭찬과 격려를 통해 지지해주면 아이들과의 관계도 좋아지고 교사로서의 보람도 얻게 될 것입니다.

 참고문헌
• 신의진, 《신의진의 초등학생 심리백과》, 갤리온, 2008.

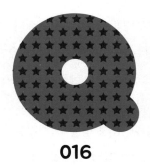

016

새 학기 첫날을 어떻게 준비해야 하나요?

―――"선생님, 요즘 아이들이 너무 날뛰어요! 수업 시간에 집중도 하지 않고 함부로 떠들고 아무리 수업 준비를 해도 제대로 수업을 할 수가 없어요!"

"선생님 반 아이들은 어떻게 그리 차분하지요? 복도 지나갈 때 보면 아이들이 차분히 수업에 집중하고, 아침에는 선생님이 안 계셔도 아이들이 스스로 뭔가를 알아서 하고 있어요."

"소리를 지르거나 화를 잘 내는 것 같지도 않은데 어떻게 아이들이 그렇게 말을 잘 듣나요? 저는 뭐가 잘못된 거지요?"

Ⓐ 우리가 종종 들을 수 있는 새내기 선생님들의 하소연입니다. 비단 새

내기 선생님들만의 하소연이 아닌 경우도 종종 있습니다. 새로운 학기가 시작되면 모든 선생님들은 올 한 해 내가 맡게 된 아이들을 잘 가르치기 위해 부단히 노력합니다. 그러나 아이들은 조금만 화를 내면 주눅이 들어 눈치를 보곤 하지요. 이런 게 미안해서 아이들의 행동을 조금 허용해주고 부드럽게 대하면 이번에는 또 지나치게 까불고 떠듭니다. '할 땐 하고 놀 땐 노는 아이들', '지킬 건 지키고 주장할 건 주장하는 멋진 아이들'로 가르치기가 참 어렵습니다.

1년 농사는 봄에 결정된다

어려운 현실이지만 '멋진 아이들이 살아 숨 쉬는 행복한 학급'은 3월 한 달 동안(특히 개학 첫날) 1년 학급경영의 초석을 어떻게 놓느냐에 달려 있습니다.

"1년 농사의 성패는 봄에 있다."라는 말처럼 1년 학급경영의 성패 역시 3월에 있습니다. 학급도 하나의 사회이며 교사는 학급이라는 사회를 경영합니다. 어떤 선생님은 나이 오십이 되어서야 '학급경영'이라는 말의 참 뜻을 깨달았다고 합니다. 규모에 차이가 있을 뿐 가정 경영이나 회사 경영이나 작은 가게 경영이나 경영은 모두 통합니다. 책임을 맡은 사람이 경영을 잘할 때 그 조직은 성장하고 조직원들은 신바람이 나고 행복합니다. 1년 동안 교사는 학급에서 리더이며 경영인입니다. 어떻게 학급을 경영할지 즐겁고 행복한 마음으로 지혜를 짜내고 계획을 세워야 합니다. 우리가 흔히 국가, 시청, 구청, 학교 또는 회사 등의 단체의 장들에게 바라는 리더십이 바로 나에게 필요한 것입니다. 학급 담임교사는 수업만을 하는 교과 담당 교사와는 다릅니다. 학급을 경영해야 합니다. 교사들은 교육대학에서 교육철학이나 교수법에 대해서는 많이 배우지만 학급경영에 대해서는 교사로 발령이 난 후 옆 반 선생님이 하는 것을 어깨 너머로 보고 배우거나 필요에 의한 연수를 통해서 주로 접하게 됩니다. 또는 인터넷을 뒤져 자료를 찾아 이것저것 적용해가며 배웁니다. 기본적으로 학급을 경영하면서 어떤 리더십을 발휘해야 하는지에 대한 체계적인 교육이나 연수가 부족한 실정입니다. 따라서 우리는 학급을 경영하는 담임교사에게 좀 더 많은 정보와 연수로 도움을 주어야 하고 그들이 지고 있는 책임과 의무에 상응하는 권한도 부여해야 합니다.

학부모께 드리는 편지와 학생과 나누는 '특별한 첫인사'

1년 학급경영의 성패는 3월에 달려 있고, 그중에서도 3월 첫날이 제일 중요합니다. 학생들과 부모님들은 3월 2일 개학날 담임선생님이 누구인지에 대해 어마어마한 관심을 가지고 궁금해합니다. 올 1년 우리 아이를 맡아줄 담임선생님은 학생과 학부모에게 초미의 관심사가 아닐 수 없습니다. 이럴 때 2월 봄방학 동안 열심히 개학 준비를 한 선생님과 그냥 대충 아이들을 맞는 선생님은 앞으로의 학급경영에서 하늘과 땅 차이가 납니다. 미리 준비하여 3월 2일 개학날 바로 해야만 그 효과가 극대화되는 것은 바로 다음의 두 가지 활동입니다. 다음 날이나 개학 후 일주일 이내에 천천히 해도 안 될 것은 없지만 이때는 효과가 반감됩니다.

첫째, 학부모님께 드리는 편지를 준비합니다.

3월 2일 아이가 학교에 갔다 오면 엄마는 초초하게 아이를 기다리다가 아이가 현관에 들어서기가 무섭게 질문을 쏟아냅니다. "담임선생님이 누구니?", "성함은 어떻게 되셔?", "연세는 얼마 정도 되신 것 같아?", "무서워 보이셔?" 등등 질문이 끝이 없지요. 이럴 때 아이가 "엄마, 선생님께서 이거 부모님께 꼭 보여드리라고 했어." 하며 편지를 내놓으면 학부모는 그 편지를 읽으며 선생님의 학급경영 방침을 알게 되고 선생님이 무엇을 중요하게 여기는지 알게 되어 안심할 수 있습니다. 더불어 이런 편지를 준비하신 선생님의 성품에 감사하게 됩니다. 이 편지는 반드시 개학날 보내야 좋습니다. 하루 이틀 지난 다음에 보내면 이미 소문과 아이의 입을 통해서 이런저런 이야기를 듣고 난 후라 첫날만큼 마음에 크게 와닿는 감동이 전달되지 못합니다.

편지에는 '교육철학' 즉 교사가 무엇을 가장 중점적으로 생각하는지를 적고, 이어 학부모에게 교사에 대한 '믿음과 신뢰'를 바탕으로 학급경영에 적극적인 관심을 가져달라고 부탁드립니다. 그다음으로 교사의 바람직한 학급경영을 위해 학부모가 꼭 지켜주었으면 하는 몇 가지 당부 말씀과 준비해야 할 일들과 준비물을 알려드리고, 마지막으로 교사의 연락처와 메일 주소를 적어 학급경영과 아이들의 교육에 관해 함께 소통할 것을 권유합니다.

간혹 어떤 교사의 경우 선생님의 연락처를 절대로 알려주지 않는다는 방침을 가진 분도 있지만 교사, 특히 초등학교 교사의 경우 돌봄, 훈육 그리고 교과 교육 등 아이의 전인적인 성장을 도와야 하므로 때에 따라서는 근무 시간 외에도 학생과 부모님과 연락을 해야 하는 경우가 생깁니다. 게다가 특별히 관심을 가져야 하는 어려운 학생이 있으면 교사는 더더욱 가정과 연계하고 부모님과 소통을 해야만 학생의 교육을 제대로 할 수 있게 됩니다. 연락처 공개가 정 꺼려지는 교사라면 휴대전화를 두 개 쓰는 방법도 있습니다.

둘째, 학생들과 나누는 특별한 '첫인사'를 준비합니다.

학생들은 개학 첫날 두려움과 호기심 그리고 기대감으로 새로운 교실을 찾아옵니다. '선생님은 어떤 분일까?', '어떤 친구들이 같은 반이 되었을까?' 하는 호기심 가득한 첫날에 선생님의 학급경영 철학을 담은 첫인사는 학생들의 마음에 깊은 인상을 남깁니다. 학생들은 이날 긴장감과 두려움을 가지고 있으므로 선생님은 부드럽고 편안한 어조로 말을 하는 게 좋습니다. 시각 자료를 이용해도 좋고 아이들을 부드럽게 바라보면서 진지하고 차분한 목소리로 선생님이 중요하게 여기는 점들을 이야기하고 교육에 대한 생각과 철학 등을 편안하게 들려줍니다.

그리고 개학 첫날의 과제로 '즐겁고 행복한 학급을 만들기 위한 가장 중요한 원칙'을 한 가지씩 적어오라는 숙제를 내줍니다. 그리고 이를 바탕으로 학기 초에 모둠 토의를 거쳐 학급의 원칙(옛날의 '급훈'과 같은 것)을 완성합니다. 이렇게 학급의 원칙이 완성되면, 이 가운데 가장 필요한 규칙 세 가지를 학급 회의 시간에 골라 뽑아 한 달 동안 시범적으로 규칙을 적용해봅니다. 한 달이 지난 뒤에는 시범 기간 중에 느꼈던 점 위주로 다시 토의를 거쳐 규칙을 수정하고 보완하여 마침내 1년 동안 학급을 운영할 규칙을 정합니다.

아이들을 맞이하기 위한 준비

개학 첫날을 의미 있게 보내기 위해서는 교실 정리 정돈, 좌석 배치, 알림장 등을 미리 준비해놓아야 합니다. 새 학년의 첫날 아이들은 새로운 교실에 와서 어디에 앉을지부터 고민하게 됩니다. 이때 선생님에 따라 자유로운 방식을 좋아하는 분이라면 앉고 싶은 자리에 앉으라고 칠판에 써놓을 수 있습니다. 이 방법은 학생이 선택해서 앉는 자리를 보고 아이의 성향을 파악하는 데 도움을 얻을 수 있습니다. 꼼꼼하고 준비성이 있는 선생님은 출석 번호에 따라 자리를 지정해서 이름표를 붙여놓기도 합니다. 모둠과 모둠 번호를 붙여놓고 매주 순환하여 아이들이 자리를 바꾸도록 하면 아이들끼리 서로 쉽게 친해질 수 있습니다. 3월 한 달 동안은 출석 번호에 따라 정하고 그 뒤부터는 아이들과 의논하여 정하도록 합니다. 그리고 알림장도 미리 준비합니다.

예전에는 개학 첫날 개학식과 간단한 인사만 하고 하교를 했지만 요즘은 정상 수업을 하거나 4교시 정도의 단축 수업을 하는 경우가 대부분입니다. 자리 배치라든가 알림장(내일의 준비물과 수업이나 활동 계획) 등과 교실 정리 정돈을 미리 해놓지 않으면 자질구레한 일들 때문에 정작 중요한 아이들과의 첫인사를 제대로 할 수 없습니다. 따라서 학교에서는 전보 교사 발령을 좀 더 일찍 발표하고 학급 담임을 2월에 미리 발표하여 종업식이 끝난 후 2월 봄방학은 새로운 학급경영을 준비하는 시기로 삼아야 합니다. 교실도 미리 배정받아 청소와 정리 정돈을 하고 컴퓨터나 프로젝션 TV, 실물 화상기 등이 제대로 작동하는지 살펴보는 게 좋습니다. 더불어 아이들 책상 서랍과 사물함 등도 미리 청소해놓고 이름표도 미리 붙여놓는 게 좋습니다.

담임교사 혼자 하기 힘들면 교사가 어느 정도 준비를 해놓고 개학 후 아이들과 함께 교실을 꾸려도 좋습니다. 일례로 출석 인원과 좌석 그리고 사물함의 개수가 맞는지 확인하고 이름표를 준비합니다. 혹시 전학생이 있을 수 있으므로 여분도 준비합니다. 그런 후 아이들을 만나면 이를 나누어주고 자기 자리에 이름표를 정성껏 붙이도록 합니다. 모둠 중심의 학급경영을 추구하는 교사라면 자리와 더불어 모둠을 미리 정해놓고 모둠 번호도 미리 정해놓습니다(처음에는 출석 번호대로 하면 됩니다). 이렇게 미리 준비해놓으면 개학 첫날은 여유롭게 새 학년 맞이 첫인사를 학생들과 진지하면서도 의미 있게 나눌 수 있습니다.

이렇게 개학 첫날을 보내면 아이들은 첫날부터 안정감을 느끼며 선생님께 무한 신뢰와 기대를 가지고 새 학년을 출발하게 됩니다. 시간이 지나면서 갈등도 생기겠지만 아이들은 용케도 개학 첫날 선생님이 하신 말씀을 기억하며 선생님께 무한 믿음과 신뢰를 보여줍니다. 이런 아이들에게 감동받고 힘을 받아 선생님은 어렵고 힘든 사도의 길을 묵묵히 걸어갈 수 있습니다.

교사는 1년 임기의 선장님

학급은 배와 같습니다. 선장인 선생님이 키를 잡고 학생들의 도움과 협조 그리고 부모님들의 관심과 소통으로 다음 학년이라는 항구까지 항해를 합니다. 개학 첫날 학생들과 학부모님들에게 교사의 학급 경영 철학을 이야기하는 것은 1년 학급경영의 키가 됩니다. 첫날 교사가 이야기하는, 혹은 아이들과 함께 만드는 학급의 원칙과 규칙은 학급이라는 배가 풍랑을 만나거나 표류할 때 방향을 잡아주는 키 역할을 합니다. 선생님과 학급 친구들이 함께 추구하는 철학에 기준점을 두고 문제를 해결해나가고 그 방향에 따라 학급을 운영해나갈 수 있기 때문입니다.

3월 첫날을 이렇게 보낸 후 다음으로 학급 세우기와 모둠 세우기 활동을 합니다. 학급 세우기 활동은 아이들에게 소속감과 공동체감 그리고 협동심을 길러줍니다. 학급 세우기 활동의 예로는 반가 만들어 부르기, 학급의 원칙과 규칙 만들기, 생일잔치하기, 이야기 나누기, 학급 회의 · 학급 일기 · 학급 온도계 등의 활동으로 이루어집니다. 모둠 세우기 활동으로는 짝 인터뷰, 모둠 구호와 모둠 규칙 만들기, 모둠 신문 만들기 등이 있습니다. 모둠의 공동체감과 화합을 이루는 데 도움이 되는 활동은 어떤 것이라도 좋습니다.

요즘은 인터넷과 책을 통해 수많은 교육 방법과 정보를 얻을 수 있습니다.

교사가 학급에서 리더라는 생각을 가지고 '어떤 리더가 될 것인가?'를 고민한다면 이를 위한 다양한 방법과 활동을 충분히 찾아 활용할 수 있습니다. 또한 같은 학년 동료 교사와 이러한 내용을 수시로 나누면서 서로 좋은 교육철학과 방법들을 공유하며 함께 노력하면 아이들과 행복한 학급경영을 할 수 있습니다. 새 학년 첫날을 위해 준비해야 할 일은 다음과 같습니다.

새 학년 첫날 할 일 예시

교사 준비물

1. 학부모 편지
2. 아이들과 첫인사를 위한 파워포인트 자료(예 : PPT, 예화 자료 등)
3. 좌석 배치도(출석 번호에 따라 책상에 이름표를 붙여놓고 만듦)
4. 알림장 내용

첫날 할 일

1. 출석 확인(이름 순서 확인, 철자 확인)
2. 아이들과 첫인사
3. 간단한 수신호 알려주기(바른 자세, 수업 중 주의 집중 방법 등)
4. 모둠과 모둠 번호 알려주기
5. 알림장 쓰기
7. 청소, 봉사할 사람 뽑기
 * 3, 4번은 시간이 없으면 다음 날 해도 됨

알림장

1. 일기(오늘은 ○학년 첫날이었어요!)

2. 우리 반 학급의 원칙 한 가지, 규칙 세 가지 정해오기

3. 시간표

4. 부모님께 선생님 편지 꼭 보여드리고 서명 또는 의견 받기

5. 준비물

3월 3일 할 일

1. 아이들 키에 맞는 책상과 걸상 찾아주기

2. 모둠 조직과 역할 부여하기(칭찬이, 점검이, 도우미, 진행이)

3. '얼굴짝, 어깨짝, 비스듬짝' 용어 설명해주기(얼굴짝은 앞뒤로 같이 앉은 친구, 어깨짝은 옆에 앉은 친구, 비스듬짝은 대각선으로 앉은 친구)

4. 1인 1역 역할 정하기

학급 세우기 활동의 예

1. 반가 만들기(신나는 노래에 가사 바꾸기)

2. 학급의 원칙, 규칙 만들기

3. 학급 일기 쓰기

4. 학급 온도계

모둠 세우기 활동의 예

1. 모둠 구성(네 명을 한 모둠으로)

2. 모둠 내 역할 부여

3. 모둠 이름 짓기(풋말 만들기)

4. 모둠 구호 만들기

5. 모둠 신문 만들기

위 활동들은 한꺼번에 하려고 하지 말고 틈틈이 계획을 세워서 합니다. 하지만 대부분 3월 안에 이루어져야 합니다.

017

읽기를 힘들어하고
방금 읽은 것도 몰라요.

——— 3학년을 맡고 있는 교사입니다. 우리 반의 한별이는 글을 읽는 것을 어려워합니다. 국어 시간에 책을 읽어보라고 하면 일단 싫어하는 눈치고, 책을 읽을 때도 다른 친구들에 비해 조금 더듬거리면서 천천히 읽습니다. 또 읽은 내용을 물어보면 내용도 잘 모릅니다. 아침 독서 시간에도 잘 참여하지 않고 잘 안 읽으려고 하고 자꾸 딴짓을 하려고 해서 친구들에게 방해가 됩니다. 그런데 이야기할 때 보면 이해력이 떨어지지 않고 수업 시간에 배운 내용도 잘 알고 있습니다. 당연히 친구들과 이야기하거나 토의하는 시간은 아주 좋아합니다.

한별이가 유난히 읽기를 어려워하는 이유가 무엇인지 알고 싶습니다. 그리고 유독 읽기에서 어려운 점을 보이는 아이를 도와줄 수 있는 방법도 알고 싶습니다.

A 3학년 정도면 읽기에 익숙할 나이인데 읽는 것을 잘 못 하면 교사는 물론 같은 반 친구들도 답답해하고 '혹시 공부를 못해서 저러나?' 혹은 '책을 많이 안 읽어서인가?' 등 여러 가지 추측을 하게 됩니다. 아이는 친구들 앞에서는 점점 더 읽지 않으려고 할 것이고 선생님도 읽어보라고 권하기가 망설여질 수 있습니다. 그러나 한별이처럼 읽기에서만 어려운 점을 보이고 말로 하는 것은 잘한다면 '난독증'을 의심해보아야 합니다. 난독증은 읽기가 잘 되지 않습니다. 하지만 조기 발견하면 틀림없이 좋아지는 증세이므로 미리 알아차리는 것이 매우 중요합니다.

난독증이란?

사람들은 흔히 책을 읽을 때 "글자가 눈에 잘 안 들어온다."라는 말을 합니다. 난독증은 의학적으로 진단이 가능한 질병으로, 읽기에 필요한 뇌신경계의 손상 또는 선천적 기능 부진으로 읽기를 원만하게 습득하지 못하는 질병입니다. 난독증이란 용어는 1887년 베를린의 한 안과의사에 의해 처음 사용되었습니다. 그 의사는 시력은 좋은데도 글을 읽지 못하는 사람에게 이 용어를 처음으로 사용했습니다. 난독증을 영어로 'Dyslexia'라고 하는데, 그리스어로 Dys는 bad를, Lexia는 speech를 뜻합니다. 난독증에 걸린 아이들은 음운 익식이 안 되고 통글자로 글자를 읽습니다.

1998년 미국 교육부는 난독증에 관한 대규모 조사를 실시했습니다. 조사 결과 4학년의 69퍼센트에서 읽기 숙달도가 학년 기준보다 떨어졌으며, 38퍼센트는 초보적인 읽기 기술조차 습득하지 못한 것으로 나왔습니다. 샐리 셰이위츠(Sally Shavwitz, 1983)가 24개 공립학교 445명을 대상으로 정밀한 읽기 검사, 지능 검사를 실시한 결과에서는 20퍼센트가 난독증이라는 결과가 나왔습니다. 국내에서는 이영식·홍강의(1985)가 서울시 초등학교 3, 4학년 1,154명을 대상으로 설문조사를 실시했는데, 조사 결과 3.8퍼센트가 읽기 장애로 나왔습니다. 최근에 한 조사에서는 5퍼센트로 이 수치가 늘어난 것으로 보고되었습니다. 우리나라 초·중·고 학생수가 700만 명 정도이므로 35만 명 정도가 난독증이라고 볼 수 있습니다(서경란, 2014).

난독증의 증상

난독증은 초등학교 들어가기 전에 일찍 발견하여 치료 및 교정을 하면 좋아질 수 있습니다. 난독증을 치료하는 가장 적기는 초등학교 3학년이 되기 전까지라고 합니다. 난독증을 조기 발견하기 위해서는 다음과 같은 증상을 면밀히 살펴보아야 합니다.

말을 배우는 시기에 말이 늦되거나 발음이 분명하지 않고 질문에 대답이 늦으며 지시를 잘 알아듣지 못하는 아이, 오른쪽과 왼쪽을 구분하지 못하며 심지어 위, 아래도 구분하지 못하는 등 방향 감각이 떨어지는 아이는 난독증으로 발전할 가능성이 있습니다. 글을 배우는 시기에 ㄱ/ㄴ, b/d, +/×, 6/9 등 비슷한 글자를 혼동하고, '발'과 '달'처럼 자음이 다른 두 단어의 발음을 혼동하며, 단어의 앞과 뒤를 바꾸어 읽거나 단어의 일부분을 빼먹는 일, 다른 말로 바꾸어서 읽으며 여러 번 배웠던 단어를 알아보지 못할 때, 생각을 말로 표현하는 데 어려움이 있을 때도 난독증을 의심해보아야 합니다. 그 외 행동상의 문제는 참을성이 부족하고 쉽게 좌절하며, 단추를 잠그고 신발 신는 것이 어렵고, 신발의 좌우를 바꿔 신기도 하며, 자주 넘어지고 부딪히며, 공을 받고 차고 던지기가 어려운 특징을 나타냅니다(서경란, 2014).

연령별로 살펴보는 난독증의 증상은 다음과 같습니다.

초등 저학년 : 자소-음소 관계의 학습이 불완전

- 아주 익숙한 단어 외에는 읽지 못하거나 받침이 있는 단어는 잘 읽지 못하고 단어를 뒤집어서 읽는 경우도 있습니다.
- 1음절 단어나 음운 변동이 있는 단어를 읽기 힘들어합니다.
- 베껴 쓰기는 되나 받아쓰기는 안 되며, 쓰기가 느리고 손 글씨가 나쁜 편입니다.
- 단어 속 자음, 모음의 순서를 헷갈립니다.
- 혼자서 문제를 풀거나 책을 읽지 못하나 읽어주면 잘 이해합니다.
- 책 읽기를 어려워하고 싫어하며 책을 읽을 때는 손가락이나 자를 가져다 대고 읽습니다. 더듬거리며 읽으며 단어의 첫 자를 본 뒤에 그 뒤는 유추해서 읽는다든지, 읽는 속도가 느리고 읽은 내용을 이해하지 못하여 학교 수업을 따라가기가 힘듭니다.

초등 고학년 : 읽기와 쓰기가 자동화가 되지 않음

- 날짜, 사람 이름, 전화번호를 외우기 힘들어하며, 외래어를 읽을 때 오류가 많습니다.
- 느리고 더듬더듬 소리 내어 읽고, 읽기 이해력이 부족하며, 조사 등 기능어에 대한 이해력이 부족합니다.
- 철자법이 자주 틀리고, 작문 능력이 부족하며, 시간 내에 과제 수행이 잘 안 됩니다(서천석, 2015).

난독증 해결책 및 대응 방법

첫째, 학부모님께 전문가를 찾아가 적극적인 치료를 받도록 권합니다.

난독증은 그냥 기다린다고 해서 좋아지지 않습니다. 기다리다 보면 성인이 되어서도 정말 힘들어질 수 있습니다. 초등학교 3학년 정도까지 치료가 이루어진다면 난독증 증상이 호전되어 학습 장애에 적응하고 정규교육을 지속할 수 있습니다. 치료가 이루어지지 않으면 학습 부진아로 오해를 받아 자신감을 잃고 좌절하는 등 정서적인 문제를 겪을 수 있습니다. 학부모님께 학생의 상태를 잘 말씀드리고 전문가의 진단을 받아 조기 발견, 조기 치료가 될 수 있도록 적극 권해드리기 바랍니다.

둘째, 선생님께서도 한별이의 증상을 파악하고 알맞은 도움을 주시기 바랍니다.

부모님께서 집에서 치료와 더불어 도움을 주는 것이 가장 좋겠지만 선생님께서도 도움을 주실 수 있습니다. 예를 들면, 읽기를 할 때 소리 내어 읽는 것을 괴로워하므로 펜으로 한 글자 한 글자 가리키면서 읽게 하는 것이 좋습니다. 이렇게 하는 이유는 '추측 읽기'를 못 하게 하려는 것입니다. 책을 많이 읽는 것도 그리 바람직하지 않습니다. 교재 한 개를 가지고 계속 반복해서 읽히는 것이 더 효과적입니다. 속도를 빠르게 하기 위해서는 여러 번 반복해서 읽어 정확히 글자 그 자체를 읽어내는 연습을 하는 게 중요합니다.

쓸 때도 항상 소리 내면서 쓰게 하고 쓰고 나서도 스스로 읽고 교정하게 합니다. 선생님께서도 글씨의 모양에 대해서는 말하지 말고 철자가 정확히 쓰였나 안 쓰였나를 중심으로 체크해야 합니다. 왜냐하면 글자 모양에 신경쓰다 글자 쓰기 자체를 포기해버릴 수 있기 때문입니다.

셋째, 학급의 아이들에게도 나와 '다름'을 이해할 수 있도록 합니다.

난독증이 있는 아이들은 공개적으로 책을 읽는 것이 제대로 되지 않고 이로 인해 친구들에게 창피함을 느끼게 되어 점점 더 읽는 행위를 안 하려고 할 수 있습니다. 따라서 선생님은 지능과 난독증은 아무런 관계가 없음을 이해할 수 있도록 학급의 아이들에게 난독증에 대해 정확히 알려주고, 친구를 이해하고 배려하고 기다려주는 마음을 가지도록 지도해야 합니다. 담임선생님과 반 친구들의 이 같은 배려가 함께한다면 난독증이 있는 아이들도 얼마든지 편안한 마음으로 학교생활을 할 수 있을 것입니다.

난독증이 있는 사람들은 언어중추가 있는 좌뇌보다 우뇌가 발달되어 시공간 감각을 이용하는 재능이 탁월한 경우가 많습니다. 난독증을 극복하고 성공한 사람들은 너무나 많습니다. 우리가 알고 있는 화가 레오나르도 다빈치(Leonardo da vinci), 영화배우 톰 크루즈(Tom Cruise)도 난독증을 겪었다고 합니다. 난독증이면서 성공한 사람들의 공통된 특징은 창조성이 뛰어나고 환경을 잘 인식하며, 호기심이 많습니다. 또 단어가 아닌 그림으로 사고하는 경향이 있으며, 다차원적으로 사고하고 직관적이며 통찰력이 있고 상상력도 풍부합니다. 따라서 난독증에 걸린 사실은 전혀 문제될 것이 없음을, 난독증을 현명하게 극복하는 것만이 유일하게 중요한 일임을 학생들과 학부모가 잘 알 수 있도록 선생님께서 알려주시기 바랍니다.

난독증 자가 진단 체크 리스트

- 상대방이 말을 빨리하면 이해가 잘 되지 않는다.
- 상대방이 무슨 말을 하는지 뜻을 잘 파악하지 못한다.
- 말의 뉘앙스가 어눌하거나 느리다.

- 단어 혹은 문장을 읽더라도 무슨 뜻인지 파악하기 어렵다.
- 단어를 자꾸 틀리거나 다른 단어로 인식한다.
- 글을 한 줄 쓰는 데 10분 이상 걸린다.
- 단어를 기억하는 데 어려움이 있다.
- 독서 속도가 느리며 단어를 건너뛰며 읽는다.
- 책을 잘 읽지 못하고 이해가 잘 안 되어 반복 읽기를 자주 한다.
- 글을 쓸 때 줄이 있더라도 자꾸 사선으로 적거나 다른 방향으로 글을 쓴다.

위 체크리스트 중 해당되는 사항이 많다면 난독증을 의심해보고 전문가와 상담을 해보아야 합니다.

018

산만해서 잠시도 가만히 있지 못해요.

——— 초등학교 3학년 담임을 맡고 있는 여교사입니다. 우리 반 성주는 작은 키에 다부진 체격으로 운동을 좋아하는 남학생입니다. 누구나 인정하는 우등생은 아닐지라도 여느 남학생처럼 평범한 학생입니다. 그런데 언제부터인가 수업 중에 한시도 가만히 있지 못하고 손가락 장난을 치거나 책상 위에 수업과 상관없는 물건들을 잔뜩 늘어놓고 딴짓을 하는 모습이 눈에 들어오기 시작했습니다. 좀 더 자세히 관찰해보니 책상 서랍에서 뭔가를 계속 넣었다 뺐다 하며 눈동자를 이리저리 굴리고, 손으로는 계속 무엇인가를 만지작거리고 있더군요. 또 상대의 기분이나 상황을 전혀 고려하지 않고 하지 말라고 하는데도 계속 장난을 치거나 방해를 해서 주변 친구들이 귀찮아합니다. 과제를 지시하면 바로 시작하는 법이 없고, 멍하게 있다가 꼭 한두 번은 다시 지시해야 겨우 과제를 시작하고요.

처음에는 친절하게 설명도 하고 약속도 했지만 행동이 별로 나아지지 않습니다. 야단을 치고 벌을 주어도 소용이 없습니다. 계속 신경이 쓰이고 걱정도 되어 어떻게든 해보고 싶은데 어떻게 해야 할지 잘 모르겠습니다. 왜 그렇게 잠시도 가만히 있지 못하고 딴짓을 하고 있는 건지 이해가 안 됩니다. 성주를 어떻게 이해하고 도울 수 있을까요?

Ⓐ 수업 시간에 한시도 가만히 있지 못하고 계속 손으로 딴짓을 하거나 집중을 하지 못하는 학생이 있으면 교사로서 신경이 많이 쓰입니다. 게다가 학생이 자기중심적인 행동을 하고 상대방은 전혀 고려하지 않아 친구들과 자주 갈등을 일으킨다면 혹시 따돌림을 당하지는 않을까 걱정도 될 것입니다. 그렇다고 마냥 야단을 치고 벌을 주자니 별로 효과도 없을뿐더러 오히려 선생님과 사이만 멀어지는 것 같고요.

또래에 비하여 현저하게 산만하고 주의 집중을 못 하는 학생은 나름의 여러 가지 이유가 있을 수 있습니다. 그러므로 문제가 되는 행동에만 신경 쓰지 말고 그 내면을 깊이 살펴보아야 합니다.

첫째, 심리적인 원인을 생각해볼 수 있습니다. 부모의 과보호 속에서 항상 자기 멋대로 자란 학생은 항상 자신이 모든 것의 중심이 되어야만 합니다. 따라서 누군가 자신에게 관심을 주지 않고 자기가 중심이 되지 않으면 그냥 있을 수가 없습니다. 또한 주위의 기대와 요구가 너무 커서 그 기대에 부응하지 못한 경험을 많이 한 경우 불안감이 증가하여 침착성을 잃게 됩니다.

둘째, 환경적인 요인이 있습니다. 사는 곳이 시장이나 번화한 곳에 있어서 사람들의 출입이 많고 시끄러운 경우 충동적인 성격을 가질 수 있습니다. 또한 이사를 자주 하면 새로운 환경에 적응하느라 여러 가지 문제가 발생할 수 있습니다.

셋째, 가족 관계에서 원인을 찾을 수 있습니다. 형제간에 갈등이 있거나 부모님의 불화는 학생을 불안하게 해서 안절부절못하게 만듭니다. 또는 부모의 지나친 간섭이 학생이 안심하고 한 가지 일에 집중할 기회를 갖지 못하게 방해하기도 합니다. 부모 양측의 양육 태도가 일치하지 않을 경우에도 정서가 불안해집니다.

넷째, 특별히 학교에서만 유독 주의가 산만하고 집중하지 못하는 경우는 학습 내용이 너무 쉬워서 무료하거나 반대로 내용이 너무 어려운 게 아닌지 살펴보아야 합니다. 너무 쉬워서 재미가 없을 때에도, 너무 어려워 알아듣지 못할 때에도 아이들은 집중하지 못하고 딴짓을 하게 됩니다.

성주는 어렸을 때부터 말도 더 잘하고 눈치도 빠른 두 살 터울 동생에게 치여 많이 힘들어했습니다. 게다가 성주는 말 배우기가 늦어서 의사소통에 어려움이 있었습니다. 자기표현은 잘 안 되는데 동생은 성주에게 늘 대들고 엄마는 그럴 때마다 형인 네가 참으라고 오히려 성주를 나무랐습니다. 그때부터 성주는 갈등 상황에 처하게 되면 우는 습관이 생겼고, 엄마는 혼을 내는 악순환이 반복되었습니다. 성주는 늘 억울하고 외롭고 답답했습니다. 그리고 그럴 때마다 혼자서 손장난을 하면서 멍하니 있는 시간이 늘어났습니다.

이처럼 학생이 침착성을 잃고 산만하게 행동할 경우 아이는 나름의 여러 가지 사정이 있습니다. 교사가 이를 잘 관찰하여 적합한 지도를 하지 않으면 문제를 해결하기 매우 어렵습니다. 가정에 문제가 있는 경우는 학부모 상담을 통해서 방법을 모색하려고 노력해야 합니다. 또한 부모가 학생을 잘 도와줄 형편이 아니라면 교사가 부모 대신 학생이 심리적 안정감을 가질 수 있도록 도와주는 것이 좋습니다. 그러기 위해서는 학생과 신뢰 관계를 형성하는 일이 필요합니다.

성취감과 자신감 높여주기

성주는 칭찬과 격려보다는 늘 책망과 야단을 들었습니다. 따라서 우선 실현 가능한 과제를 주어 칭찬과 격려를 마음껏 해주어서 성취감을 맛보게 하고 더 나아가서 자신감을 가지도록 도와야 합니다. 학교생활 중에 작은 일거리를 하도록 기회를 주는 것도 좋습니다. 심부름도 좋고 봉사도 좋습니다. 그때마다 성주에게 고마움을 표현합니다. "성주야, 선생님을 도와줘서 정말 고마워!" 또는 "성주가 청소를 열심히 하고 있구나! 훨씬 깨끗해졌네. 고마워." 와 같이 성주가 한 일에 관심을 표현하고 감사한 마음을 전달하면 성주는 학급에 대한 소속감과 자신감이 부쩍 자라나게 됩니다. 그뿐 아니라 교사와의 신뢰 관계도 자라나게 됩니다.

또한 친구들에게서 따돌림을 받기 쉬우므로 집단 놀이 등을 통해 협력하고 갈등 상황에서 소통하는 방법을 키워주는 일이 필요합니다. 부정적인 감정이 일어날 때, 벌컥 화를 내거나 울기보다는 마음을 차분하게 하고 자신의 감정을 말로 표현해보도록 합니다. 마음을 차분하게 하기 위해서는 곁에서 지켜봐주는 사람이 있어야 합니다. 바로 선생님이 그 역할을 할 수 있습니다.

화를 내거나 우는 등 감정이 격양되어 어찌 할 바를 몰라 할 때는 다그치거나 나무라지 말고, 담담한 마음으로 지긋이 바라보십시오. 15초, 30초, 1분 조금 더 길어도 괜찮습니다. 조금 안정이 되면 지금 감정이 어떤지, 원하는 것이 무엇인지 물어봅니다. 그리고 이를 말로 표현하게 합니다. 아이는 처음에는 어색해하고 어려워하지만 곧 자신의 감정을 인식하고 표현하는 능력도 향상됩니다. 이러한 훈련을 통해 자기감정을 인식하고 표현하는 능력이 향상되면 대인관계도 원만해지고 학교생활도 보다 즐거워지고 학습에도 점차 흥미를 가지게 됩니다.

　마지막으로 이제는 본인 자신이 노력해야 할 부분이 있다는 것을 이야기해 주는 일이 필요합니다. 가정에서 식사나 잠자는 시간, 일어나는 시간 등을 규칙적으로 하도록 하고, 자신이 흥미 있는 일과 집중할 수 있는 것을 찾아서 끝까지 해보고 이를 습관화하도록 해야 합니다. 또한 줄넘기나 매달리기, 턱걸이 등 자신이 원하는 운동을 정해서 자신의 기록에 도전해보는 것을 통해 인내심을 기르도록 합니다. 이것은 가정의 협조가 있어야 더 효과적으로 진행될 수 있으므로 학부모 상담을 병행하면 좋습니다.

019

자기에게 유리하게 거짓말을 지어내요.

──── 3학년 민재는 친구들과 자주 싸웁니다. 특히, 하교 지도를 한 후 방과 후에 학교 밖에서 친구들과 놀다가 몸싸움을 심하게 하여 여러 번 문제가 되었습니다. 방과 후의 일이지만 같은 반 친구들끼리 한 싸움이기에 교사가 개입하지 않을 수 없었습니다. 학교에 있을 때는 늘 담임교사가 주의 깊게 보고 있기 때문에 몸싸움이 일어나게 싸운 일은 없었는데 하교를 하고 나서 이런 일이 자주 벌어지니 담임으로서 정말 난감합니다. 학교 밖의 일이라 교사가 할 수 있는 일이 한정적이며 직접 본 것이 아니기에 그때 있었던 학생들의 진술로만 상황을 이해해야 하기 때문입니다. 그런데 민재의 말만 믿었다가 엉뚱한 아이를 혼내는 일이 벌어졌습니다.

'빼빼로 데이'에 현준이가 방과 후에 학교 밖에서 친구들에게 과자를 나누어주었습니다. 정성껏 포장까지 하여 친구들에게 나누어주는 일은 좋은 의도였지만 받지 못한 민재가 화가 나서 같이 놀던 민석이에게 화풀이하듯 폭력을 행사하고 말았습니다. 큰 잘못 없이 맞아서 우는 민석이와 싸움을 건 민재를 함께 있던 아이들이 겨우 말려서 교실에 있는 선생님에게 데려왔습니다. 민재는 선생님에게 당시 상황을 이야기하면서 현준이의 가방 안에 과자가 있었음에도 따돌리듯이 "넌 안 줘." 하며 자신에게만 과자를 주지 않아 너무 화가 났다고 말했습니다. 현준이는 이미 집에 가고 없었기 때문에 교사는 민재의 말만 듣고 폭력을 휘두른 것은 큰 잘못이지만 이 일로 상처를 받았을 민재의 마음이 이해되어 다독여주었고 현준이를 그 다음 날 불러 혼냈습니다. 하지만 실상은 현준이는 과자 포장이 끝나지 않아 민재에게는 내일 주겠다고 말했다고 합니다. 그리고 그 자리에는 이런 이유로 민재 말고도 못 받은 친구들이 더 있었습니다. 민재가 이런 사실은 쏙 빼고 거짓말로 자신에게 유리하게 말을 하여 오히려 친구들에게 과자를 나눠주려고 한 선한 의도의 현준이를 혼내게 된 것입니다. 그동안 자주 싸움을 일으켰지만 이 일로 상처받았을 민재의 마음을 이해하여 위로해주고 믿어준 교사는 당황스러웠고 배신감마저 들었습니다. 폭력성도 문제지만 거짓말을 하여 친구를 모함한 민재를 어떻게 지도해야 할지 걱정이 됩니다.

Ⓐ 종종 아이들끼리 싸움이 일어났을 때 교사가 그 상황과 이유에 대해 듣고자 하면 아이들은 본능적으로 자신에게 유리한 말만 하기 쉽습니다. 위기 상황을 모면하기 위해 자신의 잘못은 축소하고 유리한 것만 말하는 것도 넓은 의미로는 거짓말을 한 것이라 할 수 있습니다. 그런데 이를 넘어서서 없

는 일을 꾸며내거나 친구를 모함하는 거짓말은 더욱 심각한 문제를 일으킵니다. 정직하게 자신의 잘못을 인정하고 용서를 구하는 것은 어른이나 아이 모두에게 용기가 필요한 일입니다. 그래서 당장의 이익보다는 정직을 선택할 수 있는 용기를 갖도록 초등학교 시절부터 지도하는 교육이 필요합니다.

거짓말을 하는 원인

아이들이 하는 거짓말에도 유형이 있고 그에 따라 거짓말을 하는 원인도 조금씩 달라집니다.

첫째, 자신을 좋고 멋지게 보이기 위해 거짓말을 합니다.

예를 들어 집이 경제적으로 어려운 아이가 집 평수를 거짓말로 말하거나 엄마가 안 계신 아이가 주말에 엄마와 놀러 나갔다고 이야기하는 경우입니다. 이런 아이들은 자존감이 낮아 다른 사람이 자신을 어떻게 생각하는지에 대해 걱정하며 남에게 보이는 이미지를 신경씁니다. 경제적인 어려움이나 부모님이 안 계신 이유로 실제 무시를 당한 일이 있어서 스스로 거짓말을 하기도 하고 종종 집안 어른에게 이런 일에 대해서 거짓말을 하라는 말을 듣고 학습되어 거짓말을 하기도 합니다.

둘째, 당장 혼날 일이 무서워 임기응변적으로 거짓말을 합니다.

예를 들어, 교실 바닥에 떨어진 쓰레기를 보고 선생님이 "누가 쓰레기를 버렸나요?"라고 물어보았을 때, 시치미를 떼고 끝까지 모른 척합니다. 그러나 이런 경우, 학생이 먼저 잘못을 인정하고 시정한다면 교사가 크게 혼낼 일이 아닙니다. "제가 버렸습니다."라고 말하고 바로 주워 쓰레기통에 버린다면 교사는 학생에게 더 할 말도 없습니다. 하지만 과거에 자신의 잘못을 정직하게 말했는데 오히려 크게 혼난 경험이 있다면 끝까지 책임을 회피하려는 태도가 생길 수 있습니다. 정직을 선택하는 용기에 비해 처벌에 대한 두려움이 너무 커 어떻게든 피하려고 하는 것입니다. 학교와 가정에서 다른 친구들이나 형제들과 함께 잘못을 저질렀는데 정직한 자신만 처벌을 받아 억울했던 경험이 있다면 끝까지 회피하는 것이 이득이라고 경험으로 학습되었을 수 있습니다. 또한, 선생님을 실망시키지 않기 위해 거짓말을 하기도 합니다. 이런 경우 인정 욕구가 강하여 작은 잘못도 인정하지 못하고 책임을 회피하며 거짓말을 합니다.

셋째, 민재의 경우와 같이 분노심이 많아 복수심에 다른 사람에게 피해를 주는 거짓말을 합니다.

이런 아이는 자신이 가지고 있는 분노가 많고 '나는 피해자'라는 생각에 갇혀 있어 자신의 잘못을 객관적으로 볼 수 없습니다. 실제로 억울한 일을 학교와 가정에서 많이 당했을 수도 있고 여러 가지 욕구 불만으로 인해 분노가 쌓여 있어서 그 분노를 밖으로 표출하기 위한 행동일 수도 있습니다. 이런 아이는 가정에서 사랑과 관심이 부족하거나 과보호적인 양육으로 인해 자기만 아는 이기적인 태도가 형성되었을 가능성이 있습니다.

모든 거짓말이 다 나쁘지만, 유형이 뒤로 갈수록 더 심각하며 다른 사람에게까지 나쁜 영향이 확대되는 것을 볼 수 있습니다.

거짓말의 '거짓말' 찾아내기

첫째, 자기 자신을 인정하도록 용기를 북돋아주고 자존감을 높이도록 합니다. 가정 형편이 어렵거나 부모님이 안 계신 것을 먼저 나서서 이야기할 필요는 없지만 거짓말을 하면서까지 포장할 필요는 없습니다. 학생의 잘못이 아닌 것, 자기 자신(자아)을 설명해주는 것들을 부정하지 않고 있는 그대로 받아들이도록 용기를 줍니다.

"어머니가 안 계신 것이 슬프고 힘들게 생각되었나보구나. 그렇지만 그건 누구의 잘못도 아니란다. 어머니가 안 계신 것은 분명 불편하고 힘든 일일 수 있지만 잘못된 일은 아니야. 그러니 그것을 억지로 숨기거나 안 계신 것을 있다고 거짓말할 필요는 없단다."

이와 같이 학생의 자존감을 높이고 인정해주는 말과 함께 거짓말은 잘못된 것이라는 사실을 분명히 말해줍니다.

둘째, 확실한 증거가 없을 때에는 학생을 믿어줍니다. 거짓말을 믿어주었을 때의 부작용보다는 진실을 믿어주지 않았을 때의 부작용이 더 크기 때문입니다. 정직했을 때 칭찬을 해주고 자존감을 높이는 말을 많이 해주어도 한 번에 학생의 자존감이 올라가고 정직을 선택하는 용기가 생기지는 않습니다. 이런 와중에 학생에 대한 교사의 사랑에 신뢰감이 생기면 자신의 자존감을 높이기 위해 했던 교사의 말들도 신뢰도가 높아져 결국 학생의 자존감이 올라가고 정직해지는 용기가 생깁니다. 모든 교육에서 학생과 교사는 신뢰감을 쌓고 좋은 관계를 만드는 것이 우선되어야 합니다.

셋째, 증거가 확실하여 교사가 이미 알고 있는 일에 대해 학생의 정직을 시험하지 않도록 합니다. 누가 쓰레기를 버렸는지 교사가 직접 봐서 이미 알고 있는데 "누가 쓰레기를 버렸나요? 사실대로 말하면 용서해줄게요."와 같이 말하는 것은 학생을 혼란스럽게 하며 이는 거짓말을 할 기회를 제공하는 것입니다. 정확한 사실을 아는 경우 "○○가 쓰레기를 버렸구나. 다시 주워서 쓰레기통에 버리세요."와 같이 바로 이야기합니다. 또한, 자주 거짓말을 하는 학생에 대해서는 선생님이 학생에 대해 학생이 생각했던 것보다 이미 많은 것을 알고 있다는 뉘앙스를 주어 함부로 선생님에게 거짓말을 못 하게 합니다.

넷째, 거짓말이라는 단어를 사용하기보다는 진실을 말해달라고 요구하거나 더 자세히 말해달라고 요구합니다. 거짓말을 많이 해서 나쁜 아이라는 낙인을 받았거나 크게 혼난 경험이 있기 때문에 '거짓말'이라는 단어에 민감하게 반응할 수 있습니다. 그래서 "거짓말하지 마!"라고 윽박지르기보다는 "정직하게 말해줄래?", "진실하게 말해줄래?" 혹은 "좀 더 자세히 이야기해주겠니?"같은 표현을 사용합니다. 이렇게 부드럽게 타일러야 처벌에 대한 두려움이 낮아져 진실을 말할 수 있는 용기가 생깁니다.

다섯째, 사건에 대해 진술할 때는 말보다는 글로 자세히 쓰도록 요구합니다. 글로 쓰면 그 기록이 오래 남게 되기 때문에 더욱 그 진술에 책임감이 생깁니다. 또한, 글을 쓰면서 자신의 행동을 다시 되돌아보고 반성하는 기회를 가질 수 있습니다.

여섯째, 학생이 정직했을 때 크게 칭찬하여 정직을 선택하는 용기를 북돋아줍니다. 예를 들어 두 학생이 싸워 서로 자신에게 유리한 말만 하는 소극적인 거짓말을 하고 있을 때, "민재는 지금 현준이의 잘못만 이야기하고 있구나. 현준이의 잘못은 현준이가 말할 거예요. 민재는 민재가 잘못한 것만 말해보세요."라고 말합니다. 그러면 학생은 "현준이가 놀릴 때 참지 못하고 바로 손으로 때렸어요."와 같이 친구의 잘못이 아니라 자신의 잘못에 집중하게 됩니다. 이렇게 정직하게 자신의 잘못을 인정하고 먼저 말하면 "자신의 잘못을 인정하는 것은 정말 힘들고 많은 용기가 필요한데 민재는 정말 용기 있게 말해주었구나. 선생님은 이렇게 말해준 것만으로도 기쁘고 앞으로는 같은 잘못을 하지 않을 거라 믿어요."와 같이 크게 칭찬해줍니다. 상대방도 자신의 잘못에만 집중하여 말하기 때문에 서로 반발이 없고 바로 사과하고 싶은 마음이 생깁니다. 하지만 이렇게 교사가 요구했는데도 습관처럼 친구의 잘못을 이야기하려고 하면 바로 제지하며 "현준이 잘못은 현준이가 말할 거니까 민재는 다시 자기 잘못에만 집중하세요."라고 말합니다. 그리고 자신의 잘못이 작든 크든 분명히 있는데 그것을 보지 못하고 친구의 잘못된 점만 말하려고 하는 것도 거짓말이라고 이야기해줍니다.

일곱째, 가정과 연계하여 지도합니다. 습관적으로 자주 거짓말을 하고 책임을 회피하는 학생은 학부모와 깊이 상담하여 학생의 욕구 불만 사항을 파악해야 합니다. 그러나 이때, 학생의 거짓말에만 집중하여 학생을 비난하는 말을 하지 않고 거짓말을 하는 근본 원인을 학부모와 함께 찾아가는 데 목표를 두어야 합니다. 그리고 위의 지도 방법들이 가정에서도 그대로 적용되도록 학부모님께 자세히 설명하고 도움을 요청합니다.

020

아무것도 하고 싶어 하지 않아요

────── 3월 첫 주, 반 아이들 모두가 조용히 책을 읽고 있는 아침에 몸집이 큰 민수는 엎드려 자고 있습니다. 민수는 밤새 무엇을 했는지 눈은 퀭하고 어깨는 축 늘어진 상태로 학교에 옵니다. 대개는 수업이 시작된 지 10분 정도 지난 다음에 오는데, 그나마 일찍 온 날은 오늘처럼 엎드려 잠만 잡니다. 모둠 활동 시간에 다른 친구들이 열심히 협동 학습을 할 때도 민수는 고개를 뚝 떨어뜨린 채 아무것도 하지 않습니다. 친구들이 아무리 함께하자고 말을 해도 요지부동입니다. 교사 생활 10년이 넘었지만 민수처럼 매사에 의욕이 없는 친구는 처음 보는 터라 어떻게 해야 좋을지 모르겠습니다. 달래도 보고 을러도 보지만 그때만 잠시 움직일 뿐 도무지 달라지지 않습니다. 그런 민수를 보면 제가 무능력한 교사인 것 같아 자괴감까지 생깁니다.

Ⓐ 어린이·청소년 행복지수 세계 최하위, 청소년의 자살률 경제협력개발기구(OECD) 1위. 이런 불명예스런 수치가 말해주듯 우리나라에서 어린이·청소년으로 자라나는 일은 결코 만만치 않습니다. 아주 어린 나이부터 치열한 경쟁 사회에서 살아남기 위해 고군분투해야 합니다. 어떤 아이들은 이 경쟁에 내몰려 정신없이 달리다가 어느 한순간 모든 것을 탁 놓아버린 채 무기력에 빠지고, 어떤 아이는 경쟁을 시작하기도 전에 자신은 아무것도 할 수 없는 아이라며 포기하고 무기력에 빠져들기도 합니다.

무기력은 우울증의 양상 중 하나입니다. 사회적 기준은 너무 높고 자신은 그 기준에 미칠 수 없다고 느낄 때, 무기력에 빠진 아이들은 자신에 대해 좌절감, 실망감, 수치심 등을 느낍니다. 무기력한 아이들에게는 공통된 특징이 있습니다.

첫째, 자존감이 낮고 성공 경험이 많지 않습니다. 자기 자신은 별 볼 일 없는 존재이고 아무것도 하지 못한다는 의식이 지배적입니다.

둘째, 실패하는 것이 두려워 어떤 시도조차 하지 않습니다. 칭찬을 받은 경험보다는 비난을 받은 경험을 더 많이 기억하며 '난 뭘 해도 안 돼!'라는 내면의 메시지를 가지고 어떤 시도조차 하지 않습니다.

셋째, 그럼에도 무기력한 아이들도 진정으로 원하는 것은 있습니다. 그것은 바로 '인정받는 것'입니다. 무엇을 잘 해야만 인정받는 것이 아니라 인간은 존재 자체로 존귀하기에 '넌 정말 가치 있고 사랑받을 만한 존재야.'라는 인정이 우선이요, 작은 성공의 경험을 통한 인정이 그다음입니다.

무관심과 지나친 관심은 같은 것

민수는 네 살 때 어머니의 외도로 부모님이 이혼하고, 중학교 2학년인 누나와 아버지와 함께 살고 있습니다. 아버지는 같은 집에서만 살고 있을 뿐 민수와 누나를 돌보지 않아 남매는 거의 방치된 상태입니다. 민수는 1년 내내 아침 식사를 하지 않습니다. 저녁은 누나와 둘이서 주로 인스턴트식품이나 달걀 프라이를 해서 때우며, 거의 씻지 않기 때문에 몸에서 심각하게 냄새가 납니다. 민수는 이 세상 누구도 자기에게 관심을 가져주지 않고 무엇을 하든 어떤 칭찬도 비난도 없기에 아무 일에도 관심과 흥미를 느끼지 못하는 아이가 되었습니다. 축 늘어진 어깨에 아주 느린 걸음걸이의, 무기력한 지금의 민수가 되었습니다.

부모님의 방치가 무기력한 아이를 만드는가 하면 정반대인 경우도 있습니다. 부모님이 의사인 경민이가 그렇지요. 경민이는 학교생활도 가정생활도 무기력함의 전형을 보여줍니다. 경민이는 수업 시간에 뭘 하든 냉소적인 표정으로 "선생님 그거 왜 해요? 하기 싫어요. 안 할래요."라며 도무지 아무것도 하지 않습니다. 그러던 어느 날 경민이가 방과 후 교실에 혼자 남아 책상에 엎드려 펑펑 울면서 "아~ 내가 왜 살아야 하는지 모르겠어요. 정말 아무것도 하기 싫어요. 너무 힘들어요."라고 고백하고 말았습니다. 경민이의 이야기를 들어보니 경민이는 심각한 스트레스에 시달리고 있었습니다. 경민이는 자신에게 세 가지 얼굴이 있는데 집, 학원, 학교에서의 얼굴이 각각 다르다고 합니다. 집에서의 얼굴은 절대 "NO!"를 말할 수 없는 무조건 순종하는 얼굴이고, 학원에서는 진짜 열심히 공부하는 얼굴이고, 학교에서는 아무것도 하지 않는 제멋대로의 얼굴이라고 합니다. 경민이는 의사이며 엄격한 부모님의 기대에 미치기 위해 학원에서는 열심히 공부하고 집에서는 무조건 순종하면서 짓눌린 스트레스로 너무나 지치고 힘들어 무기력함에 빠져들고 있었습니다.

　아무도 관심을 가져주지 않아 방치된 민수, 부모님의 지나친 관심과 과도한 학업 스트레스에 짓눌린 경민이, 이 둘의 가정환경은 극과 극이지만 부모님의 문제로 인해 나타난 아이의 무기력이라는 결과는 같습니다. 중요한 것은 내 삶이 버겁다고 부모로서 해야 할 기본적인 관심과 사랑을 보여주지 않아서도 안 되며, 자식을 부모의 꼭두각시로 착각하여 자식의 관심과 생각에는 아랑곳하지 않고 자신의 체면을 세우기 위해 자식을 과도한 경쟁의 장으로 내몰아서도 안 된다는 사실입니다.

탐색과 성취의 기회 주기

　무기력에 빠진 아이들은 "싫어요.", "안 해요.", "못 해요.", "하기 싫어요."라는 말만 주로 하기 때문에 이들이 진정으로 원하는 것은 아무것도 없다고 생각하기 쉽지만 이는 오산입니다. 어쩌면 이들은 지금까지 자신의 의지와 상관없이 자신이 원하지도 않고 좋아하지도 않고 하고 싶지도 않은 일들을 하도록 강요받기만 해서 위와 같은 부정의 말을 했을 가능성이 큽니다. 이 아이들에게는 자신이 진정으로 원하는 것이 무엇인지, 무엇을 잘하고 무엇을 하고 싶은지 탐색해볼 기회 자체가 주어진 적이 없음을 기억해야 합니다. 따라서 학급에서 하는 여러 활동 중에서 이 아이들이 조금이라도 관심을 보이거나 작은 성취를 이루는 분야가 있으면 그것을 찾아 적극 독려하는 게 좋습니다. 만약 민수가 종이접기에 관심이 있다면 아침 독서 시간에 잠을 자고 있는 민수를 깨워 종이접기를 할 수 있도록 하는 게 좋습니다. 아침 독서 시간에는 반 학생 전원이 모두 독서를 해야만 한다는 규칙 속에 민수를 가둔다면 민수는 계속 무기력의 껍질 속에 갇혀 있겠지만, 민수만을 위해 선생님이 종이접기를 할 수 있도록 배려한다면 민수는 작은 생기를 얻을 수 있습니다.

또한 무기력한 아이들에게는 성취할 수 있는 기회를 단계별로 제공해주어야 합니다. 목표가 너무 높고 멀어서 성공하기 쉽지 않다면 아이들은 좌절하게 되고 결국 무기력에 빠집니다. 그래서 먼저 쉽게 성취할 수 있는 단계를 만들어주고, 그다음으로 조금 더 노력하면 또 성취할 수 있는 단계를 만들어주어야 합니다. 예를 들어 수학 시간에 문제 풀이를 한다면 다른 아이들과 똑같은 분량과 수준의 문제를 풀게 하기보다는 민수가 성공할 수 있는 분량과 수준을 제시함으로써 성취 경험을 갖게 하는 것이 중요합니다. 작은 성취와 더불어 이어지는 선생님의 인정과 칭찬은 아이를 무기력이라는 깊은 바다에서 끌어올리는 마법의 닻이 될 수 있습니다. 조금씩 아이가 학교생활에서 마음을 연다면 아이를 둘러싼 무기력이라는 껍질이 조금 얇아질 수 있다고 생각합니다.

또 민수가 또래 놀이에 낄 수 있도록 주위에서 도와주는 게 좋습니다. 민수처럼 무기력한 아이들은 친구들과 노는 것에도 관심을 보이지 않습니다. 만약 학급에 명랑하고 활달하면서 친구들을 두루두루 배려하는 아이들이 있다면 이들에게 민수와 함께 어울리도록 지도하면 좋습니다.

021

무기력에 빠져
학교에 나오지 않아요.

───── 새 학기가 시작된 지 불과 며칠이 지나지 않은 날이었습니다. 출근하자마자 바쁜 업무 처리를 하고 수업 준비를 한 후 막 1교시를 시작하려는데 교실 앞문에 누군가가 서성이고 있더군요. 복도로 나갔더니 한 아버지가 여학생과 함께 있었습니다. 임지연이라는 전학생이었습니다. 지연이를 교실로 들어오라고 한 뒤 적당한 자리에 앉도록 했습니다. 아버지께 몇 가지 당부를 하고 헤어진 후 수업을 진행했습니다. 지연이는 조용히 앉아 있었습니다. '처음이라 낯설어서 그런가 보다.' 하고 이것저것 챙겨주고 자상하게 관심도 가져주었습니다. 그런데 지연이가 바로 그다음 날부터 학교에 나오지 않았습니다. 지연이 집에 전화를 걸어보았습니다. 몇 차례 통화를 시도한 끝에 지연이 아버지와 연락이 닿았습니다. 지연이 아버지는 지연이가 학교에 나가지 않는 이유를 도통 모르

겠다고 하셨습니다. 학교에서는 전학 온 첫날이라 지연이에게 무슨 일이 생길 기회 자체가 없었습니다. 친구들과 첫인사만 나누고 반 아이들은 전부 수업이 끝나자마자 하교하기 바빴으니까요. 지연이가 당장 전학 온 다음 날부터 학교를 거부하니, 어떻게 도움을 주어야 할지 모르겠습니다.

Ⓐ 학급의 학생이 학교에 나오지 않으면 선생님은 무척 당황스럽습니다. 보통은 늦어도 1교시 시작 전까지는 학교에 나오고 좀 더 늦는 지각생이라도 1교시 수업 중에는 학교에 오기 마련이지요. 그런데 아무런 연락도 없이 1교시가 끝나도록 오지 않으면 선생님은 무척 걱정되고 불안합니다. 집에 전화를 해서 다행히 연락이 닿으면 자초지종을 알아보고 후속 조치를 취하겠지만, 연락이 닿지 않는 경우에는 걱정이 크지요. 그런데 선생님을 난감하게 하는 일은 또 있습니다. 바로 학교가 싫어서 결석하는 아이들입니다. 이런 아이들은 연락을 하면 대개 학부모님이 "아이가 학교 가기를 싫어해요.", "아무리 학교에 가라고 해도 소용이 없어요."라고 말씀하시는 경우가 대부분이지요. 이런 이야기를 들으면 선생님은 정말 난감합니다.

학교에 오지 않는 원인 파악하기

학생이 학교에 오기 싫어하는 원인은 여러 가지가 있을 수 있지만, 저학년은 주로 엄격한 담임선생님이나 엄격한 학교 규칙에 잘 적응하지 못하는 것이 주요 원인이고, 고학년은 친한 친구를 사귀지 못하여 '등교 거부'를 하는 것이 주된 원인입니다. 그런데 중학년의 경우는 양상이 조금 다릅니다. 등교 거부의 원인이 가정에 있는 경우가 많기 때문이지요. 특히 어머니가 집에 없어서 아이를 돌보아주지 못하는 아동은 옷 빨아서 챙겨 입기, 머리 감고 세수하기, 목욕하기, 밥 먹기 등 기본적인 생활 과제가 해결되지 않는 것은 물론이고 숙제와 준비물 등 학교생활에 필요한 과제를 챙기기 어려워 아이의 생활이 엉망으로 방치된 경우가 많습니다. 이런 상황이 반복되다 보니 아이는 차츰 무기력에 빠져 집 밖으로 전혀 나오려고 하지 않게 됩니다. 위 사례에 나온 지연이가 바로 여기에 해당하는 아이였습니다.

이런 아동의 경우, 통화만으로는 아이를 학교에 정상적으로 등교시키기 어렵습니다. 나중에는 담임선생님의 전화도 받지 않으려 하고 전화를 받아도 아무런 말도 하지 않게 되지요. 다행히 아버지가 이를 알아챈 경우 아이를 챙기려고 나름 애를 쓰시긴 하지만, 생계를 책임져야 하는 아버지가 자상하게 아이를 돌보기란 여간 어려운 일이 아닙니다. 아버지가 어느 정도 챙기다가, 나중에는 아이에게 왜 학교에 가지 않느냐고 윽박지르고 화를 내는 바람에 일을 더 그르치는 경우도 있습니다.

관심과 배려 보여주기

등교를 거부하는 학생은 담임선생님이 더 이상 학교에서 학생을 기다리고만 있어서는 안 됩니다. 보다 적극적인 방법을 써야 합니다.

첫 번째로 해야 할 일은 아이의 집으로 직접 가정방문을 가는 것입니다.
가능하면 아버지와 연락하여 학생을 만날 수 있는 시간을 정해 찾아가고, 이마저도 여의치 않으면 불쑥 방문하는 방법을 씁니다. 설사 학생을 만나지 못한다고 하더라도 학생은 선생님이 다녀간 것을 압니다. 초기에는 매일 방문하다가, 날이 지나면 일주일 간격으로 가정방문을 하도록 합니다. 학생에게 선생님이 자신에게 관심을 가지고 있다는 것을 느끼도록 합니다. 이때 반 친구들 몇 명과 돌아가며 함께 가도 되고, 학급 친구들의 편지 등을 가지고 가는 것도 좋습니다.

두 번째로는 부모님을 설득하여 구립청소년상담복지센터 같은 곳에 연락을 하여 방문 상담을 신청하도록 합니다.

단순히 결석이 잦고, 가정에 부모님이 다 계신 경우라면 한두 번의 가정 방문과 담임교사의 관심 어린 상담 등으로 문제 상황이 많이 회복되지만 위 사례에 나온 지연이처럼 어머니의 부재로 인한 방치 때문에 장기간 집 밖으로 나오지 않는 경우에는 가정방문 상담이 절실히 필요합니다. 이때는 꾸준한 가정방문과 방문 상담을 통하여 부모와 학생 모두와 조금씩 관계 형성을 해 나가도록 해야 합니다.

세 번째로, 아버지에게 부탁하여 아침에 학생을 교문 앞까지 데리고 오도록 합니다.

당장 첫날부터 학교까지 오는 것이 힘들다면, 첫날에는 집에서 학교의 중간까지 온 다음 돌아가도록 하고 두 번째 날은 교문까지, 그 다음 날은 운동장 벤치까지 오도록 하는 식으로 등교의 범위를 조금씩 확장합니다. 그리고 교실에 들어오게 되는 첫날은 미리 학생이 관심 있어 하고 좋아하는 과목이나 활동을 알아두어 그 수업을 하도록 합니다. 그리고 이러한 과정을 학급 아이들과 공유하고 같은 반 친구들에게 '한 배를 탄' 친구로서 지연이를 도와줄 것을 호소합니다. 그리고 선생님은 '잃어버린 한 마리의 양'을 찾듯이 지연이를 꼭 학교에 오게 하고 싶다고 솔직히 이야기합니다. 이렇게 사전에 교사와 반 아이들이 마음을 나누고 나면, 학생들은 자신들도 누군가를 도울 수 있다는 마음을 가지게 되고 '같은 학급의 일원으로서 결속력'을 더 단단히 가지게 됩니다.

단, 주의할 것은 이러한 마음들이 친구를 불쌍히 여기거나 지나친 동정심으로 흐르지 않도록 하는 것입니다. 친구들의 정성과 마음을 지연이가 어떻게 받아들일지 당사자의 입장에서 생각해보도록 하고 지연이가 학교에 꾸준히 나올 수 있도록 하기 위해 '같은 반 친구인 우리가 해야 할 일'이 무엇인지 토의해보도록 합니다. 이 과정은 모두 선생님의 깊은 관심 속에 이루어져야만 합니다.

지연이가 학교에 한발 한발 다가오는 동안 선생님은 이렇듯 학급의 환경도 만들어놓아야 합니다. 그래야 지연이가 처음 교실에 발을 들여놓는 순간 친구들의 사랑과 선생님의 사랑을 느끼고 '나도 이렇게 재미있게 할 수 있는 활동들이 있구나!', '내가 이렇게 사랑받고 있구나!' 하는 느낌을 받을 수 있습니다. 가정에서 받아보지 못한 돌봄의 배려들은 지연이를 집 안에서 '집 밖으로' 나오게 하는 힘이 됩니다.

네 번째로 반 친구들이 관심을 보이고 도움을 주는 것입니다.

학교 교문에서 그리고 그다음 교실까지 발을 들여놓고 하루 수업을 했다면 이제 절반 이상의 성공을 거둔 것입니다. 이제 남은 것은 같은 반 친구들의 도움입니다. 등교와 하굣길이 비슷하고 지연이와 비교적 잘 어울릴 것 같은 학생을 골라 서로 친구가 될 수 있도록 선생님이 분위기를 조성해줍니다. 전체 학급 학생의 배려도 중요하지만 중학년 정도 되었다면 친한 친구가 한 명쯤은 있어야 학교생활에 즐거움이 생깁니다. 아이들이 어려운 가정환경을 이

겨내고 학교에 나올 수 있는 힘의 원천은 또래 친구임을 잊어서는 안 됩니다.

초등학교 교사는 단순히 지식을 가르치는 교사가 아닙니다. 가정이 어려운 아이들에게는 부모 같은 '돌봄'의 역할도 맡아야 합니다. 어렵게 학교에 나오기 시작한 지연이가 해당 학년을 잘 마칠 수 있도록 관심과 배려를 아끼지 말아야 합니다. 교사의 사랑이 한 아이의 인생을 바꿀 수 있습니다. 머리를 빗겨주고 옷매무새를 만져주어 용모가 깔끔해 보이도록 챙겨주고 아침을 못 먹고 올 경우 간식을 챙겨주거나 학교에 있는 여러 가지 프로그램과 복지 혜택을 받을 수 있도록 알아보는 것도 교사의 몫입니다. 숙제와 준비물도 스스로 해올 수 있는 것은 해오되 혼자 힘으로 마련하기 힘든 것은 교사가 배려해주어 마음 상하지 않고 꾸준히 학교에 나올 수 있도록 도와주어야 합니다.

간혹 어떤 교사들은 그렇게 해주면 아이가 버릇이 나빠진다거나 의존적이 되어서 안 된다고 말하기도 합니다. 하지만 평범한 가정의 아이들이 얼마나 많은 부모님의 사랑과 돌봄을 받고 자라는지 우리는 잘 알고 있습니다. 이 아이가 이런 사랑을 받아서 버릇이 나빠진다면, 그래서 내버려두어야 한다면, 이 세상에 방치된 아이들은 어디에 가서 사랑과 도움을 받고 응석을 부릴 수 있을까요? 아이들은 사랑을 충분히 받고 자랄 때 두렵고 험한 세상에서 앞으로 나아갈 힘을 얻을 수 있습니다. 가정에서 받지 못한 돌봄과 사랑을, 할 수만 있다면 교사들이 학교에서라도 받을 수 있게 해주어야 합니다. 교사가 전문가가 되어야 하는 이유가 여기에 있습니다. 단순히 지식만 가르친다면 참 스승이라 할 수 없겠지요. 아이들을 사랑으로 감싸는 참 스승은 하루아침에 만들어지지 않습니다. 최근에는 교직을 단순히 정년이 보장되고 안정적인, 편안한 직장으로만 여기는 경우가 적지 않습니다. 그러나 교직은 직장을 넘어서, 사람을 가르치고 지도하는 일을 맡은 직업입니다. 시대가 바뀌어도 선생님의 자리는 많이 변하지 않았습니다. 참다운 선생님의 자리를 돌아보고 아이들을 사랑하는 교사가 여전히 많기에 우리 교육이 이만큼이라도 바로 서 있는 것이라고 생각합니다.

마지막 다섯 번째는 학년이 올라갈 때 반드시 친한 친구가 같은 반이 되도록 배려해주는 것입니다.

위와 같이 긴 시간 동안 어려운 과정을 거쳐 지연이는 그런대로 친구들과 선생님의 배려 속에 학교를 잘 다녔습니다. 친한 친구도 한 명 생겨서 좋아하는 그림을 그리면서 학교를 잘 다녔습니다. 그러나 학교를 잘 다니는 것 같아 방심을 하고 다음 학년으로 그냥 올려 보내면 새 학년 적응에 실패하여 또다시 '등교 거부'가 시작되기도 합니다. 학년이 바뀌면, 익숙하고 자신을 늘 배려해주었던 친구들도 바뀌어서 반의 분위기가 예전 같지 않습니다. 게다가 자신을 늘 사랑해주고 관심을 가져주던 선생님이 다른 선생님으로 바뀌었습니다. 여기에 한 명 있던 '절친'마저 다른 반이 된다면 지연이는 또다시 학교에 가는 것을 많이 힘들어할 것입니다. 지연이처럼 특별한 경우에는 새로운 담임선생님께 상황을 미리 말씀드려서 학급에서도 배려해주고 친한 친구와 같은 반이 되게 해주는 게 좋습니다. 이렇게 많은 사람들의 관심과 배려 속에 초등학교를 졸업하면 지연이도 자신을 믿어주고 돌보아주었던 선생님과 자신을 도와준 따뜻한 친구들을 기억하며 힘차게 세상 속으로 걸어갈 수 있을 것입니다.

학교는 발달 단계를 완성하는 곳

비슷한 경우로 지연이처럼 안정적이지 못한 가정환경 때문에 등교 거부를 하는 중학년 학생이 있었습니다. 이 학생은 가정불화와 어머니의 심한 언어 폭력, 과도한 집착과 소유에 기반한 양육 태도 때문에 정상적인 학교생활을 할 수가 없었습니다. 이 학생도 3월 개학 후 곧 학교를 나오지 않았습니다. 담임교사는 정신없이 바쁜 3월 동안 계속 전화를 걸고 등교를 권유했지만 "아이가 학교에 가기 싫어한다."는 어머니의 말만 들어야 했습니다. 결국 시간을 내 전문가와 함께 가정방문을 갔습니다. 담임교사와 전문가 선생님은 해당 학생의 집 근처에서 놀고 있는 학생을 만날 수 있었습니다. 그날 이후로 담임교사는 출근길에 학생의 집에 들러 학생을 데리고 출근을 하였습니다. 아침에 등교 준비를 전혀 하지 않고 있는 학생 때문에 애를 먹었지만 선생님의 따뜻한 관심과 사랑 속에 이 학생은 학교에 나오게 되었고, 학급에서도 반 친구들이 따뜻하게 맞아주어 그 학년을 무사히 마칠 수 있었습니다.

아이들이 물고기라고 치면 학교는 '물' 같은 곳입니다. 물 없는 물고기가 살 수 없듯이 아이들도 학교 없이는 존재 가치를 찾기 힘들지요. 학교에 나오지 않는 학생들은 그대로 방치되어 동네를 헤매거나 게임에 빠지거나 이 시기에 완성해야 할 발달 과업을 완성하지 못합니다. 발달 과업은 심리학자 에릭 에릭슨의 이론으로, 에릭슨은 인간에게 여덟 개의 발달 단계가 있다고 보았습니다. 모든 인간은 유전적 기질을 바탕으로 사회적 환경과 상호작용하면서 한 단계씩 발달 과업을 완성하는데, 어느 단계에서 실패하면 이 단계와 관련한 정신적인 결함을 갖고 살아가게 된다고 주장했지요. 아동의 시기에 발달해야 하는 단계는 4단계로, 이때는 근면성과 열등감이 충돌하는 시기입니다. 에릭슨은 이때가 자아가 성장하는 결정적인 시기라고 보았습니다. 이때 아동은 학교를 통해서 근면성을 획득해야 합니다. 학교라는 작은 사회에서 다양한 경험을 하고 지적 능력을 발전시키며, 또래와 관계 맺으면서 사회의 가치관과 규범을 습득하는 것이지요. 특히 또래와의 관계에서 스스로 주도하는 법을 기르고 자신감과 근면성을 발전시키면서 동시에 자기 주체성을 확립해야 합니다. 따라서 이 시기를 긍정적이고 성공적으로 보낸 아동은 영향력 있고 성공적인 자아 주체성을 성취할 수 있으나 반대의 경우에는 열등감이 형성될 수 있습니다. 열등감은 실수나 실패를 거듭하게 되면 발현하기 쉬우며, 학교나 사회가 어린이에 대해 편견 어린 태도를 보일 때에도 쉽게 발현된다고 에릭슨은 주장했습니다.

요즘은 '홈 스쿨'이나 '대안학교' 등 다양한 공부 방법이 있지만 이것들은 모두 부모님이 부모님으로서의 역할을 다할 때 가능한 방법입니다. 가정이 안정적이지 못한 양육 환경이라면 아이는 버려지고 방치되어 교육과 돌봄의 사각지대에 놓여 무기력과 어둠으로 빠지게 됩니다. 이런 아이들은 학교가 책임지고 돌봄과 교육을 해주어야 합니다. 학교에 나와야 그나마 폭력적이고 불안한 가정으로부터 분리되어 사회적인 경험을 할 수 있는 것입니다. 교육과 훈육은 기본적인 돌봄이 이루어질 때 가능합니다. 가장 기본적인 돌봄도 받지 못하는 아이들은 학교가 최소한의 돌봄이라도 베풀어야 하는 것이 무엇보다 우선되어야 합니다.

022

아이를 학원에 보내라고
말씀드려야 하나요?

─── 4학년 담임을 맡고 있습니다. 우리 반에는 성민이라는 아이가 있는데 성적이 좋지 않습니다. 이번 학부모 상담 기간에 성민이의 어머니가 다녀가셨습니다. 성민이 어머니께서는 성민이가 4학년 들어 성적이 매우 떨어졌다며 걱정하시더군요.

"선생님, 우리 성민이는 3학년 때까지는 한 번도 학원에 다닌 적이 없어요. 그래도 혼자서도 잘했거든요. 보통 80점 이상은 꾸준히 받아왔어요. 그런데 4학년이 되더니 갈수록 성적이 떨어지네요. 지난번 사회 시험은 40점을 받았답니다. 충격이었지요. 저는 선행 학습이 좋지 않다는 생각에 되도록 학원에 보내지 않았거든요. 지금도 이 생각에는 변함이 없지만 아이 성적이 자꾸 떨어지니 제가 잘못 생각하고 있나 싶기도 합니다. 선생님, 학원에 보내야만 공부를 잘할 수 있는 건가요? 학원에 가지 않고

도 공부를 잘할 수는 없나요?"

이런 학부모님께 어떻게 대답해야 할지 고민입니다. 무지막지한 선행 학습이 대세인 사교육을 공교육 교사로서 권하고 싶지는 않습니다. 그렇다고 성적이 계속 떨어지고 있는 성민이를 그대로 지켜보라고 말할 수도 없습니다. 학원 교육에 대해 학부모님께 뭐라고 말씀드려야 할까요?

Ⓐ 성적이 낮은 학생이 학원을 다니면 성적이 오를까요? 이 질문에 대해 저는 "그렇다."라고 대답할 것입니다. 그렇지만 저는 학원에 가지 않는 것이 공부를 더 잘할 수 있는 길이라고 생각합니다. "학원에 다니면 성적이 오르나 학원에 보내지 않으면 공부를 더 잘할 수 있다."라는, 얼핏 들으면 앞뒤가 맞지 않는 이 말을 지금부터 자세히 설명하겠습니다.

공부는 시간을 적금하는 것

적금은 가장 인기 없는 재테크 방법입니다. 연간 수익률이 2퍼센트, 3퍼센트인 물가 상승률보다도 못해 재테크라는 이름을 붙이기도 쑥스러울 정도지요. 저는 이 적금이 공부에 관한 가장 적절한 비유라고 생각합니다. 적금은 은행에 넣은 만큼 원금과 이자가 확실히 돌아오는 저축 방식입니다. 돈을 넣었는데도 받지 못하는 경우는 거의 없지요. 여기서 돈이란 바로 공부에 투자한 시간입니다. 공부를 잘한다는 것은 굉장히 단순하게 말해서 그만큼 공부를 오래 했다는 뜻입니다. 공부한 시간이 적다면 그만큼 성적은 떨어집니다. 장기적으로 봤을 때 공부는 결국 투자한 시간만큼 성적으로 돌아옵니다. 10만

원으로 1천만 원을 버는 일확천금은 없습니다. 간혹 저학년 때는 적은 시간을 투자하거나 심지어 공부에 시간을 거의 투자하지 않아도 성적이 잘 나오기도 합니다. 하지만 초등학교 4학년 이상의 고학년이 되면 더 이상 불가능한 이야기입니다. 그 이유를 가장 학습량이 많은 초등학교 6학년 교과 학습을 예로 들어 설명하겠습니다.

산과 염기의 3차시에서 배워야 할 학습 내용
– 학습 목표 : 지시약을 만들어 용액 분류해보기

① 양배추 지시약을 만드는 과정 : 양배추를 가위로 잘게 자른 후 물을 붓는다. → 알코올램프로 가열해 양배추의 자주색 물을 우려낸다. → 비커를 식힌 후 체를 이용해 거른다.

② 양배추 지시약으로 변하게 되는 용액의 색깔

용액	나타나는 색깔	용액	나타나는 색깔
묽은 염산	빨간색	사이다	주황색
묽은 수산화나트륨	청록색	레몬즙	짙은 주황색
식초	주황색	이온 음료	주황색
비눗물	청록색	유리 세정제	연두색

③ 양배추 지시약의 변화
  - 산성 용액은 산성에 세기에 따라 보라 → 빨강 → 진한 붉은색의 색으로 변하게 한다.
  - 염기성 용액은 염기성의 세기에 따라 보라 → 초록 → 진한 노랑색 계

열로 변하게 한다.

④ 양배추 지시약으로 알게 된 용액의 분류

산성 용액	염기성 용액
묽은 염산, 사이다, 식초, 레몬즙, 이온 음료	묽은 수산화나트륨 용액, 비눗물, 유리 세정제

⑤ 지시약으로 쓸 수 있는 다른 여러 가지 식물들 : 붓꽃, 피튜니아, 장미, 검은콩, 나팔꽃, 포도.

위 내용은 단지 1차시 40분 수업으로 배우게 되는 내용입니다. 과학 시험에서 높은 성적을 받고 싶다면 위 모든 내용을 이해하고 중요한 것들은 암기까지 해야 합니다. 그런데 과학은 일주일에 3차시로 이루어져 있습니다. 일주일 만에 이 내용의 세 배를 이해하고 외워야 합니다. 한 달이면 약 13차시, 1학기이면 약 51차시, 1년에 약 101차시로 생각해보면 아이들이 공부하는 양이 어마어마하다는 것을 알 수 있습니다. 하지만 아이들은 과학만 배우는 것이 아닙니다. 영어, 사회, 수학 등 과학과 비교해도 뒤처지지 않는 학습량을 자랑하는 과목들을 한꺼번에 소화해야 합니다.

시간을 투자한 만큼 공부를 잘 할 수 있는 이유가 여기 있습니다. 공부해야 하는 양이 엄청나게 많습니다. 초등학교 4학년쯤 되면 수업 시간에 아무리 집중한다고 해도 집에 가서 따로 복습하지 않으면 누적되는 양을 따라가기 힘듭니다. 그래서 4학년쯤부터 아이들의 성적이 떨어지기 시작하고 학부모님들도 아이의 떨어지는 성적에 겁을 먹기 시작합니다. 아이가 타고난 지능, 집중력 등에 따라 늦어질 수는 있지만 타고난 지능이 있어도 공부에 시간을 투자하지 않는다면 결국 벽에 부딪힐 수밖에 없습니다. 그래서 학원을 다니는 아이들은 성적이 향상될 수밖에 없습니다. 학원에 가면 그만큼 공부하는 시간이 늘어나기 때문입니다. 보통 하루에 두 시간 정도 학원에 간다고 하면 일주일이면 열 시간, 한 달이면 약 40시간 이상을 공부하게 됩니다.

원리를 아는 공부와 건너뛰는 공부

하지만 학원에 가지 않아도 공부를 잘할 수 있습니다. 공부는 적금이기 때문입니다. 시간을 투자했다면 굳이 학원이든 집이든 투자한 만큼 만기일에 돈은 나오게 되어 있습니다. 이에 더해 저는 학원에 가지 않으면 공부를 더 잘할 수 있다고 생각합니다. 학원 교육의 구조적인 한계 때문입니다. 학원 교육은 구조적인 특성상 당장 좋은 성적을 거두는 것이 첫 번째 목적이 됩니다. 예를 들어 초등학교 3학년 1학기 수학 3단원 나눗셈의 경우를 살펴보겠습니다. 나눗셈의 정의는 아래와 같이 덜어내기와 등분제, 두 가지 방법으로 설명할 수 있습니다.

10÷5=2라는 나눗셈을 덜어내기와 등분제로 설명해보면 이렇게 됩니다.

• 사탕 10개를 2개씩 덜어내면 몇 번 덜어낼 수 있을까요? : 5번(덜어내기 나눗셈).

• 사탕 10개를 두 사람에게 나누어주도록 2등분하면 한 묶음당 몇 개가 될까요? : 5개(등분제 나눗셈).

이렇게 나누기의 두 가지 정의를 충분히 연습한 후 곱셈구구를 이용해 쉽게 나눗셈을 푸는 방법을 가르쳐야 합니다.

• '10÷5'를 풀 때는 5단을 이용하여 '5×2=10'이므로 답은 2.

그러나 이 방식을 아주 간략하게 배울 수 있는 방법이 있습니다. 앞에서 설명한 나눗셈의 원리를 생략하더라도 곱셈구구만 외우면 나눗셈 문제를 풀게 되는 것이지요. 그런데 나눗셈의 원리를 그냥 넘어가게 되면 5, 6학년에서 분수의 나눗셈, 소수의 나눗셈을 배울 때 어려움을 겪게 됩니다. 당장 곱셈구구만 이용해 나눗셈을 푸는 방법을 알면 '성적' 자체는 오르게 되지만 장기적으로는 공부에 악영향을 미치게 되는 것이지요. 여기다 선행 학습을 위해 '빨리빨리'를 재촉하는 경우 문제는 더 심각해집니다. 자기도 모르는 사이 공부를 쉽게 배우게 되고 깊은 사고를 할 틈은 없어지게 되지요. 이런 점이 문제 풀이 학습의 한계입니다.

스스로 공부하는 습관

어렵게 고민하는 과정을 거쳐야 장기적으로 진짜 '공부'를 잘할 수 있습니다. 그리고 학교 교육은 이 진짜 공부를 잘할 수 있도록 이끌어야 합니다.

Q : 자가 16개 있습니다. 자와 학생을 이용하여 몫이 2인 나눗셈에 알맞은 문제를 만들어보시오.

Q : 18÷2의 몫은 9입니다. 왜 18÷2=9인지 서로 다른 두 가지 방법으로 설명하시오.

위와 같은 문장제 문제는 곱셈구구를 이용한 나눗셈에만 익숙해진 아이들은 풀기 힘듭니다. 수업 중 선생님 말씀을 경청하고 집에 돌아가 천천히 시간을 갖고 스스로 고민해 자기 것으로 만드는 과정을 거쳐야만 풀 수 있습니다.

학원에서 쉽게 익힌 지식은 쉽게 잊어버리는 반면 혼자서 고민하며 어렵게 익힌 지식은 더 오래 머리에 남습니다. 그리고 가장 중요한 점은 혼자서 어렵게 익힌 지식은 단순히 지식 습득으로만 끝나는 것이 아니라 사고력, 이해력이라는 '이자'를 얻을 수 있다는 점입니다. 학원은 투자한 원금만 돌아오는 적금인 반면 혼자 어렵게 하는 공부는 원금보다 더 큰 사고력, 이해력이라는 이자를 얻을 수 있습니다.

성민이 어머니께는 이렇게 대답하면 어떨까요?

"어머니, 초등 고학년 학생들은 배우는 양이 워낙 많아 학교 밖에서 따로 복습하지 않으면 성적이 오르지 않습니다. 학원에 가면 학원에서 공부를 시켜주겠지요. 그만큼 시간을 투자하니 성적은 오릅니다. 하지만 어머니 말씀대로 학원 교육은 부작용이 많습니다. 문제 풀이에만 집중하다 보면 원리 학습이 부족해지고, 선행 학습으로 인해 학습 동기도 떨어지게 됩니다. 가장 좋은 방법은 성민이가 집에서 스스로 공부하도록 도와주시는 것입니다. 그날 배운 교과서를 다시 복습하고 학교에서 틀렸던 문제를 다시 고민해보는 것이 가장 좋습니다. 그 편이 당장 성적은 조금 오르더라도 장기적으로 공부를 더 잘할 수 있게 만들어줍니다. 옆에서 바로 풀이 과정과 답을 알려주면 문제는 잘 풀 수 있어도 사고력은 길러지지 않습니다. 알쏭달쏭한 문제를 서너 번씩 다양한 방법으로 사고하고 이해해보려는 노력은 학원에서는 얻을 수 없는 값진 경험이지요. 이 과정에서 사고력과 이해력이 자랍니다. 혼자 어렵게 고민하며 공부하는 것이 최고의 공부 방법입니다. 학습 난이도가 급격히 높아지는 중학교, 고등학교에서 사고력과 이해력이 큰 역할을 할 것입니다. 다만 성민이가 집에서 공부를 할 환경(주변 소음, 아이만의 공간 등)이 안 되거나 본인이 공부할 의지가 약하다면 학원을 보내서라도 공부해야 합니다. 공부는 시간을 투자해야 잘할 수 있거든요."

023

보건실 이용 수칙을 정하고 싶어요

——— 3학년인 채연이는 보건실에 너무 자주 갑니다. 눈에 보이
지도 않는 작은 상처를 보여주며 보건실에 가겠다고 하거나 배나 머리
가 아프다고 자주 호소합니다. 어디가 불편해서 가려고 하는지 물었는데
마땅한 핑계가 없을 때는 대답도 못 하고 그냥 가고 싶다고 말하기도 합
니다. 제가 볼 때는 꾀병처럼 보이거나 보건실에 갈 정도가 아닌데도 보
건실에 자주 가겠다고 하니 난감하기만 합니다. 그렇지만 만에 하나라도
채연이가 정말 아팠을 경우, 저의 일방적인 판단으로 못 가게 했을 때는
심각한 문제가 발생할 수 있기 때문에 대개는 못 이기는 척하고 보내주
는 경우가 많습니다. 그러다 보니 보건 선생님께 죄송한 마음도 듭니다.
사실 채연이가 2학년 때는 자주 교실 밖을 배회하거나 보건실에 가 있
었다고 합니다. 2학년 때부터 학급에 적응을 하지 못하고 계속 보건실에

가는 버릇이 있다는 것을 들었기에 어떻게든 이 버릇을 고쳐야 하는데, 어떻게 해야 할지 고민이 됩니다.

Ⓐ 중학년이 되어서도 보건실을 상습적으로 찾는다면 다음과 같은 이유를 짐작할 수 있습니다.

첫째, 교실 환경 속에서 교사나 친구들로부터 안정감을 느끼지 못하기 때문입니다. 이런 학생들에게 교실은 여러 가지 이유로 불편하고 불안한 공간입니다. 친구가 없거나 교실에서 즐거움을 찾지 못해 교실 밖으로 눈을 돌리는 것입니다. 이런 아이들은 공부에 흥미가 없거나 쉬는 시간에도 친구들과 어울리지 않고 혼자만의 공간과 시간을 갖고자 혼자서 보건실을 기웃거립니다. 아플 때 치료해주고 보호해주는 공간인 보건실이 자신을 보호해주는 안전한 공간으로 느껴져 그곳으로 자꾸만 피하려고 하는 것입니다. 보건실에는 자신을 꾸중하는 선생님과 불편한 친구들 대신 따뜻하게 아픈 곳을 치료해주는 보건 선생님이 계시므로 마음의 안정을 이곳에서 찾는 경우입니다.

둘째, 가정에서 돌봄을 받지 못하거나 교사를 유난히 좋아하는 경우 교사의 관심을 받고자 아프다고 호소합니다. 아프다는 호소는 아동이 손쉽게 어른의 관심을 불러일으킬 수 있는 방법입니다. 이때 아이는 아픔을 가장해 담임선생님과 보건 선생님께 위로를 받으며 잠시나마 안정감을 느낍니다.

셋째, 활동성이 큰 아동일 경우 교실 밖으로 나가고 싶어 해서 보건실 핑계를 댑니다. 같은 이유로, 쉬는 시간마다 볼 일도 없는데 화장실에 드나드는 학생이 있습니다. 이런 학생들은 40분 수업 시간 동안 한자리에 앉아 있는 것이 너무 힘이 듭니다. 그래서 귀한 10분간의 쉬는 시간 동안 여기저기 돌아다니면서 활동 욕구를 풀려고 합니다. 이런 아동에게는 멀리 있는 보건실까지 가는 것이 매우 흥미진진한 활동이 됩니다.

넷째, 보건실에 대한 호기심이 많기 때문입니다. 한 명이 아파서 보건실에 보냈는데 "이때다!" 하며 여러 명이 무리를 지어 보건실에 가는 경우가 있습니다. 교실과 다른 특별한 공간인 보건실에 대한 궁금증과 호기심이 중학년 때까지도 많이 남아 있는 까닭입니다. 하지만 이렇게 되면 보건 선생님의 업무를 방해하게 되고 치료가 필요해서 보건실에 가는 학생에게도 피해가 되므로 적절한 지도가 필요합니다.

다섯째, 만성적인 신체적 문제 증상 때문인 경우가 있습니다. 교실과 학교의 환경이 주는 어떤 스트레스로 인해 만성적으로 배나 머리가 아프다고 호소하는 학생이 있습니다. 정신적인 스트레스가 신체적으로 반응하는 것으로 '신체화 증후군' 혹은 '신체화 장애'라고 합니다. 이는 내과적인 문제가 아니라 심리적인 문제이므로 보건 선생님이나 전문 의사와 상의해서 심도 있게 접근해야 합니다.

보건실 이용 규칙 지도하기

저학년에 비해 보건실에 대한 호기심은 많이 줄었지만 중학년에게도 여전히 보건실은 특별한 경우에만 갈 수 있는 신기한 공간입니다. 그래서 실제 보건실에 자주 가는 아이는 저학년에 비해 많이 줄어들지만 중학년에도 여전히 보건실에 필요 이상으로 많이 가는 아이들이 있어 지도가 필요합니다.

첫째, 보건실에 갈 때는 반드시 교사의 확인을 받도록 합니다. 교사에게 말도 하지 않고 교실 밖으로 사라지는 것은 학생의 안전상 매우 걱정스러운 일입니다. 보건실에 가고 싶을 때는 반드시 교사에게 증상과 상황을 이야기하고 허락을 받고 가도록 지도합니다. 특히 수업 시간에 교실 이외의 장소에 교사 허락 없이 마음대로 돌아다니는 것을 엄격히 제한합니다.

둘째, 보건실 이용 방법과 관련된 규칙을 만듭니다. 보건실 이용 방법에 대해 학급 전체 학생을 대상으로 안내하고 이를 학급의 규칙으로 다 같이 지키도록 합니다. 올바른 보건실 이용 방법이 전체 학생들이 지켜야 하는 학급 규칙이 되면, 자주 가는 학생은 자신을 보는 눈이 많기에 혼자 규칙을 어겨가며 필요 이상으로 보건실에 가는 것을 자제하게 됩니다. 일례로 참을 수 있는 경미한 경우는 되도록이면 쉬는 시간에 가도록 하고 아픈 아이가 혼자 걸을 수 없을 정도가 아니라면 여러 명이 구경 가듯 보건실에 가지 못하게 합니다. 보건실은 놀러가는 곳이 아니라 아픈 학생들이 가는 곳임을 확실히 말해줍니다. 또한, 학생이 급식이나 우유를 먹기 힘들 정도로 아프다면 음식을 받기 전에 미리 교사에게 이야기하도록 합니다. 이는 급식을 나누어줄 때 안 받겠다는 아이와 똑같이 나눠주려고 하는 당번 사이에 다투는 일을 예방하기 위함입니다. 간혹 자신이 싫어하는 음식이 나오면 몸이 아프다는 핑계를 대며 먹지 않으려 하는 학생이 있습니다. 미리 말했을 때만 인정해주겠다고 하면 이를 핑계로 음식을 거부하는 일은 많이 줄어듭니다.

셋째, 간단한 상처 치료 연고와 밴드를 교실에 준비해둡니다. 이렇게 하면 보건실에 갈 만한 상처가 아닌데도 보건실에 가겠다는 아이가 있을 때, "별거 아니야, 보건실 안 가도 돼."라는 말로 거절하기 쉽습니다. 그러나 돌봄과 관심을 받기 원하는 아이의 의도를 매몰차게 거절하기보다는 교사가 직접 연고를 발라주는 것도 좋은 방법입니다. 상처 부위에 연고를 조금 발라주거나 밴드를 붙여주기만 해도 아이는 만족합니다. 이렇듯 교실 안에서 담임교사가 학생의 필요를 따뜻하게 채워주는 것이 교실 밖 보건실에서 채우는 것보다 더 좋다고 생각합니다. 평상시에 말을 많이 걸어주거나 따뜻하게 대해주는 등 학생이 필요로 하는 돌봄과 관심을 채워주도록 교사가 세심히 살펴야 합니다. 이런 필요가 채워지면 학생은 보건실이 아니라 교실과 교사에게 더 안정감을 느껴 점차 보건실에 가는 버릇도 줄어듭니다. 이렇게 몇 번 연고나 밴드를 붙여주다가 나중에는 "채연아, 이 정도 상처는 보건실에 안 가도 괜찮을 것 같아. 지금은 참아보고 채연이가 너무 아프다고 하면 보건실에 언제든지 보내줄게."라고 이야기해주고 안심시키면 아이는 쉽게 수긍합니다. 너무 강압적으로 한 번에 보건실에 가는 버릇을 고치려고 하면 오히려 더 보건실에 가고 싶어 하기 때문에 단계적으로 천천히 접근해야 합니다.

넷째, 안정적이고 편안한 교실 환경을 만듭니다. 교실이 불편하게 느껴지는 학생들이 교실에서 나갈 구실로 보건실을 찾는 경우가 많습니다. 교실이 불편한 이유로는 친구나 교사와의 관계에 문제가 있거나 공부에 흥미가 없어 수업 시간에 앉아 있는 것을 힘들어하는 등 여러 가지가 있습니다. 교실은 쉬는 시간에는 즐겁고 편하게 쉬는 공간으로, 공부 시간에는 공부가 하고 싶어지는 공간으로 느껴져야 합니다. 물론 공부가 힘든 학생에게 단시간에 공부에 재미를 붙여줄 수는 없지만 쉬는 시간만큼은 편한 시간이 되도록 교사가 노력해야 합니다. 쉬는 시간 10분은 반드시 지켜주고 위험한 장난을 하거나 심하게 시끄러운 게 아니라면 여러 놀잇감을 주어 친구들과 신 나게 놀도록 허용합니다. 중간 놀이 시간을 주어 20분 정도 운동장에서 뛰어놀게 하는 것도 좋은 방법입니다. 혼자 지내거나 소외되는 학생이 있으면 교사가 나서서 여러 친구들과 함께 하는 게임 기회를 많이 주고 참여시키도록 노력합니다.

다섯째, 보건 교사, 학부모와 연계하여 지도합니다. 반복적으로 같은 증상을 호소하는 학생이 있을 경우 특정 스트레스가 신체로 표현되는 '신체화 증후군'을 의심해봐야 합니다. 전문가인 보건 교사와 상의하여 이것이 의심되면 학생이 스트레스를 받는 상황이 무엇인지 파악하고 이 스트레스 상황을 없애거나 스트레스에 학생이 올바로 대처하도록 도와주어야 합니다.

학부모에게 최근에 어떤 증상으로 얼마나 보건실을 이용했는지 기록해둔 정확한 사실을 알려주고 학생의 스트레스가 무엇인지 학부모와 함께 찾아보도록 합니다. 선생님께 혼이 나거나 친구와 싸웠을 때마다 배가 아프다고 호소하는 학생도 있고 시험이 있을 때마다 머리가 아프다고 말하는 학생도 있습니다. 스트레스 상황을 회피하려고 꾀병이나 핑계를 대는 것이 아니라 실제 신체 반응으로 표현되는 것은 그 학생의 스트레스가 그만큼 심각하다는 것을 뜻합니다. 이때 단순히 보건실에 가는 버릇을 고치겠다는 접근보다는 학생의 스트레스와 관련된 근본적인 문제를 해결하는 관점으로 접근합니다. 시험 불안이나 교우 관계와 같이 근본적인 문제 해결에 더 관심을 두어야 합니다. 또한, 학기 초에 학생의 기본적인 건강 상태와 음식 알레르기 등에 대한 정보를 숙지해야 합니다. 그래야 학생의 건강 문제에 대해 교사가 오해 없이 올바로 대처할 수 있습니다.

024

하기 싫으면 무조건 피해요.

───── 민철이는 성격이 거칠거나 공격적이지는 않습니다. 하지만 자기가 감당할 수 없거나 하기 싫은 일이 있으면 도망가는 식으로 문제를 해결합니다. 다른 아이들에게도 이런 경향이 조금씩은 있지만 민철이는 정도가 심합니다. 매번 도피하기만 하니 지켜보는 담임으로서도 난감하기만 합니다. 일례로 민철이는 체육을 싫어합니다. 그래서 체육 시간만 되면 배가 아프다며 보건실에 가겠다고 합니다. 꼭 체육이 아니더라도 자기가 하기 싫은 일이나 상황을 맞닥뜨리면 회피하는 태도를 많이 보입니다. 그렇다고 민철이가 게으르고 학습된 무기력이 있는 아이도 아닙니다. 또 겁이 많아서 숙제를 안 해오거나 지시한 것을 어겼을 때 이를 문제 삼으면 지레 울어버리기 때문에 야단치기도 조심스럽습니다.

4학년인 민철이는 정서 행동 검사에서도 주의군은 아니지만 우울 경향이 높게 나왔습니다. 민철이의 부모님은 민철이가 2학년 때 이혼하여 지금은 친할머니와 아버지가 양육합니다. 엄마를 종종 만나러 가는데 그런 날은 부쩍 상기되어 들떠 있습니다. 민철이의 아버지는 민철이가 순수하고 다른 아이들보다 조금 어릴 뿐 다른 면에서는 여타 아이들과 별반 다르지 않다고 생각합니다. 하지만 담임으로서 볼 때 민철이는 조금 더 자신감 있고 당당한 생활 태도를 갖는 게 필요하다고 생각합니다. 학교생활이나 가정생활에서 어떻게 민철이를 지도해야 할까요?

Ⓐ 사람마다 자신이 가지고 있는 기본 성향이나 처한 상황에 따라서 문제 해결에 대한 태도가 다릅니다. 이를 '대처(coping) 방식'이라고 합니다. 리처드 라자루스(Richard Lazarus)와 수전 포크먼(Susan Folkman)은 이를 "개인이 해결하기 힘든 내·외적인 요구를 해결하려는 인지적이고 행동적인 노력"(1984)이라고 하였습니다. 예를 들면, 어떤 사람들은 문제 상황이 발생하자마자 적극적으로 나서서 목소리를 높이고 바로 해결하려고 노력합니다. 하지만 어떤 사람들은 문제 해결을 당장 하지 않고 뒤로 미루며 다른 데로 숨는 방식을 택합니다. 또 다른 이들은 심리적·신체적·언어적 공격을 하는 등 공격적인 대처를 하기도 합니다. 마지막으로 사회 지지 추구적 대처 행동을 보이는 이들도 있는데 이들은 문제 해결이나 자신의 정서적 위안을 위해 다른 사람에게 도움을 구하는 행동을 나타내기도 합니다.

민철이는 공격적인 행동을 보이지 않지만 뭔가 하기 싫은 상황이 예상되면 회피하거나 도망가는 식으로 문제를 해결하는 소극적이고 회피적인 대처 방식을 가지고 있습니다. 이는 담임교사가 장기적인 안목을 가지고 1년의 학급 생활에서 교정해줄 필요가 있습니다.

민철이처럼 특정한 상황을 맞닥뜨렸을 때 적극적으로 문제를 해결하기보다 아예 숨어버리거나 회피하려는 학생은 매사에 위축되고 유약한 생활 태도를 보이는 경향이 짙습니다. 이런 학생들은 대부분 자신이 노력해도 안된다는 실패 경험이 많거나 자기의 상황을 다른 사람에게 이해시키기 어렵다고 생각하여 지레 포기하는 경험이 많은 경우입니다. 특히 의사소통 능력이 뒤떨어지거나 말로 자신을 충분히 표현할 수 없다고 느낄 때 이런 방식을 취하기 쉽습니다. 그래서 이에 대한 해결 방법으로 자신이 할 수 있는 쉽고도 최선의 방법인 회피를 선택하게 되는 것입니다. 해결의 기미가 안 보이면 아예 숨어버리거나 도피하는 태도로 이어지는 것이지요.

소극적인 아이를 돕기 위한 방법

민철이뿐만 아니라 소극적이고 위축된 태도가 만연된 학생들은 자신감 있고 당당한 생활 태도를 길러줄 필요가 있습니다.

이를 위해서는 첫째, 이들에게 작은 성공 경험을 자주 경험시켜주는 것이 필요합니다. 예를 들어 학생이 자신의 힘으로 충분히 해낼 수 있는 쉬운 심부름을 부탁하여 완수하게 함으로써 자신도 해낼 수 있다는 성취감을 맛보게 합니다. 즉, 담임교사로부터 유능함을 인정받을 수 있는 기회를 의도적으로 제공하는 것입니다. 쓰레기 분리수거를 하거나 우유 당번, 칠판 지우는 당번, 화분에 물주는 역할 등 자신이 하고 싶은 1인 1역을 선택하게 하는 방법도 있습니다. 이때 중요한 것은 처음 활동을 할 때 교사가 친절하게 안내하면서 칭찬하고 격려하는 것입니다. 특히 아이들은 다른 반 선생님에게 서류를 갖다 드리는 심부름을 좋아합니다. 의도적으로 민철이에게 부탁하여 완수하게 함으로써 선생님이 민철이를 인정하고 유능하게 여긴다는 점을 전달해야합니다. 민철이의 경우 학습보다는 생활지도 면에서 작은 성공 경험을 부여하여 학생들 사이에서 민철이가 위축되지 않도록 교사가 학생의 위상을 조금만 높여준다면 다른 아이들도 민철이를 달리 볼 것입니다. 민철이만 특별히 감싸고 편애하라는 것이 아닙니다. 초등학교 아이들은 순수한 면모가 많아서 교사가 어떻게 하느냐에 따라 반의 학급 역동이 달라질 수 있기 때문입니다. 따라서 민철이가 작은 목소리나 사소한 몸짓이라도 자기 의견을 발표하거나 얘기할 때는 공감해서 들어주고 즉각적으로 피드백을 주면서 어떤 반응이라도 해주는 것이 필요합니다.

둘째, 민철이가 엄마를 늘 그리워하는 점으로 미루어볼 때 민철이는 아빠보다는 엄마를 동일시하여 행동할 가능성이 있습니다. 남학생인 민철이가 엄마를 동일시하기보다 남자인 아빠의 역할 모델을 관찰하고 배울 수 있도록 가정에서 신경 써주어야 합니다. 민철이 아버지와 상담 시간을 마련해 민철이와 더 많은 상호작용을 해주실 것을 말씀드립니다. 민철이는 바쁜 아버지를 대신해 주 양육자가 친할머니인 상황이므로, 더욱더 엄마를 그리워할 수 있습니다.

셋째, 민철이를 포함하여 다른 학생들에게도 적절한 자기주장 훈련을 실시해야 합니다. 학생들은 가정에서 부모와의 언어적 상호작용을 통해 의사소통 능력이나 언어 습관을 형성하게 됩니다. 하지만 가정에서 공감 훈련이나 듣는 태도, 말하는 방법 등 체계적인 의사소통 훈련을 지도하기란 어렵습니다. 요즘에는 초등학교 도덕 교과서나 국어 교과서에 의사소통 방법이나 자신의 감정 표현 방법 등을 자세히 가르치는 단원이 있습니다. 이를 지도할 때 교사들이 그 중요성을 인식하여 충분히 지도해야 합니다. 어른 입장에서는 이 단원의 내용이 너무 쉽고 당연해서 가벼운 비중으로 넘어가기 쉽습니다. 하지만 학생들은 감정 교류 방식이나 언어 사용 방법 등을 체계적으로 배운 적이 없습니다. 이러한 단원이 나올 때 교사는 특히 더 교재 연구를 충분히 하여 역할극이나 집단 토론 등 다양한 교수 방법을 적용할 필요가 있습니다. 이러한 학습 경험을 통해 학생들이 교과 내용을 인지적으로만 접근하지 않고 정서적으로 내면화하여 자신에게 체화시킬 수 있도록 구성하여야 합니다.

넷째, 체육이나 다른 활동 시간에 참여하지 않았을 때, 참여하지 않음으로써 자기가 원하는 더 편안한 환경이 제공되지 않도록 해야 합니다. 흔히 부모나 교사가 이럴 때 저지르기 쉬운 실수는 아동이 회피한 상황을 아동이 원하는 상황으로 만들 수 있다는 것입니다. 체육 시간에 배가 아프다고 핑계를 댈 때 보건실에 가서 편안히 있게 하거나 자기가 원하는 교실에 있지 않도록 해야 합니다. 민철이의 경우에는 체육 시간에 활동을 하지 않는다면 친구들이 활동하는 모습을 운동장에서 지켜보도록 해야 합니다.

다섯째, 자기가 원하는 회피 상황이 조성되지 않아 삐치거나 자기 고집만 부릴 때 이를 받아주지 않습니다. 교사가 따뜻하지만 단호하게 왜 안 되는지 이유를 설명하고 끝까지 요구를 들어주지 않아야 합니다. 중간에 요구를 들어주면 잘못된 행동이 더욱 강화되거나 '소거 폭발(extinction burst)'이 일어날 수 있기 때문입니다. '소거 폭발'이란 좋아지기 전에 더 악화되는 소거 행동으로, 행동의 감소가 시작되기 전에 소거 행동이 증가하는 것을 말합니다. 그래서 따뜻하되 단호하면서 일관적인 훈육 방식이 요구됩니다. 민철이가 이런 성향을 처음 보였을 때 교사와 진지하게 상담하여 사전에 안 되는 행동 등에 대해 충분히 안내하고 규칙을 제시하도록 해야 합니다. 물론 상담 전에 학생과 교사 사이에는 충분히 신뢰할 수 있는 '라포(rapport)'가 형성되어 있어야 합니다.

민철이의 소극적인 태도는 친구들과의 적극적인 상호작용을 하려는 동기를 줄어들게 하거나 아동기 이후에 대인관계 형성 기술이나 사회성 기술에 영향을 미칠 수 있으므로 아동 중기 시기에 바로잡아주는 것이 필요합니다. 이 상태로 성인기에 접어들면 고립에 익숙해지거나 대중 앞에서 위축되는 심리적인 특성도 지닐 수 있기 때문입니다. 담임교사는 이러한 심리적 징후를 잘 관찰하고 민철이의 정서 행동 검사 결과를 활용하여 학부모와 심도 있는 상담을 해야 합니다. 또한 학부모가 좀 더 심도 깊은 객관적인 심리 검사를 받을 수 있도록 권유하고 현재 학생의 상황이 어떠한지 진단하여 그 진단에 따라 적절한 양육 방법과 학습 전략을 가지고 지도해야 할 것입니다.

간혹 심리 검사나 상담실을 찾는 것에 저항감을 지니는 학부모가 있습니다. 이때는 자녀가 지닌 문제가 심각해지기 전에 예방하는 차원에서 심리 검사가 반드시 필요하다는 점을 이해시키고, 청소년기의 진로 지도에도 도움이 된다는 사실을 안내해드리면 좋습니다.

'풀 배터리(full battery)' 심리 검사에서는 지능 검사나 투사적 검사, 성격 검사 등을 통해 부모나 교사가 막연히 느끼고 있던 학생의 인지적 특성이나 성격적 특성을 명확히 확인할 수 있습니다. 그에 따라 부모나 교사가 무엇을 놓치고 있으며 그 학생에 맞는 지도 방법은 무엇인지 배울 수 있습니다. 따라서 아동기 후기의 학생들은 적성이나 진로 선택을 위해서라도 심리 검사를 받아 보는 것이 여러 모로 도움이 됩니다.

025

시험만 보면 망치는 아이,
어떻게 도와야 할까요?

────── 우리 반 휘성이는 시험 보는 날이면 늘 얼굴이 어둡습니다. 어딘가 아파 보여서 물어보면 머리가 아프고 속이 메스거린다고 해요. 실제로 아픈 것인지 꾀병인지 담임으로서는 알 수가 없지만, 아이가 시험 성적에 압박을 받고 있는 것으로 보아 심리적인 압박이 실제 증상으로 나타나는 것 같습니다. 언젠가 휘성이에게 뭐가 그리 걱정이냐고 물어본 적이 있어요. 그러자 휘성이는 "100점을 맞지 않으면 엄마에게 혼이 날 것이 두려워 시험 날이면 자꾸 엄마 얼굴이 떠오르면서 가슴이 콩닥 콩닥 뛴다."고 하더군요. 휘성이는 엄마가 평소에는 천사 같은데 학교에서 단원평가나 수행평가 같은 시험을 보고 나면 '마귀할멈'으로 변한다고 말했습니다. 그도 그럴 것이 휘성이는 공부 시간에 집중도 잘하고 발표도 잘하고 숙제도 잘해오는 모범적인 학생입니다. 그런데 시험만 보면 절

대 100점은 못 맞습니다. 쉬운 것도, 다 아는 것도 틀리기 때문이지요. 그러니 휘성이 어머니가 휘성이에게 화를 내고 닦달을 하는 것이지요. 시험 성적표가 나오면 "아유, 이렇게 쉬운 것을 또 틀렸어?", "도대체 시험 보면서 무슨 생각을 하는 거야!" 하며 폭풍 잔소리가 휘몰아치는 것이지요. 휘성이도 이런 자신이 답답하기만 하다고 합니다. 자신이 틀린 문제는 평소에 훤히 알고 있는 문제이기 십상이기 때문이지요. 평소에는 잘하다가도 시험만 보면 망치는 휘성이 때문에 휘성이도, 휘성이 어머니도 속이 상할 대로 상해 있습니다. 아무래도 휘성이가 시험에 굉장히 스트레스를 받고 있는 것이 원인 같은데요, 이 문제를 해결할 방법은 없을까요?

Ⓐ 시험 치기란 일종의 시험 문제를 푸는 기술입니다. 학과의 수업이 끝나면 학교에서는 교과별로 다양한 시험을 치게 되지요. 지금은 다 같이 한날 한시에 똑같은 문제로 보는 일제식 평가가 초등학교에서 많이 사라졌지만, 지필평가, 수행평가, 단원평가, 쪽지시험 등 다양한 형식의 시험은 여전히 우리 학생들에게 부담으로 남아 있습니다. 초등학교뿐 아니라 중학교, 고등학교, 대학교 등 상급 학교에 진학할수록 더 어려운 시험이 학생들을 기다리고 있습니다. "피할 수 없으면 즐겨라."라는 말처럼 이제 시험을 삶의 일부로 받아들이고 시험을 또 하나의 공부(복습)로 받아들이면 좋으련만 아이들은 여전히 시험을 본다고 하면 머리부터 아파하고 아침부터 축 처져 있기 일쑤지요. 이런 와중에 시험에 대해 필요 이상으로 불안 증세를 느끼는 아이들도 점점 늘어나고 있는 추세입니다.

아이의 발달 단계를 고려하자

아이들이 시험 불안을 느끼는 가장 큰 원인은 부모님의 높은 기대치 때문입니다. 부모 입장에서 공부를 열심히 한 아이가 어이없는 점수를 받아오면 속상한 마음에 아이를 꾸중하고 다그치게 되지요. 몰라서 틀렸으면 이해라도 할 텐데, 알면서 도대체 왜 틀리는지 도저히 이해할 수 없습니다. 그러나 알면서도 틀리는 게 시험입니다. 그리고 그렇게 실수를 하면서 성장하는 것이 아이들입니다. 이것은 바로 어린이의 발단 단계가 구체적 조작기에 머물러 있기 때문입니다. 구체적 조작기는 장 피아제가 7~11세 어린이에 해당하는 인지 발달 단계로 제시한 것으로, 이 시기의 어린이는 전조작기 어린이보다 많이 똑똑해 보이지만 아직 성인기의 사고와는 많이 다르고, 논리적 조작은 개인적인 경험과 밀접하게 관련되어 있어서 자신에게 친숙한 경우에만 가능한 것이 특징입니다. 또한 아직 추상적이고 논리적인 사고가 부족하여 매우 구조적이고 형식적인 4지(또는 5지) 선다형의 지필형 시험에서 자주 실수를 하는 시기입니다. 게다가 문제가 일반적인 경우를 묻는 경우에도 자신의 경험과 관련지어서 생각하기 때문에 객관적인 답을 찾기가 어렵고 문제마다 가지고 있는 함정을 피해서 문제가 요구하는 답을 찾아내기가 쉽지 않습니다. 특히 아이의 특성이 꼼꼼하지 못하고 덤벙대는 편이며 창의적이고 호기심이 많은 경우라면 더더욱 지루한 시험 공부와 형식적인 시험에서 100점을 맞기 어려울 수 있습니다.

위 사례처럼 비교적 모범생인 휘성이라면 조금만 더 침착하면 100점을 맞을 수도 있겠지만 이런 아이의 발달 단계를 이해 못 하는 엄마의 '윽박지름'에 마음 약한 아이가 점점 주눅이 들면서, 시험만 다가오면 무서운 엄마의 얼굴이 떠올라 머릿속이 하얘지는 것입니다. 이럴 때는 무엇보다 어머니가 이 시기 아이들의 성격적 특성과 발달 단계를 이해하여 시험에서 낭패를 본 아이를 오히려 위로해주고 따뜻하게 감싸주는 게 필요합니다. 어머니가 이런 태도를 보이면 아이도 시험 불안을 덜고 빨리 제자리를 찾을 수 있게 됩니다.

어른에게도 벅차다

요즘은 뇌 과학이 발달하여 우리 뇌의 구조와 발달 단계에 대해 비교적 잘 알려져 있습니다. 우리의 뇌는 뇌간(생명 유지), 변연계(감정의 뇌), 전두엽(영장류의 뇌)으로 이루어져 있습니다. 기획하고 조직하고 판단하며 결과를 예측하고 충동과 감정 조절을 하고 정리 정돈을 하는 소위 성인의 뇌는 여자는 24세, 남자는 30세가 되어야 완성된다고 합니다. 8~13세의 초등학생 뇌는 뇌간(먹고 자고 체온과 맥박을 조절하는 파충류의 뇌)이 주로 발달하고, 중·고등학생이 되면 변연계(감정, 기억, 성욕, 즐거움, 새로움)가 발달하면서 전두엽이 발달하기 시작합니다.

어린이와 청소년은 근본적으로 우리 성인과는 다릅니다. 그들에게 우리의 생활 방식을 요구하거나 어른보다 더한 인내심을 요구하는 것은 그들을 너무 고통스럽게 하는 것입니다. 어른들도 오전 9시부터 오후 2시 40분까지 수업을 하고 연이어 학원을 몇 군데 가라고 하면 정말 고통스러울 것입니다. 100분 동안 한 강좌만 들어도 엉덩이가 아프고 답답하여 차라도 한 잔 마시며 쉬고 싶은데, 오전부터 오후까지 많은 과목을 통제된 상황에서 들어야 하는 아이들은 어떨까요? 이런 상황은 고학년이 될수록 더 심합니다. 여기에다가 형식적인 지필형 시험은 아이들의 창의성을 죽이고 탐구심보다는 암기에 치중하게 하여 점수로 아이들을 상처 입히고 있습니다. 이런 현실을 감안하여 부모님들은 아이들에게 초등학생 때부터 너무 시험 성적으로 아이들의 등급을 매기지 말아야 합니다.

요즘 초등학교에서는 시험이 '학습 목표 도달도'를 측정하는 '과정 중심의 수시 평가'로 바뀌었습니다. 그래서 일제식 시험을 지양하고 학급에 따라 다양한 형식으로 수시로 수업 중에 학습 과정을 평가하도록 되어 있습니다. 그러나 일부 학부모님들은 아직도 100점 만점의 지필형 일제고사를 학교에 요구하며 시험을 자주 보도록 하고, 점수를 가정에 통보하도록 요구하고 있습니다. 아이들이 어려서부터 점수 매김으로 인해 자존감에 상처를 입지 않도록 하기 위하여 일부러 시험 점수를 써주지 않고 100점 만점이 되지 않도록 배점과 문제 수를 다양하게 해도, 아이들은 또 아이들대로 평가지를 받는 즉시 점수부터 계산하고 다른 친구와 점수를 비교하곤 하지요. 이런 모습을 볼 때면 씁쓸하기 짝이 없습니다.

아이들의 다양한 사고를 일제식 지필평가로는 다 담아낼 수 없습니다. 또 교육의 효과는 단시일에 나타나지 않습니다. 초등학생은 학습 흥미를 잃지 않는 게 가장 중요합니다. 초등학교 저학년이나 중학년에서는 학습 활동에 즐겁게 참여하며 흥미와 탐구심을 가질 수 있도록 가정에서 자주 대화를 나누는 것이 좋습니다. "오늘은 무엇을 배웠니?", "뭐가 제일 기억에 남니?", "무엇이 가장 인상이 깊었니?", "그 문제에 대해 어떻게 생각하니?", "그랬구나!", "많이 힘들었겠다!", "재미있었겠네" 같은, 아이의 말을 적극 들어주고 공감해주며 학교생활을 즐겁게 잘하는 것에 대해 격려해주는 말을 많이 하는 것이 좋습니다. 아이의 말은 한 마디도 안 들어주고 오늘 하루 부모님과 떨어져 학교라는 사회에서 잘 적응하기 위해 얼마나 노력하고 힘들었는지 알아주지도 않고, "숙제는 했니?", "시험은 봤어!", "몇 점 맞았어?"와 같이 소위 '채권 대화'라고 하는 대화만 하면 머지않아 사춘기가 다가왔을 때 아이는 부모님과는 마음의 문을 닫고 말을 하려 하지 않을 것입니다.

시험 불안은 부모님이 자녀에 대해 올바른 사랑과 이해심만 갖고 있다면 충분히 극복될 수 있는 증상입니다. 아이들이 본능적으로 가지고 있는 지적 호기심과 탐구심을 이해하고 시험이라는 제한된 형식에 아이들을 가두고 시험 점수로 아이들을 등급 매기지만 않는다면 우리 아이들은 진짜 즐겁게 배움의 세계를 맛볼 수 있을 것이고, 학교생활도 더할 나위 없이 재미나게 할 수 있을 것입니다.

026

수업 시간에 전혀 의욕이 없어요.

―――― 우리 반 건호는 초등학교 4학년 남자아이로 축구를 좋아하고 친구들과도 잘 어울리는 밝고 사교적인 아이입니다. 그런데 건호는 체육이나 게임, 모둠 활동과 같은 시간에는 적극적으로 참여하다가도 학과 수업을 배우는 시간만 되면 멍하게 앉아 있기만 합니다. 처음에는 "건호야, 무슨 생각 하니? 아까 선생님이 말한 대로 맞는 것끼리 한번 연결해 봐."라며 가벼운 주의를 주었습니다. 이렇게 제가 이름을 부르며 직접 일러주거나 권할 때는 건호도 마지못해 참여합니다. 그러나 그것도 잠시, 금세 원래대로 돌아가 버립니다. 건호는 수업 시간에 대부분 학습 활동에 잘 참여하지 않는 편이고, 어떤 날은 교과서도 안 꺼낸 채 턱을 괴고 창밖만 바라보고 있습니다. 그러다 보니 교과 성적이 썩 좋지 않지만, 아주 낮은 편도 아니라 적당히 만족하면서 공부의 필요를 더욱 못 느끼고 있습

니다. 건호에게 매번 "이것 좀 하자, 저것 좀 하자." 같은 이야기를 하다 보면 저도 덩달아 수업할 의욕이 떨어지고, 제 수업이 너무 재미가 없어서 그런가 하는 걱정도 듭니다. 수업이 끝나면 언제 그랬냐는 듯 벌떡 일어나서 생생하고 즐겁게 쉬는 시간을 보내고, 수업이 시작되면 다시 푹 꺼진 채 의자에 앉아 이내 초점이 없어지는 건호. 어떻게 하면 공부에 대한 의욕을 조금이라도 갖게 할 수 있을까요?

Ⓐ 사실 아이에게 공부 자체를 즐기기를 바라는 것은 여간 어려운 기대가 아닙니다. 어릴 적부터 흥미가 있었던 내용이 아닌 이상 공부는 지루한 과정이기 때문입니다. 특히 초등학생의 경우 처음부터 내적 동기를 갖기 힘들기 때문에 적당한 외적 동기를 부여하고 학습 준비 단계를 차근차근 밟아갈 수 있도록 이끄는 과정이 필요합니다. 그래서 초기 학습 단계에서는 어른들의 관찰과 지도가 중요합니다.

학습 동기가 없어 의욕을 보이지 않는 아이는 우선 지적·심리적·환경적 문제가 없는지 고루 살펴보아야 합니다. 학업적인 측면에만 치중하여 아이를 파악하려 하지 말고 심리와 능력을 전반적으로 확인해보기 바랍니다. 지적 능력은 학년 초 진단평가를 통해 간략하나마 파악이 가능합니다. 만약 지능의 문제에서 기인한 의욕 저하라면 표준화 검사인 웩슬러의 아동용 지능검사(WISC-R, Wechsler Intelligence Scale for Children-Revised)나 아동의 잠재적 사고 능력을 평가하는 K-CPM(Korean-Coloured Progressive Matrices) 레이븐(Raven) 검사를 받아 아이에 대한 정확한 진단을 받고, 결과에 따라 전문 기관에 의뢰하여 도움을 요청해야 합니다.

과도한 학습 자극이 빚어낸 결과

건호와 같은 경우는 지적 문제보다는 심리적·환경적 요인이 작용하는 것으로 보입니다. 건호처럼 유독 공부에만 의욕을 보이지 않는 아이들은 공부가 아닌 놀이나 다른 활동에는 적극적으로 참여하나, 공부할 때만 되면 늘어지고 짜증을 내며 자발적인 의욕을 전혀 보이지 않는 것이 특징입니다. 한국아동상담센터 정희정 소장에 의하면 이러한 현상은 우리나라에서만 발견된다고 합니다. 외국의 의욕 저하 아동들이 전반적인 활동에 의욕을 보이지 않는 것에 비해 우리나라에서는 유독 공부에만 의욕이 없는 아이들이 존재하는 것입니다. 전문가들은 이런 현상의 대부분이 아이의 자발적인 호기심이 형성되기 전에 과도한 학습 자극을 받았기 때문이라고 합니다. 그 결과 학습에 대해 '혐오 조건화(종이에 쓰인 글자만 봐도 거부감을 느끼는 것)'가 된 것입니다. 초기 학습 경험이 지나치게 강압적이어서 이로 인해 상처를 받았거나, 학습의 결과에만 너무 치중한 나머지 공부하는 과정의 소중함을 배우지 못한 경우가 이에 해당합니다. 이런 아이들은 목표나 동기가 거의 없기 때문에 시험 때가 되어도 준비를 하지 않거나 준비할 필요성을 못 느끼고, 경쟁심도 매우 낮습니다. 따라서 스스로 학습에 대한 의욕과 동기가 자발적으로 생기는 것을 기대하는 것은 매우 어려운 일입니다. 그렇다면 건호와 같은 아이들의 학습 동기 유발을 어떻게 도와줄 수 있을까요?

첫째, 선생님은 아이의 물질적·심리적인 환경 변화를 통해 조금씩이나마 수업에 참여하고픈 의욕을 일으킬 수 있습니다.

예를 들어 교과서나 준비물을 가져오지 않은 경우 준비하지 못한 것들을 꾸준히 챙겨주고, 알림장 검사를 매일 해주는 것, 자주 눈을 마주치고 안부를 물으며 인사를 나누거나 웃어주는 것, 아울러 쉬는 시간이나 점심시간 등을 이용하여 틈틈이 관심을 표현하는 것 등을 말합니다. 이런 간단한 배려도 아이들에게는 매우 따뜻하게 다가와 아이와의 '라포(rapport)'가 형성되어 아이는 선생님에게 친근감을 느끼고, 선생님이 평소에 말씀하시는 대로 수업과 학습 활동에 열심히 참여해야겠다는 마음가짐을 가질 수 있습니다.

둘째, 교실에서 아이가 흥미를 느끼는 학습 상황이나 주제를 파악하고, 관련 있는 수업 활동에 다양한 방법으로 참여할 기회를 주어 학습에 끌어들이는 것입니다.

먼저 질문을 통해서 아이의 흥미를 파악합니다. "건호야, 건호가 지금까지 학교를 다니면서 재미있었던 날은 언제였니? 왜 그렇게 재미있었을까?", "건호는 공부하기 싫을 때는 주로 어떤 일을 하니?"와 같은 질문으로 학교에서 즐거움을 느꼈던 과목, 활동, 주제 및 수업 외의 흥미 있는 분야를 찾아내 수업 상황과 연결시킵니다. 그리고 아이가 수업에 관심을 조금이라도 보이면 그 순간을 포착하여 칭찬해줍니다. 이를 위해서는 평소에 선생님이 아이의 의욕 없는 태도를 나무라거나 지적하지 않고 살짝 무시하고 넘겨야 합니다. 이런 선택적인 관심을 두게 되면 칭찬의 효과가 배가될 뿐 아니라 가뜩이나 흥미와 의욕이 없는 아이가 꾸중으로 인해 아예 학교생활의 손을 놓아버리는 현상을 막을 수 있습니다.

셋째, 아이가 공부에 흥미를 가질 수 있도록 '나도 할 수 있다.'라는 자신감을 갖게 해주는 것이 중요합니다. 자신감은 흥미로 직결되기 때문입니다.

건호처럼 수업에 잘 참여하지 않고 멍한 아이들은 활동에 도전하는 것을 매우 꺼려 잘 하려고 들지 않습니다. 이전에 실패의 경험을 많이 겪어서 '나는 해도 안 될 텐데, 뭐.'라는 학습된 무기력이 자리 잡고 있기 때문일 수도 있고, 성공의 경험이 드물어 도전 자체를 낯설고 두려운 일로 느껴서일 수도 있습니다. 그러므로 쉬운 단계의 목표부터 차근차근 밟아 나가는 경험을 제공해주어야 합니다. 우선 스스로 공부를 할 때에는 잘하는 과목부터 공부하면 된다는 간단한 사실을 일러줍니다. 대부분의 아이들은 공부를 하라고 하면, 어려운 수학 문제를 푸는 장면을 상상하여 매우 질려하는 경향이 있습니다. 이렇게 싫은 과목부터 하려고 들면 공부는 아예 시작도 할 수 없게 됩니다. 수업과 평가에서는 수학, 과학과 같은 과목은 수업 시간에 쉬운 문제부터 풀도록 하여 성공의 경험을 갖도록 하고, 음악, 미술 등에서는 평가 기준을 다소 완화하여 적용해주는 것이 필요합니다. 평가에 대한 목표 점수를 낮춤으로써 아이가 성취감을 맛보고 자신감을 얻을 수 있습니다. 이런 과정을 함께 할 짝을 지어주는 것도 좋습니다. 둘은 동등한 조건에서 함께 노력하며 서로 선의의 경쟁자가 되어 동기와 긴장감을 유발하는 긍정적 효과가 있습니다.

넷째, 아이의 내적 동기의 진작과 함께 외적 동기를 부여해주는 것도 초등학교 3, 4학년 아이들에게는 큰 효과가 있습니다.

미리 기준을 마련하여 스티커, 상점 등을 모아서 보상을 해주는 방법이 가장 일반적인 방법입니다. 또는 목표 행동을 하나씩 익히기 위한 토큰 강화 방법도 있습니다. 내적 동기만으로 학습 동기를 유지하기란 쉬운 일이 아니기 때문에 적절한 외적 동기 유발은 학습을 장기적으로 이끄는 하나의 좋은 전략일 수 있습니다. 이렇게 고학년에 올라가면 외적 동기가 점점 내면화되어 학습 동기를 형성하고 스스로 공부하는 태도를 갖게 됩니다. 그리고 학습에 대한 목표를 정하고 계획을 세우게 되며, 책임감 있게 완수하려는 모습도 보입니다.

아이들이 스스로 할 일을 적극적으로 하게 하려면 우선 신 나고 행복한 마음을 갖게 하는 것이 중요합니다. 이는 뇌의 발달과도 관련이 깊습니다. 우리 뇌는 스트레스를 받으면 코르티솔이라는 물질을 분비하는데, 이것은 뇌에서 학습과 기억을 담당하는 해마 부위를 공격하여 신경세포를 사멸시킵니다. 실험에 따르면 어미가 많이 핥아준 새끼와 달리 핥아주지 않은 새끼에서는 코르티솔의 수치가 훨씬 높게 나왔다고 합니다. 그리고 실제로 많이 핥아준 새끼보다 그렇지 않은 새끼가 해마 부위도 작고 세포수도 적은 결과가 나왔습니다. 실제로 스트레스가 많았던 아이들도 코르티솔과 같은 뇌세포 파괴 물질이 많이 분비되어 해마가 찌그러져 있다고 합니다. 그래서 많은 연구자들은 우울한 아이들이 명랑한 아이들보다 기억력과 학습 동기가 떨어질 수밖에 없다고 이야기합니다.

반대로 행복감을 느낄 때에는 세로토닌이라는 물질이 분비되는데, 이 물질은 즐거움을 느끼는 기분을 자극하고 정서를 안정시켜 불안을 해소하고 의욕을 갖게 합니다. 즉, 공부에 대한 의욕을 갖게 하거나 적극적인 자세를 갖게 하기 위해서는 정서적인 행복감이 우선시되어야 한다는 것을 깊이 생각할 필요가 있습니다. 아이들에게 관심을 갖고 사랑해주는 일이 어찌 보면 가장 먼저인 것입니다.

공부와 거리 두기

대부분의 부모님은 아이가 수업 시간에 이렇게 아무것도 하지 않는다는 것을 잘 모릅니다. 수업 시간에만 드러나는 아이의 특수한 모습이기 때문입니다. 부모님과 상담을 할 때에는 몇 가지 질문으로 가정환경과 분위기를 파악하는 것이 필요합니다. 과도한 조기 교육의 경험이 있거나, 맞벌이를 하여 아이가 혼자 있는 시간이 많아 컴퓨터를 자주 한다는 등의 내용을 통해 학습에 흥미를 잃게 된 원인을 좀 더 구체적으로 알아볼 수 있습니다.

아이가 집에서도 공부에 대해 의욕이 없다면, 일단 더 이상 공부에 대해 자녀와 다투거나 잔소리하는 것을 잠시나마 멈추기를 권해야 합니다. 공부하기 싫어하는 아이일수록 한시적으로 부모가 공부에 대해 논쟁하지 않는 것이 필요합니다. 이런 상태의 아이에게 공부를 계속 강요하는 것은 전혀 효과가 없을 뿐 아니라 오히려 상태를 더 악화시킬 우려가 있기 때문입니다. 아이는 잠시 공부하는 척하다가, 어느새 제자리로 돌아가 더욱 심한 학습 거부감을 심화할 수 있습니다.

그러다 보면 부모는 지쳐 절망과 안타까움을 느끼게 되고 이 감정이 분노로 아이에게 전달되어 아이는 공부 때문에 나는 늘 혼난다는 '잘못된 조건화'가 형성됩니다. 그래서 공부가 더욱더 싫어지는 악순환이 시작됩니다. 그러므로 부모는 직접적으로 공부할 것을 요구하고 지시하는 것이 아니라 인내심을 가지고 오히려 공부에 대해 집착하지 않는 모습을 보여주어야 합니다. 동시에 아이와 대화를 많이 나누어야 합니다. 아이가 마음속에 쌓아두고 있던 불만을 해소하고 털어놓을 수 있도록 자리를 마련하는 일이 필요합니다. 또한 학습에 대한 목표 기준을 대폭 낮춰주어서 아이가 쉽게 성취감을 느낄 수 있도록 해주고, 아이가 의욕을 갖고 잘할 수 있는 다른 활동을 찾아보고 격려해주어야 합니다.

 참고문헌

- 이영민, 《학교 가기 싫은 아이, 학교 가고 싶은 아이》, 한울림, 2006.
- 한국아동상담센터 전문가 칼럼(www.adongclinic.co.kr), 2014.

027

틱이나 이상한 버릇이 있어요.

—— 4학년을 맡고 있는 교사입니다. 우리 반의 보람이와 도영이는 좀 이상한 습관이 있습니다. 보람이는 유난히 눈을 자주 깜박거리고, 도영이는 손톱을 물어뜯는 버릇이 있어서 손톱이 예쁘지 않고 보기에도 좋지 않습니다. 자신들도 안 좋은 습관을 가지고 있는 것을 잘 알고 있지만 고치는 게 매우 힘들어 보입니다. 특히 보람이는 약간 불안하거나 스트레스를 받으면 더 많이 눈을 깜박여서 친구들이 놀리는 경우도 있습니다. 어떻게 하면 보람이와 도영이의 이상한 버릇을 고칠 수 있을까요? 도와줄 수 있는 방법을 알고 싶습니다.

Ⓐ 아이들을 가르치다 보면 이상한 버릇이 있거나 틱 증상을 보이는 아

이들을 볼 수 있습니다. 일시적으로 틱을 보이는 경우는 전체 아동의 30퍼센트, 세 명 중에 한 명꼴이라고 말할 정도로 흔하다고 합니다. 제가 담임을 맡았던 반에서도 한 반에 몇 명씩은 꼭 있었습니다. 틱은 병이 아니라 발달 과정 중에 나타날 수 있는 것으로, 틱이 심할 경우 매우 걱정스러워 보이지만 대부분의 틱은 시간이 지나면 없어집니다. 학생들에게 나타나는 이상한 버릇 중 많은 것이 손톱을 물어뜯는 것입니다. 손톱 물어뜯기는 저학년, 중학년, 고학년에서 고르게 찾아볼 수 있습니다.

틱과 틱 장애

'틱(tic)'이란 갑작스럽게 반복적으로 일정한 몸짓을 하거나 소리를 내는 현상을 말합니다. 틱의 가장 중요한 특징은 자기도 모르게 한다는 것입니다. 눈을 자주 깜박이거나 코를 찡긋하는 것과 같은 틱은 병이 아니라 발달 과정 중에 일시적인 두뇌 기능 이상으로 나타나는 현상입니다. 따라서 대부분은 아무런 조치를 하지 않아도 저절로 없어집니다.

틱에는 크게 운동 틱과 음성 틱이 있습니다. 운동 틱은 눈을 깜빡인다든지 코를 찡긋한다든지 어깨를 올린다든지 하는 움직임 증세로 나타나고 음성 틱은 소리를 냅니다. 목을 킁킁거리거나 잦은 기침 소리 내기가 가장 흔한데, 실제로 "아, 음, 아, 음" 이런 소리를 내거나 욕을 하기도 합니다.

'틱 장애'는 '틱'과 다릅니다. 틱을 조금 하는 것은 병이 아니지만, 이것이 심해서 일상생활에 심각한 방해가 되고 아이가 정상적으로 발달하는 데 영향을 주면 틱 장애라고 부릅니다. 틱은 발달 과정에서 누구에게나 나타날 수 있으므로 크게 문제가 없지만, 틱 장애가 되면 문제가 있다고 말할 수 있습니다.

틱의 원인과 해결법

우리 뇌에는 운동 피질이라는 부분이 있습니다. 거기서 운동파가 나오면 '손을 올려라.' 하고 뇌가 명령을 하면 손을 들고 어떤 동작을 하게 됩니다. 그런데 그 피질이라는 곳에서는 잘못된 전기신호도 많이 나옵니다. 피질에서 잘못된 신호를 보내면 이를 새어나가지 못하게 잡아주는 부분, 즉 일종의 문지기 역할을 하는 곳이 있는데 이 문지기가 기능이 좀 떨어지면 동작이 새어나가게 됩니다. 잘못된 전기신호가 생기면서 이 전기신호가 밑으로 새어 나오는 현상이 바로 틱입니다(서천석, 2015).

틱을 해결하고 이에 대응하는 방법은 다음과 같습니다.

첫째, 학생들에게 틱에 대하여 설명을 해줍니다. 틱은 발달 과정에서 올 수 있는 일시적인 현상이고 질병이 아님을 아이들에게 설명해줍니다. 틱을 보이는 아이들이 일부러 그러는 게 아니고 성장 과정에서 오는 자연스러운 현상이며, 이런 것은 나중에 저절로 없어지는 경우가 많다고 알려줍니다. 누구에게나 자연스럽게 찾아올 수 있는 현상이므로 약점으로 삼아 놀리는 일이 없도록 주지시키며, 긍정적으로 대할 것을 분명히 말해주는 게 좋습니다.

둘째, 틱이 심할 때는 아이의 증상을 파악하고 알맞은 도움을 줍니다. 틱을 심하게 할 때는 다른 곳에 잠시 가 있게 하는 것도 좋습니다. 보건실에 가서 쉬었다 오도록 하거나, 교실 뒤쪽이나 가장자리에 위치시키는 게 좋습니다. 아이에게 미리 증세가 심하게 나타날 때는 잠깐 나갔다 오도록 특별한 권한을 주는 방법도 있습니다. 이런 조치를 아이와 미리 약속해두면 아이는 선생님이 자신의 어려움을 이해하고 배려해주는구나 느끼게 되고, 마음이 편해지면 스트레스도 덜 받아 틱의 횟수가 줄어들 수 있습니다.

셋째, 틱은 아니나 이상한 버릇을 가진 아이들에게는 '습관 형성 프로젝트'를 권합니다. 습관 형성 프로젝트는 나쁜 습관을 고치는 데 도움이 되는 훈련입니다. 학생들에게 자신이 고치고 싶은 습관을 '습관 형성 프로젝트'에 적고 (너무 많이 적으면 실패감을 느낄 수 있으므로 욕심 내지 말 것을 안내합니다) 꾸준히 실천해나가도록 합니다. 선생님은 중간중간 아이들의 실천 여부를 체크하면서 격려합니다. 3주 동안 실시한 뒤 결과를 보고 실천이 부족하다 싶으면 다시 3주 동안 진행하면 됩니다. 대개는 3주가 되면 습관이 형성되고 66일이면 좀 더 확실하게 고칠 수 있으며, 6개월간 실천하면 완전히 바꿀 수 있습니다. 이 과정에서 학생들은 성공감을 느끼게 되고 자신감도 더불어 얻게 됩니다. 학생과 함께 선생님도 같이 참여하면 더욱 효과적입니다.

2010년에 방영된 'KBS 신년기획 네트워크 특선' 〈습관〉 2부작(〈1부 마음의 밧줄을 끊어라〉, 〈2부 꼴찌 탈출, 습관 변신 보고서〉)에는 습관을 바꾼 사람들에 대한 이야기가 나옵니다. 학생들과 같이 동영상을 시청하면서 아이들에게 "우리도 한번 해보자."라고 독려하시면 좋습니다. 습관 형성 프로젝트를 실천할 때 사용하는 체크리스트를 활용하시기 바랍니다.

3, 7, 21 습관 형성 프로젝트

습관 리스트	1단계				2단계					3단계							
	작심삼일 타파!			확인	7일이면 기억에 남기 시작해요!				확인	2주째 지켰네요! 지금이 고비예요!			무의식적으로 행동하는 단계. 습관 형성 완료!				확인
	1	2	3		4	5	6	7		8	9	...	14	15	16	...	21	

028

숙제를 안 해와요

—— 3학년인 선영이는 숙제를 거의 해오지 않습니다. 일기 쓰기와 독서록 숙제 등 기본적인 숙제만 내주는데도 거의 해오지 않아 선생님께 자주 꾸중을 듣습니다. 숙제를 해오지 않으면 남아서 해야 한다고 으름장을 놓아도 달라지는 것은 없고 거의 매일 교실에 남아서 숙제를 하고 갑니다. 다른 아이들이 하교 후 선영이를 늘 남겨 숙제를 시켜야 하니 선생님도 여간 힘든 게 아닙니다. 그렇다고 매일 혼내는 것도 할 수 없고, 이래저래 선영이 때문에 스트레스를 받습니다. 그리고 무엇보다도 전혀 나아지지 않는 선영이를 보면 힘이 빠집니다. 이런 선영이를 어떻게 지도해야 할까요?

Ⓐ 교사가 내준 숙제를 한 명도 빠짐없이 모두 해오는 날은 사실 드뭅니다. 한두 명은 깜빡하고 안 해올 수 있고 평상시 잘 해오는 학생도 어쩌다가 못 해올 수 있습니다. 이런 것은 교사도 이해할 수 있습니다. 그러나 거의 매일 숙제를 해오지 않는 아이가 있다면 교사는 화가 나고 힘도 빠집니다.

숙제를 매번 해오지 않는 학생에게는 다음과 같은 이유를 찾아볼 수 있습니다.

첫째, 학습 부진입니다. 기본적인 독해력과 이해력 등 학습 부진이 심한 학생은 스스로 숙제를 할 수 없습니다. 책을 읽어도 글자만 읽을 뿐 내용을 이해하지 못해 독서록을 제대로 쓸 수 없습니다. 이렇듯 3학년까지 한글 읽고 쓰기와 기본적인 사칙 연산이 되지 않는 학생들은 간단해 보이는 숙제도 능력 밖의 힘든 일이 됩니다.

둘째, 학교생활에 의욕이 없고 무기력합니다. 이런 학생들은 공부를 하고 선생님께 칭찬을 받는 일 등 학교생활을 성실히 하려는 동기와 의욕이 없습니다. 학습 부진이 있을 때는 무기력이 심화될 가능성이 높고, 학습 부진과 상관없이 아동 우울증과 무기력으로 인해 아무것도 하지 않으려는 학생은 선생님께 칭찬을 받는 일도 꾸중을 듣는 일도 큰 관심을 끌지 못하므로 선생님의 반응이 숙제를 하게 하는 동기가 되지 못합니다.

셋째, 시간 관리가 되지 않습니다. 스스로 시간을 관리하고 놀고 싶은 욕구를 조절하면서 숙제를 하는 자기 관리 능력이 부족합니다. 당장 놀고 싶고 쉬고 싶은 욕구가 숙제보다 앞서, 해야 할 일을 먼저 하지 못하고 미루는 습관이 있습니다. 습관 형성이 되지 않았기 때문에 부모가 챙기고 교사가 억지로 시키지 않는 이상 스스로 숙제를 하지 못합니다.

넷째, 가정에서 충분한 사랑과 관심을 받지 못합니다. 초등학생의 경우 공부를 하고 숙제를 하는 가장 큰 동기는 부모의 칭찬과 관심입니다. 저학년 때 부모님이 숙제를 챙겨주고 관심을 가져주는 것은 스스로 숙제를 하는 습관을 기르게 해줍니다. 아직 어린 초등학생들에게 공부와 숙제가 마냥 즐거운 일은 아닐 텐데 가정에서 이에 따른 적절한 보상이 없기 때문에 의욕이 없어지고 또 그로 인해 스스로 하는 습관이 형성되지 않았습니다.

다섯째, 평소 산만하며 알림장을 활용하지 못합니다. 교사의 설명을 주의하여 듣지 못하여 숙제의 내용을 이해하지 못하고 잘 빠뜨립니다. 교사가 매일 검사를 하니 알림장을 쓰긴 하지만 집에 가서 알림장을 꺼내보지도 않는 경우가 많아 본래 목적대로 활용하지 못하고 있습니다. 바른 글씨로 쓰지 않아 내용을 알아보기가 힘든 경우도 많으며 알림장을 쓰면서 선생님이 설명하는 내용을 듣지도 않습니다.

여섯째, 학원 숙제가 너무 많아 학교 숙제 부담이 많습니다. 요즘은 학교 공부 시간에도 학원 숙제를 하는 아이들이 있습니다. 학원 숙제를 안 해갈 경우 학교보다 더 엄하게 혼나는 곳이 많으므로 학교 숙제가 우선순위에서 밀리게 됩니다. 지나친 선행 학습과 지식 위주의 학원 공부는 학생들에게 공부에 대한 흥미를 잃게 하고 학교 공부와 숙제의 필요성을 느끼지 못하게 합니다.

해결 방법

첫째, 습관 형성이 중요합니다.

우선, 알림장을 쓰는 이유에 대한 이해와 활용하는 방법에 대해 지도합니다. 학교에서 알림장을 바른 글씨로 정확하게 쓰도록 하고 알림장에 직접 체크하면서 확인하는 습관을 들입니다. 이 습관을 들이기 위해 매일 교사와 일대일로 그날 쓴 알림장을 보며 오늘 집에 가서 해야 할 일이 무엇인지 확인합니다. 학부모가 챙겨주기 힘들 경우 학생에게 휴대전화가 있다면 교사가 문자로 확인하고 알려주는 것도 초기 습관 형성에 도움이 됩니다.

하루 동안 학생이 해야 할 일을 세세한 것까지 적어본다면 내용이 매우 다양하다는 것을 알 수 있습니다. 공부와 숙제, 학원 가기도 있지만 텔레비전을 시청하고 친구와 노는 것도 중요한 일과입니다. 이러한 다양한 일들 중에서 우선순위를 정하는 것이 중요합니다. 자신이 좋아하고 하고 싶은 일이 아니라 중요하고 필요한 일이 우선이 되도록 해야 할 일의 순서를 정합니다. 교사와 함께 앉아 학생의 일과에 대해 깊이 이야기 나누며 직접 글로 정리해보는 것이 좋습니다. 그러면서 구체적으로 '몇 시에', '학원이 끝난 다음에'와 같이 학생이 이해하기 쉽고 기억하기 쉬운 표현으로 숙제를 하는 시간을 함께 정합니다. 이를 통해 시간 관리와 자기 스스로 하는 습관을 기를 수 있습니다. 또한, 숙제나 학교에서 해야 할 일(1인 1역 등) 등을 하지 않았을 때 반드시 남아서라도 해야 한다든가 책임을 져야 한다는 원칙을 알려주어 규칙과 책임에 대한 개념을 정확히 합니다. 그 전에 학생이 숙제를 하지 않는 원인이 책임감 부족 때문인지, 학습 부진 때문인지를 먼저 구별할 필요가 있습니다.

둘째, 학생의 수준에 맞는 숙제를 내줍니다.

학습 부진이 문제의 원인인 경우 교사는 숙제가 학생의 수준에 비해 너무 어려워서 해올 수 없음을 공감하고 이해해주어야 합니다. 선생님께 야단을 맞고 싶어 하는 학생은 아무도 없습니다. 숙제를 하고 싶지만 그럴 능력이 되지 않아 선생님께 혼이 나야 하는 학생의 문제를 따뜻하게 공감하며 이해해줍니다. 그리고 선생님이 도와주겠다는 의사를 전달함으로써 아이에게 자신의 어려움을 인정받았다는 안정감을 줍니다. 그리고 꾸준한 기초 학습 지도를 병행하고 학생 수준에 알맞은 숙제로 바꾸어주어 책임감과 성취감을 느끼도록 합니다. 일기 쓰기가 힘든 학생에게 다섯 줄로 하루 중 기억나는 일을 간단히 적어오라고 과제를 바꾸어주고, 수학 문제 풀이가 힘든 학생에게는 난이도를 조정한 문제를 따로 내줍니다.

셋째, 가정과의 연계 지도가 필요합니다.

알림장에 부모님 확인을 받아오게 하여 알림장을 확인하는 습관을 부모님과 함께 만들어갑니다. 알림장은 학교의 교육 내용을 가정에 전달하고 학부모와 소통하는 창구입니다. 숙제를 잘 해오지 않는 학생의 부모님이 의식적으로 숙제와 학교 교육에 관심을 갖도록 도움을 요청합니다. 맞벌이로 바쁘시거나 집에 늦게 들어오셔서 알림장 확인이 어려울 때는 학부모께 문자로 알림장 내용을 보내는 것도 좋은 방법입니다. 아이를 교사의 기대만큼 잘 챙기지 못하는 학부모더라도 그 가정의 눈높이에 맞추어 다양한 방법으로 연계 지도하는 방법을 모색합니다. 이때, 학부모와 소통하는 것을 두려워하지 말아야 합니다.

넷째, 바른 꾸중과 칭찬을 병행합니다.

책임감 없고 성실하지 못한 태도에 대해서는 단호하게 훈계해야 합니다.

이때 숙제를 해오지 않은 문제 행동 하나만을 꾸중하고 다른 문제는 연결하지 않습니다. 꾸중은 단호하고 짧게 해야 효과적입니다. 그리고 "네가 그렇지 뭐."라든가 "넌 어떻게 변하는 게 하나도 없어."라는 말과 같이 학생의 인격에 상처가 되고 발전 가능성을 무시하는 말은 삼갑니다. 너무 많은 기대를 가지고 학생을 대하면 실망도 큽니다. 그러므로 기대를 낮추고 작은 변화에도 의미를 두어야 교사도 지치지 않습니다. 숙제를 해오고 작은 진전이 보일 때는 크게 칭찬하고 눈에 보이는 보상을 합니다. 칭찬 스티커를 주거나 모둠 보상을 주어 서로서로 책임감을 갖도록 합니다. 그리고 알림장에 부모님이 볼 수 있도록 칭찬의 글을 써서 보내는 것도 좋은 방법입니다. "오늘 선영이가 일기를 바른 글씨로 잘 써왔습니다. 가정에서도 많이 칭찬해주세요."와 같이 구체적인 칭찬 내용을 써서 보내면 아이와 학부모 모두 자신감이 생기고 가정과의 연계 지도도 강화됩니다.

다섯째, 숙제의 부담을 줄이고 재미있는 숙제를 내줍니다.

요즘은 대다수의 초등학생들이 학원을 다니며 학원 숙제를 하고 있습니다. 학원에서는 주로 지식적이고 단순하고 반복적인 숙제를 내줍니다. 이런 학생들에게 학원 숙제와 비슷한 숙제를 내주기보다는 재미있고 쉽게 할 수 있으며 가정과 연계된 숙제를 내줍니다. 예를 들어 '주말 동안 집안일 도와드리고 소감 다섯 줄 이내로 써오기', '30분 책읽기', '동네 산책하기'와 같은 숙제는 학생들에게 다양한 선택권을 주며 학습 부진이 있는 학생도 자신의 수준에 맞게 할 수 있습니다. 그리고 꼭 필요한 숙제만 내주어 숙제 양을 최소화합니다.

여섯째, 다음 날 숙제를 남겨서 미리 하고 가게 합니다. 학교에 남아서 숙제하는 것을 좋아하는 학생은 없습니다. 그러나 더 하기 싫은 것은 오늘 안 해온 숙제를 남아서 하는 것입니다. 하지만 내일까지 해야 하는 숙제를 미리 남아서 한다면 다음 날 친구들이 숙제를 검사받을 때 당당히 함께 검사받으며 숙제를 해왔다는 성취감을 느낄 수 있어 좋습니다. 그리고 학습 부진이 있어서 혼자 힘으로 숙제를 해결할 수 없을 때 교사의 도움을 받으며 숙제를 할 수 있어 자연스럽게 학습 지도가 됩니다.

029

오로지 만화책만 봐요

────── 우리 반에 틈만 나면 만화책을 보는 아이가 있어요. 쉬는 시간 몇 초, 공부 시간 중에도 사이사이 짬이 나면 친구와 놀지도 않고 만화책만 봅니다.

"경민아, 만화책만 보지 말고 동화책이나 다른 책도 좀 보렴. 줄글을 읽어야 독해력도 생기고 글의 짜임도 파악하는 능력이 늘어나. 그리고 점심시간에는 다른 친구들이랑 운동장에 나가 놀기도 하고."

담임인 제가 이렇게 타일러도 경민이는 잠깐 다른 시늉을 하거나 화장실 간다고 사라져버립니다. 다른 친구들은 모두 나가 뛰어놀기 바쁜 점심시간에도 경민이는 반에 있는 학생용 컴퓨터에 접속해서 유아용 만화 영상 보기에 전념합니다. 경민이의 국어 학습이나 독서 습관도 문제이지만 다른 친구들과 어울리지 않아 사회성 발달에도 문제가 있지 않을까 걱정입니다.

그러고 보니 경민이가 학기 초에 애들이 자기랑 안 놀아준다며 푸념하던 일이 떠올랐습니다. 경민이는 푸념을 하면서 친구들이 그러는 이유를 자기 나름대로 분석했지요.

"선생님, 애들이 저랑 안 놀고, 같이 놀자면 도망가요. 왜 그런지 아세요? 제가 1학년 때 애들을 막 팼거든요. 여자애들은 저만 보면 막 소리 지르면서 도망가요."

이 말은 사실입니다. 4학년이 된 지금은 친구를 때리지 않지만 1학년 때는 툭하면 친구들을 때렸습니다. 그러다 보니 아이들이 경민이를 그다지 좋아하지 않았고 경민이도 아이들과 별로 어울리고 싶어 하지 않는 것 같아 보이지만, 친구들과 어울리고 싶지 않은 아이가 어디에 있나요? "선생님, 저는 혼자 있는 게 좋아요, 친구는 없어도 돼요."라고 겉으로 말하지만 경민이 속마음은 다르다는 걸 알고 있으니 더 안타깝습니다.

Ⓐ 경민이는 부모님이 2년 전 이혼하여 현재는 아버지, 친할머니, 고모네 가족과 함께 생활합니다. 경민이의 가정은 부유하여 고모가 경민이의 교육에 온갖 정성을 기울입니다. 하지만 경민이는 주말이나 방학이 될 때면 엄마한테 간다고 어느 때보다 들떠 있습니다. 엄마를 그리워하고 엄마 만나는 것을 무척 좋아하기에 간혹 엄마한테 다녀오지 못하는 주말이면 풀이 죽어 있습니다. 그리고 엄마한테 갔다 오면 새로운 장난감이나 물건들을 잔뜩 가지고 옵니다. 경민이는 학교 정서 행동 검사에서 위험군에 속하지는 않았지만 우울 지수가 상당히 높아 주의군으로 판명되어 지속적인 관찰이 필요한 상황입니다.

경민이는 수학 계산 능력은 빠르나 문제를 대충 보고 답을 쓰느라 수학 성적은 중간 정도이고, 국어는 지문이 긴 글을 제대로 읽지 않아 틀리는 문제가 많습니다. 학습 능력이 떨어지지는 않지만, 독해를 할 때 꼼꼼히 글의 맥락이나 앞뒤를 살펴보지 않아 결과가 제대로 나오지 않지요. 이런 경우에는 고학년이 되기 전에 학습 습관과 독서 습관을 교정해주고 친구들과의 사회성도 향상시키도록 지도해주어야 합니다.

고요한 침잠이 더 안 좋다

3, 4학년이 되면 학습 발달에서 아이마다 차이가 드러나기 시작합니다. 그런데 이 시기에도 저학년 때처럼 만화책만 즐겨 보는 학생이 있습니다. 경민이와 같은 아이들은 거칠고 공격적인 행동 문제를 보이지 않으므로, 여러 명이 북적대는 교실에서는 특별히 교사나 다른 학생들의 눈에 띄지 않아 사각지대에 놓일 수 있습니다. 그러나 외부적으로 표출되는 문제보다 이렇게 내향적으로 자기 자신에게로 침잠하는 행동 문제가 장기적으로 볼 때 정서 발달에 더욱 안 좋습니다. 표면적으로 드러나지는 않지만 생활 연령이 증가하여 사춘기가 되거나 성인이 되었을 때 타인과 상호작용하는 건강한 방식을 몰라 대인관계에서 예후가 좋지 않을 수 있기 때문입니다.

늘 혼자 다니는 데에 익숙해져서 다른 사람을 귀찮아하고 자기만의 생각에 빠져 자기 생각과 일치하지 않으면 금방 삐치거나 끝까지 고집을 부리는 행동은 외골수가 되기 쉬운 면모들이기에 교사들이 잘 관찰할 필요가 있습니다. 경민이의 경우 무엇보다 먼저 친구들과 적극적으로 상호작용하는 방법과 만화책만 보는 독서 습관을 교정하는 게 시급합니다.

만화책은 누구에게나 부담 없이 재미있게 읽히는 책입니다. 만화책을 보면 어려운 지식이나 장대한 이야기도 쉽고 재미있게 접할 수 있어 어린 학생들뿐만 아니라 성인들도 만화책을 매우 좋아합니다. 만화책을 읽는 것이 나쁜 것은 아닙니다. 다만 독서를 '만화책으로만 하는 습관'이 발달기에 있는 학생들에게 좋지 않은 것이지요. 글밥이 많고 지문이 긴 글을 읽어낼 수 있는 독서 능력을 통해 아이들은 인내심, 참을성, 주의 집중력뿐만 아니라 내용을 이해하는 독해력 및 사고력 등 고차적 문제 해결 능력을 기를 수 있습니다. 그래서 어릴 때부터 만화책만 보는 습관이 굳어버린 학생들은 고학년으로 갈수록 위계적인 문제, 분석하고 정리하여 정보를 새로 산출하는 과제 등을 접하면 생각하기 귀찮아하고 매우 어려워합니다. 일단 긴 내용의 책은 보기만 해도 질리고 귀찮다는 생각이 드는 것이지요. 따라서 이러한 내용을 접할 때 차분히 어떻게 접근해서 내용을 분석해야 할지 시도하기보다는 미리 포기부터 하게 됩니다. 이런 학생들은 4학년 수준에서 능숙하게 해결해야 하는 국어사전 찾기와 같은 과제를 매우 힘들어할 수 있습니다. 따라서 경민이처럼 만화책만 보는 습관이 굳어진 경우에는 이를 고치기 위해 몇 가지 노력을 기울여야 합니다.

만화책을 없애고 그림책으로 접근하기

우선 4학년 학급에는 만화책을 두지 않습니다. 바람직하지 않은 행동을 유발하는 원인을 찾아 최소화합니다. 즉, 물리적인 환경 조성을 위해 학급에 만화책을 아예 두지 않도록 합니다. 학생들이 가정이나 도서실 등에서 자유롭게 만화책을 보는 것까지 제한할 수는 없지만 교실에서만이라도 경민이가 만화책만 보지 않도록 학급 문고의 책들을 재정비합니다. 이것은 경민이뿐만 아니라 4학년 학생들의 독서 습관 형성에도 좋은 방법입니다.

유아나 저학년 학생들에게 활자와 친숙해지고 책을 접하는 습관을 기르기 위해 학습 만화라도 읽으라고 권유하는 경우가 있습니다. 하지만 만화부터 시작하는 독서 지도 방법은 잘못하면 만화책만 읽게 되는 습관으로 굳어지기 쉽습니다. 만화책이 가지고 있는 많은 장점에도 불구하고 지문이 긴 줄글을 읽지 않으면 상상력이나 스스로 생각하기 등 깊이 생각하는 사고 습관이 형성되지 않습니다. 지문이 적은 그림책이라도 보도록 지도하여 줄글을 읽는 습관을 형성해주어야 합니다. 그림책은 서너 살 아이나 아직 글자를 읽지 못하는 어린 학생들이 읽는 책이라고 자칫 생각하기 쉬운데 그렇지 않습니다. 요즘에는 그림책을 읽는 어른들의 모임이 있을 정도로 그림책이 내포하고 있는 장점은 아주 많습니다. 이야기가 짧고 단순하지만 그 짧은 글 속에 전달하고자 하는 철학적인 메시지와 은유 등이 많이 내포되어 있어 읽고 나서 서로 나눌 수 있는 내용이 풍부합니다. 이를 위해서는 가정과 연계 지도가 되도록 부모님과 긴밀한 의사소통이 이루어져야 할 것입니다.

그림책을 이용할 때는 가정에서 부모님이 독서 습관을 교정할 수 있도록 아버지와 함께 그림책을 읽고 이야기를 나누면 좋습니다. 이 과제가 현실적으로 너무 어렵다면 다른 형제, 자매와 같이 책을 읽도록 유도합니다. 일주일에 한 번 부모님이 그림책 읽어주기, 서로 읽어주기, 주말에 도서관 나들이 가기, 서점에 가서 꼭 읽고 싶은 책 한 권만 사기 등등 아이가 바른 독서 습관을 형성할 수 있도록 다양한 방법을 마련합니다. 그리고 이를 실천하면 강화해주고 칭찬해주는 일련의 보상을 해줍니다. 이를 위해 담임교사가 좋은 그림책 목록을 찾아 부모님께 안내해도 좋습니다.

책 읽는 교실 만들기

담임교사도 학급 차원에서 독서 활동을 쉽고 재미있게 할 수 있는 방안을 마련합니다. 일례로 학교 도서실에 가서 앉아 있는 습관, 도서실의 분위기를 몸으로 익힐 수 있는 습관을 형성하기 위해 학급 전체가 일주일에 한 번씩 학교 도서실을 정기적으로 이용하는 것도 좋습니다. 도서실에 가서 조용히 앉아 있다 보면 처음에 책을 읽지 않던 아이들도 조용히 머리를 식히거나 학교에서 짬이 나는 시간에는 도서실을 이용해야겠다는 생각을 할 수 있게 됩니다. 이 외에도 아침에 무조건 10분 독서 시간을 마련하여 교실에 등교하면 무조건 책을 먼저 펴는 습관을 들이는 것도 좋습니다. 이러한 방법이 자리 잡히면 대표 학생이 책 읽어주는 날, 조용히 혼자서 책 읽는 날, 그림책 읽는 날, 옛이야기 읽는 날 등 다양한 독서 방법을 모색해볼 수 있습니다. 이를 통해 학생들이 책 읽기에 내적 흥미를 가져 독서가 지루한 작업이 아니라는 것을 몸소 체험할 수 있도록 해야 합니다. 이것은 경민이뿐만 아니라 반 학생들의 평생 독서 습관과 사고 능력을 향상시킬 수 있는 좋은 교육 경험이 될 것입니다.

다음으로 경민이가 다른 사람을 사귈 수 있는 대화 방법 등을 익히고 자신의 생각이나 의견 등을 바른 태도로 표현할 수 있도록 자기주장 훈련 등을 제공합니다. 요즘에는 국어 교과나 도덕 교과에 인성 지도나 대화 방법 지도 단원이 상세하게 잘 제시되어 있습니다. 이러한 단원을 공부할 때 교사는 상대적으로 쉬운 내용이라고 간과하지 말아야 합니다. 이런 단원은 이론이 아니라 다양한 교육 방법으로 가르쳐 학생들이 이를 말이나 태도에 익힐 수 있도록 훈련해야 합니다. 대본을 만들어 모둠별로 역할극을 하거나 실제 친구들과 속마음을 털어놓을 수 있는 자리를 마련하는 것도 좋은 방법 중 하나입니다.

경민이와 같이 내성적인 학생들은 반에서 자신의 목소리를 내는 것이 매우 힘든데, 이것이 정작 담임선생님 눈에는 잘 보이지 않을 수 있습니다. 경민이 같은 아이들이 그냥 넘겨지지 않도록 교사는 반 아이들을 세심하고 면밀히 관찰하여 아이의 어려움을 알아채야 합니다. "자세히 보아야 예쁘다, 오래 보아야 사랑스럽다. 너도 그렇다."라는 어느 시인의 말처럼, 분주히 돌아가는 일과 속에서도 교사들은 학생을 자세히 보는 사랑스런 눈길을 멈추지 말아야 하겠습니다.

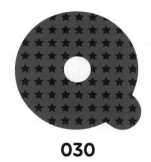

030

우리 반에 ADHD 학생이 있어요.

—— 3월, 새 학년의 첫날 출석을 부르는데 한 아이가 대답이 없습니다. 그러자 반 아이들이 말합니다.

"선생님! 이민성 복도에 있어요. 복도에서 왔다 갔다 해요."

"그래? 왜 복도에 나갔지?"

"몰라요! 쟤는 만날 저래요."

복도에 나간 아이와 실랑이를 하느라 첫날 수업이 어떻게 끝났는지 정신이 하나도 없었지요. 아이들을 하교시킨 뒤에 같은 학년 회의에 참석했습니다.

"선생님 우리 반에 특이한 학생이 있어요! 첫날부터 교실에 들어오지도 않고 복도에서 팔을 휘저으며 왔다 갔다 하고 교실에 들어와서도 자리에 앉아 있지 않고 교실 뒤 사물함에 올라가서 길게 누워 있거나 책상 밑에 기어들어가 있어요. 아무래도 아이에게 ADHD 증상이 있는 것 같은데 어떻게 하면 좋을까요?"

"저런, 김 선생님 첫날부터 많이 힘들었겠네요. 많이 신경 쓰이겠지만 같은 학년 선생님들도 도와드릴 테니 같이 잘 지도해봅시다."

"예, 아무래도 조심스럽네요. 동료 선생님들께서도 많이 도와주세요. 제가 ADHD 학생은 처음 지도해보는 터라서요. 첫날부터 어떻게 해야 할지 몰라 무척 난감했습니다."

Ⓐ 웬만한 교직 경험이 있는 선생님들은 민성이의 몇 가지 행동 특성만을 보고도 학생이 ADHD 증상이 있음을 감지할 수 있을 것입니다. ADHD란 '주의력 결핍 및 과잉행동 장애(ADHD, Attention-Deficit/Hyperactivity Disordor)'를 일컫는 말로, 매우 산만하고 부주의한 행동을 나타낼 뿐만 아니라 자신의 행동을 적절히 통제하지 못하고 충동적인 과잉행동을 나타내는 경우를 말합니다(권석만, 2013).

ADHD 아동의 구체적인 행동 특성은 미국 정신 의학 협회의 진단 기준인 DSM(Diagnostic and Statistical Manual of Mental Disorders)-Ⅳ에 기준이 잘 제시되어 있습니다. 드물게 우리가 흔히 보는 과잉행동의 증상을 보이지 않고 주의력 결핍 증상만을 보이는 '조용한 ADHD'로 불리는 아동도 있으므로 부모님과 교사는 학생의 특징을 주의해서 보아야 합니다.

보통의 부모님들은 자녀가 위와 같은 증상을 나타내도 '크면 나아지겠지!', '다른 아이보다 좀 더 호기심이 많고 활발해서 그런 것뿐이야!', '집에서는 괜찮은데, 학교에서 선생님이 너무 엄격하게 대해서 그래!' 등 대수롭지 않게 생각하고 적극적인 대응을 하지 않는 경우가 많습니다. 그러는 사이 아이는 가정과 학교에서 갈등을 유발하고 문제를 일으키면서 자신의 행동에 대해 반복적으로 꾸지람을 듣게 되고 이로 인해 '부정적인 강화'를 거듭하는 악순환에 빠지게 됩니다. 그러다가 급기야 문제 행동이 극에 달한 뒤에야 병원을 찾는 경우가 많습니다. 아이의 특징을 이해 못하는 가정과 학교 그리고 또래 집단에 의해서 아이는 내면에 분노를 쌓아가게 되고 결국 '분노 조절 장애'까지 일으켜 극도로 심한 분노 발작을 일으키기도 합니다. ADHD 증상을 가진 학생을 방치하게 되면 학생은 이차적으로 사회적인 규칙 습득, 타인에 대한 배려, 초등 교육 과정 등에 대한 학습을 할 수가 없게 되어 개인적으로는 학습 결손과 사회성 결여, 지나친 자기중심성, 폭력성을 수반하게 됩니다. 또한 사회적으로는 ADHD 학생과 관련이 있는 가족들과 학급 친구들 그리고 담임교사 모두 큰 고통 속에 하루하루를 지내게 됩니다.

주의력 결핍 및 과잉행동의 원인은 매우 다양하지만 크게 유전적 요인과 생물학적 요인, 그리고 심리사회학적 요인이 복합적으로 작용하여 유발된다고 알려져 있습니다. 생물학적 요인은 출산 과정에서 입은 미세한 뇌 손상이나 출생 후의 고열, 감염, 독성 물질, 대사 장애, 외상 등으로 인한 뇌 손상을 포함하며 사회심리학적 요인은 '부모의 성격', '강압적이고 억압적인 양육 환경' 등을 포함합니다(권석만, 2013). 또한 아이의 부적응적인 행동 특성을 이해하지 못하고 반복적인 꾸지람과 처벌이 가해질 때 ADHD의 증상이 더욱 심해지기도 합니다. 따라서 아이가 가정과 학교에서 부적응적인 행동을 반복적으로 보이면 즉시 검사를 받아 아이의 행동을 이해하고 가정과 학교가 함께 '자녀 행동 조절의 규칙'을 세워야 합니다. 증상이 심할 경우에는 약물을 처방받아 과잉행동을 줄이기도 하는데, 이는 식욕 부진이나 의욕 저하 등의 부작용을 유발할 수 있으므로 의료진의 신중한 접근이 필요합니다.

ADHD 학생, 이렇게 지도해보세요

새 학년이 시작되면서 담임교사는 잔뜩 부푼 기대와 설렘을 안고 아이들을 만나러 갑니다. 그런데 그렇게 기대를 품고 간 교실에서 이상 행동을 보이는 학생이 눈에 띄면 아이들과 반갑게 밝은 모습으로 만나고자 했던 선생님의 다짐은 한순간 무너지고 1년간 학급을 운영할 일이 까마득한 '암흑의 터널'을 통과하는 일처럼 느껴질지도 모릅니다. ADHD 관련 서적을 찾아 읽고 경험 많은 선생님들께 자문도 구하면서 해당 학생을 이해하고 보듬어주려고 다짐에 다짐을 거듭해도 나아지지 않는 비상식적인 행동(수업 방해, 교사에게 대듦, 폭력적인 언행으로 친구 괴롭히기, 뛰어다니고 기어오르는 등 각종 위험한 행동하기, 사소한 교사의 훈육에도 분노를 나타내는 자기중심성)에 교사의 인내는 한계에 다다릅니다. 하지만 도망가고 싶어도 도망갈 수 없는 현실 앞에 이제는 이 아이와 1년을 보내야 한다는 것을 받아들일 수밖에 없습니다. 교사는 이런 다양한 아이들을 돌보고 가르쳐야 하는 '교육 전문가'여야 하고 아무도 알아주지 않아도 묵묵히 자신이 맡은 바를 해내야 하는 사람이기 때문이지요.

ADHD 학생이 있는 학급의 담임교사가 첫 번째로 할 일은 '받아들임'입니다. 올 한 해 '나의 특별한 관심과 사랑과 능력'을 필요로 하는 이 학생을 나의 교직 생활에서 나를 성장시키는 큰 경험으로 받아들이는 것입니다. 그리고 그 학생과 함께 'win-win' 하기로 다짐하는 것입니다. 그 학생과 부모님 그리고 교사 자신을 위해 매일 매일 노력하고 그 노력에 대해 좌절하지 말고 '오늘도 잘했어. 최선을 다했어.' 하며 스스로를 격려하는 것입니다.

사실 지금의 교육 현실은 이런 학생을 맡은 교사에게는 사면초가입니다. 우리나라 학교 구조상 ADHD 학생이 있는 학급의 담임교사를 도와줄 수 있는 구조적인 체계가 갖추어져 있지 않습니다. 학생이 심한 부적응 행동을 보일 때 일시적으로 학급에서 분리하여 보호해줄 수 있는 장소와 인력, 수업 중 교실 밖으로 뛰쳐나갈 경우 도와줄 인력 등이 전무한 형편이지요. 따라서 무엇보다 같은 학년의 동료 교사들의 도움이 절실히 필요합니다. 동료 교사들이 도와주고 교장 선생님과 교감 선생님께서 담임교사의 어려움을 이해하고 지지해준다면 매우 큰 힘이 될 수 있습니다.

해당 학생과 함께 1년을 보내야 한다는 사실을 받아들인 후 두 번째로 할 일은 바로 사람과 사람 사이에 생기는 상호 신뢰 관계인 '라포(rapport)'를 형성하는 것입니다.

해당 학생은 그동안 수많은 꾸지람을 들어왔을 것입니다. 심하게 맞기도 했을 것입니다. 그간의 경험으로 미루어 '과잉행동'을 하는 아이들은 대개 가정에서 매로 다스려져온 경우가 많습니다. "말로 해서는 안 된다."라는 부모의 근거 없는 대책이 아이를 심하게 때리고, 매질의 강도가 점점 세져 아이가 감당할 수 없는 심한 폭력까지 이른 경우도 꽤 많이 있었습니다. 그러나 아이의 과잉행동은 전혀 줄어들지 않고 오히려 심해지기만 하지요. 학교에서도 막무가내로 급우들을 괴롭히고 교사에게 대들고 소리 지르고 교실 안팎을 배회하곤 합니다.

이런 반복적인 지적과 꾸지람과 처벌을 받아온 아이와 '라포'를 형성한다는 것은 말처럼 쉽지 않습니다. 그러나 이 가엾고 상처받은 아이와 '라포'를 형성하는 것이야말로 문제를 해결하는 첫 단추가 되며 반드시 해내야 하는 과업입니다. 참고 인내하며 사랑의 마음으로 용서하고 관용을 베풀어줍니다. 불신과 분노에 가득 찬 아이를 가엾게 여기며 아주 위험한 경우가 아니면 허용과 관용, 기다림과 타이름으로 '라포'를 형성해나가야 합니다.

세 번째 할 일은 아이와 함께 라포를 형성함과 동시에 아이 이상으로 고통을 받고 있고 고통 속에 지냈을 어머니와 '신뢰'를 쌓는 것입니다.

교사는 그동안 아이로 인해 힘들었을 어머니의 마음을 공감해주고, 어머니로 하여금 내 아이의 특성을 이해하고 새로운 방식으로 아이를 대할 수 있도록 도와주어야 합니다. 이 과정은 다행히 부모가 협조적이라면 한결 수월하겠지만, 그렇지 않은 부모도 있으므로 매우 지난한 과정이기도 합니다. ADHD 학생의 부모님은 말을 듣지 않는 아이와 학교에서 오는 부정적인 연락들에 지친 탓에 대개 매우 방어적인 자세를 취하기가 쉽습니다. 이러한 부모님을 협조자로 만들기 위해서라도 교사와 부모의 '라포'가 절대적으로 필요합니다. 어머니와 라포를 형성하는 비결은 바로 '공감 대화'입니다. "어머니 그동안 얼마나 힘드셨어요?" 이 한마디에 학부모는 눈물을 흘리실지 모릅니다. 그동안 어머니의 힘듦을 공감해드리고 어머니와 상담을 하면서 아이의 행동 특성을 알려주고 이런 아이들이 특별한 장점이 있을 수 있음을 알려드립니다. 라라 호노스웹(Lara Honos-Webb)은 《ADHD 아동의 재능》에서 ADHD 아동의 경우 대부분 색채 감각, 운동 능력 등 한 가지에 대한 집중력이 뛰어나거나 특별한 재능을 가진 경우가 많이 있다고 쓰기도 했습니다. 더불어 교사의 교육 방침을 설명하고, 해당 학생을 잘 교육시켜보기로 다짐하면서 부모님께 당분간 아이를 혼내지 말라고 당부합니다. 일단 아이가 교사를 신뢰하고 가정에서 체벌에 대한 공포에서 벗어나야 가장 기본적인 훈육도 할 수 있기 때문입니다.

네 번째, 아이와 부모와 상담을 하고 '라포'를 형성해감과 동시에 학급의 친구들과 부모님들께도 상황을 설명해드리고 도움을 요청해야 합니다.

ADHD 아동의 경우 수업 방해와 과잉행동, 반사회적인 부적응적 행동들로 인해 친구들을 많이 불편하게 하여 같은 반 친구들과 학부모들의 불만이 높은 경우가 많습니다. 따라서 급우들에게는 해당 학생이 우리들과는 많이 다른 특성이 있음을 이해시키고 이 학생과 잘 지내기 위하여 같은 반 친구들이 도와줄 부분을 상세히 설명하며 아이들에게 도움을 요청합니다. 예를 들면 여느 친구들과는 다른 규칙을 적용하는 일이 필요합니다. ADHD 아동의 경우 수업 시간에 계속 앉아서 수업에 참여하기 어려워하므로 본인이 좋아하는 활동을 하거나 예체능 중심으로 수업을 바꾸어서 개별 수업을 하게 한다거나 선생님과 약속을 정한 뒤에 운동장을 한 바퀴 돌고 온다거나 하는 등 아이의 상황을 많이 배려해주는 방안을 강구합니다. 그리고 보통의 급우들과 다른 면이 있으므로 갈등 유발 요소를 사전에 배제할 수 있도록 아이들에게 협조를 구합니다. 또한 교사의 세심한 관찰로 반 친구들과의 갈등을 최소화하고 갈등이 일어났을 때 합리적인 중재를 해야 합니다. 그리고 학부모 총회나 개별적인 학부모 상담을 통해서 해당 학생으로 인한 불편을 호소하는 경우 상황을 설명해 드리고 교사를 믿어주실 것과 이해와 기다림을 요청합니다.

여기까지 잘 이루어지면 행동 치료적 방법, 인지 행동적 치료 방법 같은 심리 치료와 부모 교육을 통해 행동을 완화시키거나 심한 부적응적 행동을 나타내는 경우 부모님께 권유하여 병원의 약물 치료를 받도록 합니다. 단 이런 권유는 해당 학생과 부모님과 신뢰를 쌓고 난 뒤에 해야 합니다. 신뢰가 쌓이기 전에 섣불리 상담이나 병원 약물 치료를 권유할 경우 부모님이 받아들이지 않거나 부모님이 받아들여도 아이가 자신을 '정신병자'로 취급한다며 반감을 갖는 경우가 종종 있습니다. 또 일시적으로 받아들인다고 해도 지속적인 상담이나 약물 치료를 받지 않는 경우가 대부분이어서 문제 상황이 되풀이되기도 합니다.

약물 치료는 후유증이 있어서 꺼리는 경우가 많지만 정상적인 학교생활을 하고 교육을 받기 위해서는 무조건 약물 치료를 거부하기보다 아이에게 알맞은 약의 종류와 양을 찾아내는 것도 효과적인 방법입니다. 우리나라는 사회 정서상 부모님들이 자신의 아이가 ADHD라는 것을 받아들이기 어려워합니다. 그리고 병원에 가는 것은 더더욱 꺼립니다. 따라서 초기에 부모님과 라포를 잘 형성하여 부모님께서 상황을 직시하고 개선책을 받아들일 수 있도록 하는 것이 매우 중요합니다. 특히 ADHD 아동의 경우 가정에서의 협조가 절대적으로 필요합니다.

ADHD는 비록 후유증(졸리거나 식욕 저하로 통 밥을 먹지 못하거나, 너무 축 처져 있다거나 하는 등)은 있지만 약물 치료를 받으면 대부분 과잉행동이 줄어들어 정상적인 학교생활이 가능해집니다. 치료를 받지 않고 방치하면 부적응적인 행동으로 인해 사회성과 교육 과정에 대한 학습이 이루어지지 않고 가정과 학교에서의 부정적인 처벌로 인해 증상이 더욱 심해집니다. 부모님께 전문적인 심리 상담이나 병원 치료를 권유할 때 '감기'를 예로 들어 설명하면 효과적입니다. 감기에 걸리면 휴식과 안정을 취해야 하고 심하면 약을 먹어야 하는 것처럼 '마음의 감기'도 상담을 통해 스트레스를 해소하고 심하면 약을 먹어야 한다고 말씀해주십시오. 마음의 병도 몸의 병과 마찬가지로 치료와 휴식, 생활 습관 개선을 통해 치유해나가야 합니다. 감기를 방치하면 폐렴처럼 큰 병으로 발전하듯이 마음의 감기도 방치하면 큰 병이 되어 자신과 주변 사람을 힘들게 하므로 반드시 치료가 필요하다는 사실을 알려드려야 합니다.

여섯 번째로 필요한 것은 교육과 훈육입니다.

심리 상담소와 병원을 정기적으로 다니면서 상담과 약물 치료를 받는다고 해도 아이가 단시일 내에 다른 아이들처럼 적응적인 행동을 나타내지는 않습니다. 부모와 교사 모두 ADHD 아동에 대해 꾸준히 학습하고 아이의 행동적 특성을 이해하고 일관성 있는 훈육을 해야 합니다. 관련 서적을 읽고 인터넷으로 정보를 얻는 등 다양한 이해의 망을 넓히는 것도 뒷받침되어야 합니다. 그동안 형성한 라포를 바탕으로 세심한 관찰과 아이의 행동적 특성에 대한 배려와 사랑 그리고 애정 어린 훈육이 동시에 이루어지면 특별한 능력을 가진 아이가 이 사회의 일원으로서 잘 성장할 수 있을 것이고 그것으로 우리 선생님의 노고가 보람으로 돌아올 것입니다. 그리고 1년 학급 운영을 마무리하고 다음 학년으로 떠나보내는 날 기쁨의 눈물을 흘릴 것입니다. 선생님 한분 한분의 사랑과 헌신이 아이들의 삶에 날개를 달아준다는 것을 무엇보다 명심하는 일이 중요합니다.

 참고문헌

- 권석만, 《현대 이상심리학》, 학지사, 2013.
- 라라 호노스웹, 《ADHD 아동의 재능》, 양동규 · 변명숙 옮김, 시그마프레스, 2007.

주의력 결핍 및 과잉행동 장애를 판단하는 DSM-IV 진단 기준

A. (1) 또는 (2)항 중 한 가지 이상이 해당되어야 한다.
   (1) '부주의'에 관한 다음 증상 중 여섯 가지 이상이 6개월 동안 부적응적이고 발달 수준에 맞지 않게 지속적으로 나타난다.

부주의

ⓐ 세부적인 면에 대해 면밀히 주의를 기울이지 못하거나, 학업, 작업 또는 다른 활동에서 부주의한 실수를 저지른다.
ⓑ 일을 하거나 놀이를 할 때 지속적으로 주의를 집중할 수 없다.
ⓒ 다른 사람이 말을 할 때 경청하지 않는다.
ⓓ 지시를 완수하지 못하고 학업, 잡일, 작업장에서의 임무를 수행하지 못한다(반항적 행동이나 지시를 이해하지 못해서가 아님).
ⓔ 과업과 활동을 체계화하지 못한다.
ⓕ 지속적인 정신적 노력을 요구하는 과업(학업 또는 숙제 같은)에 참여하기를 피하고 싫어하며 저항한다.
ⓖ 활동이나 숙제에 필요한 물건들(예 : 장난감, 학습 과제, 연필, 책, 도구)을 잃어버린다.
ⓗ 외부의 자극에 의해 쉽게 산만해진다.
ⓘ 일상적인 활동을 잘 잊어버린다.

   (2) '과잉행동과 충동성'에 관한 다음 증상 중 여섯 가지 이상이 6개월 동안 부적응적이고 발달 수준에 맞지 않게 지속적으로 나타난다.

과잉행동

ⓐ 손발을 가만히 두지 못하거나 의자에 앉아서도 몸을 옴지락거린다.
ⓑ 앉아 있도록 요구되는 교실이나 다른 상황에서 자리를 떠난다.
ⓒ 부적절한 상황에서 지나치게 뛰어다니거나 기어오른다(청소년 또는 성인에서는 좌불안석으로 나타날 수 있다).
ⓓ 조용히 여가 활동에 참여하거나 놀지 못한다.
ⓔ '끊임없이 활동하거나' 마치 '무언가에 쫓기는 것'처럼 행동한다.
ⓕ 지나치게 수다스럽다.

충동성

ⓐ 질문이 채 끝나기 전에 성급하게 대답한다.
ⓑ 차례를 기다리지 못한다.
ⓒ 다른 사람의 활동을 방해하고 간섭한다(예 : 대화나 게임에 참견한다).

B. 장해를 일으키는 과잉행동-충동 또는 부주의 증상이 7세 이전부터 나타난다.
C. 증상으로 인한 장해가 두 가지 이상의 장면(예 : 학교, 작업장, 가정)에서 존재한다.
D. 사회적 · 학업적 · 직업적 기능에 임상적으로 심각한 장해가 초래된다.

• 《현대 이상심리학》, 〈제13장 아동기 및 청소년기 정신장애〉 참조.

031

분노가 가득해서 날마다 조마조마해요.

—— 초등 3학년 담임교사입니다. 요즘 분노 조절이 되지 않는 유민이 때문에 하루하루가 살얼음판을 걷는 것 같습니다. 유민이는 일단 한번 화가 나면 걷잡을 수가 없어요. 조절이 안 됩니다. 아직은 3학년이라 그나마 제가 꽉 붙잡고 있을 수 있긴 한데 화가 나면 상대를 마구 때리기, 물건 던지기, 연필로 찌르기 등 위험한 행동을 합니다. 교실에 있는 소화기를 집어 던진 적도 있고 의자 넘어뜨리기는 기본입니다. 교과 수업 중에도 교과 선생님 말씀을 듣지 않고 고집을 부려 제가 교실로 데리고 온 적도 한두 번이 아닙니다. 학교 보안관님이나 생활부장이신 남자 부장님을 불러서 데리고 있어 달라고 하거나 교육 복지실에 부탁한 적도 많습니다. 반 친구들이라도 유민이를 가만히 놔두거나 배려해주면 괜찮을 텐데, 남자아이들 대부분은 매일 유민이를 놀리고 자극하여 더욱 화나게 만

들기만 합니다. 몇 번이고 유민이를 놀리거나 자극하지 말아라, 그냥 제발 가만히 둬라 해도 소용이 없습니다. "왜 그래?", "왜 맨날 짜증이야?", "너는 전학 가버리면 좋겠어." 같은 말을 서슴지 않고 합니다. 그 말이 유민이를 화나게 만들어 말한 친구를 공격하고 이런 일이 날마다 반복되고 있습니다. 어떻게 하는 게 좋을지, 하루하루가 정말 전쟁입니다.

Ⓐ 이런 아동은 심각하게 분노 조절이 되지 않아 공격성이 폭발적으로 일어나는 것이 특징인데, 이는 흔히 친구들이나 물건, 더 심각한 경우에는 교사에 대한 파괴적인 공격 행동으로 이어집니다. 이런 분노 폭발과 공격 행동은 외부 스트레스 자극 수준에 맞지 않는 경우가 대부분입니다. 즉 보통의 경우, 그렇게까지 화가 나거나 분노를 폭발할 상황이 아닌데도 유민이와 같은 친구들은 심각한 분노를 표출하는 것입니다. 이들의 내면을 들여다보면 사소한 다툼이나 갈등에도 '억울함', '분함', '모멸감' 같은 감정을 느낍니다. 즉, 이들은 늘 자신이 부당한 대우를 받는다는 비합리적인 신념을 갖고 있어 증오와 분노의 감정 상태가 오랫동안 지속되는 것이지요.

P. C. 캔달(Kendall)은 이런 아동들의 인지적 특징을 인지적 왜곡과 인지적 결핍으로 나누어 설명하였습니다(1993). 이런 아동들은 적대적인 대인관계 및 단서에 과잉 민감하고 다른 사람의 의도에 대해 적대적으로 반응합니다. 즉 평소 관계가 좋지 않은 사람들에 대해 적대적으로 반응하고 자신은 어떤 잘못도 없으며 그 일이 일어나게 한 상대방이 문제라고 생각하는 것이지요. 또한 자신의 공격성 정도와 갈등 상황에서 자신의 상대적인 책임감 정도를 잘못 인지합니다. 즉 자신이 누군가를 심하게 공격하여 상대방이 다쳐도 별일 아닌 것으로 보고 자신을 공격하게 만든 상대방에게 문제가 있으므로 자

신은 잘못도 없고 책임질 일도 없다고 생각하는 것이지요.

공격적인 아동의 인지적 결핍은 우선 사회적인 상황에서 이를 판단하는 데 필요한 단서들을 충분히 찾지 못하는 것에서부터 나타납니다. 공격적인 아동들은 주변 환경에서 판단의 단서가 될 수 있는 여러 자극들에 충분한 주의를 기울이지 않고 공격적이고 적대적으로 해석될 수 있는 단서들에 치우쳐 주의를 기울입니다. 또한 공격적인 아동들은 문제 상황을 해결하기 위한 방법들을 많이 생각해내지 못한다는 점도 이들의 인지적인 결핍을 설명해줍니다.

분노 조절이 안 되는 원인은 부당함과 같은 인생의 스트레스에서 찾을 수 있습니다. 이전에 아주 부정적인 경험을 했다면 이것이 삶의 '트라우마'로 남을 수 있습니다. 그때의 사건과 직접적인 맥락에서 발생한 현재의 부정적인 상태는 3개월 넘게 지속될 수 있습니다. 그리고 반복적으로 그때의 기억에 몰입해 빠져나오기가 점점 힘들어지고, 부당함의 느낌과 격분, 울분 등의 감정 반응을 일으킵니다. 즉, 자라면서 상처나 부당한 대우를 받았던 것들을 표출하지 못하고 당하기만 하다가 울분이 쌓여 결과적으로 사소한 자극에도 분노 조절을 하지 못하는 상태에 이르게 되는 것입니다.

분노 조절 아동을 지도하기 위해서는 먼저 학생 스스로 자신이 언제 화가 나고 왜 화가 났는지 알아차리는 게 중요합니다. 그러려면 교사와 상담을 통해 주로 자신이 어떤 말을 들으면 화가 나는지, 어떤 상황에서 화가 나는지를 탐색해야 합니다. 이때 교사는 상황을 설명하기보다는 질문을 통해 학생 스스로 그 말이나 상황을 찾아낼 수 있도록 돕는 게 중요합니다. 다음은 화가 났을 때 나타나는 자신만의 신호를 알아차릴 수 있어야 합니다. 화가 나면 신경계가 마구 흥분되고 생리적인 변화가 신체로도 나타나는 경우가 많습니다. 대개는 화가 나면 흥분하여 충동적인 말이나 행동을 하기에, 자신의 신체가 어떻게 변화하는지 아는 것은 분노를 조절하는 데 매우 중요합니다. 그래서 빨리 자신의 증상을 알아차리는 것이 급선무입니다. 일단 화가 난 상황에서 자신의 변화를 느끼게 되면 그만큼 스스로 가라앉히거나 도움이 되는 방향으로 조절하기 쉽기 때문입니다.

화가 날 때는 다음과 같은 증상으로 알아차릴 수 있습니다.

- 머리 혹은 얼굴 : 신경이 날카로워지고 어지러움, 두통이 생긴다. 입을 앙다물거나 얼굴이 빨개지고 눈을 크게 뜬다. 식은땀이 난다.
- 몸 : 심장 박동수가 빨라지고 떨린다. 어깨가 뻐근하고 속이 거북하며 주먹을 꽉 쥔다. 소화가 잘 안 되고 힘이 빠진다. 한숨이 나오고 손이나 발에 땀이 난다. 경직된다.
- 목소리 : 떨리거나 차가워진다. 나도 모르게 커진다. 속으로 악담이나 욕, 저주, 야유하거나 중얼거리는 증상이 나타난다.

분노 가라앉히기

화가 났을 때 나타나는 증상을 파악한 후에는 자신만의 기분과 감정을 조절하고 통제할 수 있는 방법을 알고 실천할 수 있도록 도와주어야 합니다. 화를 가라앉히고 분노를 진정시키기 위해서는 다음과 같은 방법을 쓸 수 있습니다.

첫 번째, 심호흡하기(근육 이완 훈련)입니다. 우리의 마음과 온몸은 모두 연결되어 있습니다. 마음이 놀라거나 경직되면 온몸이 굳어지고 긴장하게 되지만, 반대로 근육의 긴장을 풀어주고 편안하게 해주면 마음의 긴장도 풀어지게 됩니다. 심호흡하기(근육 이완 훈련)는 이렇게 진행합니다.

편안한 자세로 조용히 눈을 감습니다. 양손을 자신의 양 무릎 위에 편하게 올립니다. 코로 숨을 깊게 들이마시고, 입으로 천천히 내쉽니다. 이것이 기본 호흡입니다. 다음은 코로 숨을 크게 들이마시면서 목, 어깨, 양팔의 근육을 긴 장시키며 양손 주먹을 꽉 쥐어봅니다. 천천히 편하게 숨을 내쉬면서 손가락 을 하나하나 천천히 펴면서 온몸의 힘을 모두 빼고 내쉽니다. 손가락, 손, 팔, 상체에 어떤 느낌이 드는지 살펴봅니다. 다음은 몸 안의 장기들과 아랫배의 근육을 긴장시키고 이완시켜봅니다. 다음은 하체의 근육들, 그 다음은 어깨, 목, 얼굴 근육을 긴장시켰다가 이완시킵니다. 이렇게 몸의 각 부분을 차례로 긴장시키고 이완시키면 몸이 어느새 편안해지는 것을 느낄 수 있습니다.

두 번째는 타임아웃입니다. 타임아웃은 화가 났다는 신호를 알아채는 즉시 그 상황에서 잠시 빠져나오는 방법입니다. 자신이 있는 그 자리에서 떨어져 나와 멀찍이 물러나서 상황을 새로운 마음으로 바라봅니다. 이 시간은 짧게 는 1~2분, 길게는 하루가 걸릴 수도 있습니다. 타임아웃에는 'Mental Time-Out'과 'Physical Time-Out'이 있습니다.

'Mental Time-Out'은 정신적으로 계속 떠오르는 부정적이고 안 좋은 생 각을 막아주는 유용한 방법으로 특히 분노가 가라앉지 않거나 커질 때, 그리 고 화가 계속 나는 생각이 들 때 쓰면 아주 좋습니다.

- '그만' 외치기 : 한번 화가 나기 시작하면 걷잡을 수 없습니다. 부정적인 생각들이 머릿속에 마구마구 떠오릅니다. 따라서 가장 먼저 자신이 이런 부정적인 생각을 하고 있다는 것을 알아차리는 것이 중요합니다. 그 후 에는 "그만!"이라고 속으로 아니면 진짜로 입 밖으로 말하는 것입니다. 가능하면 소리를 내면서 외치는 것이 더 효과적입니다.
- 유쾌한 기억 떠올리기 : 화가 계속 날 때, 열 받는 생각이 커져만 갈 때

대신 떠올릴 유쾌한 기억을 준비해봅니다. 예를 들면 가장 기뻤던 순간, 즐거웠던 순간, 최근에 본 웃겼던 텔레비전 장면, 친한 친구와 재미있게 놀거나 크게 웃었던 순간, 내가 좋아하는 사람의 얼굴 등을 떠올리면 도움이 됩니다.

- 즐거운 상상하기 : 각자 자신의 마음에 드는 즐거운 상상, 또는 편안하고 고요한 장면을 떠올려봅니다. 안전하고 편안함을 느끼는 실제 장소도 좋고, 그런 느낌을 주는 상상의 장소, 장면도 좋습니다.

'Physical Time-Out'은 직접 행동으로 분노에 대처하는 기술입니다.

상황에서 잠시 벗어나 음악듣기, 산책하기, 운동하기, '셀프토크(self-talk)', 수다 등을 하는 것입니다. 운동은 격렬할수록 좋습니다. 화난 감정과 기운을 분출하기 위한 방편으로 공을 힘껏 찬다든지 농구공이나 야구공을 힘껏 던지며 연습한다든지 태권도 발차기를 한다든지 마음껏 달리면서 자신의 감정을 털어버립니다. '셀프토크'란 화가 날 때 자기 자신에게 격려의 말을 해주는 것입니다. "흥분하지 말자.", "이 순간 잠시 참아보자.", "한번 잘 대처해보자.", "괜찮아. 별거 아냐." 같은 말을 반복하면서 마음을 가라앉히도록 위로하고 다독여줍니다. 셀프토크는 모든 진행을 잠시 멈춤으로써 스스로를 격려하고 다독이며 마음을 가다듬을 수 있는 유용한 기술입니다.

📖 참고문헌

- Kendall, P. C., "Cognitive-behavioral therapies with youth : Building theory, current status, and emerging developments", Journal of Consulting And Clinical Psychology, 61(2), 235~247, 1993.
- 평승원, 〈분노조절 프로그램이 초등학교 고학년 정서 및 행동장애 위험군 아동의 정서지능에 미치는 영향〉, 석사학위논문, 서울교육대학교 교육전문대학원, 2014.

032

왜 자기한테만 그러냐며
번번이 대들어요

──── "선생님, 화장실에서 우리 반 애들끼리 장난치고 싸워서 지금 옆 반 선생님께 혼나고 있어요."

급식 당번들과 함께 교실을 정리하고 있을 때 들려온 말에 급히 화장실로 달려갔습니다. 화장실로 가는 짧은 시간 동안 그동안 자주 말썽을 부렸던 아이들의 얼굴이 머릿속에 떠올랐습니다. 화장실에 도착해보니 역시 예상했던 아이들 다섯 명이 화장실 복도에 일렬로 서서 벌을 받고 있었습니다. 잠깐만 틈을 주어도 이렇게 말썽을 부리는 아이들을 보자 화가 났지만 꾹 참고 교실로 데리고 와서 이야기를 들어보았습니다. 이야기인즉슨 두 명은 화장실 칸에 들어가 안에서 문을 잠갔고 세 명은 그 화장실 문을 열려고 소리 지르며 문을 발로 차는 장난을 했다는 것이었습니다. 그리고 심지어는 옆 칸에서 위로 넘어가려는 위험한 시도도 했다고 했습니다. 그래서 다섯 명 모두를 복도에 줄 세운 후 이것이 얼마나 위험한 행동인지 이야기하고 혼을 냈습니다. 특히 주도해서 문을 차고 옆 칸에서 넘어가려고 한 정민이를 더 혼냈습니다. 그리고 이후에는 쉬는 시간에도 화장실을 허락받고 한 명씩 가야 한다고 말하고 다섯 명 모두에게 벌로 교실 청소를 하도록 했습니다.

그러자 고개를 숙이고 반성하는 태도를 보인 다른 아이들과 다르게 정민이가 "왜 나한테만 그러세요?"라고 말하며 반항적인 태도를 보였습니다. 다섯 명 모두에게 공평하게 잘못한 일에 대해 혼을 냈다고 생각했는데 반성하는 기미 없이 이런 반응을 보이니 난감하고 감정적으로도 화가 났습니다. 그러나 정민이가 이런 반응을 보인 것은 이번이 처음이 아닙니다. 수업 시간에 떠들고 있어서 주의를 주면 옆의 친구도 떠드는데 왜 자신만 지적하느냐고 하기도 했고 알림장 글씨를 못 알아보게 엉망으로 써서 다시 써오라고 했을 때도 자신만 다시 써오라고 한다며 불평을 했습니다. 이렇게 자신의 잘못은 인정하지 않으면서 반항하며 책임을 회피하려고만 하는 아이를 어떻게 지도해야 할까요?

ⓐ 교사 입장에서 학생을 훈계하고 있을 때 "왜 나한테만 그러세요?"라는 말을 들으면 순간 화부터 납니다. 자신의 잘못을 반성하지 않는 태도, 교사의 권위에 도전하고 반항하는 태도, 책임을 회피하는 무책임한 태도로 보이기 때문입니다. 그러나 이것은 교사의 입장에서만 보는 관점입니다. 이런 말을 하는 학생의 이유를 학생 입장에서 이해해야 해결점이 보입니다. 내 입장이 아니라 '왜 이런 말을 하게 되었을까?' 하고 학생 입장에서 생각해보는 일이 해결의 첫 걸음입니다.

아이의 자리에서 생각하기

아이가 이런 반응을 보이는 원인은 첫째, 평소 가정과 학교에서 꾸중을 많이 들어 반항심이 생겼기 때문입니다.

처음 꾸중을 들었을 때 아이는 자신의 잘못을 인정하고 다시 칭찬을 받기 위해 고치려고 노력합니다. 그러나 사랑 없는 꾸중이 계속 반복되면 점차 자신감과 자존감이 낮아지고 나중에는 그 감정이 분노로 발전하게 됩니다. 자신이 누구에게도 인정받지 못하고 사랑받지 못하고 있다는 믿음은 분노를 만들고 더 나아가 자신을 인정하고 사랑해주지 않는 대상에 대해 반발과 반항으로 표현됩니다. 모든 아이들은 사랑과 따뜻한 관심을 받고 싶어 합니다. 겉으로 거칠고 예의 없게 반항하더라도 그 마음속의 욕구는 여전히 사랑과 따뜻한 관심입니다. 그럼에도 그것이 왜곡된 형태인 반항으로 나타나는 것은 사랑과 관심을 원하면서도 계속 좌절되었기 때문에 차라리 '어차피 나는 안 돼. 될 대로 돼라.' 하면서 포기해버렸기 때문입니다. 따라서 잘못된 행동에는 꾸중과 훈계가 필요하지만 반드시 사랑이 전제가 되어야 합니다. 또한 어린 초등학생에게는 잘못된 행동에 대한 꾸중보다는 잘한 행동에 대해 칭찬했을 때 그 교육적 효과가 훨씬 큽니다.

둘째, 혼날 때마다 이 말을 하며 책임을 회피하기 위해서입니다.

이런 학생은 자신의 잘못을 인정하지 않고 회피하며 자신만 잘못한 것이 아니라는 소위 물귀신 작전을 폅니다. "왜 나한테만 그러세요?"라는 말을 들으면 순간 교사는 자신이 한쪽으로 치우쳐서 훈계를 한 건 아닌지 생각하게 됩니다. 또한 이런 식으로 반항하는 아이 때문에 당황하여 순간 꾸중하던 것을 멈추고 멈칫하게 됩니다. 그래서 이런 경험이 있었던 아이는 실제로 자신이 부당하게 혼나는 것이 아니라고 생각할 때에도 습관적으로 이 말을 하며 그 순간의 책임을 회피하려고 합니다.

셋째, 그동안 억울한 일을 많이 당했다고 스스로 생각합니다.

실제로 이런 아동이 가정과 학교에서 여러 오해들로 인해 억울한 일을 많이 당했을 수 있습니다. 가정에서는 형제 관계에서 일방적인 양보를 강요받거나 차별 대우를 받았을 수 있고, 학교에서는 낙인 효과로 인해 다른 친구들과 비교했을 때 같은 일로도 더 심하게 꾸중을 들었을 수 있습니다. 실제로 억울한 일을 많이 겪으면서 반항심과 피해의식이 생겼을 때 이런 반항을 할 수 있습니다. 혹은 같은 일을 겪어도 다른 학생에 비해 피해의식이 많아 이런 반응이 나올 수 있습니다. 피해의식은 낮은 자존감과 관련이 있습니다.

넷째, 교사에 대한 신뢰가 떨어진 사회 현상이 반영된 결과입니다.

요즘 몇몇 학부모님들과 학생들은 선생님이 공정하지 않다는 생각을 편견처럼 가지고 있습니다. 학부모님들이 별 생각 없이 하는 학교 선생님에 대한 험담을 들은 학생은 선생님에 대한 신뢰와 존경이 없어져 자신을 훈계하고 벌주는 선생님이 공정하지 않다고 생각하고 이런 식으로 공격합니다. 그리고 더 나아가 선생님의 말과 행동이 공정하지 않으며 선생님이 자신만 미워한다고 가정에 전달하여 교사와 학부모와의 관계도 어려워질 수 있습니다. 따라서 학생을 꾸중했던 일은 기록해두고 나중에라도 학부모님에게 기록해둔 것을 바탕으로 전달하도록 합니다. 그리고 특별히 심각한 문제로 꾸중한 일이 있을 때는 미리 학부모님께 전화로 상담하여 사실을 객관적으로 알려 서로 오해가 없도록 하는 것이 좋습니다.

해결 방법

이런 학생의 태도를 고치기 위해서는 첫째, 학급 규칙을 명확히 세우고 잘못된 행동을 했을 때 규칙에 의거하여 학생의 잘못을 알려줍니다.

교사의 주관적인 판단에 의해서가 아니라 이미 정해진 학급 규칙에 의해 훈계를 하는 것임을 학생이 이해하도록 설명해줍니다. 교사는 충분히 혼낼 만해서 혼냈는데 정작 아이는 자신이 왜 혼났는지 이유를 알지 못하는 경우가 생각보다 많습니다. 그래서 자신의 잘못은 알지 못하고 혼났을 때의 나쁜 감정만 기억하여 오해가 생기고 반항심이 생깁니다. 이런 경우, 위반한 학급 규칙을 명확히 알려주고 자신의 잘못을 학생 스스로 말하도록 합니다.

"네가 지키지 못한 규칙이 뭐라고 생각하니?"라고 질문했을 때 대답을 잘못할 때가 생각보다 많습니다. 이럴 때 교사는 학생이 반항심에 잘못을 인정하지 않으려고 한다고 오해하지 말고 "화장실은 바닥에 물기가 많아 넘어지기 쉬운 곳이야. 그리고 다른 학생들도 함께 이용하는 공용장소에서 문을 발로 차고 시끄럽게 소리를 지르는 것은 규칙에 어긋난 위험하고 잘못된 행동인 것 같은데 너는 어떻게 생각하니?"와 같이 규칙과 함께 자세히 알려줍니다. 3학년 학생 중에는 정말 자신의 잘못을 모르거나 알더라도 조리 있게 선생님 앞에서 말할 수 없어 입을 다물고 있는 경우가 많습니다. 따라서 위와 같이 자세히 알려주고 스스로 이해하고 인정하도록 유도합니다.

둘째, 끝까지 아이의 말을 들어주고 실제로 억울한 면이 있을 때는 교사가 먼저 사과합니다.

중학년 학생들이 친구들과 싸운 이후에 상황을 설명하게 하면 교사 입장에서 이해하기 어렵게 말하는 경우가 많습니다. 앞뒤 말이 논리적으로 이어지지 않으며 목소리도 작고 또 조리 있게 당시 상황을 설명하지 못합니다. 이런 어눌한 말을 끝까지 들어주고 상황을 판단하려면 많은 인내심이 필요합니다. 교사가 직접 눈으로 확인한 일이 아니라면 끝까지 들어주어 상황을 정확히 파악하여 억울한 일이 없도록 해야 합니다. 그리고 평소 가진 편견으로 학생을 잘못 훈계했을 때는 사과하는 용기도 가져야 합니다. 학생에게 사과하는 것은 어려운 일이 아니며 교사의 권위가 떨어지는 일도 아닙니다. "○○야, 선생님이 상황을 직접 보지 못하고 이야기만 듣고 오해를 했구나. 미안하다. ○○가 많이 속상하고 억울했겠다."라고 말만 해주어도 아이들은 이내 분노와 억울함을 풀어버리고 오히려 선생님을 신뢰하고 존경하게 됩니다.

셋째, 꾸중한 후에는 그 일이 없었던 일처럼 다시 친절하게 대해줍니다.
반항하며 자신의 잘못을 인정하려 들지 않는 학생을 보면 교사는 감정적으로 화가 나고 훈계가 끝난 이후에도 그 감정이 남아 있을 수 있습니다. 그러나 학생의 잘못된 행동만을 혼내야지 아이의 인격 자체를 미워하거나 차별하지 말아야 합니다. 꾸중할 때는 규칙에 의해 단호하고 명확하게 하지만 그것이 끝나면 다시 일상으로 돌아와야 함을 잊지 말아야 합니다. 교사는 학생을 대할 때 감정의 맺고 끊음을 분명하게 해야 하며 스스로 학생에 대해 어떻게 생각하고 있는지 객관적으로 돌아보아야 합니다.

넷째, "왜 나한테만 그래요?"라는 말이 어른으로 하여금 학생의 의도를 오해하게 만들며 자신의 책임을 회피하는 좋지 않은 말이라는 것을 알려주어 습관적으로 하지 않도록 지도합니다.
학생은 습관적으로 회피하려고 별 생각 없이 이 말을 할 수도 있지만 이 말 자체가 가지는 안 좋은 결과를 알려주고 억울한 일이 있을 때 그것을 표현하는 다른 방법을 알려줍니다. "화장실에서 저는 같이 장난을 하지 않고 그냥 옆에서 지켜보기만 했어요. 그래서 지금 혼나는 게 억울한 생각이 들어요." 와 같이 예의를 지키면서 무엇 때문에 억울한 감정이 들었는지 말하도록 합니다. 물론 교사는 이런 말을 변명으로 치부하는 것이 아니라 있는 그대로 들어줄 준비가 되어 있어야 합니다.

다섯째, 아이들을 공정하게 대하려고 노력합니다.
교사도 사람인지라 학생 지도에 개인적인 감정이 들어갈 수 있습니다. 따라서 이런 실수를 할 수 있다는 것을 늘 인지하고 공정하게 아이들을 대했는지, 아이를 개인적인 감정으로 미워하고 차별하지는 않았는지 자주 반성하고 이 문제를 생각해보아야 합니다.

여섯째, 학생과 개인적으로 친해지도록 노력합니다.
학생에 대한 교사의 개인적인 사랑을 전달합니다. 학생의 작은 일에도 관심을 가지고 진심 어린 칭찬을 해줍니다. 그래서 학생이 잘못을 했을 때 선생님은 그 잘못을 훈계하는 것이지 학생을 미워하는 것이 아니라는 믿음을 줍니다. 그리고 선생님이 모든 학생들을 공정하게 대하려고 노력하고 있다는 것을 알게 하여 학생과 교사 간의 신뢰를 높입니다.

일곱째, 학생의 자존감을 세워주도록 노력합니다.
피해의식이 많고 자존감이 낮은 아이가 이런 말을 자주 사용합니다. 평소 학생이 잘하는 것을 찾고 격려하며 칭찬하는 말을 많이 해줍니다. 사랑받을 만하고 소중한 존재라고 스스로 인정하는 자존감을 키워주는 것이 근본적인 문제 해결 방법입니다.

033

친구 물건을 훔쳐요

──── 4학년 담임을 맡고 있습니다. 우리 반 태우는 2학기 학급 회장으로 적극적이고 리더십도 있는 학생입니다. 체격이 크고 자기중심적인 면도 있어서 가끔은 친구들에게 힘을 과시하려고 할 때가 있지만 학교생활을 잘하는 아이입니다. 어느 날 태우 모둠 중 한 명의 물건이 없어졌습니다. 다들 나서서 찾아보았는데 찾을 수가 없었지요. 그런데 태우 가방 안에 잃어버린 물건이 들어가 있었습니다. 태우는 모르는 일이라고 잡아떼었습니다. 그런데 그 후에도 몇 번 더 이런 일들이 발생했고 태우가 가져간 것이 드러났어요. 그래도 태우는 여전히 본인이 가져간 게 아니라고 우깁니다. 다른 생활은 다 잘하는데 자꾸 남의 물건에 손을 대고 발뺌을 하니 어떻게 지도해야 할지 난감합니다.

🅐 학급 운영을 하다 보면 종종 일어날 수 있는 일입니다. 그렇다고 아이를 몰아세울 수도 없으니 난감한 일입니다. 그러나 학급 내에서 이런 일이 자주 생기면 서로 의심하게 되어 반 분위기가 나빠집니다. 또 이런 행동이 습관화된다면 아이에게도 결코 좋지 않기 때문에 반드시 지도가 필요합니다.

남의 물건을 훔치는 아이들의 특성

유아기 때 다른 사람의 물건을 훔치는 것은 소유 개념이 좀 불확실하거나 도덕성이 발달하지 않았기 때문입니다. 그러나 초등학교에 들어온 아이들이 남의 물건에 손을 댈 때는 욕구가 충족되지 않은 경우, 관심을 받고 싶을 경우, 친구 관계에 문제가 있는 경우라고 볼 수 있습니다.

첫째, 욕구가 충족되지 않은 경우는 가지고 싶은데 다른 방법이 없으니까 훔치는 것입니다. 이때는 아이가 갖고 싶은 욕구가 합리적인 경우인지 아니면 지나친 경우인지 물어보아야 합니다. 가장 좋은 방법은 부모님과 아이가 솔직하게 이야기하는 것입니다. 친구들과 비교해서 자신이 많이 부족하다 싶으면 이런 마음이 들 수도 있으니까요. 반대로 욕구가 지나친 경우라면 "네 마음은 알겠지만 해줄 수 없다."라고 분명한 한계를 그어줄 필요가 있습니다.

둘째, 부모의 관심을 끌기 위한 행동으로 훔치는 경우입니다. 저학년들은 부모에게 충분한 사랑을 받지 못할 경우 부모의 관심을 끌려고 무의식적으로 남의 물건에 손을 댑니다. 아이가 물건을 훔치면 사랑이나 긍정적인 관심을 받기는커녕 혼이 나거나 미움을 받게 됩니다. 그럼에도 물건을 훔치는 것은 부정적인 관심이라도 무관심보다는 낫다고 생각하기 때문입니다. 고학년이 되면 사회 규칙이나 어른들에 대한 반항심에서 물건을 훔치게 됩니다.

셋째, 훔치는 행위가 친구 관계에 있는 경우입니다. 친구 관계에서 물건을 훔치면 좀 세 보이고 강해 보이는 경우가 있을 수 있습니다. 다른 친구가 하는데 나도 안 하면 안 될 것 같아서, 또 다른 친구들이 가지고 있는 물건을 나도 가지고 있지 않으면 안 될 것 같은 마음에 훔치는 것이지요. 친구 관계에서 무시받지 않고 소외되지 않기 위해서 훔치는 아이들도 있습니다.

해결 방법

첫째, 물건을 훔친 이유를 들어보시기 바랍니다. 아이에게 화를 내거나 비난하지 말고 아이가 물건을 훔치게 된 이유에 대해서 물어보아야 합니다. 아이가 솔직하게 잘못을 인정하고 반성한다면 솔직하게 말한 아이의 행동을 칭찬하고, 친구에게 사과하고 물건을 돌려주도록 하는 게 옳습니다. 처음 한 경우라면 학부모님께 알리지 말고 아이와 둘만의 비밀로 하는 것도 좋습니다. 하지만 또다시 그런 일을 할 경우에는 부모님께 말씀드릴 수밖에 없음을 확실하게 해야 합니다.

둘째, 계속적으로 같은 행동을 할 경우에는 부모님과 상담을 통해 해결해야 합니다. 이런 문제로 처음 학부모와 상담을 하다 보면, 대개의 부모님들은 매우 창피해하시고 당황하시기 마련입니다. 하지만 자라나는 아이니까 그럴 수 있음을 말씀드리고, 가정에서 부모님의 용돈 관리에 문제가 있는지 살펴보기를 부탁드립니다. 만약 용돈이 부족하다면 아이와 충분히 이야기를 나누어 용돈을 올려준다거나 집안일을 돕도록 하여 용돈을 좀 더 받을 수 있는 방법도 있을 것입니다. 대부분의 훔치는 행동은 가정적인 문제와 연결되어 있는 경우가 많습니다.

셋째, 친구들과 어울리기 위해서 물건을 훔친다면 다른 대안을 찾아야 합니다. 아이에게 친구 관계에서 인정받을 수 있는 다른 방법을 알려주어야 합니다. 재미있는 말을 한다든지 운동을 잘한다든지 친구를 배려하고 먼저 다가가는 등 사회성이 좋은 아이들이 인정받는 행동을 알려주고 실천할 수 있도록 돕는 것입니다. 그러나 품행이 좋지 않은 친구들과 어울려서 남의 물건을 훔치는 것이 습관화된다면 아이 혼자만의 문제가 아닐 수 있기 때문에 반드시 부모님과 상의하고 다른 대안을 찾아야 합니다.

얼마든지 제자리로 돌아오는 아이들

제가 가르치는 반에도 이런 일들이 몇 번 있었습니다.

물건이 없어졌을 때 저는 담임으로서 교실에서 물건이 없어진 일을 아이들에게 사실 그대로 이야기했습니다. 그리고 물건을 가지고 간 아이도 잘못이 있지만 자신의 물건을 잘 간수하지 못하거나 다른 친구가 탐낼 만한 물건을 가지고 다니는 것도 다른 친구에게 나쁜 영향을 줄 수 있으니 주의해야 한다고 일러주었습니다. 또 조용히 눈을 감게 한 후, "친구 물건을 보고 가져가고 싶은 유혹을 느낄 수 있습니다. 하지만 내 것이 아닌 것을 가져가는 행동은 잘못된 것입니다. 내일까지 다른 친구들이 눈치채지 않게 선생님 책상에 가져다놓으면 한 번은 용서해주도록 하겠습니다."라고 이야기했습니다. 다음 날 물건은 제 책상 위에 있었고 그 뒤로는 같은 문제가 발생하지 않았습니다.

이 일이 있고 나서 한 아이가 일기장에 "선생님께서 우리를 혼내거나 야단치지 않고 우리에게 부드럽게 말씀해주시고 기회를 주셔서 감사합니다."라는 글을 적은 것을 보고 저도 제 말을 이해하고 받아준 아이들이 고마웠습니다.

태우의 경우, 가정환경을 살펴보니 아버지가 할머니와 두 아이를 돌보고 있었고, 아이들은 엄마와 정기적으로 만나고 있었습니다. 다행히 부모님 모두 아이들 교육에는 관심이 있었으나 생활이 넉넉지 않아 정부의 지원을 받고 있었습니다. 태우의 행동이 이해가 되는 상황이었지요. 태우와 몇 번 상담을 하면서 태우는 잘못을 인정하고 앞으로 친구의 물건에 손대지 않겠다는 다짐을 받았습니다. 그러나 이후 같은 행동이 몇 번 반복되어 어머니와 상담을 해보았더니, 엄격한 아버지의 양육 태도가 태우에게 부담으로 작용하고 있었음을 알 수 있었습니다. 좀 더 근본적인 원인을 알게 된 뒤로 태우의 부모님은 태우를 잘 다독이게 되었고, 이후에 태우는 행동을 교정할 수 있었습니다. 6학년에 올라가서는 전교 임원도 하면서 좋은 모습으로 졸업을 할 수 있었습니다.

아이들은 자라나고 있는 중이라는 사실을 잊지 말아야 합니다. 얼마든지 실수를 하고 또 얼마든지 제자리로 돌아올 수도 있지요. 아이들에게는 좀 더 다가가고 이해하고 기다려주는 마음이 무엇보다 필요하다는 것을 잊지 말아야 할 것입니다.

 참고문헌

• 신의진, 《신의진의 초등학생 심리백과》, 갤리온, 2008.
• 티처빌원격연수, 〈서천석 박사의 우리 아이 마음문답 직무연수 교재〉, 2015.

034

물건을 훔치고 거짓말도 해요

─── 초등학교 4학년 교사입니다. 두 학생이 한 물건을 놓고 서로 자기 물건이라고 주장하고 있습니다. 분명히 한 사람은 거짓말을 하는 것일 텐데, 이럴 때는 어떻게 시시비비를 가리고 아이들을 지도해야 할까요? 학생이 상처받을까 봐 섣불리 말을 꺼내기가 어렵습니다. 그렇다고 그냥 넘어갈 수도 없고요.

문제의 발단은 열쇠고리였습니다. 주희와 경미가 작은 열쇠고리를 가운데에 두고 말다툼을 하고 있어서 무슨 일인지 물어보니, 서로 자기 열쇠고리라고 주장하고 있었지요. 경미는 자기가 며칠 전에 주희에게 보여주었고, 그 뒤 갑자기 사라져서 잊고 있었는데 오늘 주희가 필통 속에서 자기 열쇠고리를 꺼내는 것을 보았다고 했습니다. 한편 주희는 자기도 경미 열쇠고리와 비슷한 것이 원래부터 집에 있었고 오늘 가지고 왔다고 울먹입니다. 사실 주희와 경미가 열쇠고리 문제로 말다툼 끝에 저를 찾아왔을 때 드디어 올 것이 왔구나 싶은 심정이었습니다. 학기 초부터 주희의 몇몇 행동들에 걸리는 점이 있었기 때문입니다. 지금까지는 없어진 물건이 간식이나 볼펜 정도였지만 이번만큼은 상황이 좀 달랐습니다. 한 물건을 두고 두 학생이 다투고 있는 상황에서 분명하게 짚고 넘어가야 할 필요도 있었지만, 주희의 마음을 살펴볼 수 있는 좋은 기회로 삼고 싶다는 생각이 들었습니다. 하지만 무엇을 어떻게 해야 주희와 저, 모두에게 상처가 되지 않고 원만하게 문제를 해결할 수 있을까요?

Ⓐ 심리학자 도널드 위니컷(Donald Winnicut)에 따르면 발달 과정 중에 남의 물건을 훔치는 것은 만 3세 때부터 시작됩니다. 이것은 아이들의 무의식 속에서 어떤 상실의 경험이 있을 때 일어난다고 합니다.

주희는 어려서 부모님이 이혼을 하셔서 엄마와 오빠와 살고 있습니다. 어머니께서는 일을 하셔야 했기 때문에 늘 바쁘십니다. 주희는 집에 돌아가면 늘 혼자서 밥을 먹고 숙제를 해야 했습니다. 늦게까지 기다리다가 엄마 얼굴도 보지 못하고 잠들 때가 많았습니다. 이처럼 부모로부터 충분한 관심과 사랑을 받지 못한 학생은 자신이 엄마를 다른 곳에 빼앗기고 도둑맞았다고 생각합니다. 그리고 그때부터 무의식중에 자신이 갖고 싶은 물건이 있으면 그것을 자기 것으로 만들어야 편안함을 느낍니다. 그래서 자신도 모르게 무의식적인 행동이 나오기 시작하지요. 따라서 마음에 결핍이 있는 아이들은 자신에게 꼭 필요한 물건이 아닌데도 아무것이나 가리지 않고 훔치곤 합니다.

이런 특별한 문제가 없더라도 아이들은 흔히 무의식적으로 도벽에 대한 충동을 일으킨다고 합니다. 즉 물건을 훔치는 것이 잘못된 일인 줄 알면서도 순간적으로 갖고 싶은 충동을 참지 못하고 한두 번 이런 행동을 할 수 있습니다. 또는 교사나 어른에 대한 분노 또는 욕구 불만으로 훔치는 경우가 있습니다. 물건이나 돈에 관심이 있어서라기보다는 훔친 행동을 함으로써 교사에게 보복을 하겠다는 심리가 큰 경우지요. 마지막으로 또래 집단의 유혹 및 압력에 의해, 또래 집단에 소속되어 있다는 안정감과 지지를 얻기 위해 집단을 이루어 비행을 저지르는 경우가 있습니다. 이때는 남이 시켜서 한 행동은 나쁘지 않다고 생각해 더 큰 문제로 발전할 수 있습니다. 하지만 그럴 때마다 혼을 내고 다그치면 반발심만 일으키게 되고 아이의 나쁜 행동을 더욱 강화시킬 수도 있습니다. 또한 학생의 자책감과 죄의식의 깊이가 깊을수록 거짓말과 변명만 늘어나는 역효과가 나기도 합니다.

'벌'과 '낙인'이 아니라 결핍된 요구 먼저 이해하기

주희가 물건을 훔치고 거짓말을 한다는 사실이, 그것도 선생님에 의해서 드러나면 주희에게 두고두고 상처가 될 수 있습니다. 그보다는 주희가 스스로 잘못을 인정하고 고백할 수 있도록 기회를 주는 것이 좋습니다. 주희가 왜 그런 행동을 했는지 살펴보고, 그런 행동이 옳지 않음을 스스로 깨달을 수 있는 기회를 주기 위해서 둘만의 대화 시간을 가져보았습니다.

"주희야, 선생님이 초등학교 2학년 때인가? 옆 친구 책상 속에 있는 200원을 보고 어찌나 심장이 쿵쾅거리던지, 그만 나도 모르게 내 주머니에 넣어버렸단다. 결국 그 돈을 친구에게 돌려주지 못했지. 1년 내내 아니 그 뒤로도 오랫동안 죄책감에 괴로웠어."

"……."

"선생님은 누구나 한 번쯤은 잘못을 저지를 수 있다고 생각해. 중요한 것은 스스로 잘못을 인정하고 다시는 그러지 않겠다고 다짐하는 거야. 선생님도 그때 잘못을 했지만, 나중에 잘못을 인정했고 스스로 한 다짐대로 지금까지 한 번도 똑같은 잘못을 저지르지 않았지. 그래서 이렇게 선생님도 될 수 있었고."

"……."

"선생님이 너에게 도움을 줄 수 있게 주희가 오늘 일을 사실대로 말해주면 좋겠구나. 선생님은 네 말을 있는 그대로 믿을 거고, 이 일이 조용하게 해결되길 바란단다."

"선생님…… 제가 그랬어요. 제가 그만 경미 열쇠고리를……."

주희는 공부도 열심히 하고 적극적이며 운동도 잘하는, 장점이 많은 학생이지만 그에 비하여 친구들에게 인정받지 못하는 눈치였습니다. 남학생들은 주희가 잘난 척을 한다며 싫어했고, 여학생들은 주희가 제 고집만 내세운다고 잘 놀아주지 않았습니다. 그럴 때면 시무룩한 얼굴로 제 옆으로 와서 "선생님, 애들이……." 하며 제 도움을 요청했습니다. 하지만 저 역시 매정한 눈초리로 알아서 하라는 식으로 대처했던 것이 마음에 걸렸습니다. 친구들에게나 가정에서 심지어 교사에게도 충분한 관심과 지지를 받지 못한 주희가 왜 그런 행동을 했을지 짐작이 갔습니다.

주희는 자기 잘못을 인정하고 다시는 그러지 않겠다고 다짐했지만 여기서 끝난 것이 아닙니다. 상대 친구에게 물건도 돌려주어야 하고 정식으로 사과도 해야 합니다. 다행히 경미가 주희의 잘못을 기꺼이 용서해주었습니다. 이런 사건 이후에 선생님은 주희에게 '도둑', '훔친 아이'와 같은 꼬리표가 붙지 않도록 세심하게 신경을 써야 합니다.

도벽이 일어날 수 있는 환경을 사전에 차단하기

학급에서 도난 사건이 발생했을 때 사소한 일이라도 그냥 넘기지 말고 세심하게 지도하는 것이 중요하지만 더 중요한 것은 이런 일이 발생하지 않도록 사전에 예방하는 것입니다. '견물생심(見物生心)'이라는 말이 있듯이, 누구든지 돈이나 보기 좋은 물건이 보이면 유혹에 빠질 수 있기 때문입니다. 그래서 학급 학생들에게 자기 물건을 잘 간수할 것과 고액의 돈이나 탐낼 만한 물건은 가지고 오지 않도록 안내할 필요가 있습니다. 또한 학급 내에서는 남의 물건을 허락 없이 만지지 않으며, 서로의 소유권을 존중하도록 지도합니다.

학급에서 도난 사건을 일으킨 학생이 누구인지 알게 되면 처음에는 화도 나고 당황할 수 있습니다. 하지만 화가 나더라도 절대 감정적으로 반응해서는 안 됩니다. 무턱대고 학생의 행동에 대해 추궁하면 학생은 거짓말과 변명을 하게 될 것입니다. 그리고 공개적으로 사과하게 하거나 물건을 돌려줄 경우 다른 학생들로부터 '도둑'이라는 낙인이 찍혀 수치심으로 평생 상처가 될 수 있습니다. 따라서 침착한 태도로 결핍된 욕구나 필요에 대해 충분히 공감해주고, 욕구를 해결하기 위한 다른 방법을 함께 모색해주는 자세가 필요합니다. 또한 "내가 피해자라면 어떤 기분이 들까?"라며 입장을 바꿔 생각해보게 하거나 다른 행동으로 결정했다면 어떤 결과가 나타났을지 추측해보는 활동을 해볼 수도 있습니다.

035

게임 세상이 더 좋아요.

───── "선생님, 우리 준성이를 어쩌면 좋을까요? 컴퓨터를 끄라고 아무리 다그쳐도 들은 체를 안 하기에 제가 코드를 뽑았지요. 그랬더니 글쎄 소리를 지르면서 저를 치려고 하잖아요."

평소 말수가 적고 온순하다고 생각했던 준성이가 요즘 밤늦게까지 게임을 하느라 수업에 집중을 하지 못하는 것 같아 부모 상담을 요청한 날, 준성이 어머니로부터 들은 말이었습니다. 준성이가 게임에 빠진 정도는 생각보다 더 심각했고 준성이의 돌변한 태도로 어머니가 당황하고 충격을 받으셔서 담임인 제게 오히려 하소연을 하셨습니다.

다음 날, 준성이와 마주 앉아 이야기를 나누게 되었고 그동안 담임으로서 미처 몰랐던 일들을 알게 되었습니다.

그동안 준성이는 친구가 없어 허전했는데 요즘은 친구들로부터 인기를 얻게 되었다고 합니다. 부모님이 안 계신 시간이 많아 하루에도 여섯 시간 넘게 몰래 컴퓨터를 하면서 아이템이 많아졌기 때문입니다. 친구들은 준성이에게 아이템을 얻어갈 요량으로 매우 잘 대해준다고 합니다. 준성이는 며칠 전 모처럼 함께 '파티(여러 명이 한 팀이 되어 동시에 같은 게임에 참여하는 것)'를 하여 큰 점수를 따려는 순간이었는데 엄마가 들어오셔서 컴퓨터를 꺼버리는 바람에 자기도 모르게 엄마에게 덤벼들었다며 그날의 상황을 털어놓았습니다. 교실에 앉아 있어도, 길을 걸어갈 때도 게임만 생각난다는 준성이와 게임에 빠진 아들을 어떻게 다루어야 할지 조언을 구하는 준성이 어머니께 어떤 말을 해주어야 할지 난감합니다.

Ⓐ '득템의 기쁨', '레벨 업의 행복'. 아이들이 게임을 하면서 사용하는 표현입니다. 학원도 건너뛰게 만들고, 화장실도 참게 만드는 '파티'의 실상, 레벨 올리기에 열중하는 아이들! 게임은 이제 놀이가 아닌 교육과 양육의 문제로 접근해야 합니다. 게임을 오래 한다고 나무라기에 앞서 게임에 빠져들 수밖에 없는 아이의 나약한 부분을 이해하고 상담을 먼저 진행해야 합니다. 준성이의 경우에는 학급 내에서 자신의 존재감을 게임으로 비로소 인정받았습니다. 따라서 준성이가 게임이 아닌 다른 것으로 친구들의 인정을 받을 수 있도록 살펴보아야 할 것입니다.

아이의 뇌를 파괴하는 게임

놀이미디어교육센터의 권장희 소장은 《우리 아이 게임 절제력》에서 이렇게 말합니다.

"세 살이 채 되지도 않은 아이들이 핸드폰과 닌텐도를 만지고 있다. 이보다 이른 한두 살부터는 TV와 영상 매체에 노출되고 있다. 미 소아과학회가 경고하듯, 만 2세 미만, 유아기 때 과다한 영상 노출은 아이의 뇌 발달에 부정적인 영향을 끼친다. 그러나 아직도 대부분의 부모들은 '그게 무슨 큰 문제가 되겠냐'며 아이들의 영상미디어 노출을 방치하고 있다.

어릴 때부터 닌텐도 게임에 노출된 아이들은 틈만 나면 닌텐도를 끼고 살고 있다. 식당에 가서도 닌텐도, 여행지에 가면서도 닌텐도, 찜질방에 가서는 PC방 게임 등 온통 게임만을 생각하며 살고 있다. 이렇게 사는 아이들이 부지기수로 늘고 있다. 책에는 아예 관심을 두지 않고, 게임을 그만 하라는 부모의 말도 듣지 않는다. 이렇게 자라는 아이들은 정작 공부와 학습에 집중해야 할 10세, 즉 초등학교 3학년이 되면 이미 되돌릴 수가 없게 된다. 일본의 모리 아키오 교수의 경고처럼, 한번 굳어진 게임 뇌는 좀처럼 고치기 어렵기 때문이다.

게임에만 흥미를 느끼는 아이들이 정작 공부를 해야 할 시기에 공부를 멀리하게 되지만 그때 가서 부모들이 게임의 폐해를 걱정하며 대처하려고 해도 늦다. 대신에 게임을 둘러싼 아이와 엄마와의 전쟁이 시작되는 것이다. 이때부터 게임을 하지 말라고 부모는 언성을 높이게 되지만, 아이는 도무지 말을 듣지 않는다. 소리만 질러서는 아이와의 싸움에서 백전백패이다."

게임 절제력 길러주기

설탕이 몸에 좋지 않다고 하여 모든 음식에 설탕 사용을 금지할 수 없듯이 게임이 유해하다고 하여 미디어가 없는 세상에 아이를 살게 할 수는 없습니다. 오히려 컴퓨터가 눈앞에 있고 손에 핸드폰이 들려 있어도 게임을 절제할 수 있고 통제할 수 있도록 훈련이 되어 있어야 할 것입니다. 그래서 학교에서는 미디어 절제라는 개념을 교육하고 가정에서는 이를 실천하여 양육함으로써 양쪽이 모두 아이를 기르는 데 균형을 이루어야 합니다.

아이가 미디어 중독 수준으로 가기 전에 교사는 일기장이나 알림장 한 부분에 학생들로 하여금 미디어 사용 시간을 매일 적게 함으로써 학생들 스스로 독서 시간과 공부 시간, 그리고 게임 시간을 눈으로 확인하게 하면 좋습니다. 이렇게 하면 아이가 자신의 시간 관리 훈련을 하도록 지도할 수 있어 매우 효과적입니다.

무엇보다도 게임 절제력은 아이들이 자신과의 약속을 분명히 하는 데에서 시작합니다. 본인이 약속을 지키지 못하였을 때에는 컴퓨터(스마트폰) 단식 시행 등 벌칙을 활용할 것을 부모님께 권고합니다. 부모의 진정한 권위로 시행되는 벌칙은 효과를 발휘하게 됩니다.

특히 게임을 절제하면서 얻을 수 있는 긍정적 가치에 대해서 아이가 분명히 인식할 수 있도록 올바른 행동을 격려하는 보상을 배합하면 좋습니다. 자녀와의 소통의 열쇠는 경청에서 시작된다고 합니다. 50퍼센트가 넘는 많은 대한민국의 부모들이 자녀에게 고민이 생길 경우, 제일 먼저 자신을 찾아올 것이라고 생각한다고 응답했다고 합니다. 그러나 같은 질문을 아이들에게 던지자, 단 4퍼센트만이 부모를 찾아가 고민을 털어놓겠다고 말했습니다. 평상시 자녀들의 말에 경청하지 않는 부모들을 자녀들은 신뢰하지 않습니다.

미디어 절제 훈련은 3학년 이전에

• 컴퓨터는 거실 등 부모가 통제 가능한 장소에 두는 것이 기본입니다.

- '하루 단 30분'을 매일같이 하는 것은 중독에 빠지는 지름길입니다. 30분이 문제가 아니라 이 30분을 놓치지 않으려고 수업 시간에도, 심지어 친구와 놀이를 하면서도 게임 생각을 하면서 생활에 집중하지 못하는 경우가 많습니다. TV, 닌텐도, 스마트폰, 컴퓨터 등을 일주일 중 전혀 안 하는 요일을 정하는 것을 권합니다.
- 미디어 사용 기록장을 사용하여 켜는 시간과 끄는 시간을 반드시 기록하도록 합니다. 끄는 시간 약속을 정하되 단 1분이라도 어겼을 경우 단호하게 그에 상응하는 벌로 미디어 사용 금지 기간을 적용합니다. 그러나 잘 지켰을 때 많이 사용하게 하는 것은 안 됩니다. 이것은 금연을 잘 실천하였다고 보상으로 담배를 주는 것과 같은 이치입니다.
- 부모님도 게임을 배워 게임에 참여하고 건전하게 활용할 수 있도록 지도합니다.
- 식사와 수면을 제시간에 하도록 하여 생활 리듬이 깨지지 않도록 합니다.
- 게임 세상이 아닌, 게임보다 더 즐거움을 주는 다른 취미를 찾아주기 위하여 노력합니다.

📖 **참고문헌**

- 권장희, 《우리 아이 게임 절제력》, 마더북스, 2010.

036

고자질쟁이를 어떻게 할까요?

—— 3학년인 정호는 자주 친구들의 잘못을 선생님께 고자질합니다. "선생님, ○○가 복도에서 뛰었어요.", "선생님, ○○가 제 지우개를 가져가서 안 줘요.", "선생님, ○○가 책상에 낙서해요.", "○○가 숙제를 안 해왔어요." 등 정호는 친구들의 잘못을 하나도 놓치지 않고 감시하면서 선생님에게 알려줘야 하는 사명감이 있는 듯 열심히 고자질을 합니다. 그러나 정작 정호는 자주 친구들과 싸우고 복도에서 뛰고 친구들이 싫어하는 행동을 하여 정호의 주변은 늘 시끄럽습니다. 계속되는 정호의 고자질에 교사는 지쳐가고 정작 자신의 일은 잘 하지 못하는 정호가 미워지기까지 합니다. 고자질하는 아이를 어떻게 지도해야 할까요?

Ⓐ 중학년인 3, 4학년 중에는 아직 저학년의 티를 벗지 못해 고자질을 하

는 아이들이 많습니다. 아이들의 고자질은 교사를 매우 피곤하게 합니다. 고자질은 친구를 욕하는 안 좋은 말이기 때문에 교사는 듣는 것만으로도 스트레스이지만, 학생의 잘못을 들었는데 전혀 개입하지 않고 무시하면 이야기를 해준 아이나 잘못을 저지른 아이 모두에게 교사로서의 역할을 하지 못한 것 같다고 느껴집니다. 그렇다고 일방적으로 학생의 말만 듣고 잘못한 학생을 나무라는 것도 문제가 있으므로 이런 상황에서 교사는 어떻게 대처해야 할지 늘 고민하게 됩니다. 학생들이 교실이라는 환경 속에서 교사에게 고자질을 하는 원인은 생각보다 다양합니다. 학생들은 뭔가를 바라고 교사에게 다가와 친구의 잘못을 고자질합니다. 따라서 이때는 학생들이 교사로부터 얻고자 하는 것이 무엇인지 그 의도를 파악하고 이에 맞게 대응해야 합니다.

고자질을 하는 이유

아이들이 고자질을 하는 이유는 대개 몇 가지로 볼 수 있습니다.

첫째, 아이들은 친구의 잘못을 이야기하면서 반사 이익으로 교사의 인정을 받고자 합니다.

"선생님, 민수가 복도에서 뛰었어요."처럼, 자신에게 직접적인 피해를 주지 않았는데도 친구의 잘못을 고자질하는 경우가 있습니다. 주로 학급 규칙을 어긴 친구에 대한 고자질이 여기에 해당합니다. 학생들은 이렇게 이야기하면서 반대로 자신은 규칙을 잘 지키고 있다는 것을 교사에게 인정받고자 기대합니다. 때로는 평소에 같은 문제로 교사의 지적을 받았던 학생이 자신과 같은 잘못을 저지른 친구를 고자질함으로써 자신뿐만 아니라 다른 친구도 이런 잘못을 하고 있다는 것을 교사에게 알리고 싶어서 이런 고자질을 하기도 합니다. 이때 고자질하는 친구는 교사에게 인정받고 싶은 마음과 이전에 혼나서 들었던 분노의 감정을 다른 친구가 꾸중 듣는 것을 보는 것으로 상쇄하고자 하는 것이지요.

둘째, 친구와 싸우거나 불만이 있을 때 친구에게 직접 말하지 않고 고자질함으로써 교사의 도움을 구합니다.

아직 저학년의 모습을 갖고 있는 3, 4학년은 모든 문제를 엄마가 해결해주듯이 학교에서는 자신의 문제를 선생님이 나서서 해결해주기를 바랍니다. 친구와의 작은 다툼은 학교생활을 하면서 매일 일어나는 일입니다. 신체적인 싸움이 아니라 단순한 의견 충돌이라면 교사가 바로 개입하기보다는 학생들이 대화로 해결하도록 방법을 가르쳐주고 훈련해야 합니다. 교사가 한 학생의 말만 듣고 바로 개입하면 다른 학생은 억울함을 느낄 수 있습니다. 또한, 교사가 학생들 스스로 대화로 해결할 수 있음을 믿어주는 것은 학생들의 성장에 큰 도움이 됩니다.

셋째, 단순히 교사의 관심을 바라거나 교사와 이야기를 하고 싶어서 고자질을 합니다.

3, 4학년 학생들은 대부분 선생님을 좋아합니다. 선생님과 가까워지고 싶고 뭔가 이야기를 하고 싶어 합니다. 그러나 마땅히 선생님과 대화할 화제를 찾기 어렵습니다. 이럴 때 가장 쉽게 꺼낼 수 있는 화젯거리가 고자질입니다. 선생님이 자신의 말에 귀 기울이고 즉각적으로 반응을 보이기 때문입니다.

고자질인지 아닌지 판단하기

　먼저, 교사는 친구의 잘못을 고자질하는 것은 잘못된 행동임을 정확하게 이야기합니다. 그리고 친구의 잘못을 교사에게 전하기 전에 그것이 고자질인지 사실 알림인지 판단해보도록 지도합니다. 어떤 일을 선생님에게 알릴 때 '저 친구가 선생님께 혼났으면 좋겠다.'라는 생각이 들거나, 친구의 잘못을 발견했을 때 신 나는 마음이 들고, 선생님께 이야기를 하면서 자신의 표정이 웃고 있다면 이것은 고자질입니다. 그러나 친구가 위험한 장난이나 심한 싸움을 하고 있어서 너무 위험하고 다칠 것 같아 걱정이 된다거나, 내가 아니라 다른 친구들의 이익을 위해 '선생님께서 아셔야 하는 일이다.'라는 생각이 들면 이것은 사실 알림입니다. 즉, 이기심과 이타심이 고자질과 사실 알림을 판단하는 기준이 됩니다. 여러 가지 상황을 들어 이 두 가지를 판단하는 연습을 합니다. 그리고 고자질을 당한 친구의 입장을 생각해보도록 해서 좋은 친구 관계를 위해서는 친구의 잘못을 덮어주고 감싸주는 마음이 필요하다고 알려줍니다. 그리고 진정한 친구는 친구가 잘못이나 실수를 했을 때 고자질을 하는 것이 아니라 충고해주고 고칠 수 있도록 도와주는 것이라고 말해줍니다.

　또한 친구의 행동이 나에게 피해를 주는 행동인가 아닌가도 판단의 중요한 지표입니다. 즉, 친구가 책상에 낙서를 한다고 했을 때 그 행동은 분명 잘못된 행동이지만 그것이 나에게 직접적으로 피해를 주는 행동인가 생각해보게 합니다. 친구의 잘못된 행동을 자신과 상관없는 객관적인 일로 받아들이게 되었을 때 아이들은 문제와 자신을 분리하여 좀 더 이성적으로 대응할 수 있게 됩니다. 그리고 문제와 분리하면 복수심이나 나쁜 마음이 아니라 정말 친구의 잘못을 고쳐주고 도와주려는 선한 의도가 나오게 됩니다. 학급 규칙을 어기는 행동, 위험한 장난을 하는 친구를 보았을 때 선생님께 고자질하는 것이 먼저가 아니라 그 행동을 멈추도록 학급 전체가 함께 도와야 한다고 알려줍니다. 이는 더 나아가 교사가 볼 수 없는 곳에서 일어나는 학교 폭력을 예방하는 효과도 얻을 수 있습니다.

학생 전체를 대상으로 이런 교육을 해도 학생들의 고자질 버릇은 쉽게 고쳐지지 않습니다. 그렇기 때문에 이런 고자질을 했을 때는 반복적으로 지금 마음이 어떠한지 질문하여 고자질과 사실 알림을 판단하는 연습을 하게 하고, 친구를 위한다면 선생님에게 오기 전에 먼저 그 친구에게 가서 직접 이야기해주고 고치도록 도와주라고 말해줍니다. 이렇게 고자질의 목적이 친구가 혼나는 것을 보는 것인데 오히려 선생님의 지도를 듣고 자신의 목적이 계속 실패하면, 서서히 고자질 횟수가 줄어들게 됩니다.

하지만 사소한 것이 아니라 정말 심각한 잘못(친구를 악의적으로 때리거나 심한 욕을 한 경우 같은)을 한 친구에 대해 고자질을 했을 때는, 고자질한 학생이 이타적인 마음에서 비롯된 사실 알림이 아니라 이기적인 마음으로 고자질을 했으므로 이에 따른 지도가 있어야 하지만, 이런 심각한 잘못을 저지른 학생에 대해서도 반드시 이에 마땅한 지도가 따라야 합니다. 이때는 고자질한 학생이 안 보는 곳에서 잘못을 저지른 학생을 훈계하여 고자질이 강화되지 않도록 합니다. 이기적인 마음으로 고자질한 학생에 대한 지도와 심각한 잘못을 저지른 학생에 대한 지도가 모두 필요한 상황입니다. 이런 심각한 잘못은 사실 알림의 형태로 교사에게 전달되는 것이 바람직합니다. 고자질이 싫다고 학생들이 친구의 잘못을 교사에게 알리는 것을 너무 죄악시하면 건전한 사실 알림이 이루어지지 않아 교사와 학생 간의 대화 창구가 없어지게 됩니다. 그래서 고자질하는 학생을 지도할 때 윽박지르지 말고 부드러운 말투로 이야기하며 학생의 말을 끝까지 들어주어야 합니다. 그리고 이기심이 의심되어 "지금 저 친구가 선생님께 혼났으면 좋겠다는 마음이 드는지 한번 생각해보세요."와 같은 질문을 했을 때 당사자가 정말로 친구가 걱정되어 이야기했다고 말한다면, 의심이 가더라도 학생의 말을 그대로 믿어줍니다. 현재 그 학생은 교사의 질문에 한 번 생각해본 것만으로도 자신의 태도를 돌아보기에 충분하기 때문입니다.

둘째, 친구와 싸우거나 불만이 있을 때 친구에게 직접 말하지 않고 교사에게 고자질함으로써 해결하려고 하는 경우, 학생이 주도적으로 문제를 해결하도록 지도해야 합니다.

"선생님, 현준이가 저를 때렸어요."

예시와 같이 현준이가 자신을 때렸다고 말하는 학생은, 사실 나를 때리지 말라는 말을 교사가 아니라 상대 친구에게 해야 합니다. 이것을 일깨워주는 과정이 필요합니다. 그래서 교사는 먼저 "그때 정호는 현준이에게 때리지 말라고 말했나요?"라고 질문합니다. 그러면 대부분은 그런 말조차 하지 않고 교사에게 달려왔다는 것을 인식하게 됩니다. 이 질문을 통해 문제의 해결 주체는 교사가 아니라 학생 자신이라는 것을 깨닫게 됩니다. 그리고 대부분의 학생들은 자신에게 유리한 부분만 말하기 때문에 교사는 뭔가 다른 숨겨진 이유나 오해가 있을 수 있다는 것을 염두에 두고 학생의 말만 듣고 가해자라고 지목된 학생을 일방적으로 혼내지 않도록 합니다.

"정호와 현준이 사이에 있었던 일을 선생님이 직접 보지 못했으니 현준이의 말도 들어봐야겠어요. 현준이를 데리고 선생님 앞으로 오세요. 그리고 지금 선생님에게 말했던 것을 현준이에게 해보세요. 선생님은 옆에서 지켜보고 있을게요."

선생님이 현준이를 혼내줌으로써 문제를 손쉽게 해결하는 것이 아니라 현준이와 직접 해결하도록 요구합니다. 교사 앞으로 나온 두 학생은 교사가 보고 있기에 평소보다 더 예의 바르게 존댓말로 자신의 생각과 요구 사항을 '나 전달법'으로 이야기합니다.

"아까 현준 님이 제 등을 쳐서 기분이 나빴어요. 앞으로는 그러지 말아주세요."

"그건 저도 옆에 있던 친구가 밀어서 실수로 그런 거예요. 실수라고 말했는데 정호 님이 저를 때려서 기분이 나빴어요."

그러면 대부분은 이런 식으로 실수가 드러나거나 서로 잘못을 한 것이 드러납니다. 정말 일방적이고 심한 신체적인 싸움이라면 이미 교실 바닥에서 뒹굴고 있어 학생이 와서 말하기 전에 교사가 먼저 발견하게 되는데, 이렇게 교사에게 달려와 고자질하는 상황은 작은 오해나 친구에 대한 배려가 부족해서 일어나는 경우가 대부분입니다. 따라서 이런 과정을 통해 학생 스스로 대화로 문제를 해결하도록 하고 자신에게 유리한 말만 하여 친구를 고자질하는 버릇을 고치도록 합니다. 학년 초에는 쉬는 시간마다 이런 과정을 되풀이해야 해서 매우 힘이 들지만 학년 초에 존댓말 사용, 고자질과 사실 알림 구별하기, '나 전달법' 등에 대한 지도를 꾸준히 하면 점차 고자질이 줄어들고 학생 스스로 생각하고 문제를 해결하는 방법을 터득하게 됩니다.

셋째, 단순히 교사의 관심을 바라거나 교사와 이야기를 하고 싶어서 고자질을 하는 경우, 교사는 학생에게 건전한 화젯거리를 제공해줍니다. 주말에 뭘 하고 지냈는지, 혹은 지난 교과 수업 시간에 무엇을 공부했는지 등을 물어보면서 화제를 자연스럽게 돌립니다. 그리고 선생님은 고자질보다는 친구를 칭찬하는 말이 듣고 싶다고 말합니다. 이를 위해 서로 칭찬하는 교실 문화를 조성해야 합니다. 선생님에게 와서 친구를 칭찬하거나 장점을 말해주는 학생에게 칭찬 스티커를 주거나 다른 강화물을 줍니다. 그리고 매일 알림장에 친구에게 감사한 일을 한 가지씩 구체적으로 적게 하고 돌아가면서 발표합니다. 그리고 교실에 칭찬 게시판을 설치하여 친구를 칭찬하는 감사의 쪽지를 쓰는 방법도 있습니다.

또한 "지금 현준이가 친구의 단점을 찾아왔구나. 선생님은 이런 말 대신 현준이가 친구를 칭찬하는 말을 듣고 싶어요. 그래서 현준이에게 오늘 미션을 줄 거예요. 오늘 집에 가기 전까지 우리 반에 있는 친구 중 한 명의 장점이나 칭찬할 점을 찾아서 말해주세요."와 같이 미션의 형식으로 과제를 주고 성공했을 때 칭찬하고 강화물을 주는 방식으로 지도합니다.

고자질을 많이 하는 학생의 마음은 교사에게 인정받고 싶은 마음, 나만 이런 잘못을 하고 있지 않다는 것을 알리고 싶은 마음, 선생님이 나만 미워한다고 생각하는 억울한 마음과 그로 인한 마음의 상처를 다른 친구들에 대한 복수로 상쇄하려는 의도 등 여러 가지 상처받은 마음들이 섞여 있습니다. 따라서 교사도 학생의 단점을 지적하고 혼내기보다 평소 학생의 장점을 찾아 칭찬해주고 교사로부터 사랑받고 관심 받고 싶어 하는 욕구를 채워주어야 합니다. 밖으로 보이는 여러 문제가 있는 학생이더라도 누구나 장점 하나씩은 가지고 있습니다. 그런 장점에 집중하고 칭찬해줌으로써 학생의 자존감을 높여주고 학생도 다른 친구의 단점이 아니라 장점에 집중하도록 자연스럽게 지도합니다. 교사가 학생의 단점에 집중하면서 학생이 다른 친구의 장점만 보기를 기대할 수는 없기 때문입니다.

'나 전달법(I-message)'과 '너 전달법(You-message)'

자기감정과 요구 사항을 상대방에게 전달하는 것은 중요한 일이지만 나이 어린 초등학생이 상대방을 배려하며 말하는 방법을 익히지 않으면 그 대화는 금세 싸움이 되어버립니다. 그렇다고 자신의 욕구를 참기만 하라고 강요할 수는 없습니다. 그래서 초등학교 시절부터 상대방을 배려하며 자신의 의사를 표현하는 훈련이 필요한데 그 대표적인 대화법이 '나 전달법'입니다.

'나 전달법'은 상대방을 비난하거나 공격하지 않고 자신의 감정과 상태에 집중하여 솔직하게 전달하는 대화법입니다. '나 전달법'은 이와 대비되는 '너 전달법'과 비교하면 이해하기가 쉽습니다. 예를 들어 친구가 실수로 물통을 엎질러서 그림에 얼룩이 생긴 상황일 때, "너 때문에 망쳤잖아, 책임져!"라는 반응은 '너 전달법'입니다. '너 전달법'은 예시처럼 상대방(너)이 한 행위에 집중하고 비난하여 상대방으로 하여금 수치심과 분노를 일으켜 자기방어적인 태도를 취하게 합니다. 공격을 받으면 자기 자신을 보호하고자 하는 것이 사람의 본능입니다. 그래서 변명을 하고 사과하고 싶은 마음도 들지 않게 만듭니다. 먼저 실수한 친구지만 사과를 하지 않고 오히려 더 공격적으로 반응하는 경우도 생기기 때문에 이런 대화법은 쉽게 싸움으로 발전하게 됩니다. 반면에 '나 전달법'은 자신의 감정과 현재 상태, 객관적인 사실에 집중하기 때문에 "물이 엎질러져서 내 그림에 얼룩이 졌어. 열심히 그리고 있었는데 정말 속상하고 기분이 나빠."라고 이야기할 수 있습니다. 이처럼 '나 전달법'은 자신의 감정에 집중하며 상대방 자체를 비난하지 않고 그 행동만을 객관적으로 이야기합니다. 그러면 말하는 사람은 자신의 감정과 요구 사항을 건강하게 표현하게 되고 듣는 사람은 공격을 받지 않았기 때문에 진심으로 자신의 행동을 반성하는 마음의 여유가 생기게 됩니다. 따라서 처음에는 어색할 수 있지만 이러한 '나 전달법'을 상황에 따라 꾸준히 연습하고 듣는 사람을 생각하며 말하는 태도를 길러야 합니다.

'나 전달법'의 원칙

1. 상대방 자체를 비난하지 않고 일어난 일을 사실대로 말한다.

2. 그때의 자기 기분을 말한다.

3. 객관적인 사건과 감정을 말한 후 더 나아가 상대방에게 내가 기대하는 바를 이야기한다. 단, 상대방이 해줄 수 있는 가능한 선에서 이야기한다.

4. 지금 느껴지는 감정에 대한 책임은 상대방이 아니라 나 자신에게 있음을 명심한다.

037

자기 뜻대로 안 되면 폭발해요

—— 4학년 담임을 맡고 있습니다. 우리 반 상우는 늘 화가 난 얼굴로 지냅니다. 숙제나 맡은 일도 잘 하지 않을뿐더러 자기 고집만 내세우고 1인 1역이나 모둠 활동도 참여하지 않습니다. 친구들과도 자주 싸우고 친구를 때려 울리는 일이 잦습니다. 상우에게 왜 그러는지 이유를 물어보면 자신은 잘못이 없고 친구 때문이라고 항상 남 탓을 합니다. 너무 자주 학급에서 일어나는 일이라 대책이 안 서고 힘이 듭니다. 친구들은 상우와 같은 모둠을 하기 싫어하고요. 어떻게 지도를 해야 좋을지 난감합니다.

Ⓐ 학급에 상우와 같은 아이가 있으면 참 힘듭니다. 하지만 정도의 차이

가 있을 뿐, 반에 이런 친구 한두 명은 꼭 있기 마련이지요. 친구를 때리고 울리는 정도라면 더 황당하고 난감할 것입니다. 이런 아이들은 고집도 매우 세고 자기주장도 강해 막무가내인 경우가 많습니다. 요즈음은 부모님이 가정에서 한두 명의 자녀만 양육하면서 그저 허용하고 받아주기 때문에 이런 영향도 없지는 않은 것 같습니다.

폭력은 겁나서 저지르는 행동

아이들이 폭력을 쓸 때는 여러 가지 이유가 있지만, 그중 가장 큰 원인은 좌절감이나 불안감이 높을 때입니다. 겁이 많아 오히려 폭력을 쓰는 아이들이 있습니다. 불안감이 높으면 자기방어 욕구가 커서, 친구가 살짝 건드리기만 해도 이를 심각한 공격으로 착각해 바로 폭력을 휘두르는 것이지요.

일부 아이들은 부모의 폭력이나 주변의 폭력이 학습된 경우도 있습니다. 부모한테 반복적으로 맞는 경우에, 집에서는 맞았지만 나와서는 다른 친구들을 때리는 것입니다. 또 더러는 친구 관계의 압력 때문에 폭력을 쓰기도 합니다. 같이 노는 친구들이 주로 폭력적인 아이들인데 자기만 얌전하면 친구들 사이에 문제가 생기니까 '나도 세다'는 걸 보여주기 위해서 폭력을 행사하는 것이지요.

초등학교 때 폭력을 행사하는 아이들은 대부분 '싸우는 공격성'이 아니라 '방어적 폭력'인 경우가 많습니다. 방어적 폭력이란 친구가 한 대 때리니까 나도 맞서서 때렸다는 뜻이 아니라, 불안이 높아서 폭력을 쓰거나 좌절감 때문에 폭력을 쓰는 경우입니다. 자기 보호를 위해서 별거 아닌 일에도 과도하게 폭력성이 나오는 것이지요.

폭력을 쓰는 아이들은 자신감이 넘칠 것 같지만, 오히려 열등감을 많이 느끼는 아이들이 많습니다. 또 인기가 없는 아이들이 공격적이고 폭력적인 성향을 드러냅니다. 내면을 보면 고통스러운 감정이 많은 경우지요. 괴롭힘을 많이 당했다든지 모욕이나 두려움에 많이 시달리는 아이는 자신이 지금 이대로는 무너질 수 없다고 느끼고, '내가 그렇게 약한 존재는 아니야.'라며 자신의 강함을 증명하기 위해 폭력을 쓰게 됩니다.

고집 센 아이의 불안

원래 불안이 많은 아이들은 고집이 세 보입니다. 불안하면 융통성이 떨어지고 융통성이 떨어지면 남이 볼 때 고집스러운 모습을 보이는 게 인간의 보편적인 심리라고 합니다. 이런 아이들 중에는 가끔 굉장히 공격적이고 폭력적인 아이들도 있습니다. 이렇게 고집 피우고 자기 멋대로 하려고 하고 공격적인 아이가 무엇이 불안하냐고 생각할지 모르지만, 실제로 아이는 굉장히 불안감이 많아서 사소한 남의 공격도 극단적으로 생각하는 것입니다. 평범하게 지나갈 수도 있는 일인데 이것이 자신에게 굉장히 해를 끼칠 것처럼 생각되니 과도하게 맞서서 대응하는 것이지요. 이런 아이들은 별것 아닌 일도 크게 확대해서 흥분하고 이를 겉으로 과도하게 표출합니다. 이런 아이들은 내면에 불안감이 가득 차 있습니다. 불안감이 심하면 결국은 융통성 부족을 낳고, 이것이 고집이 센 것처럼 보이는 경우가 많습니다.

해결책 및 대응 방법

그러면 이렇게 불안하고 겁이 많은 아이들을 구체적으로 도울 수 있는 방법은 무엇일까요?

폭력성을 보이는 아이와 고집이 센 아이들은 교사의 힘만으로는 해결하기 어렵습니다. 부모님의 도움을 구하고 같이 협력해야 합니다.

첫째, 불안감과 좌절감의 근본 원인을 찾아보아야 합니다.

아이의 불안감과 좌절감이 어디서 온 것인지 근본적인 원인을 알아야 도울 수 있습니다. 학년 초 학생들에게 간단한 그림 검사(예를 들면 어항 검사, 가족 상징 검사, 문장 완성 검사 등)를 실시하는 것도 학생들의 마음 상태를 파악하는 데 많은 도움이 됩니다. 본래 한 명씩 따로 검사를 실시해야 하지만 학교에서는 여러 가지 어려움이 있으므로 학생 모두를 대상으로 실시한 후, 아이들과 한 명씩 검사 결과에 대하여 자세히 물어보아야 합니다. 검사 결과는 학기 초에 실시하는 학부모 상담에도 매우 유용하게 사용할 수 있습니다. 상담을 할 때는 매우 조심스럽게 접근해야 합니다. 아이의 문제 행동에 대한 지적만 하면 학부모의 공감을 얻어내기보다는 반감을 살 수 있기 때문입니다. 대부분 문제 행동을 보이는 아이는 증상이고 원인은 가정에 있는 경우가 많습니다.

둘째, 아이의 마음을 이해해주시고 아이 편에서 지지해주시기 바랍니다.

고집을 부리거나 폭력적인 아이들은 자신의 행동이 살아남기 위해서 하는 유일한 힘이거나 수단일 경우가 많습니다. 학급에서 자주 이런 모습을 보게 되면 교사의 마음도 매우 불편합니다. 이때 아이의 행동만 보고 야단을 치거나 벌을 주게 되면 문제를 해결하기는커녕 아이가 더 불만을 가지게 되고 엇

나갈 수 있습니다. 아이가 보이는 행동 이면의 감정을 살펴보시고 마음을 읽어주면 오히려 쉽게 아이의 마음을 열 수 있습니다. 선생님이 자기편이라고 느끼게 될 때 아이는 다가오게 됩니다. 하지만 "자신과 남에게 해가 되는 것은 안 된다."라고 행동의 한계는 확실하게 알려주어야 합니다. 처음부터 잘되는 것은 아니지만 인내심을 가지고 대하면 아이는 반드시 착한 모습으로 돌아오게 됩니다.

셋째, 친구들과 잘 지낼 수 있는 사회성을 기를 수 있도록 지도해야 합니다.
대부분 이런 아이들은 공감 능력, 자기 조절 능력이 떨어지거나 또 어떻게 친구와 잘 지낼 수 있는지 방법을 모르는 경우가 많습니다. 방법을 모르니 자기방어만 하는 것입니다. 아이가 할 수 있는 자기 조절 방법(예를 들면 심호흡하기)이나 사회성을 기를 수 방법을 알려주고 아이가 학급에서 필요한 존재임을 알게 해주십시오. 아이가 점점 달라지는 것을 느낄 수 있을 것입니다.

영훈이가 달라졌어요

4학년 담임을 할 때 우리 반 영훈이는 불만이 많고 자신의 실수를 인정하지 않고 남 탓을 많이 하는 아이였습니다. 모둠 활동을 할 때는 전혀 협조가 안 되고, 친구들이 조금이라도 건드리면 심하게 공격적으로 나오고 자주 충돌하는 아이였습니다. 그러나 정작 발표할 때에는 매우 소극적이고 잘 나서지 않으며, 고집이 세고 반항하기 일쑤였지요. 영훈이를 담임으로 만나기 바로 전년도에 3학년 음악 교과 전담을 할 때에도, 영훈이는 모둠 활동으로 창작 활동을 하도록 했을 때 여자아이들하고는 하지 않겠다고 끝까지 고집을 부려 눈에 띄었습니다. 마음과 정서 상태도 자기 위주에서 벗어나지 못하고 저학년 수준에 머물러 있었지요.

학년 초 아이들에게 실시한 어항 그림 검사에서 영훈이는 아버지와 자신을 악어로 나타내며, 아버지가 자신을 잡아먹을 듯한 모습으로 그려 문제가 있음을 보여주었습니다. 가족 상징 검사에서도 아버지와 사이가 매우 좋지 않음을 보여주었고요. 3월 학부모 총회 후 어머니와 상담을 하면서 검사 결과를 조심스럽게 알려드렸습니다. 그러자 어머니께서는 울면서 영훈이를 지도하는 것이 너무 힘들다고 하셨습니다. 영훈이는 그 후에도 자신이 싫어하거나 마음에 안 들면 절대로 하지 않거나 고집을 부리고, 아이들과 자주 싸우고 미안해하는 기색도 없이 무조건 남의 탓으로 돌렸습니다. 남에 대한 배려나 1인 1역 등 맡은 일은 당연히 하지 않았고요.

두 달 정도가 지나도 계속하여 행동의 변화가 없어서 다시 어머니께 상담을 요청하였는데, 이번에는 아버지가 오셨습니다. 그동안의 그림 검사, 성격 검사, 진로 검사 결과를 말씀드리고 그간 영훈이가 학교생활을 어떻게 해왔는지 말씀드렸습니다. 영훈이 아버지께서는 이 정도일 줄 몰랐다며, 영훈이가 집에서는 말을 잘 듣는다고 하셨습니다.

아버지와의 상담을 통하여 영훈이에 대해 많은 것을 알게 되었습니다. 영훈이는 아버지가 직업 군인이어서 이사를 자주 다녔고, 세 살 때부터 누나와 어린이집에 다니며 또래 친구 없이 나이가 많은 아이들에게 치여서 스트레스를 많이 받는 환경에 노출되었습니다. 또한 매사에 엄격하고 철저한 아버지의 영향으로 집에서도 포근하고 안정된 정서를 가족과 나눌 수 없었지요. 영훈이 아버지께 영훈이의 마음이 어떤지를 말씀드리고, 아이의 마음을 읽고 지지해주실 것을 부탁드렸습니다. 아이에게는 체벌과 꾸중이 중요한 것이 아니라, 지지와 사랑이 우선임을 몇 번이고 강조했습니다. 영훈이가 지금과 같이 생활한다면 '왕따'가 될 수도 있음을 알리고, 이를 예방하기 위해서라도 남을 배려하고 봉사할 수 있는 사회성 훈련이 필요하다고 말씀드렸습니다. 이를 위해서 영훈이 자신은 물론 가정과 학교까지 함께 노력해야 한다는 점을 강조했습니다.

영훈이의 칭찬 일지(1일 1선)를 만들어서 학교와 집에서 착한 일을 한 내용을 적고 교사와 부모님이 서로 사인을 하게 하였습니다. 영훈이가 처음에는 무엇을 할지 몰라 해서 일일이 할 일을 가르쳐주었으나, 시간이 지날수록 영훈이 스스로 영역을 넓혀가며 봉사를 하게 되었습니다. 또한 영훈이의 마음과 정서를 안정시키기 위하여 창의적 체험 활동으로 하고 있는 리코더 연습을 꾸준히 하도록 지도하였습니다.

가정에서는 부모님 특히 아버지의 적극적인 협조가 많은 도움이 되었습니다. 무엇보다 영훈이와 아빠 사이가 좋아졌고, 이에 따라 영훈이의 표정도 밝아졌습니다. 학교에서도 발표를 잘하고 모둠 활동에도 열심히 참여했으며 다른 친구와 싸우는 일이 점점 사라졌습니다. 아이들도 영훈이의 변화하는 모습에 놀랐습니다. 본래 명석한 친구인 영훈이는 상벌에 민감하여 이런 면을 활용하자 많은 효과가 있었습니다. 2학기에는 독서 활동을 꾸준히 많이 하여 독서 도전골든벨에서 4위를 했고 성취도 평가에서도 매우 우수한 성적을 거두는 등 학교생활에서도 많은 성과가 있었습니다.

부모님께서는 영훈이의 변화에 매우 기뻐하셨습니다. 담임인 저도 학년 초의 모습을 보고 걱정이 되었던 영훈이가 변화해가는 모습에서 보람을 느낄 수 있었습니다. 아버지께서는 담임과 학생, 가정이 함께하니 좋은 결과가 있었다며, 우수 사례 수기로 참여해도 좋겠다고 말씀하실 정도였으니까요. 그 후 영훈이는 5학년에 올라가서 별다른 문제없이 잘 생활했고 졸업할 때까지 공부에 집중하는 우등생의 모습으로 바뀌었습니다. 문제 행동을 보이는 영훈이를 끝까지 인정하고 지지하며 칭찬해주고, 자신이 할 수 있는 역할을 할 수 있도록 지도하고 격려하는 것이 쉬운 일은 아니었지만, 그리고 이렇게 하기까지 오랜 시간이 걸렸지만, 교사로서 보람을 느낄 수 있는 시간이었습니다.

📖 **참고문헌**

• 최성애 · 조벽, 《청소년 감정코칭》, 해냄, 2012.
• 티처빌원격연수, 〈서천석 박사의 우리 아이 마음문답 직무연수 교재〉, 2015.

038

달래도 안 되고
야단치면 화를 폭발합니다.

──── 원산이는 오늘도 과학 시간에 매우 부산하게 수업을 방해합니다. 중얼중얼 소리를 내는 것은 물론이고 한시도 가만히 있지 않고 움직입니다. 보다 못한 제가 "원산이, 경고 한 번이야. 똑바로 앉아." 하고 주의를 주면 "에이~~~ 왜요~~." 하며 별일 아니라는 듯 대꾸하기 일쑤지요. 아무리 아이라지만 기분이 상하는 일은 어쩔 수가 없습니다. 무시하려고 해도 자꾸만 신경도 쓰이고요. 이런 원산이 때문에 수업 시간은 늘 어수선하고 정신이 없어집니다. 그러면 저는 또 저대로 날카로워지지요. 겨우 수업을 끝내고 수업 시간에 한 활동을 검사하고 있는데 이번에는 원산이가 제 책상에 있는 준비물을 함부로 만지는 것입니다. 그동안 참아왔던 것이 폭발해 저는 원산이의 손을 밀어내며 격앙된 목소리로 함부로 만지지 말라고 했지요. 그러자 기분이 안 좋아진 원산이가 "도그 짜

증나!", "도그 재수 없어!"라고 하더군요. 제가 못 들은 척하자 원산이는 '도그'를 넣어 계속 저를 자극하는 말을 했습니다. 저는 더 이상 참지 못하고 원산이더러 앞에 나가 서 있으라고 했습니다. 그러자 원산이는 들고 있던 책을 바닥에 내동댕이치더군요. 달래도 안 되고, 야단을 치면 더욱 안 되는 이 아이, 어떻게 훈육하고 가르쳐야 할까요?

Ⓐ 원산이처럼 선생님이 주의를 주면 말을 듣지 않고 오히려 난폭한 행동으로 되받아치는 아이들이 있습니다. 이럴 때면 담임교사는 참으로 난감합니다. 반 아이들 앞에서 자존심도 상하고 기분도 언짢지요. 마치 교사의 인내심을 시험하는 듯한 이런 학생들을 지도하기란 매우 어렵습니다. 얼마 전 뉴스에서는 교사 집단의 자존감이 매우 낮은 것으로 조사되었다는 보도가 나왔습니다. 그만큼 선생님들은 학생들의 버릇없고 반항적인 태도로 인해 자존감에 많은 상처를 입는다는 이야기겠지요. 학생이 교사의 지도에 따르지 않고 반항적이고 적대적인 행동을 할 때는 선생님 본인의 정신건강을 위해서라도 교사이기 이전에 한 인간으로서 자존감을 잃지 않으려는 노력이 반드시 필요합니다. 이를 위해서는 다음과 같은 점을 명심하도록 합니다.

첫째, 학생 지도에 최선을 다하되 자신을 너무 질책하지 않도록 합니다.

교사들도 감정이 있는 사람입니다. 아이들이 원산이처럼 반항적으로 나올 때면 교사들도 진심으로 화가 납니다. 교사이기 때문에 참아야 하고 또 학생을 이해하기 위해 노력해야 하고 교육적인 방법으로 지도해야 하는 게 맞지만, 이런 과정을 겪다가 자신도 모르게 원하지 않는 방향으로 학생들을 지도했을 경우, 너무 오랫동안 자신을 질책하며 괴로워하지 않도록 합니다. 자기 자신에게 '오늘도 수고했어.', '오늘도 최선을 다했어.' 하며 좀 더 너그러워지도록 합니다. 그리고 그동안 교사로서 잘 지도해왔던 점을 찾아 자신을 격려해주도록 합니다. 오늘은 방법이 조금 잘못되었지만 그래도 오늘과 같은 상황에서 나름대로 최선을 다했고 '내일은 좀 더 나아지겠지.'라는 희망을 마음에 새기며 자신을 인정하고 격려해주도록 합니다.

교사 집단은 전체적으로 도덕성이 매우 높고 초자아가 강합니다. 교사들은 높은 초자아와 교사로서의 사명감에 사로잡혀 작은 실수에도 자신을 질책하고 괴로워합니다. 하지만 자기 자신에 대한 지나친 채찍질은 자신을 더욱 엄격한 교사로 만들어 아이들의 작은 실수도 용납하지 않는 사람이 되게 합니다. 실수도 할 수 있다고 자신을 격려할 줄 아는 교사가 정신적으로 더 건강하고 아이들에게도 더욱 너그러운 교사가 된다는 사실을 명심해야 합니다.

둘째, 교사들이 학생을 이해하기 위해 배운 각종 방법들은 현실에서 100퍼센트 적용될 수 없음을 알아야 합니다.

교사 연수에서 '공감 인정 경청'에 대해 배웠다고 해서 일상생활에서도 언제든 학생들의 감정을 먼저 공감하고 내면의 욕구를 들여다볼 수 있다고 확신하지 말아야 합니다. 배운 바를 일상생활에서 실천하기 위해 노력은 하지만 이를 100퍼센트 적용하고 활용하기는 어렵다는 점을 인정해야 합니다.

교실에서 일어나는 갈등 상황 열 건 중에 다섯 건이라도 '공감 인정 경청'을 했다면 훌륭한 것입니다. 교사는 자신이 성공한 다섯 건을 생각하며 자신을 격려하는 데 중점을 두어야 합니다. 때로는 고전적인 방법으로 '꾸지람'을 할 때도 있을 것이고 벌을 주기도 할 텐데, 이때는 너무 죄책감에 빠지지 않도록 합니다. 아이들을 지도하다 보면 다양한 갈등 상황이 생깁니다. 이럴 때 연수에서 배운 대로 "너 정말 화가 많이 났구나!", "너 없는데 규칙을 정해서 미안하구나!"라고 말하면 좋겠지만, 설령 그렇게 못했다고 해도 자신을 질책하지 않도록 합니다. 조금이라도 실천을 했으면 그것으로 스스로를 격려하고 긍정적인 면을 찾도록 합니다. 가장 중요한 것은 학생을 사랑하는 마음이며 이 마음이 크면 어떠한 방법도 통합니다. 교사 자신이 스스로에게 너그러울 때 더 건강하고 더 자존심을 지킬 수 있으며, 학생들의 실수도 받아들일 수 있는 넉넉한 선생님이 된다는 사실을 기억하기 바랍니다.

분노의 원인은 다른 곳에

이렇게 자신을 인정하고 격려하는 마음이 마련되었다면 좀 더 여유 있게 원산이같이 '반항적인 학생'을 지도할 수 있습니다. 원산이가 수업 시간에 부산한 것은 여러 가지 원인이 있을 수 있습니다. 우선 'ADHD(주의력 결핍 및 과잉행동 장애)'나 '분노 조절 장애'를 겪고 있는 것은 아닌지 살펴보아야 하고, 다음으로 억압적인 가정환경으로 인해 분노가 쌓인 것은 아닌지 살펴보아야 합니다. 특히 엄격하고 가부장적인 가정에서 자란 경우 자신의 감정을 표출하지 못하다가 학교에 와서 쌓인 감정을 표출하는 경우가 있습니다. 게다가 요즘은 학교에서 체벌이 금지되어 있으므로 교사들이 교실에서 아이들의 자유로운 태도를 허용하는 편인데, 간혹 이런 환경을 역이용하는 아이들이 나오기도 합니다. 언행을 절제하게 할 외부 장치가 없어 함부로 행동하는 아이들이 나타나는 것이지요.

아무튼 아이들의 '반항적인 행동'에는 다양한 원인이 있으므로, 이 원인을 제거하는 것은 단시간에 되지 않습니다. 그런데 교사가 빙산의 일각처럼 겉으로 드러난 반항적인 언행에만 집중하게 되면 학생을 자극하여 학생의 태도가 더욱 폭력적이 되고 급기야는 심한 감정싸움으로 번지게 됩니다. 학생이 교사의 지도에 순응하지 않고 반항적인 태도를 나타낼 경우 교사는 고도의 인내심을 발휘하여 가급적 냉정을 유지해야 합니다. '학생의 분노는 교사에게 표출되지만 그 원인은 교사에게 있지 않은 경우'가 대부분이기 때문입니다. 그리고 많은 학생들 앞에서 학생의 반항적인 태도를 꺾으려고 할 경우 더 큰 갈등을 불러올 위험이 있습니다. 일단은 학생들 앞에서 교사의 존엄성이 무너지는 것은 교사에게도 큰 상처가 되므로 이런 행동에 대해서는 그 즉시 잘못을 지적하고, 수업 후에 따로 남겨서 지도하도록 합니다.

학생이 책을 던진다든지 의자나 책상을 밀친다든지 교사에게 폭언을 한다든지 하는 경우에는 '단호하고 엄격한 호통'이 효과적입니다. 요즘 아이들은 가정에서 부모님이 엄격하게 훈육을 하는 경우가 드뭅니다. 학교 공부와 학원에 시달리고 시간을 많이 빼앗기다 보니 제대로 된 훈계나 훈육을 가정에서 하기가 어려운 것이지요. 또 이런 훈육이나 훈계가 효과가 있으려면 자녀와 감정적으로 애착이 형성되어 있어야 하는데 요즘의 아이들은 너무 많은 시간을 학원과 학업에 빼앗기고 가족과 함께할 시간은 부족한 터라 제대로 된 가정교육이 부재한 형편입니다.

선생님에게 분노를 표출한 아이는 따로 남겨서 상담을 통하여 자신의 행동을 돌아보게 합니다. 상담 시에는 먼저 화가 가라앉기를 기다립니다. 그 다음 "화가 많이 났나 보구나!", "많이 속상했니?" 등으로 공감을 해주고, 아이의 행동 때문에 선생님도 많은 상처를 받았음을 알려줍니다. 이때 선생님의 감정도 솔직하게 표현합니다. 그런 다음 선생님의 지도를 받아들이기가 어려운 이유를 차분히 짚어봅니다. 그런데 이런 아이들의 경우 의외로 선생님의 권위를 받아들이는 것을 자신이 선생님께 굴복하는 것으로 받아들이는 경우가 많습니다. 선생님을 교실 내에서 힘겨루기의 대상으로 여기는 것입니다.

또는 엄격한 엄마를 선생님께 투사하는 경우도 적지 않습니다. 엄마께는 함부로 대들지 못하다가, 수업 시간에 엄마처럼 지적하고 규칙을 요구하는 선생님에게 잔소리하는 엄마를 투사하는 것입니다. 그러다가 엄마보다는 조금 '만만한' 선생님을 향해 억눌렸던 감정을 폭발시키는 것이지요.

선생님을 힘겨루기의 대상으로 여기는 경우는 선생님의 권위를 인정하도록 이해시켜야 합니다. 선생님의 권위가 가부장적이고 부당한 것이 아니라 학생을 가르치기 위해 마땅히 존중받아야 하는 권위임을 이해시킵니다. 선생님과 학생이 윗사람, 아랫사람의 대결 구도로 짜인 관계가 아니라 배움을 위해 서로 존중하고 때로는 순종하면서 나아가는 관계임을 이해시킵니다. 선생님의 사랑과 가르침에 따르는 것이 권위에 대한 복종이 아니라 타인에 대한 존중임을 깨닫도록 합니다.

두 번째, 교사에게 엄마를 투사하는 경우에는 어머니와 상담을 하여 선생님의 통찰이 맞는지 확인해보아야 합니다. 만약 선생님의 판단이 맞다면 학생과 대화를 해서 부모님과 갈등의 고리를 풀도록 합니다.

단 한 명을 위한 선생님

이렇게 학생과 상담을 통해 갈등의 고리를 풀고 선생님을 신뢰하도록 하려면 무엇보다 학생과 '라포(rapport)'가 형성되어 있어야 합니다. '라포'는 사람과 사람 사이에 생기는 상호 신뢰 관계를 말하는 것으로, 서로 마음이 통한다든지 어떤 일이라도 터놓고 말할 수 있거나 말하는 것을 서로 감정적으로나 이성적으로 충분히 이해하는 상호 관계를 말합니다. 그러나 이런 반항적인 학생의 경우 라포를 형성하기가 매우 어렵습니다. 선생님으로서 굉장한 노력이 필요한 경우로, 이때 선생님은 아이의 반항적인 태도 이면에 놓인 불안과 분노와 아픔을 보고 보듬어야 합니다. 이것이 사전에 이루어지지 않으면 라포를 형성하기 어렵지요. 따라서 교사는 무엇보다 전문가가 되어야 하는 것입니다. 라포를 형성하기 위해 학생을 지도하는 과정에서 이런 반항적인 학생은 선생님께 많은 상처를 줍니다. 그래서 간혹 선생님도 학생에게 인간적인 감정을 표출하기도 하지요. 이런 경우 글 초반에 이야기한 것처럼 선생님은 자신에게 너그러워져야 합니다. 그리고 주변에서도 이런 선생님을 이해하는 분위기가 형성되어야 합니다. 이런 학생들은 반항적이고 공격적인 태도로 인해 그동안 더 많은 공격을 주변으로부터 받아온 상태입니다. 외부로부터 반복적인 지적과 공격을 받으며 반항 심리가 더욱 악순환에 빠지고 이로 인해 움츠러들면서 공격성이 더 강해진 경우라 볼 수 있습니다. 따라서 이 연결고리를 끊을 현명한 선생님이 필요합니다.

이런 면에서 선생님은 전문가이면서 참 스승이어야 합니다. 현명하고 지혜로운 선생님은 학생 한 사람의 인생과 미래를 바꿀 수 있습니다. 아프지 않은 99명은 의사가 필요하지 않습니다. 아픈 한 명을 위해 의사가 필요한 것입니다. 가정에서 사랑을 듬뿍 받은 아이들은 선생님의 사랑이 절실하지 않습니다. 오히려 자신의 사랑을 친구들에게 나누어주고 선생님도 도와줍니다. 사랑이 결핍된 또는 왜곡된 한 명의 학생이 선생님의 많은 사랑과 인내를 필요로 하는 것입니다. 교사들이 끊임없이 배우고 자기 연찬을 하는 이유가 어디에 있을까요? 바로 잃어버린 양 한 마리를 찾기 위해서입니다. 먼저 교사 자신부터 자신을 이해하고 인정하고 칭찬하고 격려합시다. 그리고 이런 긍정 에너지를 교사들끼리 서로 나누며 힘을 내어 오늘도 상처받아 울고 있는 어린 학생들을 따뜻하게 감싸주도록 노력합시다.

039

건드리면 헐크로 변해요.

────── 유준이는 어머니가 호주로 어학연수를 갔다가 그곳에서 얻은 아이입니다. 그러나 유준이 아버지와 결혼까지 이르지 못하고 어머니 혼자 귀국해서 유준이를 낳고 기르게 되었지요. 유준이의 모습은 이목구비가 또렷하고 외모가 준수한 전형적인 백인의 모습입니다. 유치원에 가면서부터 초등학생인 지금까지 유준이는 처음 보는 선생님이나 친구들한테 늘 똑같은 질문을 들어왔습니다.

"너는 어느 나라에서 왔니?"

잘생기고 이국적인 용모가 눈에 띄어 쉽사리 사람들이 말을 걸어오지만, 유준이는 이런 질문에 한 번도 제대로 대답할 수 없었습니다. 정작 자신은 한국에서 태어나 자랐고 외국에는 가본 적도 없는데 다들 다른 나라 사람으로 판단하고 질문을 해오는 게 정말 난감하기만 했지요.

유준이는 초등학교 3학년 4월 초에 이웃 학교에서 우리 반으로 전학을 왔습니다. 전입 온 첫날 소개하는 시간에도 아이들은 너나없이 호기심 어린 눈빛으로 물었지요.

"선생님, 유준이 어느 나라에서 왔어요?"

"유준이는 우리나라에서 태어나고 자란 우리나라 어린이란다. 너희들과 똑같지. 이웃 학교에서 공부하다가 우리 동네로 이사 오게 되어서 전학 온 거야. 처음이라 낯설 테니 먼저 다가가서 말도 걸고 사이좋게 잘 지내주기 바란다."

그렇게 무사히 인사를 마치는가 싶었는데, 웬일인지 유준이는 전학 첫날부터 묻는 말에 아무런 대답도 안 하고 자기 자리에 가만히 앉아 있기만 했습니다. 교과서를 꺼내라는 말에도 눈만 말똥 쳐다볼 뿐 별 반응이 없었지요. 혹시 책을 안 가져왔나 싶어 가방을 열어보았는데, 교과서는 멀쩡히 있었습니다. 하루를 그렇게 보내고 나니 유준이에 대한 궁금증이 많아졌습니다.

다음 날 아침, 유준이는 1교시가 시작되었는데도 자리에 앉지 않고 교실 여기저기를 돌아다녔습니다. 배식대 위에 올라가는가 하면 창문을 넘기도 했지요. 컴퓨터 시간에는 학습 목표와 상관없이 게임만 했습니다. 선생님이 지시를 하면 문을 열고 교실 밖으로 나가기도 했지요. 반 임원들을 시켜 교실로 들어오게 하자 책을 교실 바닥에 내동댕이치더니 책상을 밀치고 화분을 쓰러뜨리는 등 순식간에 교실을 난장판으로 만들더군요. 성난 헐크가 따로 없었습니다. 그 괴력과 야성에 힘까지 넘쳐서 교사도 임원들도 유준이를 쉽게 당해낼 수 없었지요. 학교생활을 제대로 하지 않고, 조금이라도 관심을 보이면 헐크처럼 변해 교실을 아수라장으로 만드는 이 아이를 어떻게 가르칠 수 있을까요?

Ⓐ 유준이는 자기에게 관심을 갖는 모든 게 다 싫습니다. 외국인도 아닌데 어느 나라에서 왔냐고 묻는 사람들도 지긋지긋합니다. 다른 친구들과 다른 자신의 외모도 정말 싫습니다. 태어나서 10년이 된 지금까지 아빠 얼굴을 본 적도 없습니다. 아빠가 누군지도 모르고, 엄마한테 물어보면 호주에 계시다고만 대답합니다.

'나는 누구인가?' 이런 물음이 유준이 머릿속을 떠나지 않습니다. 한국인도 아니고 외국인도 아닌 나, 아빠도 없는 나, 불확실한 것투성이입니다.

유준이 어머니는 아버지도 없이 크는 아들을 보며 미안함과 죄책감이 많았습니다. 또 가장으로서 생계를 꾸려가야 하는 부담 때문에 늘 일하시느라 유준이 옆에 있을 시간이 여의치 않았습니다. 그래서 아이의 기분을 맞춰주고 아이가 원하는 것만 해결해주는 데 급급했지요. 옳고 그름에 대한 가치 기준을 제시하고 가르치는 데 소홀했습니다.

이런 환경 속에서 살아오다 보니 이제 유준이는 누구의 말도 듣지 않고 제 멋대로 하며 어머니는 물론이고 선생님과 친구들에게까지 마음을 열지 않고 반항하는 천하 무법자가 되어가고 있었습니다. 지금까지 유준이에게는 권위 있는 사람이 없었습니다. 아버지의 부재에 어머니까지 유준이에게 권위 있는 태도를 보여주신 적이 없어서, 어른을 공경하는 법도 몰랐지요. 유준이에게는 말을 걸어오는 사람 모두가 자기를 힘들게 하는 존재일 뿐이었습니다. 당연히 사람들은 자신을 대적하는 대상으로 여겨질 뿐이었지요.

유준이의 치료 과정

유준이처럼 무례하고 막무가내인 학생은 권유를 하거나 타이르거나 달래보아도 별반 효력이 없습니다. 학교 공부를 내팽개치고 무례한 행동을 일삼는 유준이에 대해 고민을 거듭하다가 유준이 어머니와 대화 노트를 만들어 소통을 하기로 하였습니다. 교사가 유준이의 부적응 행동을 간단히 메모하여 유준이 편에 보내면, 유준이 어머니께서는 유준이와 대화를 한 후 아이가 이런 행동을 한 이유와 이후의 대안을 적어 보내기로 한 것이지요. 대화 노트는 유준이 어머니에게는 학교생활의 기록을 가지고 아이와 대화하며 훈육하시라는 취지였고, 교사에게는 이 기록을 바탕으로 유준이를 더 이해하고 도울 방법을 찾기 위한 자료로 쓰기 위함이었습니다.

일례로 대화 노트에 학교에서 보인 유준이의 부적응한 태도를 몇 가지 적어드리고 이를 개선하기 위해 어머니의 도움을 요청한다고 적었습니다.

1. 병원 정신과에 가서 유준이의 심리 상태를 진단 받아보세요.
2. 진단 자료로 교사와 상담하기를 원합니다.
3. 학교생활 적응을 위한 대안을 생각해보시고 교사와 상담을 하시면 좋겠습니다.

유준이 어머니는 바로 병원을 예약하셨고, 다음 주에 병원 상담을 다녀와 선생님과 상담을 하겠다고 답을 보내오셨습니다. 유준이 어머니는 대화 노트에 적힌 유준이의 학교생활이 너무 심각한 것 같다고 하셨습니다. 외가 부모님과 삼촌들과 상의해서 어떤 조치를 내려야 할 것 같다면서, 집에서는 이 정도는 아닌데 학교에서 왜 그러는지 모르겠다고 하셨지요.

유준이는 심리 검사 결과 특수반에 다니는 게 좋다는 의사의 소견이 나왔지만 아이와 어머니가 특수반은 원하지 않아서 그대로 학급에서 학교생활을 하기로 하였습니다.

다만 주 1회 놀이 치료를 받고 방과 후 어머니가 안 계시는 시간에는 베이비시터의 보살핌을 받아 학습과 식사 돌봄을 받기로 결정하였습니다.

가정에서는 정서적인 지원이 시작되었습니다. 또 어머니의 정신적 부담을 줄여주기 위해 매일 베이비시터께 유준이의 생활을 알려주었습니다. 잘한 점과 개선할 점을 알려주고 유준이와 대화해보기를 권유했습니다. 유준이는 조금씩 정서적인 안정감을 되찾아가는 듯 자기 마음 내키는 대로 돌아다니는 버릇은 줄어들었으나 고질적인 태만함은 크게 나아지지 않았습니다.

체벌의 논란이 분분할 때이지만 해야 할 것은 하고 하지 말아야 할 것은 하지 않는 태도를 길러주지 못했기에 말로는 도무지 변화되지 않는다는 것을 알고 어머니께 양해를 구했습니다.

"꼭 해야 하는 일을 안 하고 하지 말아야 할 일에 무례한 행동을 보일 때, 말이 더 이상 먹히지 않을 때, 때로 체벌을 해도 되겠습니까?"

유준이 어머니께서도 자식 교육의 힘듦을 수없이 경험한 터라 괜찮다며 승낙해주었습니다. 교육적 체벌은 할 수도 있다는 어머니의 승낙을 받은 후 며칠 뒤가 유준이 생일이었습니다. 생일 전날, 유준이는 하루 종일 뽀로로 만화 주인공 얼굴만 그리고 있었습니다.

"공부가 어려워서 공부를 안 하니? 아니면 싫어서 안 하니?" 하고 물었으나 유준이는 대답이 없습니다.

"만화 그만 그리고 수학책 꺼내 봐."

그러자 유준이는 "니가 뭔데?" 하더니 무섭게 책상을 세게 밀치고는 교실 문을 열고 교실 밖으로 뛰어나갔습니다. 그 문소리가 얼마나 큰지 아이들이 놀라 아연실색하고 한동안 공부를 계속할 수 없는 지경이었습니다.

5교시 수업 시간이 끝날 즈음 교실 뒷문이 스르르 열리며 유준이가 들어왔습니다. 가방 때문에 집으로 바로 가지는 못할 거라고 예상하여 미리 유준이 가방을 숨겨두고는, 하교 지도를 하고 올 동안 교실에서 기다리고 있어야 가방을 돌려준다고 말했습니다. 학교 앞 제과점에 들러 케이크 배달을 부탁해놓고, 유준이에게는 같이 갈 데가 있으니 선생님과 함께 가자고 했습니다. 가방도 사라진 데다가 수업도 안 하고 교실 밖을 나갔다 온 잘못을 알았는지 유준이는 순순히 따라왔습니다. 쓰지 않고 숨겨둔 매도 챙겨서 평소 잘 사용하지 않는 교사 휴게실로 갔습니다.

커튼이 드리워진 휴게실은 조용하고 마음이 집중되는 차분한 분위기였습니다. 유준이를 방바닥에 앉게 한 후 한참이 지나서야 조용히 말을 꺼냈습니다.

"지금부터 선생님이 묻는 말에 예, 아니요, 둘 중 하나만 대답해. 만약 물었는데 이도저도 대답을 안 하면 대신 매를 들 거야. 이건 엄마께 미리 허락받고 하는 일이고, 네 마음을 알기에 도움을 주고 싶어서 하는 일이니 그리 알고 대답해줘. 알았지?"

1. 학교생활은 네 마음 내키는 대로 하는 곳이지? — 30초가 지나도 대답이 없자 엉덩이를 한 대 때렸습니다.
2. 선생님이 물으면 "니가 뭔데?"라고 항상 막말로 되묻는데, 그런 말은 선생님이 가르친 적이 없는데 그렇게 대답해도 괜찮다고 생각하니? — 딱!
3. 공부 시간에 책도 안 꺼내고 그 시간에 할 공부는 안 하고 만화 주인공만 그리기 일쑤인데 함께 해보자 하면 책상 밀치고 눈 부라리면서 네 맘대로 나가 돌아다니는 것이 잘한 행동이라고 생각하니? — 딱!

학교에서 그릇되게 말하고 행동한 것들을 되새겨 열세 번째까지 물어도 유준이는 한 번도 대답을 하지 않습니다. 질문이 늘어갈수록 매도 강도를 더해

갔습니다. 유준이는 처음에는 때릴 테면 때려봐라 했다가 열 번이 넘어서자 때리려고 매를 드는 순간, 두 손으로 매를 붙들고 저지했습니다. 어찌나 힘이 세고 저항이 심한지 둘이 땀을 뻘뻘 흘리며 겨루다가 교사가 학생에게 지면 안 된다고 생각하여 사력을 다해 매를 빼내어 질문하고 대답을 안 할 때마다 때렸습니다. 유준이의 얼굴은 빨개지고 땀이 줄줄 흘러내렸습니다. 제 얼굴도 땀으로 범벅이 되었습니다. 열네 번째 매를 들 때, 유준이는 짐승처럼 소리 지르며 매를 잡지도 않은 채 목 놓아 울었습니다. 목에서 나오는 울음이 아닌, 가슴 저 바닥에서 끓어 나오는 울음이었습니다. 저도 함께 울었습니다. 얼마간 같이 울고 나자 울음소리는 점점 작아졌습니다. 그러다가 흐느끼고 그리고 울음이 그친 후 1분, 2분, 5분 이상의 침묵이 흘렀습니다.

저는 다시 목 메인 작은 소리로 열네 번째 질문을 하였습니다.

"많이 아팠지? 선생님이 밉지?"

"……."

"선생님이 유준이 미워서, 싫어서 때렸다고 생각하니?"

"아-니-요."

"정말 그렇게 생각한 거야? 그럼, 내일도 학교에 올 거니?"

"네."

"학교에 오면 예전처럼 공부는 안 하고 네 맘대로 할 거고?"

"아니요."

"유준아, 대답해줘서 정말 고맙다. 선생님은 오늘 지금 이 시간이 제일 기쁘고 감사하구나. 오늘은 유준이가 선생님과 함께하며 자신을 살펴본 시간인데 마침내 마음을 열고 대답하는 걸 보니 새사람이 된 것 같구나. 오늘 선생님과 함께하며 쓸데없는 고집부려 맞고 울기도 하다가 마침내 대답해준 것, 고마워! 더 이상 고집부리지 않고 묻는 말에 대답해준 오늘이 유준이가 새롭게 태어난 날이야. 앞으로 사람들이 너 어디서 왔냐고 물으면, 이젠 숨지 말고 당당하게 "한국에서 태어났어요."라고 솔직하게 말해. 그건 사실이니까. 그리고 네가 힘들 때 선생님은 널 사랑하고 네 편이라는 것 꼭 잊지 말고 기억해줘. 내일부터 친구들과 잘 어울리고 공부도 해보자. 새로 태어났으니 새 마음으로 잘할 수 있으리라 믿는다. 노력해볼 거지?"

"네……."

"고맙다. 선생님은 널 진심으로 사랑하고 끝까지 포기하지 않을 거야. 그리고 지켜볼 거야, 유준아 사랑해!"

유준이를 안고 토닥거려준 후 손을 잡고 교실에 올라왔습니다. 그러고는 가방을 메주고 새로 태어남을 축하한다며 한 손에 케이크 상자를 들려주었습니다. 교실 문을 나서서 한 층 내려가는 데까지, 복도에 서서 멀어지는 유준이의 뒷모습을 지켜보았습니다. 유준이도 복도 모퉁이를 돌아서다 말고 뒤를 한 번 돌아보고는 다시 계단을 천천히 내려갔습니다. 잠시 후 유준이는 운동장을 가로질러 교문을 나서다가 또다시 우리 교실을 돌아보더니 아주 천천히 교문을 벗어났습니다.

그날 이후 이전의 모든 날이 꿈인 것처럼 유준이는 서서히 공부를 시작했습니다. 여느 아이들처럼 학교생활에 잘 적응해갔습니다. 방과 후 야구반에 들어가 운동도 시작했습니다. 세찬 바람에 무수히 흔들리다 이제야 뿌리를 내린 듯 의연해져가는 모습을 볼 때마다 가슴이 순간순간 뭉클해지곤 합니다.

• 이 사례는 체벌금지법 이전의 사례입니다. 현행법상으로는 인권 존중 차원에서 체벌이 금지되어 있지만, 법보다 아이의 성장을 위한 사랑과 관심이 더 큰 상위의 법이 아닐까 싶습니다. 아이의 바람직한 성장을 위해서 학부모님의 동의가 있다면 감정적 대응이 아닌 교육적 체벌은 필요하다고 생각합니다. 3학년이 되도록 교육이 안 되었던 유준이의 변화된 모습이 이를 증거합니다.

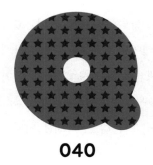

040

매사에 남녀차별을 한다며 따집니다.

―――― 4학년인 수연이는 또래에 비해 신체적으로나 인지적으로 성숙한 학생입니다. 공부도 잘하고 숙제나 학급에서의 자기 역할도 스스로 잘하는 어른스러운 아이입니다. 같은 여자아이들 사이에서도 리더십이 있고 인기가 많습니다. 그러나 유독 남자아이들을 무시하는 말을 자주 하고 때때로 적대감을 표현합니다. 3월 새 학기 때부터 줄곧 남학생, 여학생이 같이 앉았는데 자리를 바꿀 때마다 "여자끼리 앉으면 안 돼요?"라고 물어보고 남자 짝꿍과 책상을 떨어뜨려 앉습니다. 그리고 여자아이들끼리 놀고 있을 때 남자아이가 같이 놀자고 하면 거절하고 껴주지 않으며 남학생과 여학생이 편을 갈라 싸우는 일이 종종 있었는데, 이를 주도하는 아이가 늘 수연이였습니다. 여자아이들과는 사이좋게 잘 지내는데 유독 남자아이들에게는 욕을 하거나 때리는 행동도 서슴없이 하여 남

자아이들은 그런 수연이를 '여자 깡패'라고 부르며 더 놀려댑니다.

줄을 서서 이동할 때 선생님이 남학생을 먼저 가게 하거나 어쩌다 남학생 먼저 숙제 검사를 하면 어김없이 "왜 남자가 늘 먼저예요?"라고 말하며 반항심을 보이기도 합니다. 교사의 작은 행동도 남녀차별이라며 민감하게 반응하는 수연이로 인해 학급 분위기가 더욱 남자와 여자의 대결 구도로 변하는 것 같아 걱정이 됩니다.

Ⓐ 한 학급에서 남학생과 여학생이 대결 구도를 보이는 상황은 초등학교에서 흔히 볼 수 있는 일입니다. 하지만 남학생과 여학생 모두를 공정하게 대하려고 노력하는 교사에게 차별한다며 반항하듯이 대꾸하는 학생들을 보면 교사로서 어떻게 대응해야 할지 당황스럽습니다. 반대 성에 대해 왜곡된 생각을 가진 아이들, 반대 성에 대한 피해의식을 적대감으로 키워 교사에게까지 반항심을 드러내는 아이들은 새로운 인식과 태도로 대할 필요가 있습니다.

반대 성에 적대적인 원인

첫째, 가정에서 잘못된 성역할이 학습된 경우입니다.

가정이 아이들의 초기 인격과 사회성을 형성하는 매우 중요한 환경이라는 사실은 아무리 강조해도 지나치지 않습니다. 그런데 가정 안에서 남자라서, 혹은 여자라서 차별당하고 억울했던 경험이 쌓이면 반대 성에 대해 부정적이고 적대적인 감정이 생기게 됩니다. 주로 성이 다른 형제를 대하는 부모의 태도가 차별적일 때 분노와 좌절감이 생겨 반대 성에 대한 적대감이 생길 수 있습니다. 혹은 평소 부모님의 관계가 화목하지 않고 싸우는 모습을 자녀들에게 자주 보여주었을 때 아이들은 반대 성에 대해 안 좋은 이미지나 두려움을 가질 수 있습니다. 그리고 가정에서 직·간접적으로 강요되어온 성 역할이 고착화되어 남자와 여자에 대한 고정관념이 생길 수 있습니다.

둘째, 이성을 대결과 경쟁의 상대로 인식하기 때문입니다.

교실에 있는 학생들을 쉽게 구분할 수 있는 기준은 남자와 여자라는 성의 구분입니다. 분명 나와 다르다는 구분, 차이는 상대에게 쉽게 다가갈 수 없는 요소로 작용합니다. 그런데 아직 미성숙한 초등학생들은 구별되는 차이를 다름이 아니라 틀림으로 받아들이기 쉽습니다. 그래서 같은 성에게는 같은 편이라는 우호적인 반응을 보이고 반대 성에게는 나와 '다르다', '틀리다'라는 적대적인 감정을 가지게 됩니다. 그리고 때로는 대중 심리로 무리에 휩쓸리듯이 반대 성에 대한 적대감이 생기기도 합니다. 또래 집단에 끼고 싶은 욕구가 큰 초등학교 시기에 또래가 같은 성끼리만 놀고 반대 성을 적대시하게 되면 그 집단에 끼기 위해 별 생각 없이 대결 구도에 합세하기도 합니다.

셋째, 피해의식이 많은 경우입니다.

피해의식이 많으면 상대의 작은 말과 행동에도 민감하게 반응하며 차별받았다고 생각합니다. 이런 아이들은 남녀차별과 관련 없는 문제에서도 자주 남 탓을 하거나 작은 일에도 불만을 드러냅니다.

넷째, 교사와 어른에 대한 반항심 때문인 경우입니다.

마음속으로 교사의 말이나 행동이 차별적이라고 생각할 수 있어도 3, 4학년이 이를 직접적으로 표현한다는 것은 사실 어려운 일입니다. 그런데 교사에게 직접적으로 표현했다는 것은 반대 성에 대한 적대감도 원인이지만 교사나 권위자에 대한 반항심도 크다는 것을 나타냅니다. 이는 교사에 대해 신뢰도가 떨어지고 교사의 권위가 낮아진 사회적인 분위기와도 관련이 있습니다.

해결 방법

먼저, 교사 스스로 학생을 대할 때 작은 일이라도 남녀에 대해 편견과 차별을 갖고 대하지는 않았는지 반성해보아야 합니다.

남학생에게 더 무거운 물건을 나르게 한다거나 체육 시간에 여학생의 참여를 제한하는 작은 행동들이 학생들의 가치관에 영향을 끼치며, 민감한 학생에게는 차별 당했다는 생각에 분노와 반항심을 키우게 할 수도 있습니다. 교사 스스로 자신의 행동에 납득할 만한 차별과 편견이 있었다면 솔직히 사과하고 작은 일에도 신경 써서 이런 일들을 고쳐나가야 합니다. 남학생과 여학생을 번갈아 가면서 줄서서 가게 하거나 발표도 의식적으로 남녀를 번갈아 가며 공정하게 시키는 등 작은 일에도 세심하게 더욱 공정성을 가지고 학생들을 대하도록 노력해야 합니다.

더불어 교사는 초등학교 중학년이 자신의 성을 인식하고 그에 대해 자신감을 가지는 자연스러운 시기라는 것을 이해해야 합니다. 저학년 때는 남학생과 여학생이 서로 손을 잡고 체육 활동을 하는 것을 부끄러워하지 않으며, 놀 때도 남녀를 구분하지 않고 서로 잘 놉니다. 하지만 중학년이 되면서 나와 반대 성의 차이를 인식하게 되며 이 시기의 자기중심적인 태도가 자기 자신과 '다름'을 '틀림'으로 받아들이게 합니다. 특히 신체적·정서적으로 성장이 빠른 여학생이 보기에는 남학생들이 유치하게 보이고 무시할 만한 명분이 있다고 생각할 수 있습니다. 또한 이때부터 남학생과 여학생이 학습과 생활 태도 등 여러 면에서 눈에 띄는 차이를 보이게 되어, 교사도 남학생과 여학생을 대하는 태도가 달라집니다. 이것이 학생의 눈에는 차별로 느껴질 수 있습니다. 교사는 중학년이 가지는 이러한 특징을 이해해야 문제의 해결점을 찾을 수 있습니다.

둘째, 양성평등 교육과 성교육을 실시합니다.

여러 교과 시간에 자연스럽게 양성평등 교육을 하는 것이 중요하며, 양성평등을 주제로 반대 성의 특징과 차이점에 대해 직접적으로 공부하는 시간도 필요합니다. 서로의 차이를 알고 있어야 오해가 없고 서로의 장점을 볼 수 있습니다. 남자는 이렇고 여자는 이렇다는 식의 접근은 성 역할에 대해 고정관념을 키울 수 있기 때문에 조심해야 합니다. 하지만 분명 남자와 여자는 다릅니다. 어느 쪽이 우월하거나 열등하다는 것이 아니라 행동과 사용하는 언어방식, 신체적인 면에서 차이가 엄연히 존재합니다. 모든 여자와 남자가 그렇지는 않다는 전제가 있지만, 분명 남자아이가 이해하기 힘든 여자의 행동이 있고 여자아이가 이해하지 못하는 남자의 행동이 있습니다. 같은 상황을 보고 서로 다른 반응을 보이는 남녀의 모습들을 재미있게 제시하여 남녀의 생각 차이를 이해하도록 합니다. 그리고 이런 차이가 있음에도 서로 이해하며 함께 살도록 노력해야 하는 이유를, 서로가 가진 장점을 통해 이해하도록 도와줍니다. 남녀는 서로가 가진 장점으로 상대의 약점을 보완하고 도움을 주고받으며 살아가는 존재이며, 그렇기에 서로에게 필요한 존재임을 알게 해줍니다.

셋째, 남녀가 모두 어울려 놀 수 있는 학급 분위기를 만듭니다.

우선 남학생과 여학생이 모두 참여할 수 있는 즐거운 놀이를 자주 해야 합니다. 신체적인 차이를 극복하며 할 수 있는, 대결이 아닌 협력 중심의 놀이를 알려주고 함께 어울릴 수 있는 시간을 많이 제공합니다. 처음에는 아이들 스스로 할 수 없기 때문에 교사 주도적으로 하지만 이런 기회가 많아지면 교사 없이 학생들 스스로도 화목하게 어울려 놀 수 있습니다. 체육 활동에 남녀를 공정하게 참여시키고 운동 능력 차이가 클 때는 이러한 차이점을 서로 이해할 수 있도록 설명한 후 규칙을 새롭게 만듭니다. 하지만 이때 여학생이라는 이유로 게임 규칙을 유리하게 적용하는 것이 아니라 체력의 차이가 있는 학생에게 적용됨을 알려줍니다. 그래서 남학생이더라도 체력의 어려움이 있을 때는 동등하게 유리한 규칙을 적용하도록 합니다. 예를 들어 남녀가 함께 대장공 놀이를 할 때 운동 능력이 떨어지는 여학생들은 공을 만질 기회가 적습니다. 이럴 때 여자가 슛을 성공하면 2점을 준다는 규칙이 있다면 남학생들이 여학생에게 공을 더 잘 넘겨주게 됩니다. 그리고 짝 피구를 할 때 남학생이 여학생을 보호하는 역할만 하지 말고 반대로 여학생에게 남학생을 보호하는 역할을 주면 여학생이 더욱 적극적으로 게임에 참여하게 됩니다. 그리고 운동 능력의 차이를 많이 느낄 수 없는 단순한 규칙, 운이 적용되는 게임도 자주 합니다.

또한, 쉬는 시간이나 점심시간에 학생들끼리 놀이를 할 때 남자라는 이유로, 혹은 여자라는 이유로 놀이에 끼어주지 않는 행동을 학급 규칙으로 엄하게 금지시킵니다. 간혹 여학생들이 놀 때 방해하는 행동을 하는 남학생이 있는데 이것 또한 규칙으로 금지시키며, 놀이 중간에 들어가고 싶을 때는 놀이 한 판이 끝날 때까지 기다려야 함을 알려줍니다. 이렇게 남녀가 사이좋게 놀 수 있는 방법을 구체적으로 안내하고 훈련해야 합니다.

넷째, 공정한 교사에 대한 신뢰감을 높입니다.

남학생과 여학생 모두에게 공정하게 대하려고 노력하고 있다는 교사의 뜻을 학생들에게 자주 전달합니다. 그리고 학생들이 차별이라고 느꼈을 작은 행동들도 학생들의 의견을 받아들여 고쳐나갑니다. 예를 들어 줄을 남자 먼저, 혹은 여자 먼저 세우는 것은 사실 차별이 아니며 교사에게는 그런 의도가 아예 없습니다. 하지만 이 시기의 아이들이 그렇게 느꼈다면 선생님이 그런 의도가 없었음을 설명한 후 학생들의 의견을 들어 바꿔주는 것이 좋습니다. 교사가 차별의 의도가 없었는데 학생이 이런 것을 문제 삼아 걸고넘어진다고 화를 내는 것이 아니라 교사가 학생의 마음을 이해해주고 방법을 고쳐주면 오히려 교사에 대한 신뢰감이 높아지고 '선생님이 우리를 공정하게 대해주시려고 노력하시는구나.'라고 인정하게 됩니다. 이런 식으로 한 번쯤 학생에게 져주는 것, 사과하는 것은 교사의 권위가 낮아지는 것이 아니라 오히려 신뢰감을 높이는 일이므로 두려워하지 말아야 합니다.

다섯째, 반항심과 자기주장이 강한 학생에게는 훈계보다는 그 마음을 알아주어 다독여줍니다.

먼저 그 순간 억울하다고 느꼈을 학생의 마음을 다독이고 이해해줍니다. 실제 억울한 일과 차별을 당한 경험이 있기 때문에 이에 대한 분노가 생긴 것이기 때문이지요. 지금 학생이 당했다고 주장하는 일이 차별이 아니더라도 교사는 학생이 이 일 전에 받았을 차별을 생각하며 그 억울한 감정을 이해해줍니다. 그리고 그 후에 부드럽게 학생의 오해를 풀어주고 부당함을 당했다고 생각하는 자신의 입장을 전달하는 방법에 대해 구체적으로 알려줍니다. 차별 당했다고 느꼈을 때 적대적인 감정을 바로 드러내기보다는 어떤 일이 부당하다고 느껴졌는지 부드러운 어조로 자신의 생각을 말하도록 연습시킵니다. 그리고 특히 어른에게 전달할 때는 예의를 지켜야 함을 강조합니다. 예를 들어 숙제 검사를 매번 남학생이 먼저 받도록 해서 차별받았다고 느꼈다면 바로 "왜 남녀차별해요?"라고 말하기보다 "거의 매번 남학생 먼저 숙제 검사를 해주셨는데 저희는 순서를 기다려야 해서 억울한 마음이 들어요. 여학생도 먼저 검사를 받게 해주세요."라고 말하도록 구체적으로 연습시킵니다.

교사는 금지시키는 사람이 아니라
가능하게 하는 사람이다.
- 올리비에 프랑콤 -

PART 3
고학년

초등 고학년(5, 6학년)의 발달 특성

"아이고, 어떡해. 올 한 해 진짜 고생 많겠어."

2월, 학년 배정을 위한 교무회의 후 이런 종류의 말들이 여기저기서 울려 퍼집니다. 바로 5, 6학년 담임을 맡은 선생님께 드리는 위로의 말들이지요. 고학년은 초등 교사가 가장 기피하는 학년입니다. 많은 수업 시수와 과중한 학년 업무 때문이기도 하지만 무엇보다 고학년 아이들은 무척 다루기 까다 롭다는 점이 첫째 이유입니다. 초등 고학년은 저학년과는 확연히 다른 특성 을 지니고 있습니다. 어른스런 대화가 가능하며, 사려심이 깊은 모습을 보 이다가도 거칠고, 반항적이며, 때론 교묘한 모습을 보여줍니다. 여기서는 초 등 고학년 아이들의 발달적 특성을 구체적이고 자세히 살펴보겠습니다. 또한 이제 막 청소년기로 접어든 초등 고학년 아이들을 대할 때 교사가 가져야 할 마음가짐도 함께 살펴볼 것입니다.

신체 발달

"선생님, 정우 목소리가 이상해요."

"(소근거리듯) 선생님, 저 오늘 체육은 못 할 것 같아요. 오늘 그날이에요."

"현성아, 넌 면도 좀 하고 다녀!"

초등 고학년 담임을 맡다 보면 자주 들을 수 있는 말들입니다. 초등 고학년은 신체적 성장이 왕성하고, 키가 커지며, 체중이 급격히 늘어나는 시기입니다. 이에 더해 2차 성징이 나타나는 때이기도 합니다. 여학생들은 생리를 시작하고 체중이 불며 가슴과 엉덩이가 급격히 커지기 시작합니다. 남학생들도 키가 자라고 변성기가 시작되며 콧수염이 자라기도 합니다.

급격한 신체적 변화로 인해 아이들은 많은 혼란을 겪습니다. 여학생들은 생리의 시작으로 인해 정서적으로 불안해하는 것은 물론 생리통이라는 신체적인 고통도 겪게 됩니다. 남학생의 경우 성욕이라는 감정을 느끼며 성기가 발기하는 것을 처음으로 경험하는 시기입니다. 자제가 되지 않는 욕구가 솟아오르고, 여자의 몸에 관심이 높아지며, 때로는 몽정을 경험함으로써 죄책감에 빠지곤 합니다. 이때는 수많은 신체적 첫 경험들로 인해 혼란하고 불안해하는 시기인 만큼 교사의 특별한 배려가 요구됩니다. 무엇보다 '사춘기 학생들이라면 누구나 겪는 자연스런 현상'이라는 사실을 알려주고 아이들을 안심시켜주어야 합니다. 애써 감추어야 할 일도, 마냥 창피해야 할 일도 아니라는 점도 일깨워주어야 하겠죠. 또한 신체적인 변화와 함께 동반되는 혼란, 불안하고 부끄러운 감정을 따뜻한 시선으로 바라보고 감싸주어야 합니다.

인지 발달

심리학자 장 피아제의 인지 발달론에 따르면 초등 고학년 학생들은 구체적인 조작기에 속합니다. 하지만 제 경험상 초등 5, 6학년 학생들은 구체적 조작기의 끝과 형식적 조작기의 시작 그 사이 어딘가에 위치해 있습니다. 우선 고학년 학생은 문제를 직접 경험하거나 조작해봄으로써 그 안에 포함된 논리를 파악하고 이해하는 구체적 조작기의 능력이 충분히 발달되어 있습니다. 이에 더해 구체적 조작 경험이 없다 하더라도 추상적인 사고를 통해 가설 설정, 추리 및 논리적 결론을 이끌어낼 형식적 조작기의 능력 또한 지니고 있습니다. 6학년 2학기 수학, '1. 쌓기나무' 단원을 예로 들어보겠습니다.

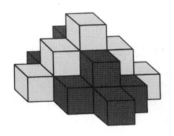

6학년 아이들은 위의 쌓기나무의 실제 모습을 관찰하지 않아도 혹은 실제 쌓아보지 않더라도 인지적 추리 과정을 통해 나무의 개수를 예측하거나, 나무가 쌓인 규칙을 발견할 수 있는 능력을 가지고 있습니다. 그러므로 학습 난이도가 낮은 내용의 경우 구체적 조작물이 없어도 교사의 설명만으로도 개념 습득이 가능합니다. 하지만 이 논리적 · 추상적 사고력의 개인차가 무척 심합니다. 교사가 일러주지 않아도 혼자서 원리를 발견하는 학생이 있는 반면, 교사가 한 단계, 한 단계 끌어주어야 원리 습득에 도달하는 학생도 있습니다. 그러므로 되도록 학습 상황에 알맞은 구체적 조작 경험을 제공해주는 것이 좋습니다. 그것이 어렵다면 그림, 동영상 등을 보여주어 간접적 경험이라도 제공해주는 게 좋습니다. 혹은 심화학습 과제나 보충학습 과제 같은 수준별 과제를 준비해 제공하는 것도 다양한 수준의 학생을 효율적으로 지도할 수 있는 방법이 될 수 있습니다.

형식적 조작기의 사고력을 갖춘 고학년 학생이 많을지라도 사고력으로 습득한 지식을 논리 정연하게 전달하는 표현 능력은 대부분 매우 부족합니다.

따라서 고학년 학생의 논리적 표현 능력을 발달시키는 것이 고학년 교사가 해야 할 큰 과제입니다. 이를 위해 학생들이 자신의 생각을 체계적으로 표현해보는 다양한 방식의 연습을 할 수 있도록 지도해야 합니다.

- 국어, 사회과에서 서론, 본론, 결론 같은 글의 구조를 미리 제시한 후 구조에 맞춰 글 쓰는 연습하기.
- 국어, 사회과에서 토론 시 타당한 근거를 갖추고 주장하기.
- 과학, 사회과에서 자료를 조사해 올바른 근거를 수집해 제시하기.
- 수학과에서 수학적 원리나 자신의 풀이 방법을 친구와 공유하는 협동 학습 하기.
- 국어, 사회, 과학과에서 스스로 주제를 정해 자료를 조사, 정리하여 프레젠테이션 하기 등.

정서 및 사회성 발달

"휴~ 우리 반 소연이는 이제 완연히 사춘기에 접어들었어요."

고학년 담임교사는 다루기 힘든 고학년 아이를 이렇게 표현하곤 합니다. 초등학교 고학년의 정서 및 사회성 발달은 '사춘기의 시작'이라는 두 단어로 모든 설명이 가능합니다. 이 두 단어 속에는 이유 없는 반항, 교우 관계에 대한 집착, 이성 교제 등 아이들의 갑작스럽고 충동적이고 변덕스런 다양한 변화가 담겨 있습니다.

사춘기가 시작되는 이 시기 아이들은 어떤 때보다 또래 집단에 높은 충성심을 보입니다. 자신이 원하는 또래 집단에 소속되는 것을 세상에서 가장 중

대한 문제로 여깁니다. 자기가 원하는 또래 집단에 속하지 못하거나 혹은 집단으로부터 버림받게 된다면 아이들은 무엇과도 비교할 수 없는 고통을 느낍니다. 이 시기 아이들의 행복, 기쁨, 좌절의 90퍼센트 이상은 또래 친구들이 좌우한다 해도 과언이 아닐 것입니다. 또한 부모, 교사의 말보다 또래 친구의 충고가 훨씬 중요하게 여겨집니다. 만약 또래 집단에서 "우리 담탱이는 재수없어."라는 공감대가 형성될 경우 평소 선생님에게 호감을 가졌던 아이라도 "맞아, 우리 담탱인 못됐어."라고 금세 생각을 바꿀 것입니다. 이처럼 사춘기에는 또래 문화가 다른 어떤 가치보다 더 큰 영향력을 발휘합니다. 이 시기 또래 관계는 아이들의 행복과 불행을 좌우하는 가장 큰 요인이기 때문에 교사는 학업에 쓰는 노력 못지않게, 때로는 학업보다 더 신경 써서 아이들의 교우 관계를 관찰하고 때에 따라 적절한 도움을 제공해야 합니다.

사춘기의 두 번째 특징은 외모에 대한 관심이 부쩍 늘어난다는 점입니다. 아이들은 '난 왜 이렇게 살이 쪘지?', '난 왜 이렇게 키가 작을까?', '난 얼굴이 너무 커.' 등과 같이 자신의 외모가 매력적인지 아닌지 깊게 고민합니다. 이 고민에는 당연히 '키가 컸으면, 코가 오뚝했으면, 살을 빼야 하는데' 같은 스트레스가 뒤따릅니다. 깡마른 몸매, 조막만 한 얼굴 크기를 가진 연예인들과 자신의 외모를 비교하면서 자괴감에 빠지기도 합니다. 조금이라도 멋지게 보이기 위해 화장을 하고 짧은 치마나 반바지를 입으며 튀는 머리 스타일을 해서 과하게 외모를 꾸미기도 하죠. 외모에 대한 집착은 이 시기 아이들에게는 떨쳐버리려야 떨쳐버릴 수 없는 본능적 욕구입니다. 어른이 보기에 꼴불견일 수도 있는 치장이나 과한 외모에 대한 집착일지라도 넓은 마음으로 이해해주는 자세가 고학년 교사에게 필요합니다. 또한 과장된 부정적 자아상('난 돼지야.', '난 못났어.' 등)을 바로잡아주고 격려해주는 노력도 필요할 것입니다.

이성의 출현과 자아 정체성의 형성

사춘기의 세 번째 특징은 이런 외모에 대한 관심과 깊은 연관을 가지고 있습니다. 바로 이성에 대한 관심입니다.

"현우가 정현이랑 사귄대."

"너 효정이 좋아하지?"

"명환이랑 선영이 깨졌다는데."

교실에서 지내다 보면 일주일에도 몇 번씩 위와 같은 이야기를 들을 수 있습니다. 이성 교제는 고학년 학생들의 최대 관심사입니다. 멋진 남학생, 오빠, 예쁜 여학생, 누나랑 사귀는 것은 초등 고학년 학생들의 가장 큰 꿈이라고 할 수 있습니다. 이성에 대한 관심과 성적 호기심이 충만해지는 이 시기에 건전한 이성 교제에 대한 교육은 필수적입니다. 특히 올바른 이성 교제, 성적 욕구, 스킨십, 임신, 피임 등에 관해 폭넓고 실용적이며 구체적인 성교육을 반드시 실시해야 합니다.

사춘기의 마지막 특징으로 자아 정체성의 형성을 들 수 있습니다. 발달심리학자 에릭 에릭슨의 심리 사회 발달 이론을 살펴보면 아동은 12세부터 '정체성 형성 대 정체성 혼미의 경험'을 시작합니다. 요즘 아이들의 빠른 성장 속도를 고려할 때 초등 고학년 학생들은 전부 이 단계에 포함된다고 생각합니다. 이 시기 '나는 누구인가?', '내가 좋아하는 것은 무엇인가?', '나는 도덕적인 사람인가?', '내가 중요하게 여기는 것은 무엇인가?' 등에 대한 구체적인 관념이 만들어지기 시작합니다. 이 관념을 자아 정체성이라고 부릅니다. 10여 년의 시간 동안 나름의 경험을 바탕으로 세계관이 형성된 초등 고학년 아이는 이제 스스로 평가하고, 판단하고 싶어 합니다. "착하게 행동해야 해.", "공부를 열심히 해야 해." 같은 어른의 말을 더 이상 절대적 진리로 여기지 않습니다. 어릴 때와는 달리 '내가 원하는 것은 어른들이 강요하는 것과 달라. 왜 내가 하고 싶은 일을 못 하게 하지? 왜 나를 조정하려고 하지?'라고 고민하기 시작합니다. 또한 교사는 단지 교사라는 이유로 더 이상 '절대적으로 옳고 선한 존재'가 되지 못합니다. 고학년이 된 학생들은 자기 나름의 기준으로 교사를 판단하고 평가하기 시작합니다. 때로는 교사를 "우리 선생님은 나빠.", "인간성이 안 좋아.", "제대로 못 가르쳐."와 같이 매우 부정적으로 평가하기도 합니다. 이런 심리적 전환을 맞이한 고학년 학생들을 저학년 학생들 대하듯 마냥 어린애처럼 다룬다면 학생과 교사의 사이는 한없이 멀어질 수밖에 없습니다.

"오늘은 수학이 진도가 늦으니 체육 대신 수학을 할 거예요. 모두 수학책 펴세요."

이런 명령조의 말투나 학생의 의견을 수렴하지 않는 독단적인 결정은 때때로 고학년 학생들의 반항심을 불러일으킵니다. 설혹 선생님께 혼나는 게 무서워 따르는 척하더라도 선생님에 대한 호감과 존경은 점점 옅어질 것입니다.

"오늘은 수학 진도가 늦어져서 체육 수업을 빼고 수학 수업을 해야 할 것 같아요. 대신 성취도 평가가 끝나면 못 했던 체육 수업을 보충해줄게요. 이렇게 해도 될까요?"

고학년 아이들에게는 권위적인 말보다는 이처럼 납득할 만한 근거를 가지고 설득하고 부탁하는 자세로 접근하는 편이 훨씬 효과적입니다.

고학년 학생들은 교실에서 문제가 발생할 경우 함께 논의해 해결하기를 원합니다. 교사의 명령에 의해서가 아니라 교사의 설명이 타당한지 납득하고 나서야 자발적으로 교사의 말을 따르려 합니다. 또한 교사의 제안이 아무리 타당하더라도 자신의 의견 역시 타당하다면 자신의 의견도 함께 존중받기를 원합니다. 즉 고학년 학생은 피동적인 수용자가 아닌 함께 학급을 꾸려갈 교육의 협력자이며 동반자가 되기 원합니다. 교사는 이 동반자에게 그에 걸맞은 배려와 존중의 자세를 보여줄 필요가 있습니다.

'지피지기 백전백승(적을 알고 나를 알면 백번 싸워 백번 이긴다.)'이라는 고사 명언이 있습니다. 이 명언은 동양의 고전《손자병법》에 나온 가장 유명한 구절로 알려져 있지만 사실 이 말은 와전돼 알려진 것으로, 실제《손자병법》에는 '지피지기 백전불태(知彼知己 百戰不殆)'로 적혀 있다고 합니다. 손자가 이 구절을 통해 정말 하고 싶었던 이야기는 '상대방을 알고 나를 알면 위태(殆 : 위태로울 태)로울 일이 없다.'입니다.

초등학교 교사들은 5, 6학년 맡기를 가장 꺼립니다. 고학년 교실에서는 위의 수많은 특성들로 인해 교사를 당황하게 만드는 사안들이 수도 없이 발생하기 때문입니다. 하지만《손자병법》의 말처럼 우리가 아이들의 특성을 이해하고 그에 맞게 대처하려 힘쓴다면 그 노력만큼 위태로울 일은 줄어들 것입니다. 위태로울 일이 적다면 초등 5, 6학년만큼 즐거움과 보람을 느낄 수 있는 학년도 없을 것입니다. 교사와 학생 간 어른스런 농담도 즐길 수 있고, 교사의 실수도 너그럽게 이해해줄 수 있으며, 아이가 평생 기억할 스승으로 남을 수 있고, 지적이고 재미있는 수업 진행이 가능하며, 무엇보다 어른 대 아이가 아닌 인간 대 인간으로 소통하고 교감할 수 있다는 점은 고학년 담임교사만이 누릴 수 있는 특권일 것입니다. 고학년 장에서 펼쳐질 고학년 학급 규칙 만들기, 여학생들 간 무리 짓기, 이성 교제, 흡연, 외모 스트레스, '야동' 시청, 욕하기, 가정환경에 대한 고민 등의 내용이 선생님과 5, 6학년 아이들이 꾸려갈 행복한 1년에 조금이라도 보탬이 되었으면 하는 바람입니다.

041

학급 규칙 만들기

──── 발령받은 지 2년 된 담임교사입니다. 작년 교과 담당 교사로 지낼 때에는 몰랐던 담임의 세계를 경험해보니 매우 어렵고 힘든 점이 많습니다. 담임이 되면 반 아이들과 더 친해지고, 학교생활이 즐겁고 보람될 줄 알았는데 생각보다 훨씬 많은 업무량과 수업 부담 등으로 적응하기가 꽤 힘듭니다. 담임으로서 아이들과 함께 학급을 만들어가는 데 가장 기초가 되는 학급 규칙을 학급 회의를 통해 정하고자 했으나, 생각보다 쉽지 않아서 고민입니다. 하나씩 아이들과 의논해서 정하자니 너무 시간이 많이 걸리고, 서로 의견도 잘 맞지 않아 오히려 학급 분위기가 안 좋아지고 있는 느낌이 들어 힘듭니다. 아이들과 만들어가는 학급 규칙, 노하우를 알려주세요.

🅐 정해진 한두 과목만 가르치는 교과 담당 교사에 비해 담임교사의 업무는 상상 이상으로 많습니다. 특히 여러 과목의 학습을 지도해야 하는 부담감과 하루 종일 아이들과 함께 있으면서 생활지도를 해야 하는 것이 힘들지요. 둘 중 힘든 것을 꼽으라면 생활지도일 것입니다. 워낙 다양한 아이들이 모여 있고 점점 더 개성이 강하고 성격이 강한 아이들이 많아지다 보니 생활지도가 더욱 어려워지고 있습니다.

'아이들과 1년을 어떻게 잘 보낼 수 있을까?' 하는 문제는 모든 교사에게 공통된 고민입니다. 아이들과 한 해를 잘 보내기 위한 첫 걸음이 바로 학급 규칙 만들기라 할 수 있습니다.

학급 규칙을 만들 때 가장 좋은 건 학급 회의를 통해 만장일치를 얻어내는 것이지만, 현실적으로 이런 결과가 나오기란 쉽지 않습니다. 만장일치는 폭력이라는 우스갯소리가 있을 정도로 비현실적인 방법이지요. 그래서 민주주의에서는 다수결의 원칙에 따라 많은 것들을 결정하게 됩니다. 하지만 결정되지 않은 소수의 의견도 존중되어야 한다는 것을 절대 잊으면 안 됩니다.

공정하고 명확한 기준으로 다수의 의견에 따라 결정하되, 꼭 필요한 규칙이나 애매한 부분은 선생님 재량권을 발휘해 결정해도 됩니다. 규칙 하나하나를 다 같이 의논해서 정하면 시간이 너무 많이 걸리므로, 큰 규칙들은 선생님이 정해서 발표하고, 이의가 있는 경우 그 부분에 대해 토의하는 것이 좋습니다. 예를 들어 청소하는 방법이라든지 급식 당번을 정하는 방법, 1인 1역 정하기는 토의로 정하는 것이 좋습니다. 이때 'win-win 전략(무패 방법)'을 사용하면 너도 좋고 나도 좋은 방법이 되므로 상처받거나 소외받는 아이들의 수가 적어집니다.

학급 규칙을 정하는 원칙

1. 교사의 교육관을 정립합니다.

학급 규칙을 정하기 전에, 우선 교사는 자신의 교직 생활에서 가장 중점을 두고 가르쳐야 할 교육관을 생각해볼 필요가 있습니다. 교육대학교 학생에서 한순간에 교사로 신분이 바뀌었으니, 이제는 관점을 바꾸어 교사 생활을 어떻게 해나갈지에 대한 고민을 진지하게 해보아야 합니다. 아이들을 어떤 마음으로 대할 것인지, 교직에서 나의 목표는 무엇인지, 어떠한 교사가 될 것인지에 대해 진지하게 고민해보시기 바랍니다.

아주 감명 깊게 읽은 책의 일부분을 소개합니다. 함께 읽고 생각해보는 계기가 되었으면 합니다.

가르치는 일보다 더 중요한 것은 교사와 학생의 관계이다. 가르치고 배우는 과정이 효과적으로 이루어지려면 두 사람 사이에 특별한 관계, 일종의 유대감, 연결 고리, 다리 같은 것이 존재해야 한다. 가르치는 사람이 무언가를 겉으로 표현하여 전달하는 동안 배우는 과정은 다른 누군가의 마음속에서 일어나는 일이라는 점은 참으로 보람된 일이다.

"교실의 분위기를 결정적으로 좌우하는 요인은 바로 나다. 나 한 사람의 태도에 따라 교실의 기후가 달라진다. 교실의 날씨를 결정하는 요인은 그날 나의 기분이다. 교사인 나의 손 안에는 어마어마한 힘이 쥐어져 있다. 아이들의 삶을 비참하게 할 수도, 즐거움에 넘치게 할 수도 있는 힘이다. 나는 고문 도구도 될 수 있고, 영혼에 힘을 불어넣는 악기도 될 수 있다. 아이들에게 창피를 줄 수도, 어를 수도, 마음에 상처를 줄 수도, 치료해줄 수도 있다. 상황이 어떻든, 내가 어떻게 대응하느냐에 따라 위기가 고조되거나 완화되기도 하고 아이가 인간다워지거나 인간다워지지 못하게 될 수도 있다."

앞으로 학습 환경과 교육 수단은 첨단화되고 편리해질 것이지만, 학습에 유익한 감성적인 분위기를 조성하는 일은 항상 교사의 몫이다. 우리는 효율적이고 감동적인 교육 전문가가 되기 위해 노력해야 한다.

– 하임 G. 기너트(Haim G. Ginott), 《교사와 학생 사이》, (양철북, 2003.)

선배 교사들의 조언 중에 가장 듣기 싫은 말이 하나 있습니다. "첫날, 아이들에게 절대 웃지 말라."라는 것입니다. 정말 그럴까요?

저는 평소 표정이 웃는 얼굴입니다. 그래서 아이들을 대할 때에도, 동료 교사를 대할 때에도 밝은 표정과 쾌활한 성격으로 다가가기 때문에 장점이 됩니다. 대체로 웃는 표정이기 때문에 가끔 화가 날 때 무표정을 짓거나 조용히 말을 안 하고 있으면 반 아이들이 긴장하게 됩니다. '우리 선생님이 왜 저러시지?', '화 나셨나?' 눈치 빠른 아이들은 금방 조용해집니다. 그리고 그 아이들에게 다른 아이들을 조용히 시키도록 훈련을 몇 번 시키면 눈치 없는 아이들까지 금방 조용해지지요. 그리고 모두 조용해지면, 나지막한 목소리로 화가 난 이유를 가급적 '나 전달법'으로 전합니다. 나 전달법(I-message)은 '너'를 주어로 하는 대신 '나'를 주어로 사용하여 내 생각이나 감정을 전달하여 상대방이 반감을 느끼지 않고 공격받는다고 느끼지 않게 하는 말하기 기법입니다. '나'를 주어로 상대방의 행동이나 상황을 구체적으로 이야기합니다. 그리고 상대방의 말과 행동이 나에게 미친 영향을 구체적으로 이야기하고, 그로 인해 생긴 자신의 감정을 솔직하게 이야기합니다. 내 마음을 전달한 후, 상대방의 이야기에도 귀를 기울입니다. 아이들이 수업 중 떠들 때 "너 때문에 시끄럽잖아. 조용히 해!"라는 말 대신 "선생님은 네가 시끄럽게 해서 수업에 방해를 받고 있어. 조용히 해주면 좋겠구나."라고 말하면 됩니다.

나 전달법은 설명은 간단하지만 연습이 많이 필요한 방법입니다. "웃지 말아라!" 대신 "웃어라!"라고 강조하고 싶습니다. 학기 초, 아이들과 좋은 관계를 맺으면 교육 효과도 아주 높아집니다. 다양한 교육 서적과 좋은 책들을 읽거나 교양을 쌓아 교사로서의 꿈을 펼치기 위한 자신만의 교육관을 먼저 정립하시기 바랍니다. 학급경영은 그것을 바탕으로 시작됩니다.

2. 우리 반 급훈 정하기

교사가 자신의 교육관을 정했으면 이제 그에 따른 급훈을 정합니다. 저는 자율성과 그에 따른 책임을 매우 중요시하기 때문에 학급의 급훈을 "자유를 누리되 책임을 지는 사람이 되자!"로 정해 매년 아이들에게 1년 내내 지속적으로 가르칩니다. 기너트(2003)에 따르면 자율성을 많이 가질수록 미움은 적어지고, 자립 정도가 클수록 다른 사람에 대한 분노가 줄어든다고 합니다.

자유와 방종의 차이를 알고 남에게 피해되지 않는 범위에서 누릴 수 있는 한 마음껏 누리도록 하되, 자신의 행동에 대해서는 자신이 책임을 진다는 것이 기본 원칙입니다. 요즘처럼 재미있는 놀잇거리가 많고 유혹이 많은 시대에 일일이 다 통제를 하며 "이거 해라, 저거 해라." 하는 교육은 매우 힘듭니다. 특히 고학년 아이들에게 일방적인 지시와 명령을 하는 것은 반발심만 불러오기 쉽지요. 그래서 저는 가능한 한 아이들에게 자유를 많이 주려고 하고, 그에 따른 책임을 강조합니다. 이는 서로 감정 상하지 않으면서도 교육적으로 매우 효과적인 방법입니다. 안 되는 일이라면 이유를 확실히 말해 이해시키고, 남에게 피해주지 않는 범위 내에서 올바르게 판단하고 책임감 있게 행동할 수 있도록 지도합니다.

3. 학급 규칙은 명확하고, 공정한 기준으로 정합니다.

고학년 아이들은 나름대로 학급 규칙의 필요성을 알고 있습니다. 학급 회의 첫날, 규칙이 왜 필요한지 토의해보면 아이들이 규칙의 필요성을 더욱 알게 되어 좋습니다. 토의가 부담스럽다면 규칙이 없다면 무슨 일이 벌어질지 간단히 얘기하면서 의견을 나누는 것도 좋습니다.

특히 보상과 체벌, 칭찬 스티커를 받는 기준과 벌점 기준을 명확하게 제시해야 합니다. 학교와 학년 규칙이 있다면 큰 틀에 따라 우리 반 규칙을 정하되, 융통성을 발휘하여 우리 반 실정에 맞게 적용하는 것이 중요합니다. 회의를 통해 정해진 학급 규칙은 반 아이들에게 공정하게 적용하되, 특별한 아이들의 경우 별도로 유연하게 적용합니다(특수아, 학습 부진아, 정신 연령이 어린 경우 등).

학기 초에 정한 학급 규칙은 중간에 다른 의견이 있을 경우, 회의를 통해 바꾸어도 됩니다. 아이들의 의견에 귀를 기울이고 함께 만들어가는 우리 반! 이것이 진정한 민주 시민 교육이지요. 하지만 아이들이 가끔 터무니없는 것을 요구할 때도 있으니 교사는 어른으로서 올바르게 판단하고 안 되는 것에 대해서는 단호하게 안 된다고 거절할 필요도 있습니다. 신규 교사 혼자서 판단이 어려운 경우, 동료 교사나 부장 교사에게 조언을 얻어 해결하는 것이 좋습니다.

4. 교사가 모범을 보입니다.

교사가 떠들지 못하게 한다고 목소리를 높이고, 싸움을 말린다면서 폭력을 쓰고, 예의 없는 아이에게 난폭하게 대하고, 나쁜 말씨를 쓰는 아이를 심한 말로 호되게 꾸짖는 것. 교사의 이 같은 모순된 행동이 아이들에게는 가장 나쁩니다. 교사라고 해서 완벽한 인격을 갖출 수는 없지만, 최소한 아이들 앞에서는 도덕적으로 모범이 되는 모습을 보이려고 노력해야 합니다. 특히 저학년 아이들은 선생님 말씀을 매우 존중하기 때문에 더욱 그렇습니다. 고학년 아이들은 이미 생활 습관이나 사고방식이 많이 정착되어 있어 행동이나 사고가 바뀌기 쉽지 않지만, 자신들이 정한 규칙은 그나마 지키려고 하니, 고학년 학급경영에서 학급 규칙 만들기는 매우 중요합니다.

그리고 함께 만든 규칙이니 교사도 함께 지키는 것이 중요합니다. 규칙을 적용할 때에는 일관성이 필요합니다. 교사가 일관성 없이 이랬다저랬다 하면 교사에 대한 반 아이들의 신뢰가 매우 떨어지게 되고, 아이들의 정서 불안도 높아져서 안정된 학급경영을 할 수 없습니다. 잘한 행동에 대해서는 칭찬을 하고, 잘못된 행동에 대해서는 반드시 교육시켜야 합니다. 이때 훈육은 말로 간결하고 명확하게 하는 것이 가장 효과적입니다. 그리고 꼭 필요한 경우 체벌을 사용하되, 직접 손대지 않고 운동의 형태로 대체하는 것이 좋습니다(예 : 다리 운동 30회). 또한 교실 밖으로 내보내는 것은 삼가야 합니다. 학습권 침해이기도 하고 옆 반 수업에 방해가 될 수 있으니 교실 뒤에 세우거나, 생각하는 의자를 정해 따로 앉히는 것이 좋습니다. 행동 계약서를 써서 자신이 지킬 점을 다짐하게 하는 것도 좋은 방법이 됩니다.

학급 규칙 예시 자료

연간 중점 생활지도

1. 올바른 기본 생활 습관 익히기.
2. 나, 너, 우리 함께 행복한 교실 만들기.
3. 자유를 누리되 책임을 지는 사람 되기.

학습

1. 독서 생활화, 하루 10분 책읽기를 습관화하기.
2. 숙제는 매주 수요일 일기 두 편, 목요일 독서장 한 편 쓰기(안 낼 경우 다리 운동 30번 하고 그날 다 하고 검사 맡기).

등하교 및 복도 이용 예절 지도

1. 등교 시간 지키기.
2. 휴대전화는 전원을 끄고 보이지 않는 곳에 넣기.
3. 주머니에 손 넣고 다니지 않기.
4. 팔짱 끼고 다니지 않기.
5. 뛰어다니지 않기.
6. 계단 난간 타지 않기.
7. 계단 한 칸씩만 걷기.
8. 복도에서 한 줄로 다니기.
9. 신발을 끌거나 소리 내지 않기.
10. 슬라이딩을 하지 않기.

쉬는 시간

1. 다음 시간 미리 준비하고 쉬기.
2. 복도를 다닐 때는 소리 내지 않고 오른쪽으로 걸어서 다니기.
3. 수업 시작 종치기 전에는 교실에 앉아 있기.

화장실 이용법

1. 화장실 한 칸은 한 명만 이용하기(특히 여학생).

2. 쉬는 시간을 이용하되, 공부 시간에 이용할 경우 선생님께 허락받고 조용히 빨리 다녀오기.
3. 볼 일 후에 꼭 손을 깨끗이 씻기.

휴대전화 사용법

1. 꼭 필요하지 않으면 가져오지 않기.
2. 휴대전화를 학교에서 분실했을 때는 학교에서 책임지지 않는다고 약속하기.
3. 아침에 전원 끈 상태로 개별 보관하고 자기가 책임지기.

위의 규칙을 지키지 않았을 경우

1. 담임선생님께 경고 받기. 1회 경고 시 손 머리 1분, 2회 경고 시 손 머리 2분 하기.
2. 같은 항목으로 경고를 3번 받을 경우 벌점 3점, 칭찬 스티커 3개 뺏김.
3. 숙제, 준비물, 제출물을 해오지 않을 경우 다리 운동 30번 하기.
4. 벌점은 봉사 활동(예: 교실 청소)을 한 번 할 때마다 1점씩 없애줌.
5. 벌점 10점 : 알림장에 벌점 내용을 구체적으로 적어 집으로 보냄. 부모님 확인 받아오기 / 벌점 20점 : 부모님과 전화 상담 / 벌점 30점 : 부모님께서 학교에 오셔서 상담, 학교장에게 벌점 내용을 알림.
6. 심각한 문제를 일으켰을 경우, 벌점과 상관없이 부모님과 바로 상담함.

042

아이들이 너무 바빠요

—— 5학년 담임교사입니다. 저학년 담임을 할 때는 잘 몰랐는데, 아이들이 할 일이 너무 많습니다. 다니는 학원도 한두 개가 아니고, 학교 숙제도 있는데 학원 숙제 양도 상당합니다. 학교 행사에도 참여하고 수행 평가와 단원평가 준비 등 해야 할 일이 많다 보니 아이들이 효과적으로 수행하지 못하는 때가 많고, 가끔은 중요한 일도 잊어버리곤 합니다. 또 한창 성장기에 충분한 운동과 휴식이 중요한데, 잠자는 시간도 충분하지 않고 운동할 여유도 없는 경우가 많아서, 담임인 저로서는 아이들의 건강 이 많이 걱정됩니다. 우리 반 아이들이 할 일을 무리 없이 해내면서 휴식 을 취할 수 있는 방법은 없을까요?

A 학년이 높아지면서 과목도 많아지고 공부의 양도 늘어납니다. 다녀야 하는 방과 후 특기 적성 교육도 있고 다니는 학원도 한두 개가 아닙니다. 해야 할 일 사이사이에는 친구들과 놀기도 하고 게임도 하며 가족과 시간을 보내기도 해야 합니다. 대부분의 아이들은 여러 가지 해야 할 일과 하고 싶은 일 사이에서 무엇을 할지 갈등합니다. 하지만 아이들은 서로 비슷한 처지에 있으면서도 결과는 두 가지로 다르게 나타납니다.

같은 상황, 다른 결과

첫 번째는 같은 분량의 과제를 내주어도 너무 바빠서 숙제를 해올 시간이 없다며 해오지 않는 아이들이 있습니다. 이것이 반복되면 학기 말로 갈수록 매번 숙제를 못 해오는 아이가 정해집니다.

두 번째는 내준 숙제를 빠짐없이 잘 해오는 아이들이 있습니다.

과연 숙제를 해오지 못하는 아이들은 일분일초도 쉴 새 없이 바쁜 일상을 살고, 숙제를 잘 해오는 아이는 시간 여유가 많은 것일까요? 그 아이들의 일상을 들여다보면 숙제를 잘 해오는 아이 역시 그렇지 않은 학생들과 마찬가지로 바쁜 일상을 살고 있음을 알 수 있을 것입니다.

매번 바쁘다고 과제를 안 해오는 아이들은 반복적으로 같은 핑계를 대면서 숙제를 하지 않습니다. 그런데 이 아이들은 주로 학교에서 해야 하는 과제도 정해진 시간 내에 완수하지 못하는 경우가 많습니다. 물론 학습 결손이 누적되었거나 경계선 지능의 아동이거나 정신지체 등 특별한 교육을 받아야 하는 아동은 제외해야 합니다.

수업 시간 내에 해야 할 과제를 제대로 수행하지 못하면 친구들 사이에서 과제를 안 하는 혹은 못하는 아이로 낙인찍히고, 또 본인 스스로도 매번 선생님의 지적을 받게 되어 스트레스가 될 뿐만 아니라 학습 결손이 누적되기도 합니다. 더 최악의 경우는 '나는 원래 못하고 안 하는 아이'라고 생각하고 아무것도 시도조차 하지 않는 무기력한 아이가 될 수도 있습니다.

어른들도 자신이 목표한 바대로 시간을 잘 관리하며 살아가기가 참으로 쉽지 않습니다. 따라서 선생님은 아이들이 평소에는 시간 관리의 중요성을 모르더라도 시험 기간만이라도 시험 준비를 위한 시간 계획표를 짜서 공부하도록 지도하는 것이 중요합니다.

그런데 평소에 없던 시간 관리 능력이 시험 기간이라고 갑자기 생기지 않습니다. 평소 시간 관리의 중요성을 깨닫고 이를 실천하는 학생이 시험을 준비할 때에도 자신만의 시간 계획을 갖게 되기 때문입니다. 자신의 할 일을 해내지 못하는 원인에는 학습 동기, 집중력 및 가정환경 등의 문제가 연관되어 있겠지만 여기서는 효과적인 시간 관리를 할 수 있도록 도움을 줄 수 있는 부분을 살펴보도록 하겠습니다.

무엇을 먼저 할 것인가

사람들에겐 누구나 자신이 관심을 갖는 일을 하고자 하는 욕구가 있습니다. 그런데 시간은 정해져 있고, 할 일은 많습니다. 아이들은 대개 자신이 원하는 일 또는 해야만 하는 일을 하기에 시간이 부족하다는 사실을 깨닫지 못합니다. 그래서 어린 아동일수록 본인이 원하는 게임, 놀이, TV 등을 보고 나면 해야 할 과제를 까맣게 잊는 경우가 많습니다. 따라서 "숙제부터 하고 놀아야 해."라는 부모님의 강요가 저학년 아동에게는 필요합니다. 그러나 아이가 크면서 부모님이나 선생님의 충고가 잔소리로 느껴질 때쯤이면 시간 관리가 왜 필요한지 꼭 '스스로 깨달아야' 합니다. 이를 깨닫지 못하면 부모님과 선생님은 늘 잔소리만 하는 사람으로 고정되고 아이는 어른의 말을 거역하고 반항하는 아이가 되거나 남이 시키니까 마지못해 하는 수동적인 아이가 될 수 있습니다.

먼저 아이가 시간을 관리한다는 것은 좋은 것이라는 생각을 갖게 해주어야합니다. 아이들은 '시간 계획'이라고 하면 계획표를 떠올리면서 "답답하다.", "어차피 바쁜데 왜 시간 계획을 세우는지 모르겠다."라는 반응을 보입니다.

해야 할 일을 미루어놓고 다른 놀이를 하면 분명 마음이 불편하여 마음껏 놀 수 없고 마음 한편이 무거워집니다. 반면에 해야 할 일을 끝내고 놀면 정말 재미있게 놀이나 게임에 집중할 수 있어 몰입도가 높아지지요. 시간 계획표는 아이들로 하여금 해야 할 일을 끝내고 난 후에 놀이하는 기쁨을 되새겨줌으로써 먼저 해야 할 일을 하게 되는 습관을 길러줄 수 있습니다. 또한 과제는 먼저 해야 한다는 규칙이 습관화되면 과제를 할 때도 마음이 즐거워집니다. 과제를 할 때 효율적으로 빨리 집중력 있게 끝마칠 수 있고 정해진 시간보다 더 과제를 빨리 마칠 수 있게 되어 결과적으로 놀이의 시간이 늘어나게 됩니다. 이러한 경험을 축적시켜주어 자신이 진정으로 원하는 시간 동안충분히 쉬기 위해서는 시간 계획이 필요하다는 것을 깨닫게 하는 것이 중요합니다.

다음으로는 시간 계획을 할 때 우선순위를 정하여 계획하도록 지도합니다. 즉, 중요한 것들을 먼저 계획해야 한다는 것을 알려주는 것입니다. 이를 위해 다음의 예를 활용할 수 있습니다.

커다란 사각통은 누구에게나 똑같이 주어진 시간입니다. 크고 작은 공들은

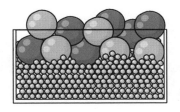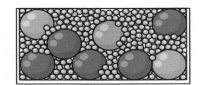

해야 하는, 또는 하고 싶은 일들입니다. 큰 공은 중요한 일들이고 작은 공은 중요하지 않은 사소한 일들입니다. 먼저 빈 통에 구슬을 반쯤 집어넣습니다. 구슬이 사각통을 반쯤 채우자 커다란 공은 통 밖으로 비어져 나옵니다. 이번에는 큰 공을 먼저 넣고 작은 구슬을 나중에 넣습니다. 그러니 큰 공의 빈 틈 사이로 구슬들이 들어가 준비한 모든 공과 구슬이 통 안에 들어갑니다.

두 실험은 명백한 차이가 있습니다. 왼쪽의 그림은 작고 사소한 일들로 시간을 채우면 결국 정해진 시간 안에 중요한 일들은 하지 못하게 됨을 의미합니다. 반면 오른쪽 그림은 중요한 일들을 먼저 계획하고 사이사이에 작은 일들을 넣어 정해진 시간 안에 모든 일들을 해낼 수 있음을 보여줍니다. 고학년들이라면 굳이 실험을 하지 않고도 그림만 봐도 이해할 수 있습니다. 그보다 어린 아이들은 수업 시간에 직접 실험을 하는 게 좋습니다. 즐거운 시간을 보내면서, 동시에 시간 계획의 중요성을 깨닫게 할 수 있습니다.

시간은 누구에게나 똑같이 주어진 다이아몬드 원석과도 같은 것입니다. 그것을 잘 관리하여 갈고 닦으면 과제 완성은 물론 놀이 시간이 많아져 커다란 즐거움으로 보상받게 됩니다. 그러나 잘 관리하지 않으면 다이아몬드 원석은 돌덩어리에 불과합니다. 즉 관리하지 않은 시간은 그냥 흘러가는 무의미한 시간이 되어버리고, 결국 해야 하는 중요한 일을 하지 못하게 된다는 것을 아이들에게 알려주어야 합니다.

중요한 것은 무엇인가

다음으로 아이들에게 중요한 일은 무엇인지 인식시키는 것이 필요합니다. 그러기 위해서는 교사가 먼저 시간 관리 매트릭스를 이해해야 합니다. 시간 관리 매트릭스는 긴급성과 중요도에 따라 일을 네 가지로 분류합니다. 이 매트릭스에서 우선 처리해야 할 일은 중요하면서도 긴급한 일입니다. 그렇지만 장기적으로 가장 중요한 영역은 중요하지만 긴급하지 않은 영역인데, 예를 들면 자신의 꿈을 이루기 위한 공부 계획, 평소의 건강관리, 가족 간의 화목을 도모하기 위한 일 등을 의미합니다. 실제로 성공한 인생을 산 사람들은 이 영역에 시간 투자를 가장 많이 한 것으로 나타났습니다.

시간 관리 매트릭스

시기	긴급성 높음	긴급성 낮음
중요도 높음	**벼락치기의 공간** · 밀린 숙제, 닥친 시험 등 · 늘 피곤하고 바쁘게 생활함	**우선순위의 공간** · 장기적인 자기계발, 가치관 확립, 인간관계 구축, 진정한 휴식 등 · 인생에서 중요한 선택의 순간에 성공의 원동력으로 작용함
중요도 낮음	**속임수의 공간** · 인기 위주의 활동 : 갑자기 찾아온 친구와 놀기 등 · 거절하고 싶어도 거절하지 못함	**시간낭비의 공간** · 잡담, 카카오톡, 오락, 지나친 TV 보기 등 · 줄여나가야 하는 부분

저학년 아동에게 시간 관리 매트릭스를 이해시키기는 어려울 수도 있습니다. 따라서 먼저 해야 할 일과 나중에 해도 되는 일 정도로 구분시켜서 우선해야 할 일을 먼저 하도록 습관화하는 것이 필요합니다.

고학년의 경우 시간 관리 매트릭스를 이해시키고 자신의 일들을 세분화시켜 계획적으로 해나갈 수 있도록 지도하면 좋습니다. 처음부터 너무 완벽한 계획표를 짜면 힘들어할 수 있으므로 고학년의 경우에도 우선순위부터 정하는 연습을 하고, 이것이 잘된 경우 요일별 우선순위를 정해 시간 계획을 세우도록 안내합니다. 또한 계획을 세울 때는 항상 쉴 수 있는 시간도 계획해야 하며, 잘 되지 않은 것은 이유를 생각해보고 다음 계획 시에 반영하도록 지도합니다. 너무 무리한 계획이었다면 도달하기 쉽도록 하향 조정하고, 계획이 잘 실천되었다면 보상을 하고 다음 계획을 상향 조정하도록 안내합니다.

평소에 이렇게 우선순위에 따라 할 일을 하다 보면 시험 기간에도 자신이 무엇을 먼저 해야 하는지 쉽게 정할 수 있게 됩니다. 시험 기간에는 긴급하고 중요한 일에 시간을 투자해야 합니다. 자신이 없거나 시험 준비에 많은 시간이 필요한 과목은 먼저 공부하고 자신 있는 과목을 나중에 배열하도록 합니다. 두세 시간 단위로 시간을 길게 계획하기보다는 한 시간 정도로 집중적으로 공부를 하고 과목을 바꾸어서 하는 편이 좋습니다. 한 번에 공부를 끝내는 것이 아니라 시험 기간 전에 두 번 정도는 학습 내용을 반복 학습할 수 있도록 계획을 세우는 것이 좋습니다. 초기에는 교사가 계획 세우기를 도와주기도 하지만 차차 아이가 주도적으로 계획을 세우도록 하는 것이 좋습니다.

시간 관리는 많은 훈련이 필요합니다. 작은 것부터 꾸준히 하도록 하고, 점차 습관화되도록 하는 데에는 적어도 3주 이상이 필요합니다. 따라서 처음에 잘 되지 않았다고 실망하거나 포기하지 않도록 교사가 많은 격려를 해주는 것이 필요합니다.

 참고문헌

• 오혜영, 《학습상담》, 한국가이던스, 2004.
• 이재규 외, 《학습상담》, 학지사, 2013.

043

욕을 입에 달고 살아요.

—— 6학년을 맡고 있는 여자 교사입니다. 아이들이 욕을 너무 많이 하고 이 버릇이 고쳐지지 않아 고민입니다. 특히 우리 반 철수는 욕을 유독 많이 합니다. 같은 반 친구가 지나가다가 실수로 몸을 부딪치거나 물건을 떨어뜨리거나 하는 사소한 일에도 감정을 담아 심한 욕을 하기 때문에 싸움으로 번지는 일이 많습니다. 담임인 제가 교실에 있을 때는 자제하려고 노력하는 것처럼 보이지만, 제가 일일이 감시할 수는 없는 노릇이라 마음을 놓을 수가 없습니다. 언젠가는 제가 앞에 있는데도 큰 목소리로 친구의 부모님 욕을 해서 반 분위기를 망쳐놓기도 했어요. 학기 초부터 몇 번이나 철수의 화난 감정을 읽어주면서 좋게 타일렀고 욕을 하지 않겠다는 반성문도 받아보았지만 쉽게 고쳐지지 않습니다. 학교 규칙에도 욕을 하는 학생의 경우 단계별로 지도하게 되어 있는데 이런 일

이 너무 잦은 데다가 철수 부모님께 말씀드려도 "아이들이 클 때 욕을 할 수도 있지, 선생님이 지나치게 예민하다." 하며 받아들이시는 바람에 효과가 없습니다.

6학년 음악 교과를 맡고 있는 여교사입니다. 똘똘 뭉쳐 다니면서 친구들에게 욕설을 퍼붓고, 또 선생님들께도 적대적으로 행동하기로 유명한 승수네 무리 때문에 매 수업마다 수업하기가 힘듭니다. 쉬는 시간에 교과실에 오자마자 욕을 하며 떠들기 시작해서 수업 시간까지 계속하기에 "얘들아! 욕하면 안 돼. 그리고 공부하고 싶은 다른 친구들한테 방해되니까 수업 시간에는 수업에 집중하자."라고 타일렀습니다. 그러고 나서 판서를 하려고 뒤돌아섰는데 그중 몇몇이 "씨발", "미친, 지가 뭔데 깝쳐." 등의 욕설을 하는 것이 들렸습니다. 화가 났지만 평소에도 수업 태도가 불량하고 여럿이 뭉쳐서 선생님들께 대들거나 수업 방해를 일삼는 아이들이라 문제를 크게 만들고 싶지 않아 일단 못 들은 척하고 수업을 끝냈습니다. 수업을 마치고 승수와 아이들을 따로 불렀습니다.

"아까 선생님한테 욕하는 거 다 들었어. 왜 그랬니? 너희들, 나한테 사과해야겠다."

그랬더니 무리의 대장 격인 승수가 "욕한 적 없는데요."라고 거짓말을 하더군요. 아이의 뻔뻔함에 놀랐지만, 그래도 마음을 가다듬고 다시 이야기했습니다.

"욕을 너무 많이 해서 습관이 되어버린 모양이구나. 승수야, 선생님도 사람이야. 그런 욕을 들으면 기분이 나쁘고 불쾌해. 그러니 정중한 사과를 받아야겠다. 담임선생님께도 말씀드릴 거야."

제가 단호하게 이야기하자 정신이 들었는지 무리 중 세 아이는 진심으로 죄송하다고 사과를 했습니다. 그렇지만 승수와 다른 한 명은 마지못해 건성으로 "죄송해요. 이제 가도 되죠?"라고 하더니 교실을 나가면서는 곧바로 시시덕거리더군요. '내가 무섭지 않아서 만만하게 보이나?' 싶은 생각이 들고 아이들에게 욕을 듣고도 참기만 해야 하니 속상했습니다. 교사에게까지 욕을 하고 어른에 대한 기본적인 예의를 지킬 줄 모르는 아이들은 어떻게 지도해야 할까요?

Ⓐ 고학년 때 욕을 하는 것은 또래 문화를 공유하고 또래 집단에 소속감을 느끼기 위해서인 경우가 많습니다. 친구들이 하니까, 친구들과 잘 어울리기 위해서, 모범생이라는 소리를 듣고 싶지 않아서 욕을 하기 시작하는 것이지요. 그렇기 때문에 '욕은 나쁜 것이니 하지 말아야 한다.'라는 다짐은 혼자서 지킬 수 있는 것이 아닙니다. 고학년 이전에 욕을 하기 시작한 경우에는 이미 습관이 되었기 때문에 고치기가 더 어렵습니다. 한국교육개발원에서 전국의 초·중·고등학생 1,260명을 대상으로 한 언어 사용 실태 조사에 따르면 열 명 가운데 일곱 명에 해당하는 학생들이 욕을 사용하고 있다고 합니다. 욕을 처음 배우는 시기는 초등학교 고학년 때가 58.2퍼센트로 가장 많았고, 그 다음이 초등학교 저학년(22.1퍼센트)으로 초등학교 때 욕을 사용하는 비율이 매우 높았습니다.

욕을 하는 이유는 첫째, 습관이 되어서. 둘째, 남을 따라 하느라. 셋째, 스트레스를 해소하기 위해. 넷째, 친구들과 친근감을 표시하기 위해. 다섯째, 만만하게 볼까 봐 순으로 나왔습니다.

또 초등학교 고학년은 자아 정체성을 형성하는 시기로 자신만의 고유한 개성과 독립성을 확인하기 위해 기존 질서를 조롱하고, 이에 대한 비판과 반항을 근사하게 생각하는 특성이 있습니다. 심리적으로나 신체적으로 많은 변화가 생기는 시기이니만큼 자신을 어른스럽게 생각하고 존중받기를 원하지만, 실제로는 감정의 기복이 심하고 예민하므로 스스로도 많이 혼란스럽고 불안한 상태지요. 따라서 이 시기 아이들을 대할 때는 덩치는 크지만 마음은 여린 사춘기 초기 아동의 심리적인 특성을 이해하고 여유롭게 대하는 마음이 무엇보다 필요합니다. 그리고 아이들이 원하는 것이 무엇인지 들여다보고 욕 이면에 숨은 진짜 욕구를 잘 읽어주는 것이 중요합니다.

머리가 나빠지는 욕

초등학교 고학년은 논리적이고 객관적인 사고가 가능해지는 시기입니다. 일반적인 원칙을 쉽게 수용하고 지키고자 노력하는 초등학교 중학년 시기와는 달리 이성적이고 합리적인 근거를 바탕으로 스스로 자기 나름의 결론을 도출하고 이를 매우 중시하는 경향을 보이는 때입니다. 따라서 "욕은 나쁜 것이니 쓰지 말아라." 하는 당위론보다는 실제 실험에서 나온 욕의 부작용을 자료로 보여주고, 욕을 사용하면 어떤 심각한 결과가 나오는가를 주제로 반 친구들과 토론하는 시간을 갖도록 하는 것이 좋습니다. 이런 시간을 거쳐 아이들이 욕의 해로움을 인식한다면, 아이들은 자발적으로 욕을 줄이려고 노력합니다.

마침 욕의 부작용을 제대로, 알기 쉽게 제작하여 방영한 프로그램이 있습니다. 2011년 청소년 언어 개선 프로젝트로 만들어진 'EBS 다큐프라임' 2부작 〈욕해도 될까요?〉가 그것입니다. 이 프로그램에는 욕이 초 · 중 · 고등학교 시기의 학생들에게 미치는 악영향이 각 방면에 걸쳐 자세히 나와 있으므로 학생들과 같이 보기를 추천합니다.

이 프로그램에 소개되는 내용 중 가톨릭대학교 의과대학이 설계한 실험 결과에 따르면, 욕은 뇌 기능에 악영향을 미칩니다. 욕을 많이 사용하는 학생들의 경우 자율신경계가 정상적으로 기능하지 않았고, 심한 욕을 들어도 자극에 대한 반응이 없었습니다. 또한 욕을 많이 사용하면 감정의 뇌를 통제하는 이성의 뇌가 제대로 작동하지 않아서 감정을 조절하기가 힘들어졌습니다. 욕을 많이 사용하는 학생들이 분노 조절에 실패하는 경우가 많은 것은 이 때문입니다.

뿐만 아니라 욕설은 학생들의 인지 능력에도 악영향을 끼쳤습니다. 대부분의 욕설은 매우 자극적이고 충동적이며 부모님을 모욕하거나 성폭력을 암시하는 등의 부정적인 정서를 함축하고 있기 때문에 다른 단어보다 기억에 잘 남습니다. 서울대학교 심리학과 곽금주 교수팀이 설계한 실험에서는 욕을 많이 할수록 욕설에 해당되는 단어만 사용하게 되어 어휘력이 낮아지고 충동성이 높아지며 계획성이나 문제 해결력이 낮아진다는 결과가 나왔습니다.

또한 뇌는 18세를 전후로 완전히 성장하기 때문에 초·중·고등학교에서의 경험은 뇌 발달에 큰 영향을 미친다고 합니다. 뇌는 자주 경험하는 정보들을 중요한 것으로 치부하여 익숙하고 자주 쓰는 쪽은 남기고 그렇지 않은 부분은 잘라내는데 이를 '프루닝(prunning)', 즉 가지치기라고 합니다. 뇌가 완전히 형성되기 전에 욕을 많이 하면 좋은 말과 정상적인 언어와 관련된 가지가 잘려나가고 안 좋은 가지들이 남은 채로 뇌가 완성되는 것이니, 초등학교 시기에 하는 욕은 인생 전반에 매우 해로운 영향을 끼친다고 할 수 있습니다.

합리적인 치료가 필요하다

　그렇다면 욕하는 아이들과 학교생활을 해야 하는 교사는 어떻게 해야 할까요? 교사가 같이 있는 공간에서 학생들끼리 욕을 빈번하게 사용하는 것은 교사에게도 매우 불쾌한 경험입니다. 더군다나 학생이 교사의 지시를 불이행하면서 욕을 내뱉는 경우, 학생은 혼잣말이라고 생각하여 잘못했다고 생각하지 않거나 심지어는 너무 습관이 되어서 자신이 욕한 것을 인지하지 못할 수도 있지만, 교사는 권위에 대한 도전으로 느껴져 감정적으로 동요되기 쉽습니다. 이럴 때일수록 교사는 상처받지 않으면서 권위도 지키는 방식으로 문제를 지혜롭게 해결해야 합니다. 이를 위해서는 무엇보다, 교사가 문제를 '소유'하지 말아야 합니다. '지금 선생님인 나한테 욕한 거야? 버르장머리 없게 어디서 감히!'라고 생각하고 아이와 똑같이 흥분하면 교사와 아이가 동시에 문제를 갖고 있게 되기 때문에 이때 혼내게 되면 불난 데 기름을 붓는 격입니다. 대신에 '저 아이는 감정을 조절하지 못하고 욕을 근사한 것으로 착각하고 있구나.'라고 생각하면서 차분히 대응한다면 아이도 덩달아 차분해지고 잘못을 인정하는 경우가 일반적입니다.

　가장 먼저 해야 할 것은 욕을 사용한 원인을 파악하는 것인데, "왜 욕을 했니?"라고 묻는 것은 추궁이나 비판으로 느낄 수 있으므로 "어떤 마음 때문에 욕을 했니?", "욕을 한 이유가 뭐니?" 등으로 묻는 것이 좋습니다. 특히 습관적으로 욕을 하는 이면에는 규칙이나 교사의 권위를 가볍게 여기고 '선생님께 대들거나 규칙을 어기는 것은 대범하고 근사한 행동이야.'와 같이 거친 태도를 또래 문화로 긍정하는 비합리적인 사고가 깔려 있으므로 욕 사용 자체를 꾸중하면 오히려 더 대들 수 있습니다. 그러나 앞에서 이야기했듯이 합리적인 사고를 좋아하는 고학년들의 특성을 고려하여 '합리적 정서 행동 치료'의 원칙을 차근차근 설명하면서 불손한 태도와 욕의 유해성을 설명하면 의외로 대부분의 아이들이 고개를 끄덕이며 수긍하는 것을 경험했습니다.

'합리적 정서 행동 치료(REBT, Rational Emotive Behavior Therapy)'는 앨버트 앨리스(Albert Ellis)가 주창한 것으로, 인간의 세 가지 심리 영역인 인지, 정서, 행동이 상호작용하는 과정에서 인지가 정서와 행동에 핵심 영향을 끼친다는 점에 주목한 치료법입니다. 앨리스는 선행 사건(A)에 대한 신념(B)이 결과적으로 감정과 행동(C)을 유발하므로, 신념(B)을 변화시키면 감정과 행동(C)도 따라 변한다는 간결하고 명료한 개념 체계인 ABC 이론을 제시하였습니다. 이 이론은 욕뿐 아니라 다양한 부적응 행동을 지도할 때 활용할 수 있습니다.

신념이 바뀌면 자발적인 개선 의지와 노력을 이끌어내는 것이 가능합니다. 그러나 신념이 바뀌어도 습관이 바뀌지 않으면 행동이 쉽게 바뀌지 않는 경우가 대부분이므로, 신념을 바꾸는 데서 멈추지 말고 행동 계약서를 통해 습관이 바뀔 때까지 관리해주는 것이 좋습니다. 여러 번 실패하더라도 반성하는 태도만 확실하다면, 비난하거나 낙인찍지 말고 새로운 습관이 자리 잡을 때까지 지속적으로 노력하도록 격려해주는 것이 아이들의 행동을 개선하는 데에 큰 도움이 됩니다.

앞에서 이야기한 철수의 경우, 철수와의 대화를 통해 다음과 같은 행동 계약서를 직접 작성하도록 하고, 부모님 사인을 받아와서 가정에서도 같은 내용을 실천하도록 하였습니다. 또한 반 친구들 앞에서 이 내용을 알리고, 한 달 이상 꾸준히 실천했습니다. 선생님이 시킨 것이 아니라 스스로 정한 내용인 데다가 학급 친구들이 행동 계약서를 잘 지키고 있는지 못 지키는지 확인해주기 때문에 더 열심히 실천하였고, 반성문을 딱 한 번 가정에 보낸 일 외에는 잘 지키려고 노력했습니다. 하루 열 번 이상이었던 욕 사용 빈도가 일주일에 한두 번 정도로 많이 줄어들었습니다.

단, 철수의 부모님처럼 욕하는 것을 대수롭지 않게 생각하거나, 집에서도 욕을 빈번히 사용하는 경우, 행동 계약서를 가정에 보내기 전에 학부모님과 미리 통화를 하여 자세한 상황과 협조를 구해야 효과를 볼 수 있습니다. 또한 친구들에게도 철수를 도와줄 때 철수를 존중하는 태도로 대할 것을 당부합니다. 사사건건 지적하거나 이르면서 감시하는 태도는 오히려 철수를 짜증나게 하고 도움이 되지 않기 때문에 철수가 좋은 습관을 기르도록 응원하고 도와주어야 함을 설명해야 합니다.

김철수 행동 계약서

1. 나 김철수는 기분 나쁜 일이 생겨도 욕을 하지 않고 대화로 해결하여 친구들과 사이좋게 지내고 우리 반에서 욕이 들리지 않도록 노력하겠습니다. 먼저, "네가 ~~해서 기분이 나빠. 왜 그랬니?"라고 말하겠습니다. 친구의 해명이 이해가 되면 "알았어. 미안하다." 사과해주고, "다음부터는 ~~해줘."라고 부탁하겠습니다. 만약, 친구가 위와 같이 했는데도 두 번 이상 기분 나쁜 행동을 반복할 경우, "선생님께 말씀드린다."라고 경고합니다. 경고 후에 세 번째로 반복했을 때는 선생님께 말씀드립니다.

2. 습관적으로 나도 모르게 욕이 튀어나왔을 경우 "미안, 실수였어."라고 말하겠습니다.

3. 일부러 욕을 쓰면, 반성문 한 장을 쓰고, 부모님께 확인을 받아오겠습니다.

201○년 ○월 ○일
김철수 (인)
부모님 (인), 선생님(인)

또래 집단 활용하기

전반적인 욕 사용 문화를 바꾸기 위해서는 개별적인 실천보다는 또래 집단을 활용하여 실천하는 것이 훨씬 효과적입니다. '점차적으로 욕 줄이기' 같은 구체적인 목표를 정하고, 단체로 행동 계약서를 쓴 뒤 실천 일지를 쓰면서 욕을 하지 않는 습관에 익숙해지게 만드는 것입니다. 학급 전체가 아닌 일부 아이들만 욕을 사용할 경우에는 서너 명의 아이들끼리 서로의 언어 사용을 모니터링하도록 할 수도 있습니다. 욕을 사용할 때는 바로바로 사과하고, 욕의 유해성에 대해 서로 상기시켜주거나 욕이 아닌 감정 표현을 익히게 하여 고운 말로 자신의 감정을 표현하도록 돕는 등 서로 실천하게 합니다. 욕을 들은 경우, 욕을 들은 당사자가 아니더라도 '내 일이 아니니까.' 하고 그냥 지나치지 말고 욕을 하는 것에 대한 불쾌함을 분명히 표현하고, 그 사실을 교사에게 알리도록 하여 욕을 하지 않는 분위기가 일반화되도록 합니다.

또 매주 금요일마다 언어 습관, 규칙 준수, 교우 관계 등에 대한 설문을 꾸준히 하고, 설문 결과 욕을 계속 하는 것으로 드러난 학생들에게는 위에 언급한 행동 계약서를 통해 개별적으로 지도합니다. 매주 금요일마다 꾸준히 설문을 하고 결과를 공개하면 친구들의 눈치를 보게 되므로 교사가 잔소리하듯 계속 꾸짖는 것보다 행동 개선이 훨씬 빠릅니다. 단, 결과 공개의 목적이 특정 친구를 비난하거나 낙인찍는 것이 아니라 친구의 실수를 바로잡아주고, 다 함께 학급 분위기를 개선하기 위함임을 사전에 설명해야 합니다. 실제로 이렇게 꾸준히 실천한 결과, "우리 반은 욕을 하지 않고 대화로 문제를 해결한다."라는 학급 분위기가 형성되었고, 욕을 사용하지 않는 아이들이 주류를 이루면서 평소 말끝마다 욕을 사용했던 학생은 소외감을 느끼게 되어 결국 스스로 욕을 하지 않으려고 노력하게 되고, 이후 행동과 태도가 좋은 방향으로 개선될 수 있습니다.

그러나 여기에도 큰 난제가 하나 있습니다. 바로 가정에서 부모님이 평소에 욕을 많이 하는 경우입니다. 이런 가정의 아이들은 욕하는 습관을 고치기가 매우 어렵습니다. 따라서 이런 가정의 아이들은 부모님의 도움과 협조를 구하는 것이 좋습니다. 부모님께 습관처럼 쓰는 욕의 해로움을 알려드리고 정중하게 협조를 부탁합니다. 부모님이 원만히 협조해주신다면 아이는 가정에서 부모님의 변화를 보면서 자신의 다짐을 더 굳게 할 수 있습니다.

그러나 욕을 대수롭지 않게 여기는 부모님의 경우 교사의 엄격한 지도가 지나치다고 여기고 문제를 제기할 수 있으므로, 이때는 학생이 욕을 고의로 한 것에 대한 반성의 글 등을 증거 자료로 남겨놓습니다. 그리고 나서 교사의 지도에 학생이 지속적으로 불응하고 교사에게 욕을 하는 등 수업을 지나치게 방해할 경우 학생의 부모님과 학생의 참석 아래 교권보호위원회를 열어 교권침해를 막는 방법을 써야 합니다. 학생의 반복적인 교권 침해 행동과 교사들의 지도에 대한 불이행의 증거를 갖고 교권보호위원회가 열리면 해당 선생님들과 학부모가 있는 자리에서 학생이 선생님께 사과를 하고 행동 개선의 노력을 약속합니다. 교사를 향해 상습적으로 욕하는 6학년 남학생을 대상으로 교권보호위원회를 연 적이 있었는데, 회의 후에 해당 학생이 매우 조심하고 개선하려는 노력을 하는 것이 많이 보였습니다. 이는 학생의 학교생활을 부모님께 자주 알려드리면서 꾸준히 격려하고, 가정에서도 발맞추어 칭찬하고 보상하는 등 학부모님과 협력하여 지도한 결과였습니다.

그러나 자신의 아이가 잘못하여 학교에 불려오는 학부모들 중 오히려 "왜 다른 아이들도 잘못을 하는데 유독 우리 아이만 혼내고 차별하느냐."며 억울해하는 경우도 있습니다. 따라서 학부모가 학교의 지도에 협조하도록 유도하기 위해서는, 교권보호위원회가 어디까지나 교사의 권리를 보호하기 위해 열리는 것이지 학생의 행동에 상응하는 벌을 주기 위해서 열리는 것은 결코 아니라는 사실을 학부모에게 미리 알릴 필요가 있습니다. 특히 학교나 학원 등 집 밖에서는 욕을 많이 하는 아이들도 집에서는 욕을 거의 하지 않아 부모님들이 충격을 받는 경우가 많습니다. 따라서 학부모에게 욕의 악영향으로부터 학생들을 보호하기 위해 노력하는 교사의 진심이 잘 전달되도록, 평상시에 부모와 교사가 서로 소통하며 의견을 나누는 지혜가 필요합니다.

 참고자료

• 'EBS 다큐프라임'의 2부작 〈욕해도 될까요?〉, 2011.

044

여자아이들은 왜
무리를 지어 다닐까요?

──── 6학년 담임을 맡고 있는 신규 남자 교사입니다. 롯데월드로 현장학습을 가기 사흘 전이었습니다. 점심시간에 유빈이와 정화, 효정, 연경, 선영이가 싸우고 있는 모습이 보였습니다. 이들 다섯은 평소에도 친하게 지내며 몰려다니던 아이들이었습니다. 무슨 일로 싸우는 건지 궁금해서 다가가 보니 유빈이가 눈물을 글썽이고 있었습니다.

아이들을 불러 자초지종을 물었더니 롯데월드에서 어떻게 놀지 정하다가 생긴 문제였습니다. 정화와 효정이, 연경이와 선영이가 둘씩 짝지어서 버스에서 같이 앉고 놀이 기구도 같이 타기로 미리 약속한 탓에 유빈이가 자기만 따돌림 당했다고 느껴 속상해 울게 된 것이었습니다. 그렇다면 다른 친구를 불러 여섯 명의 그룹을 만들어 함께 놀면 어떻겠냐며 해결책을 제시했지만 자기들 무리에 딴 친구가 끼는 것은 싫다더군요.

긴 이야기 끝에 결국 서로 짝을 번갈아 가면서 앉기로 정리하고 아이들을 보냈습니다. 하지만 앙금은 가시지 않은 것으로 보였습니다.

남 교사인 저로서는 이런 여자아이들의 모습이 정말 이해하기 힘듭니다. 남학생들처럼 그냥 여러 친구들과 두루두루 함께 놀면 될 텐데 왜 꼭 무리를 지으려고 할까요? 그리고 무리에 왜 그렇게 집착할까요? 고학년 여자아이들이 무리를 지으려는 습성을 고칠 수는 없을까요?

Ⓐ 제가 아이들을 지켜본 경험에 따르면 4학년쯤 되면 여학생들 사이에 친구 무리가 형성됩니다. 저학년 때까지는 두루두루 친하게 지내던 아이들도 중학년에서 고학년 즈음부터 '베프(베스트 프렌드를 뜻하는 은어)' 즉 나만의 단짝 친구 혹은 단짝 친구 무리가 형성되기 시작합니다.

그리고 무리가 형성되면 유빈이와 비슷한 종류의 사건이 무수히 발생합니다. 여자아이들은 이 무리를 무엇보다 소중하게 여기고 누군가 이 무리에 함부로 들어오는 일, 혹은 누군가 빠져나가는 일에 굉장히 부정적으로 반응하기 때문입니다.

여학생 친구 무리와 관련된 사건이 터질 때마다 저는 이 궁금증을 풀기 위해 선배 선생님들께 질문을 드리곤 했습니다. 초등학교는 여선생님들이 가득한 환경인 만큼 주변에 여쭈어볼 선배님들은 많았습니다. 수많은 물음에 대한 대답 중 가장 많이 들은 대답은 이랬습니다.

"하여간 여자애들이란…… 여자들은 원래 그래."

여자들의 우정은 남다르다

미국 뉴멕시코 대학교의 진화심리학자 제이콥 비질(Jacob. M. Vigil)은 여자의 우정과 남자의 우정은 그 성격과 심리가 서로 다르다고 주장합니다. 그에 따르면 여자 사이의 우정은 남자보다 훨씬 가깝고 친밀한 경향이 있다고 합니다. 더 친밀하다는 의미는 여자가 남자보다 서로 개인적인 정보를 더 많이 공유하며 동일한 가치를 추구한다는 것을 의미합니다. 또한 여자가 남자보다 서로에게 더 많은 시간을 투자하는 경향이 있다고 합니다.

제가 여자아이들을 관찰해온 경험으로도 여자아이들은 남자아이들보다 서로에 대해 더 깊은 대화를 나눕니다. 예를 들어 여자 친구끼리는 자신들의 비밀, 고민, 깊은 가족 이야기 등을 서로 공유하는 경우가 남자 친구들보다 훨씬 많습니다. 또한 여자 친구끼리는 동일한 가치를 더 많이 추구합니다. 예를 들어 친한 친구끼리는 좋아하는 연예인도 비슷합니다. 아이돌 엑소(EXO)를 좋아한다는 이유만으로 여학생들은 서로 가까워집니다. 하지만 남학생들은 아이유(IU)를 좋아한다는 이유로 친해지지 않지요. 즉 여자들의 우정은 남자보다 더 친밀하고 개인적이며 동일한 가치를 공유한다고 할 수 있습니다. 또한 여자들은 이런 관계를 형성하기 위해 남자보다 더 많은 노력을 쏟는다고 합니다. 용건만 교환하고 채 1분도 못 채우고 전화를 끊는 남자들에 비해 여자들은 몇 시간씩 통화하며 수다를 떨곤 합니다.

만약 친밀한 친구가 주변에 없다면 여학생들은 매우 불안해합니다. 제가 관찰한 바에 따르면 학기 초 여학생들은 늘 자신의 '베프'를 찾아 헤맵니다. 작년 '베프'가 다시 같은 반이 된 운이 좋은 여학생, 빠르게 '베프'를 찾은 여학생과 달리 자신만의 베프를 못 찾은 여학생들은 굉장히 '얌전해'집니다. 학기 초에는 '이 아이는 원래 조용한 성격이구나.' 하고 깜박 속아 넘어가기도 합니다. 하지만 베프를 찾은 순간 아이들은 변하기 시작하지요. 베프와 함께 쉴 새 없이 재잘대고 목소리도 높아집니다. 단짝 친구가 없어도 무리지어 와자지껄 떠드는 남학생들과는 사뭇 다른 모습입니다. 그만큼 여학생들에게 '자신만의 특별한 누군가'는 굉장히 중요한 존재입니다. 그리고 '누군가'를 찾은 후에는 그 친구를 지키기 위해 최선을 다합니다.

제이콥 비질은 여자들이 위와 같은 친밀한 우정을 형성하는 원인으로 우정이 여자들의 삶에서 매우 중요한 기능을 했기 때문이라는 가설을 세웠습니다. 제이콥에 따르면 역사적으로 여성은 결혼과 함께 친족으로부터 멀어지는 일이 잦았습니다. 자신을 보호해줄 친족이 없는 상황에서 여성은 우정에 기대기 시작합니다. 여자들 사이의 친밀한 우정은 남편이 없는 사이 자신과 자녀를 지키는 사회적 안전망 역할을 하게 됩니다. 그래서 여자들은 보다 친밀한 우정을 추구하는 쪽으로 진화했다는 것이 그의 주장입니다.

만약 제이콥의 가설이 옳다면 여자의 우정이란 단순한 친밀감 쌓기가 아니라 생존 전략의 한 형태라고 볼 수 있습니다. 자신의 안전을 지키겠다는 강렬한 본능적 욕구가 우정을 쌓고 지키는 원동력인 것입니다. 그래서 굳건한 우정을 가진 여학생들은 심리적으로 안정된 반면 우정이 흔들리거나 아예 우정을 갖지 못한 여학생들은 자신감이 없고 불안을 느끼게 되는 것입니다.

교사의 역할

"요즘 정연이 때문에 너무 힘들다. 정연이는 내가 말할 때마다 끼어든다. 내가 수미랑 둘만 이야기하고 있으면 달려와서 내 이야기에 참견을 한다. 정말 짜증 난다."

5학년 담임을 맡고 있던 어느 날 일기를 검사하다가 희선이의 하소연을 읽게 되었습니다. 저는 무척 놀라고 걱정되었습니다. 보통 여학생들이 이런 이야기를 일기에 쓸 때는 상황이 상당히 심각한 경우가 많기 때문입니다. 아이들을 각기 따로 불러 확인해본 결과 평소 가까웠던 정연이와 수미 사이에 희선이가 끼어들게 되어 벌어진 일이었습니다. 정연이는 수미와 친해지려는 희선이가 미웠고, 희선이는 수미와 친해지지 못하게 방해하는 정연이 때문에 짜증이 난 상태였습니다. 수미는 가운데서 어찌할 바를 모르고 있었습니다.

저는 이러한 경우 교사가 여학생들의 무리를 억지로 조직하거나 해체하려는 행동은 삼가는 것이 좋다고 생각합니다. 저는 이 학생들을 혼내지도 못했고 억지로 화해를 시키고 "친하게 지내야 해."라고 말하지도 않았습니다. 아이들이 다툰 이유가 그저 친구를 가지고 싶어서라는 것을 알았기 때문입니다. 대신 아이들에게 다음과 같이 말했습니다.

"정연이와 희선이가 수미를 너무 좋아하고 더 친해지고 싶어서 그런 것 같아. 친구랑 더 가까워지고 싶은 감정은 나쁜 것이 아니야. 오히려 소중히 해야 할 감정이지. 그러니까 선생님이 너희에게 수미를 덜 좋아해, 수미에게서 떨어져, 라고 말하진 않을 거야. 대신 누구를 좋아한다는 이유로 친구를 마음 아프게 해도 될까?"

"아니요."

"그렇지. 그것만 서로 생각해주면 좋겠어. 선생님 마음에는 모두 친하게 지내라고 말하고 싶어. 만약 너희가 저학년이라면 그렇게 했을 거야. 하지만 너희는 이제 다 큰 아이들이니까 그렇게 이야기는 안 할 거야. 다만 한 가지만 부탁할게. 서로에게 상처 입히지 않았으면 좋겠어. 정연이와 희선이가 힘들어하는 만큼 수미도 속상할 거야. 물론 선생님 마음도 너무 아플 것 같아. 그것만 약속해줄 수 있니?"

"네…….."

"그럼 선생님은 그것만 지켜볼게. 그리고 앞으로도 힘들면 언제든지 선생님에게 얘기해줄래? 선생님이 해결은 못 하더라도 열심히 들어줄 수는 있거든."

여학생들의 우정이 사실 생존 본능과 연관된 강렬한 욕구에서 비롯되었다면, 자신이 쌓아놓은 교우 관계는 어쩌면 그들의 10대 시절을 통틀어 가장 중요한 가치일 수 있습니다. 누군가가 자신의 무리에 어떤 위협을 가한다면 여학생들은 엄청난 불안을 느끼게 될 것입니다. 그렇기 때문에 교사가 여학생들의 무리를 교사의 입맛대로 조절하려 한다면 여학생들은 본능적인 거부감과 적대심을 가지게 됩니다. 또한 교사에게 반발하게 될 수도 있습니다.

앞서도 말했듯이 교사가 여학생들의 무리를 억지로 조직하거나 해체하려는 행동은 삼가는 것이 좋습니다. 그 대신 교사는 여학생들의 무리에 어떤 변화가 생기는지 그 역동을 세심히 관찰해야 합니다. 여학생들이 자신의 무리에 집착하는 만큼 무리와 관련된 수많은 교우 관계 문제가 발생하기 때문입니다. 또한 여자아이들 사이에 일어나는 교우 관계 문제의 대부분은 무리 밖보다는 친한 친구 무리 내에서 발생합니다. 혹시 무리 내에서 갑자기 제외된 여자아이는 없는지, 혹시 다섯 명이었던 여자 친구 무리가 두 명, 세 명으로 갈라지지는 않았는지 살펴보아야 합니다. 만약 여자 친구 무리 사이에 어떤 변화가 감지된다면 교사는 즉시 그 원인을 파악해야 합니다. 학교 안에서 다툼이 벌어지지 않았다고 하더라도 교사의 눈이 미치지 않는 학교 밖에서, 인터넷이나 스마트폰 메신저를 통해 서로를 할퀴고 상처 주는 다툼이 벌어졌을 수도 있습니다. 이런 경우 교사는 되도록 빠르게 개입해야 할 것입니다.

045

자꾸 남의 물건에 손을 대요

—— 6학년 담임교사입니다. 3월 초 제 책상 위에 놔둔 사탕이 통째로 없어진 일이 있었습니다. 그때 설마 우리 반 아이들일까 싶어서, 아마도 철없는 저학년 아이들이 가져갔으리라 생각했습니다. 그러고 문단속을 더 잘해야겠다고 마음을 먹었지요.

그런데 얼마 전에 수지의 필통이 없어졌습니다. 그 필통은 수지 이모가 외국에서 사다준 것이라고 했습니다. 수지가 제게도 보여준 적이 있는데, 수공예 제품이라 아주 특이하고 예쁜 것이었지요. 그로부터 며칠 지나지 않아 지민이가 수지와 똑같은 필통을 학교에 가져와서 아이들이 보는 앞에서 사용했습니다. 지민이는 그 필통이 자기 것이라고 우겼지만 누가 보아도 지민이의 것이 아니라는 증거가 너무나 명백했습니다. 수지가 사용하던 예쁜 볼펜 세트가 안에 들어 있었고, 볼펜을 비롯한 필통 속의 모든 학용품에는 수지의 학용품에 사용하는 스티커가 붙어 있었기 때문이지요. 평소에 수지와 친한 친구들도 이 사실을 알고 있었기 때문에 지민이가 가져온 필통이 수지 것이라는 사실은 분명했습니다. 게다가 결정적으로 필통 바닥 안쪽에 붙여놓은 얇은 스펀지를 떼어내자 'KSJ'라는 영문 이니셜, 즉 '김수지'의 영문 이니셜이 쓰여 있었습니다.

지민이의 손버릇은 사실 이번이 처음이 아닙니다. 수지의 필통이 가장 시끄럽게 밝혀졌던 사건이고 이것 말고도 자질구레하게 친구들의 소지품을 훔쳤다가 들통난 적이 있습니다. 그런데 지민이가 학급 물품에 손을 대더니 이제는 제 지갑과 아이들의 돈까지 훔치기 시작했습니다. 남의 물건에 손을 대는 이 아이를 어떻게 지도해야 할지 걱정입니다.

Ⓐ 아이가 물건을 훔치는 행동은 시기별로 그 의미를 다르게 파악해야 합니다. 사소한 물건을 훔치는 행동은 만 5~8세 사이에 가장 많이 일어나고 그 후로는 점차 줄어듭니다. 그러나 만 10세 이후에도 훔치는 행동이 계속 나타난다면 이는 심각한 문제가 있다고 보아야 합니다. 초등학교 저학년의 경우에는 정서적으로 문제가 있어 부모에게 충분한 사랑을 받지 못한 아이들이 부모의 관심을 끌거나 물질로 대리 만족을 느끼기 위해 물건을 훔칩니다. 하지만 고학년이 되어서 훔치는 것이 나쁜 행동이라는 것도 알고 부모의 관심을 크게 바라지 않는데도 물건을 훔친다면, 이는 '품행 장애'에 해당됩니다. 품행 장애는 사회의 일반적 규칙이나 법을 어기고, 타인을 이용하고도 죄책감이 없으며, 타인의 고통에 무관심하고 전반적으로 양심이 불량한 문제 행동을 말합니다.

도벽이 있는 아이들의 일반적인 특징은 다음과 같습니다.

- 부모에게 충분한 관심을 받지 못해 늘 우울해하거나 주위의 환경에 불평불만이 많습니다.
- 자신이 가지고 싶은 것이나 원하는 것은 무조건 가져야만 하고 욕구가 충족될 때까지 기다리지 못하는 경향이 있습니다.
- 영웅심이 있거나 스릴을 좋아하는 경우가 많습니다.
- 거짓말을 자주 합니다.
- 도벽과 함께 학습 부진, 공격적 행동 등을 보입니다.

다음과 같은 것이 도벽의 원인일 수 있습니다.

1. 아동 개인의 문제

아이들은 장난을 치거나 상대를 괴롭히기 위한 목적으로 남의 물건을 훔치기도 합니다. 혹은 유아기에 소유 개념을 올바르게 배우지 못한 경우, 다른 사람의 물건을 갖고 싶다는 이유만으로 물건을 훔치는 경우도 있습니다. 혹은 사춘기에 주로 관심을 끌기 위해 훔치는 경우도 있는데, 필요하지도 않은 물건을 훔쳐 친구들에게 자랑하거나 인정받기 위해 그런 행동을 하는 경우가 있으며, 여럿이 함께 훔치는 행동을 하기도 합니다.

2. 가정의 문제

가정에 문제가 있어서 부모의 사랑을 충분히 받지 못한 경우, 결핍된 사랑을 보상받고자 하는 심리 상태에서 무의식적으로 물건을 훔치는 행동을 저지르는 수가 있습니다. 또, 사회적·경제적으로 중산층 이상의 가정에서 자라난 아이들의 경우 부모에 대한 반항심이나 보복심 등이 훔치는 행위로 나타나기도 합니다. 중요한 것은 물건을 훔쳤을 때에 가정에서 지도가 제대로 되지 않을 경우, 이러한 행동이 더욱 빈번해진다는 것입니다.

3. 충동 조절의 문제

도벽은 정신지체, 우울증, 주의력 결핍 및 과잉행동 장애, 품행 장애 등의 정신과적 질환으로 인해 나타나기도 합니다. 또한 지능이 낮은 경우나 학습 장애, 뇌 손상이 있는 경우에도 많이 나타난다고 합니다. 여학생의 경우 생리 증후군으로 인해 갑자기 물건을 훔치는 수도 있습니다.

어떻게 지도할까

도난 사건이 일어났을 때 대처하는 방법은 선생님마다 다릅니다. 이를 몇 가지 유형으로 살펴보면 다음과 같습니다.

- 무관심형 : 선생님이 도난 사건에 대해 별다른 관심을 보이지 않으며, 자기 물건을 제대로 간수하지 못했다며 물건을 잃어버린 아이를 나무라고 넘어가는 유형입니다. 이 경우에는 교사가 별다른 관심을 보이지 않으므로 같은 문제가 되풀이될 가능성이 가장 높습니다.
- 협박형 : 아이들에게 "범인이 누구인지 다 알고 있으니 자수하라."는 식으로 대처하는 교사입니다. 이런 유형의 교사들은 '범인'을 잡아내는 것이 곧 문제의 해결이라고 여깁니다. 하지만 이런 방법으로 문제 아동을 찾아낼 경우, 그 아이는 많은 아이들 앞에서 '범인'으로 낙인찍히게 되어 다른 아이들과의 관계가 나빠질 수 있으며, 수치심을 갖고 스스로를 '나쁜 사람'이라고 규정하여 계속 문제 행동을 하게 될 수 있습니다.

- 회유형 : 도둑질이 얼마나 나쁜 짓인지 말한 뒤, 훔친 물건이나 돈을 원래 있던 곳에 몰래 놓으면 덮어두고 넘어가겠다고 말하는 교사입니다. 이런 유형의 교사는 문제를 크게 벌리기보다 조용히 덮고 싶어 하는 경향이 있으며, 문제 아이가 끝까지 나타나지 않는 경우 낙담하거나 포기해버리기도 합니다.

그렇다면 남의 물건을 훔치는 아이를 어떻게 지도해야 할까요?

위에서 보았듯이 도벽이 있는 아이들을 지도할 때 너무 강압적이거나 너무 방임적인 태도는 둘 다 좋은 효과를 보지 못합니다. 무엇보다 중도를 지키기 위해 노력하는 자세가 중요합니다. 너무 강경한 조치를 취하게 되면 아이의 자존심을 상하게 하거나 따돌림을 초래하는 등 부작용이 생길 수 있으며, 반대로 제대로 된 조치를 취하지 못할 경우 아동의 잘못된 행동을 교정하지 못하고 더욱 심각해질 수 있습니다. 도난 사건이 일어났을 때 교사는 흥분하지 않고 잘못한 아이의 입장을 공감해줌으로써 아이로 하여금 이해받는다는 느낌을 갖게 하고, 아이들이 두려움 없이 솔직하게 말할 수 있는 분위기를 제공해주어야 합니다.

도벽이 있는 아동을 지도할 경우에는 눈에 보이는 훔치는 행위 이면에 또 다른 문제를 가지고 있는 경우가 많으므로, 도벽 행동 자체에 대한 지도와 함께 다른 문제에 대해서도 폭넓게 접근하는 것이 필요합니다. 도벽 행동의 원인이 단순한 호기심인지, 애정 결핍의 문제인지, 부모에 대한 반항의 문제인지, 충동 조절의 문제인지를 파악하여 원인에 따른 적절한 대책을 마련해야 합니다.

다음으로, 학급 구성원들의 생활 자세가 중요합니다. 학급 아동들이 각자 자기 물건 관리를 철저히 잘 하도록 하고 친구가 유혹을 느낄 만한 물건은 가져오지 않는 등 환경을 정리하는 것이 선행되어야 합니다.

매시와 아키(Mash & Arkey)는 도벽 행동을 줄이기 위한 지침을 다음과 같이 소개했습니다.

1. 훔치는 행동을 줄이는 데 가장 중요한 것은 '훔치는 행동'을 훔치는 행동으로 규정하는 것이다.
2. 훔치는 행동에 대해서는 대가를 치러야 한다.
3. 과도한 수색 등을 사용하는 것은 피해야 한다.
4. 훔치는 행동에 대한 처벌은 좋아하는 일을 할 수 없거나 훔치는 행동을 한 하루 동안 특권을 상실하는 것과 같이 실질적인 것이어야 한다. 창피를 주거나 때리는 것과 같은 비인격적인 처벌은 피하는 것이 좋다.
5. 훔치는 행동은 방황과 연결되고 아이들의 가출과도 연결될 수 있음을 기억해야 한다.
6. 훔치는 행동을 할 만한 환경을 만들지 말아야 한다.
7. 훔치는 행동은 아이가 얼마나 많은 소유물을 가지느냐와는 상관이 없다. 즉 아이에게 모든 것을 살 수 있는 돈을 준다고 훔치는 행동을 없앨 수는 없다. 아이에게 자기가 살 물건을 선택할 수 있도록 하고 자신이 물건을 살 돈을 마련할 수 있는 방법을 알도록 해야 한다.

📖 **참고문헌**

• 오인수 외, 《상담으로 풀어가는 교실이야기》, 교육과학사, 2005.
• 신의진, 《신의진의 아이심리백과》, 걷는나무, 2011.

046

다 같이 모둠 활동에
참여하게 만들고 싶어요.

—— 6학년 담임교사입니다. 6학년 교육 과정에는 토의나 토론, 프로젝트와 같은 협동 학습 등 저학년에 비해 모둠 활동이 훨씬 많습니다. 능숙한 의사 표현이 되는 고학년들에게 모둠 활동은 유용한 학습 방법이기 때문이겠지요. 그렇지만 어떤 모둠 활동이든 중간에 꼭 불만이 터져 나온다는 것이 문제입니다.

"선생님! 얘는 아무것도 안 해요! 그냥 빼고 하면 안 돼요?"

볼멘소리로 이르는 학생과 활동에 손 놓고 있는 아이들이 늘 한둘씩 있게 마련이지요. 처음에는 이런 의견 충돌도 과정이니 점점 나아지리라 생각했습니다. 그렇지만 제 예상과는 달리 불만과 방관이 계속되어 급기야는 수업이 끝나고 아이들을 불렀습니다.

"2모둠은 왜 누구는 활동에 참여하고 누구는 안 하니? 너희들은 왜 안

하는 거야?"

"처음에는 하려고 했어요. 그런데 얘들이 자기들 마음대로 막 다 하려고 해서 저희는 하다 말았어요."

"아니에요! 얘들은 의견 내놓으라고 하면 시간만 끌고요, 자기네랑 의견이 안 맞는다고 딴 소리나 하면서 참여 안 했어요."

양쪽 다 그럴 만한 이유가 있으니 문제를 제 선에서 해결해주기에도, 그냥 알아서 해보도록 놔버리기에도 참 애매합니다. 어떻게든 갈등을 풀어주기는 했지만, 그 순간 그 모둠에 한할 뿐 그 다음 시간에 비슷한 상황은 또 발생합니다. 어떻게 하면 모두가 즐겁고 의미 있게 모둠 활동에 참여할 수 있을까요?

Ⓐ 초등학교 교실에서는 모둠 활동이 많이 이루어집니다. 모둠 활동의 특징은 모둠원들과 힘을 모아야 좋은 결과를 얻는다는 것입니다. 그렇지만 이 과정에서 많은 아이들이 다른 친구들과 갈등을 겪고 스트레스를 받습니다. 때로는 모둠 활동을 주도하는 아이들의 욕심이 문제가 되기도 하고, 때로는 "난 못 해, 안 해."라는 태도가 문제가 되기도 합니다. 아이들이 모둠 활동에서 겪게 되는 대표적인 문제 상황으로 두 가지가 있습니다.

첫째, 아이들이 흔히 하는 고민은 모둠 활동에 참여하지 않는 사람 때문에 '열심히 한 사람만 손해'라는 느낌이 드는 것입니다. 위의 사례에서 활동에 적극적으로 참여한 아이들이 참여하지 않은 아이들로 인해 느끼는 감정이 바로 이것입니다. 그래서 선생님께 일러바치기도 하고, 하지 않는 아이들을 재촉도 해보지만 결국 해결되지 않으면 몇몇 아이들의 힘으로 모둠 활동을 끝내게 됩니다. 이 과정이 힘들 뿐만 아니라, 흔히 말하는 '무임승차'하는 다른 아이들로 인해 감정적으로도 억울함과 속상함을 겪게 되는 것입니다.

둘째, 참여하지 않은 아이들 쪽의 입장으로, 이들은 대개 "내 의견은 받아들여지지 않는다."며 소외감을 느끼기 때문에 아예 방관하는 것입니다. 위 사례에서도 처음에는 나름대로 참여 의지가 있었던 아이들이 모둠의 다른 아이들과 의견 충돌을 겪으면서 자기 의견이 무시되는 경험을 한 후에 손을 놓아버리게 된 것이지요.

이렇게 살펴보면 어느 한쪽에 문제가 있어서 모둠 활동이 난항을 겪는 것은 아닙니다. 이러한 상황은 초등학생들이 미성숙하기 때문에 일어나는 일은 아닙니다. 초등학생뿐 아니라 조별 과제를 하는 대학생과 프로젝트를 준비하는 성인, 직장인들도 흔히 마주하는 상황이니까요. 단, 초등학생들에게는 이러한 문제 상황을 공정하고 효과적으로 이끌 수 있는 지도자인 선생님이 있습니다. 선생님의 힘으로 모둠 활동은 분명히 더 의미를 띨 수 있습니다.

원활한 모둠 활동을 운영하기 위한 팁

협동하여 과제를 풀어나가는 모둠 활동은 교우 관계를 돈독하게 해줄 뿐아니라, 학업 성적 향상에도 긍정적 영향을 준다는 연구 결과가 있습니다. 하지만 미국 스탠포드 대학교의 연구에 따르면, 교실에서 친구들과 또래 관계가 좋지 않거나 발표 불안이 있는 아이들은 모둠 활동의 참여도가 특히 낮고, 용기를 내어 의견을 표출하려 노력해도 친구들의 반응을 쉽게 얻지 못하는 것으로 나타났습니다. 또한 스스로 친구들에 비해 실력이 낮다고 생각하는 학생은 자신감 결여로 활동 참여를 주저하며, 조용히 친구들을 쳐다보기만 하는 경우도 있습니다. 특히 모둠 내에서 주도권을 놓지 않으려 하고 활동을 독자적으로 이끌려는 학생이 있다면 더욱 참여하기가 쉽지 않다고 하였습니다. 이처럼 모든 아이들이 협동하여 모둠 활동을 한다는 것은 생각처럼 쉽지 않습니다. 따라서 교사는 아이들의 수준을 고려하여 균형 있는 모둠을 구성할 필요가 있습니다. 그래야 아이들이 모둠 활동에서 필요한 기술을 훈련하고 이를 통해 긍정적 경험 및 성과를 얻을 수 있습니다. 따라서 무엇보다 교사의 노하우가 매우 필요한 부분입니다

모둠 구성하기

짝 활동도 가능하도록 4인 1모둠으로 구성합니다. 성적, 성별 등 다양한 기준에 따라 구성할 수 있으나 중요한 것은 이질적이어야 한다는 것입니다. 그리고 각 모둠원에게 역할을 부여합니다. 역할을 부여하면 누구는 일벌레가 되고 누구는 무임승차를 하는 상황을 미연에 방지할 수 있으며, 모둠원 전원이 자기 존재의 중요성을 깨달을 수 있습니다. 역할의 예시는 아래와 같습니다.

역할명	하는 일	역할명	하는 일
이끔이	사회를 보거나 진행하기	칭찬이	칭찬과 격려하기
기록이	기록과 발표하기	지킴이	시간과 물건 관리하기
신나리	모둠의 분위기 띄우기	점검이	모둠원 전체가 과제를 수행할 수 있도록 돕기
나눔이	학습 자료 제출, 정리하기	꼼꼼이	자료를 준비하고 문제 살피기
궁금이	모둠 의견 정리하여 질문하기	생각이	지난 활동을 확인하고 반성하기

모둠 세우기

모둠을 구성하고 난 뒤에는 모둠 세우기 활동을 합니다. 모둠 세우기는 본격적인 모둠 과제 해결 활동에 앞서 모둠에 공동체 의식을 심어주어 결속력을 다지기 위한 활동입니다. 모둠원 간에 서로 도울 수 있는 긍정적인 상호의존감을 형성할 수 있다는 장점이 있습니다. 일반적으로 어렵지 않게 할 수 있는 모둠 세우기 활동은 다음과 같습니다.

활동명	활동 내용
꼬마 출석부	학생들에 관한 정보를 카드로 만들어 묶어놓고, 수업 시간 출석부로 활용하기도 하고 교실에 걸어두어 학생들이 서로를 파악하기 (꼬마 출석부 예시 질문 : 불리고 싶은 별명, 장래 희망, 좋아하는 음식, 좌우명, 친한 친구 이름, 존경하는 사람 등)
3단계 인터뷰	짝끼리 주제에 대해 번갈아 이야기하기 → 짝을 대신해 다른 모둠원에게 짝의 이야기를 소개하기
창문 열기 (모둠명 짓기)	창문 모양 학습지에 모둠원이 돌아가며 좋아하는 것을 이야기하기 → 다른 모둠원도 동일하게 좋아하는 것이면 엄지를 들며 "나도!"라고 말하기 → 좋아하는 모둠원 숫자에 해당하는 창문 번호에 단어 기록하기 → 많은 모둠원이 좋아하는 단어를 이용하여 모둠명 짓기
풍선 치기	규칙을 정하고 정해진 시간 내에 풍선을 쳐서 성공하면 모둠에게 보상하기 (규칙 예시 : 손가락 하나로 치기, 모두가 손을 잡고 머리로 치기 등)

협동하여 학습하는 방법 배우기

새로운 기술을 배울 때는 훈련이 필요하듯이 협동하여 학습하는 것을 처음 배울 때에도 훈련이 필요합니다. 교사는 학생들로 하여금 모둠 활동의 목적을 분명히 알게 하고, 또 이들의 활발한 참여를 이끌어내도록 충분한 지식과 기술을 갖추고 있어야 합니다.

1. 모둠 활동에서 사용할 대화문 알기

기본적으로 모둠 활동에서는 어떤 문장을 사용하며 의견을 나누는 것이 적절한지 학생들에게 구체적으로 알려주어야 합니다. 모둠원들 간에 의견을 공유할 때, "동의합니다."와 같은 말을 하며 서로의 의견을 듣고, 자신의 발표 차례를 기다릴 수 있어야 합니다. 또한 이해를 돕기 위해, "예를 하나 들어줄래요?" 같은 말을 사용하도록 지도합니다. 이때 상대방의 눈을 마주 보며 나와 다른 의견도 존중한다는 표현을 함께 해야 합니다.

2. 일벌레, 무임승차 막기

모둠 활동에서 가장 문제가 되는 '무임승차'나 '일벌레', 또는 '방해꾼'의 발생을 극복하기 위해서는 모둠원 간의 협동을 중시하면서도 동시에 개인의 책임을 분명히 해야 합니다. 개인의 책임이란 활동 과정에서 집단 속에 숨는 일이 없도록 한 사람 한 사람이 구체적인 역할을 맡고 그에 대한 책임을 지는 것입니다. 예를 들어 모둠 협력 과제를 수행하는 경우 교사가 아이들이 각각 분담한 영역을 평가할 수도 있으며, 또는 모든 모둠원이 다 같이 과제를 완성하지 못하면 다음 과제로 넘어가지 못하게 하여 개개인의 책임을 강조할 수 있습니다. 그리고 활동 후 보상을 할 때 학급 전체 보상과 개인 보상을 동시에 하는 방법도 있습니다. 개인 스티커를 부여하되, 결과 확인 단계에서 모둠의 스티커를 합하여 최종 보상하는 방법도 모둠원 각각이 맡은 일에 열중할 수 있게 하는 방법이 됩니다.

3. 동등한 참여 이끌기

모든 모둠원이 참여하되, 각 모둠원이 동등한 수준으로 참여하지 않으면 이 또한 문제가 됩니다. 동등한 참여란 학습자 모두가 적극적으로 참여할 수 있도록 유도하면서 일부에 의해 독점되거나 반대로 참여하지 못하는 일이 없도록 하는 것입니다. 동등한 참여가 이루어질 수 있는 방법으로 앞서 말한 역할 분담 이외에도 대화 카드를 사용하는 방법이 있습니다. 모둠 활동 전에 대화 카드를 각각 모둠원에게 두세 개씩 똑같이 나누어준 후 모둠 토의에서 대화 카드를 한 개씩 책상 위에 내려놓고 이야기합니다. 자신이 가지고 있는 대화 카드를 다 사용하면 더 이상 발언할 수 있는 기회가 없기 때문에 나머지 다른 학생들이 가지고 있는 대화 카드를 다 사용하기까지 기다리는 방법입니다.

4. 모둠의 통일된 '생각' 강요하지 않기

모둠 활동을 통해 모둠원 모두의 의견이 하나로 합치된 어떠한 결과가 반드시 나와야 하는 것은 아닙니다. 사실 교실 내 모둠 활동을 통해 아이들이 얻는 성과는 맞지 않는 의견을 억지로 맞춘 그럴 듯한 결과물이 아니라 자신의 생각을 조정하고 정제할 수 있도록 서로 생각을 공유하고 질문하는 자유로운 이야기의 '장'을 만들어낸다는 부분이 더 큽니다. 이를테면 '하브루타 (havruta)'와 같은 모습입니다. '하브루타'란 짝을 지어 질문하고 대화하며 토론하고 논쟁하는 유대인의 전통적인 토론 교육입니다. 모둠을 하나의 생각을 만드는 공간이 아닌 서로의 의견을 듣고 말할 수 있는 모임으로 생각한다면 선생님의 모둠 활동은 더욱 교육의 목표에 가까워질 것입니다.

 참고문헌

• 정민아, 《의견이 다르다고? 포스트잇에 적어라!》, 에듀동아칼럼, 2015.
• 고상훈, 〈신규교사 생존기 : 작은 깨달음으로 교실을 바꾸다〉, 오마이뉴스 연재기사, 2015.
• 서울특별시과학전시관, 〈중등 협동학습을 활용한 수학수업 직무연수〉, 2011.

047

안전사고를 예방하고 싶어요

──── "아악!(웃으면서) 하지 마. 하지 말라고!"

"헤헤헤, 그만 해. 싫~어. 잉~!"

"선생님, 태민이가 저를 자꾸 때려요."

쉬는 시간, 아이들의 몸 장난이 계속됩니다. 싫다고 비명 소리처럼 외쳐대기는 하는데 즐거운지 계속 하하, 호호거립니다. 몇 분 후, 결국 태민이와 놀던 친구가 선생님께 이르러 옵니다.

태민이는 또래에 비해 덩치가 크고 힘이 셉니다. 똑같이 한 대씩 주고받는 장난을 쳐도 상대방은 아파서 소리를 지를 정도지요. 친구들이 선생님께 태민이를 자주 이르니 태민이도 억울합니다. 똑같이 장난쳤는데 자기만 자꾸 혼나니 기분이 안 좋습니다. 그러나 이런 식의 장난이 자칫 안전사고를 일으키기 쉬워, 아이들을 마냥 놔둘 수도 없습니다.

학교 안에서 아이들을 안전하게 지도하는 문제는 저학년이나 고학년이나 마찬가지로 늘 어려운 문제입니다. 어떻게 하면 안전사고를 효과적으로 예방할 수 있을까요?

🅐 학교 안에서 일어나는 안전사고의 대부분은 장난에서 시작됩니다. 장난을 거는 아이도 웃으면서 하고, 받아주는 아이도 웃으면서 하지 말라고 하니까 싫지 않은 것처럼 보입니다. 하지만, '장난이 지나치면 폭력'입니다. 따라서 아이들에게 싫으면 싫다고 분명하고 단호하게 눈을 맞추며 거절하도록 지도해야 합니다. 상대방이 싫다고 하면 즉시 장난을 멈추어야 하고, 다른 놀이로 바꾸어 놀아야 합니다.

고학년 아이들도 안전에 관한 내용은 사소한 것 하나까지도 짚어주고 가르쳐줄 필요가 있습니다. 고학년 아이들은 머리로는 이해하고 있지만, 실천하지 않는 것이 문제입니다. 매일 안전 규칙을 실천하여 안전 습관이 몸에 밸 수 있도록 구체적으로 사소한 것까지 하나하나 가르쳐주어야 합니다. 하지만 기본 생활 습관이 정착된 이후에는 큰 틀만 정해주고 그 안에서 자유롭게 선택하고 책임질 수 있는 태도를 길러주는 것이 필요합니다.

세계적인 베스트셀러《내가 정말 알아야 할 모든 것은 유치원에서 배웠다》를 쓴 로버트 풀검(Robert Fulghum)의 말처럼 기본 생활 습관, 학습 태도, 양심적인 행동은 이미 초등학교 이전에 습득하고 체화되어 있어야 하는데, 그렇지 못한 아이들이 있습니다. 고학년 담임교사들은 귀찮더라도 매일 알림장 검사를 하고, 숙제나 준비물도 꼼꼼히 검사하여 기본 생활 습관이 정착될 수 있도록 꾸준히 지도해야 합니다. 선생님이 조금이라도 흐트러진 모습을 보이거나 틈을 주면 그것을 악용하는 아이들이 꼭 있으니 약속한 내용은 철저히 지키는 모습을 보여주어야 합니다. 사소한 약속들을 지켜나가면 반 아이들과 교사 간의 신뢰가 쌓입니다.

《성공하는 사람들의 7가지 습관》을 쓴 스티븐 코비(Stephen Covey)는 "생각을 바꾸면 행동이 바뀌고, 행동을 바꾸면 습관이 바뀌고, 습관을 바꾸면 성품이 바뀌고, 성품이 바뀌면 결국 운명이 바뀐다."고 했습니다. 아이들이 학교에서 기본적인 생활 습관을 익힐 수 있도록 끊임없는 지도와 관심을 잃지 말아야 하겠습니다.

해결보다 중요한 예방

경제 원리 중에 "손해를 최소화하는 1 대 10 대 100 원리"라는 것이 있습니다. 세계 최고의 품질 전문가로 꼽히는 조지프 주란(Josep Juran) 박사가 제시한 예방 비용, 평가 비용, 실패 비용의 상대적인 비율을 바탕으로 한 원리입니다. 풀어서 설명하자면, 불량이 생겼을 때 바로 고치면 1의 원가가 들지만, 이를 숨기고 출고하면 10의 원가가 들고, 후에 고객이 반품을 요구한 뒤고치려면 100의 원가가 든다는 것입니다. 즉 처음에 올바르게 하지 않으면 100배의 손해를 보게 된다는 것이지요.

이것은 교육에도 적용할 수 있습니다. 아이들을 처음부터 올바르게 가르치면 성숙한 어른으로 크지만, 잘못된 교육으로 삐뚤어지면 불량 청소년이 되거나 탈선을 하게 되고, 그 후 이것을 수습하려면 더 큰 노력과 비용이 들게 됩니다. 그러므로 미리미리 예상되는 문제들에 앞서 예방 교육을 해야 합니다. 예방 교육이야말로 아이들에게는 최고로 효과적인 방법입니다. 교육을 할 때는 무엇보다 개별 학생들의 차이를 인정하고 차별 없이 대하는 노력을 병행해야 합니다.

안전 교육 실천하기

1. 안전 동영상을 보고, 실천할 점을 한 가지씩 알림장 또는 학습지에 정리합니다. 동영상은 아래와 같은 방법으로 찾을 수 있습니다. 보고 난 후 한 줄로 지킬 점을 정리하여 쓰게 하면 훨씬 효과가 있습니다. 또한 선생님의 지도 흔적으로 남겨둘 수 있어서 만약 안전사고가 날 경우, 선생님을 보호해주는 일석이조의 효과가 있습니다.

1) 'KBS 위기탈출넘버원' 동영상을 검색해서 함께 봅니다(전체로 보면 길기 때문에, 10분 내외로 잘라 편집해놓은 것을 활용합니다).
2) 아이스크림(www.i-scream.co.kr)의 창의적 체험 활동 → 안전 교육에 들어가면 안전 동영상이 약 260개 있으니 이 가운데 적절한 것을 골라 보고 지도하면 됩니다.
3) 학교에 있는 ICT 자료 중 안전 교육과 관련된 CD를 찾아 활용합니다.

2. 안전 교육을 실시한 내용을 학급 홈페이지에 꼭 올려 학부모 교육에도 활용합니다. 가정과 연계하여 실시하면 더욱 효과가 좋기 때문입니다. 교육청 서버를 사용하여 만든 학교 홈페이지는 '학교쏙2' 어플리케이션을 다운받으면 스마트폰으로도 접속 후 활용할 수 있습니다.

3. 수시로 안전 교육을 실시합니다. 실시한 내용은 반드시 알림장에 한 줄

로 정리하게 합니다. 안전 교육을 말로만 하고 적어놓지 않으면 선생님께서 열심히 한 노력이 남지 않게 됩니다. 적는 것이 교육 효과가 더 좋다는 것이 검증되었으므로 반드시 꼭 적도록 합니다.

1) 언제, 어디서, 누구와, 무슨 일을 하는지 부모님, 선생님께 알리도록 합니다.
2) 수업 중 화장실을 혼자 가게 하지 않습니다.
3) 등하교시 친구들과 함께 다닙니다.
3) 조기 등교를 하지 않습니다.

4. 방관자가 아닌 적극적 방어자가 되어야 합니다.

아이들이 놀다 보면 순식간에 가해자, 피해자가 발생합니다. 둘이 팔 꺾기 장난을 하다가 A학생이 B학생의 팔을 너무 세게 꺾어서 팔을 다치게 하면 A는 가해자, B는 피해자가 됩니다. 만약 반대의 상황이라면 순식간에 가해자, 피해자는 바뀌는 것이지요. 즉, 누구나 가해자가 될 수도 있고 피해자가 될 수도 있으니 서로 조심하고 이해하는 태도를 갖는 것이 필요합니다. 부모들에게도 학부모 총회 때나 기회가 있을 때마다 이런 마음을 갖도록 교육하는 것이 중요합니다. 애들 싸움이 어른 싸움 되는 것이 요즘 세태라 작은 일이 더 커져서 분란을 일으키는 일이 많아지고 있습니다. 아이들은 이미 화해했는데, 어른들끼리는 앙금이 남아 학교폭력대책 자치위원회를 요구한다든지 고소를 한다든지 하는 경우가 늘고 있습니다. '내' 아이가 아닌 '우리' 아이로 함께 키워 나갈 수 있도록 부모의 마음을 넓게 가질 필요가 있습니다.

장난이 지나치면 폭력이라는 생각을 늘 갖도록 하며, 서로 즐거운 선에서 장난을 할 수 있도록 조절하며 노는 연습을 합니다. 초기에는 교사가 개입을 해서 규칙을 잡아주고, 어느 정도 수준에 이르면 자기들끼리 규칙을 지키고 통제할 수 있도록 자율성을 주는 것이 좋습니다. 아이들 스스로 잘할 수 있다는 믿음을 갖는 것도 중요합니다.

교사들이나 부모님들은 가해자, 피해자에 대한 인식을 어느 정도 가지고 있습니다. 하지만 방관자에 대한 인식은 매우 낮습니다. 방관자는 넓은 의미에서 보면 가해자가 됩니다. 몇 해 전 초등학교 3, 4학년 아이들이 불장난을 하다가 주차장에 세워진 차 몇 대에 불이 붙은 사건이 있었습니다. 직접 불장난을 한 아이들의 부모에게 벌금형이 내려졌고, 그것을 지켜보던 아이들의 부모에게도 벌금형이 내려졌습니다. 방관자도 가해자로 본 것이지요.

2008년 'EBS 다큐프라임'에서 방영된 〈인간의 두 얼굴 1 : 제3부 평범한 영웅〉 편에서는 이 '방관자 효과'를 자세히 다루기도 했습니다. '방관자 효과' 란 '목격한 사람이 많을수록 책임감이 분산되어 어려움에 처한 사람을 돕지 않게 되는 현상'을 말합니다. 여기서 실시한 한 실험에서, 사람들은 책을 잔뜩 들고 가다가 떨어뜨린 여성을 보았을 때 목격자의 수가 적을수록 이 여성을 도와주는 확률이 높아지는 결과를 보여주었습니다. 먼저 목격자가 한 명일 때는, 여성이 책을 떨어뜨리는 걸 보자 가던 길을 멈추고 다가와 도와줍니다. 두 명일 경우에는 잠깐 멈춰 서서 도와줄 듯하다가 그냥 가버립니다. 세 명일 때는 다들 쳐다보기만 할 뿐 제 갈 길을 가고 맙니다. 혼자 있을 때는 잘 도와주던 사람들이 옆에 누군가 함께 있을 때는 무심한 사람으로 변해버린 것이지요. 실험 결과 목격한 사람, 즉 방관자가 많아질수록 도와주는 비율은 급격히 낮아졌습니다. EBS 홈페이지에서 이 동영상을 검색하여 아이들과 함께 보고, 아래 내용을 지도하면 효과가 좋으니 활용해보시기 바랍니다.

1. 방관자 효과 동영상을 보며 ( )안에 숫자를 채워보세요.

방관자의 수	도와줄 확률
1명	(82) %
2명	(38) %
3~5명	(15) %
6명 이상	(0) %

2. 나 자신과 친구들은 가해자, 피해자, 방관자가 모두 될 수 있습니다. 각각의 입장에서 학교 폭력을 살펴봅시다.

유형	해야 할 일
가해자	1. 장난이 지나치지 않도록 힘 조절을 잘 한다. 2. 친구가 싫다고 하면 즉시 장난을 멈춘다. 3. 친구들의 장점만 보려고 노력한다.
피해자	1. 친구들이 싫어하는 말과 행동을 하지 않는다. 2. 옷을 단정히 입고 다닌다. 3. 반드시 한 사람에게 콕 찝어 도움을 요청한다.
방관자	1. 선생님께 이르는 것과 말씀드리는 것을 구분한다. 2. 친구의 위험한 상황에 대해 적극적으로 도움을 주려고 노력한다. 3. 어른들께 말씀드린다.

 참고자료

• 'EBS 다큐프라임' 〈인간의 두 얼굴 1 : 제3부 평범한 영웅〉, 2008.

048

아이들이 체육 시간만 기다려요

───── 저는 올해 5학년 담임을 맡고 있는 3년차 여교사입니다. 신규 교사이기에 더 열심히 교재를 연구하고 고민하여 수업 준비를 하고 있습니다. 이런 저에게 정말 싫은 날이 있습니다. 바로 일주일에 세 번 체육이 있는 날입니다. 이날은 교실에 들어서면서부터 아이들이 제 주위에 몰려옵니다. 그러고는 "선생님! 오늘 체육 시간에 뭐 해요?", "선생님 오늘 체육 할 거예요?" 질문을 퍼붓습니다. 가뜩이나 정신없는 아침 시간에 이렇게 몰려와서 해대는 질문 공세에 응답하는 것은 너무 벅차고 귀찮습니다. 게다가 남자아이들은 체육 시간마다 "선생님! 오늘 축구 하면 안 돼요?", "피구해요!"라고 외칩니다. 나름 교재 연구를 해서 체육 시간을 열심히 준비하는데 피구, 축구, 발야구만 하자는 아이들에게 서운한 마음도 듭니다.

가뜩이나 운동장에 나가면 통제도 어렵고 목도 아픈데 교과서에 나와 있는 다른 활동을 하면 시시해하기도 하고 매일 축구, 피구나 하자고 하니 이제 체육 수업이 든 날이 정말 싫을 지경입니다. 체육 시간이 힘든 선생님, 그리고 체육 시간만 기다리는 아이들. 이 시간이 서로에게 즐겁고 의미 있는 시간이 되려면 어떻게 해야 할까요?

Ⓐ 저는 매년 학기 초에 아이들을 대상으로 설문조사를 실시합니다. 1년 동안의 학급 운영을 위해 아이들의 성향을 파악하고 아이들에게 바라는 점들을 묻는 것이 설문의 주 내용입니다. 그중 '가장 좋아하는 과목'을 묻는 질문도 포함되어 있는데, 다년간의 경험을 빌려 이야기하자면 항상 불변의 1등은 '체육'입니다. 이 결과는 어느 학년을 대상으로 하든 거의 틀리는 법이 없습니다. 또 설문의 마지막 질문 "선생님께 바라거나 하고 싶은 말을 자유롭게 적어보세요."라는 항목에는 많은 아이들, 그중에서 특히 많은 남자아이들이 이렇게 적습니다.

"선생님! 체육 좀 많이 시켜주세요."

아이들에게 물어본 적이 있습니다. 너희들이 학교에 오는 이유가 무엇이냐고. 대답은 각양각색입니다. 공부를 열심히 하기 위해서라는 모범 답안 같은 대답도 있고, 친구들과 사이좋게 지내기 위해서라는 대답도 나옵니다. 한 남자아이가 이렇게 대답합니다.

"체육요. 체육은 제가 학교에 오는 유일한 낙이에요."

왜 아이들은 달리고, 뛰고, 소리 지르는 행동들을 좋아할까요? 저는 이것이 아이들, 특히 남자아이들의 본능이라고 생각합니다. 진화론적 관점에서 인류는 수백만 년의 시간 동안 정글, 초원 등지에서 사냥을 하고, 과일과 열

매 등을 따며 식량이 풍부한 장소를 찾아 돌아다니는 수렵 채집 생활을 해왔습니다. 인류가 한 장소에 정착 생활을 시작한 것은 신석기 혁명 이후로 고작 8,000년밖에 되지 않았습니다. 인간은 지금까지 살아온 세월의 99퍼센트를 숲이나 들판에서 달리고, 뛰고, 숨고, 나무에 오르는 생활을 해왔으며 그에 맞게 진화한 동물입니다. 이 생활 방식을 우리 아이들의 유전자는 아직 기억하고 있습니다. 이 유전자들이 아이들에게 숨이 찰 때까지 달리고, 뛰어오르는 연습을 시키는 것입니다. 이런 본능을 가진 아이들이 교실에서만 앉아 하루 종일 책을 보고, 선생님의 말씀에 집중해야 한다는 것은 어찌 보면 가혹한 일이라는 생각이 듭니다.

진화론적 관점이 아니더라도 체육 활동은 아이의 성장을 위해 중요한 역할을 담당하고 있습니다.

첫째, 신체적인 측면에서 볼 때 체육 활동은 성장기 아이들의 체력을 강화합니다. 성장기에 규칙적인 운동을 하면 근육의 부피가 커지고 심장의 크기나 기능도 강화됩니다. 근력, 지구력과 민첩성 등을 기를 수 있고 지각에 대한 반응 속도도 빨라져 위험하고 긴급한 상황에 쉽게 대처할 수 있습니다. 체육 활동을 통해 얻은 강화된 체력이 더 높은 학년으로 갈수록 교실에서 장시간 앉아 공부해야 하는 아이들의 체력에 보탬이 될 수도 있습니다.

둘째, 정신적인 측면에서 볼 때 학업에서 오는 스트레스를 해소해줄 수 있습니다. 학년이 높아질수록 아이들은 학업 및 성적으로 인해 많은 스트레스를 느끼게 됩니다. 이 스트레스를 제때에 해소하지 못하면 신체적 · 정신적 건강에 나쁜 영향을 미칠 수 있습니다. 이때 쌓인 스트레스를 건강하고 효과적으로 풀 수 있는 가장 좋은 방법 중 하나가 바로 체육 활동입니다.

셋째, 사회성 발달 측면에서 볼 때 체육 활동은 사회적 기술을 습득할 수 있는 효과적인 방법입니다. 요즘 아이들은 방과 후에 대부분 학원 스케줄이 있어 친구들과 마음껏 뛰어 놀 시간이 없습니다. 체육 활동은 친구들과 함께 부대끼고 어울리며 건전하게 우정을 쌓을 수 있도록 도와줄 뿐 아니라 공동체 속에서 개인을 배울 수 있도록 해줍니다. 동시에 정해진 법칙을 지키면서 활동하기 때문에 규칙, 규범에 대한 기본 의식을 갖게 되고 사회 속의 개인으로 적응할 수 있도록 도와줍니다. 컴퓨터, 핸드폰, TV 속에서 혼자 머물러 있기보다는 친구들과 함께 운동하며 체육 시간을 멋지게 즐기면서 보내는 것은 이 시기 아이들에게 더없이 중요한 일입니다.

체육 시간은 아이들의 당연한 권리

위 선생님의 고민으로 다시 돌아가 보면, 이런 고민을 저도 해본 적이 있습니다. 아이들은 "선생님, 오늘 국어 수업 하나요?", "선생님, 오늘 수학 시간에 뭘 배울 거예요?"라는 질문을 하지 않습니다. 그런데 유독 체육 시간만큼은 오늘 체육을 할 건지, 한다면 뭘 할 건지 무척 궁금해합니다. 위와 같은 상황이 펼쳐지는 이유는 위에서 살펴본 것처럼 유독 아이들이 '체육'을 좋아하기 때문이기도 합니다. 하지만 사실 과거의 체육에 대한 부정적인 경험도 한 몫을 하지 않았을까 반성해봅니다.

학교 교육 과정에 따라 다르기는 하지만, 현행 교육 과정상 모든 학교에는 초등 3학년 때부터 주당 2~3시간의 체육 시간이 배정되어 있습니다. 하지만 이 시간이 지켜지지 않는 경우가 종종 있습니다.

교육 과정을 운영하다 보면 각종 학교 행사와 빡빡한 수업 내용 때문에 진도가 급할 때가 있습니다. 이때 한두 시간 빠져도 크게 진도에 구애를 받지 않는 '체육' 과목은 그 희생양이 되기 쉽습니다.

"선생님! 오늘 체육 해요?"

"응."

"정말 할 거예요?"

"응. 시간표에 써 있잖니?"

"그런데 지난주에도 시간표에 써 있었는데, 국어 했잖아요."

"그랬었니? 아, 그때는 국어 진도가 너무 급해서."

"그리고 지지난번에는 체육 안 하고 '과학의 날' 행사 했었어요."

"그러니? 걱정 마, 오늘은 체육 꼭 할게."

이런 대화는 아이들과 선생님 사이에 흔합니다. 때로는 '체육'이 협박의 수단으로 이용되기도 합니다.

"너희들, 이렇게 떠들면 오늘 3교시에 체육 안 할 거야!"

물론 이런 방식으로 아이들에게 유쾌한 자극을 제거함으로써 아이들의 문제 행동을 줄일 수도 있을 것입니다. 하지만 너무나 달콤한 '체육' 시간이 없어진다니 아이들에게는 이렇게 큰 벌이 없습니다. 그래서 많은 선생님들이 체육 과목을 아이들의 행동을 통제하기 위한 도구로 씁니다.

하지만 여기서 잊지 말아야 할 중요한 사실은 '체육 시간'은 아이들에게 달콤한 시간이기는 하지만 잘해서 주어지는 '상'도 아니고 못 하기 때문에 빼앗아야 하는 '벌'도 아니라는 사실입니다. 체육 시간은 고스란히 아이들에게 주어진 당연한 권리입니다. 그것도 학교에 오는 학생들에게 너무나 중요한 '수업을 받을 권리'입니다.

체육 시간이 힘든 이유

그렇다면 체육 시간이 유독 선생님들에게 힘든 이유는 무엇일까요? 여러 선생님의 이야기를 듣고 다음과 같은 고충을 정리해보았습니다.

첫째, 운동장에서 아이들을 통제하는 것이 너무 어렵기 때문입니다. 운동장의 상황은 자기 자리가 정해져 있고, 앉아서 공부하는 교실의 상황과는 또 다릅니다. 넓은 운동장에 나가면 아이들은 마냥 기분이 좋아 마구 뛰어다닙니다. 규칙을 어기고 뛰어다니는 아이들을 통제하려면 선생님의 작은 목소리로는 어림도 없습니다. 선생님들은 체육 수업 한 시간 하고 들어오면 기운이 쭉 빠집니다.

둘째, 선생님들께서 체육 시간에 뭘 해야 할지 잘 모르기 때문입니다. 물론 체육 교육 과정이 있기는 하지만 체육 교과서만으로는 아이들의 욕구를 충족하기에 무리가 있습니다. 위의 사례처럼 아이들은 항상 축구나 피구를 하자고 졸라댑니다. 그렇다고 매일 축구나 피구를 할 수도 없습니다.

선생님도 아이들도 즐거운 체육 시간 만들기

저는 즐거운 체육 시간을 만들기 위해 아래와 같은 방법들을 사용했습니다.

아이들과 합의하기

학기 초 체육 시간에 대해 아이들과 합의를 하는 시간을 갖는 것은 좋은 방법입니다. 합의의 내용은 다음과 같습니다.

우선 앞으로 일주일에 세 번 있는 체육 시간은 반드시 지켜줄 것임을 약속합니다. 체육 시간은 아이들이 반드시 누려야 할 권리임을 함께 인식시켜주기도 합니다. 물론 이때 국어와 수학과 같은 모든 교과목 또한 동등함을 함께 설명합니다. 가끔 학교 행사로 인해 빠지더라도 다른 과목과 체육을 동등하게 대할 것도 함께 이야기해둡니다. 그러면서 함께 "선생님, 오늘 체육 하나요?"라는 질문도 하지 않기로 약속합니다.

이 방법은 꽤 효과가 좋았습니다. 학기 초에는 몇몇 아이들이 질문을 하기도 했지만 시간이 지나 체육 시간이 꼭 지켜지는 시간임을 충분히 알고 난 이후에는 질문의 빈도가 많이 줄고, 결국에는 이런 질문을 하는 아이들이 거의 없어졌습니다.

의외의 소득이기는 하지만 이 약속과 합의가 잘 지켜지고 나니, 때론 비가 오거나 피치 못할 사정이 있어 한두 시간 정도 체육 수업을 못할 때에도 "선생님, 오늘 왜 체육 안 해요?"라는 원망 어린 질문 대신에 "우리 선생님이 이유가 있으시니 그럴 수도 있지."라는 관대한 이해를 구할 수 있었습니다.

체육 계획표 만들어두기

미리 체육 계획표를 만들어두는 방법으로 큰 효과를 거둘 수 있습니다. 이를 위해서는 학기 초 해당 학년의 체육 교육 과정 및 교과서를 미리 살펴보아야 합니다. 1년 혹은 한 학기 동안 반드시 이수해야 할 필수 교육 내용을 선정한 후, 계절 및 시기에 맞게 이를 배치합니다. 계획표의 중간중간 재미있는 협동 게임과 협력 놀이도 적절히 배치합니다. 그리고 월별 혹은 학기별로 체육 계획표를 교실의 한곳에 게시해둡니다. 제가 사용했던 체육 계획표는 이렇습니다.

5월 체육 시간 계획표

월	화	금
농구형 게임 1 • 드리블 연습 • 드리블 릴레이	농구형 게임 2 • 패스 연습 • 저글링 패스	즐거운 체육 • 풍선 배구 • 꼬리 잡기
농구공, 라인기	농구공, 라인기	풍선, 팀 조끼
농구형 게임 4 • 드리블, 패스 • 드래곤 볼 게임	농구형 게임 4 • 동그라미 패스 • 5점을 획득하라!	즐거운 체육 • 발야구 게임
농구공, 라인기	농구공, 훌라후프	발야구공, 라인기
농구형 게임 5 • 무빙 바스켓 볼	농구형 게임 6 • 넷볼 대장공 게임	즐거운 체육 • 피구 게임
책상, 상자, 농구공, 라인기	의자, 농구공, 라인기	피구공, 라인기
농구형 게임 7 • 잠자리채 농구	농구형 게임 8 • 간이 농구 게임	즐거운 체육 • 포-스퀘어 게임
대형 잠자리채, 농구공, 라인기	간이 농구대, 라인기, 농구공	배구공, 라인기

위와 같이 계획표를 작성해서 게시해두면 1년 동안 체육 활동이 체계적으로 이루어질 수 있을 뿐 아니라 선생님도 아이들도 참 편합니다.

계획표를 만들어놓으면 일단 다음 체육 시간에는 뭘 해야 하나 고민할 필요가 없어집니다. 계획표에 적힌 대로 수업의 내용만 숙지하면 됩니다. 게다가 체육 준비 당번 아이들만 잘 조직되면, 수업 시간 전에 미리 수업 준비를 하는 일이 훨씬 수월해집니다.

아이들이 그렇게 궁금해하던 '과연 오늘 체육은 뭘 할까?'라는 궁금증도 해결이 됩니다. 이렇게 한 결과 아이들은 체육이 시간표에 있는 날에도 "선생님, 오늘 체육 뭐 하실 거예요?"라는 질문을 하지 않게 되었습니다.

체육 일지 작성하기

체육 수업이 끝난 후, 간단한 일지를 작성해두는 것도 좋습니다. 특별한 형식은 없습니다. 오늘 했던 체육 내용의 흐름과 게임의 방법 등을 간단히 정리해둡니다. 선생님들께서 수업하시면서 어려웠던 점, 그리고 수정 보완해야 할 사항을 함께 적어둡니다. 이 자료들은 다음 해에 체육 계획표를 작성할 때 많은 도움이 됩니다.

즐거운 체육 시간을 만들기 위해

사실 아이들도 즐겁고 선생님도 즐거운 체육 시간을 만들기 위해서는 교사의 끊임없는 연구와 노력이 필요합니다. 교과서만으로는 조금 부족함이 느껴질 때, 저는 시중에 있는 참고 도서와 연수에서 많은 도움을 받았습니다. 제가 도움을 받았던 연수와 도서들을 아래 소개합니다.

- 김양수, 《흥미 재미 의미가 넘치는 체육 시간 만들기 1, 2》, 레인보우북스, 2010, 2012.
- 허승환, 《두근두근 운동장 놀이》, 즐거운 학교, 2008.
- 양수쌤이 들려주는 체육수업 비법(http://cafe.daum.net/epcham4).
- 체육 수업 비법(아이스크림 원격 연수원).

체육 시간은 아이들이 가장 많은 불만을 표시하는 교과인 만큼, 아이들에게 가장 큰 사랑을 받을 수 있는 기회이기도 합니다. 열 가지를 잘못하는 선생님일지라도 체육 시간을 꼭 지켜주는 선생님, 체육 시간을 사회·수학 못지않게 체계적으로 열심히 가르쳐주는 선생님이라는 사실만으로 아이들은 (특히 남자아이들은) 선생님에게 전폭적인 신뢰와 사랑을 보내게 될 것입니다.

049

시험 잘 보는 요령이 있을까요?

────── 아이들의 고민 순위 1, 2위를 다투는 시험 성적! 공부를 잘하는 아이는 시험을 계속 잘 보아야 한다는 압박감에, 못하는 아이는 또 공부를 못한다는 스트레스로 시험을 보는 일 자체에 심리적인 부담을 많이 느낍니다. 그렇다고 우리나라 교육의 현실상 시험을 완전히 없앨 수도 없는 노릇이고, 시험 때마다 괴로워하는 아이들을 어떻게 도와주어야 할지 난감합니다. 아무리 학교에서 웃고 떠들며 친구들과 발랄하게 지내는 아이일지라도 마음속에 시험과 성적으로 인한 고민 하나쯤은 모두 묵직하게 가지고 있는 것 같습니다. 저학년이나 중학년보다 고학년으로 갈수록 이 문제는 더 심각해집니다. 어떻게 하면 이런 아이들을 조금이라도 도와줄 수 있을까요?

Ⓐ 학생들은 학년이 올라갈수록 늘어나는 교과서와 어려운 교과 내용 때문에 공부에 많은 부담을 느낍니다. 교사들은 아이들이 교과 내용을 잘 배웠는지 확인하려고 국어, 수학, 사회, 과학 같은 주지 과목의 경우 매 단원이 끝날 때마다 단원평가를 보지요. 초등학교 6학년을 마치고 중학교에 진학을 하면 학생들은 본격적인 시험의 세계로 들어간다고 해도 과언이 아닙니다. 계속되는 시험을 치르고 시험 점수를 주기적으로 손에 받아들게 됩니다. 초등학생들은 중학년을 벗어나 고학년에 들어서면서 차츰 추상적 사고가 발달하기 시작합니다. 이는 장 피아제가 인지 발달 단계에서 '형식적 조작기(12세 이후)'에 해당한다고 한 단계로, 이때는 직접 경험을 하지 않고 구체적인 대상이 없어도 머릿속에서 생각할 수 있고 문제의 여러 측면을 종합하고 해결 방안을 찾을 수 있습니다. 또 현실적 세계를 넘어서 가상적 추론과 분석이 가능한 시기이며 상징적이고 추상적인 사고와 더불어 자신의 의미대로 설계가 가능하고 자아 개념도 확립되는 시기지요. 따라서 고학년들은 형식적인 시험에 어느 정도 적응하게 됩니다. 그러나 생각만큼 시험은 녹록지 않으며 시험을 잘 보기란 쉽지 않습니다. 시험은 여전히, 우리 아이들에게는 커다란 부담과 고민거리가 아닐 수 없습니다. 시험 보기 싫어 학교에 가기 싫어하고, 시험 결과 때문에 천국과 지옥을 왔다 갔다 하기도 하지요. 이런 현실을 감안할 때 막연한 두려움에 고민만 하지 말고 보다 적극적으로 시험을 잘 보기 위한 전략이 필요합니다.

시험 준비 전략

첫째, 시험에 대한 두려움을 가지지 않도록 해야 합니다.

시험은 학생의 모든 능력을 판단하는 절대적인 기준이 아닙니다. 또 학생들이 학습한 다양한 학습 내용과 창의적인 생각들을 시험으로 다 확인할 수도 없지요. 시험은 어쩔 수 없이 단편적인 지식들을 학생들이 잘 습득했는지 알아보는 역할밖에 할 수 없습니다. 학생들의 무궁무진한 능력과 다양한 생각들을 시험으로 등급 매길 수 없다는 것을 명심하도록 학부모께 알립니다. 그리고 학부모께 학생의 평소 학교생활 태도에 보다 깊은 관심을 가지고 시험 점수에 대해서는 관대한 태도를 보일 것을 요청합니다. 그래야 학생들이 시험에 대한 두려움을 갖지 않게 됩니다. 공부한 것보다 시험 점수가 낮게 나올 때 그 누구보다 실망하고 좌절감을 느끼는 것은 바로 학생 자신입니다. 따라서 시험 점수에 대해 질책할 것이 아니라, 찬찬히 원인을 살펴보고 가정에서 부모와 자녀가 함께 머리를 맞대고 앞으로의 공부 계획을 짜는 시간을 마련하도록 독려하는 것이 좋습니다. 또한 그동안 열심히 준비한 자녀에게 부모는 격려와 칭찬을 아끼지 않아야 합니다.

둘째, 시험 전에 미리 학습을 마치고, 자신의 학습 자료들을 철저히 공부해야 합니다.

시험 치기 전략은 공부를 하지 않고 성적을 올리기 위한 요령을 터득하는 것이 아니라 자신이 공부한 만큼의 실력을 발휘할 수 있도록 하는 것입니다. 따라서 평소에 수업에 잘 집중해야 함은 물론, 과제 학습도 철저히 하고 그때그때 학습 진도에 맞추어 복습도 꾸준히 해놓아야 합니다. 공부란 꼼꼼함이 요구되고 함정이 곳곳에 숨어 있는 시험을 정복하기 위한 전략을 탐색하는 것이지 요행을 바라는 것이 절대 아니라는 사실을 무엇보다 명심할 필요가 있습니다.

셋째, 시험 전에 시험 준비한 내용을 검토하도록 합니다.

시험을 잘 보기 위해서는 당연히 시험 준비를 잘해야 합니다. 학습 자료들을 복습하고, 그러고 나서 시험 전에 이를 재검토하도록 합니다. 이런 방법은 학습 자료를 더 잘 이해하는 기술입니다.

넷째, 공책(보조 교과서) 정리를 잘 해두어야 합니다.

요즘 초등학교는 교과서 외에 수학 익힘, 실험 관찰과 같은 보조 교과서가 있습니다. 사회 같은 경우 따로 공책에 중요한 내용을 정리하는 경우도 있으나 보통은 보조 교과서에 주요 내용을 적거나 교과서의 핵심 내용에 줄을 긋고 형광펜으로 표시합니다. 그리고 대개 초등학교에서는 선생님이 직접 시험 문제를 출제하므로 선생님들이 수업 시간에 강조한 학습 내용을 교과서나 보조 교과서에 표시해두고 이를 기억하는 것도 시험을 잘 치는 요령입니다.

다섯째, 긍정적이고 구체적인 목표를 세우도록 합니다.

"지난번처럼 또 시험을 못 보면 어떻게 하지?"라고 말하거나 생각하지 않도록 노력합니다. "나는 이번 시험은 꼭 잘 볼 거야!", "나는 이번 과학 지필 평가에서 95점을 꼭 받을 거야!" 또는 "나는 국어 수행평가에서 '매우 잘함'을 받을 거야!"라고 스스로 자주 소리 내어 말하도록 합니다. 자신이 시험을 잘 봐서 칭찬 받는 장면을 자꾸 상상해보도록 합니다. 자신이 얼마나 공부했는지 보여주고, 지금까지 한 공부에 대한 보상을 받기 위한 기회로 시험을 생각하도록 합니다. 시험 준비를 잘했고 시험을 잘 볼 수 있을 거라고 스스로에게 말하도록 합니다.

여섯째, 시험공부 계획을 구체적으로 작성하도록 합니다.

요즘은 나이스(www.neis.go.kr)에 '학부모 서비스'가 잘 되어 있어서 나이스나 학교 홈페이지에 들어가면 학년 말 생활기록부 성적에 들어가는 지필평가와 수행평가 계획이 잘 나와 있습니다. 또 담임선생님들은 수업 중에 하게 되는 수행평가를 예고해주기도 하고 알림장에 미리 써주기도 합니다. 이러한 정보를 미리미리 확인하고 자신의 시험공부 계획을 세워 시험을 준비하도록 합니다.

일곱째, 각 교과목별로 시험 유형을 탐색하도록 합니다.

주로 국어, 수학, 사회, 과학의 주지 과목에서 지필형 평가가 이루어지므로 각 교과목별 시험 유형에 따른 학습 전략을 세우도록 합니다. 또한 자신이 공부한 복습 내용을 중심으로 스스로 문제를 만들고 답하는 식으로 공부하면 기억도 잘 되고 학습도 즐겁게 할 수 있습니다.

여덟째, 시험 전날은 영양을 충분히 섭취하고, 잠을 충분히 자도록 합니다.

미리 시험공부를 하지 않고 시험 전날 밤을 새워 공부를 하는 것은 올바른 방법이 아닙니다. 시험은 어디까지나 학습의 결과를 측정하는 것입니다. '벼락치기' 공부는 시험에서 한두 문제 더 맞힐 수 있을지는 모르나 학습에는 전혀 도움이 되지 않습니다. 시험 치기 전날에는 몸을 이완시키는 스트레칭, 심호흡, 걷기 등을 하고 잠을 충분히 자도록 합니다.

시험 치기 전략

이상과 같은 '시험 준비 전략'을 세워 시험에 철저히 대비했다면 그 수고가 헛되지 않도록 시험을 잘 봐서 최소한 자신이 공부한 만큼은 시험 성적이 나와야 합니다. 그러기 위해서는 직접적인 '시험 치기 전략'도 매우 중요하다고 할 수 있습니다. 평소에 공부도 열심히 하고 시험 준비도 잘하는 학생이 시험 점수가 낮게 나오는 것을 보면 안타까운 마음을 금할 수가 없습니다. 시험이 아무리 평소 실력대로 보는 것이라 해도 구체적인 전략이 없을 수 없습니다. 공부한 만큼, 평소 실력이 최대한 발휘될 수 있도록 하는 것이 가장 중요합니다.

1. 시험 치기 전에 눈을 감고 잠시 1~2분 정도 자신의 숨을 느껴봅니다.
2. 담임선생님의 주의 사항이나 지시 사항을 주의해서 경청합니다.
3. 시험지의 여백에 자신이 암기한 내용을 간략하게 써봅니다.
4. 시험지의 중요한 지시어에 밑줄이나 동그라미를 치며 유의해서 읽습니다(예 : 다음 설명 중 틀린 것은, 또는 맞는 것은, 설명 중에서 가장 올바른 것은 등). 이 4번 전략은 아무리 강조해도 지나치지 않습니다.
5. 아는 문제를 실수로 틀리지 않기 위해서는 시험지를 주의 깊게 읽어보는 데 시험 시간의 10퍼센트를 쓰도록 합니다. 시험 문제를 풀면서 모르는 것이 나오면 당황하지 말고 바로 체크 표시를 하고 넘어가 쉬운 문제부터 풀도록 합니다(모르는 문제는 나중에 푸는 것이 효과적임).
6. 한 번 쓴 답은 그 답이 정확하게 틀렸다는 생각이 들 때만 고칩니다.
7. 시험 출제자의 의도를 생각하며 문제를 풉니다.
8. 다른 사람들의 소리에 신경 쓰지 말고, 어렵다고 당황하지 않습니다. 내가 어려우면 다른 사람도 어렵습니다.

과목별 시험 전략

국어 시험

국어 시험이 다른 과목과 다른 가장 큰 특징은 지문이 주어진다는 것입니다. 국어 시험 문제는 대부분 지문과 문제가 결합된 형태이므로 이러한 특징을 잘 고려해야 합니다. 짧은 지문이 있는 경우도 있지만 긴 지문이 시험 문제로 출제되는 경우도 많습니다. 국어 시험을 잘 보기 위한 전략은 다음과 같습니다.

첫째, 지문을 주의해서 읽어야 합니다.

국어 시험은 다른 시험과 달리 주어진 지문에 답이 있는 경우가 많습니다. 따라서 지문에 밑줄을 쳐가며 꼼꼼히 읽어야 합니다.

둘째, 주어진 지문에서 답을 찾아야 합니다.

국어 시험에서 특별히 주의할 것은 교과서에 실린 글 전체가 지문으로 나오지 않고 일부분만 나오기 때문에 시험에 나온 지문 이외에 교과서의 내용에서 답을 찾으면 오답이 된다는 것입니다.

셋째, 국어 학습은 암기보다는 이해가 먼저이고, 암기에는 '이해'가 전제되어야 합니다.

다른 과목도 대부분 그렇지만 국어 과목은 특히 글의 내용에 대한 이해가 앞서야 합니다. 이해를 위해서는 항상 그 과목의 핵심을 먼저 봐야 하는데, 수업 중 선생님이 말씀해주는 지식(글의 주제, 글의 내용, 어휘 등)은 국어 시험의 핵심이 됩니다. 따라서 국어 시험을 잘 보기 위해서는 무엇보다 수업 시간에 선생님의 설명을 잘 듣고 평소에 책을 많이 읽어 글에 대한 이해력을 높여놓아야 합니다.

넷째, 문제를 먼저 읽고 지문을 읽습니다.

국어 시험을 볼 때는 반드시 문제를 먼저 읽어봐야 합니다. 보기나 선택지까지 자세히 읽을 필요는 없지만, 문제를 훑어보고 문제에서 무엇을 묻고 있는지 파악한 후 지문을 읽는 것이 효과적입니다.

다섯째, 지문 읽기의 방법을 익힙니다.

지문을 읽으면서 문제와 밀접하게 연결된 부분이 나오면 먼저 문제를 해결한 후에 계속해서 지문을 읽습니다. 또한 지문을 읽다가 밑줄이나 기호(가, 나 또는 ①, ②)가 나왔을 경우에는 전체 지문을 읽지 않아도 풀 수 있는 문제인 경우가 많습니다. 이때는 해당 문제를 먼저 풀도록 합니다. 국어는 지문과 문제를 모두 읽어야 하는 만큼 시간이 부족하기 쉽습니다. 따라서 전략적으로 지문과 문제를 함께 읽어나가야 합니다.

수학 시험

대부분의 과목이 단기간에 열심히 공부하면 어느 정도 성적을 올릴 수 있지만, 수학은 꾸준한 공부가 필요한 과목입니다. 특히나 수학 성적은 올리기가 쉽지 않아 학년이 올라갈수록 소위 항간에서 말하는 '수포자'들이 생겨나기 시작합니다. 가면 갈수록 복잡해지는 수학 응용문제들도 늘어나 많은 학생들이 힘들어하고 있습니다. 따라서 수학은 어렵다고 포기하면 절대 안 됩니다. 비록 어렵게 느껴져도 기초부터 차근차근 풀어나가다 보면 어느 정도는 수학을 따라갈 수 있습니다. 수학 시험을 잘 보기 위한 전략은 다음과 같습니다.

첫째, 수업 시간에 집중합니다.

수학은 특히 수업 시간에 고도의 집중력을 요하는 과목입니다. 선생님이 설명해주는 문제 해결 과정은 그때는 알 것 같지만 수업 시간이 끝나면 잊어버리는 경우가 많습니다. 따라서 수업 시간에 풀이 과정을 완전히 이해할 수 있도록 해야 합니다. 또 선생님은 수업 시간에 기본 원리를 설명해주지만 수학 시험에는 그 원리를 응용한 문제들이 나오기 때문에 기본 원리에 대한 완전한 이해가 부족하면 문제의 형태가 조금만 바뀌어도 문제를 해결할 수 없게 됩니다.

둘째, 수학과 수학 익힘에 나온 문제를 먼저 충분히 풀어봅니다.

수학은 현재와 과거에 이해한 것을 바탕으로 다음 단계를 이해해야 하는, 건축으로 치면 건물을 세우는 것과 같은 과정입니다. 따라서 기초적인 원리가 나오는 기본 문형을 충분히 이해해야 응용문제를 풀 수 있습니다. 문제집이나 학원에 의지하기 전에 먼저 교과서를 중심으로 공부하도록 합니다. 또 수학과 수학 익힘에서 한 번 틀렸던 문제를 반복해서 풀도록 합니다.

셋째, 시험 보는 것처럼 공부합니다.

수학 공부를 하고 그것에 대해 충분히 공부했다는 생각이 들면 실제 시험과 같은 조건 아래에서 공부한 것을 연습해봅니다.

넷째, 정자체로 씁니다.

실제 수학 시험을 치를 때는 숫자로 된 답은 다른 숫자와 혼동되지 않도록 정자체로 쓰도록 합니다(예 : 1과 7, 소수점과 콤마, 0의 개수 등등).

다섯째, 문제가 요구한 대로만 씁니다.

식과 답을 쓰라는 문제에서는 식을 쓰는 부분에서는 식만, 답을 쓰는 부분에서는 답만 쓰도록 합니다. 식을 쓰라는 곳에 식과 답을 모두 쓰거나 식을 쓰고 '='만 붙이고 답을 안 쓴 경우 오답 처리가 됩니다.

여섯째, 단위를 잘 살핍니다.

답에 단위가 필요한 경우 잘 챙겨서 쓰도록 합니다. 대부분의 답에는 '~개', '~cm', '~kg' 등이 써 있는 경우도 있지만 단위를 직접 써야 하는 경우도 있습니다.

일곱째, 잘 옮깁니다.

계산 문제를 연습장에 옮겨 써서 풀 때에는 숫자를 착각하여 다르게 쓰지 않도록 유의합니다.

여덟째, 손으로 직접 씁니다.

어떤 문제든 손으로 직접 써가면서 계산합니다. 손을 움직이면서 계산을 하면 그만큼 머릿속에 오랫동안 기억됩니다. 도형 문제를 풀 때는 도형이나 그래프 없이 답을 쓸 수 있는 경우라도 꼭 도형이나 그래프를 그려보도록 합니다. 자꾸 그려봐야 문제를 쉽게 해결할 수 있습니다. 암기나 암산 능력도 필요하지만 요즘은 수학도 서술형 문제가 늘어나고 있는 추세라 문제 푸는 과정을 쓸 줄 모르는 채로 답만 찾아내서는 서술형 문제를 풀 수 없습니다. 그리고 식을 쓰는 습관은 논리적인 사고력을 길러주고 문제를 써가며 풀게 되면 혹시 있을 수 있는 실수를 미연에 방지할 수도 있어 효과적입니다.

서술형 시험

요즘 초등학교의 시험은 지필형 평가보다 서술형 평가가 비중을 더 많이 차지하고 있습니다. 수행평가는 거의 서술형 평가이고 지필형 평가에서도 30퍼센트 이상은 서술형 평가를 내도록 되어 있습니다. 그래서 단편적인 지식의 암기보다는 학습에 대한 이해도를 높이는 논리적인 사고력이 더욱 필요합니다.

- 수학 서술형

수학 서술형 시험의 가장 큰 특징 중 하나가 바로 문제를 문장으로 낸다는 것입니다. 문장제 문제를 의외로 많은 아이들이 어려워합니다. "도대체 이게 무슨 뜻이지?" 하고 고민하다가 시간이 부족해서 문제를 못 푸는 경우도 종종 생깁니다. 수학 문장제 문제를 빠르고 정확하게 풀려면, 문제를 그림으로 그려보거나 나름대로 식을 만들어보면서 해결해야 합니다. 수학 서술형 문제는 정답을 찾는 게 중요한 게 아닙니다. 그보다는 '어떤 과정을 거쳐 그 답이 나왔는지'를 설명할 줄 아는 능력이 필요합니다. 그리고 다양한 방식으로 문제를 풀어보는 것이 수학 서술형 시험에 강해지는 가장 좋은 방법입니다. 다양한 방법으로 수학 문제 푸는 방법에는 '문제를 표로 정리해보기', '문제를 그래프나 그림으로 나타내보기', '풀이 과정 정리해보기', '문제의 조건을 바꿔서 풀어보기', '스스로 비슷한 문제를 만들고 직접 풀어보기' 등이 있습니다.

- 과학 서술형

과학 서술형 시험을 잘 보려면 실험 탐구 중심으로 학습을 해야 합니다. 과학책이나 보조 교과서인 실험 관찰에 탐구 과정이 잘 나와 있으므로 문제집만 풀지 말고 교과서와 보조 교과서를 보면서 공부한다면 과학 서술형 시험 문제에서 많이 당황하지 않을 것입니다.

- 국어 서술형

국어 서술형 시험을 잘 보기 위해서는 무엇보다 '날마다 무엇인가를 쓰는' 습관이 중요합니다. 따라서 일기 쓰기는 매우 좋은 글쓰기 공부가 됩니다. 일기나 글쓰기의 소재는 주변 100미터 이내의 이야기로 하는 것이 좋습니다. 국어는 깊이 이해하고 바르게 표현해야 합니다. 그리고 표현을 할 때에는 하나의 생각을 한 문단으로 표현하는 습관을 들이도록 합니다. 문장을 완성한 후에는 다시 한 번 읽어보고 고쳐 쓰는 습관을 가지도록 하며 교과서의 지문을 많이 읽어 독해력을 키우도록 합니다.

- 교과서를 벗으로 사귀도록 합니다.

서술형 평가는 주로 수행평가에서 많이 이루어지는데 서술형 평가를 잘 보기 위해서는 문제집의 객관식 문제 풀이 위주로 공부하지 말고 교과서와 보조 교과서를 중심으로 찬찬히 본문을 읽고 이해하는 공부를 해야 합니다. 그래야 서술형 문제에서도 논리적으로 문제 해결 과정이 잘 나타나게 문제를 풀 수가 있습니다.

- 필기구를 사랑하도록 합니다.

요즘 학생들은 쓰는 것을 매우 귀찮아하고 싫어합니다. 단순히 베껴 쓰는 것도 싫어하지만 자신의 생각을 쓰는 것은 더욱 싫어합니다. 그러나 이러한 공부 습관은 서술형 평가에서 매우 불리합니다. 서술형 평가는 연필을 들고 직접 자신이 생각한 답을 써야 합니다. 시험을 본 후 시험 문제를 풀이해보면 아이들 대부분이 알고 있는 것을 표현하지 못해 무척 아쉬워하는 것을 볼 수가 있습니다. 또 쓰는 것을 매우 귀찮아해서 생선으로 따지면 '머리와 꼬리 떼고 몸통만 쓴 경우'도 많습니다. 특히 국어 서술형 같은 경우 맞춤법이 틀리거나 주어를 생략해 틀리는 경우도 종종 있으므로 평소 글쓰는 습관과 이를 다시 검토하는 습관을 들이는 게 좋습니다.

050

시험 때만 되면 아프대요.

―――― 6학년 담임을 맡고 있는 교사입니다. 우리 반 여학생 수정이는 시험을 앞두고 굉장히 긴장하는 모습을 보입니다. 3월 학기 초에 지난 5학년 때 배운 내용을 점검하는 시험을 보았을 때부터였습니다.

"서, 선생님, 배가 너무 아파서 못 앉아 있겠어요⋯⋯."

수정이는 결국 시험지를 다 풀지 못한 채 보건실에 가야 했고, 시험 시간이 끝난 후에 교실로 돌아왔습니다. 한번은 수학 단원평가를 보는데 얼마나 불안해하는지 얼굴이 창백해지고 이를 딱딱 부딪치며 떨 정도였습니다. 그 이후로도 단원평가나 수행평가를 볼 때면 긴장하고 몸이 아파 제대로 시험을 못 보는 경우가 잦은 편입니다. 수정이는 평소에 학습 태도도 바르고 성실해서 성적이 좋은 편인데, 이렇게 많이 긴장을 했을 때는 자기 실력을 제대로 발휘하지 못하니 여간 안타까운 게 아닙니다. 수정이도 준비한 만큼 시험 결과가 나오지 않으면 많이 속상해하고, 종일 기분이 축 처져 자책을 합니다. 수정이에게 "너는 충분히 실력이 있으니 시험에 대해서 너무 걱정하지 마."라고 자주 이야기해주지만, 크게 나아지는 것 같지는 않습니다. 수정이에게 도움을 줄 수 있는 좋은 방법을 알고 싶습니다.

Ⓐ 시험은 학교에서 학생들이 마주해야 하는 과제 중 하나입니다. 시험은 다양한 평가 중에서도 학생 능력을 전반적으로 평가하는 기준이 되기 때문에 학생 스스로에게도 중요한 의미를 갖습니다. 그래서 시험이 다가오면 정도의 차이는 있지만 대부분의 학생들은 자연스럽게 긴장과 불안을 느끼게 됩니다. 적당한 불안은 학습 동기로 작용하여 집중력을 높이는 등의 긍정적 영향을 미칩니다. 하지만 시험을 위협적인 것으로 받아들이거나, 대처할 능력이 부족하다고 판단할 경우 심한 불안을 느끼게 됩니다. 이런 학생들은 수정이처럼 시험 기간에 긴장 상태를 지속하며, 시험 당일에는 화장실에 평소보다 자주 가고 두통과 복통 및 안절부절못하는 등의 여러 증상을 보입니다. 이와 같은 과도한 불안 증상은 학생들의 실력 발휘를 방해하고, 학업 성취를 떨어뜨리는 요인으로 작용할 위험이 있습니다.

시험 불안의 원인

'시험 불안(Test anxiety)'이란 개인이 중요하다고 생각하는 평가(시험) 상황 또는 시험이 예상되는 시기와 시험이 끝난 시기에 경험하는 걱정 따위의 인지적 반응과 두려움과 같은 정서적 반응 및 불안 경향성을 말합니다 (Spielberger, 1966). 이처럼 시험 불안은 평가가 이루어지는 상황에서만 일어나는 것이 아니라 시험이 예상되는 순간부터 시험이 끝난 후까지도 계속되는 심리적 과정이라 할 수 있습니다. 아동과 청소년의 경우 25~40퍼센트가 높은 수준의 시험 불안을 경험한 적이 있다고 합니다. 높은 시험 불안을 보이는 학생은 실력을 발휘하지 못하여 학업 성취가 낮아질 가능성이 높고, 학업과 관련된 자아 개념에도 부정적인 영향을 미치게 되므로 학생의 시험 불안 문제에 관심을 가질 필요가 있습니다. 먼저 학생이 느끼는 시험 불안의 정도가 얼만큼인지 다음에 실린 '시험 불안 척도 체크리스트'를 통해 확인해보는 게 좋습니다.

시험 불안에는 수행에 대한 고민인 인지 요인(걱정 요인)과 시험의 압박감에 대한 자동적인 신체적 반응으로 표현되는 정서 요인이 포함됩니다. 인지 요인은 '시험을 또 망치면 어떡하지?', '공부 안 한 부분만 나오면 어쩌지?', '이번 시험을 망치면 정말 끝장이야.' 등의 걱정으로 표현됩니다. 시험 상황에서 반사적으로 떠오르는 이러한 생각은 학생이 갖고 있는 비합리적인 신념에서 기인합니다. 비합리적인 신념은 시험 불안을 일으키는 대표적인 원인으로 부적응 행동을 유발하는 비현실적이거나 융통성 없는 사고를 말합니다. 흔히 '~해서는 절대 안 된다.', '~하는 것은 엄청나게 비참한 일이다.' 등의 형태를 띱니다. 대부분의 시험 불안을 갖고 있는 학생들은 '모든 중요한 타인에게 인정받고 사랑받는 것은 중요하다는 인정의 욕구' 및 '원하는 대로 되지 않는 것은 끔찍하다는 파국화 또는 좌절적 반응 경향' 두 가지 비합리적인 신념을 갖고 있습니다. 그래서 시험을 마주하였을 때 자동적으로 부정적 사고를 하게 되어 시험에 대한 막연한 걱정과 불안, 긴장감을 갖게 되는 것입니다. 정서 요인은 인지 요인과 더불어 나타나는 생리적 반응으로 두통이나 복통, 호흡이 가빠 숨쉬기를 힘들어하고 두근거림, 떨림을 호소하며 무서움과 공포를 느끼는 것을 말합니다. 이러한 정서는 시험 때문이 아니라 시험에 대한 학생의 판단이나 평가와 같은 생각 때문에 생기게 됩니다.

시험 불안에 대한 또 다른 원인으로 학습 기술 및 요령의 미숙을 들 수 있습니다. 높은 시험 불안을 보이는 학생이 성적이 낮은 이유는 그들이 공부하는 기술과 요령 면에서 미숙하기 때문입니다. 최근 연구 결과에 따르면 공부 시간 활용 방법과 학습 방법의 선정, 노트 정리 및 시험 치는 방법 면에서 비교하였을 때 시험 불안이 높은 학생은 시험 불안이 낮은 학생과 비교하여 보다 비효과적인 방법을 사용하고 있는 것으로 나타났습니다. 따라서 시험 불안이 높은 학생들에게 학습 기술이나 시험 치기 기술을 익히게 하는 것도 시험 불안을 감소시키는 데 도움이 될 것입니다.

시험 불안 다루기

학생에 따라 시험 불안 증상이 나타나는 시기 및 원인이 다릅니다. 이를 분석하여 아이가 시험 상황에서 스스로 불안에 대처할 수 있도록 안내하는 것이 기본입니다. 선생님 스스로도 시험을 앞두고 느끼는 불안은 자연스러운 일이며, 적당한 불안감은 긍정적인 영향을 미친다는 생각을 갖고 지도하시기 바랍니다.

첫째, 시험 불안을 일으키는 비합리적인 신념을 바꾸기 위한 '합리적 정서 행동 치료'를 간단히 활용해보시기 바랍니다.

학생의 비합리적 신념은 그에 기인하는 자동적 사고를 통해 찾을 수 있습니다. 시험에 관련된 상황을 제시하고 떠오르는 자동적 사고와 기분을 적어 보게 합니다. 이때 생각, 감정, 행동, 상황을 잘 구분할 수 있어야 합니다. 예를 들어 '긴장된다.', '불안하다.'는 감정이고, '나만 시험을 못 볼 것 같다.', '나를 무시할 것이다.'는 생각입니다. '시험 기간에 더 게임을 많이 한다.' 등은 행동이며 '시험을 망치면 엄마가 화를 낼 것이다.'는 상황에 속합니다. 찾아낸 자동적 사고에서 학생이 갖고 있는 비합리적인 신념이 무엇인지 확인하고 이것을 합리적으로 바꾸기 위한 다양한 질문을 하여 답을 찾고, 대안적 사고를 탐색하게 합니다. 아래 표를 이용해서 과정을 진행할 수 있습니다.

상황	• 시험이 곧 다가온다.
자동적 사고	• 시험을 망치는 건 최악의 일이다.
감정 · 행동	• 불안하고 두렵다, 초조하다.
비합리적 신념	• 내가 원하는 대로 되지 않으면 큰일이 날 것이다.
도전하기 위한 질문	• 그 생각이 맞다고 어떻게 확신할 수 있니? • 맞다고 치자. 그 생각이 너에게 어떤 도움이 되니?
합리적 생각	• 예전에도 시험을 망친 적이 있었지만 이제는 지나간 일이 되었다. • 시험이란 나를 평가하는 것이 아니고, 내가 얼마나 노력했는지를 평가하는 것이다. • 이런 생각은 전혀 도움이 안 되며 오히려 불안과 긴장만 높인다.

신념은 대부분 스스로 반복한 내적인 '자기 언어(self-talk)'에 의해서 형성됩니다. 그러므로 보다 긍정적인 자기 언어로 구성된 합리적 생각을 반복하게 하고 활성화시키면 신념의 변화를 가져올 수 있으며, 이에 따라 감정적 경험도 새로워질 수 있습니다.

둘째, '생각 중지법(Hey STOP!)'을 가르치고 연습하게 하는 방법입니다.

부정적인 사고는 그대로 내버려두면 눈덩이처럼 커져서 자신을 압도하는 경향이 있습니다. 과도한 시험 불안이 바로 그 예입니다. 시험에 관한 부정적인 생각이나 장면이 머릿속에 떠오르면 즉각적으로 생각 중지법을 사용하도록 합니다. 막연한 걱정, 습관적인 자기비판, 사소한 실수에 대한 과도한 집착 등이 일어나는 순간 생각을 중지할 수 있도록 자기 자신에게 'STOP'이라고 외쳐 부정적 사고를 막을 수 있습니다.

셋째, 호흡법을 통해 정서적 안정 반응을 유도하는 방법입니다.

시험 불안은 정서적으로 압도당했을 때 더욱 커지게 되므로 정서 요인이자 신체적 반응인 호흡을 다루는 방법 역시 많은 도움이 됩니다. 호흡은 잘 조절하면 과도한 긴장, 불안과 관련된 여러 가지 신체적 감각들도 함께 변화시킬 수 있으며, 주의 집중력의 향상을 가져와 학습 능력을 높일 수도 있습니다. 호흡 훈련은 2단계가 있으며 쉽게 배워 쓸 수 있는 간단한 방법은 다음과 같습니다.

- 온몸의 긴장을 풀고 호흡합니다.
- 들숨과 날숨을 고르게 호흡합니다.
- 배를 이용한 호흡이 어느 정도 익숙해지면 숨을 내쉴 때 몸(특히 어깨와 목)에 들어가 있는 힘을 빼면서 숨을 쉬어봅니다(익숙한 느낌이 들도록 3~4분간 지속).
- 자연스럽게 호흡하고, 너무 애쓰지 않습니다.

마지막으로 부모 상담을 통한 가정과의 연계 지도를 권합니다.

아이의 신념 형성에 가장 큰 영향을 미치는 것은 다름 아닌 가정과 부모입니다. 부모의 완벽주의 성향이나 과도한 기대, 때로는 높은 사회경제적 지위가 시험 불안에 영향을 미치기도 하고, 그 외 부모도 파악하지 못한 부분에서 영향을 받았을 수 있습니다. 그러므로 상담에서 가족 간의 대화 패턴 및 행동 양식을 살펴 불안을 유도할 수 있는 요인을 표면화해야 합니다. 일반적인 예로 아이를 격려하기 위해 문제 자체를 의지력으로 몰아가는 대화("넌 잘할 거야.", "그 정도는 이겨낼 수 있어야지." 등)는 아이 스스로의 의지와 상관없이 '잘해야 한다.'라는 생각만으로 몸을 움직이게 하므로 자제해야 합니다. 부모의 생각과는 다르지만 아이의 기운을 북돋아주기 위해 "시험 못 봐도 괜찮아."와 같은 대화를 자주 하고, 성적이 떨어진 후에도 지속적인 태도와 말을 해주는 것이 장기적인 관점에서 아이의 성취를 높인다는 것도 알려주시기 바랍니다.

참고문헌

- 로널드 라피(Ronald M. Rapee) 외,《불안하고 걱정 많은 아이, 어떻게 도와줄까》, 이정윤 · 박중규 옮김, 시그마프레스, 2002.
- 권정임,〈초등학생의 시험불안에 대한 학업적 자기효능감과 시험불안 대처방식의 상호작용효과〉,《대한가정학회지》50(1), 7, 988쪽, 2012.
- 김문주,〈우리나라 학생들의 시험불안 진단을 위한 도구 개발 과정〉,《소아 · 청소년정신의학》2(1), 32~42쪽, 1991.
- 조은경,〈초등학교 고학년의 시험불안 감소를 위한 집단상담 프로그램 개발〉,《교원교육》25(1), 92~108쪽, 2009.
- 황경렬,〈행동적, 인지적, 인지 · 행동 혼합적 시험불안 감소훈련의 효과비교〉,《한국심리학회지 : 상담과심리치료》9(1), 57~80쪽, 1997.
- C. D. Spielberger, Theory and research on anxiety. In C. D. Spielberger (Ed.), Anxiety and behavior, New York : Academic Press. 1966.

한국형 시험 불안 척도(TAI-K : Test Anxiety Inventory Korea)

번호	내용	거의 아니다	가끔 그렇다	자주 그렇다	항상 그렇다
01	반에서 책을 크게 읽다가 틀려서 창피 당한다.	①	②	③	④
02	시험 때 많이 틀려 부모님께 야단을 맞는다.	①	②	③	④
03	시험을 앞두고 가슴이 뛴다.	①	②	③	④
04	반 친구들 앞에 서서 무엇인가 해보일 때, 가슴이 두근거린다.	①	②	③	④
05	다른 아이들은 선생님의 설명을 나보다 더 잘 이해하는 것 같다.	①	②	③	④
06	장래 희망을 이루기 어렵다.	①	②	③	④
07	시험이라면 다 두렵다.	①	②	③	④
08	울고 싶다.	①	②	③	④
09	식구들에게 창피하다.	①	②	③	④
10	선생님께서 시키실까 봐 두렵다.	①	②	③	④
11	시험 직전에 더 떨린다.	①	②	③	④
12	성적으로 인하여 기가 죽어 있다.	①	②	③	④
13	시험 때면 아는 것도 잊어버린다.	①	②	③	④
14	시험이라는 것이 없어졌으면 좋겠다.	①	②	③	④
15	손이 떨린다.	①	②	③	④
16	남 앞에서 제대로 발표하기 어렵다.	①	②	③	④
17	시험 점수로 인하여 남들과 비교된다.	①	②	③	④
18	남 앞에서 발표할 때, 얼굴이 붉어지고 말을 더듬는다.	①	②	③	④
19	다음 날 학교 일을 미리부터 걱정한다.	①	②	③	④
20	진땀이 나고 손이 촉촉해진다.	①	②	③	④
21	시험이 끝나고 결과에 대해 걱정한다.	①	②	③	④
22	반 아이들로부터 따돌림 당할까 봐 걱정된다.	①	②	③	④
23	시험을 피할 수 있는 일이 일어나기를 바란다.	①	②	③	④
24	실패에 대한 두려움이 있다.	①	②	③	④
25	시험이라면 그냥 걱정이 된다.	①	②	③	④

결과 해석

• **총점 36점 이하 : 시험에 대해 별다른 불안을 느끼지 않습니다.**
시험과 같은 많은 불안을 유발시키는 상황에 대해서도 담담한 모습을 보이며 실력을 발휘할 수 있는 학생입니다. 단 시험에 무감각한 경우일 수도 있으니, 적당한 긴장감을 가졌을 때 더 좋은 결과를 얻을 수 있음을 알려주시기 바랍니다.

• **총점 37~60점 : 때때로 불안을 느낍니다.**
평소에 그다지 불안해하지는 않지만 때때로 불안과 긴장을 느끼며, 특히 시험 준비가 부족한 경우에 불안감을 종종 느낍니다. 준비가 되어 있지 않을 때 불안감을 갖는 것은 매우 자연스러운 현상이므로 적절한 학습 기술과 습관을 기르도록 도와주시기 바랍니다.

• **총점 61~80점 : 자주 불안을 느낍니다.**
시험 상황에서 자주 불안을 느끼며 그 사실을 스스로 알고 있습니다. 학습 동기와 목표 의식이 있지만 시험에서의 긴장과 불안 때문에 공부한 것에 비해 성취가 높지 않으며, 공부의 효율성이 떨어지는 경우도 있습니다. 가정과 학교에서의 적절한 지도와 조언이 필요합니다.

• **총점 81점 이상 : 시험만이 아니라 일상생활에서도 불안과 긴장을 느낍니다.**
불안과 긴장 수준이 매우 높으며, 시험의 집중을 방해하는 신체적 반응을 자주 보입니다. 불안의 원인을 파악하여 상담과 지도가 필요합니다. 가정과 학교는 물론 필요할 경우 상담 기관 등을 통한 전문적인 도움을 권할 수 있습니다.

051

사이버 폭력을 어떻게 해야 할까요?

──── 출근하자마자 우리 반 현지 어머니의 전화를 받았습니다. 지난밤 무슨 일이 있었는지 현지가 한잠도 못 자면서 울었다고 하더군요. 현지는 아침에 퉁퉁 부은 눈으로 오늘 학교에 가지 않겠다며 방에서 꼼짝도 안 한다고 했습니다. 그래서 결석을 시킬 수밖에 없겠다며 현지 어머니는 학교에서 무슨 일이 있었던 것 같으니 좀 알아봐달라고 부탁하셨습니다. 그날 현지와 친한 친구에게 자초지종을 들을 수 있었습니다.

"어젯밤에 우리 반 '단톡(단체 카카오톡)' 방에서 예지가 현지의 사진을 올렸어요. 아주 우스꽝스럽게 나온 사진이었어요. 아이들이 그 사진을 보고 다들 비웃다가 현지에게 나쁜 말을 하기 시작했어요. 현지가 괴로워하며 카톡방을 나갔는데 그 즉시 다시 초대해서 그 욕설을 현지가 다 듣게 만들었고요."

스마트폰이 보급되고 난 뒤로 이런 일은 매우 자주 발생합니다. 스마트폰을 없앨 수도 없는 데다가, 사이버상에서 일어나는 일이라 교사가 지도하거나 간섭할 수가 없습니다. 무언가 근본적인 대책이 필요한데 아이들을 어떻게 지도해야 할지 난감하기만 합니다.

Ⓐ 사이버 공간은 다양한 정보의 제공, 자유로운 의사소통 등 재미와 감각적 경험을 추구하는 아이들에게 여가 활용의 기능을 제공합니다. 요즘은 스마트폰의 보유율이 높아져 초등학생들도 언제 어디서나 인터넷에 접속할 수 있게 되었습니다. 이와 더불어 사이버상에서 벌어질 수 있는 댓글 비방과 헛소문 유포, 문자 폭탄, 채팅방에서의 따돌림 등 역기능도 함께 증가하고 있지요. '2014학년도 2차 학교 폭력 실태조사'에 대한 교육부 보도자료(2014. 11. 28.)에 따르면, 전체 응답자 중 학교 폭력 피해를 당한 적이 있다고 응답한 학생은 1.2퍼센트로 전년도에 비해 0.7퍼센트포인트 감소한 반면 피해 유형 중 사이버 괴롭힘의 비중은 9.9퍼센트로 전년도에 비해 0.2퍼센트포인트 증가한 것으로 나타났습니다. 신체적 폭력, 집단 따돌림, 스토킹 등의 다른 폭력 피해율은 줄어드는 반면 사이버 폭력은 증가하고 있어서 이에 대해 교사들의 대비가 절실해진 것이지요.

사이버 괴롭힘의 정의와 특징

사이버 괴롭힘은 일반적인 학교 폭력과 달리, 시공간을 초월하여 일어나기 때문에 학교에서 교사의 지도 관찰로 발견하기 어렵습니다. 위의 사례와 같이 피해자는 학교, 학원뿐만이 아니라 가정에서까지도 사이버 괴롭힘을 당할 수 있어 더 각별한 지도가 필요합니다.

일반적으로 오프라인에서 일어나는 괴롭힘을 학교 괴롭힘 또는 전통적 괴롭힘이라고 한다면, 가상공간에서 일어나는 괴롭힘을 사이버 괴롭힘이라고 합니다. 국내에서는 2009년 2월에 개정된 '학교폭력예방 및 대책에 관한 법률'에서 '사이버 따돌림'이라는 용어로 학교 폭력 범위에 추가되었습니다. 법률에서 정의한 사이버 따돌림이란 "인터넷, 휴대전화 등 정보통신기기를 이용하여 학생들이 특정 학생에게 지속적 · 반복적으로 심리적 공격을 하거나 특정한 학생과 관련된 개인 정보 또는 허위 사실을 유포하여 상대방이 고통을 느끼도록 하는 일체의 행위"를 말합니다.

사이버 괴롭힘은 다음과 같은 특징을 지니고 있습니다.

1. 익명성 : 인터넷에서는 사회적 · 신체적 · 심리적 정체를 직접적으로 드러내지 않아도 됩니다. 이러한 익명성은 사이버 공간의 참여자들로 하여금 여러 가지 일탈 행동을 할 수 있는 개연성을 만들어줍니다.
2. 비대면성 : 피해자의 얼굴을 직접 보지 않기 때문에 피해의 정도를 확인할 수 없어 더 지속되는 특징이 있으며, 더 자극적인 언어를 사용하게 됩니다.
3. 시공간의 초월성 : 언제 어디서나 일어나기 때문에 성인들이 개입하기 어려울 뿐만 아니라 시공간의 제약이 없어 일파만파 퍼지며, 피해의 정도가 광범위하게 나타납니다.

사이버 괴롭힘 중 빈번하게 발생하는 유형은 다음과 같습니다.

1. 사이버 비방 : 사이버 공간에서 불특정 다수에게 사진, 영상, 대상의 행동에 대한 욕설, 비속어, 모욕적 메시지를 전달·유포하는 행위입니다.
2. 사이버 배제 : 사이버상에서 특정인을 친구 목록에서 제외하거나 친구 신청 거부 또는 배제하는 행위입니다.
3. 사이버 스토킹 : 싫다고 했음에도 인터넷이나 스마트폰으로 계속적으로 말, 글, 사진, 그림 등을 보내 공포심과 불안감을 유발하는 행위입니다.

이 외에 경찰청 공식 블로그인 〈폴인러브〉에 따르면 '카따(카카오톡 왕따 또는 카카오 스토리 왕따를 줄여 말한 10대들의 은어)'의 유형은 다음과 같습니다['모바일 공간의 카따 공포'기사(polinlove.tistory.com/5160) 참조].

1. 단체로 욕설을 퍼붓거나 굴욕적인 사진 공개하기.
2. 피해 학생을 초대한 뒤 무시하기.
3. 피해 학생을 계속 초대해 '카톡 감옥' 만들기.
4. 피해 학생을 초대한 뒤 의미 없는 말을 끊임없이 던져 휴대전화 마비시키기.

사이버 괴롭힘의 대처 방법

사이버 괴롭힘을 예방하기 위해 교사가 할 일은 다음과 같습니다.

첫째, 사이버 폭력에 대한 예방교육을 실시합니다.
요즘 일어나는 사이버 괴롭힘 역시 학교 폭력으로 처벌받을 수 있음을 알려주고, 피해자가 되었을 때 대처하는 요령에 대해 철저하게 교육합니다. 또한 부모와 학생을 대상으로 사이버 괴롭힘의 예방을 위한 기술적 대처 방법을 안내해야 합니다. 기술적 대처 방법은 아래와 같습니다.

사이버 괴롭힘의 피해자가 되었을 때 대처 요령

1. Stop : 만약 누군가 나를 인터넷상에서 괴롭힌다면 가해 학생에게 어떤 형태로든 대응하지 않아야 한다.
2. Save : 이메일, 문자, 사진, 기타 증거 자료들을 저장해두어야 한다. 이는 발신자를 파악하거나 신고할 때 반드시 필요하다.
3. Block : 인터넷이나 스마트폰 서비스에서 제공하는 수신 차단 기능을 사용한다.
4. Tell : 신뢰할 만한 성인(부모, 교사, 연장자인 형제들)에게 사건에 대해 말해야 한다. 이러기 위해서는 집, 학교에서 괴롭힘에 대해 말할 분위기가 조성되어 있어야 한다.

사이버 괴롭힘의 기술적 대응

- 보호자 알림 문자 서비스

1. 모바일 가디언 : '블랙스톤'이 개발한 어플리케이션. 학교 폭력 의심 문자가 수신되면 이를 부모님의 이메일이나 문자로 전송하는 서비스.
2. 스쿨보안관 : '위그시스템즈'가 개발한 어플리케이션. 불법 유해 콘텐츠를 차단하고 유해 단어를 체크하여 부모에게 통보하는 서비스. 자녀의 위급상황 시 SOS 기능을 통해 긴급 상황에 대처하도록 함.
3. 스마트 보디가드 : '스마일맘'이 개발한 어플리케이션. 유해 콘텐츠 확인

및 자녀의 긴급 상황 시 SOS 기능 등 자녀의 위험 징후를 감지하여 부모에게 알려주는 서비스.

- 신고 및 상담 서비스

1. 117 Chat : '서울경찰청'이 개발한 어플리케이션. 스마트폰을 이용하여 서울 지역의 경찰관과 학생이 익명으로 실시간 신고나 상담을 할 수 있는 익명 보장 신고 서비스.

2. 굿바이 학교폭력 : '교육과학기술부'가 개발한 어플리케이션. 사용자가 설정해둔 긴급 번호로 전화 혹은 문자 발송 서비스 제공. 학교 폭력 예방 교육 자료 탑재.

3. 마스크챗 : '레드퀸'이 개발한 어플리케이션. 실시간 익명 대화가 가능한 모바일 메신저. 신변 노출을 꺼리는 피해자 및 방관자들이 익명으로 피해 상황을 타인에게 알릴 수 있는 어플리케이션.

4. 상다미쌤 : '다음'에서 개발하고 '교육과학기술부', '국민은행', '열린의사회'가 지원하는 어플리케이션. '다음'의 마이피플에서 상다미쌤과 친구를 맺으면 스마트폰, PC에서 모두 사용 가능. 익명으로 전문 상담사와 대화할 수 있고 상담 결과에 따라 병원 치료 및 멘토링 서비스를 지원함.

5. 클래스팅 : 조현구 교사가 개발한 어플리케이션. 선생님과 학생이 실시간으로 상담할 수 있고, 비밀 상담이 가능해 익명성이 보장됨.

둘째, 교사와 학부모가 사이버 공간에 대해 학습합니다.

부모와 교사가 학생들이 즐기는 게임이나 사이버 공간에 대한 정보를 알아두면 학생과의 의사소통이 좋아져 긍정적인 관계 형성이 가능해집니다. 예를 들어, 교사와 학부모가 사이버상에서 아이들과 친구를 맺어 소통을 시작하면

보다 친숙하게 그들의 방식으로 소통할 수 있게 됩니다. 그렇게 되면 학생들을 폭넓게 이해하게 되고 학생들이 사이버 공간에서 행하는 행동들을 알 수 있게 되어, 학교 폭력의 가해와 피해의 경험은 없는지 더 면밀히 파악할 수 있습니다.

셋째, 교사와 부모가 상호 협조합니다.

실제로 인터넷을 사용할 수 있는 공간은 주로 가정인 경우가 많으며, 혼자 집에 있는 시간에 이용 빈도가 높습니다. 그러므로 부모가 자녀의 인터넷 이용 습관을 잘 알면, 인터넷에서의 문제 행동이 낮아지고, 부모와 교사가 학생에 대한 정보를 충분히 교환하면 시기적절하게 예방할 수 있습니다.

넷째, 폭력과 공격성에 대한 부모의 태도를 점검하고 남을 존중하는 모습을 보입니다.

학교 폭력의 가해 아동들은 폭력과 공격성을 허용하는 부모의 모습을 그대로 모델링할 가능성이 높습니다. 따라서 교사는 부모 교육을 통해 부모가 평소 자녀 앞에서 보이는 행동이 폭력에 대한 허용적 가치관을 심어주지는 않았는지 점검하도록 하고, 폭력적이지 않은 방법으로 문제를 해결하고 남을 배려하는 모범을 보이고자 노력해야 함을 알려주어야 합니다.

다섯째, 사이버 공간에서 윤리의식에 대한 교육을 실시합니다.

학교 현장에서 선플 달기, 악성 댓글에 대처하기 등 사이버 공간에서의 에티켓에 대한 교육을 실시하는 것이 좋고, 평소에도 바른 언어를 사용하는 것이 생활화되도록 지도해야 합니다.

사이버 폭력의 처리

교사의 예방 교육이 있음에도 사이버 괴롭힘이 발생했을 경우에는 학교 폭력 사안 처리 절차에 따라 사건을 처리해야 합니다. 현지의 사례는 사건이 일회적이었는지 지속적이었는지 또 현지가 어느 정도로 피해를 입었는지 면밀하게 따져볼 필요가 있습니다. 만약 카카오톡 대화방에 있던 가해 학생들이 진심으로 잘못을 뉘우치고 사과하면 이를 받아주고, 피해 학생의 학부모도 사과를 받아준다면 학교폭력대책 자치위원회를 개최하지 않아도 되지만, 그렇지 않을 경우는 사안 처리 절차에 따라 처리해야 합니다.

사이버 폭력을 처리하는 과정에서 주의해야 할 점은 사이버 괴롭힘이 일어났다고 하여 무조건 스마트폰을 빼앗거나 메신저 프로그램(카카오톡, 라인 등)을 삭제하거나 외출을 금지시키는 것과 같은 극단적인 방법이 능사는 아니라는 사실입니다. 이런 방식은 오히려 학생들의 반감을 사게 되어 아이들이 철저한 벽을 쌓게 되는 결과를 가져올 수 있습니다. 그러므로 학생들의 문화에서 사이버 공간이 차지하는 의미를 이해하고 이에 몰입하는 이유를 들여다보는 자세가 필요합니다. 아이들이 사이버 공간에서 일으키는 문제 행동이 변화하려면, 그리고 가해 학생들에게 해줄 지원과 도움이 무엇인지 점검하려면 차분하고 면밀한 접근이 무엇보다 필요합니다. 한국정보화진흥원에서 운영하는 스마트 정보문화포털 사이트(www.digitalculture.or.kr)에서는 정보윤리교육 및 사이버 괴롭힘 예방 교육에 관한 다양한 정보를 제공받을 수 있습니다.

📖 **참고문헌**

- 청소년폭력예방재단, 《학교 폭력 예방의 이론과 실제》, 학지사, 2014.
- 경기도시흥교육지원청, 〈2015 상담 인력을 위한 사이버 폭력 예방 워크숍 자료〉, 2015.
- 한국청소년정책연구원, 〈청소년의 사이버 폭력 실태 및 대책 방안 연구〉, 15~16쪽, 2014.

052

뒷담화를 즐기며
또래 집단을 주도해요

—— 5학년 담임교사입니다. 우리 반 세영이는 한 달에 두세 번 지각을 하거나 결석을 합니다. 지각을 할 만한 이유가 딱히 있는 것도 아닙니다. 마음 내키는 대로 학교에 오기 싫으면 안 오고 늦게라도 마음이 내키면 오는 것이지요. 친구들이나 선생님의 눈치를 보는 것도 아닙니다. 그러던 세영이가 2학기 여자 회장이 되었습니다. 회장이 된 세영이는 내성적이고 친구 관계가 활발하지 못한 다은이, 선주, 영빈이와 또래 집단을 형성하더니 이들을 거느리며 항상 함께 다닙니다. 쉬는 시간에도, 화장실 갈 때도, 수업 시간에도 쪽지를 은근슬쩍 건네며 끼리끼리 사인을 주고받고 속닥거리기 일쑤입니다. 게다가 속닥거리는 내용이라는 게 주로 다른 친구들 흉이나 뒷담화가 태반이라 문제가 많습니다. 5학년이면 고학년인데, 여학생들은 이때 정말 말도 많고 탈도 많은 시기라, 소문을

만들어내고 양산하는 세영이의 태도가 반 분위기를 흐릴 때가 많지요. 반면 담임교사인 제 말이나 지시에는 시큰둥하게 반응하기 일쑤고요.

세영이 무리는 틈만 나면 넷이서만 함께 어울리니 다른 친구들은 으레 그들 무리와는 교제를 포기한 채 따로따로 놉니다. 체육 시간에 운동을 싫어하는 세영이가 슬그머니 나무 밑으로 자리를 옮기면 세 친구들이 덩달아 따라 나가며 세영이를 위로합니다. 그러고는 "네가 안 하면 우리도 안 할게." 하며 행동을 같이합니다. 제가 아무리 제자리로 들어와 함께 활동하라고 해도 어정거릴 뿐 협조를 안 해서 마음이 심란합니다. 이 아이들은 왜 이런 걸까요? 어떻게 해야 학습 활동에 충실하고 또래 무리에서 벗어나 다른 친구들과도 스스럼없이 지낼 수 있을까요?

Ⓐ 새 학년이 되면 여자아이들은 주변을 탐색하며 '누구랑 친해질까?', '누구랑 짝하면 좋을까?', '왕따를 당하면 어쩌나?' 등을 고민하며 1~2주 안에 파벌을 형성합니다. 만약 그 안에 친한 친구를 사귀지 못하면 안절부절못하는 여자아이들이 있습니다. 또한 늘 친한 친구가 곁에 있어야 안심을 하기도 합니다.

연구에 따르면, 여자아이들은 관계로부터 소외될 가능성이 생길 경우 말로 상대방을 공격하고 원한도 더 오랫동안 기억한다고 합니다. 이는 여자가 남자에 비해 정서 중추가 더 크고 예민하기 때문이며, 이런 특성 때문에 여자아이들은 얼굴 표정과 목소리에서 상대방의 마음을 읽어내어 관계를 형성하고 유지하는 데 특별한 재능을 보인다고 합니다. 그리고 교실에서 말과 표정, 몸짓 등으로 공격하며 직접 갈등을 드러내기보다는 다른 사람을 통해서 자신의 불만을 전달할 가능성이 높다고 합니다.

어떤 연구에 따르면 여자들이 친한 사람과 모여서 수다를 떨 때 그 즐거움의 정도는 마약 중독자가 약물을 복용했을 때와 거의 유사하다고 합니다. 반면 관계가 위협받거나 상실되면 불안감과 두려움에 휩싸여 세상에 자기 혼자 있는 것 같은 고통을 받는다고 하지요. 또한 욕구 불만에서 생겨나는 공격성을 표출하는 방법에서, 여자들은 공격성을 직접적으로 드러내면 주위의 따가운 시선과 비난받을 것을 두려워해 은밀하고 간접적인 공격 방법을 사용한다고 합니다.

자기주장 행동의 부재

세영이의 부모님은 이혼한 지 3년 되었습니다. 어머니가 중학교 2학년인 오빠와 5학년인 세영이를 키우고 있지요. 세영이 어머니는 밤늦게까지 포장마차를 하고 새벽에 집에 들어오십니다. 그래서 아이들이 등교할 때 아침 식사를 챙겨주지 못하고 주무시는 날이 많습니다. 어머니가 힘들게 생계를 유지하다 보니 아이들에게 정서적으로 살갑게 대해주지 못할 때가 많습니다. 아이들에게 배려와 친절을 가르쳐주기보다는 욕구나 권리만 내세울 때가 많았고, 아이들의 행동에 부적절하게 과잉반응을 하실 때도 많았지요. 창피를 주거나 수치심을 주는 언행도 아이들에게 수시로 하셨습니다.

세영이만 졸졸 따라 다니는 다은이는 외동딸입니다. 부모님은 맞벌이를 하시느라 방과 후에 다은이는 늦은 저녁까지 늘 혼자 지내야 합니다. 말수도 적고 매우 내성적인 다은이는 친구가 없어서 외로움을 많이 탑니다. 그래서 틈틈이 화장을 하고 외모를 가꾸는 데 마음을 많이 쓰지요. 자기의 욕구나 권리를 잘 표현하지 못하고 간접적으로 표현합니다.

선주는 여동생이 한 명 있습니다. 아버지는 경찰관이고 어머니는 가정주부입니다. 엄하면서 규율이 분명한 아버지와 이것저것 많이 시키는 어머니의 통제와 지시에 마음이 많이 짓눌려 있지요. 선주는 말이 없고 숫기가 매우 부족해서 수업 시간에 발표라도 시키면 목소리가 기어 들어가 친구들이 모두 답답해합니다. 다시 한 번 용기를 내어 큰소리로 발표하라고 기회를 주면, 선주는 어찌 할 줄 몰라 당황하다가 이내 울어버려 안타까울 정도입니다.

영빈이는 그나마 셋 중에서 마음결이 곱고 밝게 생활하는 아이입니다. 그러나 부모님의 맞벌이와 늦은 귀가로 인해 동생을 돌봐야 하는 마음의 부담을 안고 삽니다. 방과 후에는 학원에 갔다가 어린이집에서 동생을 찾아 부모님이 퇴근하실 때까지 돌보는 게 하루 일과입니다. 그래도 영빈이는 친구들이 격한 말을 해도 웃어넘기며 사랑으로 잘 포용해주는 친구지요. 영빈이는 2학기에 부회장이 되어 회장과 같이 활동하는 시간이 잦다 보니 세영이와 친해졌습니다. 주도성이 강하고 공격성이 있는 세영이와, 자존감이 낮아 자기 목소리를 내지 못하고 상대방의 눈치를 보고 비위를 맞추면서 또래 집단에 소속되어 정서적인 안정감을 누리는 두 친구의 관계를 중간에서 잘 아우르고 중개 역할을 잘해서 친구들이 모두 좋아합니다.

이들 무리의 공통점은 가정에서 부모님이 보내는 정서적인 지원이 약하다는 것입니다. 아이들은 여기에서 오는 외로움을 끼리끼리 모여 나누고 소속감과 안정감을 누리고 있었던 것이지요. 영빈이 역시 학교생활은 무리 없이 잘 적응하고 있는 듯해도 부모의 역할을 대신하여 동생을 돌봐야 하는 마음의 짐을 친구들로부터 인정받고 사랑받는 데에서 덜고 있었습니다.

공격적인 행동은 자신의 이익을 우선적인 가치로 두고 이를 선호하는 사람들에게서 흔히 나타납니다. 이는 개인의 공격적인 성격과 기질과 관련 있지만, 한편으로는 환경과도 밀접한 관련이 있습니다. 소극적인 행동은 자신의 권리를 주장하고 싶지만 구체적으로 어떻게 행동해야 하는지 몰라서 못 하는 경우와, 생각하는 방식이 이치에 맞지 않고 비합리적이어서 자기주장 행동을 해야 할 경우에도 소극적으로 행동하는 경우가 있습니다. 정서적인 면에서 자기주장 행동을 못 하는 경우는 자기주장 행동 후 상대방이 어떻게 반응할 것인가에 대해 불안해하고 걱정을 하기 때문입니다. 이는 자기주장 행동에 따른 불안감과 관계가 깊습니다.

건강한 관계로 나아가기

위와 같은 행동 양식을 갖고 있는 아이들에게는 자기주장 훈련이 필요합니다. 자기주장 훈련이란 상대방의 권리와 인격을 존중하면서도 동시에 자신의 권리를 지키기 위하여 상대방에게 자신의 생각이나 의견, 느낌 등을 있는 그대로 말할 수 있도록 돕기 위해 만든 프로그램입니다. 이 훈련의 목적은 억제된 생각이나 감정을 적절한 방식으로 표현하도록 함으로써 부적절한 정서와 감정을 바꾸고, 비합리적인 사고를 없애며, 부적절한 행동을 수정하여 생산적이고 적극적인 생활 태도를 갖추도록 하는 데 있습니다.

이들 중 자기주장이 약한 선주와 다은이를 방과 후 일대일 상담을 통해 만났습니다. 그들에게 세영이가 정말로 좋은지 물었습니다.

"선주는 세영이를 많이 좋아하는 것 같은데 어떤 점이 그렇게 좋으니?"

"그게 아니라 그냥……."

"학교에서 틈만 나면 함께 모여 있던데 그냥이라니? 세영이에게 느끼고 생각하고 있는 것을 좀 더 솔직하게 표현해줄 수 있겠니?"

"혼자 있으면 심심한데 세영이가 챙겨주면 고맙고 같이 있으면 우울해지지 않아서 좋아요."

"그렇구나! 그러면 부담되거나 힘든 점은 전혀 없고?"

"싫을 때도 있어요. 자기 맘대로 이래라저래라 할 때랑 자기 마음대로 우리들이 맞춰주지 않으면 화내고 삐치고 다신 안 만난다고 그냥 가버릴 때요."

"그럴 땐 가만히 있는 거야?"

"아니요. 전화로 우리가 잘못했다고 사과하고 애교 부리면 금세 또 풀어져서 친하게 지내요."

"그래, 좋은 점은 좋은 대로 두고. 그러면 세영이한테 크게 잘못한 일도 없으면서 사과하는 것에 대해서는 어떻게 생각해?"

"친구를 잃으면 학교생활도 심심하고 친구가 없어지니까 사과해요. 그래도 친하게 지내는 게 나으니까요."

"그럼, 선생님이 서로에게 다 좋은 방법을 소개해도 될까?"

"그런 방법이 있어요?"

먼저 아이들에게 '데스크(DESC) 각본'을 소개해주었습니다. 이 각본은 솔직하게 자기를 표현함으로써 합리적으로 문제를 해결하는 방법으로 '설명하기(Describe), 표현하기(Express), 구체화하기(Specify), 결과 선택하기(Choose)'로 이루어져 있습니다.

- 설명하기 : 자기를 괴롭히고 있는 행동이나 상황을 구체적으로 말하면서 대화를 시작하는 것입니다.
- 표현하기 : 행동이나 상황에 대해 자신이 느끼고 생각한 것을 침착하고 긍정적인 태도로 솔직하게 표현하는 것입니다.
- 구체화하기 : 상대방이 중지했으면 하는 행동이나 이행하기를 원하는 행동, 즉 자신이 더 선호하거나 필요로 하는 행동을 두리뭉실하게 말하는

것이 아니라 구체적으로 말하는 것입니다.

- 결과 선택하기 : 자신의 정당한 요구가 충족되었을 때와 그렇지 않았을 때 뒤따르게 될 긍정적 또는 부정적 결과를 간단하게 언급하며 자신이 원하는 방향으로 결과가 변하도록 해보는 것입니다.

두 번째로, '나 전달법으로 자신의 감정 전하기'를 소개해주었습니다.

나 전달법은 나를 주어로 하여 자신의 감정이나 의견을 전달하며 피드백을 주고받아 행동의 변화를 유도하는 의사소통 기술입니다. 상대방의 행동을 잘 관찰한 뒤에 상대방의 행동이 나에게 미친 영향과 그때 들었던 나의 감정과 의견을 상대방에게 정확하게 전달합니다. 이러한 방법은 상대방의 변화 의지를 촉진하고 상대방에 대한 자신의 부정적인 평가를 최소화함으로써 공격적인 자극과 반응을 줄여 건강한 대화를 촉진할 수 있습니다.

자기주장이 약한 선주와 다은이에게 데스크(DESC) 방법과 나 전달법을 가르쳐주고 매뉴얼 중 한두 가지를 훈련한 후 또래 집단에서 마음이 상하거나 힘들 때 적용해보게 했습니다. 갈등 거리가 발생할 때마다 위 두 방법을 적용한 뒤 친구 관계 일지에 간단히 기록하도록 했습니다. 더불어 자신의 감정 변화와 대처한 상황 그리고 결과에 대하여 상세히 일기를 쓰도록 하였습니다. 이로써 두 아이들은 일상생활이나 친구와의 관계에서 자신을 건강하게 주장하고, 일기에 구체적인 감정을 발산함으로써 자기표현에 힘을 갖게 되었습니다. 선주가 세영이에게 눌릴 때에는 다은이가 옆에서 자기주장을 하며 선주의 힘이 되어주었고 선주 또한 다은이가 어려움을 당할 때에는 다은이의 입장에서 자기주장을 도움으로써 까닭 없이 아부하고 비위나 맞추는 의존관계에서 벗어나 서서히 힘을 얻기 시작하였습니다. 세영이는 세영이대로 친구들에게 군림하는 태도에서 벗어나 친구들의 의견을 듣고 양보하며 존중하는 태도를 보이기 시작했습니다.

고학년 여자 아이들의 뒷담화는 무조건 비판하고 야단만 칠 일이 아닙니다. 그들이 뒷담화라는 부정적인 놀이에 빠지게 된 배경을 알고 그 마음을 이해해주면, 아이들은 자신의 감정을 긍정적으로 표현하는 쪽으로 한 걸음을 내딛게 됩니다. 스스로 자기주장을 할 수 있는 힘을 얻게 되면 친구를 더욱 폭넓게 이해하게 되고, 많은 친구들과 원만히 관계를 맺어 나갈 수 있습니다. 무엇보다 중요한 것은 아이들에게는 어떤 일이라도 또 다른 성장의 기회임을 알고, 애정을 갖고 작은 변화를 위한 관심과 사랑을 잃지 않는 일입니다. 아이들에게는 변하지 않는 믿음과 신뢰만이 큰 변화를 낳게 하는 동력임을 잊지 말아야 합니다.

053

여학생들의 은밀한 싸움을
어떻게 지도해야 할까요?

—— 6학년을 맡고 있는 남자 담임교사입니다. 어느 날 우리 반 영희가 저에게 상담을 요청했습니다. 영희는 같은 반 친구인 태연이 때문에 너무 힘들다고 고백했습니다. 태연이가 계속 친구들에게 자기 험담을 하는 것 같다고 말했습니다. 영희가 친구들에게 이야기하고 있을 때 다가가면 친구들에게 손가락을 입에 가져가 조용히 하라는 신호를 보내고 갑자기 딴 이야기를 하는 장면을 여러 번 목격했다고 합니다. 영희는 요즘 친구들이 자기를 흉보는 것 같아 너무 괴롭다고 저에게 말했습니다. 저는 이 말을 듣고 무척 당황했습니다. 저는 여자아이들끼리는 기껏해야 토라지고 삐치는 줄 알았지, 이런 방식으로 싸움을 벌인다는 사실에 무척 놀랐습니다. 사이가 나빠졌으면 서로 얼굴을 맞대고 말싸움을 하거나 치고박고 싸우는 남자아이들과는 달리 여자아이들이 다투는 방식은 남교사

인 저로서는 알아차리기도, 이해하기도 너무 힘듭니다. 고학년 여자아이들의 다툼을 어떻게 이해하고 지도해야 할까요?

Ⓐ "남자아이들은 거칠고 공격성이 높은 반면 여자아이들은 공격성이 낮다." 이 말은 우리 사회에서 일반적인 상식으로 통합니다. 하지만 이것이 편견일 뿐이라고 주장하는 학자들도 있습니다. 그들은 "여자아이들도 남자들만큼 공격적이다. 다만 여자아이들의 공격성은 잘 감춰져 있어 겉으로 드러나지 않을 뿐이다."라고 주장합니다. 대표적인 학자가 미국 미네소타 대학교의 심리학 교수였던 닉 크릭(Nick. R. Crick)입니다. 그녀는 아동의 공격성에 대해 남녀별 성 차이를 주목하여 오랫동안 연구했습니다. 그 결과 공격성의 다양한 양상을 분류했는데 그중 여자아이가 주로 행하는 공격 유형으로 '관계적 공격성(relational aggression)'이라는 개념을 제시하였습니다. 관계적 공격성이란 친구 사이를 조정하거나 손상시키는 일체의 행동을 의미합니다.

- "야, 영희 진짜 재수 없지 않냐? 자기가 예쁜 줄 알고 엄청 잘난 척해."(친구들 사이에서 뒷담화하기)
- "야, 이번 토요일에 노래방 갈 때 영희는 데리고 가지 말자. 영희한테 간다는 말도 하면 안 돼. 알았지?"(약속, 모임에 안 껴주기)
- "영희랑 이제 놀지 말자. 재랑 연락하는 애는 이제 우리 그룹에서 아웃." (집단적으로 따돌리기)

위와 같은 행동들이 관계적 공격에 속합니다. 이 같은 관점에서 공격성을 연구한 결과 크릭 교수는 직접적인 언어, 신체적 폭력은 남자아이들에게서 훨씬 많이 관찰되지만 위와 같은 관계적 공격은 여자아이들 사이에서 훨씬 많이 관찰된다는 사실을 발견했습니다. 그 후 수많은 후속 연구 결과 공격성이 남자아이들에게서만 발견되는 전유물이라는 인식은 사실이 아닌 것으로 밝혀지고 있습니다. 여자아이들도 교우 관계 속에서 분노하고 짜증내며 서로를 공격합니다. "아이들은 싸우면서 큰다."라는 말은 여자아이들에게도 해당되는 속담입니다. 성장에 따른 자연스러운 발달과업입니다. 남자아이들이 서로 욕하고 치고 받듯이 영희와 태연이도 둘 사이에 문제가 생겨 다투고 있는 것입니다. 다만 방식이 다를 뿐이지요. 태연이가 나쁘고 못돼 먹은 특수한 여자아이여서가 아닙니다. 남교사들에게는 이 같은 싸움 방식이 무척 생경하고 당황스러울 수 있습니다. 하지만 초등학교 교실에서 1년에 몇 번씩 남자들 간의 주먹싸움이 일어나듯 여자아이들 간의 위와 같은 싸움도 계속 발생할 것입니다. 따라서 교사들은 여자들의 싸움 역시 남자아이들의 싸움과 똑같은 것으로 이해해주는 자세를 먼저 갖추어야 할 것입니다. 그래서 여자아이들 사이에 적절히 개입해서 혹여 아이들이 크게 상처받지 않도록 지속적으로 관심을 기울이고 지도하는 데 힘써야 합니다.

관계적 공격성의 특징

여자아이들 간의 관계적 공격은 때로는 오랜 경력의 선생님까지 당황하게 만드는 특징을 가지고 있습니다.

첫째로, 관계적 공격이 은밀하고 간접적이어서 주변의 어른들은 눈치채기 힘들다는 점입니다. 영희와 태연이의 경우처럼 관계적 공격에서는 가해자가 피해자를 직접 때리거나 욕하는 경우가 매우 적습니다. 영희가 안 보이는 곳, 듣지 못하는 곳에서 행해지는 공격은 영희 자신조차도 알아차리는 데 꽤 시간이 걸립니다. 그러니 선생님이 먼저 알아차리기는 더욱 힘들지요. 겉으로 보기에는 소곤소곤 수다 떠는 모습을 친구를 공격하는 모습이라고 상상하기는 매우 힘듭니다.

둘째, 관계적 공격은 종종 서로 가장 친한 친구들 사이에서 벌어집니다. 어제까지 죽고 못 사는 '절친'처럼 보였던 여자 친구들끼리 언제 친했냐는 듯 냉랭해져버린 장면을 종종 목격할 수 있습니다. 냉랭해지는 데서 멈추는 것이 아니라 "야, 영희랑 놀지 마. 영희는 만날 잘난 척해."와 같이 서로의 교우 관계에 흠집을 내기도 합니다.

셋째, 상대방의 교우 관계를 공격하기 위해 다른 친구들까지 동원합니다. "영희는 껴주지 말자, 영희에게 알려주지 마." 같은 관계적 공격은 태연이의 주변 친구들까지 공격의 가해자로 끌어들입니다. 만약 태연이가 학급에서 강한 영향력을 행사하는 아이라면 수많은 친구들이 자기도 모르게 영희의 마음에 상처를 줄 수도 있습니다. 최악의 경우 영희는 자신이 왕따를 당한다고 느낄 수도 있습니다.

서로 친했던 사이가 갑작스레 원수로 변한다는 점, 집단적 따돌림으로 변질될 수 있다는 점, 그리고 무엇보다 학급에 이런 일이 벌어지고 있는 중에도 교사가 눈치채기 무척 힘들다는 점에서 관계적 공격은 교사를 무척 당혹스럽고 힘들게 만듭니다.

관계적 공격도 엄연한 폭력임을 인식시키기

여자아이들 사이에서 벌어지는 관계적 공격은 수법이 매우 은밀합니다. 또한 피해자의 교우 관계를 손상시키는 만큼 피해 여자아이는 평생 씻을 수 없는 상처를 받을 수도 있습니다. 이런 이유로 관계적 공격은 사후 처리보다는 사전 예방 혹은 발생 초기에 교사가 개입하는 것이 무척 중요합니다.

우선 첫 번째로 관계적 공격을 신체적 폭력과 마찬가지로 허용되어서는 안되는 행동으로 인식하는 교실 문화를 만들 필요가 있습니다.

제가 느끼는 10년 전 교실과 지금 교실의 가장 큰 차이점은 바로 신체적 폭력이 사라졌다는 점입니다. 10년 전만 해도 교사의 체벌을 쉽게 볼 수 있었습니다. 하지만 지금은 체벌하는 교사를 찾기 힘듭니다. 아이들 역시 마찬가지입니다. 10년 전만 해도 남자아이들 사이에서는 '현민이 1짱, 준호 2짱'같이 학급 내 싸움의 순위를 정했습니다. 그리고 실제 남자아이들의 다툼이 쉽게 주먹을 쓰는 폭력으로 변했습니다. 고학년 교실에서는 일주일에 한두 번씩은 주먹 다툼을 볼 수 있었습니다. 물론 지금은 한 달에 한 번도 보기 힘들며 때로는 주먹싸움 한 번 없이 평화롭게 1년을 보낼 때도 있지요.

이런 변화는 어떻게 생긴 것일까요? 교사와 아이들이 10년 전보다 착하고 순해졌기 때문일까요? 저는 교실에서 폭력이 사라진 이유로 '폭력은 허용되어서는 안 된다.'라는, 폭력에 대한 사회적 경각심의 상승이 가장 큰 영향을 끼쳤다고 생각합니다. '교사가 학생을 때리는 것은 허용되어서는 안 된다.'라는 생각이 상식으로 자리 잡은 후 체벌을 교육의 수단으로 생각하던 교사들도 자신의 생각을 바꾸게 됩니다. 설혹 체벌의 교육적 효과를 속으로는 신뢰해도 그런 생각을 입 밖으로 내지 않습니다. 아이들도 마찬가지입니다. 10년 전만 해도 수많은 폭력 사건이 "아이들은 싸우면서 크는 거야."라는 한마디로 흐지부지 무마되었습니다. 폭력을 쓰는 아이들이 씩씩하고 남자답다는 인식도 있었죠. 하지만 지금은 무슨 이유에서건 폭력을 행사한 순간 가해자가 되고 더 큰 잘못을 저지른 사람이 된다는 인식을 아이들 모두가 공유하고 있습니다. 덕분에 아이들은 타인을 주먹으로 때리는 행동을 저질러서는 안 되는 매우 심각한 잘못으로 받아들입니다. 주먹 쓰는 걸 멋있다고 생각하는 아이는 거의 없습니다.

반면 주로 여자아이들 사이에서 벌어지는 '뒤에서 흉보기, 모임에 안 껴주기, 집단적으로 따돌리기' 등의 관계적 공격은 폭력이라는 인식이 거의 없습니다. 관계적 공격이 신체적 공격만큼 피해자의 마음에 커다란 상처를 주는데도 이런 공격적 행동은 여전히 10년 전 신체적 폭력에 대해 "친구들끼리 놀다 보면 그럴 수도 있지."라고 허용했던 수준에 그대로 머물러 있는 것입니다.

이런 관계적 공격에 대한 사회적 인식을 교사 개인이 변화시킬 수는 없습니다. 하지만 교사가 담임을 맡은 교실 구성원들의 인식의 전환을 가져오는 일은 가능합니다. 이를 위해 학기 초 학교 폭력 교육 시간을 활용할 수 있습니다. 주먹으로 대표되는 '신체적 폭력', 욕으로 대표되는 '언어적 폭력'에 더해 '관계적 폭력'도 같은 비중으로 논의해야 합니다.

"친구들 간 뒷담화로 속상했던 친구?"

"친구들이 모임에 안 껴주어 상처받았던 친구?"

이 같은 질문을 던질 때 아이들의 반응은 의외로 매우 뜨겁습니다. 여자아이들이라면 모두들 한 번쯤 관계적 공격으로 상처받고 눈물 흘린 적이 있다는 것을 알게 됩니다. 그리고 언어적이고 신체적인 폭력과 마찬가지로 관계적 공격 역시 친구에게 큰 상처를 입히는 행동이며 따라서 교실에서 다른 폭력과 똑같은 비중으로 다루어야 할 문제라는 인식을 함께 공유해야 합니다. 어느 학급이든 학기 초에 언어·신체적 폭력이 발생했을 때 친구에게 사과하고 반성문을 써야 하는 등 학급 나름의 규칙을 정할 것입니다. 이때 관계적 공격에 대한 규칙도 아이들과 함께 만들어둡니다. 친구의 관계를 공격하는 일도 주먹을 쓰는 일, 욕을 하는 일과 똑같이 친구에게 상처를 주는 일이며 매우 잘못된 행동이고 따라서 이에 대한 처벌도 똑같이 뒤따른다는 인식을 모두가 공유할 때 아이들은 스스로 조심하게 됩니다.

둘째, 여자아이들 간의 은밀한 공격을 인지하기 위해 그들의 교우 관계를 계속 주시하여야 합니다.

쉬는 시간 여자아이들끼리 얼굴을 맞대고 속삭이는 모습은 친구들끼리의 즐거운 수다일 수도 있지만 때로는 한 친구를 의도적으로 상처 주려는 행동일 수도 있습니다. 이처럼 여자아이들 간의 공격과 따돌림은 선생님이 도저히 눈치 챌 수 없게 진행되거나 이미 교사가 눈치 챘을 때는 피해 아이가 너무나 큰 상처를 입고 난 후일 경우가 많습니다. 교사의 빠른 개입이 무척 힘든 사안이지만 여기에도 의외로 쉬운 방법이 있습니다. 그것은 평소 여자아이들 사이의 관계를 관찰하는 것입니다.

보통 고학년 여자아이들은 교실에서 세 명 이상의 무리를 지어 지냅니다. 쉬는 시간에 이 무리와 함께 떠들며, 같은 자리에 앉으려고 하고, 주말에는 같이 놀러 다닙니다. 여자아이들에게 자신이 소속된 무리는 매우 중요한 가치이며 이 무리는 거의 고정되어 있습니다. 그렇기 때문에 교사는 학급 여자아이들을 아주 쉽게 2~4개 정도의 무리로 파악할 수 있습니다. 이 무리에 균열이 생겼을 때가 바로 교사가 관심을 집중해야 할 순간입니다. 이런 균열은 네 명의 무리에서 한 명이 떨어져 다른 무리로 이동한 것일 수도 있고, 다섯 명의 무리가 두 명, 세 명으로 갈라진 경우일 수도 있습니다. 이 같은 균열을 확인한 후에는 꼭 여자아이들의 관계에 대해 여러 친구들에게 질문을 해보는 것이 좋습니다.

교사는 아이들의 방파제

반에 이런 일이 생겼을 때 선생님은 무리에 속한 친구, 무리 바깥에 있는 친구 몇몇을 개인적으로 불러 조용한 곳에서 "민영이네 그룹 친구들 사이에 무슨 일이 있는 것 같은데 설명해줄 수 있니? 혹시 속상한 일이 있었던 것 같은데, 가르쳐줄래?" 하고 묻습니다. 선생님이 아이들 사이의 이상한 기류를 인지하고 있음을 함께 전달하면 아이들은 의외로 솔직하게 선생님께 털어놓습니다.

관계적 공격이 있었다는 사실, 누군가가 괴로워한다는 사실을 알게 된다면 교사는 즉각적으로 개입해야 합니다. 만약 가벼운 둘 사이의 다툼이라면 교사가 해당 아이 혹은 무리 구성원들을 불러 "선생님이 요즘 너희들 사이가 많이 힘들다는 것 알아. 혹시 도와줄 것은 없을까?" 혹은 "선생님이 요즘 너희들이 사이에 안 좋은 일들이 벌어진다고 들었는데 누군가 상처받는 아이가 있으면 선생님이 나서서 도와줘야 해. 알고 있지?"와 같이 선생님이 주목하고 있다는 사실을 알려줍니다. 선생님이 자신들을 지켜보고 있다는 인식만으로도 여자아이들의 관계적 공격은 크게 줄어듭니다.

만약 아이들의 관계적 공격이 정도가 심각하고 피해 아이가 크게 상처받은 경우라면 신체적 폭력과 똑같은 절차를 거쳐 일을 처리하는 게 좋습니다. 가해 아이의 사과 및 재발 방지를 약속하고 부모님께 알려 보호자 간에도 서로 사과하고 용서하는 과정을 거치는 게 좋습니다. 이때 가해 아이는 교사와 별도로 상담하고 반성하는 시간을 가져야 합니다. 언뜻 보면 별것 아닌 가해 아이의 행동이 친구에게 어떤 영향을 끼쳤는지에 관해 함께 생각하고 이야기를 나누어야 합니다.

고학년 여자아이라면 관계적 공격에 대해 가해 혹은 피해 경험을 가지고 있거나 적어도 주위에서 목격한 경험이 있기 때문에 이런 행동이 왜 나쁜 행동이고 상대방을 얼마나 괴롭게 하는지 알고 있습니다. 그러므로 가해 아이의 행동이 왜 잘못된 것인가를 따지기보다는 "친구가 어떤 감정을 느꼈을까?", "친구는 어떤 점이 가장 괴로웠을까?", "만약 네가 반대 입장이었으면 어떻게 느꼈을까?", "어떻게 행동했을까?" 등 상대방이 느꼈을 감정에 공감하게끔 이야기를 나누는 것이 더 효과적입니다. 그 후 가해 아이가 그렇게 행동한 이유를 함께 들어주고 아이의 마음속에 자리 잡고 있을 질투심, 소유욕, 분노 또한 함께 공감해주는 것이 좋습니다. 다만 관계적 공격의 은밀한 성격상 뚜렷한 증거가 남지 않고 사안 자체를 심각하게 여기지 않는 학생이나 학부모가 이런 절차에 반발을 할 경우가 있습니다. 이를 위해 구체적인 관계적 공격의 증거와 증언을 모은 후 학생과 학부모에게 제시할 필요가 있습니다.

아이들은 원래 미성숙한 존재입니다. 자신의 행동이 친구에게 어떤 상처를 입히는지 모르기도 하고 반대로 뻔히 알기도 하면서 자신의 욕망을 채우기 위해 스스럼없이 행동합니다. 이런 상황에서 교사는 피해 아이, 가해 아이 양쪽에서 방파제 역할을 해야 합니다. 이 방파제는 피해 아이에게는 파도로부터 상처를 막아주는 역할을 하지만 가해 아이에게는 그 아이의 마음속에 자리 잡은 분노와 질투 같은 부정적인 감정을 받아주는 역할도 같이 해줍니다. 가해 아이나 피해 아이나 모두 사랑과 관심으로 감싸 안아야 할 소중한 존재임을 잊지 말아야 할 것입니다.

054

청개구리 아이 때문에 힘이 듭니다.

──── 5학년 담임교사입니다. 우리 반에는 청개구리 같은 아이 진수가 있습니다. 제가 하는 말마다 무조건 반대로 말하고 행동하지요. 진수가 수업 분위기를 흐리니까 몇 명 아이들도 따라 하려는 경향이 있으며, 매번 저와 적대시하고 있으니 다른 아이들까지 부정적인 영향을 받고 있습니다. 그 아이 한 명 때문에 정말 스트레스가 많고 힘이 듭니다. 학생도 아닌 담임교사인 제가 학교에 가기 싫어질 정도입니다. 청개구리 아이와 잘 지낼 수 있는 방법이 있을까요?

Ⓐ 진수는 겉보기에도 눈빛이 강하고 거친 느낌이 드는 아이입니다. 친구들 사이에서 힘이 세기로 유명하고, '일짱'이기도 하지요. 고학년이 되면서

키가 커지고 힘도 더 세지면서 아이들 사이에서 세력이 더욱 커진 느낌이 듭니다. 그렇지만 무작정 세게 누르고 윽박지르기에는 아이가 너무 기가 세서 교사들조차 함부로 하지 못합니다.

어느 학급이든 교사를 힘들게 하는 아이들은 있습니다. 그중 진수처럼 이렇게 대놓고 선생님을 적대시하고 무시하면 열심히 하려던 교사의 열정까지 몽땅 사그러지기 마련이지요. 나중에는 극심한 스트레스가 쌓여 교사는 점점 학교에서 정을 떼게 되고, 심하면 건강마저 잃는 경우도 있습니다. 어떤 담임 교사는 아이들과 사이가 틀어져 스스로 견디지 못하고 결국 학교를 그만두기도 하지요.

관심의 다른 형태인 반항

진수는 어째서 청개구리처럼 행동하는 것일까요? 진수의 반대 행동에는 이유가 있습니다.

1. 관심 받고 싶은 욕구 때문입니다.

애정과 정서적 관심을 통하여 개인이 사회와 맺고 있는 유대 관계(타인에 대한 감정적·정서적 친밀성)를 애착(attachment)이라고 합니다. 아이는 생후 1년 동안 양육자와 애착을 형성하는데 이때 형성된 애착 유형이 인간관계를 맺는 데 지속적으로 작용합니다. 주 양육자는 지속적으로 아이와 관계를 맺는 사람을 말하며, 대부분은 어머니가 주 양육자가 되지만 반드시 어머니일 필요는 없습니다. 아버지, 할머니, 이모 등 지속적으로 아이를 돌보는 사람이면 주 양육자가 될 수 있습니다. 양육 초기에는 주 양육자가 아기와 애착 관계를 잘 맺는 것이 매우 중요합니다. 일관되고 지속적이며 긍정적 관계를 맺는 것이 필요합니다.

안정적으로 애착 관계를 형성한 사람들은 자신과 상대방 및 둘의 관계를 긍정적으로 생각하는 경향이 있습니다. 그래서 언제, 어디서, 누구를 만나든 쉽게 좋은 관계를 맺고 적응을 빨리 합니다.

하지만 불안정 애착 관계를 형성했던 아이들은 관계 맺기에 어려움을 느낍니다. 예를 들어 어린이집이나 유치원에 처음 가게 될 때 심하게 불안해하거나 우는 아이들이 있는데, 이는 주 양육자와 떨어지면서 느끼게 되는 불안감 때문에 나타나는 현상으로 '분리 불안'이라고 부릅니다. 이러한 현상은 시간이 지나면 점차 나아지는 것처럼 보여도, 또다시 새로운 관계를 맺을 때 다른 모습으로 나타나기도 합니다. 이런 분리 불안을 겪는 아이는 때때로 학급 내에서 부정적인 행동을 하면서 관심을 얻으려고 합니다. 청개구리 모습을 보이는 아이들도 이런 경우입니다. 주 양육자를 믿지 못하던 마음을 선생님에게도 나타내어 반항적인 태도를 보이고, 계속 문제 행동을 하는 것이지요.

하지만 이런 아동의 속마음은 '나를 좀 돌봐주세요.'임을 알아주어야 합니다. 겉으로는 덩치가 큰 고학년이지만, 마음속에는 상처받은 꼬마 어린이가 숨어 있는 것이지요. 교사는 이런 마음을 읽어주고 상처를 어루만져줄 수 있어야 합니다. 마음이 자라는 속도는 아이마다 다릅니다. 마음이 덜 자란 상처받은 영혼을 달래주면 아이는 교사의 따뜻한 품으로 돌아올 수 있습니다.

2. 품행 장애의 일종입니다.

'품행 장애(conduct disorder)'는 반사회적·공격적·도전적 행위를 반복적·지속적으로 행하여 사회, 학업, 작업, 기능에 중대한 지장을 초래하는 장애를 말합니다. 사회적으로 용납되지 않는 행동을 지속하는 것이 품행 장애의 주된 증상이며 흔히 비행과 공격성을 동반합니다. 가족뿐만 아니라 대인 관계 전반에서 나타날 수 있으며 가정과 학교, 사회에서 문제 행동을 하게 됩니다. 심리적 관점으로는 품행 장애로 보지만, 사회적으로는 '일탈 행동(misbehavior, deviant behavior)', 법률적으로는 '청소년 비행(juvenile delinquency)'에 해당됩니다. 우리나라에서는 청소년 비행을 범죄 행위, 촉법 행위, 우범 행위의 세 범주로 나눕니다. 형벌 법령에 저촉되는 행위를 했을 때 14세 이상 20세 미만이면 범죄 행위로, 10세 이상 14세 미만의 경우에는 형사 책임을 묻지 않는 촉법 행위로, 12세 이상 20세 미만의 자로서 범죄는 아니지만 범죄를 저지를 우려가 있다고 인정되는 경우에는 우범 행위라고 규정합니다. 따라서 초등학교 고학년에 해당하는 나이는 범죄 행위를 저질러도 촉법 행위 나이이기 때문에 처벌받지 않습니다. 그러나 요즘에는 이를 악용하는 고학년 아이들도 있으므로 꾸준한 예방 교육이 필요합니다.

품행 장애는 남자에게서 훨씬 높게 나타납니다. 청소년기의 여아에게는 성적 일탈이 두드러지며 남아는 폭력적 성향이 두드러집니다. 품행 장애는 주로 청소년 초기에 처음 발현됩니다. 소아기(10세 이전)에 발병되면 잘 낫지 않으며, 청소년기에 발병하면 나이가 들어서 반사회적 행동이 줄어드는 경향이 있습니다.

이런 아이들은 충동성·폭력성·공격성의 성향을 가지고 있고, 타인의 권리를 무시하거나 침해하며, 자신의 행동에 무책임하고, 순간의 쾌락이나 이득을 추구하며 타인의 고통에 무감각하다는 특징이 있습니다.

원인으로는 보통 아동 학대, 부모의 방임, 잘못된 훈육 방식 탓에 자아와 성격 형성이 잘못된 경우를 꼽을 수 있는데, 이런 품행 장애를 가진 아이들이 학교 폭력의 가해자가 되기 쉽습니다.

이런 아이가 있는 경우, 교실에서는 교사의 역할이 경찰관의 역할과 겹치는 상황이 자주 연출됩니다. 하지만 교사는 범죄자를 잡아내는 경찰이 아니라 아이들을 바르게 교육하는 사람임을 잊지 말아야 합니다. 경찰은 처벌의 측면에서 접근하는 것이라면, 교사는 아이를 이해하는 측면에서 접근하는 것입니다. 이런 경우 담임교사는 조기 발견에 힘쓰도록 하고, 발견 즉시 전문가와 연계하여 상담 및 치료를 받도록 해야 합니다. 무엇이든지 예방이 제일 좋고, 초기에 잡는 것이 효과적이기 때문입니다. 품행 장애는 예방 교육이 특히 효과적이므로 반 아이들 전체에게 반복해서 기본 생활 규칙에 대한 교육을 실시하는 것이 좋습니다.

품행 장애 진단 기준

품행 장애를 판단하는 데에는 엄격한 진단이 필요하며 일회성일 경우는 진단할 수 없습니다. 평가 시 언어 표현력의 부족이나 환자의 적대적 태도 등으로 인해 면담이 쉽지 않을 수 있기 때문에 이를 진단할 때에는 학교나 가정에서의 행동에 대한 정보를 보충해야 합니다.

A. 다른 사람의 기본적인 권리를 침해하고 나이에 맞는 사회규범 및 규칙을 위반하는 지속적이고 반복적인 행동 양상으로서, 다음 항목 가운데 세 개 이상 항목이 지난 12개월 동안 있어왔고, 적어도 한 개 항목이 지난 6개월 동안 있어왔다.

사람과 동물에 대한 공격성

• 흔히 다른 사람을 괴롭히거나, 위협하거나, 협박한다.

- 흔히 육체적인 싸움을 도발한다.
- 다른 사람에게 심각한 손상을 일으킬 수 있는 무기를 사용한다(예 : 곤봉, 벽돌, 깨진 병, 칼 또는 총).
- 사람에게 신체적으로 잔혹하게 대한다.
- 동물에게 신체적으로 잔혹하게 대한다.
- 피해자와 대면한 상태에서 도둑질을 한다(예 : 노상 강도, 날치기, 강탈, 무장 강도).
- 다른 사람에게 성적 행위를 강요한다.

재산의 파괴

- 심각한 손상을 입히려는 의도로 일부러 불을 지른다.
- 다른 사람의 재산을 일부러 파괴한다(방화는 제외).
- 다른 사람의 집, 건물, 차를 파괴한다.

사기 또는 도둑질

- 물건이나 호감을 얻기 위해, 또는 의무를 피하기 위해 거짓말을 흔히 한다(예 : 다른 사람을 속인다).
- 피해자와 대면하지 않은 상황에서 귀중품을 훔친다(예 : 파괴와 침입이 없는 도둑질, 문서 위조).

심각한 규칙 위반

- 13세 이전에 부모의 금지에도 불구하고 밤늦게까지 집에 들어오지 않는다.
- 친부모 또는 양부모와 같이 사는 동안 적어도 두 번 가출한다(또는 오랫동

안 돌아오지 않는 한 번의 가출을 한다).

- 13세 이전에 시작되는 무단결석.

B. 행동의 장해가 사회적 · 학업적 또는 직업적 기능에 임상적으로 심각한 장해를 일으킨다.

C. 18세 이상일 경우 반사회적 인격 장애의 진단 기준에 맞지 않아야 한다.

유형

- 소아기 발병형 : 10세 이전에 품행 장애 특유의 진단 기준 가운데 적어도 한 가지가 발생한 경우.
- 청소년기 발병형 : 10세 이전에는 품행 장애의 어떠한 진단 기준도 충족시키지 않는다.

심각도

- 가벼운 정도 : 진단을 내리기 위해 요구되는 정도를 초과하여 나타나는 문제가 매우 적고 다른 사람에게 단지 가벼운 해를 끼친다(예 : 거짓말, 무단결석, 허락 없이 밤늦게까지 집에 들어가지 않는 것).
- 중간 정도 : 품행 문제의 수와 다른 사람에게 해를 끼치는 영향의 정도가 가벼운 정도와 심한 정도의 중간이다(예 : 피해자와 대면하지 않는 상황에서 도둑질하기, 기물 파괴하기).
- 심한 정도 : 진단을 내리기 위해 요구되는 정도를 초과하여 나타나는 품행 문제가 많거나 또는 다른 사람에게 심각한 해를 끼친다(예 : 성적 강요, 신체적 잔혹함, 무기 사용, 피해자와 대면한 상황에서 도둑질, 파괴와 침입).

품행 장애와 비슷한 증상으로 '반사회적 인격 장애(Antisocial personality disorder)'가 있습니다. 반사회적 인격 장애는 만 18세 이후에 진단을 내립니다. 반드시 15세 이전에 시작된 품행 장애 병력을 가지고 있어야 합니다. 품행 장애는 딱히 나이 제한은 없지만 18세가 넘는 경우에는 반사회적 인격 장애에 해당되지 않는 경우를 품행 장애라고 합니다.

어떻게 지도하나?

1. 첫 단추를 잘 끼웁니다.

학교에서 2월은 학년이 끝나고 새 학년이 정해지는 시기입니다. 담임 발표가 나자마자 진수의 전 담임선생님께서 부랴부랴 달려와 그 아이에 대해 이야기를 해주셨습니다. 진수는 매우 공격적이며, 선생님 말씀을 전혀 듣지 않고, 아이들과도 관계가 나쁘다며 부정적인 말씀만 잔뜩 늘어놓으시고는 1년이 힘들겠다며 위로 아닌 위로를 해주셨습니다. 아직 아이 얼굴을 보지도 못했는데 그런 말을 먼저 들으니 편견이 생기기도 하고, 정말 그런 아이일까 궁금하기도 했습니다.

3월 첫날, 드디어 진수를 만났습니다. 비만 체형인 진수는 걱정스러운 마음이 엿보이는 얼굴로 교실에 앉아 있었습니다. 작년 담임선생님 말씀으로는 첫 3주는 얌전했고, 그 이후에 계속 힘들게 한다고 하셔서인지 첫날 아이는 비교적 얌전히 제 말을 경청해주었습니다.

다음 날, 일기에 새 학년 다짐을 써오라고 했는데 진수가 의외의 모습을 보였습니다. 예쁜 글씨로 반듯하게, 한 장 가득히 새 학년을 잘 보내겠다고 적어온 것입니다. 정말 별로인 아이라고 낙인찍혀온 아이조차 마음속에는 언제나 잘하고 싶은 마음이 있다는 것을 기억하고, 그 싹을 잘 키워주는 것이 교사의 역할입니다. 교사의 말 한마디로 아이의 좋은 싹을 키워줄 수도 있고 짓밟을 수도 있습니다. 댓글에 일기를 잘 썼다고 칭찬해주었고, 1년을 잘 지내보자고 다짐했습니다. 그 후 매번 아이와 관계 맺기를 잘 하려고 노력했고, 1년을 무사히 보낼 수 있었습니다.

2. 차이를 인정합니다.

아이들도 각자 자신만의 개성을 가지고 있습니다. 외모도 성격도 모두 다 다르지요. 서로의 다른 점을 인정해주는 태도가 필요합니다. 사람마다 키, 몸무게가 모두 다르듯이 성격도 저마다 다릅니다. 나와 같지 않다고 해서 이상하게 바라보는 교사의 관점을 변화시키려고 노력해봅니다. 이 세상에 완전히 나쁜 사람은 없습니다. 악질 범죄자들조차 자세히 그 사람의 환경을 살펴보면 이해가 가능합니다. 무엇보다 아이를 이해하려고 노력하는 마음이 중요합니다. 이때는 단점보다 장점에 집중합니다. 아무리 찾아도 장점이 안 보인다면 반 아이들에게 친구의 장점을 찾아보라고 물어봅니다. 아이들은 교사보다 훨씬 친구의 장점을 잘 찾아냅니다.

그리고 교사를 힘들게 하는 한 아이에게 집중하기보다는 잘하고 있는 나머지 반 아이들에게 더욱 집중해서 긍정적인 에너지를 얻도록 합니다. 그러면 학교생활이 조금 더 쉽고 긍정적으로 보일 수 있습니다.

3. 의미 있는 한 사람이 되어줍니다.

1950년대, 하와이 카우아이 섬은 실업자, 알코올중독자, 마약중독자가 많은 피폐한 곳이었습니다. 섬은 사회 부적응자로 넘쳐났고, 범죄율이 매우 높았습니다. 심리학자 에이미 워너(Emmy Werener)는 '아이들이 어떻게 범죄화되어갈까?' 하는 의문에서 하와이 카우아이 섬을 연구하기 시작했습니다. 1950년, 그녀는 이 섬에서 태어난 800여 명의 신생아를 전수조사하였고, 이후 40년 동안 지속적으로 이들에 대한 추적 조사를 진행했습니다. 에이미 워너는 그중 고아나 범죄자의 자녀 등 가장 열악한 환경에 있는 '고위험군' 201명을 따로 정하고 그들에게 집중했습니다. 그러나 결과는 놀라웠습니다. 가장 열악한 환경에서 자란 사람 201명 중, 약 35퍼센트에서 예외가 생긴 것입니다. 201명 중 72명의 예외를 보인 사람들은 학교에서 뛰어난 성적을 거두고, 학생회장에 선출되고, 미국 본토 대학에 장학생으로 입학하는 등 모범적으로 자라났습니다.

에이미 워너는 연구 방향을 돌려 왜 이러한 '예외'가 생겼는지를 조사했고, 이를 통해 '회복 탄력성'이라는 개념을 발견했습니다. 회복 탄력성이란, "어떤 실패나 역경을 겪은 뒤 다시 회복하는 힘"을 뜻합니다. 이들 모두에게는 어머니를 비롯한 가족, 선생님, 이웃, 친구 등 자신을 지지해주고 아껴주는 사람이 최소 한 명 이상 있었다는 공통점이 있었습니다(김주환, 2011).

학교에서 생활 면이든 학습 면이든 힘든 아이들은, 대개 가정환경이 힘든 경우가 많습니다. 반드시 다 그런 것은 아니지만, 대체로 이런 경향을 보입니다. 이 아이들이 부모와 환경을 선택해서 태어난 것도 아닌데, 학교에서조차 구박을 받고 혼이 나면 아이들은 어디에 가서 기대야 할까요? 선생님은 바로 이렇게 상처받고 마음이 가난한 아이들을 돌보아주는 사람입니다. 아이에게 힘이 되어주는 의미 있는 한 사람이 되어주십시오. 어린이는 우리나라의 미래입니다. 밝은 미래를 위해 어린이들이 잘 자랄 수 있도록 교사들이 힘이 되어주시기를 바랍니다.

4. 교사 스스로 성장하는 기회로 삼습니다.

세상을 사는 일은 삶의 길목마다 마주치는 힘든 고비의 순간을 넘어가는 일입니다. 누구나 정도의 차이가 있을 뿐, 고난과 시련을 피해갈 수는 없는 법이지요. 고비의 순간마다 이를 지혜롭게 넘기는 방법을 터득해가는 것이 인생입니다. 나를 힘들게 하는 청개구리 아이를 지도하면서, 교사 스스로 자기 자신을 돌아보고 반성하며 더 나은 교사로 성장하는 기회로 삼기를 바랍니다. 혼자 해결하기 힘들면 주변에 지혜로운 선배 교사들에게 자문과 조언을 구해보는 것도 좋은 방법입니다. 이렇게 차곡차곡 위기의 고개를 한 고개씩 넘다 보면, 여러분은 해가 갈수록 조금씩 더 나은 교사가 되어 있을 것입니다.

 참고문헌
• 김주환, 《회복탄력성》, 위즈덤하우스, 2011.

055

집구석이 지긋지긋하대요

———"시후야, 또 9시가 넘어서 등교했구나. 무슨 일 있었니?"

"어제 영준이랑 놀다가 늦게 들어갔는데 아빠가 오랜만에 와서 엄청 때렸어요."

"저런, 영준이는 왜 안 오는지 아니?"

"영준이 집에 사람이 없어서 밤늦게까지 중학교 형들이랑 놀다가 외할머니 집에 가서 잔다고 했어요."

어려운 가정환경으로 방황하는 시후와 영준이가 불안하기만 한 6학년 담임교사입니다. 부모님이 어렸을 때 재혼하셔서 조부모님과 함께 사는 시후, 아버지와 사별하고 홀로 장사하시느라 바쁜 어머니와 단둘이 사는 영준이는 지각이 매우 잦습니다. 연락이 두절된 채 학교에 오지 않는 날도 종종 있습니다. 부모님과는 전화나 문자로도 연락이 되지 않아 조부모님과 겨우겨우 연락해서 행방을 파악하고는 하는데, 조부모님들을 통해 시후와 영준이의 가족사를 들으면 너무 딱하다는 생각이 듭니다.

매번 지각을 하고, 교과서나 연필 한 자루도 없이 등교해서는 무기력하게 앉아 있다가 점심 급식 때만 기다리는 시후와 영준이를 어떻게 지도해야 할지 막막합니다. 밤늦게까지 밖에서 놀거나 게임을 하는 등 가정에서 보내는 생활이 엉망이다 보니 숙제를 안 하는 것은 물론이고 친구들과 한번 싸우면 의자를 내던지고 수업에 들어오지 않는 등 기본적인 규칙들을 무시하기 일쑤입니다. 중학교 형들과 어울려 놀면서 담배, 돈 뺏기, 물건 훔치기 같은 비행 사건에도 자주 연루되어 신고를 당하는 일도 잦습니다. 남아서 차근차근 상담도 하고 공부도 시키면서 조금이라도 돕고자 하는 마음은 굴뚝같지만, 본인들이 원하지 않으니 도울 수도 없습니다. 도움의 손길을 뿌리치고 더 심한 방황의 길로 가려는 위기의 학생들을 포기하고 보고만 있을 수도 없고 딱히 도와줄 뾰족한 방법도 없어 보여 마음이 무겁기만 합니다.

🅐 영준이와 시후 같은 학생들을 상담해보면 가족 문제에 대해 이야기하는 것을 꺼리고 도움을 받는 것을 자존심 상해하는 경우가 많습니다. 친구들에게는 가족 문제에 대해 힘든 내색을 하지 않으려고 노력하고 대수롭지 않은 척 말하지만, 이런 아이들의 내면은 대개 많은 상처와 갈등으로 빼곡히 채워져 있기 마련입니다. 특히 위기 가정의 학생 가운데는 여리고 상처받은 상태를 숨기기 위해 일부러 센 척하고 비행을 일삼는 등 위악으로 자신의 모습을 가장하는 아이들이 많아 각별한 주의가 필요합니다.

위 사례에서 보듯 열악한 가정환경은 사춘기 아이들에게 매우 큰 위험 요인입니다. 사춘기에는 아이들의 감정이 발달하고 예민해지기 때문에 가정의 어려움과 문제의 심각성을 현실보다 더욱 크게 느끼는데, 이에 반하여 여기에 적절하게 대처하는 자세나 방법은 알지 못하고 있어 무력감과 분노를 심하게 느끼고 방황하기가 쉽습니다. S. S. 루타르(Suniya Sunanda Luthar)는 《회복 탄력성과 취약성 : 유년 시절의 역경에 적응하기》에서 결손 가정의 청소년들이 일반 가정의 청소년보다 공격성, 행동 장애, 불순종, 반항, 낮은 자기조절 및 사회적 책임감, 교실에서의 저조한 태도와 저조한 학업 수행 등 많은 부적응 양상을 보인다는 연구 결과를 내놓았습니다.

신체와 정신이 급변하는 사춘기 시기의 방황은 학생들의 인격 형성과 진로에 결정적인 영향을 끼치며 오랜 후유증을 남기기도 합니다. 특히 사춘기 학생은 또래 집단과의 동일시를 통해 소속감을 느끼며 모험을 통해 자아 정체성을 획득하고자 하므로 이 시기에 가정이라는 안전한 울타리가 없으면 술, 담배, 게임 중독, 음란물 중독, 폭력 등에 빠지기 쉽고 비행을 공유하는 집단으로 발전할 위험이 높습니다.

부모의 죽음, 이혼, 별거, 재혼 등 구조적인 문제를 안고 있는 가정은 아이들에게 정서적으로 불안정한 심리를 가져다줄 수 있습니다. 물론 결손이 있는 가정이라도 부모가 자녀를 사랑하고 자녀에게 지속적인 관심을 기울인다면 문제될 게 없겠지만, 대개는 구조적 결손 가정이 일반 가정에 비해 경제적 필요에 대한 부담감이 크다 보니 자녀에게로 쏟는 관심도 떨어지는 게 현실입니다. 또한 가정에 구조적 결손이 없더라도 낮은 경제 수준, 가족 간의 잦은 갈등이나 질병 등으로 인한 기능적인 결손은 사춘기 자녀들의 불안을 극대화시킬 수 있습니다.

'유일한 어른'이 되어주는 일

요즘 각광받고 있는 심리학의 한 분야로 긍정심리학(肯定心理學, positive psychology)이 있습니다. 이 심리학에서는 사춘기 아동에게 위험 요인이 되는 가정환경이 있을지라도 교사와 학교가 아동에게 든든한 보호 요인이 되어준다면 'Resilience'를 높일 수 있다고 보고 있습니다. 'Resilience'는 적응 유연성, 탄력성, 회복력 등으로 번역되는데, 루타르는 이를 "심각한 위험이나 역경의 상황에 성공적으로 적응하는 특성"으로 규정짓습니다. 'Resilience'는 적응하는 맥락에 따라 학교 적응 유연성, 가족 적응 유연성 등으로 세분화할 수 있습니다. 그 가운데 학교 적응 유연성은 역경 상황에도 불구하고 학교 생활에 잘 적응하는 것을 나타내는 개념으로, 이를 높이기 위해서는 위험 요인을 상쇄할 만한 보호 요인이 필요합니다. 신현숙의 논문 〈가정환경 역경과 청소년의 적응 유연성 : 보호 요소의 매개 효과 검증〉과 샘 골드스타인(Sam Goldstein) · 로버트 브룩스(Robert B. Brooks)가 편저한 《아동 · 청소년 적응 유연성 핸드북》도 위기 가정의 학생들이 학교에서 얻을 수 있는 보호 요인으로 친밀한 또래 관계, 교사와의 좋은 관계와 지지, 안전한 학교 환경 등을 꼽고 있습니다.

따라서 교사는 가정의 어려움을 겪고 있는 학생과 좋은 관계를 유지하면서 해당 학생들이 친구들과도 사이좋게 잘 지낼 수 있도록 도와야 합니다. 당연한 것이지만, 위기 가정의 학생들에게는 쉽지 않을 수 있기 때문에 빠른 변화를 기대하기보다는 나무를 심는 노인과 같은 심정으로 인내하면서 희망의 끈을 놓지 않는 자세가 필요합니다. 물론 교사 입장에서 처음에는 위기 가정의 학생들을 잘 감싸주겠다고 다짐하고 시작해도, 일반 학생들과 티 나게 다른 규칙을 적용하기 곤란할뿐더러 수시로 갈등 상황을 일으키는 아이들에게 늘 한결같은 마음으로 대하는 것이 매우 힘든 게 사실입니다. 교사도 사람인지라 같은 일이 반복되다 보면 지치고 짜증이 나며 초심을 잃기 쉽지요. 이럴 때마다 어른다운 마음으로 아이들을 바라보시기 바랍니다. 지치고 상처받은 어린 아이들에게 내가 단 한 명의 '신뢰할 만한 어른'이 된다는 사실이 무엇보다 가장 중요하며, 이것이 이 아이들에게 가장 절실한 '단 한 가지'라는 사실을 기억해야합니다.

그림으로 하는 말 듣기

심각한 가족 문제의 경우 대개 이전 학년 담임선생님이나 교육 복지 사업 담당 선생님을 통해 아이들이 처한 가정환경을 전해 들을 수 있습니다. 그렇긴 해도 요즘은 사생활 보호 차원에서 부모님의 직업이나 학생들의 자세한 가족사를 직접 묻는 것을 지양하고 있기 때문에 가족 문제를 아주 정확하게 파악하기란 쉽지 않습니다. 이럴 때 도움을 받을 수 있는 것이 번즈와 카우프만(Burns and Kaufman)이 개발한 동적 가족화(KFD, Kinetic Family Drawing) 검사입니다. 동적 가족화는 미술 치료의 진단 기법 중 하나로, 활동하는 가족을 그려 가족 구성원들 간의 관계를 파악하는 데 사용하는 검사입니다.

이 검사는 가족의 문제를 파악하고 상담을 이끌어낼 수 있는 매우 간단하고 좋은 방법입니다. 표현이 솔직한 초등학생의 특성상 '가족을 동물로 표현하기', '어항에 물고기 가족들이 활동하고 있는 모습 그리기' 등을 해보면 가족을 둘러싼 기본 문제를 파악할 수 있습니다. 한 예로 한부모 가정 학생의 경우 부모 중 한쪽을 그리지 않습니다. 또 가족들 간에 불화가 심할 경우 아버지를 뱀으로, 어머니를 호랑이 등의 맹수로 그리는 등의 사례가 있습니다.

학기 초에 모든 학생들에게 동적 가족화를 그리게 한 뒤, 그림이 평범하지 않다고 생각되는 학생들을 개별적으로 불러 이야기하는 시간을 가져봅니다. 아이들은 처음에는 주저하다가도 선생님이 차분하게 그림에 대한 이야기를 끄집어내면 조금씩 말문을 열게 됩니다. 이런 시간에 직·간접적으로 아이들의 가정사를 파악할 수 있습니다.

가정이 어렵다고 해서 예외적으로 배려하는 것은 아이의 자존심을 자칫 다치게 할 수 있습니다. 그리고 일반 가정의 학생들이 불공평하다고 느낄 수도 있지요. 그러므로 일반 학생들을 위한 보편적인 배려를 폭넓게 하여 덩달아 지원을 받을 수 있도록 하는 것이 현명합니다.

마지막으로 가족 문제로 방황하는 학생들에게 긍정적인 삶의 태도를 가르쳐주어야 합니다. 학생들은 듣지 않는 것 같아도 선생님의 말을 듣고 있습니다. "커서 어떻게 살고 싶어? 선생님 생각에 시후 너라면 좋은 아빠가 되어 행복한 가정을 꾸릴 수 있을 거 같은데?"라고 넌지시 이야기해보세요. 그러면 처음에는 "전 결혼 같은 거 안 할 거예요. 애도 안 낳을 거고요. 제대로 키우지 못할 텐데 뭣 하러 낳아요?" 같은 부정적인 대답이 먼저 나옵니다. 그렇지만 어려운 가정환경을 극복하고 행복한 삶을 사는 이야기나 동영상 등을 교과 수업이나 창의적 체험 활동 시간 등을 활용하여 반복해서 보여주면 어느덧 아이들의 부정적인 인식이 개선되는 효과가 있습니다. 긍정적인 삶의 태도를 전수하는 매우 효과적인 방법은 교사 스스로가 긍정적인 생활 태도로 생활하면서 '롤 모델'이 되는 것입니다. 어머니와만 사는 영준이에게 긍정적인 남성 롤 모델이 필요한데 담임교사가 여선생님이라면, 학교 안의 다른 남자 선생님이나 공익요원 등과 함께 활동할 수 있는 기회를 만드는 등 건강한 남성 롤 모델과 연결될 기회를 만들어주는 것도 아주 좋은 방법입니다.

방황하는 아이들을 위하여

　요즘은 대부분의 학교에 상담센터가 마련되어 있고 상담 능력을 갖춘 사회복지사가 근무하고 있어 가족 문제로 방황하는 학생들이 개별 상담을 받으며 문제에 대처하는 능력을 기르도록 도움을 받을 수 있습니다. 또한 부모님과 학생이 함께 가족 상담을 받을 수 있는 여건도 충분히 마련되어 있습니다. 따라서 담임교사가 가정불화로 고민하고 있는 학생을 알게 된다면 청소년상담센터나 지역의 정신보건센터, 복지센터 등에서 운영하는 가족 상담 및 치유 프로그램을 권유하면 좋습니다.

　교사가 구체적인 상담 프로그램이나 기관을 잘 알지 못하거나, 학생들로부터 가정사를 들어서 알고 있다고 해도 학부모와 직접 대화하기가 조심스럽다면 Wee센터의 상담사나 학교 사회복지사에게 도움을 청해 적절한 상담 프로그램에 연결하도록 하는 것도 좋은 방법입니다. 대부분의 위기 가정들은 생활고로 경제적 여유가 빠듯하기 때문에 가정에 상담사나 사회복지사가 방문하여 상담 및 실제적인 지원을 제공하는 것이 바람직한 대안이 될 수 있습니다.

참고문헌

• 샘 골드스타인 · 로버트 브룩스, 《아동 · 청소년 적응유연성 핸드북》, 신현숙 옮김, 학지사, 2009.
• 신현숙, 〈가정환경 역경과 청소년의 적응유연성 : 보호요소의 매개효과 검증〉, 《청소년 상담연구》 11(2), 71~84쪽, 2003.
• Luthar, S. S., Resilience and vulnerability: Adaptation in the context of childhood adversities, New York : Cambridge University Press, 2003.

056

부모님의 꿈과
제 꿈이 달라요.

───── 고학년이 되면 자신의 꿈이 구체화되는 친구들이 있습니다.
초등학교 고학년 시기에 아이들은 자아 정체성이 형성되면서 나는 누구
이고 커서 무엇이 될까 진지하게 고민하기 시작합니다. 그런데 부모님께
서 학생이 되고자 하는 직업을 반대하는 경우가 종종 있습니다. 우리 반
한 아이는 가수가 되고 싶어서 진지하게 생각하고 있고 노래 부르기와
음악 감상이 취미인데, 부모님이 격렬히 반대하신다며 고민이 많습니다.
자아 정체감이 커지고 자기주장이 강하게 생기면서 부모님과 의견 충돌
이 일어나기도 하고, 이럴 경우 아이들은 깊은 고민에 빠지게 됩니다. 고
학년의 담임교사로서 부모님의 의견도 존중하면서 아이가 자신의 소중
한 꿈을 이루도록 도움을 주고 싶은데, 이럴 때 담임교사의 입장에서 어
떻게 아이의 진로 상담을 하면 좋을까요? 또 희망 직업과 직업 적성 검사

결과가 일치하지 않아 고민인 학생들도 있는데, 이런 아이들에게는 어떤 말을 해주어야 할까요?

Ⓐ 바람직한 상담의 방향은 내담자, 즉 아이 스스로 그 해결책을 찾도록 하는 것입니다. 교사가 "네가 원하는 대로 가수가 되는 것이 좋겠다."라거나 "부모님이 원하는 직업을 선택하면 좋겠어."라고 직접 결정해주어서는 안 됩니다. 이렇게 결론을 내려주면 그 아이는 앞으로 고민이 생길 때마다 스스로 문제 해결의 실마리를 찾아나가기보다는 타인에게 의지하여 문제를 해결하고자 할 것입니다. 교사는 다양한 질문을 던져 아이의 현재 상태를 되돌아보며 자신의 흥미와 욕구를 탐색해보도록 하여 스스로 결정을 내릴 수 있도록 안내해야 합니다. 위의 사례처럼 학부모의 희망과 학생의 희망 진로가 다른 경우, 교사는 아래의 사항들을 짚어주면서 아이 스스로 진로를 탐색해나가도록 도와주어야 합니다.

구체적인 '꿈' 들여다보기

첫 번째, 아이 스스로 어떤 직업을 갖기에 충분한 실력을 가지고 있는지 생각해보도록 합니다. 위 사례처럼 가수가 꿈이라면, 본인이 취미라고 말한 노래 부르기와 음악 감상의 수준이 남들보다 얼마나 탁월한지 생각해볼 필요가 있습니다. 지금은 다소 부족하지만 피나는 노력으로 더 성장할 수 있는지 아닌지 신중히 고려해보도록 권합니다. 또한 아이가 능력을 지니고 있다면 이를 객관적인 시각에서 인정받을 만한지 알아보고, 오디션에 응모해보는 것을 고려해도 좋습니다.

두 번째, 그 직업을 왜 갖고 싶은지 생각해보도록 합니다. 초등학생들은 자신의 흥미나 능력을 고려하지 않은 채 대중매체에서 보이는 인기나 높은 수입 등 외적인 화려함만으로 어떤 직업을 희망하게 되는 경우가 많습니다. 예를 들어 가수라는 직업을 많은 사람들이 희망하지만 무명으로 지내는 가수가 더 많으며, 우리가 아는 유명한 가수가 되는 사람은 극히 드뭅니다. 이렇게 성공할 확률이 낮기 때문에 부모님께서도 이 부분을 걱정하시는 것임을 이해시키도록 합니다.

세 번째, 본인 스스로 희망하는 직업에 대한 확고한 의지가 있다면, 그 꿈에 대해 부모님과 진지하게 대화할 것을 권합니다. 현재 그 직업을 갖기 위해 노력하는 부분이 무엇인지, 자신의 흥미와 적성이 그 직업과 적합한 부분은 무엇인지, 왜 그 직업을 갖고 싶은지 솔직하게 부모님께 말씀드리고 도와달라고 요청하도록 합니다. 이와 함께 학생은 부모님이 걱정하는 부분을 이해하는 것이 중요합니다. 누구보다 아이의 미래에 대해 걱정하고 계신 분이 부모님이라는 점에서 부모님의 의견을 듣는 것은 중요하기 때문입니다. 부모님과의 대화로 아이 스스로 절충안을 찾아보는 것도 중요합니다. 선생님은 무엇보다 '부모님은 자녀가 꿈을 이루어나가는 데 버팀목이 되는 존재'임을 아이가 이해하도록 도와줍니다. 그리고 스스로 그 분야에 실력을 쌓고자 진지하게 노력하는 모습을 보이면 언젠가는 부모님도 아이의 꿈을 인정하고 지지해줄 것임을 알려줍니다.

마지막으로 아이가 자신이 꿈꾸는 직업에 대해 정확한 정보를 알고 진로 방법을 모색할 수 있도록 진학진로정보센터나 직업능력개발원 사이트를 소개해주는 것도 좋은 방법입니다. 여러 갈래를 통해 직업을 알고 고민할 기회를 주면 아이는 좀 더 구체적으로 장래의 그림을 그릴 수 있습니다.

초등학교 시기는 무엇인가를 결정하기보다는 자신의 소질과 적성을 탐색하고 고민해보는 시기입니다. 따라서 하나의 직업을 선택하지 못해서 고민인 친구들에게 교사는 이러한 진로에 대한 고민이 바로 성장의 과정임을 인식시키고 충분한 격려를 해주어야 합니다.

꿈과 적성의 두 갈래길

부모님과 나의 꿈이 일치하지 않아 고민인 학생들이 있는가 하면, 자신이 평소에 되고 싶었던 직업과 진로 적성 검사 결과가 일치하지 않아 고민하는 친구들도 많이 있습니다. 요즘은 직업흥미 검사, 다중지능 검사, 적성 검사 등의 검사 도구가 많이 보급되어 초등학교 고학년의 경우에 한두 번쯤은 이러한 검사를 받게 됩니다. 이때 자신의 꿈과 검사 결과가 일치하지 않는 경우 많은 학생들이 자신의 희망 직업을 포기해야 하는지 고민합니다. 이럴 때는 다음과 같이 말해주면 좋습니다.

다양한 진로 검사는 학생의 진로 방향을 참고로 제시해줄 수는 있지만 결정해주지는 못한다는 사실을 분명히 알려줍니다. 그러므로 지금의 검사 결과에 너무 실망하지 않도록 지도해줍니다. 또한 초등학교 시기는 아직 자신의 적성과 흥미가 명확하게 구분되어 나타나지 않기 때문에 언제든지 적성과 흥미가 변화될 수 있는 시기입니다. 따라서 아이들이 원하는 직업과 관련된 여러 체험을 통해 얼마든지 적성과 흥미가 향상될 수 있음을 알려줍니다. 1~2년 후에 진로 검사를 다시 해보라고 권하는 것도 좋습니다. 그리고 초등학교 때 정한 진로가 장래의 직업으로 이어지는 경우는 매우 드물기도 합니다. 그래서 초등학생 시절에는 확실한 나의 길을 정하기보다는 다양한 활동을 하고 정보를 탐색하면서 나의 적성이 무엇인지 탐구해보는 것이 중요함을 인식시킵니다.

학자들은 초등학교 시기 아동들의 진로 발달 단계에 대해 다음과 같이 설명하고 있습니다.

1. 엘리 긴즈버그(Eli Ginzberg)는 11세 이전을 '환상기'로 이름 붙이고 직업 선택의 문제에서 자신의 능력이나 가능성, 현실 여건 등을 고려하지 않고 욕구를 중시하는 시기로 보았습니다. 긴즈버그에 따르면 이 시기 아동은 특정 직업을 택해서 그 직업에서 하는 일을 놀이 활동을 통해서 표출하려고 합니다. 11~17세 아이들은 직업 선택의 '잠정기'로 이 시기 아이들은 자신의 흥미, 능력, 취미, 가치관을 고려하여 직업 선택을 하는 경향이 있으나 현실 상황을 별로 고려하지 않기 때문에 다분히 비현실적인 성격을 띠며 잠정적인 특성을 지닙니다. 긴즈버그의 발달 단계에 따르면, 초등학교 고학년 아동은 진로 발달 단계에서 '환상기'와 '잠정기'의 특징이 혼재되어 나타나는 시기라고 볼 수 있습니다.

2. 도널드 슈퍼(Donald Super)는 생애 발달 이론에서 14세 이전의 아동을 '성장기'로 부릅니다. 이 시기 아동은 가정과 학교에서 중요한 타인에 대해 동일시를 함으로써 자아 개념을 발달시키며, 초기에는 욕구와 환상이 지배적이지만 사회 참여와 현실 검증력이 발달함에 따라 점차 흥미와 능력을 중시하는 시기로 발전합니다.

3. 브루스 터크만(Bruce W. Tuckman)은 진로 발달 이론에서 초등학교 5~6학년을 외부 지원을 받는 단계로 분류합니다. 따라서 이 시기 아동은 외

부의 승인이나 인정을 구하며 직업적 흥미와 목표, 작업 조건, 직무 내용 등에 관심을 갖는다고 보았습니다.

4. 린다 고트프레슨(Linda Gottfredson)은 직업 포부에 대한 발달 이론에서 만 9~13세 아동을 '사회적 가치 지향성'이 생기는 단계로 보고, 이때 아동은 사회적인 위신에 대한 관심이 높아진다고 보았습니다. 사회계층에 대한 개념이 생기면서 상황 속에서 자아를 인식하고 일의 수준에 대한 이해를 확장시키는 시기라고 보았지요. 따라서 이 시기 아동은 사회계층이나 지능을 진로 선택의 주요 요소로 인식하게 되고 직업의 사회적 지위에 눈을 뜨게 됩니다. 그리고 직업에 대한 평가를 할 때 보다 많은 기준을 가지고 판단하게 된다고 고트프레슨은 진단했습니다.

참고문헌

• 김충기 외,《진로상담과 진로교육》, 동문사, 2011.
• 남미숙,〈초등진로교육의 이해와 실천〉, 서울교육과학연구원, 2008.

057

연예인에 푹 빠진 아이를
어떻게 해야 할까요?

──── 초등학교 6학년을 지도하고 있는 2년차 교사입니다. 최근 우리 반에는 아이돌 가수 엑소(EXO)를 좋아하는 한 무리의 여학생들이 있습니다. 처음에는 '그래, 나도 저때 그랬지…….' 하고 대수롭지 않게 여기고 넘어갔습니다. 하지만 요즘 보면 정도가 지나친 것 같습니다. 쉬는 시간에 모여서 함께 그 가수의 이야기를 하고 열광하는 것까지는 괜찮은데, 가끔씩 수업 시간에도 흐름에 맞지 않게 불쑥불쑥 연예인의 이야기를 꺼낼 때는 좀 짜증이 나기도 합니다. 최근 또래 무리 중 한 명인 민영이의 어머니께서 상담을 오셨습니다. 민영이가 요즘 연예인에 너무 깊이 빠져 집에 오면 이어폰만 끼고 방에 틀어박혀 있으며, 이에 대해 이야기를 하려고 하면 먼저 성질부터 내 싸움만 벌어진다고 걱정하셨습니다. 심지어 친한 친구들끼리 엑소를 보겠다고 함께 무리지어 연예 기획사를

찾아가는 일까지 있었다고 합니다. 민영이 어머니께서는 민영이를 무척 걱정하시며 저에게 도움을 청하셨습니다. 연예인에 너무 푹 빠져 있는 학생들, 교사인 제 입장에서 어떤 방법으로 현명하게 지도할 수 있을지 방법이 궁금합니다.

Ⓐ 위 사례는 초등 고학년 교실에서는 흔히 볼 수 있는 풍경입니다. 1990년대 '서태지와 아이들'로부터 2000년대의 'HOT', 그리고 현재 EXO까지 어느 시기든 10대들은 늘 스타에 열광해왔습니다. 지금은 교사인 선생님들도 10대 시절 한 번쯤 빠져든 인기 스타가 있을 것입니다.

그렇다면 특히 10대 아이들이 연예인에 유독 집착하는 이유는 무엇일까요? 10대의 어떤 특징이 이렇게 어마어마한 에너지를 만드는 것일까요?

10대 청소년들만이 가진 고유의 특징을 총칭해 '사춘기'라고 부릅니다. '사춘기'의 특성을 자세히 살펴본다면 우리 아이들이 연예인에 열광하는 이유와 그 해법까지 발견할 수 있을 것입니다.

사춘기 아이들의 특성

1. 자율성과 독립성을 추구하는 시기

인간이 성장한다는 의미는 한 아이가 독립적이고 자율적으로 생활할 수 있는 능력을 갖추어가는 일이라고 말할 수 있습니다. 아이가 어릴수록 부모 혹은 어른에 대한 절대적인 사랑, 믿음, 충성심을 갖고 있기 마련입니다. 하지만 아이가 성장하면서 보호자, 어른에 대한 충성심은 점점 옅어집니다. 그리고 본인의 생각과 주장이 더 강해지죠. 10대 시절은 이 독립하고자 하는 욕구가 급격히 성장하는 시기입니다. 자연스레 10대 아이들은 부모와 같은 기성세대로부터 거리를 두게 되며, 자신만의 독특한 무언가를 찾게 됩니다. 그 과정에서 자신을 행복하게 만드는 것은 무엇인가, 자신에게 소중한 것은 무엇인가, 나아가 자신은 어떤 사람인가에 대한 아동 고유의 자아 정체감이 형성됩니다.

하지만 독립하고자 하는 욕구와 자아 정체감이 가장 급격히 증가하는 이 시기에 10대들은 딜레마에 부딪칩니다. 독립성은 커져만 가는 반면 경제·사회적인 제약이 아이들의 어깨를 짓누르는 것이지요. 부모와 학교는 아이의 무한한 자율성을 절대 용납하지 않고 이로 인해 부모 및 기성세대와의 전쟁이 벌어집니다.

이렇듯 독립하고 싶은 10대와 아직 자녀를 아기로만 보는 부모는 서로 부딪칠 수밖에 없는 입장입니다. 이 다툼이 심해질수록 10대들과 부모 간 심리적인 거리는 점점 멀어지게 됩니다. 아이는 부모를 비롯한 기성세대들을 본받을 것이나 배울 것 하나 없으며 고루하고 편협한 생각을 가진 사람으로 여깁니다. 불과 몇 년 전만 해도 자신을 이끌어주었으며, 믿어 의심치 않은 진리였던 어른들의 말씀이 어느새 고리타분한 잔소리가 되어버린 것입니다. 이 지점에서 10대들이 기존에 가지고 있던 가치관에 일종의 커다란 공백이 생깁니다. 아이들은 자연스레 자신의 구미에 맞는 새로운 가치관을 찾아 헤매게 됩니다.

이 중 몇몇 아이들이 정착하게 되는 장소가 유명 가수, 배우 같은 연예인이나 운동선수 같은 영웅들입니다. 집에 들어오면 방문을 걸어 잠그고 아이돌 스타의 노래에만 심취해 있는 민영이의 모습은 마치 유아기 엄마가 눈앞에서 사라지면 울고불고 난리를 쳐서라도 기어이 엄마 품으로 돌아가 다시 안기는 아기의 모습과 닮아 있습니다. 몇몇 아이들에게 스타는 부모가 떠난 빈자리를 대체하는 마음속의 큰 기둥으로 자리 잡는 것입니다.

민영이와 선생님의 상담 장면을 보면 이 같은 10대들의 마음을 조금은 이해할 수 있을 것입니다.

"요즘 엄마, 아빠랑은 대화가 잘 안 통해요. 제 마음을 잘 몰라주시는 것 같아요. 만날 공부 열심히 하라는 말씀만 하시고…… 그래도 제 마음을 이해해주는 건 EXO 오빠들밖에 없어요.

EXO 오빠들의 노래 〈약속〉을 듣고 있으면 엄마랑 싸워서 속상한 마음, 부모님이 EXO 오빠들을 좋아하는 걸 말려서 짜증나는 마음, 지친 마음, 이 모두를 진심으로 이해해주는 건 EXO 오빠들뿐이라는 생각이 들어요. 전 힘들 때마다 EXO 오빠들의 노래를 듣고 위안을 받아요. 그럴 때면 마치 오빠들이 제 곁에 있는 것 같아요. 스트레스가 풀리고 마음이 편안해져요. 오빠들은 저에게 연예인 그 이상이에요."

2. 또래 의식이 강해지는 시기

아이의 마음속에 가장 큰 자리를 차지하고 있었던 부모라는 큰 기둥이 뽑히고 난 후 아이는 그 공백을 아이돌 스타에게 기대서 극복합니다. 그런데 이 가치관의 공백을 메우는 또 하나의 큰 축이 있습니다. 그것이 바로 또래 집단의 가치관입니다. 10대에게 또래 집단의 영향력은 어마어마합니다. 또래로부터 인정받은 날(웃긴다, 예쁘다, 축구를 잘한다, 똑똑하다, 재미있다는 또래로부터의 칭찬)은 하루 종일 구름 위를 떠다니는 기분이 들다가도 다음 날 자신이 속한 또래 집단으로부터 따돌림을 당하게 되면 당장이라도 죽어버리고 싶은 자살 충동을 느끼는 것이 10대들입니다. 당연히 또래들의 인정이 부모의 인정보다 더 중요시됩니다. 예컨대 복장이나 두발의 형태, 좋아하는 음악, 이성 교제에 대한 태도 등에서 부모의 취향, 의견은 또래들의 생각에 비하면 조금도 중요하지 않습니다. 오직 내 또래들이 좋아하는 것, 또래에게 자랑할 만한 것 등 또래의 선호를 따라가려는 경향이 훨씬 강합니다. 특히 자신이 속한 또래 무리의 구성원 대부분이 아이돌을 우상화하는 환경인 경우 아동은 대화에서 소외되지 않기 위해서라도 아이돌에게 관심을 쏟게 됩니다. 비록 해당 아이돌이 자신의 취향에 맞지 않는다고 해도 중요치 않습니다.

보통 교실에서 가만히 바라보면 같은 연예인을 좋아하는 아이들끼리 모여 친해지는 경우가 종종 보입니다. 처음부터 서로의 관심사가 같으니 대화가 잘 통해서 친해진 경우도 있을 테고, 때로는 자신이 속한 또래 무리가 그 연예인을 좋아하니 함께 좋아하는 경우가 생기기도 합니다. 그런 또래 무리에서는 "너 어제 뮤직뱅크 봤어? EXO 완전 멋있지 않았니?"라는 질문으로부터 대화가 시작될 때가 많습니다. 만약 전날 뮤직뱅크를 보지 못했다면 대화에서 소외됩니다. 이 때문에라도 민영이는 EXO의 최신 앨범, 출연 방송, 최신 동향을 눈에 불을 켜고 검색합니다. 민영이가 아이돌 회사에 간 일도 같은 맥락에서 벌어진 일일 수 있습니다. 만약 민영이가 아이돌 회사에 들러 EXO의 멤버 중 한 명이라도 마주쳤다면, 악수를 하거나 사인을 받는 데 성공했다면, 민영이는 또래 무리에서 스타가 되었을 것입니다.

3. 이성에 대한 관심이 증가하고 외모에 관심이 생기는 시기

2차 성징은 갑작스레 찾아와 아이들에게 당혹감, 불쾌감을 선물합니다. 하지만 이 불쾌감은 차차 가라앉게 되며, 시간이 흐름에 따라 이성에 대한 호기심으로 발전하게 됩니다. 본능적으로 남자아이들은 예쁜 여자, 여자아이들은 멋진 남자를 찾고, 서로 이야기하며 공유합니다. 그리고 그 혹은 그녀와 멋진 연애를 꿈꿉니다. 하지만 10대 아이들이 실질적인 남녀 관계를 갖기에는 무리가 있습니다. 몇몇의 아이들이 남자친구, 여자친구를 만들기도 하지만, 아직은 자유로운 연애가 허용이 되는 시기는 아닙니다.

제대로 된 연애가 힘든 10대 시절 스타들은 허구의 대리 연애 상대가 됩니다. 물론 실체가 없는 텅 빈 관계지만 인간은 때로는 허구인 줄 알면서도 거기서 오는 쾌감에 자발적으로 몸을 던집니다. 로맨틱 코미디 드라마가 지어낸 이야기라는 것을 알면서도 시청 중 자기도 모르게 입꼬리를 올리는 것처럼 말이지요. 특히 자극에 민감하고 감수성이 충만한 10대들은 허구인 줄 알면서도 더욱 깊게 몰입합니다. 교실에는 장난처럼 "가수 백현이는 내 남자친구야."라고 말하는 아이들이 몇몇 있습니다. 만약 누군가 이 말을 듣고 비웃으며 놀리면 정색하고 화를 내며 심지어 서럽게 우는 아이들도 나오지요. 별것 아닌 농담에도 과도한 반응을 보이는 것을 보면, 스타를 사랑하는 아이들의 집착이 어느 정도인지 짐작할 수 있습니다.

동시에 이 시기 아이들은 자신 및 타인의 외모에도 민감해지기 시작합니다. 자신과 타인을 비교해보고 더 멋진 외양을 갖기 위해 꾸미는 것은 이 시기 자연스러운 행동입니다. 겉으로 드러난 화려하고 멋진 모습에 열광하는 것도 연예인들이 아이들의 시선을 사로잡기 때문일 것입니다.

아이들의 열정을 학교로

앞에서도 이미 말한 것처럼 많은 어른들도 이미 이 같은 열정과 열광의 시기를 지나왔을 것입니다. 하지만 시간이 흘러 나이를 먹은 후에도 여전히 연예인에 푹 빠져 헤어나오지 못하는 경우는 거의 없습니다. 결국 이는 특정 시기의 발달적 문제일 뿐 대부분은 시간이 지나면 자연스럽게 해결됩니다. 하지만 정도가 심각한 경우에는 교사들의 개입이 요구되기도 합니다. 교사는 아이의 자연스런 발달 과정을 해치거나 아이의 마음에 상처주지 않는 선을 지키며 슬기롭게 대처해나갈 필요가 있습니다.

첫째, 억지로 아이의 마음을 돌리려 하지 말고, 아이의 마음을 있는 그대로 인정해주는 자세가 선행되어야 합니다. 예를 들면 교사가 "EXO가 도대체 뭐기에 그러니? 별것도 아닌 걸 가지고 엄마를 걱정시키면 어떡해."라는 식으로 이야기해버린다면 아이는 선생님을 자신이 사랑하는 오빠를 모욕한 '적'으로 간주합니다. 아이의 적이 된 교사는 절대로 아이를 마음속에서부터 변화시킬 수 없습니다. "EXO 멤버 가운데 누가 가장 좋니? 나도 그 그룹 노래 괜찮더라."와 같이 우선 아이가 푹 빠져 있는 스타를 긍정적으로 바라본다는 생각을 표현해야 합니다. 그래야 '우리 선생님도 EXO를 인정하시는구나. 엄마 같은 다른 어른들과는 다른걸?'이라고 생각하게 됩니다. 아이가 좋아하는 스타를 우선 보호해주어야 아이의 마음이 열립니다. 일단 마음을 열게 된 후에 이런저런 대화를 나누는 것도 가능하겠지요.

둘째, 아이가 연예인을 좋아하는 정도가 너무 지나치다 싶을 때에는 이 부분에 대해서 자연스럽게 이야기를 꺼내야 합니다. 가장 중요한 것은 가능한 최대로 아이를 수용해주며 대화를 이어가는 것입니다. 이렇게 하면 반대하고 지적했을 때와는 달리 자신의 마음을 이해해주는 선생님의 말에 귀를 기울이게 될 것입니다. 교사는 다음과 같은 대화로 민영이와 마음을 나누고 해결책을 찾을 수 있습니다.

"민영이는 그 가수의 어떤 점이 그렇게 좋니?"

"그 오빠는요, 생긴 것도 잘생겼고요, 목소리도 너무 좋아요. 춤도 잘 추고 일단 오빠의 노래가 제 마음을 편하게 해줘요."

"그렇구나. 선생님도 네 나이 땐 듀스라는 그룹을 그렇게 좋아하곤 했어. 하루에 두 시간 이상 듀스 노래를 듣곤 했는데, 민영이가 하루에 그 오빠를 생각하는 시간은 얼마쯤 될까?"

"글쎄요…… 잠자는 시간 빼고 모두? 아니 잘 때도? 하루 종일 생각하는 것 같아요."

"와? 진짜? 선생님보다 한 수 위인걸? 그런데 좀 걱정이 되네. 혹시 선생님이 지금 머릿속에서 무얼 걱정하고 있는지 알겠니? 민영인 알 것 같은데……."

"…… 알 것 같아요."

"맞아. 바로 그 부분이 선생님도, 엄마도 많이 걱정하는 점이야. 민영이는 어떻게 생각해?"

"사실 공부에 좀 집중이 안 되는 것 같기도 해요. 계속 오빠 생각만 나니까요. 수업 시간에도 생각나고."

"요즘 성적이 떨어지는 이유도 혹시 같니?"

"네."

"그렇구나. 민영이가 사랑에 빠져버렸구나. 원래 사랑에 빠지면 그런 거야. 좋아하는 사람 이외엔 아무것도 안 보이지. 그럴 때는 어쩔 수 없어. 민영아 그럼 선생님이 얼마나 기다려주면 될까?"

"네?"

"이런 민영이의 마음을 충분히 이해해. 그래서 선생님은 민영이가 좋아할 수 있을 만큼 좋아하라고 조금 기회를 주고 싶어. 한동안은 민영이가 수업 중에 방황하거나 숙제를 좀 못 해도 선생님이 눈감아줄게. 민영이는 사랑에 빠졌으니까. 대신 너무 길면 선생님도, 민영이 부모님도 걱정이 많아지실 것 같은데…… 얼마면 좋을까?"

"……."

"천천히 생각해봐."

"그럼, 저 일주일만 지켜봐주세요."

"그래? 일주일이면 충분하겠니? 모자라지 않겠어?"

"네."

"그래, 그럼 그렇게 하자. 오늘 얘기한 내용은 선생님이 민영이 어머니께
전달할게. 어머니께서도 일주일간만은 민영이가 하자는 대로 해주실 거야."

아이가 딴 곳에 눈이 멀어 있을 땐 억지로 뜨게 하는 것도 한 가지 방법이
지만, 감정적인 문제를 강압적으로 처리하다 보면 부작용이 더 커지기 십상
입니다. 아이의 마음을 충분히 공감해주고 수용해주는 것이 겉으로 보기에는
느리고 답답한 방법일지 모르지만, 저는 이 길이 가장 바른 길인 동시에 빠른
길이라고 믿고 있습니다.

셋째, 연예인에게 집착하는 아이의 에너지를 다른 곳으로 돌릴 수 있도록
유도하는 것도 좋은 방법입니다. 연예인에게 강한 애정을 보이는 아이는 주
변 어떤 것에도 무관심한 아이보다는 다양한 가능성과 열정을 가지고 있습
니다. 인내심을 갖고 기다리면서 아이 스스로 자제하고 다른 곳으로 에너지
를 쏟을 수 있도록 격려하는 태도가 필요합니다. 이를 위해서는 평소 아이에
대한 꾸준한 관심과 관찰이 필요합니다. 그리고 때에 맞는 적절한 칭찬과 조
언이 따라야 할 것입니다.

"민영아, 네가 EXO를 소개하는 PPT를 만들어보면 어떨까? 너의 지식을
다 동원해서, 우리 반에도 EXO를 좋아하는 사람이 많으니 다음 아침 자습

시간에는 EXO를 친구들에게 소개하는 거야. 어때?"

"오늘 체육 시간에는 민영이가 EXO의 댄스를 준비 운동으로 가르치기로 했어요."

"이야~ 네가 쓴 팬픽(주로 초등학생 팬들이 연예인을 등장인물로 하여 소설을 쓰는 문화) 정말 재미있더라! 민영이가 글쓰기에 재능이 있구나! 그 재능 썩히기 너무 아깝다."

이런 식으로 아이들 속으로 깊숙이 들어가 스타에 열광하는 아이들의 열정을 이끌어내면, 아이들은 행복한 스타 사랑을 바람직하게 이어갈 수 있을 것입니다.

058

ADHD에 대해 자세히 알고 싶어요.

───── "오영규! 또 무슨 일이니?"

오늘 점심시간에 갑자기 영규가 소리를 질러 저도 모르게 영규에게 큰 소리를 치게 되었습니다. 그랬더니 영규는 갑자기 "아이 씨! 왜 나만 갖고 그래?" 하면서 책상 위에 있는 가위를 집어서 교탁을 향해 던졌습니다. 다행히 가위를 피했지만 순간 저는 생명의 위협을 느껴 자리에 털썩 주저앉고 말았습니다. 평소에도 앞자리에 앉은 유미와 토닥토닥 다툼이 잦았던 영규가 점심시간에 유미와 말다툼을 하다가 소리를 질렀고, 이에 제가 영규를 제지하자 일어난 일입니다.

영규는 우리 학교에 소문 난 학생입니다. 3학년 때는 담임선생님을 밀어서 쓰러뜨린 일이 있었고 5학년 때는 담임선생님을 교실에 가두고 문을 잠그는 바람에 선생님을 곤경에 빠뜨리기도 했습니다. 한번은 화가 난다고 의자를 아래층으로 던져 아래층 선생님이 놀라서 올라온 적도 있었습니다. 이런저런 사건 사고가 끊이지 않았지만 머리가 좋은 아이인지라 학업 성적이 우수하니, 영규의 부모님은 영규에게는 문제가 전혀 없고 다만 아들을 잘 다루지 못하는 담임선생님이 문제라는 식으로 이해를 했습니다.

지난 4월에 저는 영규 어머니와 상담을 하면서 영규가 아무래도 '주의력 결핍 및 과잉행동 장애(ADHD)'인 것 같으니 검사를 받아보는 게 좋겠다고 말씀드렸습니다. 최근에 영규가 증상이 더욱 심각해지자 어머니께서 직접 영규를 병원에 데리고 가 검사를 받았는데, 검사 결과 영규는 심각한 ADHD 증상에 우울증을 동반하고 있는 것으로 나왔습니다. 그 뒤로 영규는 의사의 처방을 받아 꾸준히 약을 먹고 있지만 지금도 종종 과잉행동을 보이는 날이 있습니다. 어서 영규의 증상이 호전되어 학급 생활에 잘 적응하기를 바랄 뿐입니다.

저는 2학기에 발령을 받고 올해 첫 담임을 맡은 새내기 교사라 영규 같은 아이를 가르쳐본 적이 없습니다. 제가 ADHD에 대해 좀 더 자세히 알고 이 증세를 이해한다면, 영규를 지도하는 데에도 도움이 될 것 같습니다.

🅐 ADHD 아동은 다양한 기능 영역에서 어려움을 겪을 수 있습니다. 부주의, 충동성, 과잉행동과 관련된 문제가 나타나며 동시에 또 다른 문제를 일으키기도 하는데, 경우에 따라서는 이런 문제가 ADHD의 핵심적인 결손보다 더 심하게 나타날 수 있습니다. ADHD와 관련하여 가장 빈번히 일어나는 문제는 학업 부진, 반항과 공격성, 또래 관계의 문제 등입니다. ADHD 아동의

전반적인 특징은 다음과 같습니다.

주의산만(Inattention)

집중 시간이 짧고 쉽게 주의가 흩어집니다. 외부 자극을 받으면 하던 일을 끝까지 못하는데 이런 현상은 숙제를 하거나 수업을 들을 때 관찰할 수 있습니다. 부모님이나 선생님은 이런 아이에 대해 "내가 하는 말에 귀를 기울이지 못한다.", "딴 생각을 하는 것 같다.", "쉽게 산만해진다." 등으로 묘사합니다.

충동성(Impulsivity)

또래 아동에 비해 충동을 억제하지 못하고 생각 없이 행동하며 다른 사람들의 지시 사항을 끝까지 듣지 못합니다. 부모나 교사가 말할 때 끼어들며 주변에서 요구하는 것이 무엇인지 고려하지 않고 행동합니다.

과잉행동(Hyperactivity)

다른 아이들에 비해 지나치게 안절부절못하고 가만히 앉아 있지 못하며 불필요한 몸의 움직임이 많아서 흔히 "항상 가만히 앉아 있지를 못한다.", "차분히 걷지 못하고 뛰어다닌다.", "소리를 잘 지른다." 등의 말을 자주 듣습니다.

공격성(Aggression)

공격성에는 반항이나 권위적인 사람의 명령에 대한 불복종, 분노 조절 실패, 따지기 좋아함, 언어적 반항 등이 포함되며, 이러한 문제들은 '반항성 장애(ODD, Oppositional Defiant Disorder)'에 해당됩니다. 따라서 반항성 장애가 ADHD와 동시에 진단되는 경우가 많습니다. ADHD의 40퍼센트 이상, 10

대 ADHD 아동의 65퍼센트 이상이 반항성 장애와 관련된 문제 행동을 보입니다.

또래 관계의 어려움

ADHD 아동은 '사회적 수행'을 저해하는 부주의적 성향과 충동적인 행동 때문에 또래 관계에서 문제를 일으키는 경우가 많습니다.

ADHD는 또한 복합형, 주의력 결핍 우세형, 과잉행동-충동성 우세형의 세 하위 유형으로 나눌 수 있습니다.

주의력 결핍 우세형

이 유형의 아동은 수동적이고 조용하며 불안정하게 부주의한 행동을 하면서 남의 말에 귀를 기울이지 않습니다. 몽상가처럼 보이기도 합니다. 흔히 '조용한 ADHD'라고 부르기도 하며 여학생들 중에 이 유형을 보이는 아이들이 종종 있습니다.

과잉행동-충동성 우세형

과잉행동-충동성을 압도적으로 많이 나타내나 주의력 결핍은 그다지 문제되지 않는 유형입니다. 정돈하지 못하고 잘 듣지 못하며 지나치게 민감하고 집중 시간이 짧아서 어떤 사물이나 현상을 표현하기 어려워합니다. 좋아하는 일에는 욕심을 내서 잘하려고 하고 초보적인 수준의 과제는 성공적으로 잘 마칩니다.

복합형

대부분의 ADHD 아동이 이 유형에 속합니다. 어떤 일에도 몇 초 이상 집중하지 못하며 새로운 정보에 쉽게 흐트러집니다. 상황에 알맞게 행동하지 못하며 일상사에 상냥하게 대하지 못하고 생각이 나면 불쑥 내뱉습니다. 감정을 조절하지 못해서 자주 분노를 터뜨리고 웁니다. 원인과 결과의 인과관계를 모르고 항상 다른 사람의 잘못으로 돌립니다.

ADHD의 원인은 무엇인가요?

ADHD를 분명하게 설명해주는 한 가지 원인은 없습니다. ADHD의 정확한 원인은 아직 충분히 밝혀지지 않았지만 최근에는 뇌 발달 기능과 관련된 생물학적 요인을 강조하고 있습니다. 하지만 ADHD는 가족 기능, 학교·사회 및 문화적 영향 등 환경 위험 요인들과의 상호작용 등 종합적인 이해를 바탕으로 살펴봐야 하는 질환입니다.

유전적인 요인

ADHD가 있는 아동의 친척 중에는 비슷한 문제를 지닌 친척이 있음을 발견할 수 있습니다. ADHD가 있는 아동의 방계와 직계 가족의 35퍼센트가 ADHD를 보일 가능성이 있습니다.

신경생물학적인 요인(뇌와 관련)

ADHD가 있는 아동은 뇌량 사이의 정보 전달 영역이 조금 작으며 오른쪽 전뇌 피질이 조금 작은 것으로 나타납니다. 따라서 ADHD 아동의 전두엽 기능이 손상되었을 가능성을 고려해볼 수 있습니다. 신경전달물질 중에서 노르에피네프린이나 도파민의 이상이 ADHD의 원인이 될 수도 있습니다.

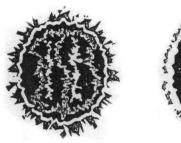

정상인의 뇌(좌)와 ADHD 환자의 뇌(우)

환경적 요인

임산부의 음주, 흡연 및 약물 사용은 태아의 초기 신경 발달에 영향을 주며, 부모가 아동에게 지나치게 허용적인 양육 태도를 보이거나 가정의 분위기가 매우 혼란스러우면 ADHD를 더 심각하고 지속적으로 나타나게 할 수 있습니다.

ADHD 발달 시기별 특징과 장애

ADHD의 전개 과정은 그 어느 장애 영역보다 복잡한 양상을 지니고 있으나 간단히 요약하면 다음과 같이 정리할 수 있습니다.

유아기 : 아동의 기질적 측면

• 계획에 따라 계속적으로 해나가는 것이 어려움(잠자기와 먹기).

- 매우 활동적임.
- 과민성(예 : 킥킥거리며 웃거나, 킥킥 소리를 내기보다는 울며 보챔).
- 요구에 불복종함.
- 용변 훈련이 어려움.
- 신경질 증가.

학령 전기

유아기의 비사회적 반항성을 그대로 지닌 채 아동기에 접어든 대부분의 아동들은 다음과 같은 특징을 나타냅니다.

- 활동 수준이 높음.
- 불복종.
- 주의 집중 시간이 짧음.
- 쉽게 주의가 산만해짐.
- 분별없이 무모한(다치기 쉬운) 행동을 함.

초등학교 시기

- 주의 집중 시간이 짧음.
- 학업에 집중하지 못하고 끝을 맺지 못함.
- 충동성 및 자기통제력이 결여됨.
- 과제 이탈 행동이 매우 빈번함.
- 품행 문제가 증가함.
- 정리 정돈을 잘하지 못하고 지저분함.

청소년기

- 자존감이 낮음.
- 사회적 기술의 결핍.
- 학습 문제들이 나타남.
- 문제 해결 기술이 부족함.
- 품행 문제가 더 많이 발생함.
- 집중하기 어려움.
- 정리, 정돈을 잘하지 못함.
- 지저분함.

성인기

- 교육적 성취가 낮음.
- 사회적 기술(사회성)이 서투름.
- 자존심이 낮음.
- 불안감의 증가.
- 침착하지 못함.
- 짧은 주의 집중 시간과 관련된 문제가 계속됨.
- 정신병적이지는 않음.
- 알코올 및 약물 남용의 위험이 커짐.
- 단지 30~40퍼센트만이 적절하게 적응적 생활을 함.

ADHD에 수반되는 장애로는 다음과 같은 것이 있습니다.

반항성 장애(ODD)와 품행 장애(CD, Conduct Disorder)

ADHD 아동의 절반에 가까운 아동(주로 남자)이 반항성 장애를 동반합니다. 이들은 고집이 세고 성질이 급하고 반항적이며 싸움을 잘 합니다. 이들 중의 30~50퍼센트의 아동들은 더 심각한 상태인 품행 장애로 진전됩니다.

불안 장애(Anxiety Disorder)

ADHD 아동의 25퍼센트에 가까운 아동(주로 어린 남자)이 불안을 경험하며 쉽게 긴장하며 사고와 행동에 부정적인 영향을 끼칩니다.

우울 장애(Depressive Disorder)

ADHD 아동의 15~20퍼센트 정도가 일상생활에서 우울을 경험하며 ADHD 아동의 40~50퍼센트가 성인이 되어 우울 장애나 그 밖의 기분 장애를 경험합니다.

투렛 장애(Tourette's Disorder)

ADHD 아동의 극히 일부가 투렛 장애를 경험하는데 이들은 틱, 눈 깜박임, 안면 경련과 같은 통제할 수 없는 움직임을 나타냅니다.

ADHD 아동을 위한 전략과 상담

ADHD 아동을 위한 일반적인 전략은 다음과 같습니다.

- 가능하면 시각적 자극을 줄여줍니다. ADHD 아동은 사소한 자극에도 민감한 반응을 보이는 경향이 있으므로 화려하고 다양한 자료는 이들의 주의를 더욱 산만하게 하여 집중력을 떨어뜨리므로 가능한 한 시각적 자극을 줄여주는 것이 좋습니다.

- 도움을 줄 수 있는 짝을 정해주는 것이 좋습니다. 이들이 수업에 집중하고 학습을 따라갈 수 있도록 도움을 줄 수 있는 짝을 정해주는 것이 좋습니다. 이때 주의할 것은 가급적 자원하는 아동이 짝을 하도록 하는 것입니다. 이때는 ADHD 아동 역시 그 짝과 함께 앉는 것에 합의하는 것이 좋습니다.

- 자극을 주는 아동은 피하는 것이 좋습니다. ADHD 아동은 사소한 자극에도 쉽게 흥분하는 경향이 있으므로, 모둠을 구성할 때 가급적이면 말과 행동으로 자극을 주는 아동과 ADHD 아동을 한 모둠에 배정하지 않는 것이 좋습니다.

- ADHD 아동에게 지시를 할 때는 눈을 마주치며 하는 것이 좋습니다. 아동과 교사가 서로 보면서 아동이 교사의 말에 집중하고 이해하는지 확인하면서 전달하는 것이 좋습니다.

- 과제를 지시할 때는 ADHD 아동이 성공할 수 있는 수준에서 시작하는 것이 좋습니다. 아동의 입장에서 생각해서 그 아동이 성공할 수 있는 수준의 과제를 제시하도록 합니다.

- ADHD 아동이 학업이나 목표 행동을 완수했을 때는 즉각적이고 직접적인 보상을 해주는 것이 좋습니다.

- 아동이 선호하는 활동(예 : 자유 선택 시간, 만화 읽기 등)을 가능하면 자주 강화물로 사용하도록 합니다. 단, 이러한 강화 계약은 아동이 덜 선호하는 영역(예 : 수학 문제 풀기 등)의 과제를 완수하고 나면 보상물로 제공하는 게 좋습니다.

- ADHD 아동에게는 멈추라는 지시(예 : 복도에서 뛰어다니지 마라)보다는 시작하라는 지시(예 : 복도에서 천천히 걸어라)를 사용하는 것이 좋습니다. 시작하라는 지시는 무엇을 해야 하는지 분명히 알 수 있지만 하지 말라는 지시는 그 행동을 멈춘 후 무엇을 해야 하는지 알지 못해 혼란스러워할 수 있기 때문입니다.

ADHD 아동의 치료 및 상담 방법에는 다음과 같은 것이 있습니다.

약물 치료

ADHD 아동의 치료에는 주로 중추신경흥분제가 사용됩니다. 이 약물이 신경전달물질의 활동을 변형시켜 주의력 및 행동 억제 및 자기 조정에서 효과를 보이며 사회적 상호작용과 협동성을 증가시키고 신체적 협응력도 향상시킵니다. 약물 복용은 만 10세 이하에 시작하는 것이 효과적입니다.

ADHD 아동의 부모는 특히 ADHD 약물에 대해 떠도는 근거 없는 통념에 현혹되지 말아야 합니다. ADHD 약물에 관한 근거 없는 통념은 다음과 같습니다.

- ADHD 약은 위험하며 아동에게는 복용시키지 말아야 한다.
- 약물의 사용이 나중에 약물 중독을 가져올 수 있다.
- 약물을 사용하여 개선되어도 여전히 ADHD 아동으로 보아도 좋다.
- 약물은 아이가 사춘기에 도달했을 때 중단해야 한다.

부모 관리 훈련(PMT, Parent Management Training)

부모 관리 훈련은 자녀들의 다루기 힘든 행동과 반응에 더 잘 대처하도록 부모님을 도와주는 방법입니다. 이 훈련법을 이용하면 자녀의 반항적이고 불복종적인 행동이 감소되며, 부모는 자녀를 효과적으로 다루는 법을 효율적으로 익힐 수 있습니다.

- ADHD의 본질에 대한 교육을 통해 죄책감 벗어나기.
- 구체적인 행동 수정 기법 배우기 : 가정의 토큰 강화 프로그램(home token program), 가정에서 보상을 주는 프로그램(home based reward program).
- 아이들과 일정 시간 재미있는 놀이 하기.
- 부모 자신의 긴장 이완 및 조절하는 기술 배우기.

기타 상담 방법

- 가족 상담 : 가족 구성원 모두가 생각과 감정을 다스리는 태도에 도움을 줌.
- 지지 집단(support groups) : ADHD 부모들의 모임에 참가하여 지지를 받는다(www.chadd.org).
- 사회성 기술 훈련(social skills training) : 함께 나누기, 도움 청하기, 놀릴 때 반응하기, 차례 기다리기 등 적절한 사회적 행동에 대해 실습하고 피

드백을 받으며 적절하게 반응하는 법을 배운다.

인지 치료

• 자기 지시 훈련 : 혼잣말 훈련을 통해 언어로 자신의 수행을 조절한다
(think aloud).

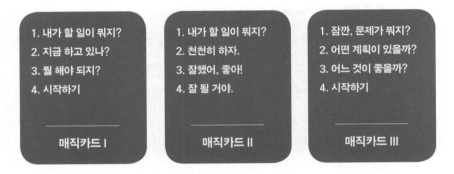

• 자기 조절 훈련 : 일정한 시간마다 자신의 행동을 점검하며 행동을 수정
한다.

📖 참고문헌

• 조지 드폴(George J. DuPaul) · 개리 스토너(Gary Stoner),《ADHD 학교상담》, 김동일 옮김, 학지사, 2007.
• 오인수 외,《상담으로 풀어가는 교실이야기》, 교육과학사, 2005.
• 은가비심리예술교육원(blog.daum.net/mindlregongju/65).

059

외모 때문에 스트레스 받아요

────── "어머, 너 얼굴이 왜 그래? 완전 징그러워."

심한 여드름 때문에 얼굴에 상처가 가득한 혜주는 친구들의 호기심 어린 질문과 솔직한 말들에 상처를 받습니다. 착하고 조용한 혜주는 친구들 앞에서는 묵묵부답이지만, 일기장에는 너무 속상하고 울고 싶었던 마음을 털어놓습니다. 그런 마음을 알 리 없는 여자아이들은 혜주를 힐끔힐끔 쳐다보며 모여서 수군거리고, 짓궂은 아이들은 "고름 같다.", "더럽다." 등의 말을 하며 비웃습니다. 혜주를 놀리는 아이들을 말리고 혼내고도 싶지만, 혜주가 자기 이름이 거론되는 것에 더 상처를 받을까 봐 걱정이 되어 지켜만 보고 있는데, 교사로서 너무 안타깝습니다.

병주는 좀 통통하지만 모범적이고 성격도 쾌활한 데다가 유머 감각도 있어 5학년 초까지만 해도 친구들 사이에서 인기가 꽤 많았습니다. 그런데 키에 비해 점점 살이 많이 찌면서 자신감도 잃고 부쩍 예민해졌습니다. 살이 많이 찌면서 친구들 사이에서 병주에 대한 입지도 많이 좁아졌습니다. 여자아이들은 병주를 무시하고, 남자아이들도 예전만큼 병주와 같이 놀려고 하지 않습니다. 병주도 집에서 다이어트와 운동을 하지만 효과가 그리 빨리 나타나지 않아 고민이라고 했습니다. 그러다가 오늘은 깐족대기 잘 하는 민호가 병주를 돼지라고 놀리는 바람에 병주와 민호가 치고받고 싸웠습니다. 저에게 혼난 뒤에 서럽게 우는 병주를 보면서 안타까웠습니다. 어떻게 하면 병주가 예전처럼 밝고 명랑하게 친구들과 잘 지내도록 도울 수 있을까요?

Ⓐ 10대 초반의 청소년들은 급격한 신체 변화를 겪습니다. 키가 클 뿐 아니라 2차 성징을 거치면서 호르몬의 영향으로 남학생과 여학생의 신체 골격이 눈에 띄게 달라집니다. 따라서 이 시기의 학생들은 신체적인 모습에 관심이 매우 많습니다. 통계청에서 실시한 '2014 사회조사'에 따르면 13~18세의 우리나라 청소년들이 공부 다음으로 가장 많이 고민하는 문제가 외모라고 합니다. 실제로 학교에서 만나는 아이들이 5, 6학년이 되면 외모에 부쩍 관심이 높아지는 것이 눈에 띕니다. 좋은 브랜드의 옷이나 운동화를 신거나 염색을 하고, 여학생들은 화장을 하는 등 외모를 꾸미는 데 시간과 돈을 투자합니다. 남학생 여학생 할 것 없이 '어떻게 하면 살을 뺄까?'를 고민하며 급식을 안 먹겠다고 하는 아이들도 많이 나오지요.

이런 현상은 대중매체의 영향이 가장 큽니다. 건강한 신체상이 형성되기 훨씬 이전부터 대중매체를 통해 아이돌 가수, 걸그룹, 아역 배우 등 날씬하고 조각같이 생긴 연예인들을 동경하며 자란 아이들은 자신의 신체에 대한 부정적인 인식을 갖게 됩니다. 연예인들의 인형 같은 외모나 지나치게 깡마른 몸매 등은 상업적인 방송이나 대중문화에 적합하도록 특별하게 기획된 것임에도, 아이들은 이를 보편적인 기준으로 받아들이고 연예인이라면 무조건 좋게 생각하고 이를 따라 하는 것이 청소년들의 또래 문화가 되면서 외모 지상주의가 어린 학생들에게 악영향을 끼치고 있는 것이지요. 인터넷과 SNS(소셜 네트워크 서비스)가 발달하면서 학생들은 있는 그대로의 자기 모습 '자체'보다 남들에게 '보이는' 자기의 모습을 훨씬 중요하게 생각하게 되었습니다. 이런 아이들에게 건강한 신체상을 심어주는 일이야말로 아이들의 현재나 또 미래를 위해서도 매우 중요하고 시급한 일이라고 생각합니다.

신체상이란 스스로가 자신의 신체에 대해 갖고 있는 이미지입니다. 신체상에는 신체 모습에 대한 이미지뿐만 아니라 운동 능력과 같은 기능적인 부분도 포함됩니다. 이러한 신체상은 자신의 생김새에 관한 인생 경험과 질병, 사고, 운동 경험 등에 따라 변화하며, 자존감과도 밀접한 연관이 있습니다. 자신이 못생겼다고 생각하거나 운동을 못한다고 생각하는 등 부정적인 신체상을 갖는 것은 건강한 식습관을 방해하고 자존감 및 자신감을 저해하며 학교생활과 친구 관계 등 사회생활에도 좋지 않은 영향을 미칩니다.

청소년 건강관리는 초등학생 때부터

보건복지부에서 실시한 '2014 청소년건강행태 온라인조사' 결과에 따르면 우리나라 13~18세 청소년 중에서 정상 체중인 5만 9,852명 가운데 28.4퍼센트는 자신이 살이 찐 편이라고 대답한 것으로 나타났습니다. 정상 체중임에도 불구하고 자신이 뚱뚱하다고 생각하는 학생들의 비율은 남학생이 21.7

퍼센트, 여학생이 35.5퍼센트로 여학생이 남학생보다 높았습니다. 이는 우리나라 청소년들이 유독 지나치게 마른 체형을 바람직한 것으로 인식하고 있음을 잘 보여줍니다.

자신이 뚱뚱하다고 생각하는 학생들은 굶기와 폭식을 반복하다가 섭식 장애로 발전하기도 합니다. 이미 우리나라 청소년의 6퍼센트 정도가 섭식 장애를 앓고 있습니다. 또한 청소년의 체형 불만족은 운동 기피나 과운동, 열등감이나 우울, 흡연과 같은 유해한 방향으로 발전할 수 있기 때문에 주의해야 합니다.

교사는 가정과 긴밀히 협조하여 학생들이 신체적으로 건강하게 자랄 수 있도록 건강한 식사, 충분한 수면, 적당한 운동을 습관화하도록 도와야 합니다. 특히 초등학교 시기는 한창 자랄 때이므로 영양소를 골고루 섭취하는 것이 중요한데 부모님이 맞벌이로 바쁜 초등학생들의 경우 아침이나 저녁을 집에서 제대로 먹지 못하고 학교 주변의 분식이나 패스트푸드로 배를 채우는 경우가 많습니다. 아침 식사를 하고 온 아이가 수업에 집중할 수 있고 정서적으로도 안정되어 있다는 연구 결과도 있으므로, 학기 초부터 아침 식사의 중요성과 아침을 간단하게라도 먹고 다니는 습관을 기르도록 안내하는 것이 좋습니다.

또한 요즘 초등학생들은 밤 10시까지 학원에 다니는 경우도 많아 잠드는 시간이 늦어 만성적인 수면 부족인 아이들이 많습니다. 밤에 늦게 자면 아침에 일어나기 힘들어 지각을 자주 하여 학교생활에도 지장을 가져옵니다. 또한 성장기 어린이는 밤 11시에서 2시 사이에 성장호르몬이 나오므로 늦어도 11시에는 잠자리에 들도록 가정에 부탁드리고, 이를 잘 지키고 있는지 정기적으로 체크하는 것이 필요합니다.

평소 바른 자세를 유지하고 적당한 운동을 통해 운동 능력을 기르는 것도 학생들의 성장과 자존감 형성에 유익합니다. 학교에서는 앉아서 수업하는 시간이 길기 때문에 허리를 구부정하게 하고 앉거나 다리를 꼬고 앉는 것은 허리나 다리를 휘게 할 수 있습니다. 따라서 선생님이 학교에서 바른 자세로 앉고 걷는 것을 훈련하고 중간중간 스트레칭을 하게 해주면 좋습니다. 요즘은 체육 시간뿐 아니라 아침 수업 전에 달리기나 줄넘기를 하고 방과 후에는 스포츠클럽 활동을 하는 등 신체 활동들을 장려하는 추세입니다. 건강한 신체에 건강한 마음이 깃든다는 것을 초등학생 때부터 경험으로 배울 수 있도록 선생님이 관심을 갖고 도와주며, 각자의 몸과 마음은 있는 그대로 매우 소중하고 가치 있음을 알려주어야 합니다.

자존감 세우기

신체상은 자기 개념의 일부로, 자존감과 밀접한 연관이 있습니다. 특별히 초등학생 때 긍정적인 신체상을 갖는 것은 건강한 자존감 형성에 중요한 영향을 미칩니다. "생각이 바뀌면 행동이 바뀌고, 행동이 바뀌면 습관이 바뀌고, 습관이 바뀌면 인격이 바뀌고, 인격이 바뀌면 운명이 바뀐다."는 말을 한 것으로 유명한 미국의 심리학자 윌리엄 제임스(William James)는 "우리 세대의 가장 위대한 발견은 인간은 자신의 태도를 바꿈으로써 자신의 인생을 바꿀 수 있다는 것이다."라는 말을 통해 스스로에 대한 인식이 얼마나 중요한지를 강조했습니다. 자존감은 우리 스스로에 대한 총체적인 평가지만 어떤 면을 얼마나 중요하게 여기는가에 따라 자존감도 달라질 수 있습니다. 외모를 중요하게 생각하는 학생이 자신의 얼굴이나 키에 불만족하게 되면 아무리 친구 관계가 좋고 공부를 잘하더라도 자신을 낮게 평가할 것이므로 자존감에 좋을리가 없습니다.

신체상은 객관적인 것이 아니라 주관적인 것이므로, 학생들이 자신의 외모를 다른 사람과 비교하지 말고 자신을 고유한 개성을 가진 소중한 존재로 여기도록 가르쳐주어야 합니다. 외모는 쉽게 변하지 않기 때문에 자신의 단점에 주의를 기울이며 단점을 숨기는 데 신경을 쓰기보다는 장점을 살리고 바른 자세를 몸에 익히도록 방향을 전환해주어야 합니다. 세계적인 모델 장윤주는 어렸을 때부터 자신의 생김새나 몸매를 매우 마음에 들어 했다고 합니다. 데뷔 당시 '못생긴' 모델이라고 주변에서 짓궂게 놀려도 장윤주는 그다지 개의치 않았다고 합니다. 주관적인 자존감과 자신감이 그만큼 견고했던 것이지요. 특히 여학생들은 의미 있는 어른이나 친구와의 관계에서 자존감을 찾기 때문에, 평소 외모에 관심이 많은 여학생들에게 모델이나 연예인처럼 키가 크고 예쁘지는 않아도 스스로 자신의 모습을 있는 그대로 사랑하고 소중히 여길 때 많은 사람들도 자신을 사랑하고 아낀다는 것을 아이들에게 이야기해주세요.

신체상은 주변 사람들과의 상호작용에 영향을 많이 받으며 경험을 통해 얼마든지 변할 수 있기 때문에 주변에서 되도록 긍정적인 피드백을 많이 해주는 것이 좋습니다. 건강한 신체상을 심어주려면 건강 상태, 신체 기능, 운동능력, 지각 능력, 신체적 매력 등에 대해 긍정적인 피드백을 많이 해주는 것이 좋습니다. 자신의 생김새가 마음에 들지 않는다는 이유로 단체 사진 찍기를 거부하거나 마스크를 쓰고 다니는 아이들이 있는데, 이는 이미 부정적인 신체상이 형성된 것으로 아이가 긍정적인 마음을 회복하기까지는 꽤 오랜 시간이 걸릴 수 있습니다. 이런 학생들은 평소 자신의 외모에 대해 부정적인 이야기를 자주 하므로, 학생의 이야기를 잘 들어두었다가 적당한 상황을 포착해서 부정적 인식을 전환할 수 있는 계기를 만들어주어야 합니다.

단순히 "너 참 예쁘다.", "잘생겼다."와 같이 추상적이고 개인적인 판단에 가까운 칭찬은 오히려 거부감을 불러일으킬 수 있습니다. 그 대신에 "눈동자가 갈색이라서 맑아 보이는구나!", "피부가 구릿빛이라 건강해 보이는구나."와 같이 개인의 특징을 구체적으로 묘사하거나, "웃는 모습이 참 보기 좋구나.", "그 색깔 옷이 참 잘 어울리는구나. 환해 보여." 등과 같이 표정이나 옷차림 등 쉽게 변화를 줄 수 있는 부분들을 칭찬해주는 것이 관심과 애정을 표현하면서도 긍정적인 신체상을 경험하게 도울 수 있는 좋은 방법입니다.

외모와 사회생활

아이들은 자신의 외모에 관심이 많으면서 동시에 다른 사람의 외모에 대해 말하는 것을 어려워하지 않고 지나치게 솔직함을 드러내서 종종 문제를 일으키기도 합니다. 여드름이 많거나 뚱뚱한 경우와 같이 또래에 비해 성장이 더디거나 빠르면 놀림을 받을 가능성이 높습니다. 외모에 대해 지속적으로 놀림을 받을 경우 아이는 자존감에 큰 상처를 입지만, 이에 떳떳하게 반박하지 못하는 경우가 많습니다. 그러다 보니 전반적으로 자신감을 잃게 되어 수업 시간에 발표하는 횟수가 줄어들고 친구들과의 관계에서 소극적이 되는 등 학교생활이나 친구 관계 전반에 피해를 입을 수 있습니다. 아이들은 누군가가 우연히 시작한 장난이 재미있어 보여서 따라 하고, 여러 명이 함께 하는 행동에 동조하면서 안전하다고 느끼기 때문에 한 아이를 표적으로 삼아 외모와 관련된 모욕적인 농담을 하면서도 이 같은 행동의 심각성을 깨닫지 못합니다. 외모와 관련된 상처는 자존감에 치명적인 영향을 끼칠 수 있으므로 교사는 사태가 커지기 전에 이를 재빨리 파악하여 지도해야 합니다.

우선 외모를 갖고 놀리는 것은 타인의 인격을 무시하는 나쁜 행동임을 알려준 후 놀리는 아이들에게 더 이상 외모에 대한 농담을 하지 않도록 분명하게 선을 긋습니다. 또한 놀림을 당해 마음의 상처를 입은 아이에게는 그 아이의 모습 있는 그대로 사랑스럽다는 것을 말해준 후 외모에 대한 놀림에 어떻게 대처할지 교육해야 합니다. 외모에 대한 놀림에 대처하는 방법은 단호하게 싫은 반응을 보인 후 이를 철저히 무시하거나 어른들에게 도움을 청하는 것입니다.

외국에서도 외모 스트레스로 인해 학교생활에 어려움을 겪는 문제가 심각하다고 합니다. 최근 영국에서는 수업 시간에 외모에 대한 놀림을 삼가도록 하자 외모에 대한 학생들의 집착이 나아졌다는 연구 결과가 발표되기도 했습니다. 학생들이 외모 지상주의에 휩쓸리지 않고 건강한 신체상을 획득할 수 있도록 선생님이 먼저 나서서 학생들의 인식을 바꾸어주는 일을 시작해야 합니다. 이는 학생들의 몸과 마음이 건강하게 자랄 수 있는 매우 튼튼한 뿌리가 되므로 매우 가치 있고 또 필수 불가결한 일입니다.

참고문헌

• 윌리엄 제임스, 《심리학의 원리》, 정명진 옮김, 부글북스, 2014.
• 데이비드 월시(David Walsh), 《10대들의 사생활》, 곽윤정 옮김, 시공사, 2004.
• 이주연, 〈정상체중 중학생의 체형인식이 자아존중감에 미치는 영향〉, 서울대사회복지연구소연구원, 2015.

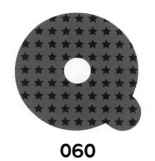

060

아이가 담배를 피워요

──── 점심시간이 끝나고 5교시 종이 울리자, 운동장에서 뛰어놀던 아이들이 우르르 교실로 몰려들어 옵니다. 5학년 교실에 시현이가 들어오자, 아이들이 "선생님, 담배 냄새 나요."라고 말하며 코를 킁킁대기 시작합니다. 아이들의 말에 가슴이 철렁 내려앉습니다. 중학생에게만 일어나는 줄 알았던 흡연 문제가 우리 교실 내 눈 앞에서 일어나다니……. 시현이는 반에서 똘망똘망한 외모와 장난스러움으로 아이들에게 은근히 인기가 있는 아이입니다. 공부는 중위권 정도이고 생활 태도도 나쁘지 않은 편입니다. 수업 시간에 떠들다가 한두 번 걸리기는 하나, 바로 자신의 태도를 반성하고 집중하려는 모습을 보이는 아이입니다. 비교적 착하다고 믿었던 시현이라서 더 당황스럽습니다. 중학생도 아닌 초등학생의 흡연 문제를 어떻게 지도해야 할까요?

Ⓐ 시현이에게는 나이 차이가 많이 나는 대학생 형이 있습니다. 한 달 전, 형의 담배를 호기심에 몰래 세 개비 가지고 와서 친구들과 나누어 피운 것이 시작이었습니다. 그런데 피워보니 목이 답답하고 맛도 쓴 것이 별로였습니다. 그렇게 시간이 흘렀는데, 자꾸만 담배 생각이 슬금슬금 또 나기 시작했습니다. 지난번 형 담배를 훔쳐 피운 것이 바로 발각되어 엄마와 형에게 엄청 혼났기에 형 담배를 다시 훔치는 건 하지 않기로 했습니다. 고민 끝에, 근처 편의점에서 훔치기로 했습니다.

편의점 아르바이트생의 눈을 피해 훔치기에 성공! 시현이와 두 친구들은 점심시간에 학교 뒤편에서 담배를 피웠습니다. 그중 한 명은 싫다고 거절해서 안 피웠고, 두 명은 또다시 담배에 입을 대게 되었습니다.

흡연, 왜 할까?

다른 비행 형태가 낮은 연령대로 옮겨지는 것처럼 흡연도 초등학교 고학년은 물론 3, 4학년 아이들에게도 가끔 일어나는 비행 중 하나입니다. 아이들의 흡연은 대부분 호기심에 의해 시작되는데, 이것이 차츰 니코틴 중독으로 이어져 상습 흡연이 되고 있어 문제가 더욱 심각합니다. 아이들은 비싼 담뱃값을 충당하기 위해 흔히 '삥을 뜯거나(돈 빼앗기)', 담배를 훔치는 행동(절도)이 더해져 다른 문제들을 일으키기도 합니다.

청소년 흡연의 원인으로는 유전적 요인, 호기심, 집단 소속감, 우상과 동일시 및 모방 등이 있습니다. 흡연에도 가족력이 있으며, 부모나 다른 가족들이 담배를 피울 경우 자녀들도 담배를 피울 확률이 높습니다. 청소년기에는 새로운 것에 대한 호기심으로 일단 행동화하고 보는 경향이 있는데 흡연도 이것의 일종이며, 다른 친구들보다 우월해 보이려는 욕구가 강한 학생들에게 나타납니다.

정신분석 이론에 따르면 흡연 또는 음주 등은 유아 시절에 성취하지 못했던 좌절된 구강기적 욕구를 늦게나마 충족하려는 행위입니다. 즉 유아 시절 모유를 충분히 섭취하지 못했거나 아니면 수유 기간이 지나치게 연장되어 구강기에 고착되고 그 결과 무엇인가 빨고 싶은 무의식 갈망이 계속 존재해 입술 점막을 자극하는 흡연이나 음주 또는 입맞춤, 기타 습관성 약물에 집착하는 동기가 되는 것입니다.

여러 원인에 의해 시작된 흡연은 니코틴 중독으로 이어져 흡연 행동이 지속됩니다. 니코틴의 효과는 담배를 피우고 1분 이내에 절정에 달합니다. 신경계에 작용하여 교감 및 부교감신경을 흥분시키는 니코틴의 효과를 다시 얻기 위해서는 혈중 니코틴 용량을 일정하게 유지시켜야 하는데, 이런 이유에서 담배를 주기적으로 피워 무는 것입니다. 담배는 엄연한 중독성 물질입니다. 따라서 많은 이들이 흡연이 몸에 좋지 않음을 알면서도 쉽게 금연에 성공하지 못하는 것입니다.

초등학생의 흡연 지도

초등학생이 담배를 피우는 것은 교사로서 이해하기 힘든 일입니다. 더구나 교사들은 학창 시절 대부분 모범생으로 자란 이들이라, 아이들의 비행을 머리로도 받아들이기 힘듭니다. '담배의 해로움이 얼마나 큰데 아직 여물지도 않은 녀석이 담배를 피울까?' 하며 한심한 생각마저 들기도 하지요. 하지만 담임교사는 이런저런 생각에 얽매여 있지 말고, 즉시 이성을 찾아 문제를 객관적으로 살펴야 합니다.

1. 담배 냄새의 진원지를 파악합니다.

우선 당황하지 말고, 소란스러운 아이들을 차분히 자리에 앉도록 한 뒤에 담배 냄새의 진원지가 어딘지 명확히 파악해야 합니다.

옷에서 나는 냄새는 집안의 어른 중에 담배를 피우는 분이 계시면 간접흡연의 영향으로도 냄새가 밸 수 있습니다. 특히 조부모님과 함께 생활하는 경우 이런 일이 간혹 있습니다. 또는 PC방에 자주 가는 아이의 옷에서도 담배 냄새가 날 수 있습니다. 하지만 입 안에서 나는 냄새라면 그것은 아이가 담배를 피운 것이 확실합니다.

2. 상담 내용을 글로 남깁니다.

담배 피운 것이 밝혀질 경우, 담임교사는 차분히 그 아이를 따로 불러 상담을 해야 합니다. 담배가 어디서 났는지, 언제부터 피우게 되었는지, 자세한 내용을 묻고 글로 써서 남기도록 합니다. 글로 남기지 않고 다음에 다시 물으면 아이들은 종종 다른 말을 하곤 합니다. 자신의 기억을 왜곡시키기도 하고, 자신이 유리한 쪽으로 말을 바꾸기도 합니다. 처음 상담 시 반드시 글로 남겨서 혼란이 생기지 않도록 하는 것이 중요합니다. 빈 쪽지를 이용해 무기명으로 이름을 적어내게 하여 관련된 아이가 더 없는지 반 전체를 대상으로 조사도 실시해야 합니다. 교사는 아이들의 쉬는 시간, 점심시간, 방과 후 생활 모습을 잘 알 수 없으므로 아이들의 답변 결과에서 뜻밖의 정보를 얻는 경우가 많습니다.

3. 동료 교사 및 전문가의 협조를 구합니다.

학년 부장님께 상황을 말씀드리고, 동학년 다른 반에도 조사가 필요하다면 적극적으로 협조를 구해야 합니다. 다른 학년 아이의 이름이 나올 경우, 해당 학년 부장님께도 협조를 구해서 함께 일을 처리해나가도록 합니다. 또 혼자 문제를 해결하려고 하지 말고 선배 교사들에게 적극적인 조언과 도움을 요청합니다. 경우에 따라서 '스쿨 폴리스(학교를 전담하는 경찰관)'의 협조를 얻는 것도 좋습니다.

실제 저희 학교에서 이와 비슷한 상황이 발생했을 때 해당 5학년 전체를 대상으로 운동장 및 강당에서 생활지도를 실시했습니다. 그리고 관련된 학생들은 담임교사와 1차 상담을 한 뒤 2차로 부장 교사 및 스쿨 폴리스와 상담을 했습니다. 스쿨 폴리스는 경찰 정복을 입고 와서 전체 생활지도를 하는 데 힘을 실어주었고, 아이들이 이후 흡연이나 다른 비행 문제를 일으키지 않도록 따끔하게 주의를 주고 갔습니다. 그리고 관련 아이들의 개인 휴대전화 번호를 저장하는 등 지속적인 관리를 함으로써 흡연이 재발되는 것을 방지했습니다.

또 보건 교사에게 협조를 구해 학년 전체 또는 해당 학생에 대해 흡연 예방 교육을 실시하고, 흡연 측정기를 학교에 구비해두는 것도 좋습니다. 우리 학교 보건 교사는 흡연 예방 교육을 실시하는 전문 기관과 연계하여 흡연 예방 체험 부스를 5학년 전체에게 실시해주었습니다.

학교에 배치된 전문 상담사가 있다면 상담을 의뢰하여 추후 상담을 진행해도 큰 도움이 됩니다. 담임교사 혼자 해결하려 하지 말고 주변에 도움을 꼭 요청하시기 바랍니다. 지혜로운 선배 교사들과 교감, 교장 선생님들께서 여러분을 도와주실 것입니다.

061

아무리 노력해도 성적이 안 올라요

—— 6학년 1학기 끝자락에서 여름 방학을 앞두고 있는 담임교사입니다. 얼마 전, 과목별로 실시한 진단평가 결과를 정리하는데 은희의 성적이 눈에 띄었습니다. 우리 반 은희는 친구들과 무리 없이 잘 지내는 성실하고 심성이 고운 아이입니다. 가정도 큰 경제적인 문제나 갈등 같은 것은 없는 것으로 알고 있습니다. 은희가 공부하는 것을 썩 좋아하지는 않지만 평소 수업 시간에 집중하는 태도나 제출하는 과제 등에서 나름의 노력을 한다는 것은 늘 느끼고 있었습니다. 문제는 시험 결과가 정말 형편없이 나온다는 것입니다. 상, 중, 하 3단계 평가에서 은희의 평가 결과는 대부분 '하'입니다. 은희가 공부를 싫어해서 안 하는 아이도 아니고 오히려 성실한 아이인데 시험지를 받는 날에는 한숨을 푹 내쉬며 기운 없어 하니 가엾기까지 합니다. 마지막 수학 진단평가 시험지를 나누어

준 날, 축 처진 어깨에 가방을 메고 하교하는 은희를 잠깐 불렀습니다.

"은희야, 오늘 시험 점수가 예상한 것만큼 나오지 않아서 많이 속상한 가보구나."

"네…… 지난 시험도 잘 못 봐서 어제는 진짜 잠도 안 자고 공부했는데, 별 차이가 없어요."

"그래, 선생님이 보기에도 은희는 열심히 했는데 결과가 잘 나오지 않았네. 일단 지나간 시험이니 너무 실망하지 말고, 다음 시험 전에 선생님과 이야기를 한번 나눠보자."

저는 너무나 실망하고 있는 은희에게 해결 방안 하나 말해주지 못하고 집으로 보냈습니다. 담임교사로서 은희를 어떻게 도와주면 좋을지 조언을 부탁드립니다.

Ⓐ 질문에서 선생님의 안타깝고 답답한 심정이 느껴집니다. 은희가 심성이 바르며 가정 분위기나 또래 관계도 괜찮고, 학교생활도 별 문제가 없다는 것은 은희가 앞으로 성장할 수 있는 충분한 밑거름을 갖추고 있다는 뜻도 됩니다. 그렇지만 은희가 자신의 노력에 비해 너무나도 낮은 성적 때문에 자아존중감과 자기 효능감이 낮아질 수 있기 때문에 선생님의 적절한 지도로 그 시기를 조금 더 앞당기는 편이 좋을 것이라고 생각합니다.

성적이 오르지 않는 이유 찾기

성적이 오르지 않는 이유는 매우 다양합니다. 일반적으로 살펴볼 수 있는 몇 가지 원인은 다음과 같습니다.

첫째, 지능지수(IQ)가 평균보다 낮다면 노력한 만큼의 성과를 이루지 못합니다. 이런 경우에는 아이의 약점인 성적에 중점을 두기보다 강점을 찾아주어야 합니다.

둘째, 주의 집중력이나 주의 능력(외부 자극을 수동적·비선택적으로 의식하는 과정)이 낮은 경우입니다. 이런 경우에는 아이가 열심히 노력한다고 해도 집중력이 분산되어 성적이 오르기 어렵기 때문에 아이의 주의를 분산시키는 특정한 외부 자극(TV, 소음 등)이 학습 환경 안에 있는지 확인할 필요가 있습니다.

셋째, 학습하는 방법을 잘 모르고 어떤 것이 중요하고 그렇지 않은지를 구분하는 능력이 낮아 소모적인 공부를 하고 있는 경우입니다. 다시 말해 시간과 노력을 쏟아서 공부를 했지만, 중요하지 않은 부분을 공부했기 때문에 성적이 오르지 않을 수 있습니다.

넷째, 학업 스트레스로 인한 부작용일 수 있습니다. 부모님의 기대가 높아 성적에 대해 심한 스트레스를 받는다거나, 시험을 잘 봐야겠다는 생각이 아이의 마음을 과도하게 지배하여 시험 불안이 생겨 오히려 성적이 떨어지는 경우입니다.

다섯째, 가족 간의 갈등이나 위협적인 가정 분위기, 또는 또래 관계의 악화가 영향을 끼칠 수 있습니다. 이때는 표면적이든 무의식적이든 갈등에 심리적 에너지가 묶일 뿐 아니라 공부할 환경 자체가 형성되지 않습니다.

은희는 이 중에서 아마도 학습 전략의 부족에서 오는 문제라고 예상됩니다. 일단 지능지수가 떨어진다면 6학년이 되기 전에 이미 파악이 되었을 것이며, 수업 시간에 나름의 집중력을 발휘하고 있고, 가정이나 또래 관계에서 문제를 겪고 있지는 않은 것 같기 때문입니다.

학습 전략 익히기

　적절한 학습 전략을 익힌다면 은희는 지금의 미약한 성취보다 훨씬 좋은 결과를 보일 수 있습니다. 학습 전략을 익히기 위해서는 다음의 과정을 지도해야 합니다.

공부 습관 점검

　학업 성적은 공부 시간, 공부 방법, 공부에 대한 태도 및 열정의 전체적 결과물입니다. 은희처럼 수업 시간에 성실하고, 집에서는 잠을 줄이면서까지 긴 시간을 공부했는데도 결과가 좋지 않은 아이들은 공부하는 시간을 효율적으로 사용하고 있지 못하기 때문입니다. 다음에 실린 〈학습 습관 점검 체크리스트〉를 활용하여 은희의 학습 습관에 문제가 있는지, 있다면 어느 부분인지 먼저 확인해야 합니다. 공부에는 집중력이 중요하고, 예습보다는 복습, 이왕이면 학습 후 빠른 복습이 중요합니다. 또 중요한 부분을 중심으로 여러 종류의 책을 보는 것보다 한 권을 집중적으로 공부하는 것이 효율적입니다.

학습 관리 목록

　학습 관리란 공부를 대하는 아이의 태도와 습관을 관리하는 것입니다. 효과적인 학습 관리를 위해 아래와 같이 학습 관리 목록을 만든 후 공부하는 데 부족한 것들과 필요한 것 및 강점들을 자세히 살펴보고 정리할 수 있습니다. 목록은 학습 습관 점검 결과에 따라 채우며 이를 바탕으로 학습 관리 전략을 도출해낼 수 있습니다.

학습 관리 목록

구분	공부에 도움이 되는 환경 요소	공부에 방해가 되는 환경 요소	공부에 도움이 되는 나의 강점	공부에 방해가 되는 나의 단점
1	나의 공부방	동생 돌보기	성실함	이해가 느린 것
2				
3				

시간 관리 기법

공부하는 데 가장 중요한 것은 바로 시간이고 또한 가장 부족하다고 느끼는 것 역시 시간입니다. 시간이 부족하다고 생각하는 것은 사실 '관리의 문제'입니다. 따라서 학습 계획을 수립하기 이전에 자기가 사용할 수 있는 시간이 실제로 어느 정도인지 파악해야 합니다. 하루 24시간 중에서 고정 시간(수면, 식사, 학교, 학원, 이동 시간) 등을 빼면 가용시간이 나옵니다. 파악된 가용시간 중에 스스로 공부하는 시간을 정합니다. 그리고 시간 관리 매트릭스에 따라 미리 정해둔 우선순위에 따라 해야 할 행동 과제를 선정합니다.

시간 관리 매트릭스

구분		긴급도	
		높음	낮음
중요도	높음	① 중요하고 긴급한 일	② 중요하지만 긴급하지 않은 일
	낮음	③ 중요하지 않지만 긴급한 일	④ 중요하지도 긴급하지도 않은 일

시간 관리 플래너

시간 \ 날짜	/	/	/	/	/	/	/
06:00~07:00							
07:00~08:00							
08:00~09:00							
09:00~10:00							
10:00~11:00							
11:00~12:00							
12:00~13:00							
13:00~14:00							
14:00~15:00							
15:00~16:00							
16:00~17:00							
17:00~18:00							
18:00~19:00							
19:00~20:00							
20:00~21:00							
21:00~22:00							
22:00~23:00							

학습 전략 실행 7단계

1. 낭비된 시간 찾기 : 학습 관리와 시관 관리를 통해 자투리 시간을 찾고 낭비되는 시간을 줄이며 그 시간을 어떻게 활용할지 생각해봅니다. 공부가 잘 되는 시간과 그렇지 않은 시간에 따라 적절히 과목을 배정하거나 공부법을 달리 해보는 것도 좋은 방법입니다.

2. 계획 세우기 : 성적이나 달성하고자 하는 목표를 세운 후, 그 목표를 달성하기 위한 계획을 수립합니다. 일주일 단위로 시간을 계획하는 것은 시간을 가장 효율적이고 융통성 있게 계획할 수 있는 방법입니다. 계획은 무엇보다 실현 가능하게 세워야 하며, 보상(휴식)을 위한 시간과 계획을 세우는 시간도 포함시킵니다.

3. 일주일간 학습 계획 실행하기 : 일단 일주일간 작성한 학습 계획표를 실천해봅니다. 계획한 것의 80퍼센트 이상을 실천했다면 매우 성공적입니다. 만약 50퍼센트 이하라면 계획을 전면 재정립하는 융통성을 발휘해야 합니다.

4. 학습 패턴 정착시키기 : 주간 계획의 80퍼센트 이상 실천할 수 있다면 이제 학습 패턴을 정착시킵니다. 최소한 3주 이상 같은 시간에 같은 공부를 지속하며 나만의 학습 전략을 습관화시키도록 합니다.

5. STOP & THINKING : 목표를 세우고 열심히 공부하다가도 어느 정도 시간이 지나면 슬그머니 놀고 싶은 생각이 들게 됩니다. 이럴 때는 기회비용을 생각하도록 알려주시기 바랍니다. 노는 것을 선택할지 3주간 지속적으로 공부하여 학습 패턴을 정착하는 것을 선택할지, 어느 것이 더 자신에게 도움이 되는 일이고 현명한 선택인지 잠깐 여유를 갖고 선택하도록 해야 합니다.

6. 학습량 늘리기 : 학습 계획들을 지키는 습관이 붙었다면 조금씩 학습량

을 늘립니다. 고정 시간(수면, 식사, 휴식 등)은 꼭 필요한 시간이니 이 시간들을 제외한 자투리 시간을 찾거나, 더 효율적인 학습 방법을 찾아 학습량을 늘릴 수 있습니다.

7. 주기적으로 학습 전략 점검하기 : 학습 계획을 진행하는 도중 환경의 변화 등으로 학습 전략을 수정할 필요가 있으면 과감히 수정해야 합니다. 무리하게 계획을 진행할 필요는 전혀 없습니다.

노력의 결과는 시간이 더 지난 후에 나올 수도 있습니다. 아기가 걸음을 걷기까지는 2,000번 이상을 넘어지고 난 뒤에야 걸을 수 있듯, 은희도 선생님과 가정의 울타리 안에서 효율적인 공부 방법과 시간을 유지하며 기다리다 보면 언젠가부터는 만족할 만한 결과가 나올 것입니다.

학습 습관 점검 체크리스트

문항 내용	전혀 아니다	가끔 그렇다	보통 이다	대체로 그렇다	항상 그렇다
1. 공부하기 위해 매일 일정한 시간을 정해놓는다.	1	2	3	4	5
2. 일정한 공부 계획표를 가지고 있다.	1	2	3	4	5
3. 매일 공부에 우선순위를 두고 행동한다.	1	2	3	4	5
4. 하루 중 공부가 잘되는 시간을 안다.	1	2	3	4	5
5. 토막 시간을 활용하여 공부한다.	1	2	3	4	5
6. 공부할 때 전적으로 공부에 집중할 수 없다.	1	2	3	4	5
7. 공부할 때 졸음이 온다.	1	2	3	4	5
8. 공부하고 싶지 않으면 안 한다.	1	2	3	4	5
9. 공상이 공부를 방해한다.	1	2	3	4	5
10. 사소한 자극에 쉽게 산만해지거나 집중 시간이 짧다.	1	2	3	4	5
11. 매주 각 과목을 복습하기 위한 시간을 정해놓 는다.	1	2	3	4	5
12. 기억을 잘하기 위해 수업 중 설명을 주의 깊게 듣 는다.	1	2	3	4	5
13. 수업 전에 공부 내용의 주요 제목과 요약을 미리 검토한다.	1	2	3	4	5
14. 한 과목을 공부할 때마다 얼마간의 복습 시간을 정한다.	1	2	3	4	5
15. 노트를 적느라 수업을 이해하며 듣기 어렵다.	1	2	3	4	5
16. 수업 중 중요한 요점을 파악하기 어렵다.	1	2	3	4	5

17. 선생님이 수업 시간에 말한 것을 모두 기록하려 한다.	1	2	3	4	5
18. 수업이 끝난 후 수업 중 놓친 내용을 적기 위해 노트를 다시 보지 않는다.	1	2	3	4	5
19. 책을 읽기 전에 무엇을 배울 것인지 정확히 알기 위해 제목을 질문으로 바꾸어본다.	1	2	3	4	5
20. 읽은 후 바로 그 부분을 복습할 시간을 갖는다.	1	2	3	4	5
21. 공부 내용에 있는 도표, 그래프, 표를 자주 검토한다.	1	2	3	4	5
22. 교과서 소단원을 읽은 후 기억할 것을 다시 읽고 확인한다.	1	2	3	4	5
23. 시험 때 주어진 시간에 문제를 다 풀기가 힘들다.	1	2	3	4	5
24. 부주의한 실수로 시험에서 요점을 놓치고 실수한다.	1	2	3	4	5
25. 소심해서 시험을 볼 경우 최선을 다하지 못한다.	1	2	3	4	5
26. 노트와 교과서를 이용하여 시험 문제를 예상해보지 않는다.	1	2	3	4	5

자가 진단

- 시간관리 능력(1~5번) 총점 25점 : 15점 이하일 경우 시간 관리 개선 필요
- 학습 집중력(6~10번) 총점 25점 : 15점 이상인 경우 집중력 개선 필요
- 기억력 증진(11~14번) 총점 20점 : 12점 이하인 경우 기억 능력의 개선 필요
- 노트 작성법(15~18번) 총점 20점 : 12점 이상인 경우 노트 작성법 학습 필요
- 독서 방법(19~22번) 총점 20점 : 12점 이하인 경우 독서 방법 개선 필요
- 시험대응능력(23~26번) 총점 20점 : 15점 이상인 경우 시험대응능력 개선 필요

062

공부하는 요령을 가르쳐주고 싶어요.

―― 우리 반에는 매우 성실한 아이가 한 명 있습니다. 숙제를 꼬 박꼬박 해오는 것은 물론이고 수업 시간에도 딴짓을 하는 법이 없습니다. 쉬는 시간에도 친구들과 놀거나 자리에서 일어나 돌아다니기보다는, 교 과서를 들고 무언가를 늘 열심히 들여다보고 있습니다. 그래서 학기 초 에는 이 학생이 공부에 흥미가 많고 아주 열심히 공부를 하는 아이인가 보다 생각했습니다. 당연히 성적도 좋으리라 예상했지요. 그런데 첫 시험 을 보고 나서 굉장히 놀랐습니다. 아이 성적이 평균에 조금 못 미치는 데 그쳤기 때문이지요. 조금 지나서 아이와 이야기할 기회가 있었는데, 의외 로 아이는 공부를 하는 만큼 성적이 오르지 않아 고민이 많았습니다. 공 부하는 방법 자체를 잘 모르고 있거나, 아니면 엉뚱한 방법으로 공부를 하고 있는 것 같더군요. 외동아이인 데다가 부모님이 맞벌이를 하시느라

아이의 학습을 지도해줄 사람이 없는 것 같았습니다. 이런 아이들이 의외로 많은데요. 어떻게 하면 학생들에게 효과적으로 공부하는 방법을 가르쳐줄 수 있을까요?

Ⓐ 학생들은 학생이 직업입니다. 어른들이 보기에는 공부하기 싫어서 놀기만 하는 것처럼 보이지만 학생들은 모두 공부를 잘하고 싶어 합니다. 그래서 인정도 받고 칭찬도 받고 싶어 합니다. 하지만 이러저러한 이유들로 뜻대로 되지 않아 좌절하고 어디서부터 어떻게 공부를 해야 할지 몰라 무기력에 빠지기도 합니다. 부모님은 공부하라고 잔소리하시고 공부는 잘 안 되고, 열심히 수업을 들어도 이해하는 건 그때뿐이고, 문제집이라도 풀려 하면 기억이 안 나 속상하고 힘이 듭니다. 공부도 다른 모든 일에서처럼 요령과 효과적인 방법이 있습니다.

기억에도 전략이 필요하다

기억이란 이전에 학습하고 경험한 것을 의식적으로 회상해내는 과정입니다. 학습은 지식이나 행동의 습득을 의미하고, 기억은 그 지식이나 행동을 유지하고 회상해내는 것을 의미합니다. 과학자들이 글을 읽은 직후에 사람들이 그 글을 얼마나 기억하고 있는지 검사하는 실험을 했습니다. 검사 결과 사람들은 글을 읽은 직후에는 50퍼센트를 기억했고, 하루가 지난 다음에는 25~30퍼센트밖에 기억하지 못했습니다. 2주가 지난 후에는 약 10퍼센트밖에 기억하지 못했습니다. 이 실험은 사람의 뇌가 기억하는 용량과 기간이 이 같은 한계를 지니고 있음을 증명해주었습니다. 사람의 기억은 이렇게 자연스레 소멸되므로, 우리가 학습한 것을 확인하는 평가에 대비하기 위해서는 학습 내용을 잘 기억하기 위한 전략이 필요합니다. 학습 내용을 효과적으로 기억하기 위한 전략을 구체적으로 알아보면 다음과 같습니다.

1. 학습 직후에 공부합니다.

학습의 효과는 학습 후 점점 그 효과가 줄어듭니다. 학습 내용을 잊어버리는 망각은 처음에 가장 크다가 차차 손실량이 줄어듭니다. 따라서 학습이 끝난 바로 직후에 복습을 하는 것이 기억을 오래 지속시키는 전략 중 하나입니다.

2. 반드시 복습합니다.

복습은 교과서 공부의 마지막 단계이며, 학습 내용을 재음미하는 것으로 무척 중요합니다. 새로운 것을 습득하는 경우에는 간격을 두고 며칠에 걸쳐 학습하는 것보다 하루에 집중적으로 학습하는 것이 학습의 효과가 큰 반면 복습은 집중적인 복습보다는 간격을 두고 꾸준히 반복적으로 하는 것이 더 효과가 큽니다.

3. 연상하여 기억합니다.

학습의 내용을 회상하여 기억해낼 때 일정한 기준 없이 무작위로 내용을 외우는 것은 그리 효과적이지 못합니다. 기억력은 '계열 위치 효과'에 의해서 맨 처음과 맨 끝에 있는 단어나 내용들이 비교적 잘 기억됩니다. 따라서 가운데 있는 내용들을 위치를 바꾸어 기억해보는 것이 도움이 됩니다.

4. 'SQ3R' 방법을 활용하여 학습합니다.

SQ3R이란 로빈슨(H. M. Robinson)이 제시한 독서 방법으로 '효과적으로 독서를 하기 위한 다섯 가지 절차'를 말합니다. 'SQ3R'은 훑어보기(Survey) → 질문하기(Question) → 읽기(Read-R1) → 암송하기(Recite-R2) → 복습하기(Review-R3)의 합성어로, 이 학습법은 학습 효과를 높일 뿐만 아니라 학습 후 내용을 기억하는 데도 매우 효과적이고 유용합니다. S는 학습할 내용을 개괄적으로 살펴보는 것으로 전반적인 줄거리를 파악하고 세부 사항에 주목하지 않는 단계입니다. 이런 훑어보기 후에 학습에 들어갑니다. 이 단계에서는 제목, 서문, 목차, 소제목, 소제목 아래 몇 문장을 읽어 내용을 개관합니다. Q는 질문으로 학습 내용에 대한 의문을 갖는 것입니다. 학습 내용에 의문을 갖는 것은 바로 학습에 목표를 갖게 된다는 것입니다. R1은 읽기로 학습의 내용을 분석적으로 읽는 단계입니다. 질문에 답을 찾는 자세로 저자가 강조한 부분에 신경을 쓰며 본문뿐만 아니라 표나 기타 그림들도 보아야 합니다. R2는 암송의 단계로 읽은 내용을 요약하고 정리하는 단계입니다. 단순히 학습 내용을 이해하고 읽는 것이 아니라 암기하려고 노력함으로써 회상에 도움이 되는 단계입니다. 실험에 따르면 암기를 하지 않은 집단이 단 하루 동안 망각한 양은 암기를 한 집단이 63일 동안 망각한 양보다도 많다고 합니다. R3는 복습을 하는 단계로 지금까지 읽은 모든 내용을 살펴보고 전체 내용을 정리하는 단계입니다. 글의 내용을 다른 사람에게 이야기해보거나 글의 내용에 자신의 생각을 보태어 한 편의 글을 스스로 써보는 식으로 내용을 더욱 분명히 이해하고 기억하기 위해 노력합니다. 대개는 앞의 4단계를 반복하는 것이 가장 효율적입니다.

암기의 요령

앞에서 이야기한 'SQ3R' 방법 가운데 네 번째 단계인 암기에도 요령이 있습니다. 암기를 할 때에는 조직화가 필요합니다. 즉 관련 있는 내용들을 서로 연합하여 군집으로 암기를 하는 것입니다. 조직적으로 암기하기 위한 구체적인 방법은 다음과 같습니다.

1. 머리글자 활용하기

기억해야 할 정보의 목록에서 각 항목의 첫 글자를 따서 새로운 낱말이나 구를 만들어 기억합니다. 머리글자를 활용하되, 의미에는 집중하지 않는 경우를 '약어법'이라고 합니다. 예를 들어 "이삭마디풀, 상수리나무, 기린초, 억새풀 → 이상기억"으로 기억하듯, 전혀 연관 없는 단어로 연결시킨 경우가 대표적인 약어법이라고 할 수 있습니다.

2. 문장 만들기

기억해야 할 정보의 개수가 많을 때, 각 항목의 첫 글자나 제시되어 있는 항목의 낱말을 직접적으로 사용하여 의미 있는 문장을 만들면 보다 요령 있게 암기할 수 있습니다. 예를 들어, "이삭마디풀, 상수리나무, 기린초, 억새풀 → 기린이 억수로 이상해졌다." 하는 식으로, 외워야 할 대상의 일부를 직접적으로 사용하여 한 문장으로 표현해보면 됩니다.

3. 리듬, 패턴 이용하기

학습자가 이미 알고 있는 노래나 리듬을 활용하여 항목들을 기억하는 방법으로, 단순한 곡과 리듬을 활용하는 것이 더 쉽게 암기할 수 있는 요령입니다. 예를 들어, 조선의 왕을 순서대로 외우기 위해 '봄나들이' 노래를 활용하는 것입니다. 아래의 예처럼 흔히 아는 쉽고 간단한 리듬의 노래에 가사를 붙이는 것이 더 효과적입니다.

"나 리 나 리 개 나 리 입 에 따 다 물 고 요 병 아 리 떼 종 종 종 봄 나 들 이 갑 니 다." → "태 정 태 세 문 단 세 예 성 연 중 인 명 선 광 인 효 현 숙 경 영 정 순 헌 철 고 순 종"

4. 시각적 이미지 활용하기

새로운 단어나 개념에서 시각적 단서를 결합하여 기호나 그림으로 나타내는 방법을 활용하는 것입니다(예 : 상승 ↑, 하락 ↓).

5. 요령 피우기

새로운 내용을 학습할 때 기존에 알고 있던 것을 다양한 방식으로 연결하거나 활용하는 방법입니다. 기억하기 쉬운 형태로 단어를 변형하거나 비슷한 이름으로 바꾸어 암기해봅니다.

6. 모양 이용하기

학습 내용을 비슷한 모양의 사물과 연관 지어 기억하는 것입니다. 일례로 사다리꼴은 사다리 모양의 도형을 연상하고 수직은 교회의 십자가를 떠올리며 평행은 밥상에 놓인 젓가락 등을 떠올리는 방법입니다.

7. 변형 및 강조하기

기억해야 할 것들 중에서 어떤 특징적인 것만을 추출하여 기억하기 쉽도록 변형하는 방법입니다. 평범한 것보다는 독특하고 재미있는 것으로 변형하는 것이 보다 쉽게 기억할 수 있는 방법이 될 수 있습니다.

8. 장소법

암기할 내용들을 장소의 특징과 연관 지어 외우는 것입니다. 초등학생의 경우 주로 한 교실에서 수업을 하게 되므로 교실의 특징적인 물건(교탁, 칠판, 교실 앞 게시물)이나 그 물건의 위치와 관련지어 학습 내용을 기억하는 방법입니다.

이러한 기억 전략을 잘 활용하면, 기억을 더욱 촉진하여 학습한 내용을 기억해내는 '회상률(학습한 내용을 기억해내는 비율)'을 높일 수 있습니다.

📖 **참고문헌**

• 최정원 · 이영호, 《학습치료 프로그램 지침서》, 학지사. 2006.
• W. 스콧 테리(W. Scott Terry), 《학습과 기억》, 김기중 · 남종호 · 박영신 · 장미숙 · 정윤재 옮김, 시그마프레스, 2011.

063

과목별 공부 방법을 알고 싶어요.

—— 우리 반에는 공부하기 싫어하는 아이가 있습니다. 그런데 정도가 심해서 다른 아이들까지 분위기에 휩쓸려 공부하기 힘들도록 수업 분위기를 방해합니다. "미꾸라지 한 마리가 온 연못을 흐린다."는 말이 있듯이 반 분위기가 공부 안 하고, 놀려는 쪽으로 흘러가고 있어서 난처합니다. 아이들이 공부에 흥미를 느끼고, 저와 함께 즐거운 수업을 만들어 가려면 어떻게 해야 하는지 알고 싶습니다.

Ⓐ 매년 어린이날 설문조사를 해보면, 아이들의 소원 1위는 공부 잘하는 것입니다. 꼴찌를 하는 아이조차 공부를 잘하고 싶어 합니다. 그러나 고학년이 되면 성적에서 이미 상, 중, 하가 고정되어 나타납니다. 그래서 공부에 흥

미를 잃고 공부를 포기하는 아이들도 생겨나지요. 공부를 포기한 아이 중에는 수업 시간에 집중을 하지 않고, 오히려 방해하는 아이들도 있습니다. 하지만 교사는 이럴 때일수록 공부로 힘들어하고 스트레스를 받는 아이들에게 공부를 좀 더 효과적으로 할 수 있는 방법을 알려주어야 합니다. 공부를 포기한 친구가 다시 공부에 흥미를 갖도록 학교와 교실에서 흥미를 찾을 수 있게 도와주어야 합니다.

잃어버린 자신감을 되살리고 제대로 코칭하기

공부를 잘하려면 교과서 내용을 잘 아는 것이 무엇보다 중요합니다. 그러나 교과서로만 수업을 이끌 경우 학업 성적이 뒤떨어진 아이들은 금세 지루해하고 집중력이 떨어집니다. 따라서 때때로 생활과 밀접한 내용을 수업 시간에 접목하여 아이들의 흥미를 이끌어주면 좋습니다. 평소 아이들이 들어 알고 있는 내용을 가지고 수업을 하면 아이들은 흥미를 가지고 자발적으로 수업에 참여할 수 있습니다. 예를 들어, 주요 뉴스에 나온 사건을 가지고 이야기를 한다거나 최근 인기 있는 TV 프로그램의 주인공을 예로 들어 설명하면 아이들의 집중도가 높아집니다.

낮은 점수로 인해 가장 큰 상처를 받는 것은 아이들입니다. 매일 두세 쪽씩 문제집으로 복습하기, 평가 볼 때 실수하지 않도록 문제 꼼꼼히 잘 읽고 푸는 것 연습하기(특히 틀린 것 고르기, 옳은 것 고르기), 괄호 안에 숫자로 답 쓰기, 바른 글씨로 정답 쓰기, 맞춤법 제대로 쓰기 등도 꾸준한 연습이 필요합니다. 선생님은 아이들이 평가를 볼 때마다 이를 반복적으로 지도하여 습관화될 수 있도록 합니다. 그리고 공부하면서 새로운 것을 알아가는 즐거움, 높은 점수를 받았을 때 느끼는 기쁨, 공부를 하면 자기 자신에게 좋은 점 등을 배우는 것이 중요하므로 이 점을 무엇보다 강조해줍니다. 토머스 에디슨(Thomas Edison), 윈스턴 처칠(Winston Churchill), 월트 디즈니(Walt Disney) 같은 대기만성형 위인들의 이야기도 자주 해주어 아이들에게 지금도 전혀 늦지 않았음을 강조하는 것도 잊지 말아야 합니다.

또한 고학년 공부 지도에서 가장 중요한 것은 '교사와의 관계'입니다. 아이들은 좋아하는 선생님 시간에는 공부 내용이 재미없을지라도 선생님에게 잘 보이고 싶어서라도 집중하고 열심히 하려고 하는 특성이 있습니다. 대부분 아이들과 담임교사 또는 교과 담당 교사의 관계가 별로인 학급에서 많은 문제가 발생합니다.

저는 '연애보다 더 어려운 것은 아이들과 밀당(밀고 당기기)하기'라고 생각합니다. 아이들을 내 편으로 만들어야 학습 지도든 생활지도든 원활하게 할 수 있습니다. 가장 좋은 교사는 민주적인 교사입니다. 민주적인 교사는 방임형 교사와 차이가 있습니다. 아이들이 원하는 것을 전부 들어주는 교사가 아니라, 되고 안 되는 기준을 명확히 세워 규칙을 정하고, 이를 지켜나가는 교사가 진정 민주적인 교사입니다. 감정 코칭 방법에 따르면 "감정은 받아주되 행동은 통제하라!"를 철저히 지키는 것이지요. 아이들과 관계가 좋으면 수업 지도와 생활지도가 편해지고 학부모 관계도 수월해집니다.

공부를 잘할 수 있는 준비와 공부하는 요령

학년별 수업 시수를 다른 학년과 비교해보면 다음과 같습니다.
3, 4학년은 1, 2학년 때 배우던 교과 세 과목(국어, 수학, 바른생활·슬기로운

생활·즐거운생활이 한 권으로 묶인 통합 교과서)이 급격히 아홉 과목으로 증가합니다. 특히 3학년은 국어, 수학 교과만 똑같고 도덕, 사회, 과학, 체육, 음악, 미술, 영어가 추가되어 학습 부담이 매우 커집니다. 수업 시수도 주당 22시간에서 26시간으로 증가합니다. 주당 4시간이 증가하여 체력으로나 마음으로나 부담이 커지는 시기입니다.

5, 6학년은 3, 4학년에 비해 수업 시수가 주당 26시간에서 29시간으로 증가합니다. 영어가 1시간 추가되어 주당 3시간이 되고, 새로운 교과인 실과 교과 2시간이 추가 됩니다. 실과는 실생활에서 직접 필요한 생활 기술을 익히는 내용들로 구성되어 있습니다. 요리 실습, 바느질(뜨개질), 전자 키트 조립, 동물과 식물 기르기 등 아이들이 흥미 있어 하고 생활에 진짜 필요한 내용들로 구성되어 있습니다.

이렇게 변화하는 수업을 제대로 들으려면 다음과 같은 조건이 준비되어야 합니다.

1. 체력 관리가 필수입니다.

3학년 희동이는 자주 감기에 걸려, 병원에 다녀오느라 지각을 하거나 조퇴하는 횟수가 잦습니다. 빠지는 수업 시간만큼 배우는 내용이 적으니 단원평가를 보거나 수행평가를 볼 때 힘이 들 수밖에 없습니다. 따로 엄마와 함께 공부를 하거나 학원에서 보충을 받아 수업 진도를 따라가야 합니다. 게다가 학기 초는 선생님과 친구들과 '라포(rapport)'를 형성하는 게 중요한데 결석이 잦다 보면 반에 적응하는 속도가 더디게 됩니다.

3학년은 1, 2학년에 비해 수업 시수가 주당 4시간이 늘어 매일 5, 6교시까지 수업을 합니다. 새로운 선생님과 친구들, 그리고 새로운 교과목에 적응해야 하는 3학년 아이들이 학기 초에 아파서 결석이나 조퇴를 하는 경우가 유독 많습니다. 이러한 현상은 시수가 늘어나는 5학년에서도 자주 볼 수 있습니다.

공부를 잘하려면 체력이 필수입니다. 몸이 건강한 아이가 체력 소모가 많은 공부도 잘할 수 있는 것입니다. 특히 아침 식사는 반드시 탄수화물이 포함된 자연식품 위주의 건강식으로 먹도록 합니다. 뇌에 공급되는 영양분은 탄수화물이기 때문이지요. 아침 식사를 해야 오전 수업 4교시를 버틸 수 있는 힘이 생깁니다. 유치원 때까지는 오전 10시쯤 간식을 먹으니 아침을 먹고 가지 않아도 어느 정도 에너지를 비축해둘 수 있지만, 초등학교는 우유 한 개가 전부입니다. 그마저도 개인적인 이유로 신청하지 않은 아이들이 있으므로, 아침 식사야말로 정말 빼놓으면 안 되는 끼니라고 할 수 있습니다.

체력 관리와 더불어 충분한 수면 시간도 매우 중요합니다. 요즘에는 사춘기가 빨라져서 중학년 시기에도 올 수 있습니다. 아직 저·중학년인데 아이의 몸무게가 30킬로그램쯤 되었다면, 신체 변화를 잘 살펴보고 2차 성징의 조짐이 보이면 병원에 가서 성호르몬 검사를 받도록 부모님께 권해야 합니다. 성조숙증으로 판명될 경우에는 약물 치료를 받으면서 발달을 늦출 수 있습니다. 비만인 아이들은 성조숙증이 올 확률이 높으며, 성호르몬이 너무 이른 나이에 분비되면 생리나 몽정 같은 현상에 대해 놀랄 수 있고 미성숙한 반응을 보일 수 있습니다. 과한 성적 호기심이 생겨 여러 문제를 일으킬 수도 있으므로 신체 발달과 정신 발달의 적절한 균형이 이루어질 수 있도록 세심히 살핍니다.

2. 기본이 바로 된 생활은 공부에도 적용됩니다.

원준이 가방 속은 엉망으로 헝클어져 있습니다. 알림장을 제대로 적지 않아 숙제는커녕 준비물도 제대로 챙겨오지 못하지요. 필통이 있으나 제대로 쓸 수 있는 연필도 없고, 지우개는 매번 사라집니다. 가정통신문을 나누어주어도 책상 밑에 떨어뜨려 놓고 가는 경우가 대부분입니다. 원준이 어머니는 이런 원준이 때문에 속이 터집니다. 그나마 생활지도에 관심 있는 학부모라면 아는 어머니를 통해서 준비물을 준비하거나 학급 홈페이지를 들여다보고 챙겨 보낼 텐데 대개 아이에게 맡겨놓는 부모라면 그야말로 속수무책이지요. 이런 아이들은 담임교사가 따로 챙겨주는 것도 좋지만, 짝이나 모둠원, 도우미 친구들에게 부탁을 해두면 좋습니다. 가정통신문 챙기기, 교과서 꺼내놓기, 필기도구 준비해두기 등 해야 할 일을 구체적으로 알려주고 연습시키는 것이 필요합니다.

자기 물건에 이름 쓰기, 자기 물건 차례로 정리하기, 알림장 또박또박 적기, 가정통신문 챙기기, 숙제 스스로 하기, 준비물 챙기기, 책 읽는 습관 같은 기본이 바로 된 습관들은 공부를 잘하는 습관으로 이어집니다.

기본이 바로 된 생활 습관은 초등학교 이전부터 가정에서부터 꾸준히 연습해야 합니다. 하나하나 구체적으로 알려주고 몸으로 익힐 때까지 보호자가 꾸준히 지도해야 합니다. 가정환경이 어려운 친구들 중에 생활습관이 잘 안 잡혀 있어서 학습 부진으로 이어지는 경우가 참 많습니다. 이런 경우, 담임교사가 세심하면서도 꾸준하게 지도하는 것이 필요합니다.

숙제의 양은 선생님에 따라 달라지는데, 아예 안 내시는 분도 계시고 매일 꾸준히 공부하는 습관을 들이고자 일정량을 숙제로 내시는 분도 있습니다. 학교 숙제는 가장 먼저 해야 하는 것으로 아이들에게 인식시켜야 합니다. 그렇다고 해서 현재 바쁘고 힘든 아이들 상황을 무시한 채 무리한 숙제를 내면 안 됩니다. 아이들 스스로 할 수 없고 학부모의 손이 꼭 닿아야 할 수 있는 숙제는 내면 안 됩니다. 숙제에 필요한 자료는 아이가 스스로 챙길 수 있도록 지도하고 어른들은 방향을 잡아줄 수 있도록 합니다. 공부는 아이 스스로 할 수 있도록 하는 것이 중요합니다. 처음에 반복적으로 기본적인 방법을 잡아주면 나중에는 부모나 선생님이 함께 해주지 않아도 스스로 더 잘하게 됩니다. 이것이 진정한 자기주도 학습이 되는 것이지요. 학교에서 가장 두각을 나타내는 아이는 자기 스스로 생활이든 학습이든 하는 아이입니다.

역설적이지만 아이에게 "공부 잘해라."라고 말하는 것보다 "좋은 사람이 되어라." 하고 말하는 것이 실제로 공부를 더 잘하게 만든다는 사실을 명심할 필요가 있습니다.

3. 국어 공부는 이렇게 합니다.

미연이는 국어 수업 시간이 너무 지루합니다. 이미 학원에서 방학 중에 교과를 다 배웠기 때문입니다. 똑같은 내용을 반복해서 하는 걸 가장 싫어하는 미연이는 재미없는 수업 내용에 몸이 배배 꼬입니다. 학원에서 배운 다른 교과 시간도 지루하기는 마찬가지입니다.

중학년 이상의 아이들은 학원에서 미리 선행 학습을 해오는 경우가 많습니다. 국어 교과서를 이미 한 번 살펴보았기 때문에 자신이 알고 있다고 착각하는 경우가 많지요. 본 것과 아는 것은 분명히 다르지만, 한 번 본 것을 안다고 생각하는 것입니다. 이미 한 번 본 교과서로 학교에서 수업을 또 하니 흥미를 잃어 수업 시간이 재미없게 느껴지는 것은 당연합니다.

공부를 잘하기 위한 방법 중 하나는 '공부가 재미있다'고 느끼는 것입니다. 알아가는 것에 대한 즐거움, 깨달음의 즐거움을 느껴야 흥미를 갖고 계속 공부를 할 수 있습니다. 그런데 저렇게 선행 학습으로 이미 다 알고 있다고 생각하는 것을 다시 하게 한다면 이미 흥미는 바닥으로 떨어진 셈이지요.

아이들이 흥미는 잃지 않되 국어 공부는 잘하게 하고 싶다면 교과서 본문이 아니라 맨 뒤쪽에 '실린 작품' 목록에 주목하십시오. 새 학기가 시작되기 전에 아이들은 교과서를 미리 받게 됩니다. 그러면 본문은 보지 말고, 맨 뒤를 함께 살펴봅니다. 교과서 본문에 실린 책 제목들이 일목요연하게 정리되어 있습니다. 교과서 내용은 건드리지 않으면서 교과서와 관련된 내용을 미리 읽어가면 수업에 대한 흥미도가 더 올라갈 것입니다. 그 책들을 다 사서 보기 부담스러울 때에는 친구들과 바꿔보거나 동네 도서관, 학교 도서관을 적극 이용하면 됩니다. 도서관을 이용하면 빌리러 간 책을 찾으면서 흥미를 끄는 또 다른 책들도 눈에 띄어 연쇄적으로 독서를 할 수 있는 기회가 됩니다.

그리고 학기 중에는 반드시 과목별로 문제집을 한 권씩 준비하도록 권합니다. 학교 진도에 따라 매일 두세 쪽씩 푸는 공부 습관이 공부 잘하는 비법 중의 비법입니다. 이 습관만 제대로 들인다면 학원에 가지 않고도 우등생이 될 수 있습니다.

- 듣기

요즘 아이들의 특징 중 하나가 말을 잘한다는 것입니다. 하지만 남의 말은 듣지 않고 자기 말만 하는 데 문제가 있습니다. 잘 듣는다는 것은 진심을 다해 상대방을 알고 싶어 하는 마음이 깔려 있어야 합니다. 인성 교육이 바탕이 되어 있어야 듣기도 잘하는 것이지요. 상대가 무엇을 말하려고 하는지 정확하게 들어야 하고, 상대의 의견과 나의 의견을 비판적으로 비교 분석해야 합니다. 매일 주요 뉴스를 한두 가지 정해 반 아이들과 잠깐씩 이야기를 나누는 것도 비판적인 시각을 높여줄 수 있는 좋은 방법입니다.

- 말하기

재잘재잘 자기들끼리 말은 잘하는데 수업 중에 발표를 하라고 하면 머뭇거리고 자신 없어 하는 경우가 많습니다. 여러 사람 앞에서 발표하는 것도 연습이 필요합니다. 자연스럽게 주제를 던져서 말하게 하고 자신의 생각을 조리 있게 이야기할 기회를 자주 마련해주십시오. 전체 앞에서 발표하는 것을 부끄러워한다면 모둠별로 돌아가면서 발표하는 방법을 사용하면 효과적입니다.

- 읽기와 쓰기

이 두 가지 능력은 일기 쓰기와 독서 습관과 밀접한 관련이 있습니다. 저학년 때 쓰던 그림일기 수준을 벗어나 줄글로 자신의 생각과 느낌을 다양한 방법으로 써보면 쓰기 실력이 어느새 늘어 있는 것을 발견합니다. 글감을 잡을 때 꼭 특별한 일을 잡으려고 하면 어렵게 느껴질 수 있습니다. 생활 속에서 자연스럽게 느껴지는 감정이나 작은 사건도 나만의 시각으로 바라보고 정리해보는 연습을 하면 점차 쉽게 쓸 수 있게 됩니다. 줄넘기도 연습할수록 실력이 늘듯이 글쓰기도 똑같습니다. 많이, 자주 써보아야 실력이 늡니다.

책을 읽고 독서록을 쓰는 것도 읽기, 쓰기 능력에 큰 도움이 됩니다. 저학년 때에는 목록만 작성하거나 그림으로 간단히 표현한 후 한 문장 정도를 느낌으로 쓰게 합니다. 이를 시작으로 꾸준히 쓰다 보면 한 장 가득 쓰게 되는 경지까지 이르게 됩니다. 말하기, 듣기, 읽기, 쓰기 모두 꾸준한 연습이 필요합니다.

그런데 책을 많이 읽는데도 국어 점수는 좋지 않게 나오는 학생들이 있습니다. 이것은 읽기 위주로 뇌가 익숙해져 있어 머릿속에 내용이 입력은 되는데, 출력은 되지 않는 상태라고 할 수 있습니다. 출력이 잘 되기 위해서는 책 내용에 대해 서로 이야기를 나누거나 독서록에 자신의 생각과 느낌을 정리하는 연습이 필요합니다. 또한 기행문, 설명문, 논설문 등 글의 종류에 대한 기본 지식을 익혀두고 여러 형식으로 글을 쓰는 것도 도움이 됩니다. 가족 여행이나 소풍을 다녀와서는 기행문을, 내가 산 물건이나 받은 선물에 대해서는 설명문을, 자신의 의견을 근거를 제시하면서 쓸 때에는 논설문이라는 것을 일기를 통해 배우고 익힐 수 있습니다.

4. 수학 공부는 이렇게 합니다.

고학년 수학을 잘하기 위해서는 1, 2학년 때의 수학이 기초로 잡혀 있어야 합니다. 수학 공부는 흔히 계단을 오르는 것에 비유됩니다. 한 계단을 밟고 그 다음 계단을 밟아야 자연스럽고 힘들지 않듯이, 수학도 아래 단계의 기초 학습이 잘 닦여 있어야 그 다음 단계로 넘어가기 쉽습니다. 수학의 기초가 없다면 다시 기초부터 하도록 합니다. 특히 방학을 이용해 다음 학기나 다음 학년 수학을 선행하기보다는 이전에 배운 내용을 꼼꼼하게 반복 학습하는 것이 매우 중요합니다. 아이 수준에 맞게 문제집을 한 권 사서 풀게 하고, 기본 실력 이상이 되는 아이들은 조금 더 수준 높은 문제집을 선택해 이전 내용을 공부하는 것이 좋습니다. 기본적으로 사칙연산(더하기, 빼기, 곱하기, 나누기) 실력이 바탕에 깔려 있어야 합니다. 그리고 도형 영역은 어릴 적부터 퍼즐이나 모형 쌓기 놀이를 많이 하면 도움이 됩니다. 교실에 젠가나 카프라 같은 보드게임을 두고 쉬는 시간이나 점심시간에 놀 수 있도록 하면 좋습니다.

문제집을 풀 때, 시간을 정해 풀기보다는 분량을 정해 푸는 것이 좋습니다. "한 시간 동안 공부해."라고 하면 아이가 한 시간을 집중하기보다는 어영부영 시간 때우기로 딴 짓을 하면서 보낼 수 있기 때문입니다. "몇 쪽부터 몇 쪽까지 풀고, 채점해서 틀린 문제까지 다시 풀면, 자유시간이야."라고 분량과 할 일을 명확히 정해주면 좋습니다. 오답까지 확실하게 풀고 넘어가야 진정한 복습이 됩니다.

쉬운 문제를 풀면서 자신감을 향상시키고, 점점 더 어려운 문제로 자연스럽게 도전감을 키워주면서 수학 실력을 키워가도록 합니다. 그리고 스토리텔링이나 문장제 문제가 점차 많아지고 있는데, 이것은 국어 이해력이 바탕이 되어야 합니다. 단순 계산 문제는 잘 푸는 아이들이 이런 유형의 문제를 어려워하는 경우가 많습니다. 같은 문제를 세 번 정도 반복해서 읽고, 힌트가 되는 부분에 밑줄이나 동그라미를 치면서 식을 세우게 하면 좋습니다. 문장제 문제 같은 경우는 기본 실력 이상이 되는 아이들에게 제시해야 합니다. 쉬운 문제를 여러 번 반복해서 풀게 하고, 문장제 문제도 쉬운 것부터 서서히 연습하게 합니다.

5. 사회 공부는 이렇게 합니다.

사회는 수학의 계단식 학습과는 달리 '나' 자신으로 시작하여 전 세계까지 인식의 범위를 넓히는 나선형 학습입니다. 어느 단원에서 시작해도 웬만큼 무리 없이 공부할 수 있는 과목이지요. 수능을 볼 때 점수를 올리기 가장 쉬운 과목이 사회 영역이라는 말이 있을 정도입니다. 하지만 초등학교 때부터 사회가 어렵다고 느끼고 재미없다는 생각을 갖게 된다면 잘하기가 쉽지 않습니다.

'백문(百聞)이 불여일견(不如一見)'이라는 말처럼 직접 보고 겪어보는 게 최고의 학습 방법이지만 떠나기 전에는 반드시 사전 지식과 준비를 해야 합니다. 교과서에 나온 곳을 직접 가보는 것만큼 훌륭한 교육은 없습니다. 교과서 내용도 쏙쏙 이해되고 잘 기억될 것입니다. 학교에서는 함께 다니기 어려우므로 교과 내용과 연계된 추천 여행지를 가정에 안내해주는 것이 좋습니다. 다녀와서 일기나 체험학습 보고서로 정리해두는 것도 중요합니다. 특히 사진 자료를 많이 남겨두면 나중에 기억을 되살리는 데 효과적입니다.

직접 체험이 어려울 경우에는 도서관에 가서 관련된 여행지 책자를 빌려 읽으면 좋습니다. 'EBS 다큐멘터리'나 좋은 동영상이 있다면 함께 찾아보는 것도 좋습니다. 즉 사회 공부에서 가장 효과적인 방법은 직접 경험하는 것, 그리고 이것이 어려울 경우 책이나 여러 매체를 통해 간접으로라도 경험하는 것입니다.

그리고 학교 진도에 따라 문제집으로 마무리하도록 합니다. 사회는 학습량이 매우 많기 때문에 정리하는 시간이 꼭 필요합니다. 사회를 공부할 때에는 흥미진진한 이야기를 듣는 것처럼 재미있지만, 막상 평가를 보면 낮은 점수를 받는 경우가 많습니다. 문제집을 풀며 무엇이 중요한지, 보고 들은 내용이 평가 문제로는 어떤 형식으로 나오는지 익숙해질 필요가 있습니다.

6. 과학 공부는 이렇게 합니다.

과학은 분야별 심화 학습입니다. 저학년 아이들은 자연에 대한 관심이 최고조에 이를 때입니다. 쉬는 시간, 점심시간에 수시로 밖에 나가 개미나 지렁이, 달팽이 같은 걸 잡아 관찰하고, 주변의 생물에 대한 호기심이 높아져 질문이 많습니다. 이럴 때 자연 관찰 책을 함께 찾아보거나 동물원, 곤충 박물관 같은 곳을 직접 가서 체험하면 아이들에게 다가오는 느낌은 매우 큽니다.

고학년 과학 수업은 대체로 과학 원리를 이해하고 실험하여 이 내용을 실험 관찰에 정리하는 것으로 이루어집니다. 이 시기 아이들은 구체적 조작기이기 때문에 직접 만지고, 관찰하고, 보고, 듣는 것을 매우 좋아합니다. 그러니 실험이 들어 있는 과학 시간을 매우 좋아합니다. 하지만 실험만 좋아할 뿐 실험 전후에 따르는 과정은 대부분 잊어버리는 것이 문제입니다. 이런 지경이니 지필평가 점수가 당연히 잘 나올 수 없지요. 과학 공부를 잘하려면 과학적 원리를 이해하려는 탐구 자세가 필요합니다. 단순 암기보다는 '왜?' 그런 현상이 일어나는지 호기심을 갖고 생각해보고, 답을 찾으려는 태도가 필요합니다. 이러한 태도는 갑자기 생기는 게 아닙니다. 어릴 적부터 호기심에 대해 존중받으며 크는 환경이 바탕이 되어야 합니다.

아이들이 궁금해서 던지는 질문에 "몰라."라고 단언하지 말아야 합니다. 그 대신 "왜 그럴까?", "너는 어떻게 생각해?", "네가 직접 책이나 인터넷을 찾아보고 알려줄래?" 등으로 아이들의 호기심이 유지될 수 있도록 유도해주어야 합니다. 스스로 답을 찾는 과정은 그 자체로 공부입니다.

그리고 과학 공부 역시 반드시 문제집을 통해 어떤 식으로 문제가 나오는지 풀어보아야 합니다. 요즘은 수행평가가 많이 들어가도록 평가 방식이 바뀌고 있지만, 지필평가도 중요하기 때문에 문제를 많이 풀어봐야 익숙해지고 잘 풀 수 있습니다.

7. 영어 공부는 이렇게 합니다.

미 국무성 산하 외국어 교육기관인 FSI(Foreign Service Institute)에 따르면, 외국어로 모든 일을 처리할 수 있는 외국어 전문가를 양성하려면 적어도 4,300시간이 필요하다고 합니다. 일주일에 5일 동안 하루에 한 시간씩 공부한다고 해도 무려 17년이라는 시간이 걸리는 셈이지요. 하지만 우리나라의 경우 초등학교에서 대학의 교양 영어 시간까지 다 합쳐도 900시간 정도에 지나지 않습니다. 따라서 영어는 단기간에 끝낼 수 있는 속성 과목이 아니라 시간을 두고 꾸준히 공부해야 하는 과목임을 인정해야 합니다.

우리나라는 외국어로서 영어를 배우는 'EFL(English as a Foreign Language)' 환경이므로 영어를 배운다 해도 실생활에 바로 활용할 수 없습니다. 그래서 학교 영어 시간(3, 4학년은 주당 2시간, 5, 6학년은 주당 3시간)에는 'TEE(Teaching

English in English)'라는 제도를 활용하고 있습니다. 영어로 영어 수업을 진행하는 것이지요. 초등교사 중에서도 영어를 특히 잘하는 교사를 영어 전담 교사로 활용하거나, 영어 전문 회화 강사, 원어민과 co-teaching을 하여 가급적 아이들이 영어 환경에 많이 노출될 수 있도록 하고 있습니다. 그리고 영어 수업 중 시청각 자료와 멀티미디어를 다양하게 활용하고, 영어 원서를 교재로 활용하여 EFL 환경을 극복하도록 하고 있습니다.

교육청에서 내려오는 공문을 살펴보면 교사를 위한 다양한 영어 연수 일정을 알 수 있습니다. 가평 영어 연수원에서는 3~4주 합숙을 하며 원어민들과 집중적으로 영어 수업에 활용할 수 있는 연수를 진행하며, 또 국내 연수 5개월, 해외 연수 1개월을 받는 6개월짜리 연수도 있으니 관심 있는 선생님들은 공문을 잘 살펴 신청하도록 합니다. 방학 중 합숙 연수는 아이들에게 큰 피해가 없어 비교적 자유롭게 신청이 가능하지만, 6개월짜리 연수는 강사를 구해야 하는 어려움이 있으므로 반드시 교감 선생님과 의논한 뒤에 신청해야 합니다.

064

여교사를 무시하는 남학생들을
어떻게 다루어야 하나요?

────── 이번에 처음 6학년 담임을 맡게 된 여교사입니다. 처음 6학
년 담임을 맡아 가장 힘든 점은 남자아이들을 다루는 일입니다. 우리 반
남학생 몇몇이 저를 우습게 여기는 것 같습니다. 지난주에는 제가 잠깐
교실을 비운 사이 남자아이들이 4층 교실 창문에서 운동장으로 우유를
던져 터뜨렸습니다. 저는 화가 나 아이들을 불러 크게 혼냈습니다. 아이
들은 말로만 잘못했다고 할 뿐 얼굴에는 웃음기를 머금은 채였고 진실로
반성하는 것 같지 않았습니다. 이 아이들은 평소에도 저에게 "에이, 선생
님도 잘 모르잖아요.", "선생님 바보 같아요."처럼 도를 넘어선 농담을 하
기도 합니다. 수업 중 쓸데없는 농담으로 수업의 맥을 끊고, 친구들끼리
큰 소리로 떠드는 일도 잦습니다. 혼을 내도, 반성문을 쓰게 해도 단지 그
때뿐이고 금세 똑같은 행동을 반복합니다. '원래 장난기가 많은 아이들

이구나.' 하고 꾹 참고 지냈습니다. 그런데 어제 교과 선생님이 하신 말씀을 듣고 저는 무척 충격을 받았습니다. 그 아이들이 남자 교과 선생님 앞에서는 쥐죽은 듯 조용히 수업에만 집중한다고 하셨기 때문이지요. 선생님께 농담을 하거나 장난을 쳐 수업을 끊는 행동도 거의 볼 수 없다고 하셨습니다. 아무래도 저를 여교사라고 만만하게 생각하고 행동하는 것처럼 보입니다. 정말 화도 나고 어찌해야 할지를 모르겠습니다. 여교사라고 무시당하지 않고 남학생들이 제 말을 잘 따르게 하려면 어떻게 해야 할까요?

Ⓐ 교사는 학교에 있는 동안 학생들이 학교 규칙을 지키도록 엄격히 관리해야만 합니다. 하지만 이 일은 현실적으로 불가능에 가깝습니다. 20~40명에 이르는 학생들을 교실, 복도, 화장실, 운동장 등 수많은 장소에서 교사가 직접 감시할 수는 없기 때문입니다. 그러므로 교사는 교사가 자리를 비워도 아이들이 규칙을 준수하도록 만들어야 합니다. 이를 위해 필요한 것이 바로 교사의 '권위'입니다. 교사의 권위는 학생들에게 '규칙은 지켜야지, 선생님과의 약속이니까.'라는 생각을 심어줌으로써 교사의 눈이 닿지 않는 곳에서도 아이들이 규칙을 준수할 수 있는 분위기를 조성해줄 뿐 아니라 아이들이 잘못된 행동을 하려 할 때 마음 한편에서 선생님의 얼굴이 떠올라 아이가 다시 한 번 생각해볼 기회를 줍니다. 교사의 권위를 인정할 경우 학생들은 교사를 존중하며 교사의 말을 자연스럽게 따르게 됩니다.

반면 학생들에게 교사의 권위가 서지 않을 때 아이들은 교사의 통제를 벗어나게 됩니다. 이렇게 되면 교실은 남자아이들이 본능적인 충동성과 공격성을 여과 없이 드러내는 정글처럼 변할 수도 있습니다. 정글로 변한 교실에서,

남학생들은 교사 위에 서서 학급 친구들이나 심지어는 교사까지 좌지우지하려 할 수 있습니다.

권위의 양면성

우리 사회에서 권위라는 단어는 보통 이중적이고 모순된 의미로 사용됩니다. '권위'라는 단어가 사용되는 상반된 상황을 살펴보면 권위가 어디서 비롯되는 것인지에 대한 통찰을 얻을 수 있습니다. 우선 첫 번째로 '권위'라는 말의 부정적 의미부터 살펴보겠습니다. 누군가 "저 사람은 권위적이다."라는 말을 했을 때 우리 사회에서는 이 말을 보통 부정적으로 받아들입니다.

"어린 사람이 버릇이 없어. 아랫사람이면 아랫사람답게 처신해야지, 아랫사람이 왜 이렇게 말대꾸가 많아?"

이처럼 나이 혹은 지위를 바탕으로 고압적인 자세를 취하는 사람을 우리는 '권위적인' 사람이라고 부릅니다. 하지만 권위라는 말은 긍정적인 의미로도 사용됩니다.

"그분은 그 방면에서 권위 있는 전문가야."

그렇다면 양쪽의 차이는 무엇일까요? 권위가 어디서 부여되느냐에 따라 이 단어의 용법이 결정된다고 생각합니다. 만약 A가 스스로 권위가 있음을 보여주려 애쓴다면 상대방은 권위라는 단어를 "A는 권위적인 사람이야."같이 부정적으로 사용할 것입니다. 반대로 주변 사람들이 자진해서 B에게 권위를 부여해준 것이라면 B는 긍정적인 의미의 '권위 있는 사람'으로 인식되겠지요. 즉 진정한 '권위'란 교사라는 지위나 나이에 관계없이 주위 사람들의 자연스런 인정과 신뢰, 나아가 사랑과 존경에서 비롯됩니다. 따라서 '권위적인 교사'가 아닌 '권위 있는 교사'가 될 때 학생들은 자연스럽게 교사를 따르게 될 것입니다.

반대로 교사가 작위적으로 권위를 가지려고 할 경우 학생들의 반발을 불러오게 될 것입니다. 만약 신뢰, 존경, 사랑 없이 억압, 공포만으로 권위를 세운다면 대부분의 학생들은 선생님을 잘 따르긴 할 것입니다. 선생님이 '무섭기' 때문이지요. 이럴 경우 학생들은 교사를 도전하고 이겨내야 하는 악당으로 간주합니다. 교사에게 반항하는 학생은 '어벤져스, 아이언맨'이 되고 교사는 물리쳐야 할 '우주 악당'이 되는 것이지요. 그리고 몇몇 학생은 악당의 격퇴를 실제 시도하기도 합니다. 교사에 대한 의미 없는 말대꾸, 차가운 눈빛, 심지어는 교사에게 직접적으로 신체적 폭력을 행사하는 학생도 있습니다. 교사가 애써 아이언맨을 패퇴시켰다 해도 교사가 없는 화장실, 복도, 하굣길에서 그 학생은 온갖 찬사를 받는 영웅으로 추앙받습니다. 결국 사랑과 믿음 없는 권위는 학생들에게 기죽은 척하는 연기를 시킬 수는 있어도 진정한 의미의 복종과 인정은 이끌어낼 수 없게 되지요.

진정한 권위를 세우는 법

교사의 권위가 서려면 우선 학생과 교사 사이에 신뢰와 사랑의 토대가 마련되어야 합니다. 교사의 엄격함은 그 후에 뒤따라야 할 것들입니다.

첫째, 교사와 학생들 사이에 맺은 약속은 꼭 지킨다는 신뢰가 필요합니다. '신뢰, 믿음'이라는 단어는 시쳇말로 '의리'라고 불리기도 합니다. 남학생들 사이에서 의리는 중요한 가치로 여겨집니다. 쉬운 예로 학기 초 학생들에게 다음 세 가지를 약속합니다. '체육 시간은 빼먹지 않는다.', '쉬는 시간 10분은 꼭 지켜준다.', '어떤 학교 폭력으로부터도 보호해준다.' 그리고 이 세 가지 약속은 무슨 일이 있어도 지키려고 노력합니다. 만약 학교 행사로 체육 시간을 빼먹어야 할 사정이 있다면 미리 아이들에게 양해를 구합니다.

"얘들아, 이번 학예회 때문에 체육 수업을 비롯해 다른 수업들도 함께 빠져야 할 것 같아. 선생님이 미리 약속했던 일인데 못 지키게 되어 정말 미안해요. 하지만 다음에 비는 시간이 있으면 체육을 우선적으로 할게요."

그리고 만약 수업이 늦게 끝나면 다음 수업 시간을 줄여서라도 쉬는 시간 10분은 보장해줍니다. 마지막으로 어떤 폭력이든 선생님에게 알리기만 하면 피해자를 우선 보호해준다고 약속합니다.

"같은 반 친구든 다른 반의 힘센 아이든 전교 짱이든 혹은 중학생 형이나 고등학생 형이든 그 누구든지 상관없어요. 선생님에게 말만 해준다면 선생님이 무슨 일이 있어도 해결해주겠어요. 선생님만 믿으면 됩니다. 몇 년 전에도 중학생 형들이 우리 반 아이를 괴롭힌 일이 있었어요. 그때 선생님이 직접 해당 중학교에 찾아가 학교폭력위원회를 연 일도 있답니다. 그 후 다시는 형들이 그 아이를 찾아가지 않았어요. 누군가 너희들에게 폭력을 사용했다면 그게 누구든 즉시 선생님에게 알려주세요. 선생님이 책임지고 해결해줄게요."

학교 폭력 예방 교육을 하며 학생들에게 이렇게 강조하는 것도 좋습니다. 그리고 위의 약속들은 무슨 일이 있어도 지키려고 노력합니다. 이것이 교사로서 남학생들과 꼭 지켜야 할 의리입니다. 선생님은 무슨 일이 있어도 약속을 지킨다고 믿으면, 남학생들은 그 선생님을 따르게 됩니다.

둘째, 신뢰 못지않게 중요한 것이 교사와 학생 사이의 사랑과 애정입니다. "선생님이 최고예요."라고 마냥 좋아하는 저학년 아이들과는 달리 고학년 아이들의 애정은 저절로 만들어지지 않습니다. 고학년 아이들은 선생님이 싫다고 느껴지면 직접적으로 싫다고 표현합니다. '선생님은 우리들을 좋아하고 아껴주셔.'라는 생각이 들고 나서야 선생님에게 마음을 엽니다. 아이들이 이렇게 느끼려면 교사가 아이들을 하나의 인격체로 존중해주어야 합니다.

"선생님, 공부하기 싫어요."

"선생님, 시험은 꼭 봐야 해요?"

"에이~~~ 또 수학이에요?"

아이들은 학교를 다니며 위와 같은 투정들을 자주 내뱉습니다. 만약 아이들을 훈계하고 가르쳐야만 하는 대상으로 여긴다면 교사는 기계적으로 대답할 수밖에 없을 것입니다. 그리고 아이들과의 관계는 차가워질 것입니다.

"공부는 너희 의무야. 당연히 해야지. 불평하는 건 나쁜 버릇이야."

하지만 교사는 아이들을 가르쳐야 할 대상이기 이전에 한 인격체로 여기고 아이의 기분과 생각을 존중해줄 수도 있습니다.

"그래. 밖에 나가 실컷 뛰어놀아도 모자랄 시간인데 가만히 앉아 공부하느라 힘들지? 선생님도 참 안타깝다. 대신 이번 시간 열심히 공부하면 빨리 끝내서 쉬는 시간을 길게 줄게. 어때?"

이런 자그마한 배려와 격려의 말들이 쌓여 아이들이 '선생님은 우리 생각, 느낌을 이해하고 존중해줘.'라고 생각하게 만들고 나아가 '선생님은 우리들을 사랑한다.'고 느끼게 해줍니다.

아이들이 선생님을 신뢰하고 선생님이 자신을 좋아한다고 믿을 때 교사의 권위가 만들어질 기초가 마련되는 것입니다.

하지만 신뢰와 사랑만으로는 권위가 형성되지 못합니다. 고학년 남학생들에게 신뢰와 사랑은 권위의 필요조건일 뿐 충분조건으로는 모자랍니다. 고학년 남학생들에게 권위 있는 교사가 되기 위한 세 번째 조건은, 학생들로 하여금 자신의 의무를 다하게 하며 그렇지 못할 경우 책임을 지게 하는 일입니다. 책임감과 관련한 이런 조건은, 학생은 물론 교사에게도 해당됩니다. 일주일에 한 번 교실 청소에 함께 참여하는 것도 좋은 방법입니다. 함께 쓰는 교실이니 청소도 함께 하는 것이 당연할 수 있음을 교사도 생각할 줄 알아야 합니다. 그리고 선생님이 이 약속을 어겼을 경우에는 반드시 학생들에게 사과를 합니다. 정해진 등교 시간보다 늦게 도착했을 경우에도 학생들에게 사과하고 똑같은 벌칙을 받습니다. 수업 시간이 조금 길어져 쉬는 시간이 짧아질 경우에는 "미안하다 얘들아, 5분만 더 수업을 진행해야겠어. 대신에 다음 시간은 5분 늦게 시작할게요."와 같이 사과하고 대안을 제시합니다.

학생들도 마찬가지입니다. 학생들에게는 지켜야 할 수많은 약속이 있습니다. '친구 괴롭히지 않기, 지각하지 않기, 욕하지 않기, 신체적 폭력 사용하지 않기, 수업 중 집중하기' 등. 이 수많은 약속들에는 이를 어겼을 때 받게 되는 반성, 벌칙 등의 책임이 뒤따라야 합니다. 만약 책임이 뒤따르지 않는다면 남학생들은 이 규칙을 아무 가치 없는 빈껍데기로 여길 것입니다. 학생들에게 책임을 요구할 때는 일관성이 중요합니다. 어떤 경우는 반성문을 쓰고, 어떤 경우는 청소를 하고, 어떤 경우는 그냥 넘어가는 등 책임을 지는 방법이 때에 따라 들쑥날쑥하다면 남학생들은 납득하지 않을 것입니다. 만약 영수와 철수가 청소를 빼먹고 도망쳤는데도 영수는 벌로 일주일 동안 청소를 하고 철수는 잠깐 혼나고 넘어간다면 철수는 자신의 잘못을 반성하기는커녕 오히려 규칙에 대해, 나아가 교사에 대해 반항심만 갖게 될 것입니다. 규칙을 집행하는 교사의 공정함이 교사의 권위를 세우는 또 하나의 기둥이 됩니다.

마지막으로 교사의 권위에 이유 없이 도전하는 행동을 용납하지 말아야 합니다. 남학생들은 가끔씩 교사와 학생 사이에 그어진 선을 넘나들려 할 때가 있습니다. 만일 선을 넘는 행동이 실수가 아닌 의도적인 것이라면 교사는 그 행동을 절대 용납하지 않는 모습을 보여주어야 합니다. 어떤 행동들이 선을 넘는 행동일까요? 그 선은 교사마다 각자 다양한 답을 가지고 있을 것입니다. 교우 관계를 해치는 행동, 수업을 방해하는 행동, 예의에 어긋난 행동 등이 대표적인 규칙 선의 사례라고 할 수 있겠지요. 이렇게 선을 정한 다음에는 학생들에게 항상 이 세 가지를 명심하고 지켜줄 것을 부탁합니다.

만약 선을 넘는 행동을 보였다면 즉시 그 행동을 멈추게 합니다. 무례한 남학생의 행동을 멈추게 하는 방법으로는 부정적인 감정을 밖으로 드러내 보이는 방식을 주로 사용합니다. '선생님은 너의 행동에 화가 났어. 그리고 당장 그 행동을 멈추지 않으면 선생님은 더 화가 날 거야.'라는 메시지를 보냅니다. 목소리를 높이거나 신체적 위협 없이도 이 같은 메시지를 충분히 전달할 수 있습니다. 교사의 화난 눈빛을 해당 학생에게 맞춘 채 아무 말 없이 가만히 응시하고만 있을 수도 있습니다. 남학생을 똑바로 쳐다보며 조용한 목소리로 요구 사항을 짧고 명확하게 전달할 수도 있습니다. 소리를 지르거나 위협적인 말투를 쓰는 것은 최후의 수단으로 남겨두는 것이 좋습니다.

하지만 교사가 학생에게 부정적인 감정을 드러내는 횟수는 적으면 적을수록 좋습니다. 교사가 아무리 교육적인 훈육을 한다 치더라도 훈육은 훈육일 뿐입니다. 학생들이 듣기 좋아할 리 없습니다. 자주 부정적인 감정을 드러내다 보면 학생에게도 교사 자신에게도 정서적 앙금이 남게 됩니다. 이는 교사와 학생 사이를 서서히 악화시킬 것입니다. 교사가 부정적인 감정을 드러내는 횟수를 줄이기 위해서는 교사의 선도 적을수록 좋겠지요. 교사가 가장 중요하게 여기는 몇 가지 가치를 중심으로 최소한의 원칙들을 세워 집중적으로 지도해야 할 것입니다.

065

막무가내 무법자를 어떻게 길들일까요?

——— 4월 하순의 5교시, 반 아이들과 야외 학습을 계획하고 12시 40분에 운동장 구령대 앞에 모여 출발하기로 사전에 약속을 했습니다. 약속 시간이 5분이 지나도 세 명의 남자아이들이 나타나지 않았습니다. 반 전체 아이들이 교문에서 세 녀석들을 기다리기를 10여 분. 12시 50분이 조금 넘어서야 세 녀석이 구령대 쪽에 모습을 드러냈습니다. 시간이 많이 지체되어 빨리 따라오라는 손짓을 하고 기다리던 아이들을 데리고 출발했습니다. 학급 아이들을 인솔해가면서도 몇 차례 빨리 오라는 손 신호를 보냈지만, 세 친구들은 반 대열에 합류하지 않고 저만큼 떨어져 유유자적 오고 있습니다. 반 친구들과 저는 어쩔 수 없이 가던 길을 멈추어 서서 아이들을 기다렸습니다.

그런데 대열에 가까이 오자마자 해성이가 "우리 물 먹고 오자." 하며 체육 공원 안으로 뛰어가는 게 아니겠어요? 그러자 나머지 두 친구도 따라갔습니다. 별수 없이 아이들은 또 세 친구를 기다렸습니다.

공원에 도착해 관찰 주제를 주며 모둠별로 식물의 특성을 잘 관찰하여 기록하라고 했습니다. 그런데 제 말이 끝나기 무섭게 해성이가 인근 연못가로 뛰어가더니 큰 소리로 외쳤습니다.

"애들아, 여기 자라 있다. 올챙이도 있어."

해성이가 뛰어다니며 야단을 치자 남학생 대여섯 명이 관찰 기록지를 내팽개치고는 해성이 무리에 합류했습니다. 이들의 돌출 행동으로 다른 학생들조차 집중이 흐려져서 관찰 학습에 마음이 가지 않는 듯했습니다. 몇몇 아이들의 막무가내 행동으로 좋게 의도했던 야외 학습이 물거품이 되고 말았지요. 다시 흩어진 아이들을 모아 학교로 돌아오는 길에도 세 아이들은 멀찌감치 뒤처져서는, 담임교사인 제 마음은 아랑곳없이 장난 질하기 바쁘더군요. 먼저 운동장에 도착한 학생들을 하교시킨 후 운동장 가에 서서 그들이 나타나기를 기다렸습니다. 쪽문을 통해 운동장으로 들어서는 순간 저를 본 아이들은 그대로 뛰어 달아나 운동장 밖으로 사라졌습니다. 아무리 불러도 대답 없이 말이지요. 약속이든 규칙이든 아무 상관없다는 태도로 막무가내인 해성이와 친구들을 1년 동안 어떻게 해야 할지 앞이 캄캄합니다.

Ⓐ 해성이는 선생님 말을 듣지 않습니다. 반 친구들도 제 마음대로 다스리지요. 수업 시간에도 교사의 말에 토를 달고 비아냥거리며 대들기 일쑤입니다. 점심시간에는 급식을 서둘러 먹고 운동장에 나가 놉니다. 남자아이들이 모두 그 아이 명령에 따르고 기분을 맞춰줍니다. 만약 자기 뜻에 이의를

제기하거나 따지면 가차 없이 소리를 지르거나 욕하고 눈을 부라리며 기선을 제압합니다. 기필코 자기가 이겨야 끝을 봅니다. 대다수의 친구들은 마음속으로는 해성이를 안하무인 무법자라 여기면서도 행여 언제 어디서 불이익을 당할지 몰라 해성이 비위를 맞춥니다. 학교생활을 가장 힘들게 하는 친구는 누구이며 어떤 태도가 가장 힘들게 하는지 알아보는 쪽지 설문을 하면 늘 해성이가 단연 1등입니다. 반에서 두 명을 빼고는 전부 해성이로 인해 학교에 오기 싫고 노는 시간이 겁나며 언제 위협을 당할지 걱정이 많다고 고백합니다.

우리들의 일그러진 영웅의 터전

2학기에 회장이 된 해성이는 숙제가 있는 날이면 알림장을 쓰면서 아이들에게 큰 소리로 묻고 다닙니다.

"얘들아, 나는 이런 숙제 안 할 거야. 너희들은?"

그러면 남학생들을 중심으로 여기저기서 좋다는 소리가 울려 퍼집니다. 그러기를 몇 번 하고 나더니, 숙제를 안 해오는 아이들이 많아지기 시작했습니다. 그래서 다음 주부터 숙제를 안 해온 학생은 수업이 끝나면 교실에 남아 숙제를 다 해야 하교를 시키겠다고 경고했습니다. 드디어 약속한 주일, 숙제 검사를 했더니 남학생 일곱 명이 숙제를 해오지 않았습니다. 예고한 대로 모두 교실에 남겼습니다. 그러자 해성이가 볼멘소리를 합니다.

"숙제 공책도 없어요."

뒷문으로 향하는 해성이를 불러 돈을 쥐어주며 학교 앞 문구점에서 공책을 사오라고 시켰습니다. 그러자 해성이는 돈을 교실 바닥에 내팽개치며 "싫어요. 숙제 안 한다니까요! 학원 늦었어요." 하며 교실을 뛰쳐나갔습니다. 해성이가 통제의 한계를 벗어났고 또 남아 있는 다른 학생들에게도 본이 되지 않아 교사로서 해성이 어머니께 전화를 드렸습니다. 그런데 어머니의 반응이 예상 밖이었습니다.

"선생님, 그럼 우리 해성이 말고 숙제 안 해온 다른 애들도 남아 있나요?"

"예, 해성이 말고도 여섯 명이 남아서 숙제를 하고 있습니다."

"그래요? 선생님, 지금 우리 해성이한테 그렇게 하신 게 잘하신 거라고 생각해서 전화하신 건가요? 그런 식으로 교실에 남기면 친구들 앞에서 애 자존심이 뭐가 되겠어요? 그런 교육은 필요없으니 관두세요, 정말!"

해성이 어머니는 화난 목소리로 쏘아붙이듯 말씀하시더니 일방적으로 수화기를 꽝 내려놓았습니다. 아연실색해서 할 말을 잃고 멍하니 앉아 도대체 어떻게 해야 이 사태를 수습할 수 있을지 생각하느라 마음이 무거웠습니다.

해성이 어머니와 통화를 하고 난 뒤 많은 생각을 하게 되었습니다. 아마 해성이의 생활 태도는 어머니의 양육 태도에서 비롯된 듯 짐작되었습니다. 고압적이고 일방적인 대화, 가감 없이 자신의 날선 감정을 드러내는 태도, 상대가 누구든 윽박지르거나 화를 크게 내서 기선을 제압하는 방식 등이 해성이가 교실에서 급우들에게 하는 태도와 아주 비슷했던 것입니다. 해성이도 이런 어머니에게서 그간 부정적인 분노를 많이 쌓은 듯했습니다. 그러니 학교에 와서 힘이 약한 아이들을 상대로 화풀이를 하고 만만한 선생님에게 힘들었던 감정을 여과 없이 풀지 않았을까요.

전무후무한 충격요법

어느 날 오후, 점심시간이 끝난 후 5분이 지나서야 남자아이들이 하나씩 교실에 들어왔습니다. 다 들어온 후 시각을 보니 수업 시간이 10분이나 지난 뒤였습니다. 교단 앞에서 수업 준비를 하고 기다리던 저는 이대로는 안 되겠다 싶어 2분여를 고개를 숙인 채 가만히 있었습니다. 아이들도 이상 기류를 느꼈는지 숨죽이는 몇 분이 흘렀습니다. 침묵의 시간이 흐른 후 저는 시선을 떨군 채 담담히 해성이와 그 추종자들이 했던 말과 태도를 한 문장씩 말하기 시작했습니다.

"니가 뭔데 지랄이야?"

"또 잔소리하네. 침 튀겨요."

"야, 나 숙제 안 할 건데 니들은? 나도 나도……."

"이런 친구, 이런 언행을 밥 먹듯 하는 친구가 여러분의 영웅입니까? 그 아이가 말하는 대로 따르며 같이 학교생활하는 게 그리 좋습니까? 어떤 가치 기준으로 살기에 속으로는 싫다 하면서 겉으로는 대꾸 한번 못하고 꼭두각시처럼 행동합니까? 그렇게 사는 게 살아가는 최상의 방법입니까? 학교에서 무얼 배우며 어떻게 행동하는 게 옳은지 생각해본 적은 있습니까?"

미리 준비한 발언이 아니었는데도, 20분이 넘게 쉴 새 없이 해성이와 그를 따르는 아이들의 행태가 문장으로 하나하나 쏟아져 나왔습니다. 저는 아이들과는 눈 한번 마주치지 않고 아이들에게 해성이가 했던 막말과 그 무리들이 보였던 생활 태도, 같은 반 친구들의 수업을 방해하고 시간을 빼앗으며, 평화로운 교실 분위기를 단 한 순간도 허용하지 않았던 행태 들을 조목조목 끄집어냈습니다. 그리고 그런 아이들을 따라 하는 친구들에게 너희들이 진정으로 원하는 교실의 모습이 이것이었는지, 너희들이 원하는 영웅이 고작 이 정도

몰골밖에는 안 되는 모습인지 물었습니다.

조금 시간이 지나자 여자아이 한 명이 훌쩍거리기 시작했습니다. 울음은 곧 순식간에 아이들 사이로 퍼졌습니다. 아이들의 울음소리가 들리자 저는 말을 멈추었습니다. 그리고 몇 분이 채 지나지 않아 수업이 끝남을 알리는 종이 울렸습니다. 6교시는 개발 활동 시간이라 다른 반 아이들이 와야 할 시간이 되었는데 아이들은 꼼짝 않고 앉아 울고 있었습니다. 이내 복도에서 아이들이 웅성거리는 소리가 들리고 뒷문이 열리며 개발 활동 반 아이들이 들어오기 시작했습니다. 아이들은 들어오다 말고 눈이 동그래져서 물었습니다.

"선생님, 오늘 수업 안 해요?"

"수업 하러 학생들이 왔어요. 어서 가방 챙겨서 각 반으로 가세요."

하나 둘 아이들이 나가고 다른 반 아이들이 교실로 들어오면서 정신을 가다듬고 6교시 수업을 가까스로 마쳤습니다. 쉬는 시간이 되자 흩어졌던 우리 반 여자아이 네 명이 찾아왔습니다.

"선생님, 저희가 잘못했어요, 용서해주세요."

"수업 다 끝났으니 집에 돌아가세요."

담임이 할 말만 하고는 책상 앞에 돌아와 업무를 보자 그들 역시 겸연쩍었는지 망설이는 듯하다가 교실 문을 나갔습니다.

그날 이후 3일 정도 저는 교실에서 시작 종이 치면 가르치고 끝나는 종이 울리면 자리에 돌아와 일만 했습니다. 웃지도 않고 아이들에게 다가서서 말도 걸지 않았습니다. 무례한 그들 앞에 더 이상의 타협과 설득을 하기 싫었습니다. 냉정하기로 굳게 마음먹었습니다. 무엇보다 아이들이 이 기류를 경험하며 자신을 살피는 시간이 되기를 바라는 마음이 컸습니다.

새로운 직면의 기회가 지나자 아이들은 신기할 정도로 차분해졌습니다. 가장 많이 달라진 건 해성이었습니다. 이전처럼 대들지 않았습니다. 회장이라 심부름을 시키는 경우에도 두 손으로 공손히 물건을 받아 심부름도 곧잘 했습니다. 친구들에게 강압적으로 소리를 지르거나 하는 일도 눈에 띄게 줄었습니다.

내면의 변화를 바라며

그러나 해성이가 속마음까지 변했는지는 알 수 없었습니다. 그래서 간단한 자기 생활 점검표를 만들어 해성이가 부적응한 행동을 보이는 날만 기록해보게 하였습니다. 목표는 담임교사인 저와 합의하여 정했습니다. 그 목표에 자신이 말하고 행동한 것을 비교해서 기록해보게 했습니다.

일례로 '공부 시간에 선생님께 공손하게 질문하고 대답합니다.'라는 기준에 '나는 공부 시간에 무엇을 어떻게 했는가?'를 비교해서 비고 사항에 행동 결과를 간단히 쓰고 스스로 행동에 대한 반성을 해보게 했습니다. 그 시간에 자기 통제력을 잃고 발생한 작은 사건에 대해서는 바로 쉬는 시간에 자기 행동을 기록하게 했습니다. 어쩌다가 학교생활에 부적응한 태도를 보이는 날이면 방과 후에 잠깐 남아서 그날 자신의 언행을 기록한 점검표를 보며 스스로 평가해보도록 했습니다. 저는 저대로 자신을 아는 것이 성장하는 것이라며 해성이를 격려해주고 응원해주었습니다.

자신의 언행을 신중하게 생각하지 못하여 발생하는 실수를 줄일 수 있는 자기 관찰의 기회를 가짐으로써 해성이와 무리들은 스스로 자기 행동을 조절하고 통제할 수 있는 훈련을 할 수 있었습니다. 이것은 아이들에게 매우 좋은 경험이었습니다. 실수를 토대로 자신의 행동을 살피고 교사의 격려에 힘입어 조금씩 자기 조절 능력이 향상되는 것을 맛보는 체험은 어디에서도 할 수 없는 것이었습니다. 해성이와 아이들은 이런 식으로 자기 통제 능력을 기르면서 무사히 5학년을 마칠 수 있었습니다.

이듬해 해성이는 6학년이 되었습니다. 스승의 날 여자 회장이었던 세연이가 해성이의 카드를 가져왔습니다. 카드 내용은 5학년 때 철없이 굴었던 것에 대해 사과하는 내용이었습니다. 그럼에도 선생님께서 꾸중보다 늘 격려해주시고 기다려주셔서 감사하다는 말과, 이제는 마음이 안정되어 학교생활을 잘하고 있다고 적혀 있었습니다. 해성이는 이 모든 변화가 선생님 덕분이라며 잊지 않겠다고 했습니다.

카드를 읽는 동안 저도 모르게 가슴이 찡했습니다. 차마 죄송하여 다가오지 못하고 친구 편에 카드를 보낸 공손해진 그 마음이 무척 고마웠습니다. 그 뒤로 복도를 지나가다 해성이와 두세 번 마주쳤습니다. 해성이는 그때마다 가던 길을 멈추고 약간은 부끄러움을 머금은 얼굴로 반듯하게 인사를 하고 갔습니다. 그 모습에서 저는 더할 수 없는 기쁨을 느꼈습니다. 선생님인 것이 더없이 고맙고 행복한 순간이었습니다.

066

왜 살아야 하나요?

—— 6학년을 맡고 있는 담임교사입니다. 수업 시간에 공부는 안 하고 낙서하거나 꾸벅꾸벅 졸고 있는 동우에게 "공부하자."라고 하면 "공부는 해서 뭐 해요? 어차피 죽을 텐데. 차라리 지금 나가 죽으면 편할 텐데……."라고 말합니다. 표정도 어둡고, 움직이기도 싫어하는 동우는 매사에 의욕이 없고 죽음과 관련된 이야기를 많이 합니다. 각종 숙제 및 활동에 참여하는 것을 귀찮아하는 것은 물론이고 학교에 오는 시간도 점점 늦어지고 가끔씩 무단결석을 하기도 합니다. 처음에는 동우가 사춘기인 데다 부모님이 새벽부터 밤늦게까지 장사를 하시느라 바빠서 신경을 잘 쓰지 못하는 것이 원인이라고 생각해서, 어머니께 더 많은 관심을 가져주십사 당부를 드리려고 전화를 드렸습니다. 그렇지만 동우 어머니도 동우와 동우 형을 기르느라 바빠서 심신이 지쳐 있었기 때문에 의욕

이 없으셨습니다. 결국 한 학기가 다 지나가도록 비슷한 증상이 계속되었고 2학기가 다 끝나가는 지금은 더 심해져서 20일 가까이 등교 거부를 하고 있습니다. 가정으로 상담사가 방문하는데 상담사의 관찰 결과 등교를 하지 않는 날은 가족들이 밤늦게 들어올 때까지 하루 대부분의 시간을 방에서 혼자 보낸다고 합니다. 그러던 어느 날 동우의 SNS 대화명이 '죽고 싶다'로 바뀌었습니다. 이러다가 동우가 진짜 자살을 시도하는 것은 아닌지 너무 걱정이 됩니다. 어떻게 해야 할까요?

Ⓐ 우리나라 아동·청소년의 자살률은 지속적으로 증가하고 있으며 증가 속도도 매우 빠릅니다. 여성가족부와 통계청이 발표한 〈2014년 청소년 통계〉에 따르면 2012년을 기준으로 우리나라 9~24세 청소년의 사망 원인 1위는 '고의적 자해(자살)'인 것으로 나타났습니다. 또한 2000년부터 2010년까지 10년간 경제협력개발기구(OECD) 국가들의 아동·청소년(10~24세) 인구 10만 명당 자살률을 바탕으로 작성된 〈OECD 국가와 비교한 한국의 인구집단별 자살률 동향과 정책 제언 보고서〉(한국보건사회연구원, 2013)에 따르면 10년 동안 우리나라 아동·청소년 인구 10만 명당 자살률은 6.4명에서 9.4명으로 47퍼센트 증가한 것으로 나타났습니다. 이것은 OECD 국가의 아동·청소년 자살률이 2000년 평균 7.7명에서 2010년 평균 6.5명으로 10년 동안 16퍼센트 감소한 것에 비하면 매우 심각한 수준입니다. 이는 같은 기간 53퍼센트의 증가율을 보인 칠레에 이어 두 번째로 높은 증가율이며, 이 수치는 집계에 포함된 OECD 국가 31개 중 5위에 해당합니다.

아동·청소년의 주요한 자살 원인은 학업 스트레스, 우울증, 가정 내 갈등 등이 있습니다. 한림대학교 '자살과 학생정신건강연구소'는 2014년 중·고교생 자살자 118명의 주된 고민에 대해 담임교사를 대상으로 교육부가 조사한 내용을 바탕으로 자살의 원인을 분석하였습니다. 분석 결과 청소년 자살자들이 겪었던 고민 중 1위는 성적 문제(26.8퍼센트)가 차지했고 2위는 우울감(21.1퍼센트), 3위는 가정 내 갈등(18.3퍼센트), 4위는 친구 간 갈등(7.7퍼센트)이 차지했습니다. 그리고 이성 문제, 외모 콤플렉스, 게임 및 인터넷 중독, 가정 폭력, 왕따·사이버 폭력 피해 등이 그 뒤를 이은 것으로 나타났습니다.

10대는 신체적·정서적·지적인 변화가 큰 폭으로 한꺼번에 일어나는 시기로 아동·청소년이 자아 정체감을 형성하는 데 매우 중요하지만 동시에 매우 혼란스러운 때입니다. 부모님이나 선생님이 자신을 독립적인 성인으로 여기고 자신의 의견이 존중받기 원하지만 사고나 감정은 불안정하고 예민하며 스트레스를 많이 받는 시기이기도 하지요. 게다가 어른들로부터의 독립을 추구하면서도 어른들의 관심과 사랑을 필요로 하는 모순된 상태이기 때문에 제멋대로이고 변덕스럽게 보일 수 있습니다. 세대차가 나는 어른들이 아동·청소년의 이러한 특성을 이해하지 못하고 잔소리와 훈육을 반복할 경우 이 시기 아이들은 스트레스 상황을 견디지 못하고 충동적으로 가출하여 음주나 흡연 같은 비행이나 자살 같은 극단적인 선택을 하는 일이 발생할 수 있습니다.

아동·청소년 자살의 원인 중 큰 부분에 해당되는 우울증은 우울한 기분이 지속되는 것으로 특징지을 수 있는 어른들의 우울증과는 다릅니다. 10대 어린이와 청소년들의 우울증은 우울한 기분뿐만 아니라 여러 가지 문제 행동들을 같이 표출할 수 있기 때문에 단순한 사춘기 증상으로 간과하기가 쉬운데, 충동성이 큰 아동·청소년의 경우 우울증을 방치할 경우 흡연, 폭력, 가출 등의 일탈 행동과 자살과 같은 극단적인 결정으로 이어질 가능성이 높다고 합니다. 따라서 아동·청소년의 우울증과 사춘기의 차이점을 알아두었다가 초기에 이를 발견하는 데 활용하는 것이 무엇보다 중요합니다. 사춘기 증상은 상황이나 환경의 영향을 받기 때문에 변덕스럽고 일관성이 없으며 부정적 감정이 일시적으로 나타났다가 해소되기도 합니다. 그러나 우울증은 상황과 환경 변화에 전혀 상관없이 최소 2주 이상 우울감, 무기력함, 짜증, 신경질 등의 감정이 지속됩니다. 이와 동시에 반항, 공격적인 행동 및 무단결석, 가출, 집중력 저하로 인한 급격한 성적 저하, 심각한 불면증, 식욕 부진이나 폭식, 이유 없는 복통·두통·소화불량 등의 증상들이 복합적으로 동반되어 나타난다면 우울증을 의심하고 즉각 전문가와 상담하여 정확한 진단과 도움을 받도록 조치를 취해야 합니다.

우울증이나 외상 후 스트레스 장애, 불안 장애, 품행 장애 등과 같은 정신병리 이외에 청소년들이 자살을 생각하는 경우는 학업 스트레스나 학교 폭력에 지속적으로 시달리는 등 스스로 해결하기 힘겹다고 느끼는 문제들에 직면했을 때입니다. 실제로 죽을 생각이 있기보다는 문제 상황에서 탈출하고 싶거나 도움 요청이 절실할 경우 자살 시도를 하는 경우입니다. 우리나라 청소년들은 학업 스트레스가 매우 큽니다. 또한 왕따나 사이버 폭력과 같은 학교 폭력도 지속적으로 발생하고 있습니다. 이와 같이 심각한 문제를 반복적으로 겪을 때 문제 해결력이 부족한 아동·청소년은 아무도 나를 도울 수 없다고 절망하고 도움을 요청하지 않은 채 자살을 문제 해결의 한 방법으로 선택하는데, 이것이 매우 치명적이라 돌이킬 수 없는 결과를 초래하는 것이 매우 안타까운 점입니다.

유명인의 자살에 대한 부적절한 언론의 보도 행태도 청소년들의 자살을 조장하는 원인 중 하나입니다. 인터넷을 통해 연예인이나 기업가 등의 자살 동기, 자살 방법 등이 불필요하게 자세히 보도되면서 감수성은 예민하지만 판단력이 부족한 청소년들이 유명인의 자살을 모방하는 '베르테르 효과'가 생기고, 인터넷상에서 자살 동호회 등에 가입하여 자살을 공모하기도 합니다.

개입이 필요한 자살 징후들

동우와 같이 자살 위기에 처했다고 판단되는 경우를 주변에서 초기에 알아차리는 것은 매우 중요합니다. 특히 학습 부진 학생, 여학생, 내성적인 성격일 경우 문제를 내면으로 삭이기 때문에 문제의 심각성이 눈에 띄지 않은 채 방치될 수 있습니다. 보통 자살을 시도하려는 청소년들은 자신의 죽음에 대해 알리려 하기 때문에 "죽고 싶다."와 같은 말들을 여러 번 할 경우, 대수롭게 넘기지 말고 특별히 주의를 기울여 살펴봐야 합니다. 개입이 필요한 이상 징후가 감지되었을 경우 맨 먼저 교사가 위기 학생을 적극 지지하고 있다는 것을 표현하고 각 지역에 설치되어 있는 자살예방센터나 자살상담센터에 연결하여 전문적인 도움을 받도록 조치해야 합니다.

개입이 필요한 자살 징후들

- 평소 잘 하지 않던 주변 정리.
- 평소 아끼던 물건을 주변 사람에게 주며 잘 간직하라고 할 때.
- 성적이 급격히 하락할 때.
- 식습관, 수면 습관에 변화가 생길 때.
- 짜증, 분노가 많아질 때.
- 죽음에 대한 이야기들을 많이 할 때.
- 죽음에 대해 긍정적으로 말하거나 이상적으로 표현할 때.
- 무모하고 위험한 일에 가담해서 사고를 발생시킬 때.
- 약이나 칼 등을 찾을 때.

학교와 교사의 자살 예방 교육

자살을 예방할 수 있는 가장 근본적인 방법은 가족, 교사, 친구 중 단 한 사람만이라도 위기에 처한 아동·청소년과 친근하고 사랑하는 관계를 맺는 것입니다. 학생의 부모님, 가족들이 위험에 처한 아동·청소년의 안전망이 되어주는 것이 가장 좋지만 경기 침체, 이혼율 증가 등의 문제로 어려운 가정이 많기 때문에 가정만으로는 충분하지 못하므로 학교에서 학생들에게 필요한 지원을 제공할 필요가 있습니다. 한국자살예방협회에 따르면 학교에서는 다음과 같은 방법으로 학생들의 자살을 체계적으로 예방할 수 있습니다.

학교의 학생 자살 예방 대책

첫째, 부모, 교사, 학생들에게 청소년기의 특성과 자살에 대한 예방 교육을 실시합니다.

둘째, 청소년기의 가치관을 정립·지도합니다.

셋째, 상담 활동을 강화하고 또래 상담 제도를 도입합니다.

넷째, 즐거운 학교생활 풍토를 조성합니다.

다섯째, 성적에 대한 중압감을 해소시켜줍니다.

여섯째, 학교 폭력, 왕따 등 폭력 희생자를 줄입니다.

일곱째, 학생 자살 예방 지도를 위한 유인물과 책자를 발간합니다.

또한 친구나 교사의 영향력이 매우 높기 때문에 친구나 교사가 평소 관심을 갖고 고민을 잘 들어주는 관계를 형성하는 것이 필요합니다. 자살 생각을 갖고 있는 아이를 혼내거나 자극하는 말과 행동은 자제하고, 먼저 정서적 지지를 제공해주어야 합니다. 학생이 느끼는 감정이나 문제를 무시하거나 축소하지 않으면서 고민이 무엇인지 잘 들어주고 "너는 혼자가 아니다.", "지금은 어렵지만 잘 해결될 것이다."와 같은 희망적인 말이나 역경을 무사히 극복한 예화들을 자주 들려주면 도움이 됩니다.

교사는 평소 아이의 말을 잘 듣고, 아이를 있는 그대로 파악하고 잘 이해하도록 노력해야 합니다. 일방적인 훈계나 잔소리는 최소화하고 아이들이 생각해내지 못한 다양한 문제 해결 방법들을 안내하는 코치 역할을 할 수 있습니다. 또한 교사는 자살 예방을 위해서 평소 다양한 문제 해결의 방법과 자신의 상태를 표현하는 방법을 꾸준히 가르쳐야 합니다. 또한 청소년 자살 예방에 큰 도움이 되는 자살 예방 교육, 생명 존중 교육도 필수적으로 실시해야 합니다. 청소년들이 자살에 대해 정확히 이해하고, 자살을 예방할 수 있는 방법이나 사이버 상담센터 등을 통해 도움을 받을 수 있다는 것을 알면 아동 · 청소년의 안타까운 자살을 줄일 수 있습니다.

자살 예방 관련 기관 및 사이트들
- 한국가족상담교육연구소(www.consult.or.kr)
- 한국자살예방협회(www.suicideprevention.or.kr)
- 생명의 전화(www.lifeline.or.kr)
- 국가청소년위원회
- 한국청소년상담복지개발원(www.kyci.or.kr)
- 지역별 자살예방센터
- 서울시자살예방센터(www.suicide.or.kr)
- 희망클릭(www.hopeclick.or.kr)

 참고문헌

- 한국자살예방협회, 《자살의 이해와 예방》, 학지사, 2008.

067

'야동'을 보는 아이가 있어요.

—— 6학년을 맡고 있는 여교사입니다. 어느 날 "선생님 장혁이는 야동 본대요."라는 신고가 들어왔습니다. 이 말을 듣고 여러 다른 친구들에게 확인해보니 장혁이가 '야동'을 본다는 사실을 모두가 공공연하게 알고 있는 상태였습니다. 그것도 한두 번이 아니라 거의 매일 야동을 본다고 본인이 자랑하듯 이야기했다고 합니다. 장혁이의 부모님은 직장을 다니셔서 낮 동안은 집이 비어 있습니다. 어떻게든 개입이 필요한 상황인 것 같습니다. 그런데 여교사인 저로선 어떻게 접근해야 할지 막막합니다. 어떻게 지도해야 좋을까요?

🅐 6학년 담임을 맡다 보면 장혁이와 같은 아이를 종종 볼 수 있습니다.

이런 아이들에 대한 여선생님들의 반응은 보통 두 가지로 나뉩니다. "야동을 보면 안 되는 거야."라고 훈계하거나 입에 담기 부끄러워 모른 척 넘어가는 반응입니다. 남교사인 제가 보기에는 양쪽 모두 한계점을 지닌 대처 방법으로 보입니다. 음란물을 보는 아이들에게는 사춘기 남자아이들의 특성을 고려한 조금 더 사려 깊은 접근이 요구됩니다. 이를 위해서는 먼저 사춘기 남자아이들과 '야동' 및 음란물의 특성에 관해 살펴볼 필요가 있습니다.

언젠가는 결국 보게 된다

남자와 음란물에 관해 여선생님들이 가장 먼저 알아야 할 사실은 남학생들은 음란물을 피할 수 없다는 사실입니다. 시기의 문제일 뿐 남학생들은 결국 음란물을 접하게 됩니다. 그리고 90퍼센트 이상의 남학생들이 주기적으로 음란물을 찾게 될 것입니다. 이렇게 될 수밖에 없는 첫 번째 이유는 남자의 특성과 관련이 있습니다. 사춘기에 접어든 남학생들에게는 성욕과 관련한 강력한 남성호르몬이 분비됩니다. 고환에서는 빠른 속도로 정액을 만들며 일정량 이상 정액이 쌓이게 되면 뇌에서 이를 분출하라는 강력한 신호를 보냅니다. 이것이 성욕이지요. 만약 의식적으로 정액의 분출을 막는다면 뇌는 잠자는 동안 무의식적으로라도 정액을 분출시킵니다. 야한 꿈과 함께 동반되는 이 활동을 몽정이라고 부릅니다. 남자의 일생 중 가장 강한 성욕을 갖게 되는 시기는 10대 중후반이라고 합니다. 이 시기 몸은 본능적으로 이성의 몸, 스킨십, 섹스를 열망합니다. 성욕을 억제하려는 강한 의지가 있다 하더라도 조절은 불가능합니다. 즉 성욕은 남자가 통제하기 힘든 본능의 영역에 속해 있습니다.

남학생이 결국 음란물을 접할 수밖에 없는 두 번째 이유는 인터넷, 스마트폰의 보급 후 음란물에 접근하기가 너무나 쉬워진 환경 탓도 있습니다. 우리나라와 달리 일본, 미국, 유럽에서는 실제 섹스를 촬영한 영상인 포르노그래피, 즉 '야동'의 촬영, 상품화, 판매, 보급이 합법입니다. 따라서 이런 영상이 드라마나 영화처럼 활성화되어 있으며, 기업화된 이들의 영상 산업은 케이블 채널을 직접 소유하며 전 세계를 상대로 연평균 100조 원이 넘는 시장을 형성하고 있습니다. 이런 기반이 조성되어 있는 까닭에, 지금 이 순간에도 인터넷과 스마트폰을 통해 하루에도 수백 편씩 새로운 음란물 동영상이 쏟아져 나오고 있는 실정입니다. 그리고 인터넷의 속성상 이런 영상들이 불법 복제되어 넷(net)으로 연결된 세상을 떠돕니다. 돈을 내지 않아도 클릭 몇 번만으로도 언제든지 음란물을 다운받고 시청할 수 있게 된 것입니다. '야동'을 다운받는 일은 학교 도서관에서 책을 빌리는 것보다 우리 아이들에게 훨씬 간편하고 쉬운 일이 되었습니다.

음란물의 부작용

　돈을 벌기 위해 만들어진 공산품이라는 '야동'의 속성상 이들 영상물은 우리 아이들, 특히 남학생들에게 부정적인 영향을 끼칠 수밖에 없습니다. 〈어머님은 내 며느리〉라는 드라마를 보신 적이 있으신지요? 2015년에 SBS에서 방영된 이 아침 드라마는 자신을 구박하던 시어머니가 재혼 후 시간이 흘러 자신의 며느리가 된다는 기상천외한 설정으로 화제가 되었습니다. 이처럼 비현실적이고 개연성이 결여되었으며 자극적이기만 한 이야기가 펼쳐지는 드라마를 우리는 '막장 드라마'라고 부릅니다. 막장 드라마가 제작되는 이유는 작품으로 현실을 반영한다는 예술 본연의 목적은 간과한 채 그저 자극적인 소재로 시청률을 올리겠다는 목적 하나만을 좇은 결과입니다. 시청률이 오르면 여기서 파생되는 광고비가 늘어나게 되고, 방송사의 이윤은 그만큼 커지게 됩니다. '야동'의 제작 목적도 이와 다르지 않습니다. 홍수같이 쏟아지는 음란물 시장에서 잘 팔리는 '야동'이 되기 위해서는 더 자극적이고 말초적이며 비현실적인 성행위를 묘사하는 수밖에 없지요. 그중에는 가학, 피학적 성행위, 강간, 폭력이 동반된 성행위 등 아이들의 성 관념에 극히 부정적인 영향을 끼칠 수 있는 내용을 포함한 것들도 많습니다. 바로 여기에 음란물 시청의 가장 큰 부작용이 있습니다. 바로 아이들에게 잘못된 성 의식을 심어줄 수 있다는 것이지요.

'여자는 거칠게 성행위를 할수록 좋아하는구나.', '강간을 해도 여자가 좋아할 수 있구나.', '성기가 커야 여자가 좋아하는구나.' 등 자극적인 음란물은 그릇된 성 의식을 심어줍니다. 특히 아무런 성 지식이 없는 상태에서 이런 영상을 시청할 경우 여기에 나온 성행위를 일반적인 성행위로 받아들이게 됩니다. 이 외에도 너무 자극적인 음란물에 장기간 노출되면 자칫 성기능 장애를 겪을 수도 있습니다. 너무 강렬한 자극에 적응된 탓에 실제 성관계에서는 자극을 받지 못하기 때문이지요. 사춘기 아이들은 음란물을 본 뒤 모방 충동을 강렬히 느낄 수도 있고 이것이 일상생활을 저해할 만큼 큰 부작용을 가져올 수도 있으므로 각별한 주의가 필요합니다. 비록 음란물을 접하는 것을 막을 수는 없다 하더라도, 음란물에 지나치게 집착하고 이에 빠져들고 있지는 않은지 각별한 관심을 기울여야 하는 이유가 여기에 있습니다.

'야동'을 드러내놓고 가르치기

위에서 살펴본 사춘기 남학생의 성격과 음란물의 특성을 바탕으로 '야동'을 보는 남학생에 대해 어떻게 대처해야 할지 살펴보겠습니다.

먼저, 남학생들은 시기가 문제일 뿐 어쩔 수 없이 '야동'을 접하게 된다는 사실을 인정해야 합니다. 그렇기 때문에 "어떻게 그럴 수 있니? 야동을 보는 것은 나쁜 일이야. 야동을 보면 안 돼."라고 무작정 핀잔을 주는 일은 피하는 것이 좋습니다. 교사가 혐오나 금지의 메시지로 반응한다면 아이들은 "아, 우리 선생님에게는 다시는 이런 말을 하면 안 되겠구나."라고 반응해버릴 것입니다. 그리고 '야동'을 본다는 사실을 꼭꼭 감추겠죠. 하지만 모든 남학생은 결국 음란물을 시청하게 될 것입니다. 그렇기에 음란물 시청은 더욱 은밀하고 음성화될 수밖에 없습니다.

"그렇구나. 야동을 보고 싶은 욕구는 너희 나이 때 남자라면 누구나 가지는 자연스런 현상이야. 2차 성징의 가장 큰 특징이 여성의 몸과 스킨십에 대한 급격한 관심이거든. 단순한 호기심에 보고 싶었을 수도 있겠지만, 너희 몸과 마음이 주는 자연스러운 신호이기도 해. 지금까지는 책이나 그림으로만 접했다면, 이제는 여성의 신체와 성관계를 영상으로 좀 더 직접 보고 싶은 거지."

이처럼 아이가 음란물을 본다는 사실을 유연하게 받아들이고 포용하는 자세로 접근한다면 오히려 음란물에 대해 제대로 교육할 절호의 기회가 될 수 있습니다.

'야동'에 대해 무작정 금지하는 메시지를 피하고 포용하는 자세를 취해야 할 또 하나의 이유는 남학생의 본능과 관련이 있습니다. 앞에서 말씀드렸듯이 남학생들이 가진 이성의 몸, 성관계에 대한 관심과 욕구는 의지로 자제할 수 없는 본능적인 일입니다. "안 돼, 나쁜 거야."라는 혐오나 금지의 메시지는 아동의 본능적인 욕구에 죄책감을 씌우는 일이 됩니다. 물론 어른의 입장에서는 '야동'이 비정상적인 영상물이기 때문에 금지시키는 것이지만 아이의 입장에서는 자칫 정상적인 성욕도 나쁜 욕구라는 뜻으로 해석할 수 있습니다. 그리고 이를 자제하지 못하는 자신을 탓하며 자기 비하적인 자아 개념이 형성될 수도 있습니다.

'야동'을 본다는 사실이 선생님에게 전달된다는 것은 아이들이 선생님과 성에 관한 이야기를 나눌 정도로 마음을 열고 있다는 신호일 수 있습니다. 이 신호를 놓치지 말아야 말고 음란물에 대해 교육할 기회로 삼아야 합니다. 교육 내용 중 가장 우선해야 할 것은 '야동은 자극적으로 만들어진 환상'이라는 사실을 전달하는 것입니다.

"너희들 액션 영화 좋아하지? 아이언맨, 캡틴 아메리카, 어벤져스 같은 영화들을 보면 어떤 기분이 드니? 신 나고 통쾌하지? 그런데 이 영화들이 실제 벌어질 수 있는 일일까? 손에서 레이저가 나가고 우주 공간에서도 끄떡없는 아이언맨의 슈트 같은 것이 현실에서도 과연 가능할까? 영화는 판타지일 뿐 현실과는 거리가 멀다는 것을 너희는 잘 알 거야. 이런 영상들은 박진감 넘치고 스릴 있는 장면을 얻기 위해 특수 효과와 특수 분장, 특수촬영으로 만든 것임을 말이야. 너희들이 즐겨 보는 야동도 영화와 마찬가지란다. 어떻게든 자극적이고 흥미 있게 만들어 많은 사람들이 찾게 하는 데 목적을 둔 것이지. 음란물에 나오는 성적인 행위들도 액션 영화처럼 모두 과장되고 부풀려진 거란다. 더 자극적으로, 더 과도하게 만들어진 상품일 뿐이지. 선생님이 정말 걱정하는 건 너희들이 야동을 본다는 사실 자체가 아니라 이런 과장된 영상을 보면서 갖게 될 잘못된 성 지식이야. 음란물에서처럼 여자는 남자가 때리면 과연 좋아할까? 강제로 몸을 더듬거나 만지면 좋아할까? 여학생들은 어떻게 생각하니? 맞아. 말도 안 되지? 너무너무 싫고 끔찍할 거야. 시중에 떠돌아다니는 음란물에는 이런 터무니없는 내용이 태반이야. 이런 것들을 보면서 그릇된 성 지식을 쌓게 된다면 앞으로 어른이 되어서도 이성과 좋은 관계를 맺지 못할 거야. 혹은 너무 자극적인 영상에 길들여져 진짜 여자들과의 관계에서 만족을 얻지 못할 수도 있어. 선생님이 정말 걱정하는 것은 이거야."

아이언맨이 판타지이듯

고학년 아이들은 아이언맨이 판타지라는 사실을 모두 알고 있습니다. 하지만 '야동'이 판타지라는 사실은 미처 모르고 있는 경우가 많습니다. 제대로 된 성교육을 받지 않았기 때문입니다. 그렇다면 '야동'이 환상이라는 사실 뒤에 꼭 뒤따라야 할 것은 '정상적인 성행위란 무엇인가'에 대한 성교육이 될 것입니다. 바람직한 성교육은 '야동'이 주는 환상을 대체할, 있는 그대로의 사실과 그에 따르는 책임에 대한 교육이 되어야 합니다.

"왜 남자와 여자는 서로 끌리는 걸까? 남자와 여자가 성행위를 하고 싶어하는 이유는 뭘까? 누구 아는 사람 발표해볼래?"

"그렇지. 남녀가 서로 성행위를 하려는 이유는 본능 때문이야. 자신의 분신을 남기려는 본능, 간단히 말해 자기 아이를 가지려는 본능, 자신의 유전자를 후대에 남기려는 본능 때문이지. 만약 우리에게 이 본능이 없다면 어떻게 될까? 인류는 멸종하겠지. 모든 인류는 자기 자식을 가지려는 본능을 가지고 있어. 그게 인간이 아직까지 살아남은 이유겠지. 성욕은 나쁜 것이 아니야. 인류가 살아남기 위해 꼭 가져야 할 본능이지. 하지만 너희들도 알고 있듯이 아이를 낳고 기르는 일은 쉬울까, 어려울까? 너무나 힘들고 고된 일이지. 최소 10

년은 아무 일도 못하고 아이에게만 집중해야 하는 일이야. 하지만 무엇보다 행복하고 기쁜 일이기도 해. 그런데 고되지만 행복한 일에는 꼭 두 사람이 필요하단다. 그 사람이 바로 너희의 아내이자 남편, 여자 친구이자 남자 친구가 될 사람이야. 그렇기 때문에 성행위는 아무하고나 아무렇게나 해서는 안 되는 행동이야. 특히나 아직 책임질 능력이 없는 아동이나 청소년에게는 매우 조심해야 할 행동이지. 성행위란 정말 믿고 사랑하는 사람과 둘이 동의를 구한 다음에, 서로를 아껴주고 존중해주며 해야 할 행동이야. 그리고 그에 따르는 책임이 뒤따라야 하는 행동이기도 하지."

사춘기 남학생의 정상적인 욕구와 호기심 자체는 인정해주어야 합니다. 하지만 음란물을 주기적으로 반복해 시청하는 것에 대해서는 반대한다는 의견과 그 이유를 상세히 전달해주는 것이 좋습니다. 그렇더라도 아이가 앞으로 음란물을 시청하지 않을 거라고 장담할 수는 없을 것입니다. 다만 아이가 음란물을 마치 공포 영화나 액션 영화처럼 만들어진 환상이라고 인지하게 하는 것이 중요합니다. 더 나아가 바람직한 성 관념을 형성시켜주는 성교육이 일선 학교에서도 정기적으로 이루어져야 할 것입니다.

068

수업 분위기를 흐려요

──── 첫 발령 후 두 해 연속 5학년을 맡은 담임교사입니다. 지난 해 아이들이 제 품에 폭 안기는 너무나도 예쁜 아이들이라 좋은 기억을 안고 다시 5학년을 지원했습니다. 그리고 '지난해와 비슷하게 학급경영을 해야겠다.'라고 마음먹고 있었는데, 생각지 못한 복병으로 난항을 겪고 있습니다. 바로 우리 반 진영이입니다. 진영이는 3월 첫 주 약간의 긴장감이 도는 시기를 지나고부터 서서히 진면목을 보여주고 있습니다. 수업 중이라도 자기가 할 말이 생각나면 마구 질문을 던지는데, 그중 반 이상은 수업과 상관없는 내용입니다. 물론 궁금한 점에 대해 질문하는 것이 나쁜 것은 아니지만, 자꾸 설명 중간에 질문을 해서 수업의 맥이 끊기니 아이들도 짜증을 내고 솔직히 저도 기분이 좋지만은 않습니다. 이뿐 아니라 진영이는 수업 중에 할 말이 생각나면 누구에게든 거침없이 이야기

합니다. 짝에게 이야기하는 것은 물론, 건너편 친구에게도 큰 소리로 말을 겁니다. 이런 행동을 할 때마다 지도해보지만 순간일 뿐 별반 나아지는 것 같지 않고, 오히려 진영이의 태도에 다른 아이들이 동요해서 걱정입니다. 집중을 잘 하다가도 자기 할 말을 참지 못해서 수업 분위기를 흐트러뜨리는 진영이를 어떻게 하면 좋을까요?

Ⓐ 아이의 통제되지 않은 돌발적인 발화가 선생님을 당황스럽게 하는 상황입니다. 궁금한 것이 많을 때라는 점을 인정하지만, 다소 과도한 충동적 질문과 대화로 수업 분위기마저 흐리게 된다면 아이의 행동을 지도할 필요가 있습니다. 선생님의 설명으로 보았을 때 진영이가 수업에 전혀 집중하지 못하거나 과잉된 행동을 보이는 것은 아니기 때문에 '주의력 결핍 및 과잉행동장애(ADHD)' 가능성을 의심할 정도는 아닌 것 같습니다. 다만 자제력과 인내심이 부족해서 오는 문제로 보입니다. 그러므로 지도 목표를 아이 스스로 자신의 생각과 말, 행동을 조절할 수 있는 통제 능력을 기르는 데 두고, 아이에게 학급과 학교 내의 규칙을 존중하고 지키려는 태도를 길러줄 필요가 있습니다.

스스로에게 묻고 답하는 시간 주기

일단 수업 분위기를 흐리는 태도에 대해 초기에 교사의 단호한 대응이 있어야 합니다. 그 후 학생에 대한 상담 및 지도를 실시합니다. 아이의 엉뚱한 질문으로 수업이 방해될 경우 교사는 다음과 같이 이야기할 수 있습니다.

"네가 선생님이 설명하는 중에 느닷없이 질문을 해서(친구들에게 말을 걸어서) 선생님은 수업을 제대로 할 수 없게 되어 당황스럽구나. 선생님은 네가 질문하기 전에(친구에게 말을 걸기 전에) 속으로 '하나, 둘, 셋'을 센 다음에 질문해주었으면 하는데, 가능하겠니?"

그리고 학급 분위기를 안정시킨 후 수업을 계속 진행합니다. 아이 한 명으로 인해 교사가 동요하거나 수업 분위기가 흐트러지지 않는다는 것을 인식할 수 있게 해주면 좋습니다. 예를 들면 "자, 아까 중요한 부분을 이야기하고 있었는데, 잠시 다른 길로 접어들었네. 이제 다시 제자리로 돌아가 보자. 어디까지 공부했었지?" 정도의 말씀을 할 수 있습니다.

수업이 끝나고 나면 아이를 불러 면담을 하거나 상담을 진행합니다. 이때 교사는 아이에게 자신의 행동에 대한 옳고 그른 판단을 내릴 수 있도록 질문을 던지는 게 좋습니다. 그리고 재발 방지를 위해서는 어떻게 해야 하는지 아이에게 직접 계획표를 짜고 이를 실행하도록 약속하게 합니다.

행동 수정 기법 사용

진영이가 수업 시간 중에 충동적인 질문을 하고 친구들에게 말을 거는 이유는 스스로 자기통제를 하지 못하기 때문입니다. 이런 아이에게 그저 야단만 치는 것은 아무 도움이 되지 않습니다.

다음에 소개하는 '4단계로 생각하기'는 체계적이고 단계적으로 생각하는 훈련을 통해 변화를 촉진하는 방법입니다. 지속적으로 연습하면 체계적인 사고를 하게끔 하여 충동적 언행을 감소시키는 데 도움을 줄 수 있습니다. 단계는 아래와 같습니다.

1단계 : 문제가 뭐지?

2단계 : 어떻게 해야 하나?(계획 세우기)

3단계 : 계획대로 세심하게 실천하기.

4단계 : 계획대로 되었는지 확인하기.

처음에 단계에 익숙해지기 위해 단순한 과제를 할 때 4단계를 적용하여 소리 내어 말하게 합니다. 초기에는 익숙하지 않아 귀찮아하거나 어색해할 수 있지만, 충동적이지 않고 체계적인 사고를 기르는 것이 더 중요하다는 것을 알려주시기 바랍니다. 단, 절대 강압적이어서는 안 되며 유연한 분위기 속에서 이끌어야 합니다. 아이가 단계적 사고에 서서히 익숙해지면 나중에는 자동으로 생각할 수 있게 되어 4단계로 생각하는 속도가 차츰 빨라지며, 자기 행동에 이를 적용할 수 있습니다.

예를 들어, 진영이의 경우에는 1단계에서 '왜 수업 중에 내용과 관련 없는 질문을 하지? 왜 친구한테 이 이야기를 지금 바로 하려고 하지?'를 생각합니다. 2단계에서는 '선생님께 질문할(친구에게 이야기할) 내용을 메모했다가 나중에 해야겠다.'는 생각을 하고, 3단계에서는 '수업이 끝나고 질문하기(이야기하기)'를, 마지막 4단계에서는 '일기에 쓰기, 선생님께 확인받기' 등으로 습관을 키울 수 있습니다.

수업 중 수시로 할 수 있는 긍정적인 피드백도, 간단하지만 영향력 있는 지도 방안이 됩니다. 관계없는 질문을 했을 때 부정적인 반응이나 벌을 주는 것보다는 사소한 것이라도 칭찬할 만한 행동을 보였을 때 구체적이고 긍정적인 반응을 보여주는 것입니다. 이는 훈계나 처벌에 비해 교육적 효과가 높으며 문제 행동의 근본적인 해결을 가능하게 합니다. 진영이와 같이 자기통제가 잘 되지 않고 주의가 산만한 아이는 보상을 받을 수 있는 구체적인 행동 목록을 알려주어야 합니다. 예를 들면 '수업 시간에 관련 없는 내용에 대해 질문하고 싶으면 일단 종이에 적어보기', '수업 시간에 세 번 이상 자리에서 일어나지 않기' 등입니다. 이와 함께 강화의 의미로 보상을 해주면 더욱 효과적입니다. 보상은 물질적인 보상과 사회심리학적인 보상을 적절하게 혼합하는 것이 좋습니다. "진영이가 이번에 정말 좋은 질문을 해주었구나.", "친구와 이야기하고 싶었던 것을 수업 끝날 때까지 참 잘 기다렸어."와 같은 언어적 칭찬과 머리 쓰다듬기 등의 신체 접촉은 좋은 사회적 보상입니다. 그리고 좋아하는 음식, 작은 장난감, 학용품 같은 물질적인 보상과 자유 시간 갖기, 영화 보기 등의 활동 보상을 사용할 수 있습니다. 스티커나 점수제와 같은 토큰은 장기적으로 목표를 설정하고 이를 향해 가는 인내심을 키우는 데에도 도움이 됩니다. 초반에는 외적 보상에서 시작하지만, 나중에는 스스로 노력해서 무언가를 성취한다는 것 자체가 보상이 되는 내적 보상으로 발전할 수 있습니다. 자신이 노력한 것 자체를 뿌듯하게 느끼게 해주도록 아이가 바른 행동을 했을 때 아동이 "나도 잘할 수 있어."라고 스스로에게 칭찬해주는 것을 연습시키면 좋습니다.

이러한 과정을 교실로만 한정하지 않고, 가정에서도 지속적으로 이루어질 수 있게 해야 합니다. 교사와 학부모가 아이에 대한 의견을 주고받을 수 있는 노트 등을 마련하여 활용할 수 있습니다. 이는 부모는 자녀가 학교에서 어떤 문제를 갖고 있는지 알고, 교사는 가정에서 아이의 모습이 어떤지 파악하게 되어 문제 해결 전략을 수립하는 데 도움이 됩니다.

교사의 시선 바꾸기

학생을 지도하면서 아이에 대한 선생님의 인식도 조금 바꾸어보기를 권합니다. '저 아이는 너무 제멋대로라 힘들어.', '오늘도 또 그러는구나.'와 같은 고정적인 시선은 학생이 긍정적으로 변화하는 데 전혀 도움이 되지 못합니다. 아이들은 선생님의 말이나 행동을 있는 그대로 느끼기 때문에 비판적인 태도보다는 오히려 아이를 있는 그대로 수용하고, 아이가 바르게 성장하기를 바라는 따뜻한 배려와 관심을 보이는 것이 훨씬 좋습니다.

한 설문조사에 따르면 학생이 수업 중 수준 이하의 질문이나 엉뚱한 질문을 했을 때 교사의 40.6퍼센트가 "다른 아이들에게 피해를 주고 있다고 생각한다."고 답했고, 25.3퍼센트는 수업 진행에 방해가 된다는 생각에 학생을 타이르거나 무시한다고 밝혔습니다. 비록 몇몇 학생들의 질문에 한하겠지만, 교사의 이와 같은 반응이 누적된다면 학급의 모든 아이들이 수업 중에 궁금한 점을 질문하는 것을 꺼리게 되고 결국 교사만 이야기하는 침묵의 교실이 될 수 있습니다. 그러므로 아이의 엉뚱한 질문에도 교사의 적절하고 효과적인 반응이 뒤따라야 합니다. 그렇다면 수업 내용과 관련 없는 아이의 질문에 대해 교사가 어떤 반응을 보이는 것이 가장 좋을지 아래의 예를 통해 살펴보겠습니다.

교사 : 지금까지 자기부상 열차에 쓰이는 자석과 그 원리에 대해 알아보았어요.

학생 : 선생님, 자기부상 열차는 얼마 정도 해요? 많이 비싸요?

앞서 언급한 것처럼 이와 같은 엉뚱한 질문이라도 교사가 부정적으로 반응하는 것은 결코 좋은 일이 아닙니다. "넌 매번 쓸데없는 질문을 하더라. 가격 알면 사려고?", "또 이상한 질문이나 하고, 넌 왜 매번 그런 것만 물어보니?" 처럼 면박을 주는 교사의 반응에 지속적으로 노출된 아이는 자존감이 떨어질 뿐 아니라, '난 원래 그래.' 등과 같은 생각이 고착되어 행동을 변화하려는 노력을 하지 않게 됩니다. 그리고 교사에 대한 반감을 가져 오히려 더욱 어긋난 행동을 보일 수 있습니다. 또한 별다른 반응을 보이지 않거나 의도적으로 무시하는 경우도 좋지 않습니다. 이는 다른 학생들의 질문과 대답도 사라지게 하는 역효과를 낳을 수 있습니다. 그러므로 교사는 되도록 아이의 현재 행동 자체에 초점을 두어야 합니다. 이를테면 "네가 지금 한 질문은 수업과 관련이 없어서 수업의 흐름이 끊기는구나. 수업이 끝나고 선생님께 개인적으로 다시 물어보면 좋겠다."와 같은 반응은 아이의 질문으로 인해 현재 어떠한 문제 상황이 발생하는지와 함께 아이가 해야 할 바른 행동을 제시해줌으로써 전자와는 분명히 다른 결과를 만들어냅니다.

조금 더 나아가, 수업과 관련 없는 질문일지라도 교사가 적절히 반응하고 이를 활용하면 배움을 이끌어낼 수 있습니다. 일단 교사는 학생의 질문을 그대로 인정하고 칭찬하거나 격려하는 자세를 유지해야 합니다. 그래야만 뒤이어 나올 다른 좋은 질문을 기대할 수 있기 때문입니다. 교사가 엉뚱한 질문에도 긍정적 반응을 보여줄 때 학생들은 안정감을 경험하며, 수업 중에 질문하는 행동을 강화하고 촉진하게 됩니다. 엉뚱한 질문에 대답하기 곤란하거나 정답을 모르는 경우 교사가 보일 수 있는 적절한 반응의 예는 다음과 같습니다.

"혹시 누가 이 질문에 대답해줄 사람?"(전체에게 질문하기), "선생님은 가격은 잘 모르겠는데, 너는 어느 정도라고 생각하니?"(추측해보기), "검색하면 나올 것 같은데, 오늘 집에서 한번 찾아보지 않을래?"(답을 찾는 과정을 통해 학습하기), "자기부상 열차의 가격이 얼마인지 궁금한 이유는 무엇일까?"(질문의 이유를 파악하여 반응하기). 엉뚱한 질문도 수업에 도움이 되게 하고, 학생들 스스로 가장 의미 있는 질문을 생각하도록 수업을 이끄는 것도 교사가 갖추어야 할 역량입니다.

 참고문헌

• 신현균 · 김진숙,《주의력결핍 및 과잉행동장애》, 학지사, 2000.
• 한국청소년정책연구원, 〈학생상담 및 생활지도 매뉴얼〉.

069

휴대전화 사용을
어떻게 지도하면 좋을까요?

───── 오늘도 지현이는 선생님 눈을 피해 책상 밑에서 휴대전화를 만지작거립니다. 등교하자마자 전원을 끄라고 해도 틈만 나면 켜서 문자를 확인하고 휴대전화 고리를 만지작거리며 손에서 놓지 않습니다. 쉬는 시간이나 점심시간에는 화장실에 가서 몰래 전원을 켜서 게임을 하기도 합니다. 다른 반 선생님께도 걸리고, 친구들의 신고로 몇 번 적발이 되어 주의를 주었으나, 그 버릇은 쉽게 사라지지 않습니다. 거의 휴대전화 중독 상태지요. 잠깐이라도 휴대전화가 눈에 띄지 않으면 불안해하는 증상까지 있습니다. 점점 이런 아이들이 늘고 있는데, 어떻게 지도해야 할지 고민입니다.

A 고학년 아이들은 대부분 휴대전화를 소유하고 있습니다. 저학년 아이들도 반에서 몇 명은 부모와의 원활한 연락을 위해 가지고 다니는데 점점 그 수가 늘어가는 추세입니다. 맞벌이 가정이 늘어나고 세상이 험해지니 당연한 결과라고 생각합니다. 하지만 주어진 휴대전화를 무절제하게 사용하고 있는 것이 문제입니다.

컴퓨터와 휴대전화 사용이 일상화되면서 표준어 사용을 잘하지 못하거나 예의에 어긋난 행동을 하는 아이들이 늘어나는 것도 문제입니다. 교실에서조차 선생님을 '쌤'으로 줄여 말하고, 자기들끼리 줄임말을 쓰며 은어로 속닥거리는 건 다반사지요. 최소한 학교에서만은 표준어 사용을 권장하며 생활화하도록 지도하고 있지만 이것도 잘 지켜지지 않아 선생님들이 지도하는 데 어려움을 많이 느끼고 있습니다.

왜 휴대전화에 집착할까?

아이들이 휴대전화에 집착하는 이유는 아주 단순하고 명쾌합니다. 전화를 가지고 노는 것이 가장 재미있는 일이기 때문입니다. 여자아이들은 주로 카카오 스토리나 카카오톡, 밴드, 블로그 등 다른 사람과 관계 맺는 용도로 휴대전화를 사용하고, 남자아이들은 게임하는 데 많은 시간을 보냅니다. 교사를 비롯한 어른들은 아이들에게 전화로 노는 방법 말고 다른 재미있는 놀 거리를 제공할 필요가 있습니다. 교실에서 함께 보드게임(장기, 바둑, 체스, 공기놀이, 스머프 게임, 인생 게임, 카프라, 사각 블록, 젠가, 할리갈리, 러시아워, 다이아몬드 게임, 텀블링 몽키, 루미큐브, 클루 등)을 한다든지 여러 가지 놀이를 함께 해보면 좋습니다. 체육 시간에는 신체 운동의 즐거움을 알 수 있는 활동을 함께 하는 것이 좋습니다. 아이들이 여가 시간을 즐기는 방법을 모르기 때문에 휴대전화를 가지고 노는 경우가 많기 때문입니다. 다양한 운동, 그림 그리기, 음악 듣기, 요리하기, 산책, 수다 떨기 등 여러 가지 방법으로 자신의 시간을 유용하게 보낼 수 있도록 안내하는 것이 필요합니다.

휴대 전화 사용, 어떻게 지도할까?

첫째, 통신 예절 교육과 책임 교육을 실시합니다.

휴대전화는 이제 대중에게 일반화 · 보편화되어 있습니다. 이런 현실에서 아이들에게 휴대전화를 가지고 다니지 못하게 할 수는 없는 노릇이지요. 하지만 이에 대한 책임 교육은 꼭 필요합니다. 아이들이 들고 다니기에는 다소 비싼 물건이기에 더욱더 자신의 물건을 챙겨야 할 책임감이 필요합니다. 더욱 중요한 것은 통신 예절, 즉 모티켓(motiquette : mobile과 etiquette의 합성어로 휴대전화를 사용할 때 지켜야 할 예절을 말함)을 지키는 것입니다.

한국정보화진흥원이 운영하는 인터넷중독 예방상담센터인 스마트쉼센터(www.iapc.or.kr)에서 제시한 즐거운 휴대전화 문화 예절 10계명을 소개합니다.

즐거운 휴대전화 문화 예절 10계명

1. 공공장소에서는 휴대전화를 꺼두거나 매너 모드로 전환한다.
2. 지하철 · 버스 · 공중 화장실 · 공공장소에서는 조용하게 간단히 통화한다.
3. 공공장소에서는 화상 통화를 자제한다.

4. 병원의 의료 기기 주위나 비행기 안에서는 휴대전화를 사용하지 않는다.

5. 도서실 등에서 자리를 비울 때는 휴대전화를 가지고 나간다.

6. 모바일 게임, DMB 시청, 음악을 들을 때는 타인에게 방해가 되지 않게 한다.

7. 통화할 때에는 함께 있는 사람에게 양해를 구한다.

8. 상대방이 운전 중일 때는 다시 통화를 약속하고 끊는다.

9. 문자 메시지를 보낼 때 발신자 이름을 적어 보내도록 한다.

10. 카메라로 타인의 인권과 사생활을 침해하지 않도록 조심한다.

둘째, 휴대전화 사용에 대한 학급 규칙을 정합니다.

휴대전화를 가지고 오되, 사용법에 대한 내용을 학급 규칙으로 정해 반드시 약속하는 과정이 필요합니다. 학교 내에서 사용하지 않도록 하고, 꼭 써야 할 상황이면 선생님께 허락받고 사용하도록 하는 사전 지도가 필요합니다. 반 아이들과 함께 바른 휴대전화 예절에 대해 함께 이야기해보고, 함께 지킬 약속을 정해 지키도록 합니다. 가정에도 협조를 얻어 학생이 사용하기 적합한 정액제를 사용하고, 자기 휴대전화 관리는 철저히 자기가 책임지고, 통신 예절을 지킬 수 있도록 해야 합니다. 정해진 내용은 정리하여 학급 내 게시판과 학급 홈페이지에 올려둡니다.

그리고 이를 어길 경우 어떻게 조치를 취할지도 명확히 정합니다. 일례로 학교에서 허락 없이 휴대전화를 켜서 사용하는 경우, 하루 동안 뺏고 하교할 때 돌려주는 규칙을 정하는 것 등입니다. 며칠 동안 압수하면 가족과 연락하기도 불편하고, 학부모 민원이 들어올 확률이 높으므로 압수 기간은 하루를 넘기지 않는 게 좋습니다. 아이가 처음 규칙을 어겼을 때에는 하루 압수하고 두 번째는 이틀, 같은 잘못을 세 번 했을 경우에는 벌점 3점을 주고 부모님께

이 사실을 알려 협조를 구하는 방식도 괜찮습니다. 만약 며칠을 압수해야 할 상황이라면 반드시 부모님께 먼저 상황을 말씀드려 협조를 구하는 것이 좋습니다.

휴대전화 사용에 관한 학교 또는 학급 규칙 예시

1. 학교에 휴대전화를 가져온 경우 등교 시 전원을 끄고(OFF), 하교 시 켜도록(ON) 합니다.
2. 복도나 화장실 등 교실 밖에서 선생님의 눈을 피해 휴대전화를 사용하지 않습니다.
3. 꼭 필요한 경우에는 담임선생님의 허락을 받고 사용하도록 합니다.
4. 만약 담임선생님의 허락 없이 사용했을 경우에는 학급 규칙에 따라 주의를 받습니다.
5. 등·하굣길에 휴대전화로 게임 등을 하며 걸어 다니지 않도록 합니다(매우 위험).
6. 휴대전화를 분실할 경우 학생 본인이 책임집니다. 특히 많은 학생들이 생활하고 있는 학교의 특성상 휴대전화 분실 시 되찾기가 어려우므로 분실하지 않도록 각별히 신경 쓰도록 합니다.

휴대전화 중독 여부 검사하기

한국정보화진흥원 인터넷중독 예방상담센터에서는 휴대전화의 중독성을 테스트할 수 있는 설문지를 제공하고 있습니다. 이 설문지를 이용해 아이들에게 본인의 휴대전화 중독성 여부를 체크하는 시간을 가져봅니다.

휴대전화 중독성 체크리스트

문항 내용	전혀 아니다	가끔 그렇다	보통 이다	대체로 그렇다	항상 그렇다
집에 휴대전화를 두고 오면 하루 종일 불안하다.	1	2	3	4	5
휴대전화의 배터리가 한 눈금만 남으면 불안해진다.	1	2	3	4	5
벨소리와 컬러링을 자주 바꾸는 편이다.	1	2	3	4	5
무리해서라도 최신 기종의 휴대전화를 사고 싶다.	1	2	3	4	5
휴대전화 요금이 과도하게 나와서 사용을 줄이려 노력한 적이 있다.	1	2	3	4	5
수업 시간에도 휴대전화의 전원을 끄지 못한다.	1	2	3	4	5
수업 시간이라도 문자 메시지가 오면 바로 답장을 한다.	1	2	3	4	5
골치 아픈 일을 잊기 위해 문자 메시지를 날리거나 휴대전화 게임을 한다.	1	2	3	4	5
새 전화기로 바꾸거나 휴대전화 요금을 내기 위해 아르바이트를 하거나 부모님께 거짓말을 한 적이 있다.	1	2	3	4	5
심심하고 시간이 나면 별다른 용무 없이 전화를 걸거나 문자를 날린다.	1	2	3	4	5
휴대전화가 없는 나를 상상하기 어렵다.	1	2	3	4	5
수신 상태가 좋지 않는 곳에는 오래 머물고 싶지 않다.	1	2	3	4	5
전화가 오지 않더라도 자주 휴대전화을 꺼내 확인한다.	1	2	3	4	5
문자 메시지를 보냈는데 바로 답장이 안 오면 짜증난다.	1	2	3	4	5
만나서 대화를 하는 것보다는 전화가, 전화보다는 문자 메시지가 편하다.	1	2	3	4	5

통화 연결음이 울릴 때면 뭔가 새로운 일을 기다릴 때처럼 기대가 된다.	1	2	3	4	5
휴대전화 요금이 연체되거나 장기 연체로 사용 정지가 된 적이 있다.	1	2	3	4	5
전화를 하고 있으면 시간이 어떻게 가는지 모른다.	1	2	3	4	5
어떨 때는 휴대전화가 내 몸의 일부같이 느껴진다.	1	2	3	4	5
심심할 때에는 불필요하게 휴대전화를 사용한다.	1	2	3	4	5
합계					
총점	/ 100				

• 채점 및 해석 : 1~5점 척도, 총점이 60점 이상인 경우 위험군으로 분류함(자료 : 건국대 정신과 하지현 교수)

셋째, 휴대전화의 장점을 활용합니다.

휴대전화는 학급 담임에게 유용한 수단이 될 수 있습니다. 특히 문자 서비스는 더욱 편리합니다. 미처 알림장에 적지 못한 내용을 학부모 또는 학생들에게 빠르고 편리하게 보낼 수 있고, 전화로 하기에는 어렵지만 문자로는 오히려 편하게 전달될 말도 있기 때문입니다. 또한 급하게 연락을 주고받아야할 때에도 수업 중이라 부담을 느낄 수 있는데, 이럴 때에도 문자는 좋은 연락 수단이 됩니다.

또한 나중에 문자 메시지 내용이 증거로 필요한 상황이 생길 경우, 통신사에 요청하면 내용 확인이 되니 교사 자신의 안전을 위해서도 문자를 활용하면 좋습니다. 단 카카오톡 메시지는 본사에 따로 저장되지 않는다고 하니, 학부모와 소통할 때에는 가급적 사용하지 않는 것이 좋습니다. 만약 카카오톡 대화에서 중요한 내용은 캡처하여 보관해놓도록 합니다.

맞벌이 가정이 늘고, 무서운 범죄가 늘어가는 사회 분위기 속에서 아이들의 휴대전화 소유를 억지로 막을 수는 없습니다. 학교에 휴대전화를 못 가지고 오게 하는 것은 시대에 역행하는 것으로 보이기도 합니다. 따라서 휴대전화를 사용하되 정해진 규칙을 지켜 남에게 피해되지 않도록 사전에 교육하는 일이 필요합니다.

휴대전화 보관은 누가 하는 것이 좋을까?

교사가 학생들의 휴대전화를 보관하던 중 분실하여 문제가 된 적이 있습니다. 휴대전화를 걷어서 보관하던 중 반 전체 것을 몽땅 잃어버려 그 책임을 고스란히 담임이 지게 되었지요. 해당 교사는 배상하는 과정에서 금전적·정신적 피해가 컸습니다.

그 후 이런 일에 대비하여 학교안전공제중앙회(www.ssif.or.kr)에서는 〈학교관리 중 분실된 휴대폰 등 보상지원 계획〉을 세워 유치원, 초·중·고등학교를 대상으로 최저 5만 원~2,000만 원까지 보상을 해주고 있습니다. 단, 보상하지 않는 경우가 있으니 예외 조항을 잘 살펴 주의해야 합니다.

- 학칙 등에 의하지 않고 교사 개인이 임의로 판단하여 보관한 경우.
- 잠금장치를 하지 않거나 잠금장치가 불량한 상태로 보관하다 분실한 경우.
- 수거 및 반환 시 담당 교사가 임장하지 아니한 경우.
- 분실 물품에 대해 학교의 충분한 조사가 이루어지지 않은 경우.

• 조사 후 분실한 물품을 회수한 경우 등.

보상 및 지원 절차는 다음과 같습니다.

• 사고 신고 : 교사 → 학교장(별지 서식) → 중앙회
• 보상 신청 여부 심의 : 학교장 → 교권보호위원회(유치원에 교권보호위원회
  가 없는 경우는 유치원운영위원회가 대행)
• 보상 청구 : 교권보호위원회 → 학교장(별지 서식) → 중앙회
• 보상금 지급 : 중앙회 → 학교장 → 피해 학생

학교 관리하의 휴대품 분실에 관한 손해배상 특별 약관

제1조(적용 범위) 교육활동 중 교사가 학생의 휴대폰, 태블릿 PC, MP3(이하 "휴대폰 등"이라 합니다)를 보관·관리하던 중 발생한 분실 피해는 이 특별 약관에 따라 보상합니다.

제2조(보상 대상) 중앙회는 학교 규칙(하위 규정 포함)에 근거하여 교사가 학생의 휴대폰 등을 일괄 수거하여 선량한 관리자의 주의 의무를 다하여 성실히 보관·관리하였음에도 분실되었고, 분실된 휴대폰 등에 대하여 학교에서 자체 조사(필요한 경우 경찰서 신고) 등 최선을 다하였음에도 회수가 불가능하게 된 경우, 해당 분실된 휴대폰 등을 현재 가치로 환산하여 그 손해를 보상합니다.

제3조(보상하지 않는 손해)
① 중앙회는 다음의 경우 공제 급여를 지급하지 아니합니다.
1. 휴대폰 등의 보관·관리를 선량한 관리자의 주의 의무를 위반하여 불성실하게 한 경우
2. 분실된 휴대폰 등에 대하여 학교에서 자체 조사(필요한 경우 경찰서 신고) 등 최선을 다하지 않은 경우
3. 조사 후 분실한 물품을 찾은 경우
4. 휴대폰 등의 분실에 대비한 보험에 가입한 경우

② 제1항 제1호의 불성실하게 보관·관리한 경우는 다음 각호의 어느 하나를 의미합니다.
1. 학교 규칙(하위 규정 포함)에 의하지 않고 교사 개인이 임의로 판단하여 보관한 경우
2. 휴대폰 등의 보관 장소에 시건 장치 등 보관 상태가 불량한 경우
3. 휴대폰 등의 수거 및 반환 시 담당 교사 임장하에 직접 실시하지 아니한 경우
4. 기타 선량한 관리자의 주의 의무를 위반한 것이 명백한 경우

제4조(보상 한도)
① 휴대폰 등 1대당 보상 한도는 휴대폰 등의 출고 가격을 한도로 감가상각 후의 금액을 다음과 같이 산정하여 보상하되, 최저 한도는 5만 원으로 합니다.
   보상 금액 = 출고가 − {출고가 × (사용월수 ÷ 36개월)}
② 1학교당 보상은 연간 2,000만 원을 한도로 합니다.

제5조(사고 신고)
① 학생 휴대폰 등 분실 시 해당 교사는 학교장에게 즉시 사고를 보고하여야 합니다.
② 학교장은 분실 경위 조사(필요한 경우 경찰서 신고) 등 회수를 위해 우선 노력하여야 합니다.
③ 학교장은 사고 신고서 접수 후 1주일 이내에 학교 교권보호위원회에 심의를 요구함과 동시에 [별지4]에 따른 사고 신고서를 작성하여 중앙회에 제출하여야 합니다.
④ 제3항에 따른 학교장의 중앙회 사고 신고는 일반 약관 제9조에 따른 사고 통지로 봅니다.

제6조(학교 교권보호위원회 심의 및 보상금 청구)
① 학교 교권보호위원회는 안건 접수 후 1주일 이내에 개최하여 사고 신고서, 학교장 의견서 등을 검토한 후 중앙회에 보상 신청 여부를 결정하여야 합니다.
② 학교 교권보호위원회가 보상금 신청 결정을 한 경우 학교장은 [별지5]에 따른 학생 휴대품 분실 보상 신청서를 작성하여 중앙회로 보상 신청하여야 합니다.
③ 제2항에 따른 학교장의 학생 휴대품 분실 보상 신청은 일반 약관 제12조 제1항에 따른 공제 급여 청구로 봅니다.

제7조(시행일) 이 특별 약관은 2014년 1월 1일부터 시행합니다.
제8조(준용 규정) 이 특별 약관에 정하지 아니한 사항은 일반 약관을 따릅니다.

070

학교폭력대책 자치위원회를 열어주세요

───── 경석이는 학습 능력이 떨어지고 말투가 어눌하여 친구들과 잘 어울리지 못합니다. 어느 날 같은 반 남학생 성진이로부터 따귀를 심하게 맞은 일이 발생했지요. 이에 경석이 부모님은 강력하게 성진이의 처벌을 요구했습니다. 성진이의 괴롭힘은 이번이 처음이 아니었습니다. 자주 경석이를 '저능아', '멍청이'라고 불렀고 가까이 가면 "저리 꺼져!"라고 하는 등 언어폭력을 일삼았다고 합니다. 경석이는 한 학기 이상 이런 고통에 시달리다가 이번에 신체적 피해를 계기로 학교에 오기를 꺼리고 심리적으로 매우 불안한 상태라고 했습니다. 담임선생님은 사태의 심각성을 깨닫고 어떠한 절차를 통해 이 사건을 처리해야 할지 고민이 되었습니다.

Ⓐ 학교 폭력이 발생하면 담임교사는 이를 신속하고도 정확히 처리해야 합니다. 어떠한 절차로 이 사안을 진행해야 하는지 순서대로 알아보도록 하겠습니다.

학교폭력자치위원회 처리 절차

1. 초기 대응

교사는 학교에서 많은 시간을 학생들과 같이 보내므로, 주의를 기울이면 학교 폭력 발생 전에 그 징후를 발견할 수 있는 가능성이 많습니다. 교사가 학교 폭력 상황을 감지·인지했을 때에는 신속하고 적극적으로 개입해야 할 의무가 있습니다.

다양한 경로를 통해 신고가 접수되면 교사는 학교 폭력 전담기구에 신고합니다. 그러면 학교 폭력 전담기구는 신고대장에 기록하고 학교장에게 알린 후, 가해 학생과 피해 학생의 보호자에게 이를 통지합니다. 사안이 중대한 경우에는 학교장 및 학교폭력대책 자치위원장에게 즉시 보고합니다.

'즉시 조치'란 가해 학생과 피해 학생을 즉시 격리하고, 피해 학생 및 신고·고발한 학생이 가해 학생으로부터 보복 행위를 당하지 않도록 조치하는 것을 의미합니다.

즉시 조치의 일환으로 이루어지는 긴급 조치는 학교폭력대책 자치위원회 (이하 자치위원회)가 개최되기 이전 긴급한 필요에 의해 피해 학생 및 가해 학생에게 우선 조치를 하는 것을 말하며 이에 대한 결정권은 학교장이 가지고 있습니다. 성폭력의 경우 '아동·청소년 성보호에 관한 법률'에 따라 반드시 수사기관에 신고하고, 성폭력 전문 상담기관 및 병원을 지정하여 증거 자료를 확보하고 신체적·정신적 피해를 치유하도록 조치해야 합니다. 긴급 조치의 범위는 아래와 같습니다.

긴급 조치 범위

피해 학생	가해 학생
• 심리 상담 및 조언(1호) • 일시 보호(2호) • 그 밖에 필요한 조치(6호)	• 서면 사과(1호) • 접촉, 협박, 보복 행위 금지(2호) • 학교에서의 봉사(3호) • 특별 교육 또는 심리 치료(5호) • 출석 정지(6호)

학교장은 두 명 이상이 고의적·지속적으로 폭력을 행사한 경우, 전치 2주 이상의 상해를 입힌 경우, 신고 및 진술 자료 제공 등에 대한 보복을 목적으로 폭력을 행사한 경우, 학교장이 피해 학생을 가해 학생으로부터 긴급하게 보호할 필요가 있다고 인정하는 경우 우선 출석 정지 조치를 취할 수 있습니다. 가해 학생에 대한 긴급 조치는 자치위원회에 즉시 보고하여 추인을 받아야 합니다.

2. 사안 조사

사안 조사는 학교 폭력 전담기구에서 실시합니다. 학교 폭력 전담기구는 교감, 전문 상담 교사, 보건 교사 및 책임 교사(학교 폭력 문제를 담당하는 교사) 등 학교 폭력 문제와 관련된 자로 구성됩니다. 학교 폭력과 관련된 생활부장이나 상담부장 등의 보직 교사도 구성원이 될 수 있으며, 외부 위원은 포함되지 않습니다(학교폭력예방 및 대책에 관한 법률 제14조 제3항).

사안을 조사할 때에는 서면 조사, 해당 학생 및 목격자의 면담 조사, 사안 발생 현장 조사 등을 통해 종합적인 방법으로 신속하게 증거 자료를 확보합니다. 면담 조사를 하는 경우에는 육하원칙에 근거하여 구체적으로 확인서를 받습니다. 피해 학생과 가해 학생 간의 주장이 다를 경우, 목격 학생의 확인을 받거나 증거 자료 확보를 통해 객관적이고 공정한 조사가 이루어지도록 합니다. 전담기구에 소속된 교사는 학생, 보호자, 목격자, 담임교사 등을 면담 조사한 후에 학교 폭력 사안 조사 보고서를 작성하고 이를 학교폭력대책 자치위원회에 보고합니다.

3. 조치 결정 및 이행

조치를 결정하는 기구는 학교폭력대책 자치위원회입니다. 학교폭력대책 자치위원회란 학교 폭력의 예방 및 대책에 관련된 사항을 심의하는 심의기구입니다. 자치위원회는 위원장 1인을 포함하여 5인 이상 10인 이하의 위원으로 구성되는데, 과반수를 학부모 전체 회의에서 직접 선출된 학부모 대표로 위촉해야 합니다(학교폭력법 제13조 1항). 자치위원회는 학교장이 요청하는 경우, 피해 학생 또는 그 보호자가 요청하는 경우, 학교 폭력이 발생한 사실을 신고 받거나 보고받은 경우, 가해 학생이 협박 또는 보복한 사실을 신고 받은 경우, 그 밖에 위원장이 필요하다고 인정하는 경우 소집될 수 있으며, 반드시 분기별 1회 이상 회의를 개최해야 합니다.

자치위원회의 심의 절차는 다음과 같습니다.

단계	처리 내용	비고
개회	1. 개회 알림 2. 진행 절차 설명 및 유의 사항 전달 • 위원들의 제척 사유 및 기피/회피 여부 확인 • 회의 참석자 전원에게 비밀 유지 의무가 있음을 알림	간사 또는 위원장
사안 보고	• 사안 조사 결과 보고(피해/가해 측에서는 해당 사안 조사 결과를 사전에 인지하고 자치위원회에 참석할 수 있도록 한다.) • 긴급 조치가 있었던 경우 함께 보고	전담기구
사실 확인, 의견 진술 및 질의 응답	• 먼저 피해 측에서 사실 확인, 의견 진술, 질의 응답 등을 진행 • 피해 측 퇴장 후 가해 측 절차 진행 • 피해 측과 가해 측 의견 진술 기회를 반드시 주어야 하며, 참석이 어려운 경우 사전에 의견 제출할 수 있도록 조치	
조치 논의 및 결정	• 가해 학생 긴급 조치에 대한 추인 여부 결정 • 피해 학생 보호 조치 및 가해 학생 선도/교육 조치 결정	
결과 통보 및 교육청 보고	• 서면으로 결과 통보(재심 등 불복 수단에 대하여 함께 안내) • 교육청에 자치위원회 결과 보고	학교장

피해 학생의 보호 조치 및 가해 학생에 대한 선도 · 교육 조치는 다음과 같고, 결정된 사항에 대해 피해 학생에 대해서는 보호자의 동의를 받아 7일 이내에 해당 조치를 취해야 하고, 가해 학생에 대해서는 14일 이내에 해당 조치를 취해야 합니다. 구체적인 사항은 다음과 같습니다.

피해 학생	가해 학생
제1호 : 심리 상담 및 조언 제2호 : 일시 보호 제3호 : 치료 및 치료를 위한 요양 제4호 : 학급 교체 제5호 : 전학(삭제된 조치) 제6호 : 그 밖에 피해 학생 보호를 위하여 필요한 조치	제1호 : 피해 학생에 대한 서면 사과 제2호 : 피해 학생 및 신고 · 고발 학생에 대한 접촉, 협박 및 보복 행위 금지 제3호 : 학교에서의 봉사 제4호 : 사회봉사 제5호 : 학교 내외 전문가의 특별 교육 이수 또는 심리 치료 제6호 : 출석 정지 제7호 : 학급 교체 제8호 : 전학 제9호 : 퇴학 처분

피해 학생에 대한 추가적인 보호 지원 차원으로 피해 학생 보호 조치 등에 필요한 결석을 출석 일수에 산입하는 것이 가능합니다. 이 경우 진단서 및 의사 소견서 등이 필요합니다. 또한 결석으로 인한 성적 평가 등에서 불이익이 없도록 조치해야 합니다. 가해 학생 퇴학 처분은 초등학교와 중학교의 경우 의무교육 기간에 해당하므로 제외되고, 고등학교에서만 내려질 수 있습니다.

가해 학생의 조치 사항은 학교생활기록부에 기록해야 합니다. 가해 학생이 조치를 거부하거나 기피할 경우, 조치 사항이 시행되지 않았더라도 결정된 날을 기준으로 15일이 경과하면 이를 기록합니다. 또한 재심, 행정심판 및 소송이 청구된 경우에는 조치 사항을 먼저 입력하고, 향후 조치가 변경될 경우 이를 수정합니다.

학교생활기록부 학교 폭력 조치 사항 관리

항목	가해 학생 조치 사항	졸업 시 조치	보존 및 삭제
학적 사항 '특기 사항'	• 8호(전학)	• 학교폭력대책 자치위원회에서 심의 후 졸업과 동시에 삭제 가능 • 해당 학생의 반성 정도와 긍정적 행동 변화 정도 등 고려	졸업 시 미삭제된 학생의 기록은 졸업 2년 후 삭제
	• 9호(퇴학 처분)	–	보존

출결 상황 '특기 사항'	• 4호(사회봉사) • 5호(특별교육이수 또는 심리치료) • 6호(출석 정지)	• 학교폭력대책 자치위원회에서 심의 후 졸업과 동시에 삭제 가능 • 해당 학생의 반성 정도와 긍정적 행동 변화 정도 등 고려	졸업 시 미삭제된 학생의 기록은 졸업 2년 후 삭제
'행동 특성 및 종합 의견'	• 1호(서면 사과) • 2호(접촉, 협박 및 보복 행위 금지) • 3호(학교에서의 봉사) • 7호(학급 교체)	해당 학생 졸업과 동시에 삭제	–

4. 재심, 행정심판, 행정소송

조치에 불복할 경우 재심, 행정심판, 행정소송의 단계를 거칠 수 있음을 해당 학생 및 보호자에게 안내해주어야 합니다.

• 재심 : 조치를 받은 날부터 15일에 이내, 조치가 있음을 안 날부터 10일 이내에 해당 기관으로 청구할 수 있습니다.

청구권자	재심청구 대상	재심청구 기관
피해 학생	• 피해 학생에 대한 모든 조치 • 가해 학생에 대한 모든 조치	학교폭력대책 지역위원회(시/도청 소속)
가해 학생	• 가해 학생에 대한 조치 중 전학, 퇴학	학생징계조정위원회(교육청 소속)

• 행정심판 : 국공립학교의 가해 학생은 학교장의 죄에 대하여 행정심판을 제기할 수 있으며, 재심 결정에 대해서는 학교의 설립 형태에 관계없이 행정심판을 청구할 수 있습니다.

행정심판 대상	청구기관
학교장의 조치 시/도학생 징계조정위원회의 재심 결정	해당 교육청 행정심판위원회
지역위원회의 재심 결정	중앙행정심판위원회

• 행정소송 : 사법적인 구체책으로 학교장의 조치, 재심 및 행정심판 결정에 대하여 이의가 있을 경우 행정법원 또는 민사법원에 제소가 가능합니다. 행정심판 또는 행정소송을 제기할 경우, 집행이 정지되지 않으므로 집행정지 또는 가처분을 신청해야 합니다.

학교장의 조치에 대한 제소	국공립학교	행정소송
	사립학교	민사소송
재심 결정에 대한 제소		행정소송
행정심판 결정에 대한 제소		행정소송

학교 폭력 사안은 매우 민감하여 처리 과정에서 여러 가지 분쟁이 발생할 수 있습니다. 이러한 분쟁을 예방하기 위하여 다음의 사항을 반드시 숙지하고 유의해야 합니다.

1) 공정하고 객관적인 자세를 유지합니다.
2) 학생과 학부모의 상황과 심정에 대한 이해와 공감을 통해 신뢰를 형성하고 불필요한 분쟁이 추가적으로 발생하지 않도록 합니다.
3) 적극적인 자세로 학교 폭력 사안 처리를 위해 노력하고, 축소 · 은폐하거나 성급하게 화해를 종용하지 않도록 합니다.

4) 사안 조사는 가능한 한 수업 시간 이외에 실시하여 학생의 학습권을 보장합니다.

5) 학교 폭력 사안은 반드시 학교폭력대책 자치위원회에 회부합니다.

6) 전담기구의 조사 및 자치위원회 조치 결정 시 관련 학생 및 보호자에게 반드시 의견 진술의 기회를 제공해야 합니다.

7) 자치위원회 결과는 '학교장 명의'로 서면 통보하고, 이때 재심 등 불복 절차를 안내합니다.

8) 자치위원회 회의록 및 사안 조사 자료는 비공개를 원칙으로 합니다.

9) 동일한 사안에 대하여 재심 성격의 자치위원회는 개최하지 않습니다.

10) 성범죄 관련 사안을 인지한 경우 모든 경우에 예외 없이 수사기관에 즉시 신고합니다.

학교 폭력 사안은 한번 발생하면 피해 학생은 물론이고 가해자, 목격자 등 관련 학생, 그리고 학부모, 담당 교사에게 큰 어려움을 가져옵니다. 따라서 사전에 예방하는 것이 가장 효과적입니다. 평소 학교는 학생, 학부모, 교원을 대상으로 학교 폭력 예방 교육을 실시하고, 또래 활동, 체육·예술 활동 등 다양한 활동을 하여 학생 스스로 다양한 문제에 대해 대처할 수 있는 능력을 기르도록 가르쳐야 합니다. 또한 CCTV, 학생 보호 인력을 확충하여 안전 인프라를 구축해야 합니다. 담임교사는 민주적인 학급을 경영하여 배려와 나눔이 있는 학급 문화를 조성하고자 노력하는 자세가 필요합니다.

📖 **참고문헌**

• 이규미 외, 《학교 폭력 예방의 이론과 실제》, 학지사, 2014
• 교육부, 〈학교 폭력 사안처리 가이드북〉, 2014.

071

꿈이 없어요

——— 6학년 담임을 맡고 있는 5년차 교사입니다. 6학년은 졸업을 하고 중학교에 진학해 좀 더 새로운 세상으로 나아가는 경험을 앞둔, 조금은 특별한 학년입니다. 또 학생들 중에는 일반 중학교가 아닌 특별한 중학교에 진학하려고 준비하는 학생들도 있습니다. 저도 6학년 담임을 하면서 다른 학년과 달리 더 큰 책임감을 가지고 아이들의 행복한 미래를 설계하는 데 도움을 주려고 노력하고 있습니다.

그런데 우리 반 성현이는 수업 시간이나 창의적 체험 시간을 활용한 진로 활동 시간에 자신의 꿈에 대하여 이야기하는 기회가 있어도 늘 "전 꿈이 없어요. 하고 싶은 게 없다고요."라고 대답하곤 합니다. 수업 시간이나 학교생활도 그리 적극적이지는 않고요. 꿈이 없다고 매번 심드렁하게 대꾸하는 성현이에게, 어떻게 진로 지도를 하면 좋을까요?

🅐 꿈이나 장래희망에 대해 이야기할 때 대부분의 학생들은 신이 나서 자신의 계획이나 포부를 들려주곤 합니다. 그런데 6학년이나 된 아이가 "전 꿈이 없어요."라고 말하면 좀 당황스럽고 어떻게 지도해야 하나 하는 생각이 듭니다. 하지만 이렇게 말하는 아이도 따로 불러서 이야기를 해보면 구체적인 직업을 생각해보지 않았거나, 아니면 여러 가지 생각은 있으나 아직 결정하지 못하고 있을 뿐이지 꿈이 전혀 없는 것은 아닌 경우가 많습니다. 우리는 흔히 '꿈' 하면 직업과 연결 지어 생각하는 경향이 많이 있는데 이는 조금 잘못된 진로 지도일 수 있습니다. 아직은 배우고 싶은 것도, 배워야 할 것도 많은 시기이기 때문입니다. 아직 구체적인 직업을 정하지 않아도 괜찮습니다.

진로 교육을 어떻게 할까?

초등학교부터 고등학교까지 학교생활에서 진로 교육은 매우 중요합니다. 학생들이 하는 모든 공부는 진로와 연결되어 있습니다. 하지만 학교마다 진로 교육의 내용은 조금씩 다릅니다. 초등학교에서 하는 진로 교육은 "자신에 대하여 긍정적인 자아 개념을 형성하고 일의 중요성을 이해하며 진로 탐색과 계획 및 준비를 위한 기초 소양을 키움으로써, 진로 개발 역량의 기초를 배양한다."로 규정하고 있습니다. 즉 초등학교 진로 교육의 중점은 직업 교육이 아니라 자아 이해와 다양한 일의 세계에 대한 기초적인 이해에 중점을 두고 있습니다.

우리 학생들이 주역이 될 미래 사회는 지식 정보화, 세계화, 유비쿼터스 시대 등 매우 빠르게 변화하고 있습니다. 지금 현재 선호하는 유망 직업이 어쩌면 미래 사회에서는 사라질 수도 있습니다. 그러므로 어떤 새로운 상황에서도 자신의 진로를 잘 설계하고 개척해갈 수 있는 진로 개발 역량을 키워줄 수 있도록 지도하는 것이 매우 중요합니다.

구체적인 진로 지도 방법은 어떤 것이 있을까요?

첫째, 자아 존중감을 키우는 활동을 많이 하시기 바랍니다.

학생들에게 자아 존중감은 매우 중요합니다. '자아 존중감'이란 나는 다른 사람의 사랑과 관심을 받을 만한 사람이라는 생각과 나는 주어진 일을 잘해 낼 수 있다고 믿는 것, 즉 자신감입니다. 학생들은 어떤 형태로든 자신의 존재를 드러내기를 원합니다. 2011년 EBS에서 방영된 〈아이의 사생활 : 제3부 자아 존중감〉 편을 보면 자존감이 높은 아이들은 신체 만족도, 자아상, 리더십, 공감 능력, 성공에 대한 확신 등이 높음을 알 수 있습니다. 그뿐 아니라 학업 성취도와 장래희망에도 큰 영향을 주었습니다.

자아 존중감은 작은 성공감이 쌓이면서 생기게 됩니다. 학생들과 함께할 수 있는 활동으로 '꿈 목록 100개 적기'를 권해드립니다. 꿈 목록은 내가 꼭 하고 싶은 일, 내가 되고 싶은 것, 내가 갖고 싶은 것, 배우고 싶은 것, 만나고 싶은 사람 등을 자세히 적고 꾸준히 실천해보는 것입니다. 하나씩 실천해나 가며 성공하는 기쁨을 느껴보는 것입니다. 성공 사례를 친구들에게 소개하고 감상을 나누는 시간을 가지는 것도 좋습니다.

둘째, 진로 사이트를 적극 활용하시기 바랍니다.

초등학교에서 활용하기 좋은 진로 사이트는 '서울진로진학정보센터(www. jinhak.or.kr)'와 '커리어넷(www.career.go.kr)'이 있습니다. 학생들에게 컴퓨터 시간에 진로 사이트를 알려주고 검색하는 방법과 활용 방법을 안내하고 수업 시간에 같이 활용해보는 활동을 해봅니다. 진로 사이트는 대부분 공공기관에서 만드는 것이어서 신뢰할 수 있고 교사가 지도할 수 없는 많은 진로 정보를 담고 있어서 학생들이 중·고등학교까지 연계하여 활용할 수 있습니다. 특히 '커리어넷'은 초등학생의 눈높이에 맞는 자료와 동영상이 들어 있어서 매우 좋습니다.

서울진로진학정보센터(서울특별시교육연구정보원)

- 다양한 진학 및 진로 정보 자료 제공.
- 맞춤식 서비스 제공을 위한 진학 진로 상담.
- 진로 적성 검사 서비스(무료).
- 진로 적성 검사 시스템(성격 유형 검사, 직업 흥미 검사, 다중 지능 검사로 이루어진 검사).
- 전문가와의 만남(동영상 자료).

커리어넷(한국직업능력개발원)

- 진로 심리 검사 서비스(무료·중학교 이상).
- 직업인 인터뷰, 직업 정보 사전, 미래의 직업 세계.
- 학교 정보(초·중학교, 고등학교, 대학교, 대학원).
- 진로 교육 자료·진로 동영상.
- 미래의 직업 전망, 직업 체험 프로그램 운영 제공.
- 초등학생을 위한 직업 탐색 프로그램.
- 아로주니어(중·저학년용).
- 아로주니어 플러스(중·고학년용).

셋째, 다양한 체험 활동과 독서를 많이 하도록 권장해주시기 바랍니다.

학생들에게 다양한 체험 활동을 하도록 권해주시기 바랍니다. '백문이 불여일견'이라는 말처럼 직접 체험을 해보는 것은 학생들에게 다양한 경험을 할 수 있는 좋은 기회입니다. 학교 현장 체험 학습뿐만 아니라 가정에서도 할 수 있도록 다양한 현장 체험 장소에 대한 정보를 제공해주시기 바랍니다.

또한 독서를 통한 진로 지도를 권해드립니다. 독서를 통해서 우리가 현장에서 만날 수 없는 많은 위인을 만날 수 있으며 이를 계기로 미래에 대한 다양한 꿈을 꿀 수 있습니다. 책을 통해서 자신의 '멘토'를 만날 수도 있습니다. 요즈음에는 진로와 관련된 도서도 많이 나와 있으므로 학생들에게 수준에 맞는 진로 관련 도서 목록을 안내하고 학급 문고로 비치하여 함께 읽도록 권장하는 것도 미래의 꿈을 키우는 데 도움이 될 것입니다.

진로를 선택할 때 가장 먼저 고려해야 하는 것은 흥미, 그 다음이 적성이라고 합니다. 자신이 좋아하는 것과 잘하는 것의 공통집합을 찾아보고 그 공통집합에 어울리는 직업을 선택하고 그 일에 몰두할 때 가장 행복한 미래를 보낼 수 있을 것입니다. 교사인 우리가 할 수 있는 일은 학생의 흥미와 재능을 발견하여 인정하고 아낌없는 칭찬과 격려를 해주는 일임을 잊지 말아야 하겠습니다.

📖 참고문헌

- 교육과학기술부, 〈학교 진로교육 목표와 성취기준〉, 2012
- 'EBS 다큐프라임' 〈아이의 사생활 : 제3부 자아 존중감〉, 2011.
- 서울진로진학정보센터(www.jinhak.or.kr).
- 커리어넷(www.career.go.kr).

스승은 영원히 영향을 준다.
스승은 자기의 영향이 미치지 않는 곳을
결코 말할 수 없다.
- 애덤스 -

PART 4
학년 공통

072

아이들에게 효과적으로
벌을 주고 싶어요.

─── 우리 반에는 매번 준비물도 가져오지 않고 아주 간단한 숙제도 늘 하지 않는 학생들이 있습니다. 어느 때는 한 무리가 복도에서 뛰어서 다른 아이가 크게 다칠 뻔한 일도 있었습니다. 그 친구들을 모두 나오라고 해서 복도에 세워놓고 반성하라고 하니 자기들끼리 키득키득 웃으며 더 재미있어 하더군요. 그런가 하면 자기가 잘못을 해놓고도 상대방에게도 책임이 있다며 더욱 큰소리치는 아이들도 있습니다. 반성하지 않고 되레 큰소리로 호통을 치는 모습이, 어른들이 만든 세상의 작은 축소판이 아닐까 하는 생각이 들어 쓸쓸해지기도 합니다.

비단 이런 학생들뿐만 아니라 아이들이 문제 행동을 했을 때 자신의 잘못을 일깨워주고 다시는 잘못된 행동을 하지 않게 할 수 있는 방법은 무엇일까요? 변화하는 속도가 점점 빨라지는 세상에서 아이들을 효과적으로 지도할 수 있는 방법을 찾고 싶습니다.

A 우리 부모님 세대에는 잘못을 하면 추운 겨울에도 복도에 무릎 꿇고 앉아 벌을 받았습니다. 요즘에는 시대가 많이 변해 신체적 처벌은 물론이거니와 교육 활동 장면에서 벗어나 '타임아웃'을 하는 벌칙은 점차 사라지고 있는 추세입니다. 하지만 아이들이 자신의 행동에 대해 스스로 생각해보도록 시간을 주는 '타임아웃' 훈육은 적절히 시행된다면 효과를 볼 수 있습니다.

효과적인 꾸지람

벌칙에는 크게 혐오 자극을 제시하는 '정적벌'과 유쾌 자극을 제거하는 '부적벌'이 있습니다. 예를 들어 숙제를 해오지 않을 경우, 남아서 청소를 하도록 하면 정적벌을 제공하는 것이고 좋아하는 축구를 하지 못하게 하면 부적벌이 됩니다.

교사들이 사용하는 벌에는 신체적으로 고통을 주는 벌칙부터 언어적 질책, 타임아웃, 반응 대가, 반응 가로막기, 수반적 운동 연습, 과잉 교정 등 여러 가지 기법이 있습니다. 요즘에는 신체적인 처벌이나 수반적인 운동 연습 등은 사용하지 않는 추세입니다. 수반적인 운동 연습이란 잘못을 했을 때 앉았다 일어서기를 10회 하는 것과 같이 신체적인 운동을 부여하는 벌칙입니다.

타임아웃은 일정 시간 강화가 있는 교실 장면에서 잠시 퇴출하여 정적인 강화를 받을 기회를 상실하게 하거나 제한하는 방법입니다. 수반적인 운동 연습이나 타임아웃은 신체적인 고통을 주거나 학생이 학습 받을 권리를 침해하는 요소가 있기 때문에 점차 사용하지 않는 추세입니다. 하지만 다른 긍정적인 대안 이외에 불가피하게 꼭 필요한 경우라면, 윤리적인 측면에 부합하는 범위 내에서 사용할 수 있습니다.

타임아웃을 실행하기 위해서는 먼저 장소의 안정성이 보장되어야 하며 그곳에 아동의 행동을 강화할 만한 요소가 없어야 합니다. 또한 조명 시설과 환기 시설이 잘 되어 있어야 하고 아동의 행동을 잘 지켜볼 수 있어야 하며 시간은 5분을 넘지 않도록 해야 합니다. 이를 실행하기 위해 너무 많은 교육력이 낭비되어서는 안 되며 최소한의 시간과 노력으로 아동을 격리시킬 수 있어야 합니다.

바람직한 '타임아웃' 사용법

타임아웃 벌칙에서 가장 중요한 것은, 이 벌칙이 어쩌다 운이 안 좋아 걸리는 벌칙이 되어서는 안 된다는 점입니다. 타임아웃 벌칙을 시행하기로 정했다면 문제 행동이나 잘못이 있을 때마다 그 즉시, 일관성 있게 정한 장소에서 실시하도록 해야 합니다. 다시 말해 문제 행동이 있을 때마다 일관적으로 시행해야 하며, 교사 개인의 감정이나 상황에 좌우되지 않고 객관적으로 이행해야 합니다. 흔히 교사들이 하는 실수 중 하나가 학생들이 조금 소란해지거나 수업 분위기를 흐릴 때 참을 수 있는 데까지 참고 가만히 있는 것입니다. 처음에는 조금 떠들거나 수업 방해 행동을 해도 호의를 베풀어 '스스로 알아서 절제하겠지.'라는 생각에 봐주고 넘어갑니다. 일일이 잘못된 행동마다 생활지도를 하다 보면 수업 진도를 다 나가지 못할 수도 있기 때문이지요. 하지만 교사의 이런 행동을 아이들은 '이 정도 떠드는 행동은 괜찮은 거구나.' 하고 무의식적으로 인정의 의미로 받아들입니다. 따라서 나중에 소란이나 수업 방해 행동의 강도가 높아졌을 때 교사가 참다 참다 야단을 치게 되면 아이들은 갑자기 선생님이 왜 저러시는지 의아해할 뿐 선생님이 지금까지 아이들을 기다리고 참아주고 있었다는 사실을 인지하지 못합니다. 따라서 교사는 아이들의 문제 행동이 작게 보였을 때 미리 경고하여 이것이 큰 문제 행동으로 번지지 않도록 규칙을 제시하고 안내하는 게 좋습니다.

마지막으로 타임아웃을 효과적으로 사용하려면 다음과 같은 점을 고려해야 합니다. '강화 자극'이 풍족한 진입 환경을 조성하는 것입니다. 즉, 타임아웃 된 장소에 있기보다는 교실에 있는 것이 더 매력적인 일이 되도록 하여 타임아웃 장소에 있기 싫어지도록 해야 합니다. 위 사례에도 나온 것처럼 아이들을 대개 복도에 우르르 세워놓게 되면 밖으로 나간 아이들은 이를 벌칙으로 여기지 않고 오히려 장난을 치며 훨씬 재미있는 환경에 놓인 듯 행동하게 됩니다.

또한 아이들에게 무엇 때문에 타임아웃을 하게 되었는지 잘못된 행동을 분명히 일러주어야 합니다. 그리고 오랜 시간 타임아웃을 사용하게 되면 개인적으로 내성이 생기거나 소외감 및 심리적 · 윤리적 문제를 야기할 수 있으므로 타임아웃 시간은 짧게 잡아야 합니다. 학급 규칙으로 사전에 타임아웃의 규칙을 정해 아이들에게 설명하고 이를 시행할 때는 일관성 있게 실시하며 타임아웃의 효과를 평가해보십시오. 만약 어떤 학생에게 타임아웃의 방법이 효과적이지 못하다면 다른 긍정적인 방법을 찾아보아야 합니다.

다른 장소로 격리하는 타임아웃 외에 같은 교실 상황에서 머물면서 비격리적으로 타임아웃을 실시하는 방법도 있습니다. 즉 현재 활동하고 있는 환경에서 물리적으로 격리하지 않고 단지 문제 행동이 강화될 수 없도록 일시적으로 환경을 조절하는 방법입니다. 특정 행동 후에 즉각적으로 그 상황 내에서 강화가 덜한 자극을 제시하거나 그동안의 칭찬 통장에 모아두었던 스티커 등을 회수하는 방법이 이에 해당합니다.

학생들의 잘못을 훈육하고 바르게 지도하려는 선생님의 의도에는 항상 따뜻한 시선과 눈길이 있어야 그것이 진정성 있게 전달됩니다. 만약 하나를 잘못한 학생을 훈육했다면 그 학생이 바람직한 행동을 할 때는 둘을 칭찬해주세요. 선생님이 관심 어린 시선으로 보아주는 일보다 더 큰 가르침은 아이들에게 없음을 잊지 말아야 하겠습니다.

073

학교에서 도통 말을 하지 않아요

—— 6학년을 맡고 있는 교사입니다. 우리 반 민희는 항상 모자가 있는 옷을 입고 학교에 옵니다. 여름에도 다소 두꺼운 모자가 달린 점퍼를 입고 마치 세상 누구하고도 소통하고 싶지 않다는 듯 모자로 얼굴을 거의 가리다시피 하고 다닙니다. 우리 반의 누구도, 아니 우리 학교의 어느 누구도 민희의 목소리를 들은 사람이 없습니다. 민희는 누가 자기 이름이라도 부르면 모자 속으로 더 깊이 들어가 버립니다. 교과 수업을 하러 갈 때도 친구들로부터 멀리 떨어져 혼자 걸어갑니다. 몇몇 여자 친구들이 민희를 돕기 위해 함께 갈 때도 있지만 민희는 그 친구들에게도 어떤 말도 하지 않습니다.

수업 시간에 아무 말을 하지 않으니 답답하기 이를 데 없고, 국어나 영어의 말하기나 토론 같은 수행평가를 실시하는 것도 불가능합니다. 무엇보다 가끔씩 누군가 민희를 괴롭혀 감정이 많이 상한 것 같아 보일 때가 있는데, 전혀 말을 하지 않으니 어떤 도움도 줄 수 없어 그저 안타까울 뿐입니다. 지금 반 아이들은 대부분 민희를 이해하고 배려해주니까 그런대로 잘 지내고 있지만 이제 곧 중학교에 가게 될 텐데 정글 같은 중학교 생활을 어떻게 견딜 수 있을지 걱정입니다. 민희를 어떻게 도와주어야 할까요?

Ⓐ 말하는 능력에는 이상이 없어 말을 할 수 있으면서도 특정 장소와 상황에 따라 말을 하지 않거나 언어적으로 반응하지 않는 증상을 '선택적 함묵증'이라고 합니다. 민희와 같은 선택적 함묵증 아이들은 대개 유치원이나 초등학교에 입학하면서 발견됩니다. 본인에게 편한 사람이나 의사소통이 익숙한 상황에서는 일상 대화에 문제가 없으나 낯선 상황을 위협적으로 느끼면 말을 통해 의사를 전달하지 않습니다. 그들은 고개나 손 등 신체를 사용한 몸짓과 같은 비언어적 수단을 사용하고 목소리를 낼 경우 말 대신 짧은 음성을 통해 의사 표현을 하기도 합니다. 민희의 경우도 조금 편안해지면 천천히 고개를 끄덕이는 정도의 의사 표현은 한다고 하니 전형적인 '선택적 함묵증'을 보이는 것으로 생각됩니다.

선택적 함묵증의 진단과 원인

선택적 함묵증은 10세 이전에 회복해야만 좋아질 가능성이 높습니다. 발견이 늦거나 치료 시기를 놓쳐 함묵 증세가 길어질수록 더욱 말하기가 어려워지고, 치료 시기를 놓치면 사회성 발달의 저하와 인격 형성에 부정적인 영향을 미칩니다. 그리고 일반적인 학업 성취에서 또래보다 느리거나 학업이 전혀 이루어지지 않는 등 어려움이 나타나 나중에는 학업 저하가 초래됩니다. 또한 심한 경우 소극적이고 수동적인 태도로부터 유발되는 편식 행동과 체력의 저하로 신체적이고 정신적인 장애까지 유발할 수 있습니다. 따라서 이 증세가 의심되면 10세 이전에 적극적으로 치료를 받아야 합니다.

함묵 행동이 1개월 이상 지속되어 교육적 · 직업적 성취나 사회적 의사소통을 방해할 때 선택적 함묵증으로 진단하는데, 미국 정신의학협회(American Psychiatric Association, 2013)가 제시하는 DSM-5의 구체적인 진단 기준은 다음과 같습니다.

DSM-5 선택적 함묵증 진단 기준 (한국심리학회, 《심리학용어사전》, 2014.4)

1. 다른 상황에서는 말을 할 수 있으면서도 말하는 것이 기대되는 특정한 사회적 상황(예 : 학교)에서 지속적으로 말을 하지 못한다.
2. 장해가 학업적 · 직업적 성취나 사회적 의사소통을 저해한다.
3. 장해의 기간이 적어도 1개월 지속된다(입학 후 처음 1개월에 한정되지 않는다).
4. 말하지 못하는 이유가 사회생활에서 요구되는 언어에 대한 지식이 없거나 그 언어에 대한 불편한 관계가 아니다.
5. 장해가 의사소통 장애(예 : 아동기 발병형 유창성 장애, 즉 말 더듬기)에 의해 설명되지 않으며, 자폐 스펙트럼 장애, 조현병 또는 다른 정신증적 장애의 기간 중에 발생하는 것이 아니다.

선택적 함묵증의 원인이 무엇인지는 아직 분명히 밝혀지지 않았지만, 일반적으로 유전적 혹은 기질적인 문제로 보기보다는 낯선 상황에 대한 불안한 심리가 원인인 것으로 보고 있습니다. 특히 유아 초기에 심리적 충격을 받거나 신체적 외상 등으로 말을 하지 않게 되거나 낯선 환경에 민감한 것 등이 함묵증의 요인이 됩니다. 더불어 방임이나 과잉보호와 같은 부적절한 부모 양육, 질병으로 인한 장기간의 입원 또는 심한 외상의 경험, 사회적 접촉 경험의 부족에서 오는 환경 요인 등도 하나의 원인으로 보고 있습니다.

선택적 함묵증의 기저에 있는 정서는 '불안'입니다. 특히 매사에 불안감을 느끼는 어머니의 자녀에게서 이 증상이 나타나기 쉽습니다. 본인이 불안감을 많이 느끼는 어머니는 양육 과정에서 낯선 환경에 자녀를 노출시키는 일을 극히 꺼려 자녀가 자연스럽게 여러 상황에서 다양한 사람들을 만나 의사소통을 할 수 있는 기회를 제한하게 됩니다. 동시에 내 자녀가 위험한 상황에 노출되면 안 된다고 여겨 과잉보호를 하게 되고 아이는 '바깥세상은 아주 위험하구나.'라는 생각을 하게 됨으로써 엄마가 보호해주지 않는 곳에서는 심한 불안감을 느끼게 되고 결과적으로 밖에서는 아무 말도 하지 않는 아이가 되는 것입니다.

말문을 여는 방법

선택적 함묵증 아이의 말문을 트게 하는 방법은 첫째, 아이가 입을 열게 하기보다 먼저 편안해지도록 해주어야 합니다.

반 아이가 학교에서 아무 말도 하지 않게 되면 교사는 어떻게든 자신이 담임을 맡은 동안에 아이가 입을 열 수 있도록 해야겠다고 생각하기 쉽습니다. 그래서 부드럽게 말을 하도록 독려하기도 하고 때로는 다소 강압적으로 입을 열어 말할 것을 강요하기도 합니다. 하지만 이런 방식은 아이를 더욱 불안하게 하여 결과적으로 더더욱 입을 굳게 닫아버리게 만듭니다. 아이가 집이나 자신이 편안한 장소 혹은 편안한 사람 앞에서는 말을 잘하는데, 학교에 와서 말을 하지 않는다는 것은 그 아이에게 학교는 불안하고 불편한 장소라는 의미입니다. 선생님이 편하고 친구들을 대하는 게 편안해지면 비록 입을 열지는 않았더라도 조금씩 입을 열 준비는 하고 있다고 볼 수 있습니다.

이런 아이를 맡은 교사는 특별히 이 친구에게 도움을 줄 수 있는 학생(성격이 편안하고 배려심이 있어 강요하지 않으며 도울 수 있는 친구)을 찾아 친구를 도와줄 수 있도록 지도하는 게 좋습니다. 이때 한 명에게 짐을 지우기보다는 몇 사람이 함께 혹은 번갈아 가며 돕게 하는 것이 필요합니다. 동시에 고려해야 할 것은 다소 장난이 심하거나 과격한 성격을 지닌 친구들이 민희 같은 친구의 마음을 불편하게 하는 일은 없는지 유심히 살펴보는 것입니다. 위의 사례에서 민희의 담임선생님이 말씀하신 것처럼 이런 친구들은 자신의 불편함을 말로 호소하지 않기 때문에 교사가 모르는 사이에 어려움에 처할 수 있습니다.

선택적 함묵증의 학부모와 상담할 때 꼭 권해야 할 사항은 부모님이 아는 사람을 집으로 자주 초대하여 아동이 위협적이지 않은 상황에서 타인과 대화하는 것을 돕는 일입니다.

두 번째, 말이 아닌 다른 소통의 수단을 찾아봅니다.

선택적 함묵증 친구들은 말은 하지 않지만 고개를 끄덕인다거나 손짓을 하는 등 비언어적인 의사소통은 가능합니다. 만약 교사가 보기에 민희와 같은 친구가 누군가에게 괴롭힘을 당한 것 같다고 생각되면, 조용하고 편안한 장소로 불러서 "민희야, 누가 널 괴롭혔니? 만약 그렇다면 고개를 이렇게 끄덕여줘. 그렇지 않으면 이렇게 좌우로 흔들면 돼."라고 말하든지 아니면 교사가 미리 'O'와 'X'가 쓰인 종이를 준비해서 "민희야, 누가 널 괴롭혔니? 만약 그렇다면 네 손가락으로 이 'O'를 가리키고 아니면 'X'를 가리켜줘."라고 합니다. 이와 같이 교사가 여러 가지 방식의 비언어적 의사소통 방식을 개발하여 아이와 소통의 길을 여는 게 중요합니다. 혹시 아이가 스마트폰을 사용하고 있다면 문자를 이용한 소통을 한다면 더없이 좋습니다.

세 번째, 전문가를 찾아 적극적인 치료를 권해야 합니다.

선택적 함묵증은 선생님과 친구들이 관심을 가지고 도와주더라도 금세 문제가 완전히 해결되지 않습니다. 문제가 발견된 시점이 학교에 입학할 즈음이라고 해도 문제가 불거진 시점은 훨씬 오래되었다고 볼 수 있습니다. 언어발달 시기의 충격적인 경험 때문이었을 수도 있고, 뿌리 깊은 불안 때문일 수도 있습니다. 이런 문제는 놀이 치료나 약물 치료 혹은 행동 치료 더 나아가 가족 치료적인 접근이 필요할 수도 있습니다. 중요한 것은 부모가 이 문제의 심각성을 깨달아 한시라도 빨리 전문가를 찾아가서 적극적으로 치료를 받도록 하는 것입니다.

📖 **참고문헌**

• 김성아 · 한영희, 〈통합 미술치료가 선택적 함묵증 아동의 이완과 자기표현에 미치는 영향〉, 《한국예술치료학회지》제14권 2호, 2014.
• 송영혜, 〈선택적 함묵아의 심리검사 사례분석〉, 《한국심리학회지》제9권 1호, 1996.

074

아이가 따돌림을 당하는 것 같아요.

——— 올해 발령을 받은 새내기 여교사입니다. 제가 근무하고 있는 학교는 학부모님들의 관심이 남달라 특히 학부모 민원에 신경을 많이 쓰는 곳입니다. 3학년을 맡아 아이들과 함께하는 하루하루가 쉽지는 않았지만 어느덧 한 학기를 잘 마무리하고 한숨을 돌리는 시점이었습니다. 어느 날 한 학부모가 다급한 목소리로 전화를 주셨습니다. 저희 반 상희가 따돌림을 당하고 있다는 것입니다. 상희가 또래 친구들에 비하여 체격도 왜소하고 건강에도 다소 어려움이 있어서 평소에 부모님과 몇 차례 전화 통화를 한 적은 있었지만, 이번에는 느낌이 조금 달랐습니다. 어머니의 목소리가 매우 초조하고 조금 흥분되어 있는 듯했습니다. 전화를 끊고 나서는 '내가 뭐 잘못한 것이 있나? 아님 상희에 대해 더 신경 써주지 않는다고 생각해서 담임인 나에게 섭섭해하고 있나?'라는 생각조차 들었습

니다. 내일 오후에 어머니를 뵙기로 하였는데, 상담할 때 어떤 점에 유의해야 하는지 궁금합니다.

A 아이들 사이에 일어나는 사소한 다툼이나 발달 과정에서 자연스레 나타나는 상호작용에도 신경을 곤두세우는 학부모가 점차 늘어나고 있는 것 같습니다. 그도 그럴 것이 대중매체를 통해 접하게 되는 학교 폭력의 몇몇 사례들을 보면 가히 혀를 내두를 정도로 양상이 심각하고 발생 연령도 점차 낮아지고 있는 탓이겠지요. 세상이 이렇게 변해가고 있는데, 자녀의 교우 관계 문제로 걱정을 표현하는 학부모에게 그저 자연스러운 성장 과정이니 안심하시라고만 할 수도 없는 노릇입니다. 게다가 상희의 경우, 또래에 비하여 체격도 왜소하고 건강에도 어려움이 있다고 하니 똑같은 상황에서도 상희와 상희 부모님이 느끼는 피해 정도는 더 클 수 있습니다.

이처럼 아직 학교 폭력 여부는 정확히 알 수 없으나 학부모가 피해를 호소하며 상담을 요청하는 경우 담임교사로서 어떻게 대응하는 것이 좋을까요?

이때는 첫째도 둘째도 '신뢰감'을 주는 것이 중요합니다. 자칫 '뭐 이런 사소한 일을 문제 삼지?'라는 식의 대응은 담임교사로서 책임을 회피한다는 인상을 주어 사안을 더 크게 만들 수 있습니다. 학부모의 감정이 격양됨을 이해하고 정서적 지지를 보냄과 동시에, 담임으로서 책임을 가지고 사안을 처리할 것을 약속하는 등 첫 대면에서 '믿음'과 '신뢰감'을 주는 것이 중요합니다.

아직 학교 폭력 여부가 정확히 파악되지 않았다 하더라도 학부모가 피해를 걱정하고 담임교사에게 도움을 요청하고 있으므로, 지금 당장 이것은 '학교 폭력이다', 또는 '학교 폭력이 아니다'라고 단정 짓고 임의로 처리하는 것은 바람직하지 않습니다. 학교 폭력은 자칫 민원의 시발점이 될 수도 있기에, 매뉴얼에 근거하여 다음과 같이 상담을 진행하는 것이 좋습니다.

1. 피해 사실의 확인 단계

- 학생의 피해 사실에 대해 객관적으로 파악하기.
    - 학교 폭력 사실을 언제, 어떻게 알게 되셨나요?
    - 누구에게, 얼마 동안, 어떤 일이 있었다고 알고 계신가요?
    - 주변에 이 사실을 본 친구가 있나요?
- 학생의 피해 사실을 구체적으로 메모하기.
- 학생의 현재 상태 파악하기.
    - 해당 학생은 현재 어떤 상태인가요?

2. 감정 이해 단계

- 학부모의 감정을 수용하고 피해 사실에 대해 유감 표현하기.
    - 많이 속상하셨죠? 저도 걱정이 되고, 몹시 가슴이 아픕니다.

3. 사안 처리 과정에 대한 설명 단계

- 추후 처리 과정에 대해 설명하기.
    - 앞으로 사실 관계를 명확하게 파악하고 연락드리겠습니다.
- 진실과 사실에 근거하여 문제가 해결될 것을 약속하기.
    - 실제 어떤 일이 일어났는지와 그 과정에서 해당 학생에게 어떤 어려움이 있었는지를 객관적으로 조사하여 그에 맞는 조치를 취하게 될 것입니다.

사안을 조사할 때의 유의점

일단 학부모를 안심시킨 후, 상희와 관련 친구들 사이에 무슨 일이 있었는지 객관적이고 구체적으로 파악하는 것이 중요합니다. 이때 관련 학생을 한 장소에 모이게 한 후 조사를 하는 것은 피해 학생에게 위축감, 불안감을 줄 수 있으므로, 각자 개별적으로 상담을 진행해야 합니다. 특히 집단 따돌림이 의심되는 경우 가해 학생을 바로 불러서 야단치면, 가해 학생은 교사에게 일렀다는 명목으로 피해 학생을 더욱 심하게 괴롭히고 따돌리는 경우가 많습니다. 따라서 피해 학생과 깊이 있는 상담을 통해 피해 학생이 필요로 하는 사항을 파악하여 대처해야 합니다. 먼저 피해 학생에게 어떤 일이 있었는지, 그로 인해 현재 어떤 심정인지, 가해 학생에게 바라는 것이 무엇인지 파악합니다. 그런 다음 가해 학생에게 사실 여부를 확인합니다. 이때 가해 학생을 윽박지르거나 비난하는 언행은 오히려 가해 학생의 수치심과 분노를 자극할 수 있으므로 가해 행동으로 인해 피해자가 겪고 있는 어려움을 전달하면서, 문제 해결을 위해 함께 노력할 점에 초점을 맞추어 상담을 합니다.

상희는 며칠 전 영어 시간에 역할 놀이를 할 때 영어 발음에 자신이 없었습니다. 요새 몸이 불편하여 자주 조퇴와 결석을 하게 되어 영어 문장을 익힐 시간도 많이 부족했습니다. 가뜩이나 자신감이 없는데 상희를 제외한 같은 모둠 친구 세 명이 상희의 발음 소리를 듣고 키득거리며 웃었습니다. 상희가 불쾌함을 표시했지만 친구들은 아랑곳하지 않고 계속 웃기만 했습니다. 무엇보다 상희는 자신이 불쾌한 표정을 짓는데도 계속 웃는 친구들의 모습에 다소 당혹스러웠다고 합니다. 친구들이 자신을 놀리고 무시하는 것 같았고 진심 어린 사과를 받고 싶다고 했습니다.

다른 세 학생들에게 사실 관계를 확인해보니 모두 비슷하게 기억하고 있었습니다. 나쁜 의도를 가지고 고의적으로 한 행동은 아닌 것 같았습니다. 상희가 지난번 일로 상심하고 있으며 진심 어린 사과를 해준다면 마음이 많이 편해질 것 같다고 했더니 모두 기꺼이 그렇게 하겠다고 하였습니다. 사과를 받은 상희는 한결 표정이 가벼워졌고, 어머니도 안심하며 가슴을 쓸어내렸습니다.

사안을 처리할 때의 유의점

교사가 아무리 학교 폭력 예방 교육을 철저하게 하고 평소 학생들의 교우 관계에 신경을 많이 쓴다고 해도, 학생들 사이에서 벌어지는 일들을 일일이 다 파악하는 것은 불가능합니다. 특히 은밀하게 이루어지는 집단 따돌림이나 언어폭력 등을 감지하기란 쉬운 일이 아닙니다. 이런 종류의 학교 폭력은 보통 피해 학생이나 피해 학생 보호자의 호소를 통해 알게 되는데, 평소에 예방 교육도 실시했고 일상적인 수준으로 생활지도를 해왔다면 교사가 먼저 학교 폭력을 파악하지 못한 것에 대해 걱정할 필요는 없습니다.

다만 담임교사로서 초기 대응과 사안 조사에는 책임을 다해야 합니다. 이때, 혼자서 대처하기보다는 학교 내 '학교폭력대책 자치위원회' 산하기구로서 사안 조사 및 중재의 역할을 수행하는 '학교폭력 전담기구'에 자문을 구하면 도움을 받을 수 있습니다.

학생들 사이에 일어난 사소한 갈등들이 해결되지 못하고 부정적인 감정들이 쌓이고 쌓이면 이것이 학교 폭력으로 비치기도 하고, 또 실제로 어느 순간 학교 폭력이 되기도 합니다. 즉 학교 폭력은 학생들 사이에서 언제, 어디서든지 일어날 수 있는 일입니다. 잘 해결할 수 있다는 자신감을 가지고 학생과 학부모에게 '신뢰감'을 주고, 주변에 도움을 구하여 차분하게 대처해나간다면 어느새 선생님도 학교 폭력이나 생활지도의 전문가가 되어 있을 것입니다.

075

부모님이 저 때문에 이혼했어요.

—— 2학년 통합 교과의 가족 단원을 진행하는 시간이었습니다. "자, 한 사람씩 가족사진을 보여주면서 가족 소개를 해보세요."라는 제 말을 듣고 아이들이 발표를 시작했는데 서영이 차례가 되자 서영이는 책상에 엎드려 고개를 들지 못하고 머뭇거리기만 하였습니다. 큼직한 가족 사진에는 서영이의 아버지와 어머니, 오빠와 서영이가 행복하게 웃는 모습이 담겨 있었지만 서영이의 표정은 곧 울 것만 같았지요. 평소에도 말이 없고 조용한 친구라 수줍음이 많은 것으로 여겼지만 여느 때와는 다른 느낌이 들어 방과 후 교실에 잠깐 남겨 조용히 물어보았습니다. 서영이는 머뭇거리면서 대답했습니다.

"선생님, 저희 아빠, 엄마는 이혼하셨어요. 다 저 때문이에요."

순간 당황스럽고 제 자신이 부끄러웠습니다. 온종일 재잘거리며 자기를 보아달라고 손짓하는 다른 아이들에게 묻혀 있느라 하루 종일 지나치게 조용히 앉아 있다가 가는 서영이를 그간 눈치채지 못하고 있었던 것입니다. 게다가 부모님의 이혼을 자기 탓이라고 말하는 서영이가 무엇보다 안쓰러웠습니다.

학부모 상담 주간에 만났던 서영이의 어머니를 떠올렸습니다. 어머니께서는 20분의 길지 않은 시간 동안 서영이보다 임원에 선출된 서영이 오빠 자랑만 많이 하고 돌아가셨지요. 당시도 꽤 의아한 생각이 들었던 기억이 되살아났습니다. 담임교사가 인지하고 있는 정도와는 별개로 한 가정 자녀 혹은 재결합 가정의 아이들이 상당수 있다는 것은 분명한데, 이 부분을 어디까지 나서서 어떻게 도와주어야 할지 모르겠습니다.

Ⓐ 흔히들 이혼은 이미 일반화된 사회 현상이므로 아이들도 어느 정도는 이혼을 어른과 같은 입장에서 받아들일 거라고 생각합니다. 그러나 이런 생각은 매우 위험하다고 전문가들은 말합니다. 이혼이 아무리 흔한 일이 되었다고는 해도, 아이들은 부모의 이혼을 자신만 겪는 독특한 것으로 인식한다고 합니다. 설령 같은 반에 이혼 가정 자녀가 절반이 된다고 해도 아이들은 "왜 하필이면 나야?" 하고 현실을 부정하고 울부짖습니다. 그만큼 아이들에게는 부모의 이혼이 크나큰 충격으로 다가오는 것입니다.

서영이의 경우에는 부모님이 이혼하신 뒤부터 부쩍 말이 없어졌습니다. 수업 중에도 집중하지 못하고 멍하니 앉아 있는 시간이 많았고 친구 관계에서도 자신의 의견을 표현하지 못한 채 위축된 모습을 보였습니다. 반면 고학년인 서영이 오빠는 여전히 학업에 전념하며 전교 임원 선거에도 나가는 등 마치 아무 일이 없는 듯 보였습니다.

서영이의 가장 큰 문제는 부모님의 이혼 사유가 자신이 공부를 못했기 때문이라고 생각하는 것이었습니다. 1학년 때부터 받아쓰기를 틀려서 오면 엄마가 많이 야단쳤고 이런 엄마를 아빠가 나무라다가 부부 싸움으로 번지는 모습을 자주 보았기 때문이지요. 서영이는 자기가 공부만 잘하면 아빠가 돌아오실지도 모르는데 아직 구구단조차 안 외워져서 답답하다고 했습니다. 내일은 버스를 타고 체험 학습을 가는데 '아빠 없는 아이'라고 친구들이 자기 옆에 앉아주지 않을 것 같아 가기가 싫다고 했습니다. 서영이는 요즘 늘 자기 편이었던 아빠가 곁에 없어 세상에 혼자 동떨어진 것 같다고 했습니다.

부모의 이혼을 경험하는 아동은 극복해야 할 몇 가지 심리 과제를 안게 되는데 이러한 과제를 어떻게 극복하느냐에 따라 부모의 이혼에 적응하는 양상이 달라집니다. 주디스 월러스타인(J. S. Wallerstein)은 부모의 이혼에 직면한 아이들이 극복해야 할 심리적 과제를 여섯 가지로 제시하였습니다.

1. 가족 해체의 현실을 인정하기

부모의 이혼에 적응해가는 첫 단계로 이혼 가정 아동이 제일 먼저 극복해야 할 과제는 부모의 부부 관계가 붕괴되었다는 현실을 인정하고 자신의 연령 수준에 맞게 현실적인 변화를 수용하는 것입니다.

2. 부모의 갈등과 곤경으로부터 거리 두기

이혼 가정의 아동은 학교에서나 놀 때에 했던 일상적인 활동과 관계를 유지하면서 가족의 위기가 자신의 학습 능력이나 흥미 활동에 손상을 주지 않도록 해야 합니다.

3. 상실 극복

이혼은 필연적으로 한쪽 부모의 상실을 동반하게 됩니다. 거기에 더해 가족의 내적인 상실 말고도 이사, 전학, 이웃 간의 이별, 친숙하고 흥미 있는 활동의 포기와 같은 가족 외적인 상실도 맛보아야 합니다. 따라서 이 시기 아동은 전반적인 상실의 고통을 극복해야 하는 과제가 주어집니다.

4. 분노와 자책감의 극복

어린이들은 흔히 부모의 이혼이 불가피한 것이 아니며, 잘못이 없는 이혼은 없다고 생각합니다. 따라서 이혼에 대해 한쪽 부모를 원망하거나 양쪽 모두를 질책하기도 하고, 때로는 부모의 결별이 자기 자신의 잘못 때문이라 여겨 죄책감에 시달리기도 합니다. 그러므로 분노와 자책감을 극복하는 것이 매우 절실합니다.

5. 이혼의 지속성 수용

아이들은 부모가 이혼했다는 현실을 받아들이고 동시에 이런 결별이 지속된다는 점도 같이 받아들여야 합니다.

6. 관계에 대한 현실적인 희망 갖기

부모의 이혼으로 모든 관계가 깨진 것은 아니며 여전히 사랑하고 사랑받는 현실이 유지될 수 있음을 명심해야 합니다.

학교와 가정은 어떻게 협력해야 할까?

혼자서 양육의 책임을 모두 져야 하는 한쪽 부모가 이혼 이후에 자녀에게 필요한 관심과 지지를 적절히 제공한다는 것은 사실 쉽지 않습니다. 서영이 어머니의 경우 담임교사에게 한부모 가정임을 밝히지 않았지만, 무엇보다도 서영이가 어려움을 겪고 있고 특히 서영이가 부모의 이혼을 '자기 탓'이라고 여기고 있어 주 양육자인 어머니께 상담을 요청하는 게 좋습니다. 학부모와 상담을 할 때에는 감정적인 부분을 절제해야 하며, 객관적이고 합리적인 태도를 견지하되 학생을 돕고자 하는 진솔한 마음이 전달되도록 해야 합니다.

연령	자녀의 발달 과제	이혼이 미치는 영향	부모 역할
유아기	• 애착 형성 • 기본적 신뢰감 및 기본 생활 습관 형성	분노와 슬픔, 퇴행적 행동을 보이기도 하고 자기도 버려질 수 있다는 불안이나 두려움을 보인다.	정서적 버팀목 역할, 불안과 두려움을 수용하고 보듬어주기, 일관적인 훈육 방식을 유지하도록 돕는다.
초 1~3	• 학습 습관 기르기 • 또래 관계를 통한 사회성 습득 • 긍정적 자아 존중감 형성	매우 슬퍼하거나 쉽게 울고 거절당했다는 느낌을 갖는다. 헤어진 부모를 그리워하고 대체로 부모의 재결합에 대한 기대를 가지고 있다.	현실을 분명하게 이야기하면서도 이혼은 했으나 부모는 여전히 부모임을 설명하고 안심시킴으로써 힘든 정서를 함께 나눈다.
초 4~6		부모의 이혼을 이해할 수 있지만, 이를 수용하기는 어렵다. 스스로 중재자 또는 조정자 역할을 하려고 하며, 잘 지내는 모습만 보일 뿐 자신의 감정은 숨기며 혼자만 전전긍긍하기도 한다.	어려운 부분이나 힘든 감정을 부모에게 이야기 할 수 있는 분위기를 조성하고, 자녀의 학습과 또래 관계에 관심을 갖고, 성취 동기를 부여해준다.
청소년기	• 자아 정체성 확립 • 갈등 해결 방법 습득	자신의 개인적 감정과 부모 문제 사이에 거리를 유지할 수 있다. 또래 관계에 집중하며 부모들의 갈등을 회피하려고도 한다. 불복종, 분노 등 적응 문제를 보이기도 한다.	간섭 또는 지나친 통제를 피하면서도 큰 테두리 내에서 관심과 지지를 제공하고, 일상생활을 관찰하여 함께 계획을 세우도록 돕는다.

• 자료 : 금명자 외,《이혼을 넘어 좋은 부모 되기》, 한국청소년상담원, 2004.

이혼한 부모가 자녀의 적응을 위하여 지켜야 할 일은 다음과 같습니다.

- 자녀의 이해 수준에 맞추어 이혼에 대하여 이야기합니다(아동의 이해 수준에 따라 일어났던 일을 설명하되 이 일이 결코 자녀의 잘못이 아님을 강조합니다).
- 자녀가 내 편을 들도록 은근히 강요하지 않습니다.
- 가능하면 아이들의 일상생활 리듬이 안정되고 일관성 있게 유지되도록 합니다.
- 자녀가 두 부모 사이의 스파이가 되도록 조장하지 않습니다("아파트가 어떻게 생겼던?", "○○한테 전화가 자주 오니?" 등 한쪽 배우자의 소식을 전달하는 중개자로 이용하는 경우가 있습니다).
- 자녀들이 양쪽 부모의 사랑을 받고 있음을 확신시키기 위하여 떠난 부모를 정기적으로 방문하도록 합니다.
- 자녀가 부모의 상담자나 조언자가 되지 않도록 합니다. 즉 자녀에게 신세 한탄을 하거나 해결책을 달라고 하지 않습니다.

비합리적인 신념에서 벗어나도록 돕기

친구나 교사, 종교 단체 등은 이혼 가정 자녀가 적응하는 데 긍정적인 영향을 줍니다. 특히 여자아이의 경우는 동성 친구와의 친밀한 관계와 그들로부터 받는 사회적 지지가 매우 중요한 적응 요인으로 나타났습니다. 따라서 친구와 교사가 있는 학교는 이혼 가정의 자녀들에게 지지를 제공해줄 수 있는 중요한 자원이 됩니다. 부모의 이혼을 자신 탓으로 여기는 것은 비단 서영이뿐 아니라 많은 아동들이 가지고 있는 일반적인 생각입니다. 상담에서는 이를 '비합리적인 신념'이라고 부릅니다.

부모의 이혼과 관련된 아동의 비합리적인 신념은 아동의 마음속에 깊이 뿌리를 내려 다음과 같은 생각으로 이어집니다.

- 아빠(엄마)가 나를 떠났듯이 언젠간 엄마(아빠)도 나를 버릴 것이다.
- 아빠(엄마)가 없다고 친구들이 나를 놀리고 안 놀아줄 것이다.
- 내가 착한 아이가 되면 아빠(엄마)는 다시 돌아올 것이다.
- 우리 엄마와 아빠가 헤어진 것은 다 나 때문이다.

앞에 말한 서영이도 부모님이 자신의 성적 때문에 이혼했다고 믿는 '비합리적인 신념'에 빠져 있었습니다. 이런 서영이에게 다가가 대화를 시도한다 해도 평소에 말이 없는 서영이가 자신의 이야기, 그것도 내면에 있는 생각을 술술 풀어내기는 어렵습니다. 이때는 수업이 끝난 뒤에 찰흙 놀이를 하거나 그림을 그리면서 대화를 이어갈 수 있습니다. 찰흙 인형을 만든 서영이에게 선생님은 자연스럽게 대화를 유도할 수 있습니다.

"이 아이가 주인공이야? 어떤 아이인지 궁금하네."

"별로예요. 공부도 못하고…… 걱정은 많고……."

"그렇구나. 걱정이 많은 아이구나."

"네. 안 좋은 일이 계속 있었어요. 엄마, 아빠가 이혼을 했거든요."

"아, 정말 걱정이 많겠구나. 이 아이의 마음은 지금 어떤 것 같니?"

"음…… 이 아이는 자기가 말썽을 많이 피워서 엄마, 아빠가 헤어졌다고 생각해요."

대화가 이 정도 흐르면, 선생님은 서영이의 마음을 자연스레 살필 수 있고 서영이가 안고 있는 상처를 들여다보고 도움의 손길을 건넬 수 있습니다.

문장 완성도 검사 이용하기

위 사례처럼 학생이 비합리적인 신념을 보이고 있음이 확인되면 현재 함께 살고 있는 보호자(경우에 따라서는 부모 모두)와 상담을 하는 것이 좋습니다. 학부모와 면담을 할 때에는 학생이 표현한 언어적 표현이나 문장들을 보여주며 도와줄 부분을 확인합니다. 이혼 가정 아동의 심리 상태를 알 수 있도록 문장 완성도 검사(SCT, Sentence Completion Test)를 실시합니다. 문장 완성도 검사란 다수의 미완성 문장을 피검자가 자기 생각대로 완성하도록 하여 피검자의 심리를 파악하는 것입니다(학교 내 상담사 혹은 대학원에서 상담을 전공한 선생님들께 협조를 요청하면 쉽게 구할 수 있습니다). 일례로 피검자가 완성한 문장이 "우리 엄마는 무섭고 나를 혼낸다.", "우리 아빠는 안 무섭다. 그런데 지금 없다.", "내 소원이 마음대로 이루어진다면 첫째는 아빠, 둘째는 공부, 셋째는 친구를 많이 사귀는 것", "엄마는 매일 싫고 아빠도 싫다."와 같이 나타났다면 이를 통해 아이의 현재 심리 상태를 가늠해볼 수 있습니다.

단짝 친구와 연결해주는 것도 아이의 마음을 평안하게 만들 수 있습니다. 단, 이때 친구는 가족 관계처럼 일방적이어서는 안 됩니다. 서영이가 좋아하고 서영이를 좋아하는, 상호 동등한 관계에서 함께 놀고 지지해줄 수 있는 친구를 연결해주는 것이 좋습니다.

이 외에도 학교와 가까운 사회복지관 등의 연계 기관을 알아보고 필요한 경우 한부모 자녀를 위한 놀이 치료와 방과 후 프로그램을 지원받을 수 있도록 의뢰합니다.

076

학부모가 어려워요.

—— 이제 3년차 초등 교사입니다. 원래 아이들을 좋아하는 성격이기도 하고 초등교사가 되기를 오랫동안 기다려왔고 준비했던지라 아이들과 함께 지내는 일은 적성에도 잘 맞고 즐겁습니다. 하지만 학부모님들을 대하는 일이 저에게는 너무 어렵습니다. 학부모님들 앞에 설 때에는 해야 할 말도 잘 생각이 안 나고 자연스럽게 대화를 이어가기도 어렵습니다. 제가 아직 나이가 어려 만만하게 보시고 쉽게 대하신다는 생각이 들 때도 있습니다. 그렇다고 너무 거리를 두자니, 아이의 변화와 바른 교육을 위해 학부모와의 상담이 꼭 필요한 경우가 생기기도 합니다. 학기초 학부모 총회와 이어지는 학부모 상담 시간 등 학부모와 소통하는 일이 저에게는 매우 힘듭니다. 학부모님들과 자연스럽고 의미 있는 관계로 지낼 수 있는 방법을 알고 싶습니다.

Ⓐ 젊은 교사에게 학부모와의 관계는 참 어렵습니다. 특히나 갓 발령받은 신규 교사의 경우 나이가 아직 학부모보다 어리기 때문에 자신을 편하게 대한다는 느낌이 들 수도 있습니다. 너무 친절하고 상냥하면 만만하게 보일까 걱정이 되고, 또 너무 거리를 두고 차갑게 대하면 불친절하다 여길까 고민이 됩니다. 더구나 우리 교사들은 '학부모 교원 만족도 조사', '학교나 교육청으로의 민원' 등 많은 경로를 통해 학부모님들에게 평가를 받습니다. 혹자는 요즈음 학부모는 그저 학부모가 아니라 고객으로 생각하고 서비스해야 한다고 이야기하곤 합니다. 이처럼 우리를 평가하고 간섭할 수도 있는 누군가가 어렵고 불편하게 느껴지는 것은 자연스런 감정입니다.

하지만 우리가 학부모를 어렵게만 본다면 중요한 교육적 파트너를 놓치는 우를 범할 수도 있습니다. 조금 다른 각도에서 보면 교사와 학부모는 아이들의 올바른 성장을 위해 함께 걷는 동반자적 관계가 될 수 있기 때문입니다. 아이의 성장을 위해 함께 협력해야만 한다는 공감대가 교사와 학부모 사이에 형성된다면, 교실에서 일어나는 어떤 어려운 문제라도 원만하고 쉽게 풀어갈 수 있을 것입니다.

학부모와 교사 간의 동반 관계는 교사 혼자 마음먹는다고 형성되지 않습니다. 이를 위해서는 평소 교사와 학부모 간 원활한 의사소통과 교육 목표에 대한 합의가 선행되어야 합니다. 학부모와의 의사소통과 교육적 목표에 대한 합의는 다음과 같은 방법으로 형성될 수 있습니다.

새 학기 첫 가정통신문

새 학기가 시작되면 아이들과 교사만큼 학부모들도 설레고 걱정하기 마련입니다. 올해 우리 아이가 어떤 담임선생님을 만날지, 그분의 성격은 어떨지, 어떤 교육관을 가지고 있을지 궁금증이 샘솟습니다. 이렇게 걱정하고 궁금해하는 학부모를 위해 새 학년 첫날 따뜻한 편지 한 통을 보내드리면 어떨까요? 편지 내용에는 선생님에 대한 간단한 소개와 전문가적인 교육철학을 담는 것이 좋을 것입니다. 어떠한 교육적 소신과 철학을 갖고 1년간 학급을 꾸려갈지에 대한 이야기는 학부모들이 교사를 신뢰할 수 있는 첫걸음이 될 수 있습니다.

아래는 제가 작성하는 가정통신문의 일부를 발췌한 것입니다.

○학년 ○반 학부모님께

개울물이 녹아 햇살을 담아 흐르고, 그 옆에는 기지개를 켜며 물에 비친 햇살에 눈부셔하는 새싹들이 보이는 3월입니다. 학교의 3월은 모든 것이 새롭게 시작하는 달이라 어린이도 마음이 설레고 지도하는 저로서도 무척이나 설레는 달입니다. 저는 20○○학년도 ○학년 ○반 담임을 맡게 된 ○○○이라고 합니다. 새로운 학년이 시작되면 우리 아이 담임선생님은 어떤 사람인지 매우 궁금하실 것입니다.

저는 20○○년 2월 ○○교육대학교 초등교육과를 졸업하여 ○년째 아이들을 가르치고 있습니다. 언제나 아이들의 입장에 서서 아이들을 사랑하고 더욱 재미있게 가르치고자 노력하고 있습니다. 아직 경험이 부족하지만 이 부족한 경험을 아이들에 대한 열정과 사랑, 교육에 대한 전문 지식으로 대신하려 합니다.

앞으로 1년간 ○학년 ○반 아이들과 함께하며, 다음과 같은 사항에 중점을 두고 지도하려고 합니다. 가정에서도 많은 관심과 협조, 이해가 있기를 부탁드립니다.

첫째, 매사에 최고가 되기보다 최선을 다하는 어린이로 키우겠습니다.

둘째, 자기 자신을 사랑하고 남을 배려할 줄 아는 따뜻한 마음을 가진 어린이로 키우겠습니다.

셋째, 예의 바르고 인사를 잘하는 어린이로 키우겠습니다.

넷째, 학습의 즐거움을 깨닫고, 스스로 학습하는 주도적인 어린이로 키우겠습니다.

학부모 총회

첫 발령을 받고, 첫 학부모 총회를 갖던 순간이 아직도 생생히 기억납니다. 저를 바라보던 20명가량의 학부모님들의 눈빛에 시선을 어디에 두어야 할지 몰랐고, 너무 떨려 목소리가 제대로 나오지도 않았습니다. 그때만큼은 아니지만 십수 년이 지난 지금까지도 학부모 총회는 여전히 저를 잔뜩 긴장시킵니다.

아직도, 그리고 앞으로도 어려워할 학부모 총회를 성공적으로 마치기 위해 가장 첫 번째로 필요한 일은 교사로서 확실한 교육철학을 정립하는 것이라고 생각합니다. 교육철학을 피력할 때, 막연한 느낌이나 추상적인 생각으로밖에 표현되지 못한다면 이는 자신의 교육철학이 확실히 정립되었다고 말할 수 없을 것입니다. 짧고 명확하게 그리고 타인이 쉽게 이해할 수 있는 체계적인 글 또는 말로 표현할 수 있어야 자신의 교육철학이 정립되었다고 말할 수 있습니다. 이와 함께 어떠한 교육철학의 토대 위에 어떠한 그림을 그릴 지에 관한 1년의 구체적인 계획도 필요합니다. 교사로서의 철학과 계획을 효과적으로 발표하기 위한 인쇄물이나 발표 자료(파워포인트)의 도움을 빌리는 것도 매우 효과적입니다.

시간이 허락한다면 학부모와 함께 만들어가는 학부모 총회를 진행할 수도 있습니다. 우선 원탁 혹은 'ㄷ' 자 모양으로 책상을 배치해 교사와 학부모가 서로 얼굴을 마주 볼 수 있게 합니다. 그리고 돌아가며 자기소개를 하는 것으로 긴장을 풀어봅니다. 교사가 미처 알아볼 수 없는 아이의 자랑거리 혹은 아이를 키우며 보람 있었던 때, 아이가 어떤 사람으로 성장하기를 바라는지에 관한 기대 등을 함께 이야기해도 좋습니다. 이런 과정을 통해 긴장되고 어색한 분위기도 화기애애하게 바꾸어볼 수 있습니다. 그리고 학부모가 교사에게 부탁할 것들, 그 뒤 교사가 학부모에게 꼭 부탁할 것들을 함께 나눕니다. 이런 과정 속에서 학부모에게 교사란 아이의 성장을 위해 함께 이야기 나누고 고민하는 동반자라는 느낌을 전달할 수 있을 것입니다.

끊임없이 소통하며 신뢰 다지기

앞선 과정은 교사와 학부모가 서로 신뢰를 쌓는 과정이라고 할 수 있습니다. 교사, 학생 그리고 학부모가 함께 힘을 합해 노를 저어 1년의 항해를 무사히 잘 마치기 위해서는 쌓아놓은 신뢰를 계속 유지시키는 노력도 필요합니다. 이를 위해 가장 중요한 과정이 바로 '꾸준한 소통'입니다.

소통(疏通)이라는 말의 사전적 의미를 찾아보면, "막히지 않고 잘 통함", "서로 뜻이 통하여 오해가 없음"입니다. 사실 '오해'라는 것은 어딘가 막혀 있어 서로 통하지 않기 때문에 비롯되는 현상입니다. 더구나 학부모와 교사의 관계는 직접적 관계라기보다는 학생을 매개로 만나는 간접적 관계이므로 수많은 오해가 발생할 수 있습니다. 같은 말도 아이들을 통해 걸러져 전해지다면 그 의미나 뜻이 180도 달라질 수 있기 때문입니다. 그래서 교사는 학부모와 직접적인 소통의 창구를 마련해야만 합니다.

학부모와 교사 간의 직접적이고 지속적인 의사소통은 다양한 방법을 통해 이루어질 수 있습니다. 아래 소개한 몇 가지 방법 중 선생님들이 이용하기 편하고 마음에 드는 방법을 골라서 실천해보면 좋을 것 같습니다.

문자 메시지를 통해 소통하기

휴대전화를 통한 단문 메시지는 가장 간단하고 편한 소통 수단입니다. 편지처럼 거창한 형식을 갖추지 않아도 되고, 또 전화처럼 부담스럽지도 않습니다. 즉각적이고 매우 신속합니다. 이러한 문자 메시지를 잘 이용하면 큰 노력을 들이지 않아도 학부모와 끈끈하게 소통할 수 있습니다. 문자 메시지를 이용하여 소통할 수 있는 메시지의 내용은 다음과 같습니다.

- 공지 사항 알리기(알림장 내용)

초등학교의 경우 저학년부터 고학년까지 알림장 쓰기가 이루어지고 있습니다. 특히나 저학년은 알림장의 내용이 많이 축약되어 있으면 학부모의 입장에서는 알림장만 보고 난처할 때가 있습니다. 학부모에게 자세하게 안내되어야 할 내용은 문자 메시지를 활용하면 편리하게 소통할 수 있습니다.

- 다음 주 월요일은 수학 1단원 평가가 있습니다. 주말에 수학 익힘을 가정으로 보내오니 틀린 문제는 다시 풀어볼 수 있도록 해주세요.
- 이번 주 금요일에는 요구르트 병 2개를 준비물로 가져옵니다. 미리 먹고 씻어 말려두셨다가 금요일에 보내주세요.

- 안전 및 생활지도에 관한 내용

평소 지속적으로 지도되어야 하는 안전 및 생활지도에 관련된 내용을 문자 메시지로 보내는 것 또한 꽤 효과적인 지도가 될 수 있습니다.

- 횡단보도를 건널 때는 신호등을 잘 보고, 손을 들고 건널 수 있도록 해주세요.
- 날이 많이 덥습니다. 손을 자주 씻고, 몸을 청결히 할 수 있도록 해주세요.

- 학부모가 교사에게 듣고 싶은 학교생활(개인적 메시지)

아이들을 학교에 보낸 학부모님들은 학생들이 학교에서 어떻게 지내는지 무척 궁금해합니다. 그렇기 때문에 아동들의 소소한 학교생활 이야기를 문자 메시지를 이용해 전달하는 일도 의미 있는 소통이 될 수 있습니다.

학교생활을 메시지로 보낼 때는 칭찬 같은 긍정적 메시지가 주가 되어야 합니다. 이를 위해 평소 칭찬할 점을 잘 메모해두었다가 틈틈이 메시지를 전달하는 것이 좋습니다. 이런 긍정적 메시지는 학부모에게 '아, 선생님이 우리 아이를 좋게 봐주시는구나. 우리 아이의 좋은 점을 잘 알고 있구나.' 같은 신뢰를 갖도록 만듭니다. 이런 신뢰가 형성된 후에야 학부모는 교사의 충고를 아이의 바른 성장을 위한 조언으로 받아들이게 됩니다. 만약 이런 신뢰가 형성되지 않은 채 학생들의 고쳐야 할 습관이나 단점을 먼저 말씀드린다면 학부모님은 '우리 선생님은 우리 아이를 싫어해. 미워해. 그래서 우리 아이를 잘 알지도 못하면서 이런 소리를 하는 거야.'라고 오해할 수도 있습니다. 이런 생각을 한 학부모는 당연히 교사의 조언을 받아들이지 않을 것입니다. 극구 부정하거나 오히려 화를 낼 수도 있습니다. 어떤 지도도 교사와 학부모 간의 두터운 신뢰가 전제되어야 합니다.

- 오늘 효주가 방과 후 청소를 어찌나 열심히 돕던지 그 모습이 참 예뻤습니다. 가정에서도 많이 칭찬해주세요.
- 오늘 미술 시간에 승찬이가 준비물을 챙겨오지 않은 친구들에게 준비물을 빌려주었습니다. 덕분에 즐겁고 유익한 활동할 수 있었습니다. 가정에서도 많이 칭찬해주세요.
- 최근 윤민이가 일기를 써오지 않는 일이 종종 있습니다. 저도 지도하고 있으나, 가정에서도 함께 지도해주시길 부탁드립니다.
- 기윤이가 구구단 외우기를 어려워합니다. 구구단은 지금 정확하고 유창하게 외워두지 않으면 앞으로 학습에서 어려움을 겪을 수 있습니다. 가정에서도 함께 도와주시길 부탁드려요.

블로그 혹은 학급 커뮤니티를 통한 소통

블로그 혹은 학급 커뮤니티를 통한 소통은 학부모에게 학교생활에 관한 많은 정보를 제공해줄 수 있습니다. 사실 커뮤니티를 개설하고 관리하는 것은 교사에게 업무를 하나 더 얹어주는 것인 만큼 꽤 부담스러운 일입니다. 그러나 힘든 만큼 큰 보람을 느낄 수 있는 일이기도 합니다. 저의 경험을 빌리자면, 여러 가지 소통 방법 중 학부모님들의 반응이 가장 좋았던 소통 방법 중 하나였습니다.

수업에 지장이 없는 한에서 틈틈이 아이들의 사진을 찍어두면 좋습니다. 스마트폰으로 사진을 찍고 앱을 이용해 업로드하면 간단하게 이용할 수 있습니다. 요즘에는 교사들을 위한 스마트폰 앱도 개발되어 있습니다. '클래스팅'이라는 앱을 사용하면 사진뿐 아니라 알림장 및 단문 메시지도 함께 전달할 수 있어 쉽고 편한 의사소통이 가능합니다.

학급 편지, 학급 신문

앞에서 말씀드린 문자 메시지나 커뮤니티를 이용한 방법이 부담스럽게 느껴질 경우, 학급 편지를 이용해 소통할 수 있는 방법도 있습니다. 편지 속에는 학급에서 있었던 행사, 아이들과 함께했던 활동, 그와 관련된 사진, 또 학부모님들에게 전하고 싶은 메시지 등을 담습니다. 반드시 일정한 형식을 갖출 필요는 없습니다. 기간은 선생님들께서 정해 한 주 단위로 보내도 좋고, 한 달을 주기로 보내도 좋습니다. 위에 소개된 방법들보다 다소 일방적인 형식의 소통입니다. 가끔은 편지 한 귀퉁이에 학부모가 학생에게 쓰는 편지, 학부모가 교사에게 쓰는 편지를 써서 회수하기도 합니다.

교사라는 직업은 하루 종일 학생들과 씨름하고, 매일매일 수많은 수업들을 준비하며, 학교 업무도 처리해야 하고, 틈틈이 학부모님도 상대해야 하는 고된 직업입니다. 거기에 나를 힘들게 하는 학생들, 그 뒤에 또 나를 힘들게 하는 학부모가 더해진다면 진이 빠져버리곤 하죠. 하지만 틈틈이 학부모와 학생들로부터 전해 받는 응원의 메시지, 학기 말에 전해 받는 감사의 편지 한 통으로 '그래, 역시 교사 하기를 잘했어.'라는 생각에 갑작스레 힘이 솟아오르기도 합니다. 참된 소통으로 인한 기쁨과 보람이 많은 선생님들께 힘이 되었으면 좋겠습니다.

077

발달 장애 학생은
어떻게 지도하면 좋을까요?

───── 2월에 학급 분반을 하고 우리 반에 발달 장애(자폐증) 여학생이 있다는 것을 알게 되었습니다. 은진이는 미술을 무척 좋아하며 자기 혼자서 공책에 그림을 그리거나 따라 쓰기 정도는 잘하는 학생입니다. 말을 하지 못하지만 교실에서 자리에 앉는 게 어렵거나 돌아다니며 수업 방해 행동을 하지 않기 때문에 3월 초 협의하여 교실에 혼자 들어와 공부하기로 하였습니다. 그렇지만 은진이는 따라 쓰기 정도만 할 뿐 혼자서 알림장을 쓰지는 못하고 쓰는 속도도 느립니다. 은진이의 경우는 학습 지도보다 통합 학급에서 다른 친구들과 잘 어울리고 학교생활에 잘 적응하는 것이 주요한 교육 목표입니다. 은진이의 원만한 학급 생활을 위해 담임교사인 제가 어떤 점에 중점을 두어야 할까요?

A 일반 초등학교에서는 장애 학생이 해당 학년의 원적반인 통합 학급과 특수 학급 두 곳에서 시간제로 나누어 공부를 하는 경우가 많습니다. 특수 학급 외에 원적반을 통합 학급이라고 합니다. 장애 학생의 학적이 있는 곳이 장애 학생의 본반이기에 통합 학급에서의 학급 생활 적응은 학교생활을 즐겁게 영위할 수 있는 기본적인 교육 장소입니다. 따라서 장애 학생이 1년 동안 다른 학생들과 동등한 학급 일원으로서 지내기 위해서는 담임교사가 지원해주어야 할 몇 가지 발판이 필요합니다.

첫째, 교실 내 자리 배치입니다.

특별히 인기 없는 자리, 또는 교실 맨 앞에 앉히는 것은 바람직하지 않습니다. 교실 맨 앞자리에 장애 학생이 있으면 담임교사도 장애 학생의 행동이 눈에 많이 띄어 스트레스를 받기 쉽고, 학생도 교사의 주의를 끌려고 과잉 행동을 할 수 있습니다. 따라서 장애 학생의 자리는 교사와 상호작용이 가능하면서도 학습 분위기를 망치지 않을 정도의 자리에 배치하는 것이 좋습니다. 이렇게 하는 것이 교사 및 다른 학생들과의 상호작용에도 도움이 됩니다.

둘째, 장애 학생의 짝을 정할 때 학급의 학생들 중 장애 학생에게 특별히 잘해주거나 관심을 보이는 학생을 정해주고 점차 다양한 짝을 만날 수 있도록 합니다.

1년 동안 반 전체 학생이 한 번씩은 돌아가며 장애 학생과 짝을 한다는 전제를 두되, 자발적으로 원하는 학생과 먼저 앉도록 하는 것이 좋습니다. 12월이 되었을 때 앉아보지 않은 몇몇 친구들도 1년 동안 다른 친구들이 짝을 하는 모습을 관찰하면서 장애 학생에 대한 편견이나 거부감을 조금씩 줄여가게 됩니다. 마지막으로 짝을 하는 친구는 어차피 다른 친구들이 한 번씩 짝을 했기 때문에 자기가 짝을 해야 하는 것을 당연하게 받아들이며 수용하고 심하게 거부하지 않습니다. 하지만 짝을 바꾸어보았을 때 장애 학생과 잘 맞는 학생을 찾게 될 때도 있습니다. 짝이 된 학생이 어려운 점을 교사에게 수시로 상담할 수 있게 관심을 두고, 장애 학생이 짝에게 문제 행동을 보일 때는 학급 규칙을 공평하게 적용하며 사과하는 법을 교육해주세요.

셋째, 알림장과 준비물을 안내합니다.

장애 학생들은 알림장을 쓰지 못하여 준비물을 챙기지 못하는 경우가 많습니다. 그 이유는 알림장을 받아쓰거나 옮겨 쓸 능력이 부족하거나 알림장을 쓰는 시간에 학급에 없는 경우(특수 학급에 있는 경우) 또는 어차피 하지 못할 숙제이므로 굳이 알림장이 필요 없다고 느끼는 경우 등이 있습니다. 하지만 학급이나 학교 행사 등에 대해 장애 학생의 부모님은 매우 궁금해할 수 있습니다. 알림장의 숙제 내용 등이 장애 학생에게 해당 사항이 없다고 하더라도 학부모님이 학급과 학교생활에 관심을 가지고 있으므로 준비물 등을 안내하는 것이 좋습니다. 알림장을 전담하여 써주도록 1인 1역의 도우미를 정하는 것도 한 방법입니다.

넷째, 1인 1역을 주세요.

장애 학생의 장애 정도에 따라 봉사 활동을 부여하기 어려운 경우도 있지만 학생 봉사 활동 규정상 장애 정도에 맞게 장애 학생에게도 봉사 활동을 부여하도록 권장하고 있습니다. 따라서 학급에서 매일 일어나는 규칙적인 일(급식 당번, 화분 관리, 창문 열기, 지우개 털기, 교실 휴지 줍기 등) 가운데 쉬운 역할을 부여하는 것이 좋습니다. 장애 학생에게도 하나의 역할이 주어지면 학생 자신도 소속감을 가질 수 있으며 다른 친구들도 장애 학생을 학급의 일원으로 느끼게 될 것입니다. 처음에는 제대로 하지 못하더라도 차차 습관이 들도록 중간에 포기하지 않고 계속 하도록 격려해주세요. 어른의 시각에서 하지 못한다고 결정하여 아무 일도 부여하지 않는 것은 다른 사람의 도움에만 익숙해지게 하는 의존심을 키울 수 있습니다. 일의 완성이 아니라 학생 스스로 일의 과정을 즐기고 한 사람의 몫을 해내야 한다는 책임감을 느끼는 것이 중요합니다.

다섯째, 장애 학생에 대한 긍정적인 태도를 갖도록 학급 분위기를 형성하는 것이 중요합니다.

장애 학생이 있는 학급은 다른 학급보다 당연히 직면하는 문제가 많습니다. 그러나 이를 부정적으로 생각하기보다 긍정적으로 받아들인다면 학생들의 문제 해결 능력이 한층 성숙해질 수 있는 기회가 됩니다. 경쟁적인 과제나 학급 분위기에서는 조금 부족한 학생들이 소외되기 쉽습니다. 서로 돕고 배려하는 분위기 조성으로 '집단 따돌림'이나 '소외'가 없는 학교 문화를 만들어가고 학창 시절 아름다운 우정을 형성할 수 있게 학급 분위기를 만드는 것이 중요합니다. 이런 분위기 속에서 장애 학생들을 적극적으로 받아들여 또래들과 장애 학생의 상호작용이 물리적인 수준을 넘어 실제적인 '우정'까지도 경험할 수 있는 인간적인 경험이 필요합니다. 실제로 유치원 시절부터 장애아와 함께 생활해본 경험이 있는 아이들의 경우, 장애 아이들을 배려하고 함께 지내는 인성적인 태도 면에서 다른 아이들보다 뛰어나다는 연구 결과도 나와 있습니다. 이를 위해서 무엇보다 중요한 것이 담임교사의 긍정적인 사고방식과 태도입니다. 담임교사의 무의식적인 태도가 학급 구성원들의 의식과 태도에 직접적인 영향을 미치게 되므로 장애 학생의 문제 행동을 불편함으로 여기기보다는 함께 극복해나가야 할 '팩트(fact)'로 인식하는 것이 중요합니다.

마지막으로 장애가 있다고 무조건 잘해주지 않는 것입니다.

장애 학생에게는 특별한 배려가 필요하지만, 이것이 지나쳐서는 안 됩니다. 일단 교사는 다른 학생들에게 장애 학생을 학급의 일원으로 중요하게 생각한다는 것을 느낄 수 있도록 해야 합니다. 그러나 무조건 받아주거나 편을 들어주는 것이 아니라, 비장애 학생과 기준은 다르더라도 일관되게 학급의 규칙을 적용해야 합니다. 이러한 지도는 장애 학생으로 하여금 규칙과 질서를 알게 하고 올바른 사회적 상호 작용 방법을 배우게 합니다. 학생에게 조금이라도 진보가 있다면 아낌없이 칭찬해주고, 잘못할 때에는 다른 학생이 잘못할 때처럼 지도하는 것이 옳습니다.

078

우리 애가 그럴 리 없어요

——— 우리 반 기철이는 분노 조절이 잘 안 됩니다. 아주 사소한 일에도 자기를 무시한다고 쉽게 오해하고 승부욕도 강합니다. 일단 다른 친구들과 싸움을 하게 되면 자신이 이길 때까지 멈추지 않습니다. 분노 조절 문제뿐만 아니라 공격성과 더불어 친구들을 지배하려는 성향도 짙어, 아이들을 몰고 다니며 주도합니다. 게다가 기철이를 따라다니는 아이들 가운데는 어쩔 수 없이 기철이가 무서워서 편을 드는 경우가 있습니다. 지금까지 기철이 때문에 많은 아이들이 울고, 해당 학생들의 부모님으로부터도 연락을 많이 받았습니다. 기철이가 화를 자주 내는 터라 될 수 있으면 교사로서 차분히 타이르기도 하고 시간을 주기도 했습니다. 그런데 화를 못 참는 성격은 전혀 나아지는 것 같지 않습니다.

요즘에는 싸움을 말리는 저에게도 반항을 하기 시작했습니다. 더 이상 가만히 두면 안 되겠다 싶어서 어머니께 전화를 드렸습니다. 그간 문제 상황이 생길 때마다 메모를 해두었기에 반에서 있었던 일을 자세히 말씀드리고 기철이와 상담을 받아보시는 게 어떻겠느냐고 제안드렸습니다.

그런데 기철이 어머니께서 갑자기 마구 흥분하시면서 저에게 화를 내셨습니다.

"지금까지 어떤 선생님들한테도, 단 한 번도 우리 애가 공격성이 있다는 이야기는 들어보지 못했습니다. 문제를 일으킨다는 이야기조차 들어본 적이 없는데, 왜 선생님께서만 그렇게 말씀하시는 거죠?"

기철이 어머니는 제 말은 들으려고 하지도 않고 펄펄 뛰기만 하셨습니다. 당황스럽기도 하고 어이도 없었습니다. 기철이 어머니가 정말 기철이에 대해 아무것도 모르고 계셨던 것일까요? 모르고 계셨더라면 지금이라도 아이를 위해 담임교사의 말에 귀를 기울이셔야 하는 것인데, 어째서 막무가내로 담임의 조언을 전혀 인정하지 않는지……. 기철이를 위해서라도 학부모님과 협력하고 싶은데, 어쩌면 좋을지 잘 모르겠습니다.

Ⓐ 학교에서는 심하게 장난을 치고 말썽을 부리는데 학부모님은 "우리 애가 그럴 리 없다."고 반문하는 경우는 크게 두 가지 유형으로 볼 수 있습니다.

첫째는 가정에서 부모가 매우 엄한 경우입니다. 이런 가정의 아이는 학교에서 생활하는 모습과 집에서 생활하는 모습이 전혀 다릅니다. 가정에서는 부모님이 너무 엄하고 무섭기 때문에 절대 순종합니다. 어떤 경우에도 "NO!"라는 말을 할 수 없는 위기에서 살아남을 수 있는 길은 절대 순종밖에 없기 때문이지요. 이런 가정은 대개 부모님이 매우 교양 있는 분이거나 상당히 공격적이거나 둘 중 하나입니다.

매우 교양이 있는 분은 교사 앞에서도 깍듯하게 예의를 갖추어 상담을 하므로 교사들은 이런 부모에게 어떻게 저런 자녀가 있을까 의아하게 생각하기도 합니다. 하지만 이런 분들은 다른 사람들에게 자신이나 자녀의 모습이 어떻게 비치는지가 매우 중요하므로 자녀들을 양육할 때에도 자녀의 욕구를 읽어주기보다는 다른 사람들에게 착한 아이로 보이게 하는 데 중점을 둡니다. 그래서 아이의 여러 행동에 제약을 두지요. 결국 아이는 부모님 앞에서는 그들이 요구하는 방식대로 행동하지만 부모님의 눈을 벗어난 곳에서는 억눌린 감정을 쏟아버리듯 마음대로 행동하는 것입니다.

다음으로 상당히 공격적으로 아이를 양육한 부모의 자녀들은 학교에서도 부모에게 양육 받은 대로 공격성을 드러냅니다. 부모에게서 학습한 공격성이 그대로 나타나는 것이지요. 이들 역시 가정에서는 부모님이 무서워서 무조건 순종하지만 학교에서는 선생님이 부모만큼 무섭지 않기 때문에 쉽게 공격성이 드러나는 것입니다. 이렇듯 부모가 지나치게 엄한 경우, 실제로 가정에서의 모습과 학교에서의 모습이 매우 다를 수 있습니다.

둘째는 내 아이의 잘못을 인정하지 않는 것이 내 자녀를 보호하는 길이라고 여기는 학부모입니다. 이런 학부모는 선생님이나 다른 학부모들 앞에서 내 아이의 잘못을 인정하면 내 아이가 '나쁜 아이'가 되고, 이는 곧 자신이 '아이를 잘못 키운 부모'가 되는 것이므로 절대 잘못을 인정할 수 없다고 생각하고 행동합니다. 이 경우, 아이가 밖에서 어떤 잘못을 해도 사람들이 보는 앞에서는 "내 아이는 절대 그런 행동을 할 아이가 아닙니다."라고 말하며 철저히 아이를 감싸고돕니다. 그러나 집에 돌아와서는 "내가 너 때문에 창피해서 살 수가 없다."며 아이를 매우 심하게 나무라지요. 이렇게 되면 아이는 엄마의 진심이 무엇인지 알 수 없어 혼란스러우면서도 밖에서 다른 친구들을 괴롭히는 일을 계속하게 됩니다. 왜냐하면 밖에서 어떤 잘못을 해도 엄마가 막아준다는 사실을 이전의 경험을 통해 너무도 잘 알기 때문입니다.

자녀의 잘못을 인정하지 않는 학부모를 만난다면

자녀의 잘못을 인정하지 않는 학부모를 만나면 어떻게 대처해야 할지 매우 막막합니다. 기철이의 경우처럼, 이런 상황에서는 아이들 문제를 해결하는 것보다 학부모와의 문제를 해결하는 것이 훨씬 어렵습니다. 이런 학부모와의 관계를 명쾌하고 확실하게 풀 수 있는 방법은 없지만 지혜롭게 대처할 수 있는 몇 가지 방법은 있습니다.

첫째, 당황스러운 부모의 심정을 읽어주고, 진정으로 자녀를 위하는 길이 무엇인지 알려드립니다. 부모가 지나치게 엄하게 키워 가정에서는 순종적인 아이가 밖에서 전혀 다른 모습으로 행동하고 있다는 얘기를 들으면 부모는 당연히 당황하게 됩니다. 그리고 자녀의 잘못을 선뜻 인정하기도 어려울 것입니다. 이런 부모의 심정을 충분히 읽어주고 이해해드리는 게 우선입니다. 요즘같이 가정교육이 부재한 시대에 가정에서 엄하게 자녀 교육을 하는 것이 아이가 올바르게 클 수 있도록 돕는 길이라는 사실을 인정해드립니다. 하지만 가정에서 자녀의 욕구를 충분히 받아주지 못하면 아이는 밖에서 전혀 다른 행동을 할 수 있게 된다는 사실도 알려드립니다. 아이들이 누군가의 강압에 의해서 해야 할 행동과 하지 말아야 할 행동을 구분하기보다 자기 스스로 판단하여 행동할 수 있도록 도와줄 때 올바르게 자라나게 됨을 말씀드립니다.

둘째, 평소 객관적인 자료를 많이 수집합니다. 아이들 사이에 분쟁이 일어났을 때 아이들에게 자신이 본 것, 들은 것, 말한 것, 행동한 것 등을 기록하게 하고 이 기록들을 잘 보관했다가 학부모 상담 때 자료로 사용합니다. '문장 완성 검사', '어항 그림 검사' 등 간단 심리 검사 자료도 학부모 상담의 좋은 자료가 될 수 있습니다.

셋째, 선배 교사나 교장·교감 선생님께 도움을 요청합니다. 혼자 감당하기에 너무나 버거운 학부모라면 이런 문제를 지혜롭게 풀어주거나 도움을 줄 수 있는 분들께 상황을 말씀드리고 도움을 요청하는 게 좋습니다. 특히 교장·교감 선생님은 학교의 관리자이시기 때문에 학교에서 일어나고 있는 모든 일을 알고 계셔야 합니다. 또 그분들이 아셔야 교권위원회나 교육청의 교권 변호사 등을 통해 보다 적극적인 지원을 해줄 수 있습니다.

079

신규 교사라 어려움이 많아요.

—— 발령받은 지 6개월 된 신규 교사입니다. 중간 발령을 받아서 6학년 음악 교과를 맡게 되었습니다. 수업 준비를 열심히 해도 사춘기 아이들이 노래 부르기를 너무 꺼려서 음악 수업이 제대로 되지 않습니다. 담임선생님 수업이 아니다 보니 대부분의 아이들이 떠들고 산만합니다. 지나치다 싶어 혼내면 불손한 태도를 보이기도 하지만 어르고 달래면서 수업을 하고 있는데 '내가 신규라서 얕잡아보나?' 싶어 속상하고, 4년간 교대에서 배운 것들이 통하지 않아 답답합니다.

발령받은 지 2년 된 신규 교사입니다. 작년에는 교과를 맡고, 올해 처음으로 5학년 담임을 맡게 되어 학기 초에는 아이들이 너무 예뻤습니다. 수업 준비도 열심히 하고 아이들 개개인과 친하게 지내고자 많은 노력을 했는데 1년이 다 되어가니 매우 지칩니다. 아이들이 5월부터 이런저런 사고를 치기 시작하더니 2학기에는 본격적으로 사춘기 티를 내서 하루가 멀다 하고 싸움을 말리고 방과 후에 상담하느라 정신이 없습니다. 말썽쟁이 아이들을 집에 보내고 나서 학부모와 통화를 하고 나면 진이 빠집니다. 게다가 중간중간 잡다한 일도 많습니다. 매뉴얼을 보면서 다른 선생님들의 도움 요청을 해결해드리면 "역시 젊은 사람이라 일을 빨리 잘한다."는 칭찬을 받기도 하지만, 처음이다 보니 부장님, 교감 선생님께 일일이 여쭤보면서 일해야 하는 것도 벅차고요. 책상에 쌓여 있는 숙제 검사만 해도 퇴근 시간을 훌쩍 넘기는 게 다반사라 수업 준비는 늘 집에 가서 하거나 다급한 마음으로 아침이나 교과 시간에 하곤 합니다. 2학기에 운동회를 치르고 바쁜 일이 좀 끝났나 싶었더니 학기 말이라 성적 처리를 하느라 바쁘고……. 이런 정신없는 일상이 계속 반복되다 보니 벌써부터 학교 가는 발걸음이 무겁고 방학이 기다려집니다. 발령받은 지 얼마 안 되었는데 이러니까 '교사가 적성에 안 맞나?' 싶고 고민입니다.

Ⓐ 4년간의 교사 교육을 마치고 어려운 임용 고사를 통과하여 선생님이 된 후 처음으로 아이들과 인사를 나눌 때의 기분 좋은 설렘이 얼마나 유지될까요? 아이들과 친구 같으면서도 존경받는 선생님이 되고 싶고, 재미있는 수업을 하고 싶고, 업무 능력도 인정받고 싶은 소망을 모두 다 이루기 위해 새내기 선생님들은 최선을 다합니다. 그런데 얼마 지나지 않아 실망스러운 일들이 계속 벌어지고 꿈꿔온 이상과 현실 사이에서 정신없이 적응하느라 지쳐 있는 자신을 발견하게 되어 속상할 때가 많습니다.

아이들은 단순하면서도 복잡합니다. 교사의 말을 잘 듣고 노력하는 것 같지만 그때뿐이고 실제로 잘 변하지는 않습니다. 태어나서부터 적어도 8년 이상을 서로 다른 환경에서 자라온 아이들이기 때문에 서로 갈등이 있는 것은 당연한 일이고, 습관이나 행동도 다 제각각입니다. 한 아이가 변하려면 부모님이 변해야 하고, 상당한 연습 기간이 필요하다는 것이 당연한 이치지만 보통 교사들은 어렸을 때부터 모범 학생이었을 확률이 높기 때문에 말썽쟁이 학생의 반복적인 문제 행동을 겪으면서 예민해집니다. 게다가 교사 한 명당 20명이 넘는 아이들을 상대해야 하는 데다가 아무리 지도를 해도 좋아지지 않으면 아이에 대한 애정과 인내심은 곧 바닥이 납니다. 처음에는 치고받고 싸웠다가도 금세 화해하고 같이 놀고 있는 아이들의 모습을 보면서 '어쩜 저렇게 해맑을까?' 하지만, 매일 한두 건씩 이와 같은 갈등을 중재하기를 하루, 이틀, 한 달을 하다 보면 '쟤는 도대체 왜 만날 싸우지? 징글징글하다.'라는 생각이 드는 것이지요.

또한 교사가 한 해 동안 교육 활동을 하기 위해 해야 하는 일이 매우 많습니다. 학급 규칙을 만들고 유지하는 일, 다양한 과목의 수업을 혼자 준비하는 일, 학생 상담과 생활지도, 학부모 상담, 교실 환경 정리 및 청소, 급식 지도, 각종 행사 참여 및 준비 등등 책임져야 할 일의 분야가 다양하고 모든 분야가 중요하다 보니 힘이 분산될 수밖에 없습니다. 뿐만 아니라 학교는 대개의 경우 교육 현장인 동시에 행정기관입니다. 아이들을 가르치는 짬짬이 공문서와 업무 처리를 병행해야 합니다. 신규 교사는 학급 운영을 스스로 해야 할 뿐 아니라 맡겨진 업무 수행도 스스로 해내야 합니다. 업무의 매뉴얼이 체계적으로 정리되어 있는 것도 아니고 선임자가 다른 학교로 전근 간 경우도 많기 때문에 알음알음 물어보고 시행착오를 거치면서 업무에 적응해야 합니다.

이같이 신규 교사는 한꺼번에 많은 업무에 적응하면서, 동료 교사들과 관리자들의 기대와 관심에 부응하기 위해 분주합니다. 예전보다 훨씬 바쁜 학교생활 때문에 또래나 선배 교사들과의 소통이 부족한 상태에서 많은 일들을 해내느라 학교에서 받은 스트레스가 쌓입니다. 문제가 생겼을 경우 교사나 학교를 탓하는 사회적 분위기와 교사의 입장보다는 민원인인 학부모의 입장을 우선시하는 관리자를 보면서 사기가 떨어지기도 합니다. 교사들의 고충을 알고 지원하는 시스템을 구축하려는 노력을 하고 있지만 아직도 교사 스스로 고군분투해야 하는 부분이 많이 있어서 교사들은 고민이 많습니다.

'착한' 교사의 고민

교사들은 보통 성실하고 최선을 다하는 노력파이기 때문에 문제의 원인을 다른 데에서 찾기보다는 '내 탓'이라고 생각하고 모든 문제의 원인과 결과를 자기 자신에게로 돌리는 경우가 많습니다. 신규 교사일수록 아이들이 싸우거나 다치는 등 문제가 발생하면 '우리 반은 왜 이러지? 내가 능력이 부족해서 그런가?', '내가 미리 주의를 줬어야 하는데 그러지 못해서 이런 일이 생겼구나.', '경력 많으신 선생님이었다면 문제가 안 생겼을 텐데.'라고 생각해서 후회하거나 경력이 많은 교사와 비교하여 주눅이 들고는 합니다. 또, 말썽쟁이들이 잘못했을 때 화가 난 나머지 심하게 혼을 낸 후 '아, 좋은 말로 가르쳤어야 하는데, 나 때문에 아이가 상처받았겠다.'라며 죄책감에 시달리고는 합니다.

그러나 아이들의 문제는 개인의 성격이나 가정 배경, 사회 분위기에서부터 비롯된 것이기 때문에 교사 혼자 책임질 수 없습니다. 또 아이들이 우리가 생각하는 것만큼 교사의 말을 귀담아듣거나 교사의 영향을 크게 받지도 않습니다. 물론 교사가 책임감을 갖고 지도해야 하며 교육 전문성을 키우고자 스스로 반성하고 노력하는 것은 바람직하지만, 문제의 다양한 원인을 살펴보지 않고 교사 스스로 자기를 탓하는 것은 자신에 대해 과대평가를 하는 것이며, 마음에 짐을 얹는 것입니다. 신이 아니고서야 모든 사람의 마음을 헤아리고 앞으로 할 행동을 완벽하게 예측하여 예방할 수는 없습니다. 교사도 때로는 약하고 실수할 수 있는 사람이라는 것을 인정하고 스스로를 질책하기만 하는 것이 아니라 껴안아줄 줄 알아야 지치지 않습니다. 교사가 지치지 않아야 아이들을 이해하고 보듬어줄 수 있습니다.

게다가 학생과 교사와의 관계는 선생님의 경력이 길고 짧음에 따라 원만하거나 원만하지 않은 것이 아닙니다. 학생과 교사는 서로 다른 사람이므로 갈등이 생기는 것이 당연합니다. 인간관계이기 때문에 두 사람의 상호작용은 다른 사람과의 상호작용과는 다를 수밖에 없습니다. 문제가 발생했다면 교사와 학생의 성격, 당시의 상태, 상황과 맥락 등에 영향을 받습니다.

모든 것이 처음인 신규 교사는 경력 교사보다 문제 상황별 대처 능력이 떨어질 수 있습니다. 경력이 높은 교사에게 문제 상황에 대한 대처법을 묻고 조언을 얻는 것은 유익하지만 선생님과 학생의 관계에서 생긴 문제에 대해 가장 잘 알고 이를 해결해야 할 사람은 신규 교사 자신입니다. 선배 교사의 해결 방법을 그대로 적용하면 실수는 줄일 수 있지만, 자칫 스스로 문제에 대해 고민하고 해결하는 기회를 놓칠 수 있습니다. 이런 갈등 상황은 학생과 신규 교사 모두 성장할 수 있는 좋은 교육 기회입니다. 자신의 교육관과 아동관에 확신을 가지되 학생들의 미성숙함과 가정환경을 고려하여 이해의 폭을 넓히고 유연하게 대처하는 것이 좋습니다. 문제가 생겼을 경우, 스스로의 마음을 먼저 들여다본 뒤 학생과 함께 문제를 해결해나가는 지혜와 용기가 필요합니다.

아이들과 함께 성장하기

아이들은 성장 과정 중에 있기 때문에 미성숙하고 변화무쌍합니다. 게다가 우리나라 아이들은 학원과 학업으로 인한 스트레스가 매우 높습니다. 인터넷의 발달과 바쁜 사회 분위기로 인해 가족, 친구들과의 원활한 소통이 부족하다 보니 정서적으로 불안정하고 문제 해결력이 낮습니다. 교사와 친구들과 함께 이런저런 갈등과 아픔을 겪으면서 아이들은 인간관계와 사회생활에 대해 몸으로 배웁니다. 이것은 교과서에 나오지 않지만 매우 유용한 배움입니다.

아이들과 상담할 때 흔히 하는 실수가 상담자가 문제를 해결해주어야 한다고 생각하는 것입니다. 상담자로서 교사의 역할은 내담자인 학생이 스스로 문제를 깨닫고 해결책을 찾을 수 있도록 돕는 것입니다. 조언이나 충고보다 학생들이 솔직한 마음을 털어놓을 수 있도록 잘 들어주는 것이 중요합니다. 선생님이 자신을 무조건적으로 수용하고 공감해준다는 것을 아는 아이들은 어려울 때 선생님을 믿고 속마음을 털어놓을 것입니다. 아이들도 문제의 해답을 자기 안에 이미 갖고 있습니다. 대화를 통해 교사가 해주고 싶은 말을 학생 스스로 하게 하는 것이 훌륭한 상담입니다.

물론 교사는 전문 상담사가 아니어서 상담에 서투를 뿐 아니라, 상담사의 역할과 교사의 역할은 다르기 때문에 교사의 상담은 제한적인 것이 사실입니다. 교사가 상담자로서의 역할에 지나치게 몰입해서 학생이 좋아할 말이나 칭찬만 하고 다른 친구들과는 달리 예외를 다 인정하고 봐준다면 학생 입장에서 오히려 혼란스러울 수 있습니다. 따라서 상담자의 마음으로 '아무것도 모르는 것과 같은 상태에서' 학생들의 이야기를 잘 들어주되, 규칙을 준수하지 않았을 때 혼내고, 잘못을 바로잡는 것이 필요한 때에는 담대하게 해야 합니다. 대신 때때로 꾸중을 할 때 학생의 행동을 바로잡기 위한 것일 뿐 학생의 존재 자체를 소중하게 여긴다는 것을 말해준다면 문제 상황에서 혼나는 것이 선생님이 자신을 미워해서라고 오해하지 않습니다. 또한 선생님이 자신을 아끼고 바로잡기 위해서라는 것을 아이들이 알기 때문에 선생님과 학생 사이의 '라포(rapport)'가 돈독해지고 선생님과 학생 모두 배우고 성장하게 됩니다.

고민은 혼자가 아니라 함께

요즘 신규 교사들은 스마트 교육 등 최신 교육 동향에 익숙하여 수업이나 학급경영을 수월하게 잘 해냅니다. 동시에 개인적인 성향도 강해져서 나이가 많은 동료 교사나 관리자가 관심을 갖고 돕고자 하는 것을 간섭이나 무시라고 생각하여 불쾌하게 여기는 경우도 종종 있습니다. 이것은 우리나라 신세대들의 성향일 뿐 아니라 교사 개개인의 전문성과 자율성을 존중하는 교사 집단의 특성과도 연관이 있습니다. 교원들의 지나친 독립성과 폐쇄적인 성향은 더 나은 교육을 위한 발전에 방해가 됩니다. 경력이 짧은 교사들에게 동료 교사들은 다년간의 교직 경험을 통해 비슷한 고민을 미리 거쳐왔기 때문에 도움이 될 만한 지혜와 노하우를 가지고 있는 좋은 자원입니다. 경력 교사들은 도움을 주고 싶지만 신규 교사들이 불쾌해할까 봐 먼저 다가가는 것이 어려울 수 있습니다. 따라서 고민이 있으면 혼자 해결하려고 하지 말고 주변 선생님들에게 적극적으로 털어놓고 소통하십시오. 또, 온라인 연수보다는 집합 연수에 참석해서 다양한 선생님들과 직접 만나고 소통하는 것도 좋은 경험이 될 것입니다. 경력 교사들도 신규 교사와 소통하면서 도움을 줄 수 있어서 뿌듯할 뿐 아니라, 후배 교사들을 통해 자신의 신규 교사 시절을 회상하면서 교직 생활에 대한 초심을 되살릴 수 있어 신선할 것입니다. 혼자 고민하지 말고 열린 마음만 가지고 옆 반 교실 문을 두드려보세요. 주변의 선생님들이야말로 다양한 환경에서 자란 각양각색의 아이들 문제를 함께 고민하고 의논할 수 있는, 가장 큰 힘이 되는 동료가 되어주실 것입니다.

 참고문헌

• 이주영, 《선생님도 모르는 선생님 마음》, 즐거운학교, 2013.
• 이주영, 《아이들의 성장을 돕는 초등 상담》, 우리교육, 2008.

080

안전공제회란 무엇인가요?

──── 저희 반 종수가 체육 시간에 뜀틀을 하다가 넘어졌습니다. 몹시 아파하여 양호실에 가보니 빨리 병원으로 옮겨야 한다고 하더군요. 급히 학부모님께 전화를 드리고 종수를 인근 정형외과로 이송하였습니다. 엑스레이를 찍어보니 발목뼈에 금이 갔다고 합니다. 종수의 어머님은 괜찮다고 말씀하시지만 제 수업 중 벌어진 일이라 죄송스런 마음이 들었습니다. 종수의 집은 기초수급대상자로 집안 사정이 넉넉지 못하다는 데까지 생각이 미치자 더욱 송구한 마음에 고개를 들 수 없었습니다. 그런데 이런 경우 학교에서 들어놓은 보험으로 부모님께 치료비를 지원해드릴 수 있다고 하던데 가능할까요? 이 보험을 이용하려면 어떤 절차를 거쳐야 하나요?

Ⓐ 학교는 수많은 안전사고가 발생할 가능성이 항상 도사리고 있는 장소입니다. 어떤 학생이든 체육 수업, 과학 수업, 청소 시간, 쉬는 시간에 교실과 복도, 운동장 등 다양한 시간과 장소에서 종수처럼 갑작스레 다칠 수 있습니다. 1980년대만 하더라도 안전사고로 치료가 필요할 경우 치료비를 교사, 학부모, 학생이 개인 부담했습니다. 간혹 사고가 심각할 경우 학교에서 자체적으로 모금을 하여 해결하기도 했지요. 이로 인해 사고 학생과 학부모는 불만을 가질 수밖에 없었고 학부모와 학교 사이에 갈등을 빚은 사례도 많았습니다. 이후 이런 일을 해결하기 위해 국가에서 마련한 제도적 장치가 바로 '학교안전공제회'입니다. 1980년대 후반부터 각 시도 교육청과 연계되어 각 지역 학교안전공제회 법인이 설립되었습니다. 현재 대부분의 학교는 각 지역 학교안전공제회에 가입되어 있으며 회비를 납부하고 있습니다. 따라서 학교는 안전공제회에 안전사고로 일어난 치료비를 청구할 수 있게 되었지요. 선생님께서 적절한 절차를 밟으신다면 종수의 치료비를 학부모에게 전달할 수 있을 것입니다.

안전공제회 치료비 청구 절차

1단계 : 학생의 치료

사고가 났을 때 가장 먼저 보건 선생님과 상의하여 필요한 모든 조치를 해야 합니다. 부모님께 연락을 드리고 인근 병원으로 이송하는 것도 포함되지요. 급한 치료가 끝나면 우선 해당 학생의 학부모가 치료비를 지불하도록 합니다. 학부모님께는 "나중에 학교 안전사고의 치료비를 지원해주는 안전공제회에 신청하여 치료비를 지원해드리겠습니다."라고 말씀드리면 됩니다. 학부모 부재 시에는 학교 예산(학생복지비 등)으로 미리 지불하는 것도 가능합니다. 이 경우에도 나중에 안전공제회에서 치료비를 청구할 수 있습니다.

2단계 : 안전공제회로 사고 발생 통지

안전사고로 치료비를 청구해야 할 경우 서울학교안전공제회(www.schoolsafety.or.kr), 경기학교안전공제회(www.ggssia.or.kr), 대구학교안전공제회(www.dge.go.kr) 등 각 지역 안전공제회 홈페이지에 접속하여 학교 안전사고를 접수해야 합니다. 각 지역 공제회 홈페이지는 지역명과 학교안전공제회 두 단어를 키워드로 포털사이트에서 검색하면 쉽게 찾을 수 있습니다. 홈페이지 방문 후에는 홈페이지 내 공제 급여 관리 시스템에 접속해야 합니다. 이를 위해서는 해당 학교의 아이디와 비밀번호가 필요합니다. 각 학교의 안전공제회 아이디와 비밀번호는 보건 선생님께서 관리하고 있습니다. 공제 급여 관리 시스템에 접속한 후에는 사고 발생 통지서를 작성하고 접수합니다. 사고 발생 통지서 양식에 종수의 인적 사항, 선생님의 인적 사항, 종수가 다친 사고 내용(사고 일자, 장소, 사고 형태, 사고 시 활동, 사고 의도성), 사고 개요(보통 육하원칙에 따라 작성), 다친 학생에게 미리 실시한 안전에 대한 지도 내용 및 안전 교육, 사고 발생 후 학생에게 긴급 조치한 내용 등을 적어야 합니다. 그리고 접수 버튼을 누릅니다. 그 후에는 학교안전공제회 측에서 치료비를 지원할 수 있는 사고인지 아닌지에 대한 심사가 진행됩니다. 보통 2~3일 안에 심사가 완료되어 접수 결과를 알 수 있습니다. 치료비 지원 대상 사고에 해당하지 않을 경우 접수는 반려됩니다. 어떤 사고가 접수되고 혹은 반려되는지에 대해서는 아래에서 따로 자세히 살펴보겠습니다.

3단계 : 학교 내 사고 발생 통지 내부 결재 받기

공제회 홈페이지상에서 작성한 사고 발생 통지서는 PDF 파일로 다운로드할 수 있습니다. 이 파일을 다운로드받아 내부 기안을 작성합니다.

제목 | **5학년 7반 안전공제회 사고 발생 통지**

본문 | 2015년 12월 3일에 발생한 5학년 7반 김종수 학생의 사고 경위를 붙임파일과 같이 통보하며 추후 안전공제회 공제 급여를 신청하고자 합니다.

위와 같은 문구와 함께 PDF 파일을 붙여 내부 기안을 상신한 후 학교장의 결재를 받습니다.

4단계 : 공제 급여 청구

사고 발생 통지가 접수 완료되었다면 접수된 사고에 대해 공제 급여(치료비)를 청구할 수 있습니다. 급여 청구 시기는 치료가 모두 완료된 후에 한꺼번에 청구할 수도 있고, 치료 중간중간에 여러 번 청구할 수도 있습니다. 몇 번을 청구할지 횟수에 제한은 없습니다. 청구를 위해서는 다음 서류들을 작성하고 구비해야 합니다.

1. 공제 급여 청구서(홈페이지에서 다운로드 가능, 학교장 직인, 청구인 서명 필요, 청구비가 50만 원 미만인 경우 청구인 사인은 학교장 직인으로 대체 가능).
2. 진단서(청구 금액 50만 원 이상인 경우에만 첨부, 50만 원 미만은 생략 가능).
3. 외래(퇴원) 진료비 계산서 영수증 원본, 약제비 영수증 원본.
4. 약제비 영수증 원본과 처방전 사본(간이 영수증 및 카드 매출 전표는 인정되지 않음).

5. 사고 학생 주민등록등본(학부모 직접 청구 시에는 반드시 첨부).

6. 청구인 혹은 학생 주민등록등본에 기재된 보호자 통장 사본.

공제 급여 청구서는 교사가 직접 작성합니다. 그 외 구비 서류들에 대해서는 치료 전 미리 학부모님께 서류를 준비해주실 것을 부탁드려야 하겠죠. 모든 서류가 준비되면 각 지역 안전공제회 사무실로 행정실을 통해 우편 송부해야 합니다.

5단계 : 공제 급여 심사 및 지급 결정

공제 급여 청구한 전액의 치료비가 늘 지급되는 것은 아닙니다. 안전공제회에서는 관련 서류 우편물이 도착한 후 관계 법률 규정에 의해 종수의 치료비를 지급할 것인지, 지급한다면 얼마나 지급할 것인지에 대해 심사합니다. 보통 국민건강보험에 적용되지 않는 비급여 치료비는 인정되지 않으며 그 외 치료비는 대부분 심사에서 통과됩니다. 다음은 공제 급여(치료비)에서 제외되는 항목들입니다. 선생님께서는 종수의 본격적인 치료 전에 다음 항목들이 치료비에서 제외됨을 종수의 부모님께 미리 알려주어야 합니다.

• 국민건강보험에 해당 안 되는 비급여 주사료(예외적으로 파상풍 또는 무통주사 인정).

• 국민건강보험에 해당 안 되는 비급여 입원비 및 식대.

• 국민건강보험에 해당 안 되는 비급여 재활 물리치료비.

• 국민건강보험에 해당 안 되는 비급여 한방 치료비 및 첩약 비용.

• 국민건강보험에 해당 안 되는 비급여 성형 비용 중 레이저 치료 및 광선 치료비 등.

- 보철 치료비 : 1대당 40만 원 한도 지급(1회에 한함).
- MRI : 의사의 소견서를 첨부한 경우에만 인정.
- 보조기 구입 : 의사의 소견서 및 보조기 구입에 따른 입금증 또는 세금계
  산서(원본)가 첨부된 경우에만 인정.

6단계 : 지급 결정 및 심사 청구

안전공제회에서는 공제 급여 청구 서류가 도착한 14일 이내에 공제 급여 지급 여부를 결정합니다. 심사 과정을 통해 인정된 치료비에 한해서 종수의 부모님 통장으로 입금될 것입니다. 만약 안전공제회의 공제 급여 결정에 불복한다면 학교안전공제 보상심사위원회에 재심사 청구가 가능합니다. 재심사 청구 역시 각 지역 안전공제회 홈페이지를 통해 접수할 수 있습니다.

어떤 선생님도 학생의 안전사고의 위협으로부터 자유로울 수 없습니다. 아이의 안전사고에 적절히 대처하기 위해서는 선생님들이 각 단계를 미리 숙지하고 있어야 합니다. 그래야 각 단계에서 필요한 올바른 조치들을 취할 수 있음은 물론 학부모님이 경제적 부담에서 벗어나게 도울 수 있습니다. 또한 교사가 각 단계를 알아야 공제 급여를 받기 위해 필요한 서류들은 무엇인지, 공제 급여가 해당되는 치료와 해당되지 않는 치료는 무엇인지에 대한 정확한 정보들을 학부모에게 전달해 치료비를 전액 보전해드릴 수 있습니다.

마지막으로 안전공제회 치료비 지급에 대해 선생님이나 학부모님이 가질 대표적인 궁금증들을 알아보겠습니다.

궁금한 점 묻고 답하기

Q : 학교에서 벌어진 모든 사고에 치료비 청구가 가능한가요?

A : 학교에서 일과 시간에 발생한 대부분의 사고에 치료비 지급이 가능합니다. 수업 중, 쉬는 시간, 점심시간, 청소 시간 등에 벌어진 사고는 모두 치료비를 청구할 수 있습니다. 단, 교육 활동과 인과관계가 인정되어야만 합니다.

Q : 방과 후에 벌어진 사건도 치료비 신청이 가능한가요?

A : 교육 활동 전후, 통상적인 학교 일과 시간을 벗어나 발생한 사고는 치료비 지급 대상에서 제외됩니다. 예를 들어 학교 일과 후 하교하지 않고 운동장에서 축구를 하던 중 입은 부상은 위의 2단계 사고 접수 과정에서 반려됩니다.

Q : 등·하굣길에 발생한 사고에 대해서도 치료비 신청이 가능한가요?

A : 등하교 중 발생한 사고에 대한 치료비 지급 여부는 공제회가 개별 사안에 대해 각각 검토한다고 합니다. 보통 통상의 경로와 방법으로 등하교하던 중 발생한 사고는 인정됩니다.

Q : 소풍, 수학여행, 수련 활동 등의 사고에도 안전공제회에 치료비 신청을 할 수 있나요?

A : 신청할 수 없습니다. 소풍, 수학여행, 수련 활동 시에는 해당 시설이나 수련 기관, 운송 기관에서 개별적으로 가입한 보험으로 보상하도록 되어 있습니다. 역시 위의 2단계 사고 접수 과정에서 반려됩니다.

Q : 학부모나 학생이 개인적으로 가입한 상해보험이 있을 경우에도 청구가 가능한가요?

A : 가능합니다. 학교안전공제회의 치료비와 개별 보험사로부터 지급되는 보험금은 별개로, 이중 지급의 문제는 발생하지 않습니다.

Q : 핸드폰, 시계, 안경 같은 물질적 피해도 보상해주나요?

A : 안전공제회의 치료비는 생명 · 신체의 피해 즉, 인적 피해를 입은 경우로 제한됩니다. 따라서 물적 피해는 보상되지 않습니다. 다만, 안경의 경우에는 학교 안전사고 이전에는 착용하지 않다가 해당 사고로 인하여 착용하게 된 경우에만 1회에 한하여 보편적 품질의 안경 구입비가 지급됩니다.

Q : 학교안전공제회 치료비를 학부모가 직접 신청할 수도 있나요?

A : 학부모도 신청할 수 있습니다. 본인의 공인인증서로 안전공제회 홈페이지 공제 급여 관리 시스템에 접속한 후 신청 가능합니다. 대신 위의 4단계 공제 급여 신청서 작성 시 학교장 직인이 필요합니다.

Q : 학생이 다친 후 졸업 또는 전학을 한 경우는 어떻게 해야 되나요?

A : 다친 사실을 졸업 혹은 전학 후에 알게 될 수도 있습니다. 이런 경우에도 당시 담임, 교과 교사나 학부모가 공제회로 직접 치료비를 청구할 수 있습니다. 전학을 한 경우에는 사고 발생 당시 학교를 기준으로 학부모나 당시 담임, 교과 교사가 청구하여야 합니다.

081

무례한 아이,
언제까지 참아야 하나요?

────── 우리 반의 하루는 어김없이 기훈이의 따지는 말과 함께 시작됩니다. "체육 언제 해요?", "우리 반은 왜 체육 시간에 축구나 피구를 안 해요?", "학교는 학생이 주인이라면서 왜 선생님들이 마음대로 시간표를 정하나요?", "선생님 급식은 왜 애들이 받나요? 그래서 저도 명재더러 제 급식을 받아두라고 했어요." 3월 초, 기훈이는 간혹 엉뚱한 질문으로 친구들을 웃기고 또래 관계에서 리더십도 있어 보이던 아이였습니다. 그러나 어느 순간 질문의 범위를 넘어서기 시작하더니 임원이 되고부터는 질문이 아닌 따지는 말로 태도가 변하기 시작했습니다. 하루에도 몇 번씩 되풀이되는 말씨름에 순간적으로 화가 치밀고 당장 때려주고 싶은 마음이 불쑥 들기도 합니다. 어떤 날은 순간적으로 자제력을 잃고 손이 올라갈 것 같아 의도적으로 기훈이한테서 멀찍이 거리를 두고 이야기를

하기도 합니다. 하루가 다르게 점점 버릇이 없어지는 아이를 제가 어떻게 이해하고 어느 선까지 허용해야 할지 모르겠습니다.

Ⓐ 오스트리아의 정신의학자 알프레트 아들러(Alfred Adler)는 인간의 행동은 모두 어떤 목적을 가지고 있는데 이 행동은 사회적인 관계에 기반을 두고 있다고 설명하고 있습니다. 이 말을 교실 장면에 그대로 적용해보면 아이들의 모든 행동은 교사와 학생, 학생과 학생 사이의 관계에서 비롯되고 관계로 풀어나갈 수 있다고 하겠습니다.

루돌프 드라이커스(Rudolf Dreikurs)는 아동의 잘못된 행동을 다음과 같은 네 가지 목적으로 구분하여 언급하고 있습니다.

1. 관심 끌기

어린 아동들에게는 보편적으로 일어나는 행동입니다. 건설적인 방법으로는 부모나 교사의 관심을 끌 수 없다면 아동은 부정적인 방법으로라도 관심을 끌어 소속감을 느끼려고 합니다.

2. 힘 행사하기

힘을 추구하는 아동은 자신이 주인공이 될 때만 스스로가 중요하다고 느낍니다. 아동이 힘을 행사할 경우 교사는 화를 내지 말고 아동과 힘겨루기를 하지 않아야 합니다.

3. 보복하기

자신이 상처를 받았다고 생각하여 자기가 이것을 갚아주어야 한다고 생각하는 아동은 어느 순간 보복하기를 시도합니다. 이런 아동은 잔인하고 다른 사람들이 싫어하는 행동을 함으로써 자신이 있을 곳을 찾고 소속감을 갖게 됩니다. 교사는 이러한 보복적인 행동이 '낙담'에서 생겨났음을 인식하고 아동에게 앙갚음하지 않아야 합니다. 대신 침착하게 행동하고 선한 의지를 보여주어 관계를 향상시켜야 합니다.

4. 또래 조직 속에서 비행 행동 표현하기

아동이 보복하는 행동을 계속하다 보면 가정과 학교로부터의 관심은 포기하고 부적절한 또래 관계에서 소속감을 찾으려고 합니다. 이들의 공격적인 행동은 학급과 가정의 범위를 넘어서서 조직적인 비행에 이르게 되고, 그 결과 부모들조차도 이러한 자녀의 행동에 절망하여 아이들을 자칫 포기하기도 합니다. 그러나 비록 이들의 표현이 과격하고 지나치게 공격적일지라도 이들의 내면은 불안과 낙심, 슬픔, 분노 등의 정서가 바탕에 깔려 있음을 알아야 합니다. 선생님은 겉으로 나타나는 아이들의 행동이 아닌 그들의 이면을 볼 수 있어야 합니다. 이러한 단계에서 비난은 아무런 효과가 없습니다. 오히려 장점을 격려하고 조금이라도 나아지는 것이 보이면 격려해주어야 합니다.

아이들의 마음을 여는 방법

그렇다면 끊임없이 따지고 도전적인 학생을 야단치지 않고 지도할 수 있는 방법은 무엇일까요? 기훈이 같은 아이들은 복종성과 순종성은 낮고 지배성은 월등히 높은 성격 특성을 지닌 친구들입니다. 교사가 이들의 지배성을 무시하고 억제시키기란 결코 쉬운 일이 아니며 그렇게 하고자 시도할수록 관계는 더욱 악화되기 일쑤입니다. 따라서 이들의 지배성을 부정적으로만 볼 것이 아니라 리더십이라는 긍정적인 측면에서 이해하고 학급 내에서 일정한 역할을 주어 자신의 힘을 발휘할 수 있도록 해주는 게 좋습니다.

끊임없이 도전하고 따지는 아이가 있는 교실에서 교사가 논쟁에 휘말리지 않고 평정심을 유지하기란 결코 쉬운 일이 아닙니다. 하지만 교사가 화를 내는 순간, 아이는 자기가 이긴 것 같아 더욱 의기양양해집니다. 반면에 선생님께서 자신의 어깨에 손을 얹으며 조용히, 낮게 타이른다면 공연히 부끄러워하지요.

"기훈아, 좋은 의견이긴 한데 선생님 마음이 그다지 끌리지 않네."

"기훈, 지금 수업 중이지? 쉬는 시간에 예의 바른 태도로 말하면 네 의견을 경청할게."

"기훈이 네 재능이 건전한 방법으로 발휘되면 좋겠구나."

끊임없이 따지는 학생을 대하는 팁은 다음과 같습니다.

1. 학생의 논쟁에 휘말리지 않고 평정심 유지하기

선생님이 아이에게 화를 내는 순간 아이의 버릇없는 태도는 곧바로 선생님의 문제가 되어버립니다. 아이에게 무엇보다 휘둘리지 않는 것이 중요합니다.

2. 발언할 수 있는 시간을 따로 마련하기

이때는 타이머를 설정하여 시간제한을 두는 것이 좋습니다. 아이가 자기 혼자 장시간 떠들지 않도록 규제를 할 방법이 필요합니다.

3. 일대일로 대화하기

아이에게 혼자 다수를 향해 이러쿵저러쿵 떠들게 하지 말고 대상을 정해 상대방의 눈을 보고 똑바로 요구 사항을 전달하게 하세요. 그러면 아이가 쓸데없는 말로 시간 낭비하는 버릇을 고칠 수 있습니다.

4. 하고 싶은 말을 글로 쓰게 하기

말로 하기는 쉬워도 글로 적는 것은 말처럼 쉽지 않습니다. 아이에게 요구 사항이 있을 때는 글로 적어 내라고 한다면 아이의 불필요한 말과 행동을 줄일 수 있습니다.

5. 본인이 감당할 수 있는 역할을 부여함으로써 자존감 키워주기

앞에서 말했듯, 무례하게 구는 아이들은 관심을 받고 싶어 하고 자기 자신의 존재를 인정받고 싶은 욕구가 강한 아이들입니다. 따라서 아이가 할 수 있는 적절한 역할을 주어 자신감과 자존감을 높여준다면 아이의 행동을 바꾸는 데에 효과를 볼 수 있습니다.

082

중도 장애 학생과 1년을
지혜롭게 보내고 싶어요.

—— 새 학년이 되면 아이들은 '어떤 분이 우리 담임선생님이 되었을까?' 생각하며 무척 설레고 긴장하기 마련입니다. 이것은 선생님도 별반 다르지 않습니다. 학기 초 교사들도 '어떤 아이들이 우리 반이 되었을까?' 무척 기대하게 됩니다. 반에는 우수한 학생, 느린 학생, 성격이 쾌활한 학생, 무척 수줍음을 많이 타는 학생 등 다양한 성격의 아이들이 모이기 마련입니다. 하지만 그중에서 특히, 발달 장애나 지적 장애 및 자폐증을 가진 아이가 있으면 교사로서 어떻게 그 학생을 지도해야 하는지 당황할 수 있습니다.

"선생님, 우리 반에 자리에 혼자 앉아 있지 못하고 수업 시간에 계속 돌아다니는 정수를 어떻게 지도해야 할까요? 너무 고민이에요."

"저는 혼자고 아이들은 30명이라 수업은 계속 진행해야 하는데 정수를 여러 번 자리에 앉히다 보면 수업 시간이 다 끝나버려요. 다음 수업을 진행할 기력마저 바닥이 나요. 게다가 정수가 계속 책상을 '콩콩콩' 두드리거나 소리를 내서 다른 아이들도 수업에 집중하기가 어려워요."

"체육 시간이나 미술 시간에 다른 아이들은 제 말이나 시범을 보고 수업을 따라 하는데 정수는 개별적으로 가위질도 해줘야 하고 연필도 같이 잡아주고 달리기도 같이 해야 해서 저 혼자서는 벅차요."

이와 같은 상황에서 정수와 담임교사 및 그 학급을 도와줄 수 있는 손길이 바로 '특수교육 실무사'입니다. 하지만 담임교사로서는 특수교육 실무사가 정수 옆에 앉아 1년 내내 수업을 듣는 상황이 매우 불편할 수 있습니다. 어쩌면 1년 내내 공개 수업을 하는 기분이 들 수도 있기 때문이지요. 하지만 장애 학생이 일반 학급에서 또래들과 원활하게 공부하려면 보조 인력인 '특수교육 실무사' 지원제도를 이용해야 합니다. 어떻게 하면 담임교사가 실무사와 서로 협력하면서 원활하게 1년을 보낼 수 있을까요?

Ⓐ 위 사례처럼 장애 정도가 심한 학생과 그 학생을 지원하는 실무사를 반의 일원으로 수용하고 즐겁게 학급경영을 하려면 몇 가지 규칙이나 태도가 필요합니다.

무엇보다 중요한 것은 교사의 마음가짐과 태도입니다. 학생에 관한 생활지도나 수업 기술은 기본적으로 훈련되고 연마된 상황이지만 특수교육 실무사와는 어떻게 협력해야 하는지 한 번도 경험하지 않았다면 담임교사로서 더욱더 부담스럽기 마련입니다. 하지만 장애 정도가 심한 장애 아동의 원활한 통합 교육을 위해서 특수교육 실무사는 학급 담임과 장애 학생을 지원하기 위해 존재하는 소중한 지원 시스템입니다. 따라서 교사로서 부담스럽다는 생각을 떨쳐버리고 '나를 도와주려고 온 천군만마와 같은 도움의 손길'이라고 인식하는 것이 좋습니다. 그리고 이런 인식은 있는 그대로 '사실'이기도 합니다. 그러므로 특수교육 실무사와 서로 인격적으로 존중하고 상호 협력하여 장애 학생이 원만하게 학급 적응을 하여 잠재 능력을 향상하도록 노력해야 할 것입니다. 이런 궁극적인 목적을 위해서는 세부적으로 이런 접근이 필요합니다.

특수교육 실무사와 협력하기

학교는 학생들이 건강한 사회인으로 성장하도록 돕기 위해 다양한 구성원들이 저마다 맡은 책무와 책임의 한계 안에서 각자의 고유한 역할을 수행하는 곳입니다. 따라서 특수교육 실무사의 역할 및 지원하는 일이 어디까지인지 알고 서로 이해하고 협조해야 할 필요가 있습니다. 이를 위해서는, 먼저 모든 의사소통의 체계가 일원화되어야 합니다. 즉, 일반 학급 담임교사와 특수 학급 담당 교사가 사전에 여러 가지 상황과 업무에 대한 방침 등을 협의해야 합니다. 언제, 어떠한 방식으로 학생을 지원할 것인지 자세한 행동 강령 등을 3월 초에 협의해야 합니다.

덧붙여, 수시로 상황이 변화하고 돌발적인 일들이 벌어지는 학급 상황에서 발생한 사소한 일에 대해서도 자주 상의하고 이야기해야 합니다. 그럼으로써 일반 학급 담임교사 혼자서 끙끙 앓거나 스트레스를 받아 무조건 참는 식이 되지 않도록 유의해야 합니다. 무조건 1년을 참는 식으로 해결하면 장애 학생의 지도에도 좋지 않거니와 교직 생활 중에 다른 장애 학생을 만났을 때 교육하는 지도 방식에도 발전이 없게 됩니다. 즉, 모든 일은 담임교사와 특수교사가 원활한 의사소통 체계와 우호적인 협력 관계를 형성하여 미처 예상하지 못한 돌발 상황에서도 학생 지도에 흠이 없도록 해야 합니다. 이처럼 사전에 수립한 방침과 행동 강령에 대해 특수교육 실무사에게 자세히 안내하고 서로 협의하여 중간에 의사소통의 착오로 오해가 생기지 않도록 유의해야 합니다. 이에 대한 세세한 안내 사항들은 학기 초 '특수교육 실무사'에 대한 공문으로 객관적인 사항들이 전달되므로 이를 바탕으로 각자 역할에 충실하도록 해야 할 것입니다.

인격적으로 서로 존중하고 협력적인 친밀한 관계를 형성하되, 각자 자신의 역할과 한계를 분명히 인식하여 각자 맡은 일을 충실히 한다면 장애 학생의 원활한 학교생활을 위한 여러 가지 지원 시스템이 효율적으로 운영될 것입니다. 이와 덧붙여 새내기 교사의 학급경영 방침이나 방향에도 긍정적인 역할을 할 것입니다.

083

학교 폭력, 우리끼리 해결할게요.

—— 올해 6학년 담임을 맡은 10년차 남교사입니다. 2교시 쉬는 시간에 아이들 사이에 다툼이 있었습니다. 사소한 말다툼 끝에 윤석이가 영재를 주먹으로 때리고 꼬집어서 영재 왼팔에 시퍼렇게 피멍이 들었습니다. 상처가 남은 터라 학부모님께 전화를 드리고 상황을 설명해드렸습니다. 먼저 영재 어머니께서는 "아이들끼리 그럴 수도 있지요." 하면서 크게 문제 삼지 않는 눈치였습니다. 윤석이 어머니께서는 죄송하다며 영재 어머니를 만나서 직접 해결하겠으니 걱정 말라고 하셨습니다. 알아서 해결하시겠다니 다행이다 싶으면서도 뭔가 찜찜한 기분이 듭니다. 심각한 상황도 아닌 것 같고, 피해 학생 학부모님도 문제 삼고자 하지 않을 때 그냥 두 분이서 알아서 해결하도록 맡겨도 되는 걸까요? 이 상황에서 담임교사는 무엇을 어떻게 해야 하나요?

A 피해 학생이나 피해 학부모가 먼저 피해자임을 인정하며 도움을 요청하는 경우에는, 담임교사가 '이것은 학교 폭력이다.' 혹은 '이것은 학교 폭력이 아니다.'라고 임의로 판단하고 처리해서는 안 됩니다. 이때는 매뉴얼에 따라 대응하는 것이 좋습니다. 학교 폭력 및 가해 · 피해 여부에 대한 판단은 사안 조사를 충분히 하고 내려도 늦지 않습니다.

하지만 사안이 일과 중에 발생하여 교사가 먼저 인지한 경우에는 이것이 학교 폭력인지 또는 안전사고인지 빠르게 판단하는 것이 중요한데, 이때 판단의 기준은 서로 나쁜 감정이 있었는지와 의도(고의성)가 있었는지입니다. 윤석이와 영재의 경우에는 사소한 말다툼 끝에 신체적 폭력이 이루어졌기 때문에 피해 정도가 경미하다 할지라도 '학교 폭력'에 해당됩니다. 서로 나쁜 감정이 있었고 더 힘이 센 윤석이가 영재에게 (의도적으로) 신체적 고통을 주었기 때문입니다. 만약 윤석이와 영재가 서로 재미있게 놀다가 의도치 않게 윤석이의 발에 걸려 넘어져서 영재가 다쳤다면 이것은 '안전사고'로 보는 것이 맞습니다.

'학교폭력예방 및 대책에 관한 법률'에서 사용하는 '학교 폭력'의 정의는 다음과 같습니다.

학교폭력이란 학교 내 · 외에서 학생을 대상으로 발생한 상해, 폭행, 감금, 협박, 약취, 유인, 명예훼손 · 모욕, 공갈, 강요 · 강제적인 심부름 및 성폭력, 따돌림, 사이버 따돌림, 정보통신망을 이용한 음란 · 폭력 정보 등에 의하여 신체 · 정신 또는 재산상의 피해를 수반하는 행위를 말한다.

그런데 최근 서울행정법원 판례에 따르면 "학교 폭력은 폭행 · 명예훼손 · 모욕 등에 한정되지 않고 이와 유사한 행위로써 학생의 신체 · 정신 또는 재산 피해를 수반하는 모든 행위를 포함한다."라고 하여 '학교 폭력'의 범위가 확대되었음을 알 수 있습니다.

따라서 '사소한 괴롭힘', 학생들이 '장난'이라고 여기는 행위도 학교 폭력이 될 수 있음을 인식할 수 있도록 평소에 분명하게 지도해야 합니다.

초기 대응과 사안 처리의 책임

학교 폭력 사안 처리 절차는 아래와 같이 4단계로 구분할 수 있습니다.

- 1단계 : 초기 대응
- 2단계 : 사안 조사
- 3단계 : 조치 결정 및 이행
- 4단계 : 재심, 행정심판, 행정소송

이 가운데 '초기 대응'과 '사안 조사'에서 특히 담임교사의 역할과 책임이 중요하다고 할 수 있습니다. 윤석이가 자신의 잘못을 인정하고 윤석이 부모님께서 사과할 뜻을 가지고 있다니 다행이지만, 그렇다고 이미 발생한 '학교 폭력' 사안이 없던 일이 될 수는 없습니다. 가해 학생과 가해 학부모의 태도와는 별개로 담임교사는 학교 폭력 매뉴얼에 따라 자신의 역할과 책임을 다하는 것이 좋습니다.

특히 피해 측이 가해 측과 면담을 요청하거나, 가해 측에서 직접 해결하겠다고 나서서 단독으로 만날 경우 오히려 갈등이 심화되거나 다른 문제가 생길 수 있습니다. 그리고 담임교사와 학교가 학교 폭력 해결의 주도권을 학부모에게 주기 시작하면, 중대한 시점에서 적절한 역할을 다하기 어렵게 됩니다. 또한 사안이 잘 해결되지 못했을 경우 책임을 다하지 못했다는 비난을 피하기도 어렵습니다.

따라서 가해 학생 학부모에게 이러한 사정을 안내해드리고, 사안이 잘 마무리될 때까지 담임교사와 학교를 믿고 협조해주시도록 부탁합니다. 다만 가해 학생이 반성의 뜻을 전하고 학생의 학부모가 부모로서 죄송한 마음을 피해 측에 직접 전달하는 것은 괜찮습니다.

예외 조항

윤석이와 영재의 경우, 평소에 사이가 나쁜 편도 아니었고 윤석이가 영재를 지속적으로 괴롭힌 적도 없었습니다. '학교 폭력' 사안이기는 하지만 피해 정도가 심각하지도 않고 더욱이 가해 측에서 즉시 잘못을 인정하여 상호 간에 화해가 이루어졌습니다. 교육부에서는 이런 경우 '학교폭력대책 자치위원회'에까지 가지 않고 '담임교사 또는 학교장이 자체 해결할 수 있는 사안'으로 해결할 수 있도록 지침을 마련해두었습니다.

담임교사 또는 학교장이 자체 해결할 수 있는 사안의 요건은 다음과 같습니다[아래의 경우에도 학생(학부모)이 자치위원회 개최를 요구할 경우 반드시 자치위원회를 개최하여 처리해야 합니다].

1. 피해 학생에게 신체·정신 또는 재산상의 피해가 있었다고 볼 객관적인 증거가 없고, 즉시 잘못을 인정하여 상호 간에 화해가 이루어진 경우.
2. 제3자가 신고한 사안에 대한 사안 조사 결과, 오인 신고였던 경우.
3. 학교 폭력 의심 사안(담임교사 관찰로 학교 폭력 징후 발견 등)에 대한 사안 조사 결과, 학교 폭력이 아니었던 경우.

이처럼 심각한 사안이 아니라 하더라도 명확하게 처리하는 것이 좋겠다는 판단이 서면, 학교 내 '학교 폭력 전담기구'에 자문을 구하여 '담임교사 또는 학교장이 자체 해결할 수 있는 사안'으로 종결 처리해두면, 담임교사로서 역할과 책임을 충분히 수행했다고 볼 수 있으며 학부모로부터 더욱 신뢰를 얻을 수 있을 것입니다.

효과적인 지도법

초등학생들 사이에서 발생하는 '학교 폭력'은 대부분 사소한 갈등으로부터 시작된 부정적인 감정(분노, 화)이 순간적으로 폭발하여 우발적으로 발생하는 경우가 많습니다. 그래서 사안 조사를 하다 보면 가해자와 피해자가 명확하게 구분되기보다는 문제가 불거지기까지 오랜 시간 동안 가해자와 피해자가 반복되었거나 쌍방이 가해자, 피해자인 경우가 많아서 사안 처리에 어려움이 많습니다.

따라서 갈등이 심각해지기 전에 부정적인 감정을 효과적으로 표현할 수 있는 방법을 사전에 지도하는 것이 좋습니다. 상대방을 때린 학생에게 왜 때렸냐고 물어보면, "걔가 먼저 놀렸어요." 또는 "쟤들이 먼저 짜증나게 했어요." 등 폭력 행동의 책임을 상대방에게 돌리는 경우가 많습니다. 어떠한 경우에도 폭력은 정당화될 수 없음을 강조하며, 친구가 나를 화나게 하면 다음과 같이 말하도록 지도합니다.

감정 말하고 부탁하기

처음으로 화나게 했을 때	하나. 친구의 말(행동)과 그로 인한 자신의 감정을 말해보세요. – 나는 네가 A하면 B해. (A: 친구의 말이나 행동, B: 나의 감정 상태)
	둘. 친구에게 바라는 것을 말해보세요. – 나는 네가 ~~했으면 좋겠어. (바라는 것을 구체적으로 말합니다.)
두 번째 화나게 했을 때	셋. 선생님께 도움을 요청하겠다고 경고하세요. – 나는 네가 한 번 더 그렇게 한다면 선생님께 도움을 요청할 거야.
세 번째 화나게 했을 때	넷. 선생님께 도움을 요청하세요. (친구가 혼나기를 바라는 마음이 아니라, 친구가 잘못된 행동을 그만하고 자신이 편안해지기 바라는 마음으로 이야기합니다.)

084

일기 쓰기 싫어하는 아이를 어떡하나요?

—— 요즘 아이들의 방과 후 생활이 너무 바쁜 것을 알기에 우리 반은 숙제를 거의 내주지 않습니다. 매주 일기 쓰기와 독서록, 딱 두 개만 고정된 숙제로 제시하고 있는데, 이것조차 제대로 해오지 않아 참으로 속상합니다. 숙제를 지속적으로 해오지 않는 아이들과는 매번 힘겨루기를 하고 있고, 매주 혼내기를 반복하니 저와 사이가 안 좋아지고 있습니다. 일기 쓰기와 독서록, 꼭 지도해야 하나요?

Ⓐ 일기 숙제를 매번 안 해오는 아이와는 관계가 틀어지기 쉽습니다. 안 해올 때마다 학급 규칙에 따라 벌점을 주거나 청소 같은 벌을 주면 아이는 더욱더 일기 쓰는 것을 싫어하게 되고, 교사와의 관계도 안 좋아집니다. 또한

반 아이들에게 '쟤는 숙제 안 해오는 아이!'라는 낙인이 찍혀 교우 관계에도 부정적 영향을 미칠 수 있습니다. 그렇다고 해서 안 해오는 아이를 봐주면 학급 규칙이 흐트러질 수 있어 난감하지요.

이럴 경우, 예방책으로 일기 검사하기 전, 아이를 미리 불러 학교에서 먼저 쓰게 하는 것도 한 방법입니다. 일기를 꼭 밤에 쓸 필요는 없습니다. 학교에서 지금 겪은 일, 재미있게 느끼는 점을 바로 쓰게 하면 생동감 있는 일기를 쓰기가 더 쉽습니다.

매일 써야 하나?

거의 모든 선생님들이 내주는 일기 숙제, 정말 꼭 지도해야 하는 것일까요? 결론을 먼저 말하자면 그렇습니다. 일기는 매일 쓰는 것이 좋습니다. 일기는 날마다 자신이 겪은 일이나 생각, 느낌 등을 사실대로 적은 기록입니다. 매일 써야 한다가 원칙이지만, 요즘 아이들이 워낙 바쁘므로 주 2, 3회 정도 쓰도록 학급 내에서 규칙을 정해 매주 한 번씩 검사를 하는 것이 적당합니다. 보통 담임교사들은 주 3회 일기를 쓰게 하고, 일주일에 한 번 걷어서 검사하는 방식을 사용하는데, 저는 주 2회 일기를 쓰게 하고, 매주 수요일마다 걷어서 검사를 하고 있습니다. 그랬더니 아이들이 일기 쓰는 것을 덜 힘들어하고, 학부모님들도 부담을 덜 느끼며 좋아하더군요.

일기를 왜 써야 하는지 묻는 아이들이 있습니다. 그렇다면 책은 왜 매일 읽는지, 밥은 왜 매일 먹는지와 같은 질문도 가능해야 합니다. 그 정도로 일기 쓰기는 좋은 점을 많이 가지고 있기 때문입니다. 일기를 쓰면 가장 먼저 글쓰기 실력을 늘릴 수 있습니다. 정리하는 능력이나 기록하는 것을 습관화하여 자신의 생활에 필요한 좋은 습관을 들일 수도 있습니다. 또한 생각하는 힘을 기를 수 있고, 주변을 세심히 관찰하는 능력도 길러집니다. 이와 더불어 참을 성, 끈기 등 인성 요소도 기를 수 있습니다.

일기는 크게 세 가지 역할을 합니다.

1. 추억장 : 아이들의 소중한 하루하루를 남길 수 있습니다. 지금 이 순간의 기억을 추억으로 남기는 좋은 기록장이 됩니다. 가급적 좋은 추억을 남길 수 있도록 즐거웠던 일, 재미있는 일을 쓰게 하되, 슬프거나 힘든 일도 필요하다면 솔직하게 적도록 합니다. 글쓰기를 통해 자신의 마음을 정화시킬 수도 있기 때문입니다.

2. 글쓰기장 : 줄넘기를 매일 연습하면 실력이 늘듯이 글쓰기도 매일 하면 실력이 늡니다. 처음에는 몇 줄 쓰기도 힘들지만 쓰다 보면 어느덧 한 장을 가득 메우는 날이 올 것입니다.

3. 대화장 : 선생님의 댓글을 통해 대화와 상담 창구 역할을 합니다. 주로 장점이나 칭찬의 댓글을 달아주는 것이 선생님과 학생의 관계를 좋게 해 줍니다.

무엇을 써야 하나?

아이들이 가장 힘들어하는 것이 일기로 무엇을 쓸지 정하는 일입니다. 쓸 것이 없다며 일기장을 앞에 놓고 늘 투덜대지요. 매일 하루 일과가 똑같다며 볼멘소리를 하기도 합니다. 하지만 우리의 일상은 매일 같아 보이지만, 매일 같은 하루는 단 하루도 없습니다. 아래의 방법으로 여러 가지 글감에 대한 힌트를 주어 일기 쓰기에 좀 더 쉽게 다가가 보도록 지도합니다.

1. 있었던 일 떠올리기

- 학교에서 있었던 일 : 친구, 칭찬, 시험, 싸움, 회장 선거, 운동회, 현장 체험 학습, 수업(체육, 미술 등), 입학, 졸업, 개학, 방학, 전학, 1인 1역, 청소, 학예회, 작품 전시회, 수련회 등
- 집 : 형제, 부모님, TV, 집안일, 컴퓨터, 독서, 심부름, 용돈, 저축, 놀이, 식사, 친척, 사물, 청소, 정리, 심부름, 반려동물, 숙제, 생일, 아팠던 일, 독서, 이웃 등
- 그 외 : 등교, 하교, 학원, 체험 학습, 친구 집, 시장, 병원, 여행, 도서관, 영화, 연극, 공원, 음악회, 전시회, 휴가, 놀이터 등

2. 있었던 일에 대한 '내 마음의 변화'를 떠올려보기

처음에는 이런 마음이었는데, 나중에는 어떤 마음으로 변했는지 차분히 생각해보는 과정이 중요합니다. 그러한 마음의 변화를 글로 옮겨보는 것도 연습이 많이 필요합니다.

3. 같은 일도 새로운 시각으로 바라보기

창의적인 시각으로, 남과는 다른 나만의 시각으로 바라보는 연습을 합니다. 매일 뉴스를 보며 비판적 시각을 키워가는 것도 좋은 방법입니다.

어떤 형식으로 써야 하나?

1. 날짜, 날씨를 꼭 씁니다.

날씨는 '흐림', '맑음' 등으로 간단하게 쓰기보다는 "아침에는 심통 가득한 구름 아저씨가 잔뜩 몰려오더니 오후에는 환한 해님이 방긋 웃었다."처럼 재미있고 다양하게 표현하는 것이 좋습니다.

2. 제목을 쓰는 것이 좋습니다.

제목은 글을 대표하는 얼굴입니다. 가장 중요한 낱말 또는 내용을 요약해서 쓰거나 비유적인 표현을 사용해도 좋습니다. 내용과 관련된 가장 핵심 단어를 골라 쓰는 것이 좋습니다.

3. 글감과 관련된 내용을 씁니다.

일기 검사를 하다 보면, 제목과 내용을 다르게 쓰는 경우가 가끔 있습니다. 글감을 정했으면 그와 어울리는 제목과 내용을 쓰도록 합니다.

내용은 무엇이어야 하나?

1. 꼭 길게 쓰지 않아도 됩니다. 중요한 내용만 짧게 간추려 써도 됩니다. 하지만 글쓰기 실력 향상을 위해 열 줄 정도는 쓸 수 있도록 권합니다.
2. 자세히 쓰는 습관을 기르도록 지도합니다. 이렇게 하면 생각하는 힘과 글쓰기 실력이 향상됩니다. 자세히 쓰되 억지로 길게 쓰지는 않습니다. 일기는 나를 위한 글인데 굳이 자세히 써야 하냐고 물어보는 아이들이

있는데, 지금 당장은 대충 써도 내용을 다 알지만, 몇 년 뒤 자신의 일기를 보았을 때에는 무슨 내용인지 잘 모를 수 있습니다. 단순히 "친구랑 놀았다."라고 쓰면 친구 누구랑 놀았는지, 무슨 놀이를 어디에서 어떻게 했는지 알 수 없기 때문에 내용이 명확히 드러나도록 써야 합니다.

3. 반성하는 내용이 꼭 들어가지 않아도 됩니다. 깊이 반성할 일이 있을 때에만 씁니다.

4. 잘못한 일, 창피한 일, 화나고 속상한 일, 억울한 일도 그대로 쓰는 것이 좋습니다. 글쓰기 활동을 통해 자신의 마음을 정화시킬 수 있습니다.

5. '나는', '오늘'과 같은 말은 되도록 쓰지 않는 것이 좋습니다.

6. 일기는 시사 일기, 독서 감상문 일기, 편지 일기, 논설문 일기, 시 일기 등 다양한 형식이 있습니다. 하지만 가급적 한 편 이상은 학교생활이나 친구 이야기에 관한 생활 일기를 쓰도록 하여 생활지도에 활용하는 것이 좋습니다. 교사가 모르는 아이들의 생활을 일기를 통해 알 수 있는 장점이 있기 때문입니다. 일기 내용 중 비밀 유지가 필요한 내용은 보장해주어야 아이들과 믿음이 쌓입니다.

일기는 개인과 역사에 대한 기록입니다. 만약 나중에 자신이 유명한 사람이 되었을 경우, 일기는 중요한 역사적 기록이 됩니다.《안네의 일기》, 이순신 장군의《난중일기》가 그렇듯이 말이지요. 반 아이들에게 자신의 기록을 남기는 것이 왜 중요한지 이해시키고 일기 쓰기를 지도하면 더 효과적입니다.

참고자료

• 꿀맛닷컴(nonsul.kkulmat.com/index.jsp)−사이버논술교실−논술공부−논술 강의 동영상−요리조리 글쓰기 비법−26강 즐거운 일기

085

장애 아동을 제대로 훈육하고 싶어요.

───── "아~~~~~ 야~~~~~ 하지 마!!!"

"야! 하민상 너나 하지 마!"

또 무슨 일이 있었는지 민상이가 자기 귀를 막고 소리를 지르자 주변에 있던 다른 친구들은 이런 민상이를 말리느라 또 소리를 지릅니다. 이뿐만이 아닙니다. 어디선가 여자아이들이 "꺅~~" 하는 괴성이 들려 가보면 민상이가 손바닥에 침을 묻혀 여자아이들에게 바르려고 난리인 적도 있습니다. 이렇듯 우리 반은 민상이로 인해 수시로 아수라장이 되기일쑤입니다. 현재 3학년인 민상이는 딱 보기에도 다른 친구들보다는 매우 왜소하며 어딘가 많이 어려 보이는 뇌병변 1급 장애 아동입니다.

다행인지 불행인지 저는 15년 교직 생활 만에 처음으로 통합 학급을 맡게 되어 민상이 같은 장애 아동의 행동을 어디까지 용인해주어야 할지 매번 고민이 됩니다. 만약 다른 친구들이 저런 행동을 하면 따끔하게 야단치고 그 행동이 다른 사람들에게 얼마나 방해가 되는지 충분히 설명할 텐데 민상이는 또래보다 많이 어리니 친구들에게 무조건 이해해주라고 해야 하는 건지 아니면 민상이의 행동을 바로잡기 위해 엄하게 훈육해야 하는 건지 갈등이 됩니다.

민상이는 특수 아동으로 등록되어 있긴 하지만 특수 학급에 들어가기를 거부하여 모든 수업을 우리 반에서 하고 있습니다. 그러다 보니 수업 시간에도 갈등이 많이 불거지지요. 수학에 대한 이해도는 중간보다 조금 낮은 정도로 보이고 국어는 조금 더 힘들어합니다. 그렇다고 수업을 전혀 이해하지 못하는 것은 아닙니다. 그러나 민상이는 제가 조금만 신경 쓰지 않으면 아무것도 하지 않아도 되는 특권을 가진 양, 커다란 눈을 이리저리 굴리며 이 사람 저 사람에게 장난을 걸거나 자신만의 장난에 빠져 있습니다. 가까이 가서 수업 내용에 대해 개별적으로 질문을 하면 모르는 것도 아닌데, 책은 깨끗이 비워놓거나 엉뚱한 낙서로만 채우기 일쑤입니다. '일당백'이란 말이 딱 맞는 민상이, 어떻게 해야 할까요?

🅐 뇌병변이란 뇌성마비, 외상성 뇌손상, 뇌졸중(腦卒中) 등 뇌의 기질적 병변으로 인하여 발생한 신체적 장애입니다. 뇌의 병변에 의한 신체적 장애는 보행이나 일상생활 동작 등에 제한을 받으며, 이 장애의 판정은 주된 증상인 마비의 정도와 범위, 불수의운동의 유무 등에 따른 팔과 다리의 기능 저하로 인한 앉기, 서기, 걷기 등의 이동 능력, 일상생활(동작)의 수행 능력 평가로 이루어집니다. 뇌의 기질적 병변으로 시각, 청각 또는 언어상의 기능 장애나 정신지체가 동반된 경우는 중복 장애도 있을 수 있습니다.

뇌병병 장애 중 민상이와 같은 뇌성마비는 출생 전 혹은 출생 시나 출생 후의 뇌 손상으로 인해 중추성 운동장애가 생긴 것으로 움직일 때 협응이 잘 안되고 균형을 못 잡으며 비정상적인 움직임을 나타냅니다. 뇌의 손상으로 인해서 오는 장애이므로 운동장애 말고도 경기를 일으키거나 정신지체나 학습장애, 주의력 결핍 및 과잉행동 장애, 시각 장애, 청각 및 감각 이상 등 여러가지 증상이 나타날 수 있습니다.

민상이의 경우 아주 어렸을 때 뇌병변 1급으로 판정받은 이후 재판정을 받지 않았는데, 자주 넘어지거나 한쪽 발로 서는 데 대한 어려움이 있는 것을 제외하고는 특별히 협응에 어려움이 없었습니다. 다만 신체 발달이 많이 늦어 외관상 유치원생으로 보일 만큼 키도 작고 얼굴도 많이 어려 보입니다. 또주의 집중 시간이 매우 짧고 과잉 행동을 많이 하는 것으로 보아 주의력 결핍 및 과잉행동 장애도 겸하고 있는 듯 짐작되었습니다.

뇌병변 장애는 임신과 출산 과정에서 주로 발생합니다. 산모가 바이러스에의해 병에 걸렸을 때, 특히 풍진은 태아에게 악영향을 줍니다. 그리고 산모가약물에 중독되었을 때에도 태아에게 나쁜 영향을 미칩니다. 조산일 경우 미숙아의 호흡 장애로 뇌에 산소가 충분히 공급되지 않아 발생할 수도 있고, 출산 뒤에는 뇌막염 같은 질병이나 사고로 발생하기도 합니다. 그 외에도 방사선 조사와 알코올중독도 원인입니다.

동등하게 대하기

뇌병변 장애 아동에게는 행동의 한계를 명확하게 알려주어야 합니다. 민상이는 또래보다 체구가 많이 왜소해 부모님이나 친구들로부터 아기 취급을 받으며 주로 생활했습니다. 따라서 자기는 제멋대로 행동해도 된다는 특권(?) 의식이 생긴 경우입니다. 부모님이나 선생님이 안쓰러운 마음과 요정 같은 모습이 귀엽기도 해서 아기 취급을 하며 봐준 것이지요. 하지만 소리를 지르거나 친구들에게 침을 바르는 것과 같은 행동은 학급 모두를 위해서 더 이상 가만히 두어서는 안 되는 행동입니다. 또래보다 발달이 다소 늦더라도 3학년이라면 학급에서 '귀를 막고 소리를 지르는 행동'은 선생님과 친구들에게 방해가 되는 행동이라는 것쯤은 충분히 알 수 있습니다. 침을 바르는 행동도 마찬가지입니다. 이렇듯 다른 사람에게 해를 끼치거나 방해가 되는 행동은 결코 해서는 안 되는 행동임을 분명하게 주지시키고, 만약 이를 어겼을 때에는 제한을 가해야 합니다. 적절한 규제와 제한만이 민상이가 올바르게 성장하도록 돕는 길입니다.

합의를 통해 최소한의 학습 분량을 정하고 약속한 만큼은 반드시 완수하도록 합니다. 담임선생님의 말씀을 통해서 알 수 있는 사실은 민상이의 수학 실력이 보통 아이들보다 조금 낮은 정도이며 국어는 그것보다 조금 더 힘들다는 것입니다. 따라서 다소 번거롭겠지만 매 시간 민상이가 할 수 있을 정도의 분량을 합의하여 약속한 분량을 완수하도록 지도하는 것이 좋습니다. 예를 들어 다른 친구들이 수학 문제를 열 문제 풀어야 한다면 "민상아, 넌 이 다섯 문제만 풀면 어떻겠니? 이 정도는 할 수 있지?"라고 물어 민상이가 해결해야 할 과제의 양을 정할 수 있도록 기회를 주고, 민상이의 의견을 확인한 뒤에 과제의 분량을 정합니다. 이후 과제를 잘 해결했는지 확인하는 절차도 필요합니다.

더불어 학급 친구들에게는 진정으로 장애 친구를 돕는 길이 무엇인지 알려 줍니다. 통합 학급에서는 다른 친구들이 장애 친구를 동생이나 아기처럼 생각하고 무엇이든 다 도와주려 하거나 놀리며 괴롭히는 등의 양 극단의 행동이 나타날 수 있습니다. 민상이의 경우에는 왜소하고 매우 어려 보이는 외모를 하고 있기에 반 친구들이 아기처럼 대할 수 있는데, 이는 장애 아동이 자신의 역량을 키우며 성장하는 데 도움이 되지 않습니다. 장애 아동이라고 무조건 도와주어야 한다고 생각하기보다는 자신의 일은 스스로 할 수 있도록 하는 것이 진정으로 돕는 일임을 이해하도록 합니다. 뇌병변 장애 아동은 몇 가지 불편한 부분(민상이의 경우에는 자주 넘어지거나 한쪽 발로 서는 게 힘든 신체적 불편함, 국어나 수학 시간에 이해력이 조금 부족한 정도)만 빼면 충분히 잘할 수 있는 영역이 많다는 사실을 학급 아동들이 잘 알 수 있도록 다양한 증거를 제시하여 알게 해주어야 합니다.

부모님께는 상담을 통해 민상이가 스스로 할 수 있는 힘을 키울 수 있도록 안내해드리면 좋습니다. 민상이의 부모님 입장에서는 또래에 비해 많이 왜소하고 운동 기능도 떨어지는 아들이 마냥 안쓰럽고 어떻게든 도와주고 싶은 마음이 클 것입니다. 그러나 자꾸 그렇게 아기 취급만 하면 아이의 자립심은 전혀 키워지지 않습니다. 게다가 그나마 스스로 할 수 있는 것조차 남의 손에 맡기다 보면 운동 기능이 점점 떨어질 수도 있지요. 장애가 있다고 하더라도 자신이 가진 능력의 최대치만큼 자라날 수 있도록 돕는 것이 부모의 역할임을 이해하여 가정에서도 많은 영역에서 스스로 할 수 있는 힘을 키울 수 있도록 안내합니다.

086

적절한 꾸지람과
타이름을 주고 싶어요

────── 윤철이는 수업 시간에 몰래 스마트폰을 꺼내 장난을 치고
숙제도 제대로 해오지 않습니다. 친구들에게는 심한 말이나 욕을 하고 싸
우는 일도 잦습니다. 이처럼 바람직하지 않은 행동을 많이 하지만 요즘
학교에서는 학생 체벌이 금지되어 있기 때문에 체벌은 아예 사용하지 않
습니다. 그러나 학생의 잘못된 행동에 대해 매번 좋은 말로 타이르기만
하니 도대체 교사의 말을 전혀 들을 기미가 보이지 않습니다. 잘못된 행
동을 교정하려면 효과적으로 어떻게 벌을 주어야 할까요?

🅐 학생들이 보이는 바람직한 행동에 즉각적으로 정적 강화나 보상을 제
공하여 그 행동의 발생 빈도를 증가시키는 방법은 교사나 학생 모두에게 기

분 좋은 교육 방법입니다. 하지만 똑같은 잘못을 계속 되풀이한다면 여러 번 좋은 말로 타이르다가도 듣기 싫은 소리를 하게 됩니다. 어느 정도 말로 타이르다가 혼을 내게 되는데, 이는 그 아이가 미워서가 아니라 이러한 행동이 습관화되지 않도록 하기 위함이겠지요. 그래서 혼을 내고 마땅히 그에 상응하는 벌칙이나 꾸지람, 타임아웃 등으로 잘못된 행동의 발생 빈도를 감소시키고자 노력합니다. 이러한 일련의 절차를 '처벌'이라고 하는데 처벌에는 여러 가지 기법이 있습니다. 하지만 바람직하지 않은 행동을 감소시키고자 벌칙을 부과하는 경우 몇 가지 부작용이 뒤따르기 때문에 이를 사용하기 위해서는 세심한 주의가 필요합니다.

꾸짖을 때는 이렇게

벌칙에는 다양한 기법이 있습니다. 질책이나 꾸지람, 타임아웃, 반응 대가, 운동 연습, 과잉 교정 등이 있습니다. 이중에서 교사들이 가장 많이 사용하는 방법은 언어적인 질책, 즉 꾸지람이라고 할 수 있습니다. 요즘에는 학생들의 인권을 존중하고자 하는 의미에서 신체적 벌칙이나 수반적 운동 연습과 같은 벌은 쓰지 않는 추세입니다. 하지만 모든 벌칙이 학생의 인권을 침해하는 것이 아니므로 세심한 주의와 배려가 있다면 잘못된 행동을 신속하게 교정하기 위해 벌칙을 효과적으로 사용할 수 있습니다. 대표적으로 꾸지람을 사용할 때 다음과 같은 점에 주의를 기울인다면 교사의 빤한 잔소리가 되지 않을 것입니다.

첫째, 구체적으로 꾸짖습니다.

윤철이의 꾸지람의 대상이 되는 행동이 무엇이며 왜 나쁜 것인지, 대신 어떻게 해야 하는지를 명확히 알려줍니다. 하루의 일과가 바쁘게 돌아가는 학급에서 특히 윤철이의 행동이 늘 바람직하지 않았다면 교사나 학생들이나 윤철이 행동에 만성화되어 '쟤는 원래 그런 애'라고 묵인하여 훈육하지 않고 넘어갈 수 있습니다. 이렇게 된다면 윤철이에게는 낙인효과가 나타나고 다른 아이들도 윤철이의 행동을 모방하게 되어 학급의 질서가 조금씩 흔들릴 수 있습니다. 윤철이의 행동에서 잘못한 행동을 명확히 알려주고, 왜 나쁜지 스스로 생각해보도록 해야 합니다. 특히 그 행동 대신 바람직한 행동을 어떻게 해야 하는지 가르쳐주는 것이 매우 중요합니다. 흔히 교사들이 저지르기 쉬운 실수 중 하나가 잘못된 행동을 지적하기만 하고 대안을 구체적으로 가르쳐주지 않는 것입니다. 잘못된 행동을 알려주었으니 아이가 알아서 바람직한 행동을 하겠거니 생각하지만 아이들에게는 구체적으로 시범을 보여줄 필요가 있습니다.

한 가지 더 관찰해볼 상황은 윤철이가 이러한 행동을 하기 전에 어떤 상황이나 자극들이 있었는지 관찰해보는 것입니다. 즉, 바람직하지 않은 행동을 유발하는 선행 자극이나 상황은 무엇인지 파악하여 이러한 행동을 하게끔 유도하는 상황을 제거해주는 배려가 필요합니다. 혹시 윤철이가 교실 맨 뒤에 앉아 있기 때문에 교사 몰래 스마트폰을 하기 좋은 자리는 아닌지, 그 주위에 모델링할 만한 바른 수업 태도를 가진 학생이 한 명도 없었는지, 또는 인터넷이나 스마트폰에 이미 많이 중독되어 가정에서 스마트폰이나 인터넷을 많이 하는 상황은 아닌지 현재의 심리 상태를 살펴보는 것이 필요합니다. 이러한 내용들은 부모님과 함께 의논할 필요가 있습니다.

교사는 학생의 문제 행동에도 그 자체로 세상과 소통하고자 하는 무언의 메시지가 담겨 있다고 보고 문제 행동 자체보다 문제 행동을 유발하는 환경이나 상황을 제거해주려 노력해야 합니다. 문제 행동도 어떤 목적을 가지고 기능하기 때문입니다.

한 가지 덧붙인다면 학생을 꾸지람할 때 교사가 일방적으로 얘기해서는 안 된다는 것입니다. 교사가 잘못된 행동을 명확히 일러주고 이 행동이 왜 나쁘고 앞으로는 어떻게 올바른 행동을 해야 하는지 설명할 때 일방적으로 교사가 말을 쏟아놓지 않도록 주의해야 합니다. 아이에게 물은 뒤에는 아이도 자기 입장에서 대답할 수 있는 기회를 주어야 합니다. 아이의 대답을 들은 뒤에 다시 궁금한 점을 물으며 대화를 시도해야지, 당위적으로 일방적인 행위를 가르치는 방식은 지양해야 합니다.

둘째, 단호한 어조로 말합니다.

낮은 목소리로 권위 있게 말하되 절대 큰소리를 내거나 자기 통제력을 잃어 흥분하거나 화를 내서는 안 됩니다. 말이 쉽지 이렇게 하려면 참을 인(忍)자 세 개는 마음속으로 그려야 합니다. 옛말에 '선생 똥은 개도 안 먹는다.'는 속담이 있는 것처럼, 교사는 속을 끓이며 인내하는 사람일 수밖에 없습니다. 질책이나 꾸지람을 할 때 마음속으로 1부터 10까지 세면서 천천히 말하십시오. 특히, 목소리 톤이 높거나 얇은 여교사들이라면 유념할 필요가 있습니다.

셋째, 잘못된 행동을 인정할 수 없다는 것을 비언어적으로 표현합니다.

꾸짖는 동안 눈을 크게 뜨고 상대방의 눈을 응시하며, 상대방이 눈을 피하면 바라보도록 권유합니다. 눈을 맞추면 안 보고 얘기할 때보다 여러 가지 비언어적인 메시지를 전달하기 쉽습니다. 이렇게 하면 잘못을 용인할 수 없다는 교사의 진정성과 훈육에 대한 확고한 의지를 전달할 수 있습니다. 더불어 염려스럽고 걱정되는 마음과 안타까운 심정 등도 같이 전달할 수 있습니다.

넷째, 잘못된 행동을 무시하지 않습니다.

꾸지람 자체를 벌로 사용하여 행동을 감소시키려 할 때는 표적 행동이 나타날 때마다 반드시 일관성 있게 꾸지람을 실행해야 합니다. 교사의 기분에 따라 혹은 상황에 따라 오늘은 봐주고 내일은 질책하는 식으로 왔다 갔다 한다면 오히려 학생은 눈치를 살피거나 기회를 엿보면서 그 행동을 유지하게 됩니다. 또한 문제 행동을 무시하는 것이 그 행동을 묵인하는 것으로 오인될 수 있습니다.

매번 잘못된 행동을 할 때마다 학생을 꾸지람하거나 학생과 논쟁하는 것은 교사를 충분히 지치게 할 수 있습니다. 그러나 학생을 처벌할 때에는 무엇보다 일관성이 중요하므로, 교사는 힘들더라도 이 점을 밀고 나가야 합니다. 비일관적인 태도야말로 학생의 정서 상태에 혼란을 야기하고 교사의 꾸지람에 대한 신뢰성을 해칠 수 있습니다.

다섯째, 위험하고 고집스러운 행동은 물리적으로 중단시킵니다.

차도로 뛰어들거나 기물을 파손하는 등 남이나 자신을 해치는 행동, 꾸지람을 무시한 채 잘못된 행동을 계속할 경우에도 물리적 제지가 필요합니다. 학생의 과격한 행동에 당황하여 그것에 압도당하면 훈육의 기회를 놓치게 됩니다. 특히 자신이나 타인을 해치는 행동은 더더욱 용인해서는 안 됩니다. 이러한 행동이 한번 용인되면 오히려 바람직하지 않은 행동을 유지시키는 방법이 될 수 있습니다. 이때에는 주위의 다른 교사나 학교 보안관님의 도움을 요청하되 놀라지 말고 차분하게 진행해야 합니다.

여섯째, 바람직한 행동을 할 경우 언제나 칭찬합니다.

문제 행동을 대체할 새로운 행동을 적극적으로 가르치기 위하여 언제나 바람직한 행동을 강화할 필요가 있습니다. 잘못된 행동을 야단치기만 하는 교육 방식은 아이와의 관계를 소원하게 만들기 때문에 꾸지람과 칭찬이 균형을 이루어야 합니다. 균형을 이룰 때에만 교사와 학생이 관계를 해치지 않으면서 효과적인 훈육이 될 수 있습니다. 또한 '우리 선생님은 만날 나만 혼내, 나만 미워해.'라는 오해를 받지 않을 수 있습니다. 문제 행동을 하는 학생도 매 순간 문제 행동을 하지는 않습니다.

교사나 부모들은 다소 칭찬에 인색한 경우가 있습니다. 자신의 유년 시절 행동과 비교해볼 때 혹은 기대 수준이 높은 탓에 학생들이 하는 평균적인 행동이 너무나 당연시되고 그래서 칭찬할 '거리'가 되지 않기 때문입니다. 미운 짓만 하던 학생이 바람직한 행동을 할 경우에는 놓치지 말고 즉시 칭찬해주세요.

하지만 이때에도 유념할 것은 꾸지람한 것이 미안하고 안쓰러워 꾸지람 뒤에 바로 억지로 칭찬을 제공하거나 어떤 정적 강화를 제공해서는 안 된다는 것입니다. 아이를 혼내고 나면 혼낸 교사나 부모 마음이 좋지 않은 것이 사실입니다. 이런 나의 마음을 나도 모르게 위안하고자 아이에게 불필요한 보상을 제공하면 질책의 효과를 중화시켜버리거나 오히려 아이의 잘못된 행동을 강화할 수 있습니다. '잘못된 행동을 한 후 크게 야단맞고 나면 엄마가 피자를 사 주더라'는 식이 되어버리면 곤란합니다.

일곱째, 정말 꼭 필요할 때는 벌을 함께 사용합니다.

언어적 꾸지람만으로 바람직한 효과를 얻을 수 없을 때, 꾸지람과 함께 타임아웃, 과잉 교정 또는 반응 대가 등과 같은 벌을 병행할 수 있습니다.

그 사람의 행동은 미워해도 그 사람 자체는 미워하지 말라는 말이 있습니다. 불가피하게 언어적 질책이나 훈육을 할 때 이 말을 유념한다면 감정적으로 대응하지 않고 훨씬 담담하게 꾸지람을 사용할 수 있을 것입니다. 또한 학생의 문제 행동 뒤에 그 문제 행동을 기능적으로 유지시키는 요인들을 찾아 원인을 제거하려는 노력이 선행되어야 할 것입니다.

　교사 역시 학생이 미워서 벌을 주는 것이 아닙니다. 어릴 때부터 나쁜 습관이 굳어지지 않도록 올바르게 훈육해야 하므로 굳이 힘을 들여가며 교육을 시키는 것입니다. 이때 교사는 학생들의 굳어버린 나쁜 행동이 한 번의 꾸지람이나 질책으로 고쳐지리라 너무 기대하지 않는 자세가 필요합니다. 1년의 학급경영에서 이러한 순환은 여러 번 반복될 것이라고 생각하고 마음의 여유를 가져야 학생과의 관계 형성에도 도움이 됩니다.

087

비행 청소년과 어울리며
나쁜 짓을 저질러요.

―― 반 아이들은 오늘도 저를 보자마자 다급하게 말합니다.
"선생님, 인규가 큰 형들이랑 같이 슈퍼에서 뭘 훔쳤대요.", "선생님, 인규 학교 안 오고 PC방에 있어요!", "선생님, 큰 형들이 훔친 오토바이 뒤에 인규가 타고 있는 걸 봤어요."

출근하기가 무섭게 인규에 대한 이야기를 듣는 날이면 저는 기운이 쭉 빠집니다. 지역 환경이 열악한 학교라지만 올해 맡은 학급은 유난히 더 힘든 것 같습니다. 특히 옷차림이 지저분하고 체격이 왜소한 인규는 학급의 또래들과는 놀지 않고 최근에 다시 비행 청소년들과 함께 다니며 물건을 훔치다가 슈퍼마켓 주인에게 붙들려 왔습니다. 인규는 부모님이 이혼하시고 아버지와 누나하고만 삽니다. 어머니의 보살핌도 받지 못하고, 아버지는 일을 하시느라 주말에만 집에 오십니다. 이런 인규의 가정 형편이 안타까워 방과 후에 피자를 함께 먹으며 격려도 하고 방과 후 수업도 무료로 연결해주고, 때로는 학급 친구들이 눈치채지 못하게 옷도 몰래 사다 입히는 등 나름대로 도와주고자 노력했는데, 이런 일이 생기니 몹시 마음이 상합니다. 그동안 저와 한 약속들을 저버린 인규에게 배신감이 들어 포기하고 싶은 마음조차 듭니다. 인규가 제 마음을 전혀 모르지는 않을 텐데 왜 나쁜 행동을 끊지 못하는 것일까요?

Ⓐ 먼저 그동안의 선생님 노력이 강하게 느껴집니다. 인규가 선생님의 마음을 "전혀 모르지는 않을" 거라고 표현하신 것을 보면 그간 인규의 내면에 있는 착한 마음과 어쩔 수 없는 환경에 대한 선생님의 안타까운 마음을 함께 나누었던 시간이 많았음을 알 수 있고요. 학급의 어려운 학생을 위하여 정성을 쏟으신 것에 비하여 제자가 마음을 다잡지 못한 것에 크게 실망하셨으리라 짐작됩니다.

청소년 비행의 위험 요인과 보호 요인

청소년의 일탈 행동을 연구하는 많은 학자들은 청소년의 발달 단계에서 문제 행동을 일으킬 수 있는 가능성이 높은 공통적인 요인들을 찾아 그 변인들을 위험 요인으로 명명하였습니다. 지금까지 밝혀진 위험 요인들을 개인과 가정, 학교 및 사회적 요인으로 분류하여 가장 주요한 요인들을 정리하면 다음의 표와 같습니다.

청소년 비행을 야기하는 위험 요인

개인 요인	가족 요인	학교 및 사회 요인
• 우울 및 불안 • 반사회적 성향 • 공격성(충동성) • 조기 비행(비행 경력) • 지배성 • 동조성 • 모방성 • 감각 추구 성향	• 학대적 양육 태도 • 문제 행동에 대한 허용적 태도 • 부모에 대한 애착 결핍 • 가정 불화 • 비일관적 양육 태도 • 가족의 비행 경력 • 가족의 구조적 결손	• 학습에 대한 부정적 태도 • 낮은 학업 성취 • 낮은 학습 의욕 • 비행 또래 접촉(비행 유대) • 학습 긴장 • 학교 중도 탈락(전학) • 비행 허용 사회 환경

위 표에서 제시한 위험 요인들은 청소년 시기의 비행 행동과 많은 관련이 있습니다. 그러나 열악한 환경에서도 문제 행동을 보이지 않고 자신들의 부모보다 경제적·사회적으로 월등하게 잘 적응하며 건강하게 성장하는 경우도 많습니다. 이런 긍정적인 변화를 일으키는 요인을 '보호 요인'이라 합니다. 보호 요인은 청소년이 위험 요인에 노출되었을 때 나타날 수 있는 부정적인 영향을 중재하거나 완화시켜, 결과적으로 문제 행동이 야기될 수 있는 확률을 낮추는 것으로 정의할 수 있습니다. 청소년을 비행에서 막아주는 보호 요인은 다음의 표와 같습니다.

청소년 비행을 막아주는 보호 요인

개인 요인	가족 요인	학교 및 사회 요인
• 긍정적 가치관 • 긍정적 자아 정체감 • 책임감 • 사회적 유능감 • 내적 통제 소재	• 부모의 정서적 지지 • 부모의 적절한 감독 • 자녀에 대한 학습 관여 • 가족 중 적어도 한 명에 대한 애착	• 긍정적 또래의 지지 • 긍정적 또래의 역할 모델 • 교사의 정서적 지지 • 사회적 유대 • 전문가의 지지

인규의 경우에는 초등학생 시절부터 비행 청소년과 연결되어 품행이 나빠진 '조기 비행'과 관련이 있으며, 학교를 떠난 큰 형들이 물건을 훔칠 때 망을 보는 등 동조성과 모방성도 있어 보입니다. 어머니가 안 계신 가족 요인과 낮은 학업 성취 등은 인규의 또 다른 위험 요인이 될 수 있습니다. 그러나 인규는 담임교사의 정서적인 지지와 또 그에 힘입은 학급 친구들과의 긍정적인 관계를 기대할 수 있습니다. 비록 부모님이 이혼하셨더라도 학부모 상담을 통하여 부모님이 정서적인 지원을 하고 담임선생님이 복지관 등 지역사회와 연결시켜 유대감을 강화해준다면 보호 요인이 증가할 수 있습니다.

일탈 행동에 대처하는 교사의 자세

도벽이나 잦은 싸움, 거짓말, 지각, 과제 불이행 등 학생이 바람직하지 않은 행동을 할 때 교사는 해당 학생을 훈계하고 상담하거나 행동을 교정하는 방법을 쓰는 등 여러 측면에서 생활지도를 합니다. 그런데 학생들의 이러한 행동은 여러 요인과 복합적으로 관계 맺고 있는 경우가 많아 교사의 바람처럼 한순간에 완전히 사라지는 경우가 드뭅니다. 다만, 일주일에 4회 이상 지각을 하던 학생이 지각을 주 1회로 줄였다거나 하루에 2회 이상 다투던 아동이 1회 정도로 그친다면 절반이나 줄어든 것이니 이들의 행동 변화를 좋게 받아들여야 합니다. 그런데 대부분의 교사들은 상담 시간에 학생의 다짐을 받고 나면, 이후 해당 학생이 단 한 번도 약속을 어기지 말아야 한다고 생각합니다. 따라서 다시 문제 행동을 한 아이에게 크게 실망하고 이것이 곧 야단으로 이어져 학생과 쌓았던 신뢰를 한순간에 무너뜨리는 경우가 많지요. 이러한 오류에 빠지지 않으려면 행동 수정 기법에서 사용하는 '기초선 설정' 개념을 사용해야 합니다.

기초선 설정이란 문제되는 행동에 대하여 어떤 개입을 하기 전, 평상시 문제되는 행동의 빈도를 기록하는 것입니다. 일례로 인규가 평소에 싸움을 주 4회 했다면 "싸움 횟수 : 주 평균 4회" 하는 식으로 기록을 해둡니다. 그러다가 인규가 상담 한 달 후 싸움을 주 2회로 줄였다면 상당히 진전된 것으로 받아들입니다. 여전히 싸움을 한다는 사실에 초점을 맞추어 실망을 할 게 아니라 그간의 노력을 인정하며 다시 힘을 내 잘할 수 있도록 격려해야 합니다. 이것은 쉬운 일이 아니지만 매우 가치 있는 일이며, 인규의 되풀이된 행동은 '실패가 아니라 실수'임을 명심할 필요가 있습니다. 실수는 누구나 할 수 있으므로 점차 실수를 줄일 수 있는 방법을 함께 논의하는 것이 보다 중요합니다.

"인규가 자꾸 그 형들을 만나는 것을 보면 좋은 점이 있나보구나."

"네, 그 형들은 저를 더럽다고 놀리지도 않고 망을 잘 보면 칭찬해줘요."

"그래, 칭찬이 너한테는 그렇게 중요하구나."

"선생님, 저 그거 나쁜 짓인 거 다 알아요. 근데 그 형들 아니면 저를 상대 해주는 친구가 없잖아요. 집에 가면 아무도 없고, 그리고 형들이 자꾸 저를 찾아와요."

인규하고 상담을 했을 때, 인규는 형들하고 어울리는 것이 나쁜 줄 알면서도 어쩔 수 없다고 고백했습니다. 소속감을 느낄 수 없는 아이는 자신을 받아 줄 무리를 찾게 되고, 인규는 어쩌면 형들하고 어울리면서도 마음에서는 늘 불안과 초조함, 자기비하를 느꼈을지도 모릅니다.

이렇듯 방과 후에 '나홀로' 지내는 학생들은 외로움과 고립감을 벗어나고자 불가피하게 나쁜 길로 들어가는 경우가 많습니다. 그렇다면 이 학생들을 도울 수 있는 방법은 없을까요? 인규 같은 학생을 위해서는 첫째, 무엇보다도 비행 청소년들과의 연결 고리를 끊는 것이 가장 시급합니다. 인규의 가정은 비록 이혼한 상태지만 인규의 다급한 상황을 알려 가정에서 적극적인 보살핌을 받을 수 있도록 해야 합니다. 인규가 현재 어떤 아이들과 어울리는지를 부모님이 정확히 아시게 하고, 이를 통제함으로써 주변에 비행 청소년이 접근할 틈을 만들지 않도록 가정과 협력하는 게 중요합니다.

둘째, 본인이 좋아하는 방과 후 학교 프로그램에 참여하도록 하여 학교에서 시간을 최대한 보낼 수 있도록 합니다.

셋째, 지역의 복지관과 연계하여 저녁 시간과 휴일에는 공부방과 봉사 활동에 참여하도록 합니다.

넷째, 대학생 멘토와 연결하여 시간 관리 계획을 세우고 실천하도록 돕습니다.

다섯째, 한국청소년상담복지원, 청소년동반자(YC), Wee센터 등을 통한 심리 상담을 지원합니다.

📖 **참고문헌**

• 강문희·이명희 외,《아동 문제의 이해와 지도를 위한 놀이치료 사례연구》, 시그마프레스, 2007.
• 박지홍, 〈비행청소년의 심리적 성장 환경과 성격특성에 관한 분석〉, 동아대학교 박사학위논문, 2002.
• 성공시대 동영상(www.imbc.co.kr).
• 초등학교 진로지도 프로그램(www.sesri.re.kr).

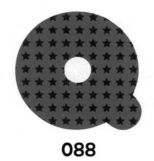

088

교사의 말을
믿지 못하는 학부모를
어떻게 대해야 할까요?

—— 3학년을 맡고 있는 2년차 신규 교사입니다. 최근 우리 학급에서 다툼이 일어났습니다. 싸움은 윤희와 희정이라는 두 여자아이 사이에서 일어났습니다. 이중 윤희라는 아이는 평소에도 신경질이 많고 말이 거칠고 험해서 다툼이 잦은 편이었습니다. 싸움의 전말은 다음과 같았습니다. 희정이가 사탕을 가져왔고 친구들에게 나누어주었는데 평소 좋은 감정을 가지고 있지 않았던 윤희에게는 나누어주지 않았나봅니다. 그러자 윤희가 희정이에게 욕을 하고 꼬집고 때리는 일이 벌어졌습니다. 두 아이에게 서로의 잘못을 이야기하게 한 후 화해를 시키고 각 어머니께 연락을 드렸습니다. 전화를 드린 김에 평소 윤희가 친구와 다툼이 잦고 교우 관계가 원만하지 못함을 함께 말씀드렸습니다. 그런데 윤희의 어머니께서 "우리 윤희는 그럴 아이가 아닙니다. 선생님께서 우리 아이를 너

무 잘못 보고 계시네요."라며 제 말을 믿지 않고 무척 서운해하셨습니다. 이후 상담 과정에서도 평소 윤희가 교우 관계에서 부딪치는 문제점을 알려드렸지만, 그럴 아이가 아니라고만 하시고 오히려 아이의 문제를 이야기하는 저에게 서운함을 표하시더군요. 교사를 믿지 않고, 자녀의 문제를 제대로 파악하지 못하는 학부모는 어떻게 해야 할까요?

Ⓐ 갑자기 선생님으로부터 전화를 받은 윤희 어머니는 사실 당황스러웠습니다. 가정에서 윤희는 약간 고집이 세긴 하지만 대체로 착하고 엄마 말을 잘 듣는 아이인데 말입니다. 친구들과의 관계에서 자주 다투고 짜증을 내며, 말을 거칠게 한다는 담임선생님의 말씀에 윤희 어머니는 당황스럽고 부끄러웠습니다. 그 다음 드는 생각은 원망이었습니다. 담임선생님이 우리 아이를 나쁜 아이로 보고 있다는 생각에 화도 났습니다.

많은 부모님들은 세상에서 내 아이를 가장 잘 알고 있는 사람이 바로 '부모인 나 자신'이라고 믿습니다. 하지만 이 말은 반은 맞고 반은 틀린 이야기입니다. 윤희도 평소 가정에서는 큰 문제를 보이지 않는 무난한 아이일 수 있습니다. 하지만 가정에서 보이는 모습만이 아이의 전부는 아닐 것입니다. 학교에서는 전혀 다른 모습을 보일 수도 있습니다. 이를 간과한 학부모님은 다음과 같은 반응을 보일 수 있습니다.

"글쎄요…… 집에서는 그렇지 않은데요.", "저희 아이가 그럴 리가 없는데요.", "작년 담임선생님은 그런 말씀을 하신 적이 없는데요.", "선생님, 원래 애들이 다 그렇지 않나요?", "선생님이 너무 저희 아이의 나쁜 점만 보신 건 아니신가요?"

이는 매우 자연스러운 반응입니다. 사실 부모로서 자녀의 잘못을 인정하는 것은 쉽지 않습니다. "아이가 잘못된 행동을 합니다."라는 말은 자칫 "부모님의 가정교육은 잘못됐습니다."라는 말로 받아들여질 수도 있기 때문입니다. 누구든 자신의 잘못을 지적받는다면 반사적으로 방어적 반응이 나오는 것이 당연합니다. 그러므로 교사가 아이의 허물을 전달할 때는 학부모의 마음을 헤아리는 세심한 배려가 필요합니다. 더불어 학부모가 교사의 조언을 있는 그대로 받아들이도록 돕는 메시지 전달 전략이 필요합니다.

올바른 상담 방법

1. 상담 전 신뢰 쌓기

갑작스럽게 한꺼번에 아이의 문제 행동을 알리는 것은 사실 학부모 입장에서도 굉장히 당혹스러울 수 있습니다. 이러한 일을 방지하기 위해서는 평소 기회가 될 때마다 아이의 학교생활을 가정통신문, 전화 통화, 문자 메시지, 알림장 등을 통해 빈번하게 전달하는 것이 좋습니다. 비단 아동의 잘못된 점뿐 아니라 아동의 잘한 점이나 칭찬할 만한 점도 함께 전달해야만 합니다. 이런 행동이 쌓여갈수록 학부모는 '선생님이 우리 아이에게 관심이 많구나, 칭찬을 많이 해주시는 구나.'라고 생각하게 됩니다. 만약 윤희 어머니께서 평소 선생님을 통해 윤희의 장점을 들었다면 교사의 충고를 더 자연스럽게 받아들일 수 있었을 것입니다.

학부모 상담에서 가장 중요한 것은 상담 전 교사와 학부모 사이에 형성된 신뢰라고 할 수 있습니다. 이 신뢰의 유무에 따라 학부모 상담은 교사, 학부모 간의 기 싸움으로 흘러갈 수도 있고, 아동을 위한 긍정적 정보 교환의 장이 될 수도 있습니다. 교사와 학부모가 서로 믿음이 형성되어 있을 때 가정에서 부모의 협조도 쉽게 구할 수 있을 것입니다.

2. 함께 해결해나가는 상담

본격적인 상담 장면에서 교사는 자신의 의견을 학부모에게 효과적으로 전달하기 위해 전략적 자세를 취할 필요가 있습니다.

첫째, 교사는 학부모의 생각과 느낌을 배려하는 태도를 보여야만 합니다.

교사의 전화를 받고 윤희 어머니는 많이 당황하고 수치심을 느꼈을 것입니다. 교사는 아동의 잘못이나 문제와 관련하여 상담을 하게 된 학부모의 불편한 심경을 이해하고 학부모가 최대한 편안함을 느낄 수 있도록 배려하는 태도가 필요합니다.

다음과 같은 대화를 통해 학부모의 생각과 느낌을 들어보는 것도 좋습니다.

"전화 받고 많이 걱정하셨죠?"

"갑자기 뵙자고 해서 놀라시지 않을까 많이 걱정했습니다."

둘째, 아동의 장점을 먼저 언급해야 합니다.

비록 아동의 문제로 인해 상담이 시작되었더라도 아동의 장점이나 긍정적인 행동에 대해 먼저 언급하는 것이 좋습니다. 이렇게 하면 교사가 아동에 대해 부정적인 견해를 가지고 있는 것이 아니라 아동의 장점과 단점을 균형 잡힌 시각으로 보고 있다는 것을 전달할 수 있습니다. 이를 위해 평소 다양한 방법으로 꾸준히 아동의 장점을 학부모님께 전달하는 것이 좋습니다.

셋째, 전달하고 싶은 문제 상황은 반드시 구체적인 자료나 기록을 활용합니다.

만약 교사가 "윤희는 아이들과 사이가 나쁩니다."라고 말한다면 학부모님은 이를 교사의 의견으로 받아들일 수 있습니다. 학부모가 이를 교사의 의견으로 받아들이는 순간 '선생님은 왜 우리 아이를 이런 식으로 나쁘게 보지?'라고 방어적 반응을 보일 것입니다. 교사가 학생의 문제점을 전달할 때는 그 문제점이 교사의 생각인 것처럼 전달하기보다는 있었던 일에 대한 객관적이고 중립적인 기록을 제시하는 것이 좋습니다. 이는 교사의 메모일 수도 있고, 평소 받아놓았던 윤희의 반성문, 친구들의 증언이 될 수도 있습니다. 이를 위해서는 평소 아이의 행동과 부적응 행동을 꼼꼼히 기록해놓는 습관이 필요합니다. 상황에 따라 심리 검사와 같은 객관적인 자료를 활용해서 이야기하는 것도 좋은 방법이 될 수 있습니다.

넷째, 학부모님의 생각과 느낌을 듣습니다.

"어머님은 어떻게 생각하세요?", "이 일에 대해 제가 어머님의 의견도 들어보고 싶네요."와 같이 교사는 교사가 제시한 아동에 대한 교사의 평가와 시각에 대해서 학부모가 어떻게 생각하고 느끼는지 확인해야 합니다. 경우에 따라 동의하시는 학부모도 있으실 테고, 동의하지 못하는 학부모도 있을 것입니다. 교사의 평가에 학부모가 동의한다고 답하는 경우에는 어떤 이유에서 그렇게 생각하는지 묻습니다. 만약 학부모가 동의하지 않는다면 더욱 관심을 기울이고 그 이유를 들어야 할 것입니다.

다섯째, 학교 밖 상황과 이전 학년의 행동에 대해서 탐색할 수도 있습니다. "가정에서는 이런 상황에서 주로 어떻게 행동하나요?", "어릴 때는 어떻게 행동했나요?"와 같이 학교에서 보이는 아동의 행동 특성과 관련하여 가정에서는 어떤지, 동네 친구들과는 어떻게 지냈는지, 이전 학년까지는 어떠했는지 학부모에게 질문하여 아동에 대한 정확한 평가가 이루어지도록 합니다. 만일 학부모의 생각과 교사의 판단이 다르다면 왜 다른지도 부모와 함께 논의할 수 있을 것입니다. 또한 문제 해결을 위해서 아동이 어떤 상황에서 긍정적인 행동을 보이고 또 어떤 상황에서 부정적인 행동을 보이는지 학부모와 함께 이야기 나누어볼 수도 있습니다. 이 과정에서 아동의 강점과 자원은 무엇이고 취약점은 무엇인지 종합적으로 평가해, 적절한 아동 지도 계획을 수립하기 위한 기초 자료로 사용해야 할 것입니다.

여섯째, 아동을 위해 서로 지도하는 방법의 내용과 효과를 공유합니다.

"이런 경우 가정에서는 어떻게 지도하시나요?", "그 지도가 효과적이었나요?", "또 다른 좋은 방법은 없을까요?" 등 이전에 학부모가 자녀를 지도하기 위해 사용했던 교육 방법들의 구체적인 내용과 효과들에 대해 질문할 수 있습니다. 이에 더해 교사가 그 아동의 문제를 해결하기 위해 활용한 방법들도 학부모께 소개할 수 있습니다. 교사와 학부모가 각자의 지도 방법을 공유하면서 해당 아동에 대한 보다 효과적인 지도 방법을 함께 고민해볼 수 있습니다. 이 과정을 통해 학교에서 교사가 아동을 위해서 구체적으로 어떤 노력을 할 것이며, 가정에서 함께 도울 수 있는 것은 어떤 것이 있는지 분명하게 규정하고 합의해야 합니다. 무엇보다 교사는 학부모에게 아이의 올바른 성장을 위해 함께 고민하고 해결하고자 하는 의지를 전달하는 것이 중요합니다.

3. 상담 후

상담이 끝난 후, 교사와 학부모는 아동의 문제 해결에 관해 합의된 사항을 각자 실행합니다. 이 과정에서 교사는 학부모가 가정에서 지속적인 노력을 할 수 있도록 피드백과 격려를 지속해야 합니다. 교사는 아동이 학교에서 아주 조금이라도 긍정적으로 변화한 모습이 있다면 즉시 이를 학부모에게 전달하는 것이 좋습니다.

"윤희가 오늘 친구와 살짝 다툰 일이 있었는데, 무조건 화를 내지 않고 차분히 자신의 생각을 전달하며 문제를 해결하였습니다. 어머니께서 가정에서 올바르게 지도하고 힘써주신 덕분입니다. 오늘 윤희가 돌아오면 함께 많은 이야기를 나누시고 마음껏 칭찬하고 격려해주시기를 부탁드립니다."

교사의 이 같은 피드백은 학부모로 하여금 변화의 가능성과 희망을 보게 만들어 아동의 변화를 촉진하고, 학부모가 교사를 신뢰하도록 도와줄 것입니다.

089

피부색이 다르다고 놀려요.

───── 5학년 담임을 맡고 있는 5년차 교사입니다. 우리 반에 다문화 가정의 학생인 현주가 있습니다. 현주 어머니의 고향은 인도네시아입니다. 현주는 곱슬머리에 가무잡잡한 피부의 외모 때문에 학년 초에는 늘 친구들에게 "어느 나라에서 왔니?"라는 질문을 받았다고 합니다. 그러나 현주는 외국에는 한 번도 가본 적이 없습니다. 친구들로부터 이런 질문을 받는 게 가장 싫은데 처음 만난 친구들은 매번 이런 질문부터 시작하니 기분이 나쁘다고 합니다. 새로운 친구를 사귀는 것이 즐겁지도 않고요. 우리 반 학생들과 현주가 잘 어울려 지내도록 하려면 어떻게 도와주어야 할까요?

Ⓐ 다문화 가정의 학생에게 도움을 주고 싶은데 방법을 잘 알지 못해서 고민하는 선생님이 요즘은 많습니다. 다문화 가정이 점차 증가하고 있고 다문화 가정의 학생 수도 점차 증가하고 있는데 정작 이에 대한 경험이 풍부한 선생님은 상대적으로 적기 때문이지요. 교과서에 다문화와 다문화 가정에 대한 내용이 많이 실리고 사례도 풍부하게 소개되지만, 막상 반에 다문화 가정의 학생이 있을 때 실질적으로 어떻게 지도하고 도움을 주어야 하는지 선생님도 잘 모르는 경우가 많습니다. 다문화 가정의 아이가 있다면, 교사가 우선 다문화 가정에 대한 이해를 정확히 하고 있는 것이 매우 중요합니다.

다문화 가정의 유형

청소년복지지원법 제18조에 따르면 자신이나 부모 세대가 다른 나라에서 우리나라로 이주를 경험한, 복수의 문화권에서 성장하고 살아가는 청소년을 '이주배경 청소년'이라고 합니다. 현재 우리나라는 이주배경 청소년의 유형을 다문화 가족의 청소년, 외국인 근로자 가정 자녀, 중도 입국 청소년, 탈북 청소년, 제3국 출생 북한 이탈 주민 자녀 등으로 분류하고 있습니다.

다문화 가족 청소년
대한민국 국적자와 외국 국적자 간의 국제결혼으로 이루어진 다문화 가족의 자녀를 말합니다.

외국인 근로자 가정 자녀
외국인 근로자를 부모로 둔 경우로, 대한민국의 국적을 가지지 아니한 사람으로서 국내에 소재하고 있는 사업 또는 사업장에서 임금을 목적으로 근로를 제공하고 있거나 제공하려는 사람의 자녀입니다.

중도 입국 청소년

2000년 이후 급증하기 시작한 국제결혼 재혼 가정의 증가에 따라 나타난 집단으로, 결혼 이민자가 한국인 배우자와 재혼하여 본국의 자녀를 데려온 경우와 국제결혼 가정의 자녀 중 외국인 부모의 본국에서 성장하다 청소년기에 재입국한 청소년을 말합니다.

탈북 청소년

북한 이탈 주민 중 청소년기에 해당하는 집단을 의미합니다.

제3국 출생 북한 이탈 주민 자녀

북한 이탈 주민이 탈북 후 제3국에서 출생한 자녀를 의미합니다.

다문화 가정은 우리 사회의 풍부한 문화 자산

다문화 가정의 학생들은 경제적 어려움과 언어·문화적인 차이, 사회적 편견 등으로 인해 학교생활이나 사회생활 등 사회적인 통합에 어려움을 겪는 일이 많습니다. 따라서 학교와 지역사회 전반에서 다문화 가정을 이해하는 프로그램과 교육을 실시하는 것이 매우 필요합니다. 다문화 학생들은 이중 언어, 이주 과정에서의 풍부한 경험 등 다양한 문화적 자산을 가지고 있어서 우리 사회를 풍요롭게 만들 수 있는 미래의 자산이 될 수 있습니다. 따라서 이들이 성장하여 우리 사회 구성원으로서 제 역할을 할 수 있도록 그들의 다양한 역사와 경험이 존중되는 방식의 지원이 이루어져야 하며, 이들이 자신감을 갖고 스스로의 역량을 개발할 수 있도록 적극 도와주어야 합니다.

다문화 사회의 원활한 사회 통합을 위해서는 무엇보다 다수자인 청소년들에게 다문화 역량 강화, 즉 다문화 교육을 해주어야 합니다. 다수자들의 인식과 태도는 소수자인 다문화 청소년들의 삶의 환경이 되기 때문에 이는 미래를 위해서도 필수불가결한 요인이 될 것입니다. 다문화 가정 학생이 학교에 잘 적응하기 위해서는 교사가 다음과 같은 점에 중점을 두고 학생을 지도해야 합니다.

1. 언어적·비언어적 의사소통을 할 때 이해심과 동정심을 가지고 상호작용하고 있는가?
2. 편견이 없는 관점을 가지고 있는가?
3. 따뜻하고 수용적인 분위기를 만들어주는가?
4. 창조의 자유를 주는가?
5. 청소년들이 자신들의 수준에서 결정과 선택을 할 수 있는 기회를 주는가?
6. 청소년들이 다양한 관점에서 문제를 볼 수 있도록 격려해주는가?
7. 발산적 사고를 격려하는가?

해결책 및 대응 방법

현주는 다문화 청소년에 속한다고 볼 수 있습니다. 다문화 가정의 학생 중에는 외모 때문에 친구들로부터 놀림을 당하는 경우가 많습니다. 다문화 가정 학부모들도 자녀가 외모 때문에 놀림을 당할까 봐 많은 걱정을 합니다. 이런 경우 선생님은 다음과 같은 방법으로 도움을 줄 수 있습니다.

첫째, 현주의 입장에서 충분히 공감해주시고 용기를 북돋아줍니다.

현주 입장에서는 한국에서 태어나서 한국인으로 살고 있음에도 다른 눈으로 보이고 있는 것이 이해가 잘 안 되고 매우 속상합니다. 친구들이 편견을 가지고 대하는 것도 많이 힘들고요. 나이가 더 들면 자아 정체감의 혼란도 겪을 수 있습니다. 따라서 가장 중요한 것은 현주의 입장에서 이해하고 공감해주는 것입니다. 인종에 대한 편견이 심한 편인 우리나라의 현실을 알려주고, 이것은 현주의 잘못이 아님을 명백히 인식시켜줍니다. 또 이러한 사회의 편견을 해소하기 위해서는 다른 사람들의 노력이 필요하다고 알려줍니다. 그리고 선생님은 늘 현주를 응원하고 있음을 느낄 수 있도록 배려하고 지지해주시기 바랍니다. 하지만 이 문제는 앞으로 세상을 살면서 현주 자신이 극복해나가야 할 문제임을 알려주고, 용기를 갖도록 독려해야 합니다.

둘째, 학생들이 다문화 가정을 이해할 수 있도록 지도합니다.

자라나는 학생들이 편견과 차별을 가지는 것은 결코 바람직하지 않습니다. 다문화 가정에 대해 이해하고 공감할 수 있는 시간을 마련해 아이들의 이해의 폭을 넓혀줍니다. 현주가 어머니께 들은 어머니의 조국 이야기를 반 아이들에게 소개하는 시간을 마련해도 좋습니다. 그곳의 사회와 문화유산, 자연환경, 역사 등을 공유하면서 아이들이 세계 역사를 공부하는 시간으로 확장시킬 수 있습니다. 반 친구들과 자연스럽게 상호작용할 수 있도록 게임이나 놀이 등 프로그램화하여 즐거운 시간을 보내도록 유도하는 것도 좋습니다.

셋째, 학습 능력이 떨어지는 경우, 학업 향상을 위해 적절한 지원을 해줍니다. 학습 결손이 나타나면 학생들은 벌써 자신감을 잃어 학습에 대한 의욕을 놓아버리는 경우가 많습니다. 먼저 학생 수준보다 낮은 학년의 국어책을 사용하여 학생의 한국어 능력을 파악한 후, 학습 결손이 한국어 능력의 문제인지 학습 부진의 문제인지 원인을 파악합니다. 그리고 나서 같은 반 친구를 활용하여 또래 멘토링 제도를 운영하거나 학습 도우미 제도를 이용합니다. 교사가 다문화 가정의 자녀만을 따로 선별하여 지도하는 경우, 의도와는 다르게 이것이 집단 따돌림의 원인이 되는 경우가 생깁니다. 따라서 다문화 가정의 학생을 구별하여 가르칠 것이 아니라 동화된 모습으로 학급 내에서 지도하는 것이 바람직합니다. 또 교우 관계에서 문제가 발생하더라도 교사가 나서서 직접 해결하기보다 학생들이 서로 조정하도록 유도하며 다문화 가정 아이에게는 스스로 해결 방안을 찾아갈 수 있도록 방법을 제시하는 등 간접적인 개입을 하는 것이 더 좋습니다.

다문화 가정 관련 지원센터
- 이주배경청소년 지원재단 무지개청소년센터(www.rainbowyouth.or.kr) : 청년복지지원법 제18조에 따라 이주배경 청소년(탈북 청소년, 다문화 청소년, 중도 입국 청소년 등)을 지원하고 더불어 살아가는 다문화 사회를 만들어가는 비영리 재단법인
- 여성부 산하 다문화가족지원포털 다누리(www.liveinkorea.kr)
- 교육부 산하 다문화교육지원센터

참고문헌
- 서울특별시교육청, 〈다문화 가정 학생 학교 적응 매뉴얼〉, 예찬기획, 2011.

090

도대체 주의 집중을 하지 못해요.

────── "선생님, 저는 커서 사무라이가 될 거예요."

수업 시간이 시작되자 엉뚱한 얘기부터 시작하는 기정이는 할 일은 신경도 쓰지 않은 채 조용히 머릿속부터 산만해지기 시작합니다. 읽기 문제를 눈으로 보지만 머릿속은 걸그룹이나 스마트폰 게임 생각으로 가득 차 수업 내용에 집중하지 못하고 시간만 흘려보내기 일쑤입니다. 물론 정해진 시간에 제출해야 하는 과제의 완성도도 턱없이 모자랍니다. 교실에는 타인을 방해하지는 않지만 기정이처럼 과제에 집중하지 못하고 주의가 산만한 아이들이 의외로 많습니다. 가정이나 학교에서 이런 아이들을 어떻게 지도해야 할까요?

Ⓐ 똑같이 주어진 환경이나 시간에서 효율성을 높이려면 '집중력'이 필

요합니다. 과제를 경제적이고 효율적으로 처리하려면 무엇보다 집중력이 관건이 되기 때문입니다. 그러나 이를 실제 생활에 적용하기란 쉽지 않습니다. 따라서 학생들의 학습 습관을 바람직하게 향상시키기 위해서라도 집중력을 높이기 위한 방법을 알아보고 이를 실천하는 일이 매우 필요합니다. 집중력을 기르기 위해서는 교사와 부모가 먼저 학생들의 집중을 방해하는 환경 요소를 제거해주고, 이를 실천하는 전략들을 시범 보이는 것이 좋습니다.

먼저 쉽게 할 수 있는 일들부터 접근하도록 합니다. 심리적인 측면에서 집중력을 높이고자 애쓰는 것보다 우선 물리적 환경 측면에서 집중력을 방해하는 요소를 제거하는 것이 효과적입니다. 새로운 습관을 형성할 때는 안 하던 행동을 새로 하려고 노력하기보다 늘 하던 나쁜 습관을 버리는 방법이 효율적입니다.

능률적인 학습 환경 관리를 위해 먼저 주변 환경 정리 정돈부터 시작합니다. 인간이 살아가는 데는 사실 그리 많은 물건이 필요하지 않음에도 소비가 미덕인 시대를 살아가는 우리들은 사소한 물건들로 자기 주변을 꽉 채우는 경향이 있습니다. 먼저 책상 주변이나 방 청소를 시작합니다. 부모님이 먼저 청소하는 법을 시범 보인 뒤에 점차 조력을 줄여가며 자녀 혼자 정리 정돈하는 습관을 들입니다.

집중력 향상을 위해서 불필요한 물건을 없애고, 매일 책상 위의 물건을 정리하는 습관을 형성합니다. 어른들의 경우에도 책상 앞에 앉아 업무에 집중하기까지 20여 분의 초기 투입 시간이 요구됩니다. 이때 시선을 분산시키는 불필요한 물건들은 가뜩이나 집중이 되지 않는 산란한 마음을 고요히 정돈하는 데 방해가 될 수 있습니다. 또한 자칫하다가는 다른 곳에 마음을 뺏겨 정작 해야 할 일을 미루게 되기도 합니다. 특히 과도한 장식이나 오랫동안 보지 않는 책들, 액자 등 전시성 물건들은 아이의 공부방이나 업무 환경에서 과감히 버리는 것이 필요합니다. 간혹 직장인들의 책상 주변을 살펴보면, 책상 주변이 어질러져 있고, 3단 서류철에는 온갖 밀린 서류들이 잔뜩 놓여 있는 경우가 있습니다. 이런 사람은 결코 업무를 효율적으로 잘 처리하는 부류가 아닙니다. 늘 마음이 어딘가에 쫓기고 몸은 늘 피로하며 혼자서 동동거리는 생활 태도를 보일 가능성이 높습니다. 또 과제나 업무의 우선순위와 중요도를 뒤섞어가며 주어지는 대로 업무를 처리할 공산이 큽니다.

자녀의 공부방이나 집 안에서 이것저것 마구 늘어놓은 물건들을 자녀와 함께 상의하며 정리합니다. 공부할 때 집중을 방해하는 물건은 무엇인지, 어떤 상황에서 집중이 잘 되는지 안 되는지, 본인이 생각하기에 방해하는 요소는 무엇인지 자녀와 함께 대화를 나눕니다. 학습 동기를 고취시키기 위한 한두 개 정도의 물건만 남겨두고 가급적 책상 주변을 깨끗이 정리하면 마음이 한결 가벼워짐을 느낄 것입니다. 어린 학생일지라도 우리의 삶에서 정작 필요한 물건들은 그리 많지 않음을 느끼게 된다면 더욱 좋을 것입니다. 정돈된 환경은 정서적 안정을 도와 산만한 마음을 차분하게 하는 데 도움이 됩니다. 산사에 있는 스님의 방처럼 무욕적인 삶은 아니더라도 혼탁한 정신에 한결 가벼움을 선사할 것입니다.

둘째, 게임이나 전화, 혹은 문자에 방해받지 않도록 컴퓨터를 거실에 두거나 공부하는 동안 휴대전화는 공부방 밖에 둡니다. 가뜩이나 집중이 안 되는 상황에서 겨우 몰입을 시작했는데 내 의지와는 상관없이 울리는 전화벨이나 문자 소리는 몰입의 흐름을 여지없이 깨버리기 때문입니다.

셋째, 공부나 독서 활동에 쉽게 몰입하기 위해 지역 도서관이나 어린이 도서관에 갑니다. 주말에는 부모님과 아침부터 도서관에서 하루를 보내는 것도 자녀들의 집중력과 도서관 이용 습관을 몸에 익히는 데 좋은 방법입니다. 저학년의 경우에도 오전 한두 시간 정도 침묵하며 책을 볼 수 있는 능력을 공공 도서관에서 길러줄 수 있습니다. 어른들도 집에서는 공부가 안 된다고 합니다. 도서관에 가면 그나마 과제에 빨리 집중할 수 있게 됩니다. 왜냐하면 도서관의 책상에는 내가 봐야 할 자료 이외에는 아무것도 늘어놓은 게 없기 때문입니다.

넷째, 공부하는 장소를 일단 일정한 곳으로 정해둡니다. 우선순위는 집중이 제일 잘되는 나만의 일정한 장소로 정하되, 일단 자신의 책상으로 정해둡니다. 그 다음에 어느 정도 공부 후에 집중력이 느슨해지기 시작하면 다른 장소(거실, 식탁)로 잠깐 옮기는 것도 하나의 방법입니다.

다섯째, 초등학생의 경우 한 과목을 오래 공부하는 것보다 20~30분 단위로 끊어주는 것이 좋습니다. 이때 알람을 이용해 시간이 경과했음을 본인이 파악하도록 하면 스스로의 집중 정도를 체크할 수 있습니다. 집중이 잘된 경우에는 얼마 공부하지 않은 것 같은데 시간이 금방 갔다고 스스로 느끼게 됩니다. 반대로 집중력이 떨어진 경우에는 자꾸 타이머에만 눈길이 가게 됩니다. 이때는 과감하게 공부를 멈추고 바깥에 나가 신선한 공기를 쐬며 두뇌를 휴식하도록 하는 게 좋습니다. 어린 학생에게 끈기와 인내심을 심어준다는 명목으로 집중이 안 되는데도 무조건 의자에 앉아 있게 강요하는 것은 장기적으로 볼 때 좋지 않습니다. 도끼도 날을 갈아가며 써야 오래 쓸 수 있듯이 신선한 공기를 쐬면서 가볍게 몸을 움직여주면 정신적으로 산뜻해져서 더 오래 집중할 수 있습니다. 이때 부모님들이 유의해야 할 것은 어느 정도 공부했으니 텔레비전을 보거나 스마트폰 게임을 하도록 자녀와 타협해서는 안 된다는 것입니다. 텔레비전이나 게임 시간은 그 전에 미리 정해놓은 일정한 시간에만 시청하도록 하고, 공부 도중 휴식 시간에는 허용해서는 안 됩니다. 아무리 의지가 투철한 어른이라도 감각적인 시청각의 쾌락에 빠져들면 이를 중간에 끊기가 쉽지 않습니다. 어른들도 잠깐 휴식 시간에 TV를 보겠다고 해 놓고 몇 시간이나 텔레비전 앞에 마냥 앉아 있던 경험을 한 적이 있을 것입 니다.

학교에서 오래 근무하다 보니 예전과 다른 초등학교 1학년 교실 앞 풍경이 있습니다. 부모님이 신발주머니와 책가방을 들고 와 교실 앞에서 허리를 숙 여 손수 실내화를 꺼내 자녀의 발 앞에 가지런히 놓아주는 것입니다. 이는 아 이의 자주성을 방해하는 과도한 자녀 사랑으로 보입니다. 부모님이 이렇게 하면 아이는 마치 '내가 신어준다.'는 식으로 실내화를 신고 또 다른 투정을 부리며 총총총 가버립니다. 자주성과 주도성을 이미 발달시켜야 하는 유아기 단계를 지나 이제는 근면성을 발달시켜야 하는 초등학생 시기에 알맞지 않은 양육 방법입니다. 초등학생이 되었다면, 방 청소와 책상 주변 정리 정돈은 스 스로 할 수 있도록 훈육해야 합니다.

091

교권을 침해당했어요.

—— 수업 중에 교사의 정당한 지시에도 불구하고 학생이 반복적으로 불응하는 등 교권을 침해하는 경우가 종종 있습니다. 또는 드문 일이기는 하지만 학생이 교사에게 폭언을 하거나 폭행을 하는 경우도 있다고 합니다. 이렇게 특정 학생 때문에 교사가 수업을 더 이상 진행하기 힘들고 다른 학생들도 수업을 제대로 받을 수 없게 되거나 심각하게 교권이 침해당했을 때 대응할 수 있는 방안과 이를 사전에 막을 수 있는 예방방안에 대해 알고 싶습니다.

Ⓐ '교권 침해'는 교권에 반하는 행위로 교육 행정기관, 상급자, 동료, 학부모, 학생 등이 학교 교육 활동과 관련하여 교사의 교육할 권리와 사회 윤리

적·전문적 권위를 침해 또는 무시하는 행위를 말합니다. 교권 침해라고 부를 수 있는 사례는 교사의 신분 문제, 학교 안전사고와 관련된 교사에 대한 협박과 금품 요구, 학부모의 부당 행위 등입니다.

교권을 침해받지 않기 위해서는 교사가 무엇보다 학생을 인격체로 대하고 공감을 바탕으로 이해와 소통에 힘쓰는 등 평소 학생과 인간적인 관계를 유지하기 위해 노력해야 합니다. 또한 모든 학생들이 인정하는 실력을 갖추고 항상 열의와 연구를 통해 열심히 가르치는 교사가 되기를 힘써야 합니다.

마지막으로, 예상되는 각종 위험 요소에 대비하여 안전 교육을 늘 실시하고, 교육 활동 중에는 가급적 교육 활동이 이루어지고 있는 장소를 이탈하지 말아야 합니다. 교사가 학생에게 지도해야 할 바른 생활교육 방안과 해서는 안 되는 생활교육 방안은 다음과 같습니다.

해서는 안 되는 학생 생활교육 방안

- 교사의 감정에서 비롯된 학생 지도 행위.
- 부상 위험성이 있는 신체 부위를 때리는 행위.
- 공개적으로 참기 어려운 수치심, 모욕감을 주는 언어 사용.
- 공적인 일이 아닌, 교육상 바람직하지 못한 사적인 심부름.
- 잘못한 행동의 한계를 벗어나서 학생을 심하게 꾸짖는 일.
- 꾸중을 한 후에(응어리를 풀어주지 않고) 그냥 돌려보내는 행위.

바른 학생 생활교육 방안

- 학생 지도의 동기 및 목적이 교육적인가를 생각한다(성적 향상이나 학칙 위반 등의 사유로 인한 체벌 금지).
- 학생 행동의 심리 요인을 파악하고 신체 및 정신 상태를 고려하여 지도

한다.

- 나의 학생 지도 방법이 과연 사회적 상규와 부합한지 생각하여 지도한다.
- 훈육 시에 사유를 분명히 학생에게 인식시키고, 학생이 수긍한 후 훈육한다.

불응하는 학생에 대한 조치

수업 중 교사의 정당한 지시에 반복적으로 불응하는 학생에게는 5단계로 절차가 진행됩니다. 먼저 수업 중 교사가 훈계를 하거나 생각 의자에 앉아서 수업을 받게 합니다. 그래도 변화가 없으면 학교에서 선임한 '교권보호책임관'이 해당 학생을 교실 밖으로 격리시킵니다. 학급의 분위기를 안정시키고 수업을 정상적으로 진행하기 위해서죠. 다음 단계로 학생과 학부모 면담 및 교육이 이루어집니다. 이때는 방과 후 성찰 교실이나 Wee 클래스에서 마련한 교육 프로그램을 활용할 수 있습니다. 만약 이러한 절차에도 불구하고 학생이 지속적으로 수업을 방해한다면 선도위원회를 개최하여 해당 학생에게 학교 내 봉사, 사회봉사, 출석 정지 등의 징계를 내리게 됩니다.

정당한 지도에 반복적으로 불응 시 사안 처리 절차

단계	내용	비고
1단계 교실 내 지도	• 교사의 훈계 • 교실 뒤에 서서 수업 • 생각 의자에 앉아서 수업	• 수업 담당 교사 지도

2단계 즉시 격리	• 교실 밖 격리 • 학교별 '교권보호책임관' 지정 운영	• 교권보호책임관이 해당학 생 즉시 격리 • 긴급 호출벨 활용(권장)
3단계 학생·학부모 면담 및 교육	• 교육 프로그램 운영 – 방과 후 성찰 교실, Wee 클래스 • 학생·학부모 면담, 외부 멘토 면담	• 해당 교사, 담임교사, 전 문 상담(교)사 등
4단계 선도위원회 개최	• 사안의 경중에 따라 징계 결정	• 사실 조사 및 관련 자료 수집
5단계 징계	• 단계적 징계	• 학교내 봉사, 사회봉사 특별 교육 이수, 출석 정 지, 퇴학(고등학교의 경우) 등

심각한 교권 침해 학생에 대한 조치

교사에게 폭언이나 폭행 등 심각한 교권 침해를 하는 경우에는 학생의 교육상 교육 환경을 바꿔줄 필요가 있다고 인정되면 학교 교권보호위원회 심의를 거쳐 '학교장 추천 전학' 조치를 취하게 됩니다. 하지만 교권을 심각하게 침해했다고 해서 무조건 전학을 보내는 것은 아니고, 학교 선도위원회에서 징계 여부 및 학교장 추천 전학을 검토해야 하는지를 심의한 다음, 학교 교권보호위원회에서 다시 한 번 논의를 한 후, 그 결과를 검토해 학교장이 최종적으로 결정합니다. '학교장 추천 전학' 조치는 학교에서 학생에 대한 충분한 상담과 지도를 해도 효과가 없고, 학생의 교육 환경을 새롭게 변화시키는 것이 최선이라고 판단될 때 마지막으로 내릴 수 있는 교육적 조치라고 할 수 있습니다.

학생의 심각한 교권 침해 시 사안 처리 절차

단계	내용	비고
1단계 즉시 격리	• 피해 교사 : 보호 및 안전 조치 • 교권 침해 학생 : 즉시 격리	• 교권보호책임관이 해당 학생 즉시 격리 • 교내 긴급 호출벨(SOS벨) 설치 권장
2단계 사실 조사 및 관련 자료 수집	• 시기, 내용, 관련 학생 상황 파악 • 교권 침해 학생 조사, 주변 학생 진술	• 피해 교사 상담, 치유 ※ 희망 시 비정기 전보 실시
3단계 선도위원회 개최 및 징계	• 학생 · 학부모 의견 진술 • 징계 수위 및 학교 교권보호위원회 심의 요청 여부 결정	• 피해 학생 : 징계, 상담, 교육, 치유(Wee센터 교육앰불런스 투입)
4단계 학교 교권보호 위원회 심의	• 학교 교권보호위원회 개최 • '학교장 추천 전학' 요청 여부 심의	• 선도위원회 관련 자료 검토
5단계 학교장 추천 전학	• 학교장 최종 판단	• 교육청(지역교육청 포함) : 전학 관련 행정 지원

「이 도서의 국립중앙도서관 출판시도서목록(CIP)은
서지정보유통지원시스템 홈페이지(http://seoji.nl.go.kr)와
국가자료공동목록시스템(http://www.nl.go.kr/kolisnet)에서 이용하실 수 있습니다.
(CIP제어번호: CIP2016000975)

초등상담백과

1쇄 발행 2016년 2월 25일
6쇄 발행 2023년 12월 15일

지은이 서울초등상담연구회
발행인 윤을식

발행처 도서출판 지식프레임
출판등록 2008년 1월 4일 제2023-000024호
전화 (02)521-3172 | **팩스** (02)6007-1835

이메일 editor@jisikframe.com
홈페이지 http://www.jisikframe.com

ISBN 978-89-94655-44-4 (03370)